日照省运会志

中共日照市委党史研究院
日照市地方史志研究院 编

方志出版社
Publishing House of Local Records

图书在版编目（CIP）数据

日照省运会志 / 中共日照市委党史研究院，日照市地方史志研究院编 .—北京：方志出版社，2023.12
ISBN 978-7-5144-6003-2

Ⅰ . ①日… Ⅱ . ①中… ②日… Ⅲ . ①运动会—概况—山东 Ⅳ . ① G812.252

中国国家版本馆 CIP 数据核字（2024）第 015883 号

责任编辑：程　倩
责任校对：张玉霞
责任印制：梅中英
出 版 者：方志出版社
地　　址：北京市朝阳区潘家园东里 9 号（国家方志馆 4 层）
邮　　编：100021
网　　址：http://www.zgfzcb.cn
发　　行：方志出版社图书营销中心（010-67110500）
印　　刷：日照日报印务中心
开　　本：889 毫米 ×1194 毫米 1/16
印　　张：31
字　　数：807 千字
版　　次：2023 年 12 月第 1 版
印　　次：2023 年 12 月第 1 次印刷
定　　价：360.00 元

序

山东省第二十五届运动会的成功举办，在日照市和省运会历史上都是一件具有里程碑意义的大事。作为东道主，我们认真践行习近平总书记“办好一次会、搞活一座城”的重要指示要求，克服新冠疫情影响，尽锐出战、攻坚克难，交出了一份“办赛精彩、参赛出彩、发展增彩”的省运答卷，兑现了“当好东道主、办好省运会”的庄严承诺。通过编纂人员一年多的辛勤工作，全景式记录日照筹备、举办省运会完整历程的《日照省运会志》付梓出版，可喜可贺。

时针回拨至2018年10月20日，第二十五届省运会正式进入“日照时刻”。区别于往届省运会的多个城市联合承办，本届省运会由日照独立承办。四年多来，我们举全市之力、集全城之智、倾全民之心，以节俭为本，以精心、精细、精致的态度和务实的工作作风筹办省运会，在山东省运动会史上留下了鲜明的时代印记、文化印记、日照印记。历经省运会洗礼，体育已经成为这座阳光城市的鲜亮名片，芳华日照更加青春靓丽、更显时尚魅力、更具发展活力。

我们推动体育赛事与城市建设相互嵌入，结合创建国家生态园林城市、全国文明城市，一体推进省运会筹办与城市环境改善、城市功能提升，新建、改建场馆22处，新增绿化面积超过210万平方米，人均体育场地面积达到4.79平方米。“运动就在家门口”成为生动现实，越来越多的体育元素在日照汇聚。

我们推动体育运动与全民健康深度融合，持续优化提升城区“10分钟健身圈”，160所学校体育设施向社会开放，每年举办群众性赛事活动2000多项，成功创建为首批全国全民运动健身模范市，体育运动成为更多市民的生活方式、成为日照这座城市鲜明的气质。

我们推动体育产业与城市发展相互赋能，坚持群众体育、竞技体育、体育产业、体育文化协同推进，深度做好文旅体融合发展文章，成功创建国家体育消费试点城市，连续四年获评“中国体育旅游十佳目的地”，体育成为城市活力的新燃点、经济发展的新引擎。

《日照省运会志》全面记录了2018年以来日照紧张有序、周密高效申办、筹办、承办省运会的过程，反映了全市干部群众不畏艰难、勇于拼搏、敢于创造的精神风貌，系统完整地展现了第二十五届省运会、第十一届省残运会、第五届省老运会的翔实史料，开创了全省编纂省级大型运动会志的先河，对今后申办、筹备与举办类似活动具有重要借鉴意义。

习近平总书记强调：“体育承载着国家强盛、民族振兴的梦想。体育强则中国强，国运兴则体育兴。”踏上新征程，我们要认真贯彻落实习近平总书记关于体育的重要论述，以勇往直前的激情、创新突破的干劲，深度做好“体育 +”融合文章，促进群众体育、竞技体育、体育产业协调发展，加快建设现代化海滨体育名城，为体育强国建设贡献更大力量！

是为序。

中共日照市委书记、市人大常委会主任　　　中共日照市委副书记、市长

李在武　　　　王新生

2023 年 11 月

《日照省运会志》编审委员会

名誉主任：孙继业　宋远方
主　　任：李在武　李　政　乔云萍　邹斌芳　王新生
副 主 任：明　铭　郭　飞　林彦芹　孟凡香　林　杰
委　　员：王　希　王华鹏　王兴展　王军卫　王海波　尹德满
卢　伟　卢东磊　申　洁　田　英　田金光　乔永前
刘　峰　刘玉贤　刘庆召　刘森林　孙　丽　孙运国
孙蕾春　牟敦波　牟敦峰　李　平　李婉莹　何　文
宋　君　宋金骏　陈振华　陈常永　周升元　郑美琴
赵　勇　赵利钊　袁立强　徐立宝　盛余祥　章　鲁
路　军　臧新宇

《日照省运会志》编写办公室

主　　　任：尹德满
副　主　任：周　斌　王海波　生安政　李世恩　王文杰　邱立玲
刘玉贤　葛　新　徐立宝　梅　俊
主　　　编：尹德满
副　主　编：王文杰　梅　俊　李　波
编辑部主任：王文杰
编辑部副主任：李洪战　代光源
编辑部成员：刘海涛　范芳丽　李文华　陈亚伦　王汉波　王美莹

山东省

2022 年 8 月 25 日，山东省第二十五届运动会开幕式在日照奎山体育中心举行（李青 摄）

2022年8月25日，二十五届省运会开幕式国旗入场

2022年8月25日，二十五届省运会开幕式省运会会旗与二十五届省运会会旗入场

2022 年 8 月 25 日，二十五届省运会开幕式运动员入场

2022 年 8 月 25 日，二十五届省运会开幕式文艺演出《阳光下绽放》（李青 摄）

2022 年 8 月 25 日，二十五届省运会开幕式文艺演出《阳光四季》

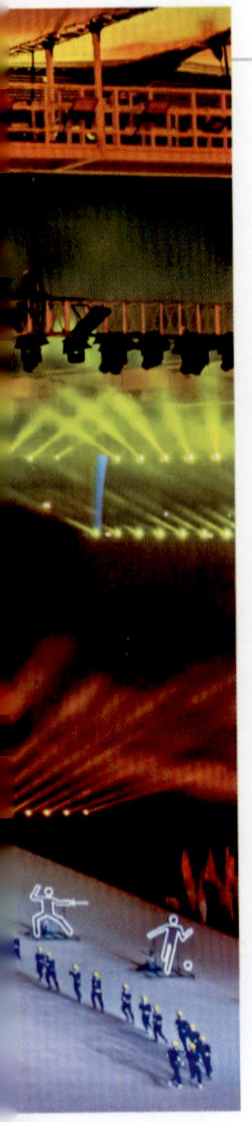

2022 年 8 月 25 日，二十五届省运会开幕式文艺演出《我和我的祖国》

2022 年 8 月 25 日，二十五届省运会开幕式文艺演出《闪耀》

2022 年 8 月 25 日，二十五届省运会开幕式文艺演出《日出齐鲁》

2022年9月16日，十一届省残运会开幕式合唱残运会主题曲《我爱》

2022年9月16日，十一届省残运会开幕式演出开场《梦点亮》

2022 年 9 月 16 日，十一届省残运会开幕式演出杂技舞蹈《飞翔》

2022 年 9 月 16 日，十一届省残运会开幕式演出情景剧《无限》

2022 年 9 月 16 日，十一届省残运会开幕式演出创意表演《千年》

2022 年 9 月 5 日，二十五届省运会闭幕式交旗仪式（李大伟 摄）

2022 年 9 月 5 日，二十五届省运会闭幕式颁奖仪式（李大伟 摄）

2022 年 9 月 5 日，山东省第二十五届运动会圆满闭幕

2022 年 9 月 5 日，二十五届省运会闭幕式演出《歌唱祖国》

2022 年 9 月 5 日，二十五届省运会闭幕式演出《茶韵海歌》

2023年5月8日，第五届省老运会运动员入场

2023 年 5 月 8 日，第五届省老运会开幕式国旗和会旗入场

2023 年 5 月 12 日，第五届省老运会闭幕式在日照举行

2022 年 8 月 30 日，二十五届省运会田径比赛现场

2022 年 5 月 30 日，二十五届省运会帆船帆板比赛现场

2022 年 8 月 22 日，二十五届省运会网球比赛现场

2022 年 7 月 27 日，二十五届省运会短道速滑比赛现场

2022 年 8 月 23 日，二十五届省运会举重比赛现场

2022 年 8 月 25 日，二十五届省运会射箭比赛现场

2022年7月28日，二十五届省运会篮球比赛现场

2022年7月13日，二十五届省运会跆拳道比赛现场

2022 年 7 月 24 日，二十五届省运会场地自行车比赛现场

2022 年 7 月 24 日，二十五届省运会 BMX 自由式比赛现场

2022 年 8 月 30 日，二十五届省运会跳高比赛现场

2022 年 9 月 10 日，十一届省残运会场地自行车比赛现场

2022 年 9 月 16 日，十一届省残运会轮椅篮球比赛现场

2022 年 9 月 20 日，十一届省残运会跨栏比赛现场

2022 年 9 月 20 日，十一届省残运会标枪比赛现场

2022 年 9 月 20 日，十一届省残运会短跑比赛现场

2018 年 10 月 20 日，省运动会会旗移交给日照市

2019 年 9 月 10 日，山东省第二十五届运动会倒计时 1000 天活动在日照举行

2020 年 9 月，庆祝山东省第二十五届运动会开幕倒计时两周年活动在日照举行

2021 年 8 月 25 日，山东省第二十五届运动会开幕倒计时一周年新闻发布会在日照举行

2022 年 7 月 27 日，山东省第二十五届运动会开幕倒计时 30 天誓师大会在日照举行

日照市代表团积极训练备战

十一届省残运会志愿者服务

二十五届省运会志愿者服务

2022 年 8 月 25 日，特警人员带领警犬在奎山体育中心搜排爆

城市智慧管理平台

二十五届省运会应急发电车电力保障

二十五届省运会医疗保障

2021 年 10 月 10 日，活力日照半程马拉松开跑

2021 年 8 月 25 日，二十五届省运会倒计时 1 周年活动现场

2020 年 9 月 12 日，日照市首届体育健身节广场舞比赛现场

2023 年 2 月 8 日，日照市全民健身骑行活动现场

山东省第二十五届运动会

山东省第十一届残疾人运动会

第五届山东省老年人运动会

凡　例

一、本志以马克思列宁主义、毛泽东思想、邓小平理论、“三个代表”重要思想、科学发展观、习近平新时代中国特色社会主义思想为指导，坚持辩证唯物主义和历史唯物主义的立场、观点和方法，全面、系统、客观地记述山东省第二十五届运动会、山东省第十一届残疾人运动会和第五届山东省老年人运动会申办、筹办和举办的情况。

二、本志上限自2018年4月，下限至各运动会闭幕（山东省第二十五届运动会下限2022年9月5日、山东省第十一届残疾人运动会下限2022年9月20日、第五届山东省老年人运动会下限2023年5月12日）。为保持记述的完整性，个别事件适当上溯，有些内容略有延伸。

三、本志采用章节体，章下设无题序，进行综合性记述。主要记载山东省第二十五届运动会、山东省第十一届残疾人运动会、第五届山东省老年人运动会期间发生的重大事件和涉及的主要事物。

四、本志采用述、记、志、图、表、录诸体裁，以志体为主。大事记以编年体为主，辅以纪事本末体。

五、组织机构、职务、会议、地名等专有名称以当时发布的文件为准，在全书首次出现时用全称，并括注简称，之后一般用简称。山东省、日照市分别简称为“省”“市”；中国共产党山东省委员会、山东省人民政府分别简称为“省委”“省政府”；中国共产党日照市委员会、日照市人民政府分别简称为“市委”“市政府”；对于省属、市属单位名称的记述一般省去“山东”“日照”字样；山东省运动会、山东省第二十五届运动会分别简称为“省运会”“二十五届省运会”，山东省残疾人运动会、山东省第十一届残疾人运动会分别简称为“省残运会”“十一届省残运会”，山东省老年人运动会、第五届山东省老年人运动会分别简称为“省老运会”“第五届省老运会”。

六、本志采用规范的语体文、记述体。除引用原文外，均以第三人称记述。数字、标点符号分别采用国家标准《出版物上数字用法》（GB/T 15835—2011），《标点符号用法》（GB/ T 15834—2011），计量单位采用国家技术监督局1993年12月发布的《量和单位》系列国家标准。

七、本志所用的资料主要由各有关部门和单位提供，同时参考相关书籍、官方网站和报刊资料，一般不注明出处。

目　录

概 述

山东省第二十五届运动会（以下简称二十五届省运会）、第十一届残疾人运动会（以下简称十一届省残运会）是由山东省人民政府主办，日照市人民政府承办的综合性大型体育盛会。第五届山东省老年人运动会（以下简称第五届省老运会），由省体育局、省卫生健康委、省老体协共同主办，各市人民政府承办，其中日照市承办开闭幕式和2个竞赛项目。二十五届省运会是在常态化疫情防控形势下山东省举办的首个大型综合体育赛事，也是日照有史以来承办的规模最大、持续时间最长、参与人数最多的体育盛会。日照市坚持“办好一次会、搞活一座城”，着力在办好赛事、搞活城市、办出特色、助推发展上下功夫，实现了“办赛精彩、参赛出彩、发展增彩”，兑现了“当好东道主、办好省运会”的郑重承诺。省领导给予充分肯定，指出该届省运会织牢了“安全之网”，展示了“文明之风”，彰显了“绿色之美”，传递了“智慧之光”，激发了“奋进之力”。

2022年8月25日，二十五届省运会开幕式在日照奎山体育中心举行。9月5日，所有赛事皆圆满完成，同日在日照香河体育公园举行闭幕式。9月16日，十一届省残运会开幕式在日照香河体育公园举办，20日在日照东湖宾馆闭幕。12月20日，市委、市政府印发《关于表扬在山东省第二十五届运动会、第十一届残运会筹办工作中表现突出集体和个人的通报》，二十五届省运会、十一届省残运会画上句号。2023年5月8日，第五届省老运会在日照香河体育公园开幕；5月12日，在日照广播电视台演播大厅闭幕。

一

日照，地处黄海之滨、山东省东南部，因“日出初光先照”而得名，是一座具有鲜明海洋特色的新兴城市。至2022年底，全市总面积5358.57平方公里，户籍总人口309.55万人，辖东港区、岚山区、莒县、五莲县2个区2个县和日照经济技术开发区、日照高新技术产业开发区、山海天旅游度假区3个功能区。先后荣获全国文明城市、国家森林城市、国家级生态保护与建设示范区、国家级海洋生态文明建设示范区、全国社会治安综合治理优秀市、国家可持续发展先进示范区、全国绿化模范城市、国家节水型城市、国家卫生城市、国家园林城市、国家环境保护模范城市、中国优秀旅游城市、全国双拥模范城等称号。

2022年，全市实现地区生产总值2306.77亿元，按可比价格计算，比2021年增长3.8%；社会消费品零售总额657.12亿元，增长0.3%；一般公共预算收入185.5亿元；城乡居民人均可支配收入分别达40798元、21302元，实现经济社会平稳健康发展。

二

2018 年 7 月，省政府同意由日照市承办二十五届省运会。2020 年 8 月 23 日，山东省残疾人联合会发出《关于承办山东省第十一届残疾人运动会的函》，确定十一届省残运会由日照市人民政府承办。

日照市坚持“办会兴城、办会为民”理念，立足“办赛精彩、参赛出彩、发展增彩”目标，力求办成山东省运动会历史上具有里程碑、标志性意义和重要影响力的体育盛会、欢乐盛会、发展盛会，全方位提高日照城市综合承载力，提升城市品质，擦亮城市品牌，为打造现代化海滨城市赋能加力。

2019 年 4 月 14 日，市委、市政府成立二十五届省运会日照市筹备工作委员会（以下简称市筹委会），下设一室二十部。坚持省运会、省残会两个运动会“一套班子、一块牌子、一个机制、一体筹办”，2020 年 8 月 29 日、2022 年 3 月 16 日，根据组织机构及其人员职务变动及工作需要，调整充实市筹委会人员和内设机构。

2022 年 8 月 25 日，二十五届省运会代表团团长会议在日照召开，标志着省运会筹备工作进入全面决战阶段。

三

二十五届省运会开幕式、闭幕式分别于 2022 年 8 月 25 日、9 月 5 日在日照奎山体育中心、香河体育公园举行；十一届省残运会开幕式、闭幕式分别于 2022 年 9 月 16 日、20 日在日照香河体育公园、东湖开元名都大酒店举行；第五届省老运会开幕式、闭幕式分别于 2023 年 5 月 8 日、12 日在日照香河体育公园、日照广播电视台演播大厅举行。

2020 年 11 月初，筹委会开闭幕式工作部抽调第一批工作人员集中办公。开闭幕式筹备工作期间，从全市 23 个部门（单位）抽调 33 人，分别成立二十五届省运会开闭幕式工作专班、十一届省残运会开闭幕式工作专班，二十五届省运会、十一届省残运会开闭幕式综合保障专班，负责具体筹备工作。2022 年 8 月，成立二十五届省运会开闭幕式现场指挥部，负责综合协调、演出组织、宣传转播、综合保障等工作。

二十五届省运会开幕式表演分“日出先照”“朝阳似我”“阳光之约”“日升月恒”四个篇章，突出打造齐鲁风格、日照特色、“体育 +”等特点；闭幕式文体展演《阳光下绽放》，将日照经典、竞技体育、群众体育、齐鲁文化作为核心内容，充分彰显日照城市气质及展现齐鲁儿女奋力开创新时代社会主义现代化强省建设新局面。十一届省残运会开幕式分 13 个环节，整体流畅、简约而又大气、灵动，现场气氛热烈而又充满温情；闭幕式以会议形式举行，主要有 10 项议程，庄严大气，气氛热烈、仪式流畅。第五届省老运会开幕式文体展演以“健康山东活力暖阳”为主题，由《气韵风华》《依旧少年》等 7 个节目组成，通过古典与现代的激情碰撞，充分展现山东省老年人积极健身、阳光活力、健康向上的精神风貌；闭幕式在文体展演《一路阳光一路歌》中落下帷幕。

在全体演职人员数月的分场排练、合成排练、联排彩排的辛勤付出下，在全体工作人员统筹协调、精心组织下，开闭幕式精彩圆满，不仅为二十五届省运会、十一届省残运会、第五届省老运会画上句号，也为全省人民奉献了一场集思想性、艺术性和群众性于一体的文体盛宴，为日照留下一笔宝贵的文化精神财富。

四

日照市以筹办两个运动会为契机，在全省率先出台《日照市全民健身促进条例》，分类增加体育设施供给，实现从“有没有”向“好不好”的转变。

优化布局，将“绿色理念”融入省运场馆规划建设全周期。全市新建和改造提升体育场馆22处，其中新建场馆15处，填补主城区大型体育场、体育馆空白，补齐区县高水平体育场馆短板。国际足球中心是全国第七、山东首个专业足球场，网球中心是江北最大的网球基地。优化功能，坚持建、管、营一体，提前引入社会力量全过程参与，注重无障碍设施同步建设，所有场馆从规划设计、建设施工到体育工艺配置等方面都做到“三个满足”：满足举办省运会、省残运会及其他重大体育赛事需要，满足全民健身需要，满足赛后运营需要。优化使用，新建场馆中有9处与学校共建共用，既满足学生需求，又能承办体育赛事，同时向社会开放。

将城市“绿荫工程”和农村全民健身工程一体化布局，以“一场多用”等方式，在城区10亩地以下的“金角银边”“街头绿地”等处配建健身器材，在城区打造“10分钟健身圈”，乡镇、村级全民健身工程实现全覆盖。建设61.8公里的阳光海岸绿道、山海风情绿道，贯通1500余公里的登山健身步道和城市慢行系统，构建人居环境优美、健身出行便利的体育生态圈。全市符合条件的160所学校体育场地免费开放。2023年，全市有各级各类全民健身场地设施9000余处，人均体育场地面积达到4.89平方米，位于全国领先水平。“花在眼前、绿在身边、健身就在家门口”，成为市民生活的真实写照。

以建设智慧场馆为依托，拓展服务功能，打造六大智慧场景，促进城市大脑优化升级。围绕“智慧场馆”，各中心场馆完成Wi-Fi覆盖、直播服务等15项必备功能和客流监测分析等8项选配功能的建设，基本实现场馆智慧化。围绕“智慧办赛”，首次实现省运会所有比赛报名、赛程及成绩的全量数据综合汇聚及处理。围绕“智慧参赛”，建设省运通微信小程序、“日照通”APP和智慧省运一屏通，不同人群可对赛事期间交通导航、酒店接待、个人竞赛等特色服务信息进行便捷查询。围绕“智慧观赛”，部署50部多媒体融合采集设备及平台，实现在手机端或电脑端进行高清直播和即时回放。围绕“智慧体育”，做好“智慧省运”与日照市“智慧体育公共服务平台”系统融合，为市民持续提供优质公共体育服务。围绕“智慧生活”，利用城市大脑——智慧城市各功能模块，为各类来宾提供在日照期间住、行、游、购等生活便利。

与创建国家生态园林城市、创建全国文明城市相结合，以“五点一线”六类区域为重点，深入开展“绿化、亮化、净化、美化、畅通”工程。全市新增绿化面积210.9万平方米，整治沿街立面8.2万平方米，清扫垃圾3.6万吨，道路优化畅通51公里。在省内率先探索运用“碳汇”模式开展城市裸露土地治理，完成森林“碳汇”、草地“碳汇”及省运会主题花卉整治91万平方米，使城市“撂荒地”变成“后花园”。对重要地标性建筑实施夜景照明提升，建设夜景亮化工程62处，在城市重要节点打造省运元素主题雕塑、街景小品60余处，城市因盛会更加亮丽多姿、缤纷多彩。

五

为确保省运会、省残运会、省老运会安全保卫万无一失，市筹委会制定总体安保方案和专项安保方案、预案 300 余个，开展 8 次综合实战演练和 16 次专题演练，全警动员、全力以赴推进各项安保措施落实，共出动警力 3.6 万人次、保安 31 万人次、安保志愿者 6100 人次，严格落实现场安保、安检验证、交通畅通、消防安全、应急处突等措施，加强对开闭幕式的重点安保和各场馆赛事、运动员驻地的安保，确保开闭幕式和各项赛事安全顺利进行。严格证件管理，制作、发放各类人员证件 56400 余件、车辆通行证 2520 件。打造智慧安保体系，安装通道人像核录闸机 116 套、车辆道闸 52 套，建成视频监控平台 22 个，全部联网运行。加强社会面管理，深入开展夏季治安打击整治“百日行动”，与周边地市协作，建立环日照安保圈，营造安全稳定的社会治安环境。

疫情防控科学严密，全市 800 多名防疫工作者构筑牢固的安全防线，实现“医疗救治工作零失误”“医疗卫生保障工作零投诉”。

接待服务热情周到，在 53 家定点接待宾馆均设立二十五届省运会、十一届省残运会接待站，接待运动员、教练员、裁判员 25424 人、246483 人次。

综合保障严谨可靠，遴选交通运输企业 30 家，优化调整公交线路 20 余条，提供交通运输服务保障 1.1 万余辆次，保障赛事人员 26 万余人次、观众群体 5 万余人次。通信保障稳定畅通，排除无线电安全隐患，做好移动通信和免费 Wi-Fi 服务，实现零事故、零中断、零投诉目标。设立水、电、燃气保障常态督查机制，出动各类保障队伍 6300 人次，对各场馆供水、供电和定点接待酒店供气常态化巡察检查、整改隐患，确保突发事件及时响应。食品服务精致安全，实行重点食材供应商招标定点采购，建设食品专仓，严格落实食品生产、运输、储存、加工登记备案制度，委托第三方每日监测，严防食物中毒和食源性兴奋剂事件发生。经费管理规矩规范，办会当年完成审计，实现“节俭办省运、廉洁办省运”的目标。

“小海贝”志愿服务闪亮省运会，从曲阜师范大学（日照校区）、济宁医学院（日照校区）、山东体育学院（日照校区）、山东水利职业学院、日照职业技术学院、日照市技术学院、山东外国语职业技术大学、日照航海工程职业学院 8 所高校选拔志愿者 2558 名，服务时长超过 30 万个小时。

六

二十五届省运会共设 32 个正式比赛项目和马术、高尔夫、棒垒球、桥牌 4 个表演项目，比赛小项 996 个，金牌总数 1430 枚。17000 余名运动员、2600 余名教练员、2800 余名裁判员参加比赛，赛会规模居全国前列，比赛项目、参与人数均创历史新高。十一届省残运会共设 17 个大项、700 余个小项，产生 786 枚金牌，1500 余名运动员报名参赛。

竞赛管理运行务实高效。建立省体育局和省残联、市筹委会、区县执委会、单项竞委会四级联动竞赛管理体系，及时根据疫情防控新形势对竞赛进行科学预判，精准制定竞赛工作“甘特图”。创新建立“区县包保、区县特派员、主城区项目主管”三位一体竞赛组织运行模式，压实区县主体责任，组建 40 个单项竞委会，发挥竞赛协调核心作用；选调 17 名主城区项目主管、6名区县特派员集中办公，实行巡回指导制度，竞赛管理人员下沉一线现场检查指导，及时召开竞赛工作会议研究解决问题。加强专业技术人员培训，培训各级竞赛管理人员1000余人次、裁判员773人。

竞赛组织规范专业。坚持“出标准、做培训、强督查、抓整改、促提升”，对体育工艺、场馆运营、“五图两表”、器材购置及运输安装、测试赛、颁奖等环节，分别制定标准和规范。分类编制器材清单，配备标准化比赛器材。全部赛事均制定“一赛四案”，统一背景板、单项秩序册模板和开赛仪式、颁奖仪式规范要求。合理编排竞赛日程，按要求召开联席会议、技术会议、裁判员培训会议。举办15个新建场馆测试赛，进行全流程、全要素测试。实行“赛前检查、赛中督导、赛后总结”闭环工作机制，每项比赛前，第一要务抓好桌面推演、现场演练和细节检查；比赛过程中，到第一线各环节进行检查指导；当日比赛结束后，第一时间召开总结分析会。专人负责完成每日金牌榜、奖牌榜、积分榜统计，做到当日成绩当日公布。

赛风赛纪和反兴奋剂工作实现零投诉。狠抓赛风赛纪，采取规范争议处理流程、梳理防范比赛风险点、比赛全程录像留痕等10余项措施，营造风清气正的竞赛环境。各个赛场均配置高标准兴奋剂检测室，配备全程录像设备。赛风赛纪实现“零投诉”，尤其是体操、摔跤、武术等打分打点、交手对抗项目，赛场判罚得到一致认可。国家体育总局督查组到日照检查，对赛风赛纪工作给予充分肯定和高度评价。省体育局认为该届省运会是近年来赛风赛纪最好的一届。

二十五届省运会、十一届省残运会、第五届省老运会已经落下帷幕，这场荣耀与梦想汇聚、拼搏与激情碰撞的运动盛会画上了圆满的句号，沉淀为日照这座城市和全体日照市民的集体记忆和宝贵财富。后省运时代，日照将持续讲好省运情怀、省运故事、省运经验，大力弘扬省运精神，把省运带来的激情化为奋进的底气、前行的动力，不断在建设现代化海滨城市的征程中“争金夺银”。

大事记

2018年

4月

17日 市政府向省体育局正式致函提出申办2022年二十五届省运会。

5月

10—11日 省体育局副局长隋拥军带领考察组到日照市考察申办二十五届省运会情况。

7月

5日 省政府批复同意日照市承办2022年二十五届省运会，创造最短申办时间纪录，日照成为全省第八个承办省运会的城市。

8月

21—22日 副市长李峰、林彦芹带队，到江苏省扬州市学习考察体育馆设施、省运会筹办工作。

10月

20日 二十四届省运会在青岛市闭幕。闭幕式上，日照市委副书记、市长李永红接过省运会会旗，标志着二十五届省运会正式进入“日照时刻”。

2019年

4月

21日 日照市召开二十五届省运会筹办、全国全民运动健身模范市创建暨建设活力之城动员大会，成立二十五届省运会日照市筹委会，省运会筹办工作正式启动。

5月

27日 二十五届省运会日照市筹委会工作会议召开，调度省运会筹备工作情况，安排部署近期重点任务。市委副书记李在武出席会议并讲话。

6月

11日 二十五届省运会会徽、吉祥物和主题口号征集新闻发布会在日照会展中心市新闻发布会厅举行。会上发布，在全国范围内开展二十五届省运会会徽、吉祥物和主题口号征集活动。

8月

7日 二十五届省运会备战参赛和场馆建设工作调研推进会在莒县召开。

9月

10日 日照市第六届运动会暨第六届残疾人运动会开幕式、山东省第二十五届运动会倒计时1000天活动在日照职业技术学院举行。市委书记齐家滨，市委副书记、市长李永红，市政协主席王斌，市人大常委会副主任王森勋出席活动。

》》》》2020年

3月

25日 日照市召开二十五届省运会筹备工作会议，调度前段时间筹备工作进展情况，安排部署下阶段重点工作。市委副书记李在武出席会议并讲话，副市长林彦芹主持会议。市筹委会首席专家刘清早对省运会筹备工作进行专题培训指导。

4月

6日 市委书记张惠调研检查二十五届省运会场馆建设,听取省运会筹办工作情况汇报,现场研究解决有关问题。

30日 日照市举行香河体育公园启用、全民健身月启动暨体育消费券发放活动。

6月

5—6日 国家体育总局局长、党组书记苟仲文带领调研组到日照市,调研体育工作。

7月

18日 2020年中国(日照)国民休闲水上运动会、国家赛艇皮划艇队奥运选拔赛、全国陆上赛艇“百日创纪录赛”日照站开幕。

8月

8日 日照市全民健身日启动仪式暨日照市全民健身精品项目展演活动在日照香河体育公园广场举行。

12日 市人大常委会组织部分住日照全国、省人大代表和市人大代表集中视察省运会场馆建设和备战参赛情况。

13日 二十五届省运会场馆建设调度座谈会在日照召开，省体育局党组成员，体育总会专职常务副主席隋拥军出席会议并现场考察比赛场馆。

15日 国家体育总局副局长李颖川到日照,考察体育工作。

9月

9日 二十五届省运会开幕倒计时两周年新闻发布会暨会徽、吉祥物发布仪式在济南市举行。会上通报二十五届省运会有关情况，揭晓会徽、吉祥物，启动开幕倒计时两周年系列活动，正式开通二十五届省运会官方网站。

是日 二十五届省运会资源信息发布暨市场开发合作企业签约仪式在济南市举行。

12日 日照市迎接二十五届省运会开幕倒计时两周年暨日照市首届体育健身节广场舞比赛

启动活动举办。

16日 国家体育总局副局长、直属机关党委书记杨宁带队到日照市,就体育相关工作进行调研。

11月

23日 市体校举办2020年全市运动员伤病防治及康复训练培训班，邀请省体育医院院长王权授课。全市各区县(学校)二十五届省运会备战参赛工作负责人、承担省运会项目教练员等65人参与培训。

12月

15日 二十五届省运会市筹委会竞赛工作会议暨单项竞委会筹备组成立大会召开。

>>>> 2021年

2月

10日 市委书记张惠看望春节期间备战二十五届省运会的教练员、运动员。

20日 市委常委、宣传部部长杨留星带队督导检查二十五届省运会场馆建设情况。

3月

11日 二十五届省运会筹备工作会议召开。

28日 二十五届省运会场馆建设“六比六赛”劳动竞赛启动仪式举行。该竞赛持续到2021年底，123个班组的2700余名职工参加比赛。

4月

21—22日 2021年全国青少年体育工作会议在广西壮族自治区桂林市召开。会上，日照市市长李在武作《打造体教融合发展示范市 为建设现代化海滨体育名城赋能加力》经验介绍。

5月

10—11日 国家体育总局党组成员、副局长李建明率队到日照调研体育工作，并代表国家体育总局为日照市颁发“抗疫情 保备战 突出贡献纪念”杯盘。

6月

6—13日 2021年全国帆船锦标赛（470级＆激光级＆芬兰人级）暨东京奥运会帆船项目备战大合练在日照世帆赛基地开赛，全国22个省、直辖市的231名运动员参赛。

16—17日 市委常委、宣传部部长杨留星带队，督查二十五届省运会筹备工作推进情况。

7月

5日 副市长郑德庆带队对二十五届省运会场馆建设工作进行调度督导。

13日 “参与省运 成就梦想”日照市中小学生演讲大赛（小学组）在安泰小宇宙剧场举行决赛，全市各区县7个赛区的120余名选手参加决赛。

8月

25日 二十五届省运会开幕倒计时一周年启动仪式举行。启动仪式后，二十五届省运会日照市筹备工作委员会召开新闻发布会，介绍该届省运会开幕式时间安排、场馆设施建设及筹备进展等工作情况。

11月

18日 副市长高月波、林彦芹带队督导推进二十五届省运会场馆建设。

19日 日照市各民主党派、工商联负责人和无党派人士代表，对二十五届省运会场馆建设工作进行专项民主监督。

12月

21—22日 省体育局党组成员、副局长张柄臣一行到日照市，督导二十五届省运会筹办工作。

27日 二十五届省运会日照市筹委会2022年筹备工作计划业务指导会召开，市筹委会首席专家刘清早对2022年省运会筹备重点工作进行专业指导。

>>>> 2022年

3月

2日 二十五届省运会冲浪项目预赛在海南省陵水黎族自治县开赛，冲浪也成为该届省运会首项开始预赛的比赛项目。

3日 二十五届省运会志愿者招募工作启动。根据二十五届省运会和十一届省残运会赛事规模和赛区分布，计划招募赛会志愿者2500人、城市志愿者3000人，报名时间截至3月31日。

4日 市委副书记王新生到二十五届省运会场馆建设现场督导检查。

17日 二十五届省运会场馆建设推进会召开。

4月

12日 市委副书记、市长李在武调研省运会场馆建设及沿线环境综合整治工作。

28日 二十五届省运会高级合作伙伴签约仪式在日照举行。

28—30日 日照市体校组织全市田径运动员分批次进行田径测试赛。整个测试赛严格按正式比赛程序要求进行，测试项目主要有跳跃、投掷、短跑、中长跑及竞走等。

30日 “同打太极拳 携手向未来”日照市庆祝世界太极日展演活动在万达广场举办，为二十五届省运会营造良好氛围，动员全市上下支持、参与省运会。

5月

1日 日照市开展“我与省运零距离”市民探馆活动。探馆过程设计赛道体验、趣味运动会、省运会知识竞赛等市民互动环节。

9日 二十五届省运会日照市筹委会工作调度会召开，市委副书记王新生出席会议并讲话。

10日 市政协副主席、市体育局局长孟凡香率队到东港区督导省运会场馆及备赛情况。

是日 日照市篮球比赛记录台裁判员培训班开班。全市各区县篮球项目二级及以上裁判员、40人参加为期两天的培训。

11日 二十五届省运会会歌、宣传歌曲征集活动经过专家初审、复审等环节，征集、评审工作结束。会歌入围作品《太阳鸟飞翔的地方》《向太阳出发》《日照东方》，宣传歌曲《动起来 更精彩》，宣传歌曲入围作品《这就是日照》《日出 Rising Sun》。为确保评审工作公平、公正，评审结果向社会公示。公示期为5月11—15日。

12日 二十五届省运会首场测试赛——五人制篮球测试赛在东港区体育中心举办。按照筹委会竞赛部安排，5月12—24日，市筹委会组织10场测试赛，对即将召开的省运会在赛事组织、场馆运行、场地器材、服务接待、赛事安保、医疗卫生等方面工作进行全面检验，确保正式比赛各个环节零差错、无遗漏。

19日 全市城市管理综合考核点评暨省运会市容环境综合整治推进会议召开。

20日 日照市2022年“迎省运、城市客运服务素质能力大提升”活动暨95128出租车电召平台启动仪式在万平口公交停车场举行。

22日 日照市第十二届全民健身运动会社区广场舞比赛在万达广场举行，营造“全民健身与省运同行”良好氛围，

是日 “活力日照 精彩省运”省运会视频、摄影作品征集大赛在日照日报社启动，日照摄影协会省运会摄影小分队出征仪式同步举行。

23日 省政府办公厅副主任张连三、省体育局局长李政到日照调研第二十五届省运会筹办工作。

25日 二十五届省运会赞助商集中签约活动在日照举办。

28日 二十五届省运会“中泰证券杯”帆船帆板决赛开幕式在市世帆赛基地举行。日照市代表队杨玲棋在男子甲组GAASTRA pro级长距离赛中获该届省运会首枚金牌。

6月

4日 二十五届省运会“中泰证券杯”帆船帆板决赛结束。日照市帆船帆板代表队获12枚金牌、9枚银牌、9枚铜牌，金牌榜、奖牌均排第一位。

15日 二十五届省运会“泰山体育杯”体操决赛开赛仪式在东港区体育中心举行。

21日 二十五届省运会“中铁十四局集团杯”七人制男子橄榄球比赛在日照奎山体育中心开赛。

22日 2022年“中国体育彩票杯”山东省排球锦标赛暨二十五届省运会排球比赛在岚山区体育中心开赛。

25日 《活力日照 精彩省运》官方宣传片正式发布。

是日 十一届省残运会飞镖、象棋、旱地冰壶项目开赛仪式在日照高新文化体育中心举行。

26日 日照一队获十一届省残运会旱地冰壶肢体组比赛冠军，是该届省残运会产生的首枚金牌。

是日 二十五届省运会蹦床决赛在东港区体育中心开赛。

是日 二十五届省运会男子七人制橄榄球比赛结束。日照代表队获乙组亚军，这是日照市首次参加省运会橄榄球项目比赛。

7月

1—4日 二十五届省运会现代五项决赛在五莲县市民体育中心体育馆开赛。

7日 二十五届省运会男子手球预赛在东港区体育中心开赛。

是日 二十五届省运会“莒县农商银行杯”柔道决赛在莒县体育馆开赛。

8日 2022年“中国体育彩票杯”山东省足球锦标赛暨二十五届省运会足球预赛开赛仪式在日照市举行。

9日 二十五届省运会滑板比赛在日照奎山体育中心开赛。

12日 二十五届省运会“小海贝”赛会志愿者报到工作开始，曲阜师范大学、山东体育学院、济宁医学院、山东外国语职业技术大学的645名志愿者入驻大本营。

13日 二十五届省运会跆拳道比赛在岚山区体育中心开赛。

15日 二十五届省运会“建设银行杯”网球团体决赛在日照安泰网球公园开赛。

18日 在二十五届省运会“建设银行杯”网球团体决赛中，日照市队获甲组女子团体冠军，这也是该次网球团体决赛中决出的首枚金牌。

19日 二十五届省运会开幕式及预演门票开始销售。

21日 二十五届省运会“日照银行杯”沙滩排球决赛在日照万平口海洋公园开赛。

23日 2022年日照市时尚体育消费季活动暨“全民喜迎省运会、体育点亮夜经济”活动启动仪式在香河体育公园举办。

24日 “活力日照·精彩省运”日照市体育美术书法作品展在市美术馆开幕，展览到8月26日结束。

是日 二十五届省运会“中国体育彩票杯”场地自行车决赛开赛。

25日 省政府新闻办召开新闻发布会，介绍二十五届省运会赛会组织总体安排、筹办工作特点等情况。省体育局党组书记、局长李政介绍相关情况。

是日 二十五届省运会开幕倒计时30天庆祝活动暨日照经开区第十二届全民健身运动会腰鼓比赛在日照奎山体育中心举行。

是日 十一届省残运会轮椅网球赛在日照安泰网球公园开赛。

是日 二十五届省运会攀岩决赛在五莲县黑虎山攀岩基地开赛。

26日 二十五届省运会“中国体育彩票杯”国际式摔跤决赛在莒县体育馆开赛。

26—29日 第五届省老运会乒乓球比赛在滨州乒乓球馆举办。

27日 市委、市政府举行二十五届省运会开幕倒计时30天誓师大会。市委书记、市人大常委会主任张惠出席并为省运会日照代表团及相关服务保障团队授旗，市委副书记、市长李在武出席并讲话。

是日 二十五届省运会代表团联络员第一次会议在日照市召开。

是日 二十五届省运会“中国体育彩票杯”短道速滑决赛在日照香河体育公园开赛。该届省运会首次将冰雪项目纳入比赛，重点突破短道速滑项目。

是日 二十五届省运会空手道决赛在岚山区体育中心开赛。

28日 二十五届省运会篮球比赛（积分赛）暨山东省三人篮球锦标赛在日照实验高级中学艺体馆开赛。

28—29日 二十五届省运会日照市筹委会志愿者工作部举行省运会城市志愿者培训班。

8月

1日 二十五届省运会“亚太森博杯”铁人三项决赛在日照奥林匹克水上公园开赛。

是日 日照市8处省运会城市志愿服务驿站正式启用，上岗服务时间为8—9月。

1—5日 第五届省老运会气排球比赛在济宁体育馆举办。

2日 二十五届省运会“五莲农商银行杯”武术（散打）决赛在五莲县市民体育中心开赛。

4日 市委书记、市人大常委会主任张惠主持召开二十五届省运会、十一届省残运会筹委会会议。市领导李在武、王新生、李波、林彦芹、张金梅、孟凡香参加会议。

是日 二十五届省运会公路自行车决赛在岚山区开赛。

5日 二十五届省运会拳击决赛在莒县体育馆开赛。

7日 “喜迎省运 遇见体育 爱上体育”日照市全民健身日、日照市100天健身培训公益行启动仪式暨全民健身精品项目展演活动在日照香河体育公园举行。

9日 二十五届省运会篮球（乙组）比赛同时在日照市东港区体育中心、日照实验高级中学艺体馆开赛。

9—12日 第五届省老运会棋类比赛（中国象棋、围棋、桥牌）在济南玉泉森信大酒店举办。

10日 二十五届省运会“恒丰银行杯”跳水决赛在日照市游泳中心跳水馆开赛。

11日 市公安局发布关于“低慢小”航空器临时禁飞通告，规定在二十五届省运会、十一届省残运会开闭幕式及赛事期间，在部分室外和半封闭式场馆（地）及周围半径2公里区域禁止升降无人机等“低慢小”航空器和放风筝、气球等影响赛事活动安全行为，临时管控至9月21日0时结束。

13日 二十五届省运会“山东土地集团杯”皮划艇激流回旋决赛在日照奥林匹克水上公园开赛。

是日 十一届省残运会公路自行车竞赛在岚山区开赛。

14日 十一届省残运会盲人门球比赛在五莲市民体育中心体育馆开赛。

15日 二十五届省运会乒乓球决赛在日照高新文体中心开赛。

16日 二十五届省运会组织委员会办公室公布二十五届省运会开幕式疫情防控要求。

是日 二十五届省运会小轮车自由式比赛在日照驻龙山体育公园开赛。

19日 二十五届省运会“建设银行杯”网球单项决赛在日照安泰网球公园开赛。

21日 二十五届省运会女子排球决赛在岚山区体育中心开赛。

是日 二十五届省运会“日照海洋院士站杯”山地自行车决赛在日照驻龙山体育公园开赛。

22日 二十五届省运会羽毛球比赛在莒县体育馆开赛。

23日 二十五届省运会代表团联络员会议召开。

是日 二十五届省运会“东港农商银行杯”举重决赛（女子组）在日照第一中学西校区艺体馆开赛。

23—29日 第五届省老运会台球比赛在省颐心苑举办。

24日 二十五届省运会新闻发布会召开。

是日 二十五届省运会篮球（甲组）比赛在日照市东港区体育中心、日照实验高级中学艺体馆同时开赛。

25日 二十五届省运会代表团团长会议召开。

是日 二十五届省运会开幕式在日照奎山体育中心举行。

是日 二十五届省运会“美佳集团杯”射箭决赛在山东国医职业学院开赛。

26日 山东体育强省建设表彰大会在日照举行。会上，宣读《山东省人力资源和社会保网厅、山东省体育局关于表彰山东体育强省建设先进集体和先进个人的通报》《山东省体育局关于表扬2018—2021年度在全省群众体育工作中表现突出的集体和个人的通报》，济南市全民健身中心、青岛市国家级社会体育指导员高瑛讲话，烟台射击射箭运动中心、潍坊市体育局、日照市体育总会、临沂市体育局代表作典型发言。

28日 二十五届省运会赛艇决赛在日照奥林匹克水上公园开赛。

是日 二十五届省运会“东港农商银行杯”举重决赛（男子组）在日照第一中学西校区艺

体馆开赛。

29日 十一届省残运会筹备工作座谈会在日照召开。

是日 二十五届省运会“工商银行杯”游泳决赛在日照游泳中心开赛。

是日 十一届省残运会坐式排球比赛在岚山区体育中心开赛。

30日 全国“人民满意的公务员”和“人民满意的公务员集体”表彰工会在北京举行。397人被授予全国“人民满意的公务员”称号，198个集体被授予全国“人民满意的公务员集体”称号。其中，日照市体育局被授予全国“人民满意的公务员集体”称号。

是日 二十五届省运会“金马集团杯”田径比赛在日照奎山体育中心体育场开赛。

31日 市委书记、市人大常委会主任张惠调研省残运会筹办工作，就认真落实习近平总书记关于残疾人工作和体育工作的重要指示精神，以饱满热情、细致工作、贴心服务，高标准高效率推进各项筹办工作，确保“两个省运、同样精彩”作出要求。

9月

1—2日 十一届省残运会组委会副主任，省残联党组书记、理事长邹斌芳到日照调研督导省残运会筹备工作。

3日 十一届省残运会举重比赛在日照一中西校区艺体馆开赛。

5日 二十五届省运会新闻发布会在日照举行，介绍省运会竞赛情况和办赛情况。

是日 女子甲组4×400米接力决赛结束，二十五届省运会顺利完赛。该项目中，日照队获得金牌，是该届省运会在田径赛场上最后一金，同时也是该届省运会最后一金。日照代表队包揽二十五届省运会首枚和最后一枚金牌。该届省运会，日照市共获得82枚金牌、68枚银牌、61枚铜牌。

是日 二十五届省运会闭幕式在日照香河体育公园举行。

6日 日照市召开十一届省残运会倒计时10天决战动员部署会议。

7日 十一届省残运会跆拳道比赛在岚山区体育中心开赛。

8日 十一届省残运会组委会发布开幕式疫情防控要求。

14日 市筹委会志愿者工作部在日照航海工程职业学院举行志愿者专题培训，志愿者工作部全体工作人员及开幕式赛会志愿者参加培训。

15日 十一届省残运会新闻发布会在日照召开，介绍省残运会筹办工作和开幕式相关情况。

16日 十一届省残运会代表团团长会议在日照召开。

是日 十一届省残运会开幕式在日照香河体育公园举办。

是日 十一届省残运会“中泰证券杯”聋人篮球比赛在日照市东港区体育中心开赛。

17日 十一届省残运会“北方创信杯”游泳比赛在日照海之韵游泳中心开赛。

是日 十一届省残运会田径比赛在日照奎山体育中心开赛。

是日 十一届省残运会乒乓球比赛在日照高新文体中心开赛。

20日 十一届省残运会乒乓球比赛在日照高新文体中心结束。该届省残运会，日照代表队获18枚金牌、6枚银牌、6枚铜牌，创历届参赛最好成绩。

是日 十一届省残运会闭幕式在日照东湖开元名都大酒店举办。

20—21日 第五届省老运会健身球操比赛在聊城体育公园体育馆举办。

2023年

3月

15—18日 第五届省老运会健身气功比赛在枣庄市新城文体中心体育馆举办。
21—24日 第五届省老运会柔力球（套路、竞技）比赛在烟台市莱山区举办。
28—31日 第五届省老运会网球比赛在泰安体育中心网球馆举办。

4月

10—13日 第五届省老运会田径比赛在潍坊滨海经济技术开发区举办。

5月

7—10日 第五届省老运会太极拳（剑）比赛在日照香河体育公园体育馆举办。
8日 第五届省老运会在日照香河体育公园开幕。
10—13日 第五届省老运会秧歌（腰鼓）比赛在日照香河体育公园体育馆举办。
12日 第五届省老运会在日照广播电视台演播大厅闭幕。

第一章 申办 筹办

省运会是全省最重要的体育盛会，也是检阅体育事业发展成果和展示改革开放成就的大型综合性活动，承办省运会对一个城市的经济发展、社会进步、城乡建设、文体繁荣都具有重要的促进作用。党的十八大以后，随着日照市经济基础、社会生态环境、体育水平、体育设施、办赛经验等不断提升，日照市委、市政府和全市人民承办一届山东省运动会的愿望日益强烈。2018 年 7 月，经山东省政府批准，日照市获得山东省第二十五届运动会承办权。2020 年 8 月，根据《山东省体育竞赛管理办法》，经省政府同意，省残联函告日照市，山东省第十一届残疾人运动会由日照市人民政府承办。这是日照市首次承办并独立承办的全省规模最高、规模最大、项目最全的重大综合性体育盛会。

在省运会筹办过程中，日照市在省委、省政府坚强领导下，在省体育局和组委会各单位精心指导下，在其他城市鼎力支持下，围绕“办好一次会、搞活一座城”目标，坚持以人民为中心，秉承“办赛精彩、参赛出彩、发展增彩”理念，锚定“走在前、开新局”，聚力打造“活力日照、精彩省运”，举全市之力，按照“一刻也不能停、一步也不能错、一天也误不起”的要求，挂图作战、挂图督战。坚持扁平化管理、专业化办会、项目化推进，完成场馆建设、备战训练、竞赛参赛、开闭幕式、服务保障、宣传动员等筹办任务，充分展现有序有力有效的竞赛组织、强大的服务保障能力。又做到办好赛事与体城融合发展，场馆建设与城市环境同步提升，全民健身与体育竞技同步发展，实现省运会综合效益最大化。同时，所有参与者都以“人人都是东道主、省运有我更精彩”为荣，克服各种困难，付出很多心血和汗水。工作人员奋战在赛会组织、场馆建设、环境整治、疫情防控、服务保障、宣传报道等第一线，默默付出、无私奉献，确保省运会、省残运会“赛前零问题、赛时零失误、赛后无遗憾”。

经过四年多的精心筹办，日照市以“一流的场馆设施、一流的竞赛组织、一流的城市环境、一流的服务保障、一流的开闭幕式”，兑现了“两个省运、同样精彩”的庄严承诺，向全省人民呈现了一届绿色、智慧、平安、共享的体育盛会。

第一节 申办

日照市委、市政府高度重视体育事业发展，始终把体育工作摆在重要位置，将其纳入“一、三、五”总体发展战略；2009年，日照市承办十一届全运会日照赛区比赛。2014年、2018年，分别协办二十三届、二十四届省运会，积累了丰富的办赛经验。2018年7月，日照市经申请获得二十五届省运会承办权。

一、申办条件

生态环境条件 日照因“日出初光先照”而得名，有着“蓝天、碧海、金沙滩”的自然风光，是休闲度假、避暑疗养的理想地，是新亚欧大陆桥东方桥头堡和“一带一路”的重要节点城市，是鲁东南对外开放的重要门户，是全国文明城市、国家森林城市、中国优秀旅游城市，获“联合国人居奖”，被中央综治委授予全国社会治安综合治理“长安杯”等称号。

经济基础条件 日照市经济发展势头良好，发展潜力巨大。2017年，实现地区生产总值2002.65亿元，一般公共预算收入141.3亿元，分别增长9%、12.3%，主要指标增幅位居全省前列。日照拥有国内少有的天然深水良港——日照港，至2018年4月，建成生产性泊位70个，与100多个国家和地区通航。通过新菏兖日铁路、陇海铁路可直达荷兰鹿特丹和比利时安特卫普等欧洲口岸。持续健康发展的良好势头和日益增强的经济实力，为日照承办省运会提供坚强有力的经费保障。

体育发展条件 日照市委、市政府高度重视体育工作，将打造“活力之城、运动之城、健康之城”写入市十三次党代会报告和2017年、2018年市政府工作报告，把“体育旅游”“打造水上运动之都”“举办重大体育赛事”列为城市总体发展战略重要内容；市里成立由市委、市政府主要领导任组长的重大体育赛事领导小组，形成“政府主导、部门协作、社会参与、市场运作、产业跟进”的体育事业发展格局。全市广大人民群众有着热爱体育、参与体育的良好传统，一系列重大体育赛事的举办，促进群众体育、竞技体育和体育产业发展，“春打太极拳、夏开水运会、秋跑马拉松、冬有体操节”等一批品牌赛事在全国产生广泛影响力。2018年，日照市积极创建全民运动健身模范市，发展体育运动成为凝聚全市人民群众智慧和力量的共同理想，体育成为群众时尚的生活方式和城市基因。

体育设施条件 日照市率先在全省编制完成《日照市主城区公共体育设施布点规划（2013—2020）》。以规划为引领，日照体育设施建设加速推进。省自行车训练中心日照训练基地及山东体育学院、曲阜师范大学、山东水利职业学院等6所驻日照高校拥有众多室内外场馆，多次承办不同层次、不同规模国内外赛事。日照经济技术开发区规划建设体育综合体，其中3.63万人体育场可作为省运会主会场；总建筑面积10.8万平方米的日照市体育公园、占地28公顷的网球中心开工建设，万平口沙滩排球、沙滩足球比赛场地经升级改造，可承接相应赛事。各区县均规划建设全民健身中心，配套室内外场馆设施，届时可承接相关体育赛事。

办赛经验条件 日照市承办两届全国水上运动会、十一届全运会日照赛区比赛等重大体育赛事100余项，也是2014年二十三届、2018年二十四届省运会协办城市。多年的办赛实践使日照市培养了一支熟悉规则、了解程序、懂得管理、工作规范的体育竞赛管理组织团队，竞赛组织、安全保卫、医疗救护、志愿服务、后勤保障、赛事接待等方面条件和能力不断提升，积累了丰富的工作经验，多次获重大体育赛事优秀组织奖、全国体育竞赛最佳赛区。山东体育学院和山东省水上运动学校均在日照市设有校区，位于日照市的大学科技园各高校在校生达 10 万多人，为承办大型赛事志愿服务提供良好人才支撑。

赛事保障条件 日照区位和交通条件优越。2015 年 12 月，日照机场建成通航，开通北京市、上海市、广州市等重点城市 20 个通达航班；境内有“三纵四横”铁路交通网，青日连城际铁路于 2018 年底开通，鲁南高铁于 2019 年底开通；日兰高速、沈海高速公路贯穿日照，潍日高速公路于 2018 年 9 月建成通车。截至 2018 年 5 月，全市市区范围内有中型以上酒店 22 个，客房 4500 余间；所辖莒县有酒店 27 个，客房 1800 余间；五莲县有酒店 16 个，客房 1200 间，完全能够满足赛事需要。全市各级各类医疗卫生机构开放床位 14237 张，有卫生技术人员 16930 人，具备大型活动医疗卫生救治应急和食品卫生监督检验能力，完全能够满足医疗救治和兴奋剂检测需求；公安、武警和安保力量充足，每年为 20 余项省级以上重大赛事活动提供安全保卫，能够确保开幕式和各项赛事安全；通信设备先进，可随时保证移动通信、数据通信、图像传输、多媒体、互联网通信畅通，保证赛事现场直播。

二、申办过程

2018 年 4 月 17 日，日照市人民政府向山东省体育局发出《日照市人民政府关于申请承办山东省第二十五届运动会的函》，表示日照具有承办省运会的良好生态环境、经济基础、体育设施、综合保障能力，以及丰富的办赛经验等，恳请省体育局指导并帮助呈请省政府同意日照市承办二十五届省运会。

2018 年 5 月 10—11 日，省体育局考察组到日照市考察申办二十五届省运会情况。考察组先后到五莲县黑虎山狩猎场、日照市香河体育公园、山海天驻龙山自行车主题公园、市游泳馆等地实地考察，并召开座谈会，听取日照市申办二十五届省运会工作汇报，对日照市现有体育场馆建设、配套服务、办赛经验等情况予以充分肯定。7 月 16 日，省体育局发出《山东省体育局关于日照市人民政府申请承办山东省第二十五届运动会的复函》，根据《山东省体育竞赛管理办法》规定，经考察论证并报请省政府同意，确定由日照市承办二十五届省运会。由日照市编制筹备工作总体方案和各专项工作方案，全面启动筹备工作。举办运动会经费主要由日照市自筹，省财政给予一次性定额补助；场馆设施建设所需资金由日照市自行负担。

2020 年 8 月 23 日，山东省残疾人联合会发出《关于承办山东省第十一届残疾人运动会的函》，根据《山东省体育竞赛管理办法》中“山东省残疾人运动会与山东省运动会同城举办，有关事项参照山东省运动会组织实施”要求，确定十一届省残运会由日照市人民政府承办。

第二节 筹 办

2018—2022 年，省委、省政府加强领导，省体育局等省直部门和兄弟城市鼎力支持，日照市按照习近平总书记关于“办好一次会、搞活一座城”的重要批示要求，把筹办好一届绿色、智慧、平安、共享的省运会作为全市工作的大事来抓，通过创新机制等一系列措施，举全市之力，高标准开展场馆建设、备战训练、竞赛参赛、服务保障、开闭幕式、宣传动员等各项筹办工作。

一、办赛理念

坚持“两个赛事、同样精彩”办赛理念，贯彻落实以人民为中心的发展思想，“办会为民、办会利民”，以“绿色低碳、节俭务实、社会参与、全民共享”为原则，推进场地设施、赛事运行、服务保障、疫情防控、安全保卫、食品安全、开闭幕式策划等省运会筹办工作，同时在各个环节不断提高省残运会无障碍服务水平。体育场馆建设满足举办省运会、省残运会及其他重大赛事需要，满足全民健身需要，满足赛后运营需要。将筹办两个运动会，与创建国家生态园林城市和全国文明城市相结合，不断加强城市环境综合整治、公园绿化建设。

坚持体城融合发展，激活体育和城市双向赋能新引擎。将筹办工作和打造现代化海滨体育名城，创建全国全民运动健身模范市紧密结合，融入全市经济社会发展大局，以体育运动点燃城市发展引擎，以体育产业赋能活力日照，以重大赛事打造最具活力城市名片，让体育经济成为城市发展新动能。推动全民健身与体育竞技同步发展，让体育运动融入人民群众生活，引领文明、健康、时尚的生活方式。

二、总体思路目标

以习近平新时代中国特色社会主义思想为指导，按照习近平总书记关于“办好一次会、搞活一座城”的重要批示要求，坚持“办会兴城、办会为民”，立足“办赛精彩、参赛出彩、发展增彩”目标，力求办成山东省运动会历史上具有里程碑、标志性意义和重要影响力的体育盛会、欢乐盛会、发展盛会，全方位提高日照城市综合承载力，提升城市品质，擦亮城市品牌，为打造现代化海滨城市赋能加力。

赛要办“好”。坚持节俭、热烈、安全、高效，广泛动员、周密组织，赛会筹备组织好、竞技体育成绩好、开闭幕式打造好、文明服务保障好，集全市之力办成一届精彩、圆满、难忘的体育盛会。按照“两个赛事、同样精彩”的要求，同步全力办好十一届省残运会，向省委、省政府和全省人民交上一份满意答卷。

城要搞“活”。坚持“规划有高度、建设有厚度、管理有力度、城市有温度”，把承办省运会与城市总体发展战略相结合，创新发展思路，实施“十大工程”，盘活体育场馆设施、带活体育及相关产业、搞活城市建设和管理、激活城市文明吸引力、用活市场化机制，激发城市发展活力。

办出“特色”。既大力弘扬中华体育精神，又充分展示日照独特的海洋特色、生态特色、太阳文化特色、共建共享特色，传统文化和现代文明交相辉映的独特魅力，展现城市品牌特色。

三、办赛机制

2019 年 4 月 14 日，日照市委、市政府成立二十五届省运会日照市筹备工作委员会。市筹委会由市委书记、市长任“双主任”，市委副书记任执行主任，市委、市政府有关负责人任副主任，分管副市长任执行副主任。坚持省运会、省残会两个运动会“一套班子、一块牌子、一个机制、一体筹办”，市筹委会设一室二十部。市筹委会统一指挥，执行主任、副主任统筹抓、靠上抓，其他市领导抓分管、抓专题，明确市、区（县）事权责任，完成区县执委会组建，构建起“市级统筹、属地负责、齐抓共管”的工作格局。市筹委会聘请大型体育赛事运作专家、上海体育学院教授刘清早为首席专家全程指导，提高筹备工作规范化、专业化、科学化水平。

市筹委会加强组织领导、机制运行与督导检查，高质量推进省运会筹备工作。2020 年 8 月 29 日、2022 年 3 月 16 日，根据组织机构及其人员职务变动及工作需要，调整充实市筹委会人员和内设机构。市筹委会各部室、各区（县）执委会集中办公，严格落实市筹委会主任办公会、秘书长办公会议、首席专家业务指导会议、部室联席会议、联络员会议五项会议制度，每周召开、按需召开，及时解决筹办工作中的困难和问题。印发市筹委会 2022 年重点工作任务配档表，编制重点专项工作实施方案2.0版，分区（县）、部（室）制定工作制度和方案，实现“纸上谈兵讲明白、实际临战有遵循”。全市上下整体联动、步调一致，形成重点突出、方案清晰、落地精准抓落实格局。

筹备工作实行项目化管理。将总体工作任务细化分解为119个重点专项，编制重点专项工作实施方案，落实“五个一”（一名责任人、一个工作团队、一份工作方案、一份工作流程、一份工作预案）推进机制，压实责任，做到每项工作、每个环节有人抓、有落实。各级各部门主动担责，协调推进，实现清单式管理、项目化推进、销号式落实。加强日常督导检查。市筹委会办公室盯紧场馆建设运行、竞赛前期筹备、环境综合整治等关键环节，会同竞赛部、场馆建设与运行保障部、信息技术部等相关部室，建立“日调度、周检查、月通报”制度，将工作重心下沉一线，帮助协调解决资金、土地手续等痛点、难点、堵点问题。同时加强筹办工作经费管理、全程监督，发挥资金的最大效益。

第三节 重要会议

二十五届省运会、十一届省残运会日照市筹委会分别召开相关会议，开展动员、部署、推进、总结省运会各项筹办工作。二十五届省运会开幕式前，省委副书记、青岛市委书记陆治原会见体育强省建设先进代表并发表讲话。

一、省运会筹备工作动员会

2019年4月21日，日照市召开二十五届省运会筹办、全国全民运动健身模范市创建暨建设活力之城动员大会。会议深入贯彻落实习近平总书记关于体育工作的重要指示精神，对二十五届省运会筹备和全国全民运动健身模范市创建工作进行安排部署，市委书记齐家滨主持会议并讲话，省体育局局长李政，市委副书记、市长李永红，市人大常委会主任刘加顺，市政协主席王斌，市委副书记李在武出席会议。副市长林彦芹与有关区县签订责任书。

2019年4月21日，山东省第25届运动会筹办、全国全民运动健身模范市创建暨建设活力之城动员大会在日照召开

会议就筹办二十五届省运会、创建全国全民运动健身模范市，提高日照城市知名度和影响力，提升人民群众获得感、幸福感作出安排部署。要求全市各级各部门按照习近平总书记“办好一次会、搞活一座城”批示要求，切实提高站位、提升认识，扎实做精做细，做好筹备工作，确保高标准、高质量完成各项任务，实现“办赛精彩、参赛出彩、节俭办赛”目标。

会前，与会人员参加奎山体育中心开工等活动。会上，印发《关于坚持“办好一次会、搞活一座城”聚力承办好山东省第二十五届运动会 加快建设现代化海滨城市的意见》《日照市创建全国全民运动健身模范市实施方案》等文件。

二、省运会备战参赛和场馆建设调研推进会

2019 年 8 月 7 日，二十五届省运会备战参赛和场馆建设工作调研推进会召开。市委副书记李在武出席会议并讲话，副市长林彦芹主持会议。调研组一行先到莒县全民健身中心、莒县新型体校和备战省运会足球、排球、摔跤等项目训练现场观摩，之后召开会议听取市直有关部门和各区县备战参赛、场馆建设工作情况汇报。

会议按照“办好一次会、搞活一座城”要求，全面做好各项筹备工作；加强对备战参赛工作组织领导，理顺工作机制，严格落实政策，及时研究解决备战参赛的重大问题；加快省运会场馆设施建设，以工期为倒逼，挂图作战、挂图督战，确保工程进度、工程质量满足竞赛标准和赛后利用需要；进一步压实责任，强化措施，争分夺秒，聚力落实，把筹备工作做得更精细、更充分，为办成一届成功、精彩、圆满的省运会，为打造“活力日照”贡献力量。

三、省运会筹备工作会议

2020 年 3 月 25 日，日照市召开二十五届省运会筹备工作会议。调度前段时间筹备工作进展情况，安排部署下阶段重点工作。市委副书记李在武出席会议并讲话，副市长林彦芹主持会议。市筹委会首席专家刘清早对省运会筹备工作进行专题培训指导。会议认真贯彻“办好一次会、搞活一座城”的要求，总结工作、查找不足，切实增强办好省运会的责任感、紧迫感。要求坚持“建、管、用”一体谋划、统筹推进，加快场馆建设，确保如期完成；全力攻坚备战参赛，坚持从实战出发，全面做好日常训练工作，不断提升体育竞技水平；按照建设智慧城市的要求，聚力打造智慧省运，努力构建起高效、便捷、共享的服务体系等方面作安排部署。要求各级各有关部门要强化全市“一盘棋”意识，将省运会筹备工作列入重要议事日程，在人财物上优先给予保障，加强沟通配合，合力抓好工作落实；要认真抓好竞赛组织工作，搞好省运会市场开发和对外宣传，提前启动省运会开闭幕式的策划；要深入一线抓督导，片刻不歇抓筹备，集聚各方面智慧和力量，奋力夺取办赛、参赛、经济社会发展“三块金牌”，向全市人民交上一份满意答卷。

2021 年 3 月 11 日，日照市召开二十五届省运会筹备工作会议。市委常委、宣传部部长杨留星出席会议并讲话，副市长林彦芹主持会议。会议要求紧盯薄弱环节，坚定信心、苦干实干，全面发起场馆建设收官、竞赛组织与服务保障、备战参赛、新闻宣传和开闭幕式筹备、市场开发、“办会”与“创城”结合等“六大攻坚”，推动省运会筹备工作取得更大进展。要求各部（室）和区（县）执委会坚守工作底线，磨砺硬作风，锻造硬本领。握紧用好督查考核“指挥棒”，强化协调联动，着力推进对外宣传推介、综合调度指挥、部（室）分线筹备等工作，严守安全底线、廉洁底线、反兴奋剂底线；做好二十五届省运会与十一届省残运

会一体推进、一体筹备，确保两个运动会成功、圆满、精彩，为加快打造现代化海滨体育名城、建设现代化海滨城市贡献力量。

四、省运会市筹委会竞赛工作会议暨单项竞委会筹备组成立大会

2020 年 12 月 15 日，二十五届省运会市筹委会竞赛工作会议暨单项竞委会筹备组成立大会召开。市委常委、宣传部部长杨留星，副市长林彦芹出席会议，市筹委会首席专家刘清早对筹备工作进行专题培训指导。

会议要求各相关部门增强紧迫感，加快推进竞赛组织、场馆建设、备战参赛等各项筹备工作。增强使命感，认真贯彻“办好一次会、搞活一座城”的要求，提升整个赛事组织服务水平。增强责任感，扎实做好各阶段竞赛筹备组织工作，确保高标准、高质量完成省运会筹备任务，努力实现“办赛精彩、参赛出彩、发展增彩”的目标。

五、省运会场馆建设推进会议

2022 年 3 月 17 日，日照市召开二十五届省运会场馆建设推进会议。会议通报各场馆建设情况，听取部分区（县）和市筹委会相关部室表态发言。市委副书记、市长李在武出席会议并讲话，市委副书记王新生主持会议。市领导李波、贾刚、张佃虎、林彦芹、吕祥永、张金梅、孟凡香参加会议。

2022 年 3 月 17 日，二十五届省运会场馆建设推进会议在日照召开

会议要求切实增强政治责任感和工作紧迫感，进一步坚定信心、卡紧节点、压实责任，推动筹办工作全面进入“赛时状态”；要千方百计抢工期、赶进度，倒排工期、挂图作战，逐个明确施工控制节点，每周抓好“五查一评”，加快完成“双验收”，确保所有场馆按期交付、如期投运。要全面加强环境综合整治，实施绿化提升、市容秩序、城市环境、亮化、交通优化等五项工程，充分展示“活力日照、精彩省运”的品牌形象；要提升场馆运营水平和保障赛事能力，加快推进运营团队入驻、智慧省运建设，建好 5G 接入、Wi-Fi 覆盖等必备功能和 VR 直播系统等选配功能，为参会人员和市民提供便捷、舒适、智慧化的赛事服务；要真正形成工作闭环抓落实，压实市筹委会、各区县执委会和各比赛项目竞委会责任，调动

各个方面的积极性，推动各项筹办工作顺利进行；要切实抓好疫情防控、建筑施工安全，努力交出“办赛精彩、参赛出彩、发展增彩”的优异答卷。会后，与会人员到奎山体育中心，现场察看省运会主场馆、新体校建设进展情况。

六、省运会、省残运会筹委会会议

2022 年 8 月 4 日，市委书记、市人大常委会主任张惠主持召开二十五届省运会、十一届省残运会筹委会会议。市领导李在武、王新生、李波、林彦芹、张金梅、孟凡香参加会议。

会议要求继续发扬不怕疲劳、连续作战精神，保持“一刻也不能停、一步也不能错、一天也误不起”的战斗状态，全力冲刺各项筹备工作，坚决打赢这场硬仗；扎实做好省运会、省残运会开闭幕式筹备工作，强化各环节对接协调、统筹保障，努力向全省人民呈现具有齐鲁风格、日照特色、体育特点的开闭幕式；要精心做好赛事组织工作，盯紧交通组织、安全保卫、医疗卫生、接待保障、志愿服务等重点环节，切实为比赛提供一流服务；认真做好环境氛围营造工作，持续优化提升自然环境、城市环境、人文环境，广泛开展群众主题健身活动，进一步营造“人人都是东道主，人人文明迎省运”的浓厚氛围；坚决守好安全底线，严格落实疫情防控措施，深入开展安全风险隐患排查整治，认真做好应急预案演练，确保运动会组织平稳有序、安全有力；持续做好备战参赛工作，努力实现运动成绩和精神文明双丰收；严格落实工作责任，强化闭环意识、精细意识、效率意识，确保把两个运动会办成功、办圆满、办精彩，以优异成绩迎接党的二十大胜利召开。

七、省运会代表团团长会议

2022 年 8 月 25 日，二十五届省运会代表团团长会议在日照召开。省政府副秘书长张连三，省体育局党组书记、局长李政出席会议并讲话，省体育局党组副书记乔云萍主持会议，省体育局党组成员、副局长张柄臣、栾风岩、王强出席会议，二十五届省运会执委会副主任、副市长林彦芹通报省运会筹办情况。

2022 年 8 月 25 日，山东省第二十五届运动会代表团团长会议在日照召开

会议就安全顺利举办该届省运会，为党的二十大营造良好氛围、展示全省疫情防控和经

济社会发展成就、促进全省体育高质量发展作安排部署。省体育局要切实担负起公平公正、安全有序的竞赛组织责任，坚决抓好风险防控，切实做好局面掌控，全面强化处罚震慑，确保省运会风清气正、纯洁干净。日照市要切实担负起周到细致、有序安全的服务保障责任，科学严密抓好疫情防控，牢牢守住赛事安全底线，提供各项优质服务，持之以恒做到“滴水不漏”。各代表团要切实担负起带好队伍、守好纪律的组织管理责任，牢固树立正确参赛观，切实强化纪律规矩意识，加强运动队扁平化管理，努力夺取运动成绩和精神文明双丰收。全体办赛参赛人员要坚决做到守土有责、守土担责、守土尽责、守土负责，全力以赴向全省人民奉献一场圆满的体育盛会，以优异成绩迎接党的二十大胜利召开。

八、山东体育强省建设表彰大会

2022 年 8 月 26 日，山东体育强省建设表彰大会在日照市召开。省体育局党组书记、局长李政出席会议并讲话，省体育局党组副书记乔云萍主持会议，市委副书记王新生致辞。

会议全面回顾 10 年来全省全民健身、竞技体育、体育产业、青少年体育、改革创新等工作所取得的成绩，宣读《山东省人力资源和社会保障厅、山东省体育局关于表彰山东体育强省建设先进集体和先进个人的通报》《山东省体育局关于表扬 2018—2021 年度在全省群众体育工作中表现突出的集体和个人的通报》。与会领导为受表彰的个人和集体代表颁奖。济南市全民健身中心、青岛市国家级社会体育指导员高瑛讲话，烟台射击射箭运动中心、潍坊市体育局、日照市体育总会、临沂市体育局代表在会上作典型发言。

2022 年 8 月 26 日，山东体育强省建设表彰大会在日照召开

会议要求抓住一个根本，加快构建更高水平的全民健身公共服务体系；突出一个关键，以更好更高更快更强的目标发展竞技体育；聚焦一个重点，推动体育产业成长为国民经济的支柱性产业；强化一个动力，把创新摆在发展全局的核心位置；增强一个自觉，把弘扬中华体育精神同坚定文化自信结合起来；守好一条底线，统筹发展和安全，为办好以人民为中心的体育、加快建设新时代体育强省作出新的更大贡献。

九、省残运会筹备工作座谈会

2022年8月29日，十一届省残运会筹备工作座谈会在日照召开。十一届省残运会执委会副主任、省残联党组成员、副理事长张文涛讲话，副市长林彦芹主持会议。

会议要求提高认识、压实责任，加强赛事组织，抓好统筹衔接；提升个性化服务水平，充分考虑残疾人特殊需求，加强无障碍设施建设，落实各项保障措施，组建专业志愿服务队伍，热情细致周到做好服务；加强宣传报道力度，全方位、多角度、立体式展示残疾人积极向上、自强不息的精神面貌和感人故事，努力做到思想无障碍、设施无障碍、信息无障碍，确保办成一届实现康复、提振信心，消除障碍、促进融合，传递爱心、凝聚力量，焕发自强、启迪社会的体育盛会。

会前，召开十一届省残运会第二次联络员会议，执委会就相关事项与各代表团进行沟通和解答。

十、省残会倒计时10天决战动员部署会议

2022年9月6日，日照市召开十一届省残运会倒计时10天决战动员部署会议。市委副书记、市筹委会执行主任王新生出席会议并讲话，市委常委、宣传部部长、市筹委会副主任李波主持会议，副市长、市筹委会副主任林彦芹，市政协副主席、市筹委会副主任孟凡香出席。

会议要求切实提高思想认识，以更高水平做好各项筹备工作，充分展现城市的气度、温度和文明程度；要突出工作重点，按照“两个省运一套班子”的要求，迅速把力量转移到省残运会筹备上来，全面做好开闭幕式、竞赛组织等工作；要充分考虑残疾人运动员群体的特殊性，用更多的爱心、细心、耐心和包容，提供更加便利化、人性化、个性化的服务保障；要坚持标准不降、措施更细，反复推演各个环节、各个流程，确保不出任何纰漏；要坚决守牢安全底线，严格落实疫情防控措施，进一步健全完善各类应急预案，全力筑牢省残运会安全办赛屏障。要求充分借鉴省运会筹办经验，进一步加强统筹协调、细化工作措施、凝聚最大合力，确保筹办工作周密细致、开闭幕式活动简朴隆重、竞赛组织规范有序、服务保障优质高效、社会氛围热烈浓厚，实现“两个省运、同样精彩”目标。

十一、省残运会新闻发布会

2022年9月15日，十一届省残运会新闻发布会在日照召开。十一届省残运会执委会副主任、省残联副理事长张文涛，十一届省残运会执委会副主任、副市长林彦芹介绍省残运会筹办工作和开幕式相关情况。

该届省残运会于9月16日开幕，共设置17个大项700余个小项，1500余名残疾人运动员参赛。竞赛项目分提前项目和集中项目，提前项目于6月25日开赛；开幕式后，集中进行田径、游泳、乒乓球、聋人篮球、轮椅篮球5个大项比赛。筹办方面，日照举全市之力筹办十一届省残运会，提出“两个赛事、同样精彩”的办赛理念，坚持以人为本，围绕场地设施、赛事运行、服务保障等环节不断提高无障碍服务水平，严守疫情防控、安全保卫、日常保障和食品安全底线，精心策划开闭幕式，以一流场馆设施、一流竞赛组织、一流城市环境、一流服务保障，努力为全省人民奉献一届成功、精彩、圆满的残运盛会。

十二、省残运会代表团团长会议

2022年9月16日，十一届省残运会代表团团长会议在日照召开。十一届省残运会组委会副主任、省政府副秘书长张连三出席会议并讲话，十一届省残运会组委会副主任、省残联党组书记、理事长邹斌芳主持会议，十一届省残运会执委会副主任、副市长林彦芹通报十一

届省残运会筹办工作情况。十一届省残运会组委会成员、各代表团团长、联络员等参加会议。

会议就做好省残运会筹办工作提出明确要求，强调要加强组织领导、压紧压实责任，抓好疫情防控、落实各项措施，强化服务保障、守牢安全底线，严肃赛风赛纪、确保公平公正，切实办成一届安全、精彩、圆满的残疾人体育赛事。会议还对开闭幕式期间工作进行动员部署。

第二章 组织机构

山东省人民政府和山东省体育局以及中共日照市委、市人民政府先后成立二十五届省运会、十一届省残运会和第五届省老运会的组织、筹备、纪检以及开闭幕式等组织领导机构及其工作部门。

2019年4月14日，市委、市政府成立二十五届省运会日照市筹备工作委员会。筹委会由市委、市政府及其主要部门的领导96人、外聘专家1人组成，下设工作机构一室二十部。

2020年8月29日，筹委会根据省运会筹备工作需要，调整部分组成人员和内设机构。

2022年3月11日，省政府成立二十五届省运会组织委员会，加强对二十五届省运会筹办工作的组织领导。3月16日，市委、市政府成立二十五届省运会十一届省残运会日照市筹备工作委员会，调整部分组成人员和内设机构，筹委会下设一室二十部。4月18日，省政府成立山东省第十一届残疾人运动会组织委员会，加强对山东省第十一届残疾人运动会筹办工作的组织领导。6月13日，成立二十五届省运会执行委员会；成立二十五届省运会纪律检查委员会，加强对省运会纪律检查工作的组织领导，加强赛风赛纪和反兴奋剂监督等工作。8月5日，根据十一届省残运会工作需要，成立十一届省残运会执行委员会。8月9日，成立二十五届省运会十一届省残运会开闭幕式现场指挥部，下设统筹协调组、贵宾接待组等10个工作组。

2023年4月4日，市重大体育赛事领导小组办公室成立第五届省老运会日照筹委会，下设工作机构一室一组六部。5月5日，省政府对第五届山东省老年人组织委员会成员进行调整，进一步加强对第五届省老运会的组织领导。

第一节 二十五届省运会日照市筹备委员会

一、筹备委员会

2019 年 4 月 14 日，为高质量推进省运会各项筹备工作，市委、市政府成立二十五届省运会日照市筹备工作委员会。组成人员如下：

主　　任：齐家滨 市委书记
　　　　　李永红 市委副书记、市长
执行主任：李在武 市委副书记
副 主 任：马先俠 市委常委、秘书长
　　　　　汤占领 市委常委、市纪委书记、市监委主任
　　　　　刘国伟 市委常委、组织部部长
　　　　　郑玉霞 市人大常委会副主任
　　　　　张培林 副市长，市公安局局长、党委书记
　　　　　林彦芹 副市长
　　　　　郑德庆 副市长
　　　　　王坤英 市政协副主席
　　　　　黄秀芹 市政府党组成员、秘书长
执行副主任：林彦芹 副市长（兼）
首席专家：刘清早 上海体育学院教授
秘 书 长：孟凡香 市委副秘书长，市体育局局长、党组书记
副秘书长：陈常永 市政府办公室副主任

市筹委会下设一室二十部：办公室、竞赛部、场馆建设与运行保障部、新闻宣传工作部、备战参赛部、市场开发部、经费保障部、监察审计部、环境整治部、开闭幕式工作部、信息技术部、安全保卫部、医疗卫生部、交通运输部、接待部、食品安全保障部、志愿者工作部、综合保障部、反兴奋剂工作部、残运会工作部、省运会研究中心 21 个工作机构。

2020 年 8 月 29 日，市筹委会根据省运会筹备工作需要，调整部分组成人员和内设机构。组成人员如下：

主　　任：张　惠 市委书记
执行主任：李在武 市委副书记
副 主 任：杨留星 市委常委、宣传部部长、统战部部长
　　　　　马先俠 市委常委、秘书长
　　　　　汤占领 市委常委、市纪委书记、市监委主任
　　　　　杨原田 市委常委、组织部部长
　　　　　郑玉霞 市人大常委会副主任
　　　　　高月波 副市长
　　　　　林彦芹 副市长
　　　　　郑德庆 副市长

王坤英　市政协副主席
徐桂华　市政府秘书长
执行副主任：林彦芹　副市长（兼）
首 席 专 家：刘清早　上海体育学院教授
秘　书　长：孟凡香　市委副秘书长，市体育局局长
副 秘 书 长：王海波　市政府办公室副主任

2022年3月16日，为高质量推进二十五届省运会十一届省残运会各项筹备工作，市委、市政府成立二十五届省运会十一届省残运会日照市筹备工作委员会。筹委会根据省运会筹备工作需要，调整部分组成人员和内设机构。组成人员如下：

主　　　任：张　惠　市委书记、市人大常委会主任
李在武　市委副书记、市长
执 行 主 任：王新生　市委副书记、政法委书记
副　主　任：刘　军　市委常委、市纪委书记、市监委主任
明　铭　市委常委、秘书长
郭　飞　市委常委、组织部部长
李　波　市委常委、宣传部部长
贾　刚　市委常委、副市长
张佃虎　市委常委、副市长
郇　梅　市人大常委会副主任
林彦芹　副市长
李　刚　副市长、市公安局党委书记、局长
吕祥永　副市长
张金梅　副市长
马维强　副市长
孟凡香　市政协副主席、市体育局局长
林　杰　市政府党组成员、秘书长
执行副主任：李　波　市委常委、宣传部部长
林彦芹　副市长（兼）
孟凡香　市政协副主席、市体育局局长
首 席 专 家：刘清早　上海体育学院教授
秘　书　长：孟凡香　市政协副主席、市体育局局长
副 秘 书 长：周　斌　市委办公室副主任
王海波　市政府副秘书长
生安政　市委宣传部副部长
徐立宝　市残联理事长
委　　　员：张承永　市纪委常务副书记、市监委副主任
刘庆召　市委副秘书长、办公室主任
赵利钊　市委副秘书长、政研室主任
张国华　市委组织部分管日常工作的副部长
市委非公有制经济组织和社会组织工委书记

王军卫 市委宣传部分管日常工作的副部长、市文明办主任
章　鲁 市委宣传部副部长、网信办主任
李新明 市委组织部副部长、编办主任
焦安勇 市委市直机关工委分管日常工作、副书记
窦更勤 日照报业传媒集团（日照日报社）董事长（社长）
赵　勇 市接待事务中心主任
刘玉贤 市档案馆馆长
牟敦峰 市政府副秘书长
卢东磊 市发展改革委主任
孙　燕 市委教育工委常务副书记、市教育局局长
马先升 市工业和信息化局局长
王兴展 市公安局党委副书记、政委
王庆忠 市财政局局长
马明成 市委组织部副部长、市人力资源和社会保障局局长
乔　宇 市自然资源和规划局局长
宋　君 市生态环境局局长
王华鹏 市住房和城乡建设局局长
滕厚军 市交通运输局局长
张守忠 市海洋发展局党组书记
郭晓民 市商务局局长
肖　梅 市文化和旅游局局长
张玉新 市卫生健康委主任
乔永前 市应急管理局局长
田　英 市审计局局长
陈　凯 市国资委主任
刘森林 市市场监管局局长
安丰堂 市医疗保障局局长
臧新宇 市城市管理局局长
田金光 市大数据发展局局长
王　磊 市总工会党组书记、常务副主席
李婉莹 团市委副书记
薛惠敏 市妇联主席
李　平 市机关事务服务中心主任
孙蕾春 日照广播影视集团（日照广播电视台）董事长（台长）
刘祥龙 东港区委书记
何　文 东港区委副书记、区长
焦春锋 岚山区委书记
周升元 岚山区委副书记、区长
王　霞 莒县县委书记
陈振华 莒县县委副书记、县长

武光锋　五莲县委书记
孙　丽　五莲县委副书记、县长
孙　立　日照经济技术开发区工委书记、管委主任
古茂林　日照经济技术开发区工委委员、管委副主任
孙运国　日照高新技术产业开发区工委副书记、管委主任
申淑清　山海天旅游度假区工委书记
袁利强　山海天旅游度假区工委副书记、管委主任
程　林　市税务局局长
郑美琴　市气象局局长
费宇恩　日照海事局局长
马守东　市邮政管理局局长
陈洪震　市消防救援支队党委副书记、支队长
刘　昊　日照供电公司总经理
刘　峰　中国电信日照分公司总经理
彭　虎　中国移动日照分公司总经理
徐晓军　中国联通日照分公司总经理
殷世锋　中国铁塔日照分公司总经理
陈　涛　日照火车站站长
郑嘉洲　山东省机场管理集团日照机场有限公司董事长
盛余祥　日照城投集团董事长
金立柱　日照交通能源发展集团董事长

筹委会其他成员根据工作需要和其工作单位变动情况作相应调整。筹委会经费保障部调整为财务部、新闻宣传部调整为宣传工作部，省运会研究中心撤销，增加群体工作部。筹委会工作机构调整为：办公室、竞赛部、场馆建设与运行保障部、宣传工作部、备战参赛部、市场开发部、财务部、监察审计部、环境整治部、开闭幕式工作部、信息技术部、安全保卫部、医疗卫生部、交通运输部、接待部、食品安全保障部、志愿者工作部、综合保障部、反兴奋剂工作部、残运会工作部、群体工作部 21 个工作机构。

二、筹委会工作机构

办公室

主　　任：王海波　市政府副秘书长
常务副主任：生安政　市委宣传部副部长
副　主　任：葛　新　市体育局副局长
梅　俊　市体育产业发展中心主任

成员单位：市直和国家、省属驻日照各有关部门、单位，各区县、功能区执委会，各有关高校，各有关企业。

工作职责：负责市筹委会各部室，各区县、功能区执委会，各高校筹备省运会工作的统筹、协调与管理；负责市筹委会公文处理、印章管理工作；负责市筹委会文件和文字材料拟制工作；负责领导同志及首席专家公务活动的组织安排工作；负责市筹委会有关会议的会务工作；负责与主办单位的对接协调工作；负责市筹委会机关党建和党员管理工作；负责市筹委会人事管理工作；负责市筹委会档案管理和保密工作；负责市筹委会法律事务工作；负责市筹委

会机关后勤保障工作；做好残运会筹备相关工作；完成与办公室相关的其他工作和筹委会安排的其他任务。

竞赛部

部　　长： 卢　伟　市体育局副局长

副 部 长： 张　颖　市教育局副局长

田　军　市体育局副局长

徐　龙　市体育产业发展中心副主任

成员单位： 市体育局、市教育局、市机关事务服务中心，各区县、功能区执委会，各有关高校，各有关企业。

工作职责： 负责统筹管理省运会竞赛组织（含表演项目）工作；负责各单项竞委会组建和运行管理工作；负责指导场馆体育工艺、赛时保障，指导竞赛信息系统开发工作；负责竞赛器材配置、验收、回收处置工作；负责技术官员、裁判员及其他竞赛工作人员管理工作；负责指导各区县、功能区执委会、各单项竞委会做好参赛运动队管理工作；负责竞赛工作手册、总秩序册和总成绩册编制，奖牌和证书制作，颁奖和体育展示组织工作；负责竞赛纠纷处置工作；负责协助做好反兴奋剂相关工作；做好残运会筹备相关工作；完成与竞赛部相关的其他工作和筹委会安排的其他任务。

场馆建设与运行保障部

部　　　长： 王华鹏　市住房和城乡建设局局长

常务副部长： 赵　峰　市住房和城乡建设局副局长

副　部　长： 李　莉　市财政局副局长

高　明　市自然资源和规划局副局长

田　军　市体育局副局长

申　洁　东港区委常委、副区长

冯展宁　岚山区委常委、宣传部部长、区委教育工委书记，副区长

兰庆朔　莒县县委常委、宣传部部长、县委教育工委书记，副县长

李伟华　五莲县委常委、县政府党组副书记、副县长

宋瑞军　日照经济技术开发区工委委员、管委副主任

崔久西　日照高新技术产业开发区工委委员、管委副主任

姚　欣　山海天旅游度假区二级调研员

徐　龙　市体育产业发展中心副主任

成员单位： 市住房和城乡建设局、市发改委、市教育局、市财政局、市自然资源和规划局、市体育局、市人防办，各区县、功能区执委会，各有关高校，各有关企业。

工作职责： 负责统筹管理省运会场馆建设和维修改造工作；负责各类场馆体育工艺标准的落实；负责各类场馆信息化建设标准的落实；负责管理各类场馆的业主单位；负责各类场馆赛时运行保障工作；负责各类场馆建设与运行过程中的安全工作；做好残运会筹备相关工作；完成与场馆建设与运行保障部相关的其他工作和筹委会安排的其他任务。

宣传工作部

部　　　长： 王军卫　市委宣传部分管日常工作的副部长、市文明办主任

常务副部长： 陶玉亮　市委外宣办主任

副　部　长： 侯学阳　市新时代文明实践指导中心主任
郭长玉　市委网信办副主任
宗瑞凯　日照日报社副总编辑
卞文君　日照广播影视集团（台）副总经理

成员单位： 市委宣传部、市委网信办、市教育局、市商务局、市文化和旅游局、市体育局、市城市管理局、市总工会、团市委、市妇联、日照日报社、日照广播电视台，各区县、功能区执委会，中国电信日照分公司、中国移动日照分公司、中国联通日照分公司。

工作职责： 负责统筹管理省运会新闻宣传工作；负责省运会会徽、吉祥物、会歌、宣传口号、公益短信等的管理工作，负责相关知识产权保护；负责省运会官方网站的运行管理工作；负责社会宣传、对外宣传工作；负责市筹委会新闻发布会组织工作；负责省运会各类直播、录播、转播工作；负责省运会专题片、宣传片、特刊等的管理工作；负责省运会开幕倒计时、举办期及闭幕后主题活动的组织工作；负责各类媒体采访报道省运会的组织及记者管理工作；负责新闻中心的组建及运行管理工作；负责省运会“体育道德风尚奖”的评选、颁奖工作；做好残运会筹备相关工作；完成与宣传工作部相关的其他工作和筹委会安排的其他任务。

备战参赛部

部　长： 田　军　市体育局副局长
副部长： 周扬桂　市体育运动学校校长
张　颖　市教育局副局长
卢　伟　市体育局副局长
张　涛　东港区委常委、宣传部部长、区委教育工委书记，副区长
冯展宁　岚山区委常委、宣传部部长、区委教育工委书记，副区长
兰庆朔　莒县县委常委、宣传部部长、县委教育工委书记，副县长
李宗臣　五莲县政府副县长
郑　悦　日照经济技术开发区工委委员、管委副主任（兼）
日照综合保税区管理服务中心主任
姚　欣　山海天旅游度假区二级调研员
申建伟　市体育运动学校副校长
戚丽丽　市体育局体育经济科科长、一级主任科员

成员单位： 市体育局、市委编办、市教育局、市公安局、市财政局、市人力资源和社会保障局，各区县、功能区执委会，各有关企业。

工作职责： 负责完成日照代表团省运会参赛任务；负责日照代表团各参赛项目运动队的组建和训练管理工作；负责日照市参加省运会的运动员、教练员引进管理工作；负责做好日照市代表团参加省运会的后勤保障工作；做好残运会筹备相关工作；完成与备战参赛部相关的其他工作和筹委会安排的其他任务。

市场开发部

部　　　长： 郭晓民　市商务局局长
常务副部长： 牛学卿　市投资促进服务中心副主任
副　部　长： 杨　冰　市国资委副主任

成员单位：市商务局、市财政局、市文化和旅游局、市国资委、市市场监管局、市体育局、日照日报社、日照广播电视台、市税务局、市邮政管理局，各区县、功能区执委会。

工作职责：负责省运会自主开发、市场开发、社会捐赠的统筹管理工作；负责省运会各类主题活动的市场开发工作；负责纪念品、邮品、礼品等省运会衍生品的市场开发工作；负责省运会媒体宣传资源的市场开发工作；配合做好省运会门票管理工作；负责省运会赞助、捐赠物资管理工作；负责省运会赞助商权益回报维护工作；负责借助省运会筹办机遇，做好相关产业招引工作；做好残运会筹备相关工作；完成与市场开发部相关的其他工作和筹委会安排的其他任务。

财务部

部　　长：王庆忠　市财政局局长

常务副部长：李兆勇　市财政局副局长

副 部 长：徐练军　市税务局二级高级主办

成员单位：市财政局、市审计局、市税务局，各区县、功能区执委会。

工作职责：负责统筹管理省运会财务工作；负责指导区县、功能区执委会做好财务管理工作；负责省运会预算管理和项目绩效管理工作，协调相关省拨经费；负责市筹委会日常开支管理工作、市筹委会层面的财务结算工作，做好会计工作；负责省运会固定资产管理工作；负责牵头做好省运会相关采购招标工作；协助审计部门做好审计工作；做好残运会筹备相关工作；完成与财务部相关的其他工作和筹委会安排的其他任务。

监察审计部

部　　长：张承永　市纪委常务副书记、市监委副主任

常务副部长：别海洋　市审计局副局长

副 部 长：邢西时　市纪委监委派驻第八纪检监察组副组长、四级调研员

成员单位：市纪委监委机关、市财政局、市审计局。

工作职责：负责统筹省运会纪检、监察、审计工作，做好“廉洁省运”风险防控工作；负责对与省运会有关的经费开支、采购、招标、市场开发、社会捐赠等项目的廉政监察工作；负责组织省运会有关的审计工作；做好残运会筹备相关工作；完成与监察审计部相关的其他工作和筹委会安排的其他任务。

环境整治部

部　　长：臧新宇　市城市管理局局长

常务副部长：刘祥伟　市城市管理局党组成员、市公用事业管理服务中心主任

副 部 长：赵　峰　市住房和城乡建设局副局长

王为民　市市场监管局四级调研员

成员单位：市城市管理局、市生态环境局、市住房和城乡建设局、市商务局、市文化和旅游局、市市场监管局，各区县、功能区执委会。

工作职责：负责省运会相关的城市环境整治工作（“五点一线”区域等）；负责省运会相关的旅游环境、消费环境整顿规范工作；负责省运会来宾对服务业的投诉处置工作；负责省运会举办期空气质量改善工作；负责协助宣传工作部做好省运会氛围布置与维护工作；做好残运会筹备相关工作；完成与环境整治部相关的其他工作和筹委会安排的其他任务。

开幕式闭幕式工作部

部　　长：王军卫　市委宣传部分管日常工作的副部长、市文明办主任

常务副部长：赵庆江　日照报业传媒集团（日照日报社）总经理

副　部　长：禚　磊　市文化和旅游局二级调研员

韩　通　市体育局党组成员、市体育总会办公室主任

肖光娟　日照广播影视集团（台）副总编辑

成员单位：市委宣传部、市教育局、市文化和旅游局、市体育局、市总工会、团市委、市妇联、市机关事务服务中心、日照广播电视台，各区县、功能区执委会，各有关高校。

工作职责：负责开幕式活动全程管理；负责闭幕式活动全程管理；负责对开闭幕式场馆临时设施搭建的业务指导工作；负责开闭幕式总指挥部组建及业务指导工作；负责开闭幕式前“暖场”的组织工作；做好残运会筹备相关工作；完成与开闭幕式工作部相关的其他工作和筹委会安排的其他任务。

信息技术部

部　　长：田金光　市大数据发展局局长

常务副部长：张守军　市大数据发展服务中心主任

副　部　长：许海明　市工业和信息化局党组成员、市化工专项行动办专职副主任

张　文　市大数据发展服务中心运行保障部部长

成员单位：市大数据发展局、市工业和信息化局、市住房和城乡建设局、市体育局，各区县、功能区执委会，中国电信日照分公司、中国移动日照分公司、中国联通日照分公司、中国铁塔日照分公司。

工作职责：负责省运会相关的信息技术管理工作；负责牵头有关单位做好“智慧省运”工作；负责省运会所需要的各类软件系统的开发管理工作；负责通信保障工作；负责无线电管理工作；做好残运会筹备相关工作；完成与信息技术部相关的其他工作和筹委会安排的其他任务。

安全保卫部

部　　长：王兴展　市公安局政委

常务副部长：林玺政　市公安局副局长

副　部　长：郑　伟　市公安局治安支队支队长

王洪木　市公安局交警支队副支队长

辛本顺　市消防救援支队副支队长

蒋国华　市公安局治安支队班子成员、一级警长

成员单位：市公安局、市海洋发展局、日照海事局、市消防救援支队，各区县、功能区执委会。

工作职责：负责统筹管理省运会的安全保卫工作；负责人员、车辆证件管理工作；负责各类场馆、接待宾馆、活动与会议举办地的消防工作；负责涉及省运会的道路交通管理工作；负责国家安全、反恐处突工作；负责省运会突发、应急事件处置工作；会同宣传部门做好网络安全工作；负责省运会举办期社会面防控工作；做好残运会筹备相关工作；完成与安全保卫部相关的其他工作和筹委会安排的其他任务。

医疗卫生部

部　　长：张玉新　市卫生健康委主任

常务副部长：窦明滨 市卫生健康委副主任

副　部　长：张永礼 市体育总会副主席

熊　潇 市医疗保障局四级调研员

成员单位：市卫生健康委、市体育局、市医疗保障局，各区县、功能区执委会。

工作职责：负责对省运会医疗与卫生防疫工作的统筹管理；负责省运会场馆、接待宾馆现场医疗救护工作；负责开闭幕式、群先会等重要活动的医疗保障工作；负责省运会各类人员住院医疗保障工作；配合做好省运会相关保险管理工作，与保险机构对接并做好理赔工作；做好重大疾病、流行性疾病、传染性疾病的防控工作；指导省运会相关区域的消杀工作；做好残运会筹备相关工作；完成与医疗卫生部相关的其他工作和筹委会安排的其他任务。

交通运输部

部　　　长：滕厚军 市交通运输局局长

常务副部长：任福海 市交通运输局三级调研员

副　部　长：丁卫东 市公安局交警支队副支队长

何茂亮 日照交通能源发展集团副总经理

成员单位：市交通运输局、市公安局、市体育局，各区县、功能区执委会，日照火车站、日照机场、日照交通能源发展集团。

工作职责：负责统筹做好省运会交通运输服务保障工作；负责遴选交通运输单位，负责车辆驾驶员的管理与保障工作；负责为省运会各类持证人员提供公交车、出租车服务管理工作；负责省运会各类器材、设备、物资的运输保障工作；做好残运会筹备相关工作；完成与交通运输部相关的其他工作和筹委会安排的其他任务。

接待部

部　　　长：赵　勇 市接待事务中心主任

常务副部长：苏　娜 市接待事务中心副主任

副　部　长：禚　磊 市文化和旅游局二级调研员

刘家坤 市体育局二级调研员

成员单位：市接待事务中心、市交通运输局、市商务局、市文化和旅游局、市市场监管局、市体育局、市机关事务服务中心，各区县、功能区执委会，日照火车站、日照机场、日照交通能源发展集团。

工作职责：负责统筹做好省市领导、主办单位、群先会代表及其他各类人员的接待工作；负责遴选并管理各类接待宾馆、组建并管理各类接待站；负责管理各市参赛代表团、参观访问团、特邀嘉宾的对口接待工作；负责各类超编人员、观摩人员的接待安排工作；做好残运会筹备相关工作；完成与接待部相关的其他工作和筹委会安排的其他任务。

食品安全保障部

部　　　长：刘森林 市市场监管局局长

常务副部长：丁来余 市市场监管局副局长

成员单位：市市场监管局、市接待事务中心、市体育局，各区县、功能区执委会。

工作职责：负责统筹管理与省运会有关的食品安全保障工作；负责省运会接待宾馆、赛场、重大活动现场的食品安全保障工作；负责举办期社会面食品药品安全监管工作；负责省运会食材供应单位的源头监管、运输监管、加工监管工作；做好残运会筹备相关工作；完成与食品安全保障部相关的其他工作和筹委会安排的其他任务。

志愿者工作部

部　　长：李婉莹　团市委副书记

常务副部长：唐劲辉　团市委副书记

副　部　长：辛　伟　团市委副书记（兼职）

成员单位：团市委、市委宣传部、市教育局、市体育局、市总工会、市妇联，各区县、功能区执委会，各有关高校。

工作职责：负责统筹做好省运会志愿者服务工作；负责省运会志愿者招募、培训、选派管理工作；负责志愿者激励工作，负责装备和后勤保障工作；负责与志愿者派出单位的联络协调工作；协助做好开闭幕式学生演员的管理工作；负责省运会文明啦啦队的组织协调工作；做好残运会筹备相关工作；完成与志愿者工作部相关的其他工作和筹委会安排的其他任务。

综合保障部

部　　长：乔永前　市应急管理局局长

常务副部长：王宏焰　市应急管理局副局长

副　部　长：陈应纪　日照供电公司二级职员

成员单位：市应急管理局、市城市管理局、市气象局，各区县、功能区执委会，日照供电公司、日照城投集团。

工作职责：负责统筹做好省运会各类综合保障工作；负责做好与省运会有关的供电、供水、供气保障工作；负责做好开闭幕式、群先会等重大活动的现场临时供电、保电工作；负责气象服务工作；负责安全生产监督工作；负责闭幕式等重要活动各类临时设施相关安全工作；做好残运会筹备相关工作；完成与综合保障部相关的其他工作和筹委会安排的其他任务。

反兴奋剂工作部

部　　长：田　军　市体育局副局长

副　部　长：申建伟　市体育运动学校副校长

成员单位：市体育局、市市场监管局，各区县、功能区执委会。

工作职责：负责按照省运会组（筹）委会的要求做好兴奋剂检查工作；负责按照省运会组（筹）委会的要求做好兴奋剂检查站的建站与运行管理工作；负责反兴奋剂宣传与拓展教育工作；做好兴奋剂检查官员的接待服务工作；做好残运会筹备相关工作；完成与反兴奋剂工作部相关的其他工作和筹委会安排的其他任务。

残运会工作部

部　　长：徐立宝　市残联理事长

常务副部长：闫　娜　市残联副理事长

副　部　长：赵贤禄　市残联三级调研员

成员单位：市残联、市委宣传部、市接待事务中心、市教育局、市公安局、市财政局、市住房和城乡建设局、市交通运输局、市商务局、市卫生健康委、市应急管理局、市审计局、市市场监管局、市体育局、市城市管理局、市大数据发展局、团市委，各区县、功能区执委会。

工作职责：负责统筹做好残运会的筹备组织工作；负责与省残联对接落实相关工作；负责残运会的竞赛组织工作；负责残运会的参赛代表团、运动队的接待工作；协同开闭幕式工作部做好残运会开闭幕式的组织工作；负责日照市残疾人体育代表团的组建和管理工作，实现参赛成绩目标；负责残运会场馆、接待宾馆等无障碍设施建设与完善工作；负责组建并管理残疾人运动员的服务保障团队；完成与残运会工作部相关的其他工作和筹委会安排的其他任务。

群体工作部

部　　长：韩　通　市体育局党组成员、市体育总会办公室主任

常务副部长：张永礼　市体育总会副主席

副 部 长：陶玉亮　市委外宣办主任

陈　鹏　市委市直机关工委副书记

王其军　市委教育工委委员，市教育局副局长

任　民　市总工会四级调研员、经审委主任

成员单位：市体育局、市教育局、市委市直机关工委、市总工会、团市委、市妇联，各区县、功能区执委会。

工作职责：负责省群先会的组织工作；负责老运会的组织工作；负责迎省运群众体育系列活动组织工作；做好围绕省运惠民、科学健身活动组织工作；完成与群众体育相关的其他工作；完成与群体工作部相关的其他工作和筹委会安排的其他任务。

第二节　二十五届省运会组织委员会

2022 年 3 月 11 日，山东省人民政府成立二十五届省运会组织委员会，加强对二十五届省运会筹办工作的组织领导。组织委员会成员名单如下：

主　　任：孙继业　山东省副省长

副 主 任：张连三　山东省政府办公厅副主任

李　政　山东省体育局局长

李在武　日照市委副书记、市长

委　　员：张桂林　山东省新闻办副主任

孙来斌　山东省发展改革委副主任

孙晓筠　山东省教育厅副厅长

靖士宽　山东省工业和信息化厅副厅长

申延军　山东省公安厅副厅长

孙庆国　山东省财政厅副厅长

秦成勇　山东省卫生健康委副主任

臧金友　山东省应急厅副厅长

陈　耕　山东省市场监管局副局长

彭子良　山东省广电局副局长

乔云萍　山东省体育局副局长

李敬生　山东省体育局副局长

张柄臣　山东省体育局副局长

栾凤岩　山东省体育局副局长

王延奎　山东省体育局一级巡视员

顾卫东　山东省大数据局副局长
林炳勇　山东省药监局副局长
王新生　日照市委副书记
林彦芹　日照市副市长

组织委员会秘书处设在省体育局，李政兼任秘书长，张柄臣、林彦芹兼任副秘书长。组织委员会不作为省政府议事协调机构，二十五届省运会结束后自行撤销。

第三节　二十五届省运会执行委员会

一、执行委员会

2022年6月13日，二十五届省运会组织委员会根据二十五届省运会筹办工作需要，成立二十五届省运会执行委员会。执行委员会成员名单如下：

主　　任：李　政　省体育局党组书记、局长
李在武　日照市委副书记、市长
副 主 任：乔云萍　省体育局党组副书记、省体育总会专职常务副主席（正厅级）
李敬生　省体育局副局长
张柄臣　省体育局副局长
栾凤岩　省体育局副局长
王　强　省体育局副局长
王延奎　省体育局一级巡视员
王新生　日照市委副书记、政法委书记
李　波　日照市委常委、宣传部部长
林彦芹　日照市人民政府副市长
孟凡香　日照市政协副主席、市体育局局长
秘 书 长：王强（兼）　林彦芹（兼）　孟凡香（兼）
副秘书长：尹继兴　省体育局办公室主任
宋振波　省体育局青少年体育处处长
周　斌　日照市委办公室副主任
王海波　日照市政府副秘书长
生安政　日照市委宣传部副部长
卢　伟　日照市体育局副局长
葛　新　日照市体育局副局长
委　　员：关　萍　省体育局直属机关党委、专职副书记、二级巡视员
王　辉　省体育局群众体育处二级巡视员
魏淑波　省体育局竞技体育处处长
许铁军　省体育局科技宣传教育处处长
徐金龙　省体育局体育经济处处长
吕　强　省体育局离退休干部处处长
孙照亮　省体育总会秘书处处长

张承永　日照市纪委常务副书记、市监委副主任
张国华　日照市委组织部分管日常工作的副部长
王军卫　日照市委宣传部分管日常工作的副部长、市文明办主任
牟敦波　日照报业传媒集团（日照日报社）董事长（社长）
赵　勇　日照市接待事务中心主任
刘玉贤　日照市档案馆馆长
孙　燕　日照市教育局局长
马先升　日照市工业和信息化局局长
王兴展　日照市公安局党委副书记、政委
王庆忠　日照市财政局局长
乔　宇　日照市自然资源和规划局局长
宋　君　日照市生态环境局局长
王华鹏　日照市住房和城乡建设局局长
滕厚军　日照市交通运输局局长
张守忠　日照市海洋发展局党组书记
郭晓民　日照市商务局局长
肖　梅　日照市文化和旅游局局长
张玉新　日照市卫生健康委主任
乔永前　日照市应急管理局局长
田　英　日照市审计局局长
刘森林　日照市市场监管局局长
刘家坤　日照市体育局二级调研员
韩　通　日照市体育局党组成员、市体育总会办公室主任
田　军　日照市体育局副局长
卢　伟　日照市体育局副局长
张永礼　日照市体育总会副主席
梅　俊　日照市体育产业发展中心主任
臧新宇　日照市城市管理局局长
田金光　日照市大数据发展局局长
李婉莹　共青团日照市委副书记
孙蕾春　日照广播影视集团（台）董事长兼总经理、台长
刘祥龙　东港区委书记
何　文　东港区委副书记、区长
焦春锋　岚山区委书记
周升元　岚山区委副书记、区长
王　霞　莒县县委书记
陈振华　莒县县委副书记、县长
武光锋　五莲县委书记
孙　丽　五莲县委副书记、县长
孙　立　日照经济技术开发区工委书记、管委主任

古茂林　日照经济技术开发区工委委员、管委副主任
孙运国　日照高新技术产业开发区工委副书记、管委主任
申淑清　山海天旅游度假区党工委书记
袁利强　山海天旅游度假区党工委副书记、管委会主任
程　林　日照市税务局局长
郑美琴　日照市气象局局长
费守恩　日照海事局局长
陈洪震　日照市消防救援支队党委副书记、支队长
刘　昊　日照供电公司总经理
盛余祥　日照城投集团董事长

二、省运会纪检委

2022 年 6 月 13 日，二十五届省运会组织委员会成立二十五届省运会纪律检查委员会，负责对二十五届省运会组织、竞赛、运行、管理、保障等部门及其人员履行赛风赛纪主体职责、强化履职监督情况的监督执纪问责。成员名单如下：

主　　任：李敬生　省体育局副局长
副 主 任：关　萍　省体育局直属机关党委专职副书记、二级巡视员
宋振波　省体育局青少年体育处处长
委　　员：魏淑波　省体育局竞技体育处处长
许铁军　省体育局科技宣传教育处处长
徐金龙　省体育局体育经济处处长
吴志伟　省体育局人事处副处长、三级调研员
马敏峰　省体育局机关纪委书记、三级调研员

第四节 开闭幕式工作指挥机构

一、现场指挥部

2022 年 8 月 9 日，为做好二十五届省运会、十一届省残运会的开闭幕式组织工作，市筹委会成立开闭幕式现场指挥部。组成人员如下：

总 指 挥 长：王新生　市委副书记、政法委书记
常务副总指挥长：李　波　市委常委、宣传部部长

二、工作组

现场指挥部下设统筹协调组、贵宾接待组、仪式与现场表演组、宣传转播与氛围布置组、安全保卫组、交通保障组、观众管理与志愿服务组、综合保障组、疫情防控及医疗卫生组、环境整治组 10 个工作组。

统筹协调组

组　　长：周　斌　市委办公室副主任
王海波　市政府副秘书长
副 组 长：葛　新　市体育局副局长

禚　磊　市文化和旅游局二级调研员

宋瑞军　经开区工委委员、管委副主任

组成单位：市委办公室，市政府办公室，市筹委会办公室；开幕式为日照经济技术开发区（以下简称日照经开区）执委会，闭幕式为东港区执委会、日照城投集团。

统筹协调组下设综合组、材料组、督查组、票务组、主席台设备管理组、后勤组6个工作小组。

工作职责：负责统筹管理开闭幕式现场指挥部工作；负责现场指挥部日常事务、活动安排、综合协调以及现场指挥部议定事项的推进及督查落实；负责制定开闭幕式总体工作方案；负责开闭幕式重要文件、相关图表的起草、报批和印发；负责开闭幕式上主持词、欢迎词、开幕词和欢送词等文字材料起草工作；负责做好开闭幕式票务相关工作。负责门票印制、分配、发放等工作；负责开幕式座区分配、人数核定；负责指挥部工作人员餐饮服务工作；会同仪式与现场表演组做好主席台设备设施管理工作；完成指挥部交办的其他工作。

贵宾接待组

组　　长：赵　勇　市接待事务中心主任

副 组 长：林春立　市委办公室信息调研室主任（副处级）

于　游　市政务服务热线办理中心主任

苏　娜　市接待事务中心副主任

刘家坤　市体育局二级调研员

组成单位：市筹委会接待部及成员单位；开幕式为日照经开区执委会，闭幕式为东港区执委会、日照城投集团。

贵宾接待组下设第一排领导活动组、嘉宾座位安排与联络组、主席台与贵宾区现场服务组3个工作小组。

工作职责：负责出席开闭幕式领导、嘉宾的邀请、联络和服务保障工作；负责开闭幕式第一排领导的全程引导与服务（从酒店到开闭幕式场馆乘车、沿途指引、贵宾室服务、服务员管理等）；做好主席台与贵宾区内贵宾服务和现场管理工作；负责贵宾室、主席台座次安排、桌签及物品摆放等；完成指挥部交办的其他工作。

仪式与现场表演组

组　　长：肖　梅　市文化和旅游局局长

副 组 长：禚　磊　市文化和旅游局二级调研员

张永礼　市体育总会副主席

组成单位：市筹委会开闭幕式工作部及成员单位；开幕式为日照经开区执委会，闭幕式为东港区执委会、日照城投集团。

仪式与现场表演组下设综合协调组、演出服务组、群演管理组、暖场及仪式组、生活物资组、交通保障组、场地技术组、群演保障组（山东外国语职业技术大学）8个工作小组。

工作职责：配合、督促并检查开闭幕式导演团队做好开闭幕式总体策划、创作、编导、排练等工作；牵头组织开闭幕式流程制定、桌面推演、模拟演练、彩排联排；负责做好开闭幕式暖场表演的组织工作，会同观众管理与志愿服务组做好观众互动工作；负责做好开闭幕式的组织工作；负责全程做好开闭幕式文体展示的组织工作；负责主席台抬升搭建方案报批和实施工作；负责做好暖场表演、仪式与文体展示所需器材设备及布景的购置、安装与撤场工作；配合导演团队做好专业演员、学生演员的选拔、组织和管理工作；负责开闭幕式与文体展示合排、彩排期间所有演职人员的餐饮服务工作；会同安全保卫组做好焰火燃放、无人机表演的安全管理工作；完成指挥部交办的其他工作。

宣传转播与氛围布置组

组　　长：王军卫　市委宣传部分管日常工作的副部长、市文明办主任

副 组 长：陶玉亮　市委外宣办主任

牟敦波　日照报业传媒集团（日照日报社）董事长（社长）

孙蕾春　日照广播影视集团（日照广播电视台）董事长（台长）

组成单位：市筹委会宣传工作部及成员单位；开幕式为日照经开区执委会，闭幕式为东港区执委会、日照城投集团。

宣传转播与氛围布置组下设转播组、氛围营造组、宣传报道组、文字材料组、记者服务组 5 个工作小组。

工作职责：负责广播电视直播及转播、媒体宣传报道、新闻记者安排及新闻通稿拟定发布；负责开闭幕式排练和演出期间现场报道媒体记者的管理及保障工作；做好现场转播与宣传报道（含电视、广播、网络直播）的保障工作，确保现场转播与宣传报道工作顺利进行；负责开闭幕式场内宣传氛围布置，场外广场宣传氛围营造，场内外吉祥物布置；负责做好出席开闭幕式媒体记者（非现场采访报道记者）全程接待服务工作；完成指挥部交办的其他工作。

安全保卫组

组　　长：王兴展　市公安局政委

副 组 长：林玺政　市公安局副局长

组成单位：市筹委会安全保卫部及成员单位；开幕式为日照经开区执委会，闭幕式为东港区执委会、日照城投集团。

安全保卫组下设开闭幕式证件组、安检组、要员警卫组、反恐处突组、安保执勤组 5 个工作小组。

工作职责：制订并组织实施开闭幕式安保工作方案及应急预案；会同相关部门，统筹绘制人员车辆出入流线，防疫、验证验票、安检入口等布局详图；在开闭幕式及彩排期间，建立现场指挥部，组织各警种部门实施现场安全保卫等工作，指挥处置现场各类突发事件；制订并组织实施警卫工作方案及应急处置预案，做好警卫对象和重要来宾的警卫工作。组织协调有关部门对警卫对象驻地及活动场所进行安全检查，研究制订警卫行车路线，对执行警卫任务的民警进行业务培训；负责对开闭幕式工作人员、演职人员等进行身份信息的采集与审核；做好开闭幕式相关证件的制作、审核与发放工作；对开闭幕式场馆开展防爆检查，做好场馆安全值守；组织规划开闭幕式场馆停车区域，活动期间指挥车辆有序进出场；指导、督促活动场馆及驻地完善消防设施，确保消防通道畅通；依法对活动场馆及驻地开展消防隐患排查；开闭幕式期间，强化值班备勤，在活动场馆设置临时执勤点，做好焰火燃放、无人机表演等安全管理及消防工作；开闭幕式前，组织开展全市社会治安工作；进一步加强各县（市、区）的社会治安防控工作；加强机动应急警力的值班备勤，强化应急处置演练，确保快速应对和处置各类突发事件；指导安保、票务人员进行验证、验票工作；完成指挥部交办的其他工作。

交通保障组

组　　长：滕厚军　市交通运输局局长

副 组 长：任福海　市交通运输局三级调研员

丁卫东　市公安局交警支队副支队长

组成单位：市筹委会交通运输部及成员单位；开幕式为日照经开区执委会，闭幕式为东港区执委会、日照城投集团。

交通保障组下设车辆管理组、观众运输组、道路交通管理组、停车场管理组4个工作小组。

工作职责：制订并组织实施交通安保工作方案及应急预案；制订并组织实施车辆保障工作方案及应急预案；统筹绘制交通管制、停车场、观众抵离乘车点及路线详图并制发相关通知通告，在省运会官网和微信公众号上发布观众乘车指南；负责组织运输车辆及驾驶员，督促派车单位落实车辆安保检查和守护管理措施；按照指挥部安排，组织运力确保各类来宾（主席台贵宾除外）、演员以及观众按时、安全、有序运送；对进入场馆沿线道路的交通设施和路况进行摸查调研，规划开闭幕式场馆与驻地交通往返路线，并确保沿线交通设施、指示标志完善，交通秩序良好；运输前组织对参加运输车辆的技术状况进行安全检查，组织开展驾驶员安全意识和服务水平培训；完成指挥部交办的其他工作。

观众管理与志愿服务组

组　　长：李婉莹　团市委副书记

副 组 长：唐劲辉　团市委副书记

辛　伟　团市委副书记（兼）

组成单位：市筹委会志愿者工作部及成员单位；开幕式为日照经开区执委会，闭幕式为东港区执委会、日照城投集团。

观众管理与志愿服务组下设乘车引导、场馆引导等服务组，门票服务组，观众席物料组，观众互动组4个工作小组。

工作职责：做好开闭幕式持票观众的现场服务工作（包括持票观众乘车，入场、退场安排，现场引导指示及其他服务环节等）；配合票务部门做好门票的发放、验票等相关服务工作；做好观众席物料（小礼包）摆放工作；配合暖场及仪式组做好观众互动工作；完成指挥部交办的其他工作。

综合保障组

组　　长：乔永前　市应急管理局局长

副 组 长：王宏焰　市应急管理局副局长

赵　峰　市住房和城乡建设局副局长

许海明　市工业和信息化局党组成员、市化工专项行动办专职副主任

封爱田　市文化和旅游局三级调研员

宋瑞军　经开区工委委员、管委副主任

组成单位：市筹委会综合保障部、场馆建设与运行保障部、信息技术部、开闭幕式工作部及成员单位；开幕式为日照经开区执委会，闭幕式为东港区执委会、日照城投集团。

综合保障组下设供电保障组、供水保障组、气象保障组、通信服务与无线电管控保障组、功能房与临时搭建服务组、大屏保障组、扩声保障组、照明保障组、售卖管理组、保安组11个工作小组。

工作职责：负责做好开闭幕式现场（内外）所有固定设施、设备维护工作；负责现场各类临时搭建，电、网布线，各类现场指示牌的设计、制作、安装；负责做好开闭幕式现场各类给排水工作；负责做好开闭幕式现场各类供电保障工作；负责做好开闭幕式当天及排练期间的气象服务保障工作；负责做好现场指挥部及开闭幕式现场有线、无线网络通信服务与无

线电管控工作；负责现场饮水点、饮料等售卖区设置与管理工作；统筹绘制本部门各保障点位及人员布局详图；协助安全保卫部门做好现场的安全工作；完成指挥部交办的其他工作。

疫情防控及医疗卫生组

组　长：张玉新　市卫生健康委主任

副组长：窦明滨　市卫生健康委副主任

组成单位：市筹委会医疗卫生部及成员单位；开幕式为日照经开区执委会，闭幕式为东港区执委会、日照城投集团。

疫情防控及医疗卫生组下设疫情防控组、医疗救治组 2 个工作小组。

工作职责：负责做好开闭幕式现场所有人员（含领导、演职人员、观众及工作人员）医疗保障救治工作；负责做好开闭幕式现场的疫情防控工作；负责疫情防控政策宣传工作，及时发布并宣传最新疫情防控措施要求，在省运会官网和微信公众号上发布观众疫情防控指南；完成指挥部交办的其他工作。

环境整治组

组　长：臧新宇　市城市管理局局长

副组长：刘祥伟　市城市管理局党组成员、市公用事业管理服务中心主任

　　　　宋瑞军　经开区工委委员、管委副主任

组成单位：市筹委会环境整治部及成员单位；开幕式为日照经开区执委会，闭幕式为东港区执委会、日照城投集团。

工作职责：负责做好开闭幕式场馆外综合环境整治工作；完成指挥部交办的其他工作。

第五节　十一届省残运会组织委员会

2022 年 4 月 18 日，为加强对十一届省残运会筹办工作的组织领导，确保运动会圆满成功，省政府确定成立十一届省残运会组织委员会，成员名单如下：

主　任：孙继业　副省长

副主任：张连三　省政府办公厅副主任

　　　　李　政　省体育局局长

　　　　邹斌芳　省残联理事长

　　　　李在武　日照市委副书记、市长

委　员：孙文利　省文明办副主任

　　　　孙来斌　省发展改革委副主任

　　　　仲红波　省教育厅总督学

　　　　申延军　省公安厅副厅长

　　　　刘建武　省民政厅副厅长

　　　　朱晓峰　省司法厅副厅长

　　　　陈东辉　省财政厅副厅长

　　　　徐启峰　省住房城乡建设厅副厅长

　　　　宋文华　省乡村振兴局副局长

付俊海 省文化和旅游厅二级巡视员
秦成勇 省卫生健康委副主任
乔云萍 省体育局副局长
黄晓军 省医保局副局长
张守珩 团省委副书记
张文涛 省残联副理事长
衣军强 省公共就业和人才服务中心主任
王新生 日照市委副书记
林彦芹 日照市政府副市长

第六节 十一届省残运会执行委员会

2022 年 8 月 5 日，根据十一届省残运会工作需要，经研究，决定成立十一届省残运会执行委员会，成员名单如下：

主　　任：邹斌芳 省残联党组书记、理事长
李在武 日照市委副书记、市长
副 主 任：张文涛 省残联党组成员、副理事长
王新生 日照市委副书记、政法委书记
李　波 日照市委常委、宣传部部长
林彦芹 日照市人民政府副市长
秘 书 长：张文涛（兼）
林彦芹（兼）
副秘书长：沈晓勇 省残联办公室主任
田　文 省残联计划财务部部长
李英杰 省残联宣传文体部部长
周　斌 日照市委办公室副主任
王海波 日照市政府副秘书长
生安政 日照市委宣传部副部长
徐立宝 日照市残联理事长
委　　员：邵学吉 省残联办公室副主任
李帅毅 省残联宣传文体部三级调研员
张承永 日照市纪委常务副书记、市监委副主任
张国华 日照市委组织部分管日常工作的副部长
王军卫 日照市委宣传部分管日常工作的副部长、市文明办主任
牟敦波 日照报业传媒集团（日照日报社）董事长（社长）
赵　勇 日照市接待事务中心主任
刘玉贤 日照市档案馆馆长
孙　燕 日照市教育局局长

马先升　日照市工业和信息化局局长
王兴展　日照市公安局党委副书记、政委
王庆忠　日照市财政局局长
乔　宇　日照市自然资源和规划局局长
宋　君　日照市生态环境局局长
王华鹏　日照市住房和城乡建设局局长
滕厚军　日照市交通运输局局长
张守忠　日照市海洋发展局党组书记
郭晓民　日照市商务局局长
肖　梅　日照市文化和旅游局局长
张玉新　日照市卫生健康委主任
乔永前　日照市应急管理局局长
田　英　日照市审计局局长
刘森林　日照市市场监管局局长
卢　伟　日照市体育局副局长
葛　新　日照市体育局副局长
臧新宇　日照市城市管理局局长
田金光　日照市大数据发展局局长
李婉莹　共青团日照市委副书记
闫　娜　日照市残联副理事长
孙蕾春　日照广播影视集团（台）董事长兼总经理、台长
刘祥龙　东港区委书记
何　文　东港区委副书记、区长
焦春锋　岚山区委书记
周升元　岚山区委副书记、区长
王　霞　莒县县委书记
陈振华　莒县县委副书记、县长
武光锋　五莲县委书记
孙　丽　五莲县委副书记、县长
孙　立　日照经济技术开发区工委书记、管委主任
古茂林　日照经济技术开发区工委委员、管委副主任
孙运国　日照高新技术产业开发区工委副书记、管委主任
申淑清　山海天旅游度假区党工委书记
袁利强　山海天旅游度假区党工委副书记、管委会主任
程　林　日照市税务局局长
郑美琴　日照市气象局局长
费守恩　日照海事局局长
陈洪震　日照市消防救援支队党委副书记、支队长
刘　昊　日照供电公司总经理
盛余祥　日照城投集团董事长

第七节　第五届省老运会日照筹委会

一、筹委会

2023 年 4 月 4 日，为扎实做好第五届省老运会筹备工作，日照市委、市政府成立第五届省老运会日照筹委会。组成人员如下：

主　　任：王新生　市委副书记、市委政法委书记

执行主任：林彦芹　副市长

副 主 任：黄秀芹　市政协原党组副书记、副主席

秘 书 长：张玉新　市卫生健康委主任、二级巡视员

王海波　市政府副秘书长

卢　伟　市体育局局长

委　　员：姚建伟　市委组织部副部长、市委老干部局局长

王军卫　市委宣传部分管日常工作的副部长、市文明办主任

牟敦波　日照报业传媒集团（日照日报社）董事长（社长）

赵　勇　市接待事务中心主任

王兴展　市公安局党委副书记、政委

王庆忠　市财政局局长、二级巡视员

马先升　市工业和信息化局局长

乔永前　市应急管理局局长

刘森林　市市场监管局局长

臧新宇　市城市管理局局长

田　军　市体育局副局长、二级调研员

葛　新　市体育局副局长

安丰霞　市体育局副局长

李婉莹　团市委书记

孙蕾春　日照广播影视集团（日照广播电视台）董事长（台长）

陈洪震　市消防救援支队党委副书记、支队长

刘　昊　日照供电公司总经理

周庆运　中国电信日照分公司总经理

彭　虎　中国移动日照分公司总经理

徐晓军　中国联通日照分公司总经理

郝军玉　中国铁塔日照分公司总经理

盛余祥　日照城投集团董事长

二、筹委会工作机构

筹委会下设办公室、宣传工作部、竞赛部、开闭幕式工作部、医疗卫生部、安全保卫组、志愿者工作部、综合保障部等内设机构。

办公室

主　　任：王海波　市政府副秘书长

卢　伟　市体育局局长

常务副主任：葛　新　市体育局副局长

副　主　任：苏　娜　市接待服务中心副主任

刘家坤　市体育局原一级调研员

安丰霞　市体育局副局长

梅　俊　市体育产业发展中心主任

主要职责：负责老运会筹办工作的统筹、协调与管理；负责综合性文件和文字材料拟制工作；负责相关会务工作；负责老运会交通运输保障工作；负责老运会部室人员餐饮保障工作；负责统筹做好省市领导、主办单位及其他各类人员的邀请接待工作；负责遴选并管理接待宾馆；负责开闭幕式等重大活动座区安排和领导现场接待服务工作；负责各代表团观摩路线、观摩手册等筹备工作；负责对接指导各观摩点筹备工作；负责各代表团观摩全流程组织工作；负责老运会市场开发的全流程组织工作；负责牵头财务预算编制，督导预算执行、政府采购和相关结算工作；完成领导交办的其他工作。

宣传工作部

部　　长：王军卫　市委宣传部分管日常工作的副部长、市文明办主任

副　部　长：生安政　市委宣传部副部长

周鼎涵　市互联网信息研究中心主任

梅　俊　市体育产业发展中心主任

主要职责：负责统筹管理老运会新闻宣传，做好媒体宣传报道、记者接待安排及新闻通稿拟定发布等工作；负责社会宣传和场外氛围营造工作，督导竞赛部和开闭幕式工作部做好现场氛围营造工作；负责老运会有关录播、转播工作；负责老运会突发事件的应对工作；完成领导交办的其他工作。

竞赛部

部　　长：卢　伟　市体育局局长

副　部　长：葛　新　市体育局副局长

主要职责：负责统筹管理老运会日照承办两项赛事活动的前期筹备、开赛仪式、颁奖仪式、竞赛组织工作；负责统筹管理日照承办两项赛事活动的运动员、裁判员、官员的食宿安排、交通保障；负责竞赛工作手册、秩序册和成绩册编制、奖牌和证书制作等工作；负责技术官员及其他竞赛工作人员管理工作；负责赛场氛围营造工作；负责竞赛纠纷处置工作；完成领导交办的其他工作。

开闭幕式工作部

部　　长：孙蕾春　日照广播影视集团（台）董事长（台长）

副　部　长：刘家坤　市体育局原一级调研员

杨　华　日照广播影视集团总会计师

主要职责：负责开幕式和闭幕式总体策划、创作、编导、排练等工作；负责开幕式、闭幕式和文体展演节目全流程组织管理工作；负责仪式与文体展演所需器材设备及布景的购置、安装与撤场工作，负责开幕式、闭幕式场内氛围营造相关工作；负责开幕式、闭幕式与文体展演及排练期间所有演职人员的餐饮服务工作；会同安保部做好老运会证件制作工作；配合

办公室做好开幕式、闭幕式观众座区安排；完成领导交办的其他工作。

医疗卫生组

部　　　长：张玉新　市卫健委主任、二级巡视员

副　部　长：王　霞　市卫健委党组成员、计生协会常务副会长

主要职责：做好重大疾病、流行性疾病、传染性疾病的防控；负责开闭幕式现场、比赛场馆、接待宾馆等医疗保障及救护工作；负责老运会各类人员住院医疗保障工作；指导老运会相关区域的消杀工作；完成领导交办的其他工作。

安全保卫组

部　　　长：王兴展　市公安局党委副书记、政委

常务副部长：林玺政　市公安局副局长

副　部　长：郑　伟　市公安局治安支队支队长

王洪木　市公安局交警支队副支队长

郑自泉　市消防救援支队副支队长

主要职责：负责开闭幕式、比赛和接待驻地的安全保卫工作；负责涉及老运会的道路交通管理工作；负责涉及老运会的消防工作；负责人员、车辆证件管理工作，指导证件制作单位制作各类证件；负责老运会突发、应急事件处置工作；完成领导交办的其他工作。

志愿者工作部

部　长：李婉莹　团市委书记

副部长：孙向阳　团市委副书记（挂职）

主要职责：负责老运会志愿者招募、培训、选派管理等工作；负责做好老运会比赛、开闭幕式等活动现场志愿服务工作；负责志愿者相关保障、激励和评价工作；完成领导交办的其他工作。

综合保障部

部　　　长：王海波　市政府副秘书长

副　部　长：李　莉　市财政局副局长

王宏焰　市应急管理局副局长、二级调研员

许海明　市工业和信息化局党组成员、市化工专项行动办专职副主任

丁来余　市市场监管局副局长

刘　鹤　市公用事业管理服务中心副主任

田　军　市体育局副局长、二级调研员

贾　伟　市供电公司党委委员、副总经理

高　明　市城投集团副总经理

工作职责：负责做好老运会预算经费保障工作；负责做好与老运会有关的供电、供水、供气保障工作；负责统筹管理与老运会有关的食品安全保障工作；负责老运会相关通信保障、无线电管理工作；负责环境整治、城市亮化等相关工作；负责安全生产监督工作；负责开闭幕式等重要活动各类临时设施相关安全工作；完成领导交办的其他工作。

第八节 第五届省老运会组织委员会

2023年5月5日，省体育局公布第五届省老运会组织委员会成员名单，成员设立名誉主任、主任、执行主任、副主任、委员，成员名单如下：

名誉主任：于晓明 省老体协特邀顾问，省人大常委会原党组书记、副主任
曹学成 中国老体协副主席、省老体协特邀顾问、省人大常委会原副主任
主　　任：王桂英 副省长
宋远方 省老体协主席
执行主任：郑耀武 省政府办公厅副主任
乔云萍 省体育局局长
马立新 省卫生健康委主任
李在武 日照市委副书记、市长
副 主 任：王　强 省体育局副局长
钟永诚 省老体协副主席
王嗣华 省老体协副主席
孙应琢 省新闻办副主任（副厅级）
胡家兴 省公安厅交通警察总队二级警务专员
陈东辉 省财政厅副厅长
付俊海 省文化和旅游厅二级巡视员
徐　民 省卫生健康委副主任
王新生 日照市委副书记
林彦芹 日照市副市长
委　　员：于志刚 滨州市老体协主席
王海波 日照市政府副秘书长
王鲁涛 烟台市老体协常务副主席
平晓峰 济南市老体协副主席
卢　伟 日照市体育局局长
李在祥 潍坊市老体协主席
李军生 聊城市老体协主席
张甲军 泰安市老体协主席
陈　民 济宁市老体协主席
林治刚 威海市老体协主席
房惠敏 菏泽市老体协常务副主席
孟　涛 省老体协秘书长
郝文峰 临沂市老体协主席
夏荣恩 德州市老体协主席
徐学武 青岛市老体协会长

黄　涛　枣庄市老体协主席
黄秀芹　日照市老体协主席
谭永良　东营市老体协会长
翟慎政　淄博市老体协主席

第三章　场馆器材

场馆建设是筹办一届运动会的基础和关键。2018 年 10 月 25 日，日照市接过二十五届省运会会旗后，迅速启动各类体育场馆新建、改造提升工作。2019 年 4 月，市筹委会成立场馆建设与运行保障部，负责各类场馆建设与运行保障工作。

在场馆建设过程中，场馆建设与运行保障部锚定市委、市政府和市筹委会确定的“办赛精彩、参赛出彩、发展增彩”目标，采用市场化运作、工程化建设、项目化管理，总结学习其他城市在体育场馆建设方面的优秀经验做法，对新建、改造提升场馆进行优化布局、合理选址，统筹各类资源并整合利用，将“绿色理念”融入场馆规划建设全周期。坚持节俭务实、社会参与、全民共享的原则，盘活存量、补齐短板、体教结合，坚持建、管、营一体，积极引导社会力量全过程参与，无障碍设施建设、改造提升与主体工程同步，所有场馆从规划设计、建设施工、验收到体育工艺配置等方面都做到“三个满足”：满足省运会办赛需要、满足全民健身需要、满足赛后运营需要；力求将每一处场馆都打造成城市体育服务综合体。至 2022 年 4 月，日照市完成总投资 55 亿元，新建场馆 15 个，改造提升场馆 7 个。其中，新建场馆中有 9 处与学校共建共用，既满足学生需求，又能承办体育赛事，同时向社会开放。

二十五届省运会主场馆设在日照奎山体育中心，承办省运会、省残运会比赛项目的区（县）和功能区都根据办赛需求进行比赛场馆建设和改造提升，确保全市所有区（县）和功能区都具备满足省级运动会比赛要求场馆。

器材配置方面，为满足二十五届省运会、十一届省残运会比赛及“后省运”项目布局和主要功能场馆赛后运营发展以及群众健身需要，市筹委会按照省运会赛事要求，对新建和改造提升的体育场馆进行有针对性器材配置，各比赛场馆均配备电子计时记分系统、大尺寸高清 LED 电子显示屏及网络终端系统（TSP-1A）等设施，一些比赛项目使用录像审议系统。高科技比赛器材和设备的运用，提高了比赛效率和观众观赛的便捷性，保证了省运会比赛的公平、公正。

第一节 新建体育场馆

一、日照奎山体育中心

日照奎山体育中心

日照奎山体育中心位于日照经济技术开发区信阳路以东，昭阳南路以西，大连路以南，秦皇岛路以北。2019年12月开工建设，2022年4月交付使用。中心总占地面积202.14亩，建设总投资18.4亿元，总建筑面积14.3万平方米，设有36000个座位。主要包括综合性标准体育场（含田径比赛场和专业足球场）、室内游泳馆、室内健身中心、室外篮球场、室外足球训练场。可以承办国际和全国性田径、足球等赛事。

该场馆体现体育建筑力与美的结合，以日照之光为设计理念，外形采用一层层的椭圆形态，界面开放，绿色与建筑共生，屋顶的ETFE膜材有延续光的感觉，如日照城市名称特征，给人以极大的视觉冲击力。

2022年8月25日，奎山体育中心承办二十五届省运会开幕式；6月21日至9月5日，承办二十五届省运会橄榄球、轮滑、田径比赛；9月17—20日，承办十一届省残运会田径比赛。

二、日照香河体育公园

日照香河体育公园

日照香河体育公园位于东港区沙墩河以东，菏泽路以西，山东路以南，日照市图书馆以北。2017年6月开工建设，2020年5月交付使用。公园总占地面积210亩，项目总投资10亿元，总建筑面积10.5万平方米，设有5600个座位。主要包括全民健身综合馆、室外排球场、室外三人制篮球场、室外网球场、室外篮球场、室外足球场、室外门球场、全民健身广场等。可以承办足球、排球、篮球、冰球等赛事。体育公园设计以主比赛馆的波浪曲线，带动整体建筑动感造型。建筑整体围绕“一波才起万波随”的立意，结合功能、空间形态、结构跨度等营造波浪形态。

2022年9月5日，香河体育公园承办二十五届省运会闭幕式；2022年7月27—29日，承办二十五届省运会短道速滑比赛。

三、日照网球中心

日照网球中心位于东港区青岛路以东，绿舟路以西，游泳馆以南，太阳广场以北。2018

日照网球中心

年8月开工建设，2019年5月交付使用。中心总占地面积232.44亩，项目总投资2.8亿元，场馆总建筑面积47155平方米，主要包括1座可容纳5000人的中心赛场、2座室内训练馆、5座教员公寓及28片室外网球场等。可以承办国内外各级网球、羽毛球、乒乓球等赛事。

网球中心设计方案充分利用现有资源，修整现有水塘形成人工湖，沿湖布置中心赛场、训练馆、教员公寓等建筑，同时引入东侧景观资源，与环境融为一体。建筑形态简洁，造型新颖，布局自由灵动，采用清水混凝土施工工艺，强化海滨网球场特色。

2022年7月15日至8月28日，承办二十五届省运会网球赛事；7月25—26日，承办十一届省残运会轮椅网球比赛。

四、日照国际足球中心主场馆

该场馆位于山海天旅游度假区山海路以北，烟台路以东。2020年6月开工建设，2022年4月交付使用。场馆占地面积约339亩，建筑面积约3.35万平方米，地上共8层。主要包括1座可容纳12000人的中心体育场馆、5块足球训练场。可以承办国内外高水平足球赛事、自主IP赛事、体育会展、全民健身等赛事活动。国际足球中心项目充分考虑地域特色，展示日照海滨文化特征。主场馆的造型概念来自海滨城市的概念元素，主体建筑有海中帆船的风帆概念，又似波浪般的起伏，球场如同一艘精致的帆船。足球场采用开放的建筑形态，摒弃沉闷笨重的外壳，将观众席与建筑立面统一，形成与看台紧密联系的开放平台。

日照国际足球中心主场馆

2022年7月9日至8月20日，日照国际足球中心主场馆与日照国际足球中心训练基地共同承办二十五届省运会足球比赛。

五、日照国际足球中心训练基地

日照国际足球中心训练基地位于山海天旅游度假区桃花岛二路以南，青岛路以东。2019年12月开工建设，2022年1月交付使用。基地占地面积约124亩，建筑面积约10304平方米，主要包括4块标准足球训练场、1座训练馆及1座运动员中心。可以承办专业足球俱乐部集训、足球青训、教练员培训、全民健身、足球夏令营等活动。训练基地采用舒展平缓的

日照国际足球中心训练基地

造型，轻盈的大屋顶和大片的弧墙与海边的景色相得益彰。建筑材质采用玻璃、铝板、石材，具有现代感。基地建筑重视与环境的关系，充分利用地形和周边环境，因地制宜、依山就势，并使自然景观成为建筑的一部分。

2022 年 7 月 9 日至 8 月 20 日，训练基地与日照国际足球中心主场馆共同承办二十五届省运会足球比赛。

六、东港区体育中心

东港区体育中心

东港区体育中心位于东港区规划路以东，丹阳路以西，山东路以南，西海路以北。2020 年 8 月开工建设，2022 年 4 月交付使用。中心总占地面积 61.39 亩，项目总投资 3 亿元；场馆总建筑面积 35806 平方米，设有约 4000 个座位，主要包括体育游泳综合馆、室外体育场。可以承办排球、羽毛球、乒乓球等赛事。

场馆的设计理念“千帆竞渡、百舸争流”取自帆船比赛的热闹场景，在建筑立面上以白色的竖向构造模拟海面上鳞次栉比的风帆，形成独特的韵律。采用与功能紧密相扣的空间造型，将复杂混合的功能组合在一起，创造一个内部空间组织合理、公共空间变化丰富的综合场馆；从场所设计的开放性，延续到建筑设计的开放性，是建筑创作的核心宗旨。

2022 年 6 月 15 日至 8 月 6 日，承办二十五届省运会手球、体操（竞技体操、蹦床）比赛；9 月 16—20 日，承办十一届省残运会聋人篮球比赛。

七、岚山区体育中心

岚山区体育中心位于岚山区多岛海大道以北，总占地面积 65 亩，概算总投资 1.75 亿元，规划总建筑面积 46336 平方米，主要包括体育场、游泳馆和体育馆。2019 年 10 月开工建设，2022 年 3 月交付使用。可以承办篮球、排球、游泳等比赛赛事。场馆体现传统艺术与现代元素的完美融合，外形东西自下而上翘起，东西南北 4 个立面通过弧线造型，形如巨舰在海中行驶，乘风破浪驶向成功的彼岸。

岚山区体育中心

2022 年 6 月 22 日至 8 月 23 日，承办二十五届省运会排球、跆拳道、空手道比赛；8 月 29 日至 9 月 2 日，承办十一届省残运会坐式排球比赛；9 月 7—9 日，承办十一届省残运会跆拳道比赛。

八、莒县体育馆

莒县体育馆位于莒县玉皇山路以东，振东大道以西，陶文路以北，少昊路以南，总占地面积约 28 亩，项目总投资 1.4 亿元，场馆总建筑面积 23637.4 平方米，设有 3000 个座位。

莒县体育馆

2019年9月开工建设，2022年3月交付使用。可以承办篮球、排球、乒乓球等赛事。体育馆设计以当地著名的浮来山山峰走势为依据，大曲大折，既简洁干练，又沉稳厚重，创造出富有时代气息的建筑第五面，强化沭东新区的莒文化特色。

2022年7月7日至8月24日，承办二十五届省运会羽毛球、摔跤、柔道、拳击比赛；7月16—18日，承办十一届省残运会盲人柔道比赛。

九、五莲县体育公园

五莲县体育公园位于五莲县城东新片区浙江路以东，北京路中学和小学以西，青岛路以南，北京路以北，总占地面积145亩，概算总投资约2.5亿元。2019年9月开工建设，2022年3月交付使用。体育馆和游泳馆合一建设，总建筑面积25800平方米，主要包括体育馆、游泳馆、室外体育场。可以承办篮球、排球、游泳等赛事。体育馆以山地为造型，游泳馆以流水为造型，突出山水相依效果，体现五莲地方特色。

五莲县体育公园

2022年7月1日至8月8日，承办二十五届省运会武术（散打）、现代五项、击剑等赛事；8月14—19日，承办十一届省残运会盲人门球比赛。

十、五莲县黑虎山射击中心

五莲县黑虎山射击中心

五莲县黑虎山射击中心位于五莲县石场乡岳疃村南（黑虎山狩猎场北侧），总占地面积220亩，项目总投资1.79亿元。2019年9月开工建设，2022年4月交付使用。场馆总建筑面积17646.06平方米，主要包括1座射击馆和1个飞碟射击场。可以承办各类别射击体育专项赛事以及射击运动员训练等。场馆体现传统文脉与体育建筑的完美融合，外形按照高差自然错落，立面采取大小不一的开窗方式，刚劲有力，符合体育精神。

2022年8月29日至9月3日，承办二十五届省运会射击比赛。

十一、日照国医学院体育场馆

该场馆位于山海天旅游度假区青岛路以西，桃花岛三路以北，总占地面积72亩。项目总投资3.2亿元，主要包括体育馆、足球场、篮球场和排球场。2020年3月开工建设，2022年6月交付使用。可以承办游泳训练，篮球、足球等赛事。场馆以新中式风格为基础，加入现代潮流元素，迎合时代发展趋势，将现代生活与传统建筑物精粹水乳交融，满足人们对使用空间的现代化需求和对传统文化的审美需要。

2022 年 8 月 25—29 日，承办二十五届省运会射箭比赛；9 月 1—2 日，承办十一届省残运会射箭比赛。

日照国医学院体育场馆

十二、日照一中东校区艺体馆

该场馆位于山海天旅游度假区，山海天路以东，海天二路以西，怡海路以南，太公岛一路以北，山东省日照第一中学东校区院内。2020 年 1 月开工建设，2022 年 4 月交付使用。总占地面积 9 亩，项目总投资 6900 万元。场馆总建筑面积 17212.4 平方米，主要包括竞赛馆、热身馆、配套用房、多媒体报告厅等。可以承办乒乓球、手球、篮球、排球等赛事。场馆采用现代风格，流畅的布局、简洁的立面，创造出新颖美观、充满活力的建筑形象。

日照一中东校区艺体馆

2022 年 8 月 18—25 日，承办二十五届省运会武术（套路）比赛。

十三、日照一中西校区艺体馆

该场馆位于日照市东港区，日照路以东，泰康街以西，营子河路以北，山东省日照第一中学西校区院内。2020 年 2 月开工建设，2022 年 4 月交付使用。总占地面积 8.75 亩，项目总投资 5500 万元。场馆总建筑面积 13657.63 平方米，主要包括竞赛馆、热身馆、配套用房以及多媒体报告厅等。可以承办篮球、排球、乒乓球等赛事。场馆形体规整，造型简洁，立面虚实结合，用简单舒展的横向线条、规则性布局，营造竞技体育的速度感与激情感。场馆颜色淡雅明快，用白色金属板及局部红色点缀元素与校园原有建筑相呼应，体现校园的传承性。

日照一中西校区艺体馆

2022 年 8 月 23—26 日，承办二十五届省运会举重比赛；9 月 3—5 日，承办十一届残运会举重比赛。

十四、日照实验高中艺体馆

该场馆位于东港区曲阜路以东，菏泽路以西，济南路以南，淄博路以北。2019 年 10 月开工建设，2022 年 3 月交付使用。艺体馆总占地面积 8 亩，项目总投资 5676.13 万元。场馆总建筑面积 14208.53 平方米，主要包括教学区、比赛区、地下车库，设有 2000 个座位。可以承办各级篮球、排球、羽毛球等赛事。场馆体现传统艺术与现代元素的完美融合，外观简

日照实验高中艺体馆

洁大方，与学校原有建筑呼应，功能上最大程度满足学校教学、场馆比赛和赛后公益利用，高端大气。

2022 年 7 月 28 日至 8 月 4 日，承办二十五届省运会篮球（三人制）比赛；9 月 16—19 日，承办十一届省残运会轮椅篮球比赛。

十五、日照高新文化体育中心

日照高新文化体育中心位于高新区富阳路以东，兖州路以西，高新六路以南，聊城路以北。2020 年 10 月开工建设，2022 年 3 月交付使用。中心总占地面积 39.7 亩，项目总投资 51140 万元。场馆总建筑面积 51424.36 平方米，主要包括综合类场馆 1 座及其相关配套房间、乒乓球馆，室外网球、篮球等公共活动场地。

该项目以包容、开放、生态、绿色为主要概念，立面肌理采用低能耗低反射的折面玻璃，延展室内景观视野及采光面的同时，使周围自然景色可以自然渗透于建筑中，拥有更通透的室内视觉体验。通高的中庭处理，不仅可以提升公共空间的开放度，还可以加强各功能空间的互动性。

日照高新文化体育中心

2022 年 7 月 29 日至 8 月 29 日，承办二十五届省运会霹雳舞、乒乓球比赛；6 月 25—27 日，承办十一届省残运会旱地冰壶比赛；9 月 17—20 日，承办十一届省残运会乒乓球比赛。

第二节　改造提升场馆

一、五莲县黑虎山攀岩基地

五莲县黑虎山攀岩基地位于五莲县石场乡岳疃村南，黑虎山狩猎场内。场地按照国家赛事标准建设，分为速度道、难度道、攀石赛道 3 处，2019 年 11 月建设完成。承办 2019 年山东省青少年攀岩锦标赛、2020 年山东省攀岩锦标赛暨全运会青年组攀岩项目选拔赛等多项高水平攀岩赛事。

五莲县黑虎山攀岩基地

根据二十五届省运会竞赛标准要求，

2021年，攀岩基地改建完善兴奋剂检测室、媒体厅、运动员隔离区、准备活动区、网络、电源负荷、场地照明等功能性软硬件设施配置。2022年7月25—27日，承办二十五届省运会攀岩比赛。

二、日照驻龙山体育公园

日照驻龙山体育公园位于日照市山海天旅游度假区青岛北路。项目占地100余亩，主要包括BMX泥地竞速小轮车赛场及训练场地，BMX自由式小轮车赛场及训练场地和专业山地自行车赛道。可以承办国内外各级各类山地自行车赛事。根据省运会竞赛标准要求，驻龙山体育公园新建花式小轮车场地1块，并对原有小轮车、山地赛车赛道进行升级维护。

日照驻龙山体育公园

2022年7月19日至8月22日，承办二十五届省运会BMX自由式小轮车和山地越野自行车赛事。

三、日照世帆赛基地

日照世帆赛基地

日照世帆赛基地位于日照市海曲东路南，绿舟南路东万平口区域，总占地面积1.2平方公里。港池面积40万平方米，设有浮动码头6条，停船泊位320个；帆船竞赛上下水坡道；出海口，挡沙堤、防浪堤。陆域面积80万平方米。基地托天然潟湖建设而成，整体设计理念体现海洋文化与体育竞技文化的高度统一，是全国帆船帆板训练基地，承办过世界帆船锦标赛、中日韩国际帆船赛、全国水上运动会等赛事。

2022年5月28日至6月4日，承办二十五届省运会帆船（帆板）比赛。

四、日照游泳中心

日照游泳中心位于日照市山东路北，青岛路东日照奥林匹克水上公园内，是一座按照世界锦标赛比赛标准建设的场馆。2008年开工建设，2010年投入使用。中心占地面积10万平方米，总投资3亿元。建筑面积3.1万平方米，主要包括比赛馆、训练馆、跳水馆和戏水馆4个馆区。

日照游泳中心

2022年8月10日至9月4日，承办二十五届省运会游泳、跳水比赛；9月17—20日，承办十一届省残运会游泳比赛。

五、日照奥林匹克水上公园激流回旋场地

该场地位于青岛路以东，黄海以西，悦海路以南，日照港以北，日照奥林匹克水上公

园东部。激流回旋场地占地20万平方米，共设有3条水道，于2007年建设完成，是世界上规模最大、标准最高、功能最完善的设施之一。可承接多项国内赛事。

日照奥林匹克水上公园激流回旋场地

根据省运会竞赛标准要求，对激流回旋场地水循环系统、赛道水门、障碍物以及周边木栈道、假山等设施进行整体提升，在保证比赛功能基础上，充分考虑设施的赛后利用，比赛利用率占30%，赛后利用率占70%。

2022年8月13—15日，承办二十五届省运会皮划艇（激流回旋）比赛。

六、日照万平口海洋公园

日照万平口海洋公园

日照万平口海洋公园位于海曲东路南，绿舟南路东万平口区域，属国家AAAA级旅游景区。公园地理位置优越，交通便利，是距离日照市区最近、最能够体现日照“蓝天、碧海、金沙滩”特色的景区。拥有绵延4.2千米的优质沙滩，享有“十里金滩万平口，黄海明珠耀九州”的美誉。

2022年7月21—27日，承办二十五届省运会沙滩排球比赛。

第三节　比赛器材

市筹委会按照“节俭办省运”的器材配备要求，坚持“能借不租、能租不买”原则，尽量把开支压缩到最低，各类器材采购和租赁项目全部采用公开招标方式进行。根据省体育局各项目管理中心提供的竞赛器材清单，市筹委会出台《关于界定山东省第二十五届运动会场馆器材配备范围的通知》，完善各类器材详细技术参数和规格标准，采用更符合竞技体育“后省运”项目布局和主要功能场馆赛后运营发展等方面的器材采购计划，明确通用器材由各场馆采购，竞赛器材由市筹委会采购，辅助器材由各单项竞委会采购。除残疾人比赛使用的特殊比赛器材单独采购外，省残运会与省运会通用比赛器材一律使用省运会器材，十一届省残运会仅采购541066元残疾人专用比赛器材。

一、比赛场馆技术设施

各比赛场馆均配备电子计时记分系统、大尺寸高清LED电子显示屏及网络终端系统（TSP-1A），为观众提供比赛实时成绩和画面。

二、田径比赛附属电子设备

二十五届省运会在田径比赛中使用鹰眼系统，铅球、链球、铁饼、标枪检测仪，铅球回送系统，双面计时显示钟，电子感应芯片计圈系统，公路赛喷淋系统，终点碰撞器，电子发令枪，起跑犯规监测仪，电动平沙器，起跳板监视系统等，器材设备达到全运会规格标准。

三、其他设备

二十五届省运会所有比赛项目均使用电子打分系统，提高裁判工作效率。武术、击剑、跆拳道、拳击、摔跤等重竞技均使用录像审议系统，电子头盔、电子脚套、电子护胸等比赛系统，电子脚套测试仪，编排成绩处理系统等；帆船帆板项目使用GPS卫星导航、风速仪、激光测距仪布置航标；攀岩项目使用速度自动保护器、速度计时器、难度计时器、攀石计时器、电动启子机、GRIGRI保护器等，科学且高效。

十一届省残运会所有比赛项目均使用电子打分系统，提高裁判工作效率。跆拳道、盲人柔道等竞技比赛均使用录像审议系统，电子头盔、电子脚套、电子护胸等比赛系统，电子脚套测试仪，编排成绩处理系统等，方便裁判进一步评判。

链接 >>

全民健身、“体育十”！
省运结束之后，新建场馆如何再利用？

山东省第25届运动会给东道主日照市留下了宝贵的场馆财产。据统计，省运期间，共启动22处体育场馆建设和改造，其中新建场馆15处，补齐了场馆供给不足短板。日照体育，不再只有“水上项目”这一单一名片。

乘省运东风，日照体育事业迎来了第二次飞跃。要想打造运动之城、活力之城，加快建设国家体育消费试点城市，场馆的后续利用是重要一环。

发展全民健身 主场馆打造体育地标

日照奎山体育中心，是本届省运会主场馆。亮点纷呈的省运会开幕式在此进行，田径、滑板、橄榄球等项目的运动员，也在此流下了汗水。

日照奎山体育中心由日照之光体育场、日照市体育运动学校、运动员培训训练基地及体育公园等部分组成，总占地面积597亩。作为日照近代建筑史上规模最大、功能最全、档次最高的体育设施建筑组群，该场地将成为日照重要的体育地标性建筑群。

后省运时代，日照奎山体育中心将与周边配套设施联动，围绕全民健身、“体育+”等发展方向，打造多种功能于一体的体育综合体，进而服务于日照体育事业发展大局。

“发展体育运动，增强人民体质。”推动全民健身发展，是省运会的重要功能之一。省运会场馆的建设与改造，均离不开全民健身这一重要主题。

体育公园正是满足广大市民健身运动需求的重要场所。据了解，体育公园设9个篮球场，6个网球场，3个5人制足球场，1个毽球场地，1个标准足球场，健身场所将免费向市民开放。另外，日照之光体育场也有望在闲时对外开放，以满足市民健身需求。

回望往届东道主济宁、青岛等城市，昔日省运主场馆已然成为当地全民健身的“助燃剂”。未来，奎山体育中心也有望成为周边市民的运动健身首选场地。

奎山体育中心运营公司负责人介绍，公司将不断引入先进管理理念和模式，积极探索体育加文化、旅游、康养、教育等新业态、新模式，充分利用项目资源，承接大型活动、展会，举办车展、音乐节、啤酒节，承接企业团建活动。

一座体育馆，往往会成为周边运动健身圈、生活圈、商业圈的中心。奎山体育中心北接老城区，东临新市区，地理位置优越，周边配有医院、学校、商业体等。在可以预见的未来，这里将成为日照又一个“活力中心”。

服务校内校外 学校场馆多元化发展

在15个省运会新建场馆中，日照一中东、西校区艺体馆，实验高中艺体馆较为特殊。它们位于高中校园内，既能满足学校日常教学需要，又能满足开展社会体育活动的需求。

省运会期间，三座校内场馆承担了多项重要赛事。日照一中东校区艺体馆承办了武术套路项目决赛，在此产生28枚金牌，全省16地市433名教练员、运动员参加比赛。

日照一中西校区艺体馆承办了女子和男子举重项目的正式比赛，同时承办了省残运会举重项目的正式比赛。

实验高中艺体馆承办了省运会三人制、五人制篮球比赛，省残运会轮椅篮球比赛也在此进行。

日照一中艺体处主任秦四建介绍，东、西两个校区的艺体馆均建有地下车库、竞赛馆、热身馆、配套用房以及多媒体报告厅、琴房、舞蹈排练室、音美教室等艺体教学用房。作为学校建设的重要组成部分，艺体馆可以满足体育、艺术等课程的教学需要。

自从1999年夺得山东省传统项目学校篮球比赛高中男子组第三名以来，日照一中篮球队在省级各项赛事屡创佳绩，目前已成为山东乃至全国的一支“明星”校园篮球队。

不久前结束的山东省第十四届学生运动会中，日照一中女篮以全胜战绩勇夺高中组冠军。未来，艺体馆也将成为日照一中篮球队等校体育队的训练场地，保障这支球队再创辉煌。

此外，日照一中东、西校区艺体馆均与山东国恒体育产业有限公司签订运营管理服务合同。在双休、节假日等时间里，艺体馆将面向社会开放，满足全民健身、举办体育竞赛、进行群众性体育活动的需要，助力提高全民身体素质。

日照实验高中艺体馆同样将满足校内教学、社会使用等需求。作为省运会最早投入使用的新建场馆，这里已经举办过全国中学生篮球锦标赛、全国三人制篮球邀请赛等大型体育赛事。

未来，场馆将加强市场化运营，打造真正服务于民的多功能综合场馆。

推动竞赛发展 专业场馆保驾护航

省运会开幕前夕，日照国际足球中心上演了一场对日照职业体育发展意义深远的重要赛事——北京国安坐镇主场，以1:0击败广州城。中超这一影响力和规模在国内名列前茅的职业赛事，首次来到日照这座滨海小城。

8月上旬，北京国安正式宣布日照国际足球中心成为球队临时主场，这是一次日照市和国安队的“双向奔赴”。受防疫政策影响，国安无法在北京进行主场赛事，而日照市恰好需要借中超这一体育赛事“顶流”，推动体育竞赛表演产业的发展。

被国安看中的日照国际足球中心，承办了省运会足球项目。该中心包括主场馆与训练基地两部分，其中主场馆是山东省首座、全国第七座采用欧洲标准设计的专业足球场，在赛场草坪、灯光、音响、场地等方面都采用了符合国际足球专业标准的技术。

“很国际化”“与英超的很多球场相似”，此前接受媒体采访时，北京国安足球俱乐部新闻官张成曾这样评价日照国际足球中心。球场的专业度，成为它被国安选中的重要性因素。

据了解，除作为北京国安主场场地外，日照国际足球中心还会通过举办足球赛事、教练培训、市民健身、文体娱乐等活动，打造集体育、旅游、娱乐等于一体的体育产业基地。日照国际足球中心同时配有酒店和配套的商业，后期也能够承接一系列的商业演出。

近年来，特别是省运会进入“日照时间”以来，日照市以入选国家体育消费试点城市为契机，大力推动多个运动项目的职业化发展，先后打造了大青山国际太极拳大赛、中国（日照）国民休闲水上运动会等自主IP品牌赛事。

以日照国际足球中心为代表的体育场馆，为日照本土职业体育发展提供了设施保障。

（摘自2022年9月24日《齐鲁壹点》）

第四章 二十五届省运会体育代表团

省运会是全省规模最大、规格最高、影响最广的综合性体育盛会。日照市成功申办第二十五届省运会，创造申办省运会最短时间纪录；与往届省运会由多个城市联合承办不同，二十五届省运会是日照市首次承办并且独立承办。

全省16个市成立代表团，由各市政府分管领导担任市级代表团团长，市政府、市体育局及相关部门负责人担任副团长，各市代表团的教练员和运动员人数根据参赛项目配备。该届省运会，有17000多名运动员、2600余名教练员、2800余名裁判员参加，设32个大项、996个小项，金牌总数1430枚。其中，滑板、攀岩、激流回旋、冲浪、霹雳舞项目在省运会上首次出现。另设马术、高尔夫、棒垒球、桥牌4个表演项目。赛会规模居全国前列，比赛项目、参与人数均为历届省运会最多。49名运动员达到国家健将标准（射击6人、射箭2人达国际健将水平），156个小项成绩超上届。

二十五届省运会期间，全省各市体育代表团运动员、教练员和工作人员，弘扬“更快、更高、更强、更团结”的奥林匹克精神和中华体育精神，出色完成各项参赛任务。坚持干干净净参赛，营造风清气正环境，维护奥林匹克运动和体育的纯洁；维护集体荣誉，实现赛风赛纪“零投诉”的目标；共同切磋技艺，互相学习，体现团结、友谊、进步的奥林匹克宗旨，营造了“活力日照、精彩省运”的浓厚氛围。

第一节 日照市体育代表团

团　长：林彦芹 孟凡香

副团长：王海波 田 军 张 颖 周扬桂

2022年7月27日，二十五届省运会日照市体育代表团成立，共有1000多名运动员参加33个大项比赛。

日照市坚持以习近平新时代中国特色社会主义思想为指导，全面贯彻《体育强国建设纲要》，坚持以人民为中心的发展思想，打造体育发展"六大版图"，加快建设现代化海滨体育名城，办好人民满意的体育，让"生活在日照就是幸福"成色更足、底色更亮。日照市成功创建为国家体育消费试点城市、全国社会足球场地设施建设重点推进城市、全国幼儿体育试点城市、全国青少年脊柱健康管理工作试点城市，连续三年获评"中国体育旅游十佳目的地"，被国家体育总局授予"抗疫情 保备战 突出贡献奖"。体育兴城、体教融合、全民健身、体育特色小镇等经验在全国推广。

日照市体育代表团

在该届省运会上，日照市体育代表团现场比赛获得金牌81.5枚、银牌68枚、铜牌60.5枚，共计210枚奖牌；日照市运动员在第十四届全运会中取得的前三名成绩记入省运会金牌28枚；人才输送记入省运会金牌14枚。

此外，日照市体育代表团还获得体育道德风尚奖（排名第一）、比赛总分成绩奖第六名、比赛金牌成绩奖第六名、优秀运动员组金牌总分成绩奖第十名等六大奖项，实现历史性突破，获得运动成绩和精神文明双丰收，为全市人民争得了荣誉。

一、队伍建设

运动员队伍建设 从2018年起，日照市积极开展备战队伍组建工作。由于日照业余训练水平与省内强市相比基础薄弱、差距较大，常年开展训练项目只有11个。围绕二十五届省运会项目设置要求，按照"强化强项、提升弱项、引进新项、补齐缺项"思路，日照市整合各方面资源，发挥市体校参赛主体作用，抓好区县新型体校建设，实行市队区县办、市队校办、市队俱乐部办、合作代训等多种方式组建参赛队伍。通过"走出去、带进来""内交外引"等方式，先后与济南、青岛、烟台等12个省内地市沟通运动员交流事宜。同时，到连云港、徐州、湖州、苏州等市进行引进运动员意向洽谈，共完成田径、排球、武术散打、手球等项目交流运动员181人，引进运动员59人，大大提升整体备战实力。至2020年底，日照市参加省体育局注册运动员1261人；2021年末，完成33个大项的组队参赛任务。2022年省运会决赛阶段，日照代表团实际参赛运动员数1084人。

教练员队伍建设 二十五届省运会备战之前，体校在编教练员25人，其中高级教练6人，

2019 年 7 月 6 日，日照市备战第 25 届省运会体育教练专业技术人才培训班在中大体育中心开班

中级教练 8 人、初级教练 11 人，教练员人数严重不足，部分项目只有 1 名教练。为备战省运会，全面提升体校竞技体育水平，市委、市政府特批允许体校使用 30 名人才专项周转编制，加上体校原有的空余编制，政策安置、公开招聘和柔性引进 27 名教练员和 2 名科研人员，其中高级教练 2 人、中级教练 2 人。为提高教练竞技体育水平，市体校采用“走出去、请进来”等方式，多次派教练员外出培训。积极参加网络线上培训，多次邀请省内外专家对备战省运会队伍进行体能、赛前心理调整、运动损伤的预防与康复、反兴奋剂知识等进行专业辅导培训，备战参赛队伍的业务能力和竞技水平明显提高。

科研保障队伍建设 市体校科研医务室隶属于训练科，配备科研医务保障人员 3 名，配置血常规、尿常规、心率团队、脉冲治疗仪等仪器设备，为各项目运动队科学训练和运动员伤病治疗防治提供服务保障。二十五届省运会期间，备战参赛任务重、训练负荷大，运动员出现伤病健康问题较多，为保证备战参赛质量，减少或避免伤病发生，科研医务人员对帆船帆板队、皮划赛艇队等 53 支校内外运动队的重点运动员跟踪进行科研医务监控，有计划开展血色素、血乳酸、尿十项、团队心率等多项指标测试，对运动员拉伤、扭伤、挫伤、肌肉粘连、软组织损伤等伤病及时进行有效的治疗，并将心理训练、心理疏导与运动员训练、参赛有机结合，提升运动员备战参赛的竞技水平。

人才库和基地建设 2018 年 4 月，日照市印发《日照市体育局 日照市教育局关于特色体育项目进校园加强青少年体育工作的实施意见》，从市直及各县（市、区）义务教育阶段条件较好的学校，开展体育训练项目进校园，以课余体育训练带动课外体育活动，缓解学习和体育训练之间的矛盾，全面提升中小学生身体素质。实施体育项目“1+1+X 工程”，即每所学校抓好田径项目的普及与提高，组建 1 支田径队；根据学校设施条件和区域整体布局，开展校园足球（篮球、排球）活动，组建 1 支足球（篮球、排球）队；有条件的学校借助业余体校和社会体育组织的力量，利用校内或周边的体育场地和教练团队资源共同打造特色体育项目，合作组建若干项目运动队，促进校园体育活动水平和质量的提升。举办日照市阳光体育比赛，加强青少年体质健康测试工作，结合省体育局注册管理系统，逐步建起青少年体育后备人才库。在备战二十五届省运会期间，日照市体育运动学校创成国家高水平后备人才基地、山东省帆船帆板优秀后备人才基地、山东省皮划赛艇优秀后备人才基地、山东省自行车单项优秀后备人才基地。

二、备战管理

管理机制 日照市出台《关于做好第二十五届省运会备战参赛和体育后备人才培养工作的实施意见》等文件，配套编制日照市备战第二十五届省运会各区县人才输送金牌任务相关职责一览表，市筹委会印发《关于公布山东省第二十五届运动会日照市备战参赛工作领导小组人员名单和工作职责的通知》《关于市、区县备战山东省第二十五届运动会经费保障事权划分的通知》，市教育局、市体育局联合制定《关于日照市参加山东省第二十五届运动会球类项目比赛运动员升学的意见》，着力破解参赛备战中的“瓶颈”问题。

督查指导 市委、市政府主要领导及分管领导多次调研二十五届省运会备战参赛工作，为备战队伍纾困解难，鼓舞备战士气，激发备战动力，为实现“参赛出彩”提供保障支持。由日照市备战参赛指导专家、市体校相关领导带队，对各区县及相关训练单位的两训情况进行实地调研督导，通过实地查看、座谈交流，对各训练单位的日常训练提出指导意见，提升训练水平。

2021年2月10日，日照市委书记、市人大常委会主任张惠（前左二）看望备战二十五届省运会的教练员和运动员

训练管理 二十五届省运会备战期间，日照市代表团围绕实战，加大优势项目和重点运动员训练强度，切实提高训练成效性。在抓好日常训练基础上，采取“走出去、请进来”，加强实战交流，积累运动员实战经验，提高技战术水平。根据备战需要，安排不同项目进行外出训练，在江西省、青海省等地设立部分项目训练点。加大与省优秀运动队合作共建力度，一些重点运动员委托省优秀运动队进行代训。

指挥演练 建立科学、高效、统一、严密的组织体系，是省运会备战参赛工作的重要保证，是完成目标任务的关键所在。日照市充分利用省年度锦标赛、冠军赛，严格按照二十五届省运会竞赛规程总则要求，各项目细化参赛方案，做到赛前有计划、赛中有预案、赛后有总结。在2019年、2020年和2021年的山东省锦标赛中，共获得金牌139枚、银牌158枚、铜牌176枚，在国家级及以上比赛中共获得金牌30枚、银牌26枚、铜牌30枚。3年来在大赛中所取得的金牌数和总牌数均逐年递增，为备战二十五届省运会打下良好基础。通过实战指挥演练磨合，日照备战参赛指挥系统指挥顺畅、运转高效，最终在省运会上完成任务目标。

大纲考核 根据省体育局统一要求，对照国家体育总局办公厅《关于进一步强化基础体能训练恶补体能短板的通知》和省体育局《关于认真组织开展体能训练测试竞赛活动的通知》精神，认真组织全市训练单位实施，各训练单位坚持在每年春、秋季举行大纲考核。通过对大纲考核结果的数据分析，教练员全面了解运动员训练状态，准确掌握运动员体能变化和专项技术发展，对科学安排训练、促进运动员技术水平提高起到重要作用。

三、反兴奋剂宣传教育

反兴奋剂宣传 日照市紧紧围绕着“兴奋剂是什么”“为什么反对兴奋剂”“我们怎么做”这三个方面开展系列宣传教育活动，始终坚持依照《中华人民共和国体育法》《反兴奋剂条例》《关于严格禁止在体育运动中使用兴奋剂行为的规定（暂行）》《运动员行踪信息管理实施细则》《关于审理走私、非法经营、非法使用兴奋剂刑事案件适用法律若干问题的解释》《山东省体育局关于加强运动员肉食品安全管理的通知》以及国家体育总局、省市体育局关于反兴奋剂的有关规定，按照“严令禁止、严格检查、严肃处理”反兴奋剂方针，秉承“零容忍、零出现”反兴奋剂态度，坚持拿道德的金牌、风格的金牌、干净的金牌意识，对学校各级领导、教练员、运动员及其他辅助人员，开展全覆盖、全要素、全时空反兴奋剂工作宣传教育。

此外，反兴奋剂工作部还重点针对运动员和教练员所关心的怎么拒绝兴奋剂、怎么严防误服误用、怎么申报行踪信息、怎么配合兴奋剂检查等问题进行专题系列讲解，通过向运动员和教练员宣传反兴奋剂的法律法规、兴奋剂的含义及危害、当前反兴奋剂工作形势、兴奋剂入刑的意义、防止误服误用等知识，代表团各级领导、教练员、运动员及其他辅助人员对反兴奋剂知识有了深刻了解，加强反兴奋剂意识，保证公公平平参赛，干干净净夺金，杜绝兴奋剂事件发生。

2020年11月13日，参加二十五届省运会的日照市运动员在市体育运动训练馆进行反兴奋剂宣传教育。图为运动员在反兴奋剂承诺书上签字

准入教育　按照二十五届省运会运动员准入教育要求，日照市对参加省运会运动员及辅助人员，在中国反兴奋剂中心官网平台的省运会反兴奋剂教育板块开展准入教育考试及承诺书签署工作，注册人员全部通过省运会反兴奋剂教育准入考试，并取得参加省运会准入证书，获得参加二十五届省运会资格。

现场抽检　根据山东省反兴奋剂中心抽检要求和规定，日照市体育运动学校的多名运动员在帆板、自行车、田径等比赛中接受省体育局反兴奋剂中心现场抽检，经中国反兴奋剂中心检验，日照市体育代表团在二十五届省运会中未出现兴奋剂违规事件，展现日照市体育健儿公平参赛、纯洁参赛、拼搏进取的精神面貌。

第二节　其他市体育代表团

一、济南市体育代表团

团　长：王桂英

副团长：楚　波　孔　杰　权　娜　宋　豫

2022年7月19日，二十五届省运会济南市体育代表团成立。济南市有1656名运动员参加除帆船（帆板）外31个大项的比赛。

济南市是全省政治经济文化中心，是山东省体育强市。济南市体育系统以奋勇争先、开创新局为目标，以构建体育之力助力体育强省建设为动力，全力推动体育事业高质量发展：竞技体育综合实力持续提高，先后培养输送奥运冠军李晓霞、张梦雪等一批优秀运动员；群众体育服务体系更加完善，构建起全民健身活动新体系；体育产业蓬勃发展势头良好，持续打造黄河体育赛事品牌。

济南市体育代表团

在该届省运会上，济南市体育代表团获得258枚金牌、181枚银牌、191枚铜牌，奖牌总数列全省首位、团体总分并列全省首位。获得比赛总分成绩奖第一名、比赛金牌成绩奖第二名、优秀运动员组金牌总分成绩奖第二名、金牌成绩奖第二名、总分成绩奖第二名和体育道德风尚奖在内的全部6个奖项。

二、青岛市体育代表团

团　长：赵胜村

副团长：王东翔　车景华　徐树成　韩　东　王广健　杜云烟　辛广军　李国利　谭　鹏　刘新宏

2022年7月18日，二十五届省运会青岛市体育代表团成立，1523名运动员参加32个大项751个小项和4个表演项目的比赛。

青岛市体育代表团

青岛市不断探索竞技体育发展新路子，创新竞技体育、青少年体育发展模式，竞技体育、青少年体育蓬勃发展、硕果累累。2008年以来，青岛籍运动员连续在四届夏季奥运会上摘金，张娟娟、陈梦等运动员共获金牌6枚、银牌3枚、铜牌3枚。在2022年北京冬奥会上，青岛小将李文龙获得男子短道速滑1000米银牌，取得山东、青岛冬奥会历史上的首枚奖牌，创造了山东省、青岛市竞技体育历史。

在该届省运会上，青岛市体育代表团以金牌277枚、总分10386分的优异成绩囊括大会所设全部五大竞赛奖项第一名，取得近20年异地参赛的历史最好成绩，并获体育道德风尚奖，实现运动成绩和精神文明双丰收。

三、淄博市体育代表团

团　长：毕红卫

副团长：刘　波　黄雪颂

2022年5月18日，二十五届省运会淄博市体育代表团成立，1675名运动员参加32个大项和4个表演项目的比赛。

淄博市体育代表团

淄博市锚定体育强市建设目标，坚持“办人民满意的体育”理念，推动全市竞技体育、群众体育、体育产业高质量发展。群众体育蓬勃开展，全民健身场地设施日趋完善，全民健身赛事活动精彩纷呈，建起覆盖城乡的全民健身公共体育服务体系，先后培养输送杜丽、张成龙、杨浚瑄等34名奥运冠军、世界冠军。

在该届省运会上，淄博市体育代表团获得金牌207枚、奖牌514枚、总分9911分，金牌、奖牌和总分均列全省第三位，并获得体育道德风尚奖。

四、枣庄市体育代表团

团　长：刘吉忠

副团长：冯再法

2022年8月8日，第二十五届省运会枣庄市体育代表团成立。521名运动员参加22个项目竞技项目的比赛。

枣庄市体育事业实现高质量发展。打造“枣运动 枣健康”全民健身品牌，体育场地设施提档升级，建成遍布城乡的“15分钟健身圈”。建设启用“枣庄智慧体育服务平台”，上线“全民健身电子地图”，体育数字化实现新突破。竞技体育水平持续提升。2021年8月，孙梦雅夺得东京奥运会女子500米双人划艇冠军；2022年度获得世界冠军7项、全国冠军3项，2名运动员获得国家级荣誉，枣庄籍运动员参加冬残奥会并实现零的突破。

枣庄市体育代表团

在该届省运会上，枣庄市体育代表团获得金牌52.5枚、总分2106.5分，优秀运动员组金牌排第九名，比赛总成绩排第十三名。

五、东营市体育代表团

团　长：孙　永

副团长：陈俊林　陈延星　迟　键

王江勇

2022 年 7 月 28 日，二十五届省运会东营市体育代表团成立，612 名运动员参加 22 个竞技体育项目的比赛。

东营市体育代表团

东营市体育事业蓬勃发展，先后涌现出奥运会冠军王明娟，亚运会冠军李燕，青奥会冠军顾玉婷、刘高阳，全运会冠军岳丛、朱晨斌、于子洋等一批优秀运动员；黄河口（东营）马拉松连续 4 年被评为“双金”赛事，黄河口（东营）公路自行车赛连续举办 6 届，是山东省首个中国自行车运动协会批准的在华 C 类国际赛事，大型精品赛事成为东营市亮丽名片。

在该届省运会上，东营市体育代表团共获得金牌 12 枚、银牌 6 枚、铜牌 23 枚。东营市获得青少年体育工作优秀组织奖、体育道德风尚奖。

六、烟台市体育代表团

团　长：隋子林

副团长：高　腾　张晓东　林　涛

孙俊成　于宗群

2022 年 6 月 22 日，二十五届省运会烟台市体育代表团成立，1570 名运动员参加 31 个大项的比赛。

烟台市体育代表团

烟台市竞技体育综合实力稳居全省前茅，自 2000 年悉尼奥运会运动员邢傲伟实现山东省、烟台市奥运金牌零的突破以后，先后培养输送邢傲伟、唐功红、刘春红、周璐璐、罗玉通、孙一文、刘诗颖、张常鸿 8 名奥运冠军。体育产业发展水平居全省先进行列，2022 年全市体育产业总规模、增加值居全省第三位。

在该届省运会上，烟台市体育代表团共获得金牌 433.5 枚，列金牌榜第三位，并获体育道德风尚奖。

七、潍坊市体育代表团

团　长：陈端梅

副团长：贯宝文　沃付贤

2022 年 8 月 25 日，二十五届省运会潍坊市体育代表团成立，1588 名运动员参加 31 个大项、43 个小项的比赛。

潍坊市体育代表团

潍坊市加强竞技体育创新，积极对接国家奥运优势项目、山东省全运优势项目，在项目布局、人才选拔、教练员队伍建设、科学训练、政策保障上实施系统创新、专项攻关；推进“大群体”格局构建和运行机制创新，构建政府主导、多方参与的更高水平全民健身服务体系；优化营商环境，构建更多平台，优化对市场主体的服务监管，创新公共服务、政策扶持等手段措施，促进体育产业扩大规模、提质增效。先后为国家培养和输送以林伟宁、邢慧娜、奚爱华、杨方旭为代表的奥运冠军。

在该届省运会上，潍坊市体育代表团获得 145 枚金牌、85 枚银牌、105 枚铜牌，列奖牌榜第 5 位，并获体育道德风尚奖。

八、济宁市体育代表团

团　长：白平和

副团长：赵　波　班建新　邵　波　汪巨龙　孙延斌

二十五届省运会济宁市体育代表团共派出 768 名运动员参加田径、球类、击剑、自行车等 28 个大项、500 余个小项的比赛。

济宁市体育代表团

济宁市体育发展紧紧围绕全市中心工作，夯实群众体育基础，增加身边的健身场地设施，逐步补齐群众身边的健身设施短板；持续巩固县级体校改革成果，全面推广“四位一体”的训练模式，加强省运会备战办工作机制；强化产业融合，探索体育产业发展扶持办法，帮助企业制定战略目标和攀登计划，为全面开创新时代现代化强市建设新局面贡献体育力量。

在该届省运会上，济宁市体育代表团获得金牌总分成绩第六名、综合金牌成绩第七名、综合总分成绩第七名、比赛总分成绩第十名、比赛金牌成绩第十二名，并获体育道德风尚奖。

九、泰安市体育代表团

团　长：刘峰梅

副团长：李　锐　孔凡洪　杨振德　玄冬梅　刘　灏　常希贞

2022 年 2 月，二十五届省运会泰安市体育代表团成立，932 名运动员参加 28 个大项的比赛。

泰安市高度重视体育事业，统筹推动群众体育、竞技体育、体育产业协调发展，体育强市建设迈出坚实步伐。先后承办奥运火炬传递、全运圣火采集、世界杯攀岩赛等重大赛事活动，打造泰山国际登山比赛、泰山国际马拉松赛等自主IP赛事品牌，先后培养出奥运冠军王峰，世界冠军毕文静、魏霞、卞庆各、刘坤，亚洲冠军王银行、马卫国、李洪凤、鹿智文等一大批优秀运动员。

泰安市体育代表团

在该届省运会上，泰安市体育代表团获得56枚金牌、40枚银牌、62枚铜牌，团体总分2965分，获二十五届省运会比赛金牌奖（第七名）、二十五届省运会比赛总分奖（第七名）、二十五届省运会体育道德风尚奖等奖项。

十、威海市体育代表团

团　长：杨　丽

副团长：于琛琛　姜进军　于夕皆　于年洪　李小谦　孙学祥

2022年8月15日，二十五届省运会威海市体育代表团成立，970余名运动员参加24个竞技体育项目的比赛。

威海市体育代表团

威海市始终坚持以发展人民满意的体育为根本宗旨，群众体育、竞技体育、体育产业协调发展、相得益彰。全民健身事业深植强厚基础，是全国3个连续两届实现全国群众体育先进单位全域一片红的城市之一；竞技体育迸发强劲动力，国家高水平运动基地及乒乓球、铁人三项、棒垒球等训练基地落户威海。体育产业发展巩固强势优势，成功争创2个国家级体育产业示范基地，每年举办国际乒联男女世界杯、全国乒乓球锦标赛、中国乒超联赛等顶级乒乓球赛，叫响中国乒乓胜地品牌。

在该届省运会上，威海市体育代表团包揽比赛金牌奖、比赛总分奖、优秀运动员组金牌总分奖、综合金牌奖、综合总分奖、体育道德风尚奖全部6个奖项，综合金牌112枚，总分3510.75分，均列全省第八位。

十一、临沂市体育代表团

团　长：王映海

副团长：刘桂强　张潇梦　李　楠　赵爱国

二十五届省运会临沂市体育代表团共派出1215名运动员参加28个大项、593个小项的比赛。

临沂市体育代表团

临沂市把竞技体育作为加快建设体育强市的重点领域和关键环节，制定出台一系列政策文件，竞技实力水平显著提升。先后举办中国沂河体育节、临沂国际马拉松等50多项次国际国内大型赛事，“魅力沂蒙”乡村马拉松、“红色之旅、沂蒙骑行”等自主特色品牌赛事，影响力扩大到全省、全国。

在该届省运会上，临沂市体育代表团以金牌42枚、银牌31枚、铜牌57枚，总奖牌130枚、总分2549分的成绩，列金牌榜第九位、奖牌榜第八位、总分榜第八位，并获体育道德风尚奖。

十二、德州市体育代表团

团　长：邵红双

副团长：隋　力　张开军

2022年5月26日，二十五届省运会德州市体育代表团成立，206名运动员参加15个竞技体育项目的比赛。

德州市体育代表团

德州市围绕“在特色体育名城建设上走在前”目标任务，统筹推进全市体育产业、竞技体育、青少年和学校体育、群众体育协调发展，奋力开创特色体育名城建设新局面。先后为国家培养和输送郭淋淋、程冲、骆玉玺、王吉轩等世界和全国冠军。获“中国板式网球推广试点城市”称号，“海峡两岸”八极拳交流大会、中国板式网球巡回赛和全民健身运动会等赛事形成品牌。

在该届省运会上，德州市体育代表团获得4枚金牌、4枚银牌、5枚铜牌，优秀运动员组金牌总数19.5枚，获得体育道德风尚奖、山东省体育强省建设突出贡献奖，及“全省群众体育先进单位”称号。

十三、聊城市体育代表团

团　长：马卫红

副团长：王广奎　崔　巍　张宏图

2022年6月，二十五届省运会聊城市体育代表团成立，313名运动员参加15个竞技体育项目的比赛，其中30名运动员参加马术、围棋2个表演项目比赛。

聊城市体育代表团

聊城市竞技体育整体实力处于上升趋势。市级层面开设散打、拳击、皮划艇等10个运动项目，与社会力量合作共建网球、篮球、羽毛球等8个运动项目。2022年，培养出山东省冠军、亚军、季军40人次，前八名95人次，向省队、国家队输送运动员25人次。田径中长跑、柔道、排球、皮划艇和赛艇是聊城市竞技体育优势项目。

在该届省运会上，聊城市体育代表团共获得金牌8.5枚、银牌8枚、铜牌15枚。其中，7名运动员获得单项优秀运动员奖、5名运动员获得运动员体育道德风尚奖。聊城市体育代表团获得体育道德风尚奖。

十四、滨州市体育代表团

团　长：屈跃宽

副团长：张松林　周　波

2022年6月17日，二十五届省运会滨州市体育代表团成立，700余名运动员参加24个项目的比赛。

滨州市体育全力推进“群众体育树品牌、竞技体育争金牌、体育产业创名牌”的“三牌争创工程”，体育事业不断实现新跨越。先后涌现出两届乒乓球世锦赛冠军曹臻，柔道姊妹花徐玉华、徐丽丽，以及曹静、赵沙沙、张博文、鲁诗雨等一大批优秀运动员。

滨州市体育代表团

在该届省运会上，滨州市体育代表团获得奖牌 101 枚，其中金牌 46 枚、银牌 21 枚、铜牌 34 枚，列全省金牌榜第 8 位，获体育道德风尚奖、比赛金牌成绩奖，优秀运动员组金牌总分成绩奖、总分成绩奖、金牌成绩奖 5 个奖项。

十五、菏泽市体育代表团

团　长：姜凌刚

副团长：许尚钦　史长华

2022 年 7 月 28 日，二十五届省运会菏泽市体育代表团成立，395 名运动员参加体操、武术（散打、套路）、拳击等 19 个竞技体育项目。

菏泽市体育代表团

菏泽市以体育强国建设纲要为指导，全面贯彻落实全民健身国家战略，完善体育基础设施。在第二十五届省运会周期内，先后为国家和省运动队输送优秀运动员 23 名。加强群众体育工作，不断完善全民健身公共服务体系。充分发挥“武术之乡”优势，以水浒好汉城为依托，以中国 · 郓城会盟品牌为引领，重点打造武术 + 旅游、武术 + 攀岩项目，形成集武术表演、健身培训等多业并举的产业发展态势，建成国内知名武术产业基地。

在该届省运会上，菏泽市体育代表团共获得金牌 73.5 枚，其中比赛现场获得金牌 37 枚、银牌 24 枚、铜牌 35 枚，团体总分 2289.5 分，获体育道德风尚奖、优秀组织奖。

第五章 十一届省残运会体育代表团

省残运会是全省残疾人运动员参加的规模最大、规格最高的综合性体育盛会。十一届省残运会，全省16个市和山东特殊教育职业学院分别成立代表团，由各市政府分管领导担任市级代表团团长，市政府、市残联及相关部门负责人担任副团长，各市代表团的教练员和运动员人数根据参赛项目配备。该届残运会设17个大项、700余个小项，共决出786枚金牌、539枚银牌、441枚铜牌。1500余名残疾人运动员参加比赛。

十一届省残运会期间，各市代表团同台竞技，自强不息，超越自我，挑战极限，奋勇争先，以梦想照亮赛场，用拼搏铸就成功，战胜常人难以想象的困难的坚强决心和意志，充分展现乐观进取的人生态度、平等自强的生命尊严、顽强拼搏的精神力量，展示全省残疾人群众体育和竞技体育事业发展成就，谱写了山东省残疾人体育事业发展新篇章。

第一节　日照市体育代表团

日照市作为十一届省残运会东道主，由日照一队和日照二队组建成立日照市代表团，是省残运会参赛史上规模最大的体育代表团，共有207名运动员参加15个大项比赛。

日照市体育代表团领导成员如下。

团　长：林彦芹

副团长：王海波　徐立宝　闫　娜

日照因"日初出光先照"而得名，是联合国人居奖城市，全国文明城市、中国优秀旅游城市。日照市坚持以人民为中心的发展思想，着力提升残疾人服务水平，残疾人体育工作得到全面推进，是全国残疾人体育工作先进单位。

十一届省残运会共设17个大项。日照市参加旱地冰壶、飞镖、象棋、盲人柔道、轮椅网球、轮椅篮球、聋人篮球、聋人足球、跆拳道、举重、场地自行车、公路自行车、乒乓球、游泳、田径等15个项目的比赛。相比历届省残运会，日照市在承办十一届省残运会过程中，克服重重困难，出台一系列备战政策，分解压实备战任务。注重队伍建设，扩大备战项目规模，比第十届省残运会增加7个；扩大训练队伍规模，参赛运动员比第十届省残运会增加190余人；健全训练机制，运用系统化、信息化等手段，加强备战研究，制订详细的比赛计划和方案；恪守体育道德风尚，坚持公平竞赛，严格执行有关赛风赛纪规定。

日照市体育代表团

在该届省残运会上，日照市体育代表团艰苦备战、奋力拼搏。旱地冰壶项目夺得省残运会首枚金牌，取得开门红。共获得105枚金牌、58枚银牌、49枚铜牌，居群体榜第一名、总分榜第二名、奖牌榜第三名、金牌榜第四名。参赛运动员人数最多，十一届省残运会日照运动员比第十届省残运会增加190余人，创历届参赛人数之最；金牌、奖牌历史最佳，分别比第十届省残运会多69枚金牌、149枚奖牌，均翻一番，创造日照参加历届省残运会最好成绩。此外，日照市体育代表团还被十一届省残运会组委会授予体育道德风尚奖。

一、队伍管理

日照积极开展备战队伍组建工作，根据十一届省残运会项目设置和日照实际，进行项目布局调整，日照备战项目15个，相比第十届省残运会增加7个。围绕参赛项目特点，一方面整合全市资源，一方面寻求其他城市和相关单位支持，培养选拔参赛选手，逐渐扩大训练队伍规模，日照市体育代表团实际参赛运动员人数达200余名。

二、备战管理

日照市体育代表团加强工作组织管理，定期举行全体会议、月度例会、周工作会议、专题工作会议。运用系统化、信息化等手段，加强对参赛项目发展、竞赛政策内容、竞争对手情况等方面研究，制订详细比赛计划和方案。省市领导十分重视备战训练工作，多次对备战训练工作进行督查指导，协调解决问题，推动训练工作。

省残运会训练管理备战期间，各训练单位围绕实战，加大优势项目和重点运动员训练强度，切实提高训练成效性。在抓好日常训练基础上，采取“走出去、请进来”，加强实战交流，积累运动员实战经验，提高技战术水平。

第二节 其他市体育代表团

一、济南市体育代表团

团　　长：王桂英

团长助理：于　洋　蔺　刚

副 团 长：楚　波　于　红　李宗泉

2022年9月5日，十一届省残运会济南市体育代表团成立，共派出129名运动员参加田径、游泳、乒乓球等12个大项的比赛。

济南市体育代表团

济南市贯彻落实习近平总书记对山东、对济南工作的重要指示要求，以不断满足残疾人美好生活需要为工作导向，以“我的兄弟姐妹”品牌为引领，推动残疾人事业实现高质量发展。济南市政府残工委被国务院残工委授予“全国残疾人工作先进单位”称号，济南市残联被省委、省政府表扬为“第16届残奥会、第13届冬残奥会有功集体”，先后涌现出吕晓磊、赵裔卿、崔娜等残奥会冠军。

在该届省残运会上，济南市体育代表团共夺得99枚金牌、50枚银牌、36枚铜牌，列金牌榜第二位、总分榜第四名，被大会组委会授予体育道德风尚奖。

二、青岛市体育代表团

团　　长：赵胜村

副团长：王东翔　王建中

青岛市体育代表团共派出运动员262人参加十一届省残运会14个项目的比赛。

青岛市体育代表团

青岛市高度重视残疾人事业，残疾人体育工作得到快速发展，青岛市残疾人运动员在东京残奥会上获得两枚银牌、一枚铜牌的成绩；在北京冬残奥会上，由山东省残联、青岛市政府共建的残奥冰球队首次参赛即获得铜牌，实现历史性突破，被中共中央、国务院授予突出贡献先进集体称号，习近平总书记为残奥冰球队颁发奖牌，并称赞：“你们很棒！”

在该届省残运会上，青岛市体育代表团获得金牌172.5枚、银牌83枚、铜牌53枚，总分1994分，包揽金牌总数、奖牌总数和团体总分三项第一，并获得体育道德风尚奖。

三、淄博市体育代表团

团　　长：李新胜

副团长：张　亮

淄博市体育代表团

淄博市体育代表团共派出45名运动员，参加十一届省残运会飞镖、象棋、旱地冰壶等10个大项的比赛。

淄博市高度重视残疾人体育工作，把发展残疾人体育作为残疾人事业高质量发展的重要组成部分，残疾人体育事业健康快速发展。2019年，淄博市残联被中国残联和国家体育总局表彰为全国残疾人体育先进单位。淄博市残疾人团结奋进、拼搏向上，涌现出王代臣、贾倩倩、宋振玲、纪延昭等一大批自强不息、积极进取的优秀残疾人运动员，他们在国内、国际体育比赛中斩金夺银，为淄博、为山东、为祖国赢得荣誉。

在该届残运会上，淄博市体育代表团共获得金牌16枚、银牌27枚、铜牌11枚，团体总分401分，并获得体育道德风尚奖。

四、枣庄市体育代表团

团　长：左　文

副团长：王洪燕

枣庄市体育代表团

枣庄市体育代表团共派出82名运动员参加十一届省残运会10个大项的比赛。

为促进残疾人体育事业高质量发展，鼓励残疾人积极参与体育运动，枣庄市残联依据体育项目类别在全市设立4个残疾人体育训练基地，做到训练常态化、制度化。在残疾人体育事业发展历程中，涌现出以刘磊为代表的奥运会、全运会、省运会优秀运动员。

在该届残运会上，枣庄市体育代表团共夺得金牌23枚、银牌42枚、铜牌4枚，团体总分610分，列总分榜第八名，被大会组委会授予体育道德风尚奖。

五、东营市体育代表团

团　长：王秀凤

副团长：张新林　王江勇　牛保坤

东营市体育代表团

东营市体育代表团共派出113名运动员，参加十一届省残运会10个大项的比赛。

东营市高度重视残疾人工作，残疾人事业取得快速发展，多项工作步入全国、全省先进行列，先后获得全国无障碍建设先进城市、全国残疾人工作示范城市等30多项荣誉称号，涌现出袁义志、杨记超、隋慧云、王平平等20多名国家级优秀残疾人运动员。

在该届残运会上，东营市体育代表团共获得金牌29枚、银牌20枚、铜牌10枚，团体总分239分，被大会组委会授予体育道德风尚奖。

六、烟台市体育代表团

团　长：隋子林

副团长：高　腾　桑建伟

烟台市体育代表团共派出133名运动员参加十一届省残运会轮椅篮球、聋人篮球等14个大项的比赛。

烟台市体育代表团

烟台市委、市政府把习近平总书记关于残疾人事业的重要论述作为残疾工作的根本遵循，带领各级残联组织践行“代表、服务、管理”职能，不断实现残疾人对美好生活的向往，高质量推动全市残疾事业快速发展。2021年，烟台市残联被山东省委、省政府表彰为山东省就业创业工作先进集体、山东省脱贫攻坚先进集体，被中国残联命名为国家级残疾人职业培训基地、国家残疾人体育训练基地。

在该届残运会上，烟台市体育代表团共获得57枚金牌、23枚银牌、35枚铜牌，列团体总分第六名、金牌榜第六名、奖牌榜第六名、群体项目榜第三名，被大会组委会授予体育道德风尚奖。

七、潍坊市体育代表团

团　长：陈端梅

副团长：侯法强　燕景伦

潍坊市体育代表团共派出32名运动员，参加十一届省残运会飞镖、象棋、举重、游泳、乒乓球、田径6个大项、46个小项的比赛。

潍坊市体育代表团

潍坊市残疾人工作坚持“一个目标、四大工程、四项措施、三个融合、一个引领”的工作思路，各项残疾人工作均取得新突破，先后被评为全国残疾人体育先进单位、山东省脱贫攻坚先进集体。

在该届残运会上，潍坊市体育代表团共获得金牌15枚、银牌9枚、铜牌14枚，团体总分288分，被大会组委会授予体育道德风尚奖。

八、济宁市体育代表团

团　长：张　东

副团长：张修占　邵　波

济宁市体育代表团共派出136名运动员，参加十一届省残运会12个大项的比赛。

济宁市体育代表团

济宁市高度重视残疾人体育工作，先后通过举办残疾人群众性体育活动、组织残疾人运动员参加国际和国内重大体育赛事等方式，鼓励和帮助更多的残疾人走出家门，涌现出徐金强、周杉杉等一批高水平运动员。

在该届残运会上，济宁市体育代表团共获得金牌91枚、银牌34枚、铜牌30枚，团体总分1021分，获金牌榜第三名、奖牌榜第五名、总分榜第五名，被大会组委会授予体育道德风尚奖。

九、泰安市体育代表团

团　长：姜　宁

副团长：李建蔚 刘学永 玄冬梅

泰安市体育代表团共派出 79 名运动员，参加十一届省残运会 13 个大项、50 个小项的比赛。

泰安市经济社会快速发展，残疾人体育事业在创新中高质量推进，在旱地冰壶、柔道、田径等项目中具有较强优势。

泰安市体育代表团

在该届残运会上，泰安市体育代表团共获得金牌 17 枚、银牌 21 枚、铜牌 24 枚，团体总分 366 分，被大会组委会授予体育道德风尚奖。

十、威海市体育代表团

团　长：张宏璞

副团长：张　峰 苗健臣 陈卫萍

威海市体育代表团共参加十一届省残运会 6 个大项、58 个小项的比赛。

威海市体育代表团

威海市牢记习近平总书记“威海要向精致城市方向发展”的殷切嘱托，坚持“党建引领、同心助残”，残疾人事业实现高质量发展。

在该届残运会上，威海市体育代表团共获得金牌 4 枚、银牌 2 枚、铜牌 12 枚，团体总分 112 分，被大会组委会授予体育道德风尚奖。

十一、临沂市体育代表团

团　长：王映海

副团长：刘桂强 刘祥宇 陈建光

临沂市体育代表团共派出 172 名运动员，参加十一届省残运会 11 个大项、100 多个小项的比赛。

临沂市体育代表团

临沂市历史悠久，人文灿烂。勤劳智慧的沂蒙人民，事争一流，唯旗是夺，与最快者赛跑、与最强者比拼，努力争当全省残疾人事业“走在前、开新局”的标兵。

在该届残运会上，临沂市体育代表团共获得金牌 86 枚、银牌 61 枚、铜牌 61 枚，团体总分 1215 分，获金牌榜第四名、奖牌榜第二名、总分榜第三名，被大会组委会授予体育道德风尚奖。

十二、德州市体育代表团

团　长：蔡玉虎

副团长：刘　芳 齐何军

德州市体育代表团共派出 43 名运动员，参加十一届省残运会田径、游泳、乒乓球等 5 个大项的比赛。

德州市体育代表团

德州市围绕建设特色体育名城，通过全民健

身、竞技体育和体育消费激活体育产业新动能，促进体育产业二、三产融合发展，为体育强国强省建设注入“德州力量”，培养出卡塔尔多哈世锦赛、广州亚残运会金牌获得者王玉芹等优秀运动员。

在该届残运会中，德州市体育代表团共获得 42 枚奖牌，其中金牌 11 枚、银牌 16 枚、铜牌 15 枚，团体总分 354 分，被大会组委会授予体育道德风尚奖。

十三、聊城市体育代表团

团　长：马卫红

副团长：李香荣　杭千芳　李如玉　李　利

聊城市体育代表团共选派 110 名运动员，参加十一届省残运会田径、游泳、象棋等 13 个大项百余个小项比赛。

聊城市体育代表团

聊城市推动残疾人体育纳入全民健身大局，竞技项目运动水平不断提高，群众性体育得到广泛发展，培养出东京残奥会游泳冠军贾红光、全国残疾人体育自行车金牌获得者李绍民等优秀运动员。

在该届残运会上，聊城市体育代表团共夺得 29.5 枚金牌、21 枚银牌、14 枚铜牌，被大会组委会授予体育道德风尚奖。

十四、滨州市体育代表团

团　长：杜玉杰

副团长：周海燕　崔洪兵　吴国华

滨州市体育代表团共派出 73 名运动员，参加十一届省残运会田径、游泳、篮球、门球、飞镖等项目的比赛。

滨州市体育代表团

滨州因地处“渤海之滨、黄河之洲”而得名，是“九朝齐鲁重镇”“千年文化古城”“兵圣孙武故里”，是黄河文化和齐文化的发祥地之一，是渤海革命老区核心区。滨州正以产教融合型、实业创新型“双型”城市建设为主引擎，锚定“走在前，开新局”，为建设更高水平富强滨州而团结奋斗。

在该届残运会上，滨州市体育代表团共获得金牌 33 枚、银牌 41 枚、铜牌 16 枚，团体总分 692 分，获群体榜第四名、金牌榜第八名、奖牌榜第七名、总分榜第七名，创造历史最佳战绩，被大会组委会授予体育道德风尚奖。

十五、菏泽市体育代表团

团　长：张　鹏

副团长：马　振　周广东　张国华

菏泽市体育代表团共选派 55 名运动员，参加十一届省残运会飞镖、象棋、盲人门球等 7 个大项、30 余个小项的比赛。

菏泽市体育代表团

菏泽市残疾人体育事业得到较大发展，建起

由中国残联注册的国家残疾人体育训练基地，训练项目由举重单一项目发展为多项目。特别是举重项目，多年来30余次出战国际比赛，举重运动员崔哲、崔建金多次在国际赛场上摘金夺银，为中国残疾人体育事业争得荣誉。

在该届残运会中，菏泽市体育代表团获得14枚金牌、4枚银牌、4枚铜牌，团体总分224分，创下历届省残疾人运动会菏泽代表队最好成绩，被大会组委会授予体育道德风尚奖。

十六、山东省特殊教育职业学院体育代表团

团　长：李心沁

副团长：孔苏华　赵海红　黄艳华

山东特殊教育职业学院是山东省唯一一所公办特殊教育高职院校，也是全国办学最早的残疾人职业教育学校。学院是国家残疾人体育培训基地、全国特殊艺术人才培养基地、首批国家级残疾人职业教育培训基地，先后获全国教育系统先进集体等20多项国家荣誉和振兴山东残疾人体育突出贡献奖等30多项省级荣誉。

山东省特殊教育职业学院代表团

在该届残运会上，山东特殊教育职业学院体育代表团共获得金牌16枚、银牌10枚、铜牌21枚，团体总分380分，被大会组委会授予体育道德风尚奖。

第六章 第五届省老运会体育代表团及竞赛项目

2022年7月至2023年5月，经省政府批准，由省体育局、省卫生健康委、省老年人体育协会（以下简称省老体协）共同主办，有关市人民政府承办的第五届山东省老年人运动会举行。该届老运会坚持“健康快乐、幸福长寿”老年体育工作理念，设棋类、柔力球、门球、健身秧歌（腰鼓）、网球、田径、乒乓球、台球、健身气功、健身球操、气排球、太极拳（剑）等12个大项、77个小项，近5000人参赛。

第五届省老运会是历届省老运会办赛难度最大、时间跨度最长的一届，赛程先后历经11个月。第五届老运会筹办、举办期间，各承办单位坚守保障赛事安全顺利底线，完善赛事疫情防控工作流程，做好每项比赛一赛四案和突发疫情情况下线上比赛预案，对赛事报名报到、赛场管理、交通保障、酒店管理、人员管理、完赛离会等环节实施疫情管理措施，圆满完成各项赛事。

该届省老运会是历届参与人数最多、参与热情最高的一届。第五届省老运会组委会及各承办单位充分利用报刊、广播、电视，各大新闻网站、手机客户端等，对该届老运会盛况和近年来山东老年体育事业取得的成就及老年运动员健康向上、乐观进取的精神风貌，进行多形式、多角度报道，营造浓厚氛围。十几万老年人参与省老运会，直接影响和带动十几万家庭了解老年体育，参与体育健身，吸引和带动更广大的老年群体走出来、动起来、学起来、乐起来，助力健康山东建设。

省体育局、省卫生健康委、省老体协作为第五届省老运会主办单位，同心同德，周密部署。省老体协早谋划早动手，把老运会作为年度头等大事来抓，制定比赛规程，创新比赛项目。卫生健康、财政、公安等部门各司其职，各承办市相关部门步调一致，群策群力，克服困难挑战，确保各项赛事活动顺利安全。日照市作为第五届省老运会开闭幕式承办单位，以一流场馆设施、一流竞赛组织、一流城市环境、一流服务保障，高质高效确保该届省老运会开闭幕式及相关赛事顺利圆满。通过各方的大力合作，全部老运会赛事运转流畅。

第一节 体育代表团

一、日照市体育代表团

团长：林彦芹

日照聚焦“走在前、开新局”，聚力打造现代化海滨体育名城。“当好东道主、办好老运会”，日照市以优异的成绩、良好的精神风貌，与全省参赛人员一起，团结拼搏，共铸“精彩老运会”。

日照市体育代表团

二、济南市体育代表团

团长：杨 丽

第五届省老运会济南市体育代表团由济南市政府牵头，济南市体育局、济南市群众体育事业发展中心、济南市老年人体育协会 9 人组成。该届老运会，济南市派出 200 余名运动员参加所有项目的比赛，取得较好成绩，充分展示泉城老年人健康向上的精神风貌。

济南市体育代表团

三、青岛市体育代表团

团长：徐学武

青岛市实施人才发展战略“万人大培训”和开展创建“太极拳之乡”活动，老年体育逐步深入基层，进社区、进村庄、进家庭，呈现出一片生机勃勃的良好局面，老年科学健身的理念、深度、广泛性进一步提高。青岛市组成 280 人的体育代表团，参加 12 个大项的全部比赛。

青岛市体育代表团

四、淄博市体育代表团

团长：毕红卫

淄博市老体协 1984 年成立，始终把老年体育工作作为一项德政工程、敬老工程、民心工程。淄博市体育代表团本着“重在参与、安全精彩，康乐兼备、交流提高”宗旨，展示新时代老年人健身风采。三千年齐国故都，不断提升城市品质，燃烧新活力，展现新风貌。

淄博市体育代表团

五、枣庄市体育代表团

团长：刘吉忠

枣庄市老年体协成立近 40 年，老体协组织遍布城乡。全市老年人基层健身站点达 3000 多个，服务于老年人体育健身的社会体育指导员、健身骨干达 4 万多人。在建立健全基层组织、建设老年体育场地、打造老年体育活动品牌等方面走在全省前列，实现“党政有地位、工作有作为、社会有影响、百姓有口碑”目标。枣庄市体育代表团共有 166 人参加健身气功、太极拳（剑）、健身秧歌等 7 个大项的比赛。

枣庄市体育代表团

六、东营市体育代表团

团长：边志伟

第五届省老运会东营市体育代表团由东营市政府牵头，东营市体育局、东营市老年体育活动服务中心、东营市老年人体育协会 9 人组成。东营市派出 100 多名运动员参加比赛，取得较好成绩，充分展示了油城老年人健康向上的精神风貌。

东营市体育代表团

七、烟台市体育代表团

团长：隋子林

烟台市老年体协围绕全民健身、体育强国建设国家战略，贯彻“促进城市、发展农村、重在基层、面向全体”的老年体育工作方针，推动全市老年体育事业高质量发展。烟台市共派出 13 支代表队、300 多名运动员参加 13 个大项的比赛，均取得优异成绩。其中，8 个项目获得优胜奖。

烟台市体育代表团

八、潍坊市体育代表团

团长：陈端梅

潍坊市深化老年体育工作体制改革、深入实施“服务进站、健身养老”优质服务项目，致力打造“健康潍坊”品牌赛事，成效显著。门球、太极拳、气排球是该市的优势项目，在第五届省老运会中，潍坊市坚持“重在参与、重在健康、重在交流、重在快乐、重在安全”的原则，组队参加全部赛事，全面展示潍坊老年人的良好精神风貌。

潍坊市体育代表团

九、济宁市体育代表团

团长：陈　民

济宁市老年体育组织实现市、县、乡、村四级全覆盖，“大老体”工作格局已基本形成。老年健身场地日臻完善，老年健身活动蓬勃开展，全市老年体育工作呈现出前所未有的可喜局面。济宁市体育代表团秉承“走在前、开新局”目标要求，运动成绩和精神文明实现双丰收。

济宁市体育代表团

十、泰安市体育代表团

团长：张甲军

泰安市老体协坚持把老体协工作放到全市经济社会发展的大局中谋划推进，以引领老年人强身健体为目标，以打造东岳太极拳品牌为重点，建立健全老年人体育工作联席会议制度，健全组织网络，壮大骨干队伍，提升场地设施，狠抓赛事展演。体育健身、文化娱乐、旅游交流、养生保健“四位一体”，体文、体卫、体旅、体养“四个融合”，全市老年体育事业不断前行，取得长足发展。泰安市精心组织项目培训、选拔队员、开展集训，挑选出代表全市最好竞技水平的队员，参加该届运动会的各项比赛。

泰安市体育代表团

十一、威海市体育代表团

团长：姜进军

威海市各级老体协组织主动地、创造性开展工作，以太极拳创乡为抓手，带动全市老年体育各项事业全面发展。多年来，所辖两区两市在全国全省率先获“全国太极拳之乡”称号。市老年体协被国家体育总局授予“全国群众体育先进单位”称号，被中国老体协授予“全国老年体育工作先进单位”称号。威海市组成8人代表团，代表全市80万老年人参加该届老运会。

威海市体育代表团

十二、临沂市体育代表团

团长：于中华

临沂市老年体协坚持以服务老年人身心健康为宗旨，强化内部机构建设和老年体育项目普及推广工作。全市设立11个老年体育专项工作委员会，太极拳、健身气功、气排球、门球、健身秧歌等项目群众基础广泛，竞技水平不断提高，在近年来的省内各项比赛中取得较好成绩。在第五届省老运会上，临沂市体育代表团踔厉奋发、勇毅前行，取得较好成绩。

临沂市体育代表团

十三、德州市体育代表团

团长： 隋 力

德州市体育代表团

德州市把老年体育作为民生工程、惠民工程来抓，把老年体育工作列入党委、政府的政绩绩效考核内容，实现“有领导、有组织、有经费、有场地”的“四有”硬件保障。全市县乡老体协组织实现全覆盖，农村老体协组织达 80%，农村小广场建设全覆盖，老年体育健身站点达 1 万多个，每年举办全市各种比赛展演活动十几项，有上万人参加。积极推进老年体育健身进乡村工作，农村习练太极拳、健身气功、广场舞人数达 10 多万人。

十四、聊城市体育代表团

团长： 王振国

聊城市体育代表团

聊城市老体协坚持努力为全市老年人提供更加丰富、更加科学、更加健康的体育健身项目，推进全市老年体育工作不断深入发展。第五届老运会，聊城市老体协以重在参与、重在健康、重在交流、重在快乐，安全第一、友谊第一为宗旨，参加该届运动会所有赛事，取得体育成绩和精神文明双丰收。

十五、滨州市体育代表团

团长： 屈跃宽

滨州市体育代表团

滨州市老年人体育协会发挥老体协“桥梁纽带、得力助手”协调服务职能，在全市开展适合老年人的健身活动，并多次承办国家级、省级各类大型老年赛事。滨州市老体协工作得到上级部门肯定，先后被国家体育总局授予“全国群众体育先进单位”称号，被中国老体协授予“全国老年体育工作先进单位”称号。

十六、菏泽市体育代表团

团长： 姜凌刚

菏泽市体育代表团

菏泽古称曹州，历史悠久，文化灿烂，是享誉国内外的中国牡丹之都、书画之乡、戏曲之乡、武术之乡、民间艺术之乡、围棋之乡。在第五届省老运会上，菏泽市体育代表团秉持“更快、更高、更强、更团结”的宗旨，赛出风格、赛出水平、赛出友谊。

十七、济南铁路局体育代表团

团长：王　辉

中国铁路济南局集团有限公司大力发展老年体育事业，倡导科学健身和文化养老，极大丰富老年人晚年生活。济铁老年体协1983年成立，发展为11个专项委员会、3个地区分会及众多健身活动站点。在第五届省老运会上，济铁体育代表队在气排球、乒乓球、台球、桥牌等活动中均获得好成绩，展示了新时期铁路离退休职工良好的精神风貌和奋勇争先、追求卓越的火车头精神。

济南铁路局体育代表团

十八、胜利油田体育代表团

团长：李忠华

胜利油田老年体协深入贯彻“积极老龄观、健康老龄化”理念，始终践行“为美好生活加油”企业使命。大力开展老年体育活动，有力落实油地双重关爱。各项体育运动项目在全国、山东省、中石化比赛中屡创佳绩，成为特色鲜明的胜利文化名片。

胜利油田体育代表团

十九、省直机关体育代表团

团长：刘振民

山东省省直机关老年人体育协会为省直机关老年人搭建康乐健身平台，促进社会和谐发展，已承办十届省直机关夕阳红健身运动会。省直机关体育代表团在第四届省老运会上取得优异成绩，该届省老运会上再展雄风，再创佳绩。

省直机关体育代表团

第二节 竞赛项目

一、乒乓球

2022年7月26—29日，第五届省老运会乒乓球比赛在滨州乒乓球馆举办，吸引全省各地市及省直、胜利油田等单位18支代表队的180余名乒乓球爱好者，分别参加团体、男女单打3个组别比赛。

2022 年 7 月 29 日，“农行杯”第五届山东省老年人运动会乒乓球比赛颁奖现场

二、气排球

2022 年 8 月 1—5 日，第五届省老运会气排球比赛在济宁体育馆举办，吸引全省各地市和胜利油田、济南铁路局 32 支队伍的 320 余名老年气排球爱好者参赛。

2022 年 8 月 1 日，第五届山东省老年人运动会“鲁泰控股杯”气排球比赛开赛

三、棋类

2022 年 8 月 9—12 日，第五届省老运会棋类比赛（中国象棋、围棋、桥牌）在济南玉泉森信大酒店举办，吸引全省 13 个地市及省直机关、大企业的 200 余名中老年运动员参赛。

2022 年 8 月 10 日，棋类比赛现场

四、台球

2022 年 8 月 23—29 日，第五届省老运会台球比赛在省颐心苑举办，吸引全省各市、大企业、省直机关 16 支代表队的 150 余名台球爱好者参赛。

2022 年 8 月 25 日，台球比赛现场

五、门球

2022 年 9 月 5—8 日，第五届省老运会门球比赛在淄博市举办，吸引全省各地市 16 支球队、近 160 名门球界精英参赛。

2022 年 9 月 6 日，门球比赛现场

六、健身球操

2022 年 9 月 20—21 日，第五届省老运会健身球操比赛在聊城体育公园体育馆举办，吸引各地市 19 支代表队的 200 余名老年人参赛，各代表队以澎湃的激情、准确的健身球技术展现健身球操艺术魅力。

2022 年 9 月 20 日，第五届山东省老年人运动会健身球操比赛现场

七、健身气功

2023 年 3 月 15—18 日，第五届省老运会健身气功比赛在枣庄市新城文体中心体育馆举办，吸引全省各地市、省直机关等 18 支代表队的 210 多名健身气功爱好者参赛。比赛设置健身气功易筋经、五禽戏、八段锦等 7 个集体和个人比赛项目。

2023 年 3 月，第五届山东省老年人运动会健身气功比赛现场

八、柔力球

2023 年 3 月 21—24 日，第五届省老运会柔力球（套路、竞技）比赛在烟台市莱山区举办，吸引全省各市及省直机关 22 支代表队的 380 多名柔力球爱好者参赛。比赛设置套路和竞技两大类。

2023 年 3 月 23 日，第五届山东省老年人运动会柔力球（套路、竞技）比赛现场

九、网球

2023 年 3 月 28—31 日，第五届省老运会网球比赛在泰安体育中心网球馆举办。全省 10 个地市的 118 名领队、教练和老年运动员相聚泰山脚下，以球会友，共享网球运动魅力。

2023 年 3 月 29 日，网球比赛现场

十、田径

2023 年 4 月 10—13 日，第五届省老运会田径比赛在潍坊滨海经济技术开发区举办。全省各地 12 支参赛队伍，近 300 名运动员、教练员、裁判员齐聚鸢都。

2023 年 4 月，田径比赛现场

十一、太极拳（剑）

2023年5月7—10日，第五届省老运会太极拳（剑）比赛在日照香河体育公园体育馆举办。比赛设42式规定太极拳、太极器械、传统陈氏剑等多个项目，全省20支代表队的246名运动员、教练员参赛。

2023年5月8日，第五届省老运会太极拳（剑）比赛在日照香河体育公园体育馆举办

十二、秧歌（腰鼓）

2023年5月10—13日，第五届省老运会秧歌（腰鼓）比赛在日照香河体育公园体育馆举办。健身秧歌比赛设规定套路（第四套至第八套）和自编套路，19支代表队的281名运动员参赛；健身腰鼓比赛设规定套路（第二套、第三套）和自编套路，15支代表队的218名运动员参赛。

2023年5月12日，第五届省老运会秧歌（腰鼓）比赛在日照香河体育公园体育馆举办

第七章 智慧省运

日照市坚持“办赛精彩、参赛出彩、发展增彩”的目标，立足办赛、参赛、观赛和全民健身的实际需求，加强省运会信息化、智慧化各项工作，将智慧省运与智慧体育、智慧城市建设相融合，广泛应用5G、大数据、物联网等先进技术，创新打造智慧场馆、智慧办赛、智慧参赛、智慧观赛、智慧体育、智慧生活六大场景，为办好具有齐鲁风格、日照特色的高水平省运会赋能助力。

2020年5月，信息技术部同场馆建设部、市体育局组建智慧省运建设工作推进专班，对场馆建设情况进行调研，形成《山东省运会（日照）场馆及综合赛事智能化总体报告》。7月，组织相关部门和单位召开二十五届省运会信息化建设论证会，对省运会Wi-Fi建设、集群通信系统建设、通信保障、无线电管理等方面进行需求调研和探讨研究。12月，筹委会就智慧省运建设内容召开座谈会，明确建设内容。之后，采取召开“智慧省运信息化建设”座谈会，向筹委会21个部（室）、单位及市直有关部门征求意见等方法，于2021年6月完成《智慧省运概要建设方案》（以下简称《方案》）。《方案》就智慧省运建设主要内容、任务分工及组织实施提出明确要求，各牵头部门和参与单位密切配合，全力推进智慧省运建设工作。2022年3月底，信息系统全部具备条件、满足比赛需求。

截至2022年9月5日省运会闭幕式，“智慧省运”信息系统载入比赛小项996个，赛程数据6839条，竞赛选手数据13630条；接入省运场馆相关视频装备近2000路；发布省运会新闻1560条，完成42次大型赛事酒店接待床位数据载入，发布所有日照景点、美食、酒店、医院服务信息；完成701个比赛项目相关场次直播服务，生成5373条比赛场次回放数据，通过直播流的形式在省运会官方平台、直播日照等相关平台进行直播，在线观看超6.65亿人次。

第一节　智慧场馆

日照市以体育场馆空间为主体，以信息化、科技化为支撑，应用5G通信、物联网、云计算、大数据、人工智能、数字孪生、BIM 等现代信息技术，打造体育场馆即时感知、科学决策、主动服务、高效运行、智能监管等功能为一体的智慧场馆。各中心场馆于 2022 年 3 月完成 Wi-Fi 覆盖、直播服务等 15 项必备功能，以及客流监测分析等 8 项选配功能建设，基本实现场馆智慧化。

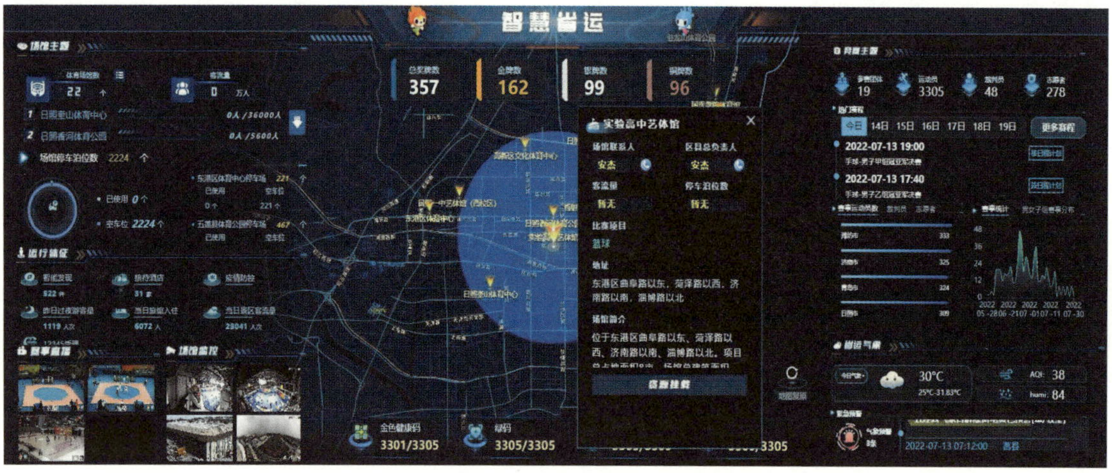

2022 年，智慧省运系统界面

一、场馆智慧化建设

2021 年 4 月，日照市编制完成《山东省第 25 届运动会智慧场馆建设指导意见》《智慧省运建设分工方案》等指导性文件，先后组织相关专家开展多轮现场办公，实现各体育场馆 5G 部署、Wi-Fi 覆盖、门禁管理、客流监测分析、环境监控等 23 项智慧化功能。开幕式主场馆扩增建设 750 路智能化监控设备，应用智慧场馆 AR 系统全方位掌握场馆整体布局和监控点位，在高空瞭望、人证核验、人脸识别、客流统计、无感采集、赛场广播等方面实现“六个全场覆盖”，实现现代信息技术与体育场馆运行深度融合。智能客流、人脸识别、智能安防、鹰眼摄像机等各类智慧系统，成为现代化的“火眼金睛”，助力赛事管理人员实时监测赛场周边环境、动态掌握场馆运营信息，使场馆管理更安全、更高效、更流畅。

二、必备功能

省运会体育场馆各项业务功能业务设施齐备，操控顺畅，信息化、智能化程度满足实际工作需要，包括 5G 接入、Wi-Fi 覆盖、灯光控制、显示屏、广播扩声、标准时钟、升降旗、直播服务、门禁管理、安防监控、安检管理、消防监控、停车管理、运营管理、其他设备接口 15 项功能。

5G 接入

馆内以全覆盖的标准接入 5G 网络，充分考虑用户密度高的特点，提供高带宽、高稳定性的 5G 服务。

Wi-Fi 覆盖

场馆内提供高带宽、高稳定性的无线 Wi-Fi，确保用户可以随时随地接入无线网络。

灯光控制

光源布局、照度等符合体育工艺要求，满足赛事活动需要，并能及时便捷调控。在此基础上，提升整体照明智能控制、场次开始（结束）自动或自助开（关）灯、不同场景灯光预设、自动调节光照、场外 3D 激光投影氛围营造等功能。

显示屏

大屏、环屏、信息屏等显示屏系统布局合理、美观大方，能与赛事计时记分等设备顺畅对接，能播放多种信号源视频，并可及时便捷调控。

广播扩声

广播扬声器覆盖主席台、观众席、赛场、功能房等区域，便于播放背景音乐，发布通知讯息，音效优良，并可及时便捷调控。

标准时钟

具备自动校时功能，显示标准时间，终端布局合理，涵盖赛场和功能用房区域。

升降旗

提供手动和自动模式。采用自动模式时，场地所奏国歌的时间和国旗升到旗杆顶部的时间同步。

直播服务

设立直播和现场评论功能房或功能区，配套有线、无线通信网络接口，满足赛时媒体布线需求，保障媒体信号高速传输。

门禁管理

检票入场通道和离场通道便捷、高效；在此基础上，提升场馆人脸识别、特定区域扫码或刷卡进出的功能，以及紧急情况下疏散通道自动开启功能。

安防管理

监控摄像头覆盖全域，具备大容量、高清、夜视等功能，可靠性、自动化程度满足安保工作需求，监控系统应与全市公安监控系统联网；在此基础上，提升对场馆特定部位入侵报警、异常识别、应急响应等功能，提升电子巡更等系统。

安检管理

综合使用安检门、X 线机、手持探测器等设备，有效防止危险违禁品带入场内。

消防管理

消防设施达到消防部门验收标准，提升对场馆热成像火灾识别、用电安全、消防用水状态、消防通道被占用等实时智能监测报警和灭火处理等功能。

停车管理

具备出入口控制、车辆信息统计、自助停车缴费、监视、车位规划等功能，提升车辆疏导、智能停车引导、反向寻车、车底检测等功能。

运营管理

实现线上线下场地预订及价格管理，支持线上线下自助或人工购票，观众可通过场馆自营平台或第三方平台提供购票服务，售检票流程便捷。拓展会员管理、赛事管理、培训管理、商品服务、财务管理等模块，具备会员注册、卡包充值、服务信息推送、赛事活动线上线下报名、招商赞助、培训课程报名、商品进销存管理、售卖点管理、收支管理、资产管理、办公自动化等功能。

其他设备接口

新冠疫情防控常态化下，相关检测设备的安装配备等。

三、选配功能

通过智能化信息采集、数字孪生等技术，提升体育场馆实时感知、信息集成、智慧管理等功能；部分竞赛辅助器材，根据需要列入选配项目；包括客流监测分析、建筑设备 BIM、能耗计量设备管理、环境及水质监控、防溺水系统、竞赛相关系统、VR 直播系统等 8 项功能。

客流监测分析

可选择双目客流监测系统、Wi-Fi 探针客流监测系统、门禁闸机客流监测系统中的一种或多种组合，在主要道路、出入口等部位实现客流密度监测、客流统计、超限告警、实时热力分析等功能。

建筑设备 BIM

通过建立虚拟的建筑工程三维模型，利用数字化技术建立完整的、与实际情况一致的建筑工程信息库，为建筑工程项目的设计、建设、运营、维护提供工程信息交换和共享的平台。

能耗计量设备管理

对场馆水、电、气、供暖、制冷等能耗和能效进行实时监控，并进行可视化统计、分析。

环境及水质监控

具备场馆环境温度、湿度以及颗粒物（PM2.5、PM10）、二氧化碳、挥发性有机化合物、氧气等空气质量要素以及噪声、水质水温的监测、评估、安全预警等管理功能。

防溺水系统

在游泳馆通过智能手环等设备，实时跟踪采集泳客动态信息，具备关注、警示、警报等功能。

竞赛相关系统

场馆办赛经常使用的功能设备，如特定项目的计时记分和现场成绩处理系统、鹰眼系统（利用高速摄像头从不同角度同时捕捉球飞行轨迹数据，通过电脑计算生成三维图像，清晰呈现球的运动路线及落点）、电视回放系统（通过多机位、轨道摄像等采集比赛视频，可实现比赛场景的多角度即时回放）。

VR 直播系统

利用 VR 摄像机和 5G 网络，在举办比赛和活动期间，进行 360° 高清 VR 直播、5G 直播，提升市民和游客对省运会的观感体验。

第二节 智慧办赛

日照市首创开发“竞赛信息（数据）综合处理系统”，将省运会 1.7 万名运动员比赛报名、赛程及成绩等全量数据归集处理，对竞赛相关报表、秩序册、成绩册等竞赛过程文件实行综合化统一管理，解决以往省运会报表格式不统一、数据分散发布、查询繁琐、交互性差等问题，赛程、赛果、赛次等竞赛信息实现直观、便捷查询，并为后续分析应用提供第一手资料。

赛事期间，竞赛信息（数据）综合处理系统共汇集载入 6839 条赛程数据、13630 条竞赛选手数据。借助信息处理系统，实现竞赛单元、竞赛日程、成绩公告、奖牌公告等事项的全流程可视化，让赛事信息管理人员一目了然、全面掌握。针对疫情防控的特殊形势，还建设启用省运会健康监测系统，实现疫情防控全过程监管。

一、竞赛信息（数据）综合处理系统

根据省运会建设目标，日照市开发多端融合竞赛信息（数据）综合处理系统。在体现智慧化专业性水平的同时充分展现日照特色，为省运会后需求量巨大、赛制更灵活的群众体育搭建基础服务平台；实现竞赛信息发布、赛程及成绩数据综合处理、竞赛信息查询、成绩汇编、成绩排名等智慧化赛事数据流转基础服务能力，为赛程安排、成绩发布提供基础支撑，体现智慧化、便捷化的办赛水平。

二、省运信息查询平台

日照通 App—智慧省运模块 依托日照通 App，开辟建设智慧省运专题模块，与城市大脑的气象、旅游、环境等各子系统相打通，打造智能、高效、便捷的省运信息服务平台。系统集纳开闭幕式直播与回放、观赛预约、扫码进场、赛事成绩、赛程安排、服务指南、新闻公告功能等全方位信息，为群众提供便捷省运服务，让运动员、观众、市民和各界朋友在手机上即可浏览省运有关信息。模块用新闻、数据、服务三大要素构建立体式的 App 服务平台，市民、运动员、志愿者、大会服务人员都能够迅速定位并找到自己需要的内容，与省运会官网、智慧省运会微信小程序、智慧省运一屏通平台实现多终端、多渠道、多形式的发布格局。

日照政通 App—智慧省运模块 依托日照政通 App 开发、对接智慧省运专题模块，可以使省运会管理工作人员随时随地进行消息推送和信息上报，使城市大脑“一网统管”的触手赋能省运会组织管理工作。具体包含省运会通讯录、消息通知、语音通话、工作进度等功能。

省运微信小程序 小程序作为省运会一屏多端的重要前端载体，无需下载、即点即用。用户使用起来更便捷，具有不占用用户手机空间、易推广的特点，可轻量化、便捷化服务用户，丰富用户体验，多元化满足用户参与省运会需求。

智慧省运一屏通 一屏通落地式触摸屏对省运会各类信息进行动态展示，具有良好的交互体验功能。运动员、裁判员、领队、观众等通过触摸自行操作，在触摸机屏幕上可任意查看省运会赛程、奖牌榜、赛事新闻等信息。

省运会官方网站模块对接开发 赛事官方网站信息发布与查询系统为用户展示统一、直观、快捷的数据访问界面，提供信息查询、信息发布、广告发布设置等各类视频信息、动态图文信息和导引信息。

三、市大脑智慧省运

省运会期间，在城市大脑数字驾驶舱建设省运专题模块，实现赛事期间的信息汇集与态势分析可视化展示。通过模块，归集各项比赛实时信息，实现省运信息的统揽及数据分析；借助城市大脑智慧应急系统，实现对省运会应急事件有效处置。

四、集群通信系统

为满足省运会期间市筹委会与各场馆通信需求，信息技术部建设具有单呼、群呼、成员优先级等功能的对讲终端，确保重要通知能够及时下达。

五、便捷泊车系统

该系统开放停车位预约功能，对交通管制区域内的预约车辆自动识别，并根据停车点使用情况为车辆推荐停车点；接受用户直接网上预约停车位。提供物联网设备，部署在需要进行控制的省运会场馆附近区域，设备可以对经过的车辆进行识别，并放行在本区域场馆预约过的车辆。提供导航功能，对车辆的停车点进行推荐。

六、接待信息查询系统

该系统在用户经过身份认证后，可查看接待部确定的酒店、床位等信息。具体功能：提供权限控制、对使用系统的用户进行验证，并根据验证结果决定信息展示范围；提供分类查询、模糊查询及智能匹配功能。

七、智慧参赛

二十五届省运会、十一届省残运会期间，日照市开发“山东省运通平台”微信小程序，设置省运场馆、气象服务、服务指南、特色日照四大版块，融合参赛场馆、实时天气、酒店床位、交通出行、医院、景点、美食等各类信息，运动员只要登录个人账号，就能掌握比赛期间的各类信息。

通过省运一屏通、“爱山东·日照通”App和“山东省运通平台”微信小程序，在山东省运会历史上首次实现个性化赛事日历功能，为每名运动员提供个性化赛程、赛果、赛次信息服务，以及比赛场馆定位导航、天气变化等便捷化“智慧参赛”服务。在开闭幕式场馆及接待酒店内，设置智能互动查询设备，省运会所有信息可“一屏掌握”“一网打尽”。

为更大程度方便运动员查询各类比赛信息，综合运用5G、大数据等先进技术，融合场馆、酒店等各类信息，实现办会、参会人员通过个人信息验证登录，对酒店、场馆等场所接待信息，赛事直播与回放等服务信息的个性化便捷查询。截至9月5日，“智慧省运”综合服务平台共发布省运新闻1560条，完成42次大型赛事酒店接待床位数据载入，发布所有日照景点、美食、酒店、医院服务信息。“爱山东·日照通”App智慧省运模块和“山东省运通平台”微信小程序注册用户突破万人，最高日浏览量达13.44万人次。

八、智慧观赛

省运会、省残运会期间，由于新冠疫情防控，有些赛事无法向观众开放，日照市通过“云观赛”满足群众的观赛需求。该届省运会共部署投入50部多媒体融合采集设备及平台，综合运用大数据云处理技术，实现同时叠加体育赛事现场及比赛队伍、成绩等相关信息图层视频，并在手机端、电脑端高清直播，比赛结束后即时回放，满足群众随时随地观看赛事的需求。比赛录像还可作为仲裁影像数据，为仲裁、裁判工作团队及运动员、教练提供有力的数据支撑。省运会赛事期间，系统共完成701个比赛项目相关场次直播服务，生成5373条比赛场次回放数据，通过直播流的形式在省运会官方平台、今日头条、直播日照等相关平台直播，在线观看达6.65亿人次。

第三节　智慧生活

一、智慧体育

为持续释放“省运效应”，日照市建设“AI动日照”智慧体育公共服务平台，开发体育地图、全民健身课堂、场馆服务等个性化场景，并推进智慧省运信息系统与该平台数据打通、功能共享，实现智慧体育元素与智慧城市、精致城市建设深度融合，推动全民健身和专业体育竞技融合发展，加快打造全民共建、全民共享的全民运动健身模范城市和海滨体育赛事名城。同时，采用“互联网+全民参与”方式，依托“爱山东·日照通”App开发智慧省运模块，全面完善“AI动日照”智慧体育公共服务平台功能，为日照市民群众持续提供智慧体育服务。

建设数字体育公共服务平台，可在省运期间和后省运时期持续为市民群众提供优质公共体育服务，包括体育一张图（健身圈、场馆导航、服务站点分布等）、赛事活动日历（赛事综合管理）、场馆流量监测、健身设施报修、科学健身指导（视频教学等）、体育市场资源、体育消费券、青少年体育等管理服务功能。

二、智慧生活

智慧省运与智慧城市建设密不可分，日照市以智慧城市为底座，从“爱山东·日照通”App便民服务模块，到“日照城市大脑”的智慧文旅、智慧交通等，充分展现日照智慧化城市特色。同时，在各宾馆、场馆以及道路沿线实现5G全覆盖，让各代表团和各方来宾感受到日照城市生活的贴心舒适。

研发城市大脑数字驾驶舱——智慧省运模块，归集各项比赛的实时信息，实现场馆情况、视频监控、气象数据等省运信息的统揽及数据分析，为办赛者提供决策依据。打造省运会场馆禁止闯入等AI视频算法场景，将场馆周边医疗卫生、救援队伍等应急处置资源GIS化管理。日照城市大脑数字驾驶舱共接入22个省运场馆1786路视频，实现省运会、省残运会赛事“一屏观”与城市大脑指挥调度“一屏管”的有机结合、高效联动。以赋能智慧省运为契机，城市大脑持续优化升级，不断推出智慧化新场景，赋能城市治理和政务服务。截至2022年8月底，共接入158个系统、1372个城市体征数据，接入城市监控视频7.9万路、城市物联网设备及部件70余万个，打造应用场景150余个，上线“爱山东·日照通”App服务2831项。

链接 >>

科技赋能 为山东省运会注入“智慧”基因

截至8月中旬，山东省运会完成近500个小项比赛。山东省第25届运动会8月25日在日照正式开幕。日照作为“东道主”，通过科技赋能，为山东省运会注入“智慧”基因，办出日照“智慧省运”新模式。

最直观——创新日历形式 赛程赛果实时查

在奎山体育中心、香河体育公园开闭幕式场馆以及一些接待酒店内，均设置“省运一屏通”，省运会所有信息在这里被“一网打尽”，实现“一目了然”。

除此之外，“山东省运通平台”微信小程序、“爱山东·日照通”App等互动平台为参赛者和观赛者提供更多高品质的参赛、观赛体验以及便捷、舒适、智慧化的服务，实现对赛事期间酒店、场馆等接待信息，个人赛程、赛果、赛次等竞赛信息，开闭幕式直播与回放、新闻公告、省运场馆、气象服务、特色日照等服务信息的便捷查询。

不仅如此，平台创新实现以赛事日历形式实时查询赛程赛果的功能，首次实现省运会所有比赛报名、赛程及成绩数据的全量数据综合汇聚及处理，将竞赛信息以最直观的方式呈现给运动员、观赛群众。

零距离——架设采集设备 直播回放随时看

该届省运会，50部多媒体融合采集设备架设在不同比赛现场，实现同时叠加体育赛事现场及比赛队伍、成绩等相关信息图层视频，在手机端或电脑端高清直播和即时回放，使广大群众可以随时随地查看比赛，畅享运动激情，感受体育魅力。

截至2022年8月25日，智慧省运平台已接入省运场馆相关视频直播回放2776路，处理4485项赛程数据，11882名竞赛选手数据，完成395个比赛项目场次直播服务，小程序页面日浏览量近8万次。赛事直播通过直播流的形式，先后在省运会官方、潮起岚山抖音平台、直播日照、微信视频号、今日头条等平台进行直播，共计超亿人次观看。

更安全——场馆科技元素加倍 疫情防控全程监管

从场馆建设到疫情防控再到城市大脑，关乎山东省运会的点点滴滴都被注入了科技“智慧”基因。

在场馆建设方面，日照市大数据发展局牵头编制了《山东省第25届运动会智慧场馆建设指导意见》《日照市智慧省运建设分工方案》等指导性文件，期望实现科技与体育场馆的深度融合。

在疫情防控方面，推动建设健康监测系统，实现重要活动会议健康监测，疫情防控全过程监管。

同时，还利用城市大脑数字驾驶舱——智慧省运模块，归集各项比赛实时信息，实现对场馆情况及视频监控、气象数据、防疫数据等省运相关信息的数据分析及可视化展示，为办赛者提供决策依据。

深融合——立足全民健身实际 融入智慧城市建设

着眼未来，平台将着力推进“竞赛信息（数据）综合处理系统”与“数字体育公共服务平台”系统融合，打造“一站式”赛事服务平台，将智慧体育元素融入智慧城市、精致城市建设，促进全民健身和赛事活动，全面提升日照体育赛事的智慧化水平，推动全民健身和专业体育竞技的融合发展。

融合后的系统可对符合条件的场馆进行日常赛事组织、报名、观赛预约等管理，为市民群众提供路线导航、场馆预约等优质、专业的公共体育服务。

山东省运会，一场处处注入着“智慧”基因，体现着日照“智慧”新模式的高质量、高规格的综合性体育赛事，将精彩地呈现在人们面前，日照这座“活力之城”也将会因这场盛会而被全国瞩目。

（摘自 2022 年 8 月 25 日《中国体育报》）

第八章　二十五届省运会竞赛项目

二十五届省运会项目于2022年5月28日开赛，运动会于8月25日开幕，9月5日闭幕。全省16个市组建16支代表队，共17000多名运动员参赛。本届省运会共设32个正式比赛项目和4个表演项目。其中，冲浪项目在海南省举办，高尔夫、马术、棒垒球、桥牌4个表演项目分别在德州市、临沂市、威海市和青岛市举办，其他项目均在日照市7个区县、功能区举办。

本届省运会设比赛金牌成绩奖、比赛总分成绩奖、优秀运动员组金牌总分成绩奖、金牌成绩奖、总分成绩奖、体育道德风尚奖6个奖项。比赛小项996个，金牌总数1430枚，比赛项目、参与人数均创山东省运会历史新高，赛会规模居全国前列。49名运动员达到国家健将标准，156个小项成绩超二十四届省运会。

市筹委会创新构建省市县联动竞赛管理体系，省体育局、市筹委会竞赛部、区县执委会、单项竞委会四方联动；创新组织运行模式，建立区县包保、区县特派员、主城区项目主管“三位一体”竞赛组织运行模式。设立市筹委会反兴奋剂工作部，开展参赛运动员的反兴奋剂教育和检查工作；成立二十五届省运会纪律检查委员会，维护竞赛工作秩序，保障全体参赛单位和运动员合法权益，实现赛风赛纪“零投诉”。

第一节　竞赛组织

二十五届省运会以全省 16 个地市为参赛单位，共设 6 个奖项：比赛金牌成绩奖、比赛总分成绩奖、优秀运动员组金牌总分成绩奖、金牌成绩奖、总分成绩奖、体育道德风尚奖。

成立二十五届省运会组织委员会、执行委员会。组委会按照山东省第二十五届运动会裁判员选派办法规定，加强裁判员选派管理。筹委会设立反兴奋剂工作部，开展参会运动员的反兴奋剂教育和检查工作。成立二十五届省运会纪律检查委员会，以维护省运会竞赛工作秩序，保障全体参赛单位和运动员的合法权益。

二十五届省运会是在疫情防控常态化形势下，山东省首次举办的规模最大、层次最高的青少年综合性运动会，共设置 36 个大项，正式项目 32 个，表演项目 4 个（马术、高尔夫、棒垒球、桥牌），小项 996 个，金牌 1430 枚，参赛运动员超 1.7 万人、裁判员近 3000 人。省运会比赛分两个阶段举行，开幕式前安排 24 个项目比赛，先期比赛从 2022 年 5 月 28 日开始，开闭幕式期间安排 12 个项目比赛，并举办体育强省建设和全民健身先进表彰、体育事业发展成就现场观摩等活动，推动“全民健身与省运同行”。

一、项目和赛程

二十五届省运会设帆船（帆板）、体操（竞技体操、蹦床）、橄榄球、排球（室内排球、沙滩排球）、现代五项、手球、柔道、滑板、足球、跆拳道、网球、击剑、自行车、攀岩、摔跤、短道速滑、空手道、霹雳舞、铁人三项、拳击、篮球（三人制、五人制）、游泳（公开水域、跳水、游泳）、皮划艇（激流回旋、静水）、乒乓球、武术（套路、散打）、羽毛球、举重、射箭、冲浪、赛艇、射击、田径共 32 个正式项目，马术、高尔夫、棒垒球、桥牌共 4 个表演项目。

本届省运会从 2022 年 5 月 28 日拉开帷幕，到 9 月 5 日闭幕，持续 3 个多月，举办竞赛 55 场。其中，部分项目采取“异地委托、经费包干”的方式，冲浪在海南举办，高尔夫、马术、棒垒球、桥牌 4 个表演项目分别在德州市齐河县、临沂市沂南县、威海市临港开发区和青岛市举办，其余均在日照市 7 个区县、功能区举办。7 月中旬到 8 月中旬是比赛密集期，最多的一天同时有 3 场比赛开幕，赛期超过半个月的达 12 场，除男子排球、滑板受天气影响，冲浪受疫情影响，进行微小调整外，其余赛事均如期顺利举行。

二、竞赛管理

二十五届省运会日照市筹备委员会下设办公室、竞赛部、场馆建设与运行保障部、新闻宣传部、备战参赛部、市场开发部、财务部、监察审计部、环境整治部、开闭幕式工作部、信息技术部、安全保卫部、医疗卫生部、交通运输部、接待部、食品安全保障部、志愿者工作部、综合保障部、反兴奋剂工作部、残运会工作部、省运会研究中心 21 个工作机构，从全市各级各部门抽调骨干力量集中办公。

创新“三位一体”竞赛组织运行模式，组建 40 个单项竞委会。从前期筹备到具体办赛，按照“一流场地设施、一流竞赛组织、一流服务保障”标准要求，竞赛、安保、交通、疫情防控、宣传等各部门，团结协作、密切配合，淬炼出一支具有丰富经验的专业化办赛队伍，为日照市承办更高水平的体育赛事奠定了坚实的基础。在筹办之初，市委、市政府主要领导任“双主任”的二十五届省运会日照市筹委会，各区县组建执委会，构建起“市级统筹、属地负责、齐抓共管”的工作格局。将总体筹备工作细化分解为119个重点专项，对重点工作实行清单式管理、项目化推进、销号式落实。举全市之力、倾全市之情，全力推动各项筹办工作，力争把本届赛事办成省运会历史上具有重要影响力的体育盛会、欢乐盛会、发展盛会。

创新构建省市县联动竞赛管理体系，省体育局、市筹委会竞赛部、区县执委会、单项竞委会四方联动；创新组织运行模式，建立“区县包保、区县特派员、主城区项目主管”三位一体的竞赛组织运行模式，对竞赛各个环节，分别制定标准和规范，开展专业技能培训、培养专业人才等工作。

根据二十五届省运会比赛项目总体布局和日照市体育事业发展规划，日照市共新建和改造提升涉赛场馆22个。其中，新建省运会场馆15个，改造提升场馆7个。各新建场馆一流的设施条件和良好的竞赛环境得到参赛运动员的广泛好评。随着各体育场馆的建设和改造，周边配套设施同步提升，城市环境综合整治更加精细，城市颜值更高，市民幸福感更强。2022年上半年，市区环境空气质量综合指数3.95，同比改善2.9%；空气质量优良率为84%，同比提升5个百分点。

二十五届省运会期间，日照市周密细致做好赛事组织、交通组织、后勤保障、安全保卫、志愿服务等工作，确保各环节无缝衔接、顺畅运转；扎实做好疫情防控、食品安全、交通安全、社会治安等工作，全力筑牢安全办赛堤坝，确保把本届省运会办成功、办圆满、办精彩。

同时，日照市坚持“办会为民、办会兴城”，高质量完成各项筹办和服务保障工作，补齐体育设施建设短板，培养了一支专业化办赛队伍，提升了城市管理水平和市民文明程度，夯实了竞技体育人才培养体系，加快了打造现代化海滨体育名城的步伐，实现了“办赛精彩、参赛出彩、发展增彩”目标。

三、裁判工作

二十五届省运会裁判员严格按照省体育局规定的裁判员管理和选派办法，由省各运动项目管理中心选调。市筹委会聘请省内外专家，召开3次全市竞赛工作培训会议，举办多次不同人群参与的专题培训。举办裁判员培训班14期，培训裁判员773人；培训市、区县、体育场馆运营单位各级各类竞赛管理人员1000余人次，为该届省运会25个项目选调辅助裁判员496人，执裁工作实现“零事件、零失误、零投诉”。

四、兴奋剂检查

筹委会设立反兴奋剂工作部，明确树立反兴奋剂工作就是政治任务的指导思想，坚决做好反兴奋剂“两站一中心”建设和筹备工作，积极做好反兴奋剂检查各项保障工作。严格执行《山东省第二十五届运动会兴奋剂违规处理规定》，落实比赛期间食品安全和反兴奋剂工作，杜绝食源性兴奋剂事件发生，对兴奋剂问题“零容忍”，为纯洁体育、干净金牌保驾护航。

反兴奋剂工作部根据中国反兴奋剂中心印发的《大型赛事兴奋剂检查站相关工作规范（暂行）》的通知要求，对新建的12处场馆、已建的10处场馆及6个户外场地，进行兴奋剂检查站建设指导，保证所涉及的49个项目的兴奋剂检查站正常开展检查工作，测试赛前协调省反兴奋剂中心专家组验收省运会各场馆兴奋剂检查站建设和物资保障工作。根据反兴奋剂工作业务需要，针对该届省运会兴奋剂检查站建设及物资配备编写《山东省第二十五届运动会兴奋剂检查站布局及器材、物资配备标准》的通知，下发到各区县执委会和各单项竞委会。与省反兴奋剂中心对接，及时上报及下发关于测试赛、二十五届省运会及十一届省残运会开展兴奋剂检查工作的通知、要求、办法及违反兴奋剂规定处理办法的相关文件。对全部运动员及其辅助人员，开展"全覆盖"反兴奋剂宣传教育，实施反兴奋剂教育参赛资格准入制度，首次联合公安禁毒部门在省运赛场开展反兴奋剂拓展教育活动。摄制《齐守净土 鲁力同心 省运会——纯洁体育"说"》宣传片，加强反兴奋剂知识学习、教育、讲座、拓展及宣传工作。落实志愿者人员培训配备，开展二十五届省运会、十一届省残运会期间的反兴奋剂志愿服务工作。落实肉食品食源性兴奋剂风险防控工作，保障省运会和残运会期间反兴奋剂"两站一中心"工作的正常运行。实施兴奋剂检查482例，覆盖全部大项、16个参赛单位，检查数量和密度都超过历届，起到较好的震慑作用。

五、纪律监督

赛风赛纪实现"零投诉"。省体育局始终坚持把公平办赛作为省运会的生命线，构建教育、管理、预防、监督一体化的赛风赛纪管理工作体系，对违规行为明确"决不姑息、决不手软、顶格处理、形成震慑"处罚原则。省体育局职能处室和各运动项目管理单位，创新工作方法，狠抓赛风赛纪，采取裁判员教练员共同培训、梳理防范比赛风险点、规范争议处理流程、比赛全程录像留痕等10余项措施，有效保障了竞赛环境风清气正。各代表团树立正确政绩观，坚持向训练要成绩、向竞赛要效益，既拿竞技的金牌，更拿道德的金牌、风格的金牌、干净的金牌。

在各方共同努力下，本届省运会竞赛组织工作实现"零投诉"。尤其是体操、摔跤、武术、篮球等打分打点类、交手对抗类项目，赛场判罚得到一致认可。2022年8月29日，国家体育总局督查组对山东省运会的赛风赛纪工作给予充分肯定和高度评价。

六、评奖办法

奖项设置

二十五届省运会共设6个奖项。

（一）二十五届省运会比赛金牌成绩奖。统计各代表团参加省运会所获金牌总数，公布并奖励前10名。如金牌总数相等，以银牌总数多者列前，以此类推。

（二）二十五届省运会比赛总分成绩奖。统计各代表团参加省运会所获分数，公布并奖励前10名。如总分相等，以金牌总数多者列前，以此类推。

（三）二十五届省运会优秀运动员组金牌总分成绩奖。统计本届省运会周期内，各代表团按规定带入的金牌数量及总分，公布并奖励前10名，获奖代表团名次可以并列，成绩由省体育局竞技体育处审核确认。

（四）二十五届省运会金牌成绩奖。统计各代表团比赛金牌和优秀运动员组金牌总数之和，公布并奖励前10名。如金牌总数相等，以银牌总数多者列前，以此类推。

（五）二十五届省运会总分成绩奖。统计各代表团比赛总分和优秀运动员组总分之和，公布并奖励前10名代表团。如总分相等，以金牌总数多者列前，以此类推。

（六）二十五届省运会体育道德风尚奖。根据《山东省第二十五届运动会体育道德风尚奖评选办法》评选。

比赛记牌计分办法

（一）足球、篮球、排球比赛各录取奖励前8名。金牌分别计5、4、3.5、3、2.5、2、1.5、1枚，总分分别计65、52、46、39、33、26、20、13分。

（二）手球、橄榄球比赛均录取奖励前8名。金牌奖励分别计4、3、2.5、2、1.5、1、0.5、0.5枚，总分分别计52、39、33、26、20、15、10、6分。

（三）沙滩排球、三人制篮球比赛均录取奖励前8名。前3名金牌奖励分别计2、1.5、1枚，总分分别计 26、22、20、18、16、14、12、10 分。

（四）其他项目均录取奖励前 8 名。前 3 名分别计 1 枚金牌、1 枚银牌、1 枚铜牌，前 8 名依次计 13、11、10、9、8、7、6、5 分。

获得各项目比赛前 3 名的分别颁发金、银、铜牌和奖励证书，获得其他名次者颁发奖励证书。表演项目比赛成绩不计入各市代表团奖项。

优秀运动员组金牌总分成绩奖计牌计分办法

（一）人才输送计牌计分

1. 在二十五届省运会周期（2018 年 10 月 21 日至 2022 年 8 月 20 日，以下简称本周期内），每输送一名正式招聘运动员到省运动队和职业俱乐部（代表山东省参加第十四届全运会）的，计 0.5 枚金牌，计 6.5 分。

2. 据《山东省体育局关于设立北京冬奥会入选参赛贡献奖的通知》规定，凡山东省正式入选北京冬奥会中国体育代表团的参赛运动员，将参照第十四届全国运动会获得金牌运动员的标准给予奖励，并在二十五届省运会“优秀运动员组成绩奖”中，带入与全运会金牌相同的金牌和分数，计 4 枚金牌，计 52 分。

（二）大赛成绩计牌计分

1. 在奥运会、冬奥会、全运会、冬全运会、世锦赛或世界杯总决赛上取得的相关成绩列入省运会记牌计分。

（1）获得第三十二届夏季奥运会和第二十四届冬季奥运会前 3 名的，金牌分别记 10、6、4 枚，总分分别计 130、78、52 分；第 4~8 名分别记 1 枚金牌，13 分。

（2）获得第十四届全运会（竞技组）、冬运会前 3 名的，金牌分别记 4、2、1 枚，总分分别计 52、26、13 分。

（3）本周期内获得世界锦标赛或世界杯总决赛前 3 名的，金牌分别记 3、2、1 枚，总分分别计 39、26、13 分。

每名运动员参加世锦赛或世界杯总决赛仅带入一次比赛最好成绩；奥运会、冬奥会、全运会、冬全运会成绩可累计统计；已带入奥运会、冬奥会、全运会、冬全运会成绩的，不再带入世锦赛或世界杯总决赛成绩。以上赛事每个集（团）体项目每市参与统计人数最多 2 人。

2. 运动员符合省运会参赛资格，因参加国际重大比赛或国家队集训，不能参加省运会该项目决赛的，按以下办法记牌计分。

（1）每名运动员计入所属代表团“比赛金牌、总分成绩奖”金牌 1 枚，总分 13 分。

（2）运动员在 2022 年 8 月 20 日（含 20 日）之前取得的大赛成绩按相应规定带入“优秀运动员组金牌总分成绩奖”，8 月 20 日以后取得的成绩带入下一届省运会。

省各项目管理单位须在省运会该项目决赛前 20 个工作日内确认运动员是否入选国家队，将参赛人员名单和参加项目（含小项）报省体育局竞技体育处审核认定。

3. 经省体育局批准，省各项目管理单位交流到外省参加第十四届全运会（冬运会）的运动员，所取得的成绩按大赛成绩记牌计分相关规定执行。

对违规使用兴奋剂的运动员及代表团，按照《山东省第二十五届运动会兴奋剂违规处理规定》执行。

第二节 竞技体育运动项目

一、帆船帆板

二十五届省运会帆船帆板决赛于2022年5月28日至6月4日在日照世帆赛基地举行，全省各地市11支代表队的177名运动员参赛，代表山东省帆船帆板项目最高水平。首日比赛，东道主日照队取得“开门红”。在帆板男子甲组GAASTRA PRO级长距离赛中，日照选手杨玲棋获冠军，成为该届省运会的首金得主。前3个比赛日，日照队获得5枚金牌，至收官日，又有7枚金牌入账。日照体校帆船帆板队夺得金牌12枚、银牌9.5枚、铜牌7枚，荣登金牌和奖牌榜首位，创造日照市帆船帆板队在省运会上最好成绩。为褒扬他们的拼搏奉献精神，激励其他运动队踔厉奋发、再创佳绩，6月6日，日照体校特别授予帆船帆板运动队“标兵运动队”称号。

帆船帆板比赛作为本届省运会首个决赛大项，设置男、女甲组，男、女乙组，男、女OP组3个组别。

2022 年 5 月 28 日，“中泰证券杯”帆船帆板开赛仪式现场

帆船帆板决赛名次一览表

表 8-1

项目	名次							
	第一名	第二名	第三名	第四名	第五名	第六名	第七名	第八名
场地赛 男子甲组 激光级个人	唐元帅 青岛市 25	辛明轩 淄博市 28	张彦哲 日照市 29	张文斌 日照市 31	胡锦鹏 青岛市 36	宗靳睿萌 日照市 49	于鹏 青岛市 69	翟立业 潍坊市 82
场地赛 女子甲组 激光雷迪尔级个人	王冰冰 青岛市 15	李俏俏 枣庄市 30	王子慧 青岛市 36	韩文静 青岛市 38	华健 东营市 49	郭素素 枣庄市 65	韩露 日照市 66	刘利新 日照市 66

续表 8-1

项目	名次							
	第一名	第二名	第三名	第四名	第五名	第六名	第七名	第八名
场地赛 男子乙组 激光 4.7 级个人	支弘轩 青岛市 18	赵煜坤 青岛市 21	胡彦坤 日照市 24	崔明宇 日照市 25	于善轩 日照市 29	李林清 泰安市 32	管义琛 东营市 32	唐玉东 青岛市 37
场地赛 女子乙组 激光 4.7 级个人	卢佳欣 日照市 17	郑玉雪 日照市 18	高俊祺 青岛市 27	金小汇 济宁市 34	岳峻 济宁市 34	代欣仪 日照市 35	杨晶晶 青岛市 35	李昕娱 青岛市 36
场地赛 男子甲组 GAASTRA PRO 级个人	张恒 日照市 6	刘耀祖 青岛市 17	孙帅 枣庄市 17	杨玲棋 日照市 21	尹宗海 潍坊市 28	亚昱澎 日照市 33	王一民 济宁市 41	刘梽令 烟台市 44
场地赛 女子甲组 GAASTRA PRO 级个人	张琳 日照市 15	王庆红 济宁市 16	申硕 日照市 19	曹国凤 潍坊市 26	程小莲 淄博市 31	刘雅鹃 淄博市 38	迟珂惠 日照市 40	孙莹欣 青岛市 45
场地赛 男子乙组 T293 级个人	陈卫玉 日照市 14	王冠宇 日照市 15	白佳强 烟台市 17	胡燕恩 日照市 18	胡晨枭 烟台市 26	惠陈浩 济宁市 30	孙亮存 济宁市 32	于晓坤 烟台市 41
场地赛 女子乙组 T293 级个人	李文琪 青岛市 7	赵安茹 日照市 15	许雯 青岛市 16	姜雅淑 日照市 18	杜梦芮 青岛市 26	李思稳 日照市 28	安奕洁 济宁市 32	杨和润 东营市 42
场地赛 男子甲组 风筝板级个人	武建岗 枣庄市 7 张浩然 潍坊市 代入奖牌	左金坤 日照市 18	刘冠宇 淄博市 20	—	—	—	—	—
场地赛 女子甲组 风筝板级个人	徐英豪 威海市 8	李科汶 潍坊市 10	王雪 日照市 22	—	—	—	—	—
场地赛 男子乙组 风筝板级个人	赵杨杨 烟台市 26	郭涵元 日照市 27	卜振洋 淄博市 30	兰皓越 青岛市 32	王文杰 青岛市 40	—	—	—
场地赛 女子乙组 风筝板级个人	李慧 日照市 8 刘辰雪 潍坊市 代入奖牌	黄咏琪 潍坊市 19	张傲阳 烟台市 20	王菲凡 烟台市 39	—	—	—	—
场地赛 男子 OP 级个人	赵俊凯 烟台市 9	刘昱辰 青岛市 10	胡锦声 青岛市 12	安籽旭 日照市 14	陈佳亮 烟台市 16	于浩冉 潍坊市 21	李子玉 青岛市 31	李明远 日照市 33
场地赛 女子 OP 级个人	刘帆 青岛市 10	张贤艺 青岛市 12	周钰晴 烟台市 13	赵美芳 潍坊市 17	徐慕涵 潍坊市 22	王晨晨 威海市 23	栾甜甜 烟台市 25	初玉婧 烟台市 28
长距离赛 男子甲组 GAASTRA PRO 级	杨玲棋 日照市 1	张恒 日照市 2	孙帅 枣庄市 3	许敬轩 淄博市 4	尹宗海 潍坊市 5	刘耀祖 青岛市 6	刘梽令 烟台市 7	亚昱澎 日照市 8

续表 8-1

项目	名次							
	第一名	第二名	第三名	第四名	第五名	第六名	第七名	第八名
长距离赛 女子甲组 GAASTRA PRO 级	曹国凤 潍坊市 2	张琳 日照市 3	孙莹欣 青岛市 4	宋舒琪 青岛市 5	程小莲 淄博市 6	王庆红 济宁市 7	迟珂惠 日照市 7	张洋 青岛市 9
长距离赛 男子 OP 级	陈佳亮 烟台市 1	安籽旭 日照市 2	孙晓帅 淄博市 3	王麟童 烟台市 4	刘昱辰 青岛市 5	于浩冉 潍坊市 7	胡锦声 青岛市 8	杜世涵 淄博市 8
长距离赛 女子 OP 级	初玉婧 烟台市 1	周钰晴 烟台市 2	栾甜甜 烟台市 3	刘帆 青岛市 4	张贤艺 青岛市 5	赵美芳 潍坊市 6	赵美秀 潍坊市 7	王晨晨 威海市 11
场地赛团体 男子甲组 激光级	日照市 109	青岛市 130	淄博市 230	潍坊市 386	威海市 400	临沂市 425	—	—
场地赛团体 女子甲组 激光雷迪尔级	青岛市 89	枣庄市 162	日照市 202	威海市 237	—		—	—
场地赛团体 男子乙组 激光 4.7 级	青岛市 76	日照市 78	威海市 212	—	—		—	—
场地赛团体 女子乙组 激光 4.7 级	日照市 70	青岛市 98	威海市 181	潍坊市 192	—		—	—
场地赛 团体男子 OP 级	青岛市 53	烟台市 60	日照市 81	潍坊市 113	淄博市 116	威海市 168	—	—
场地赛 团体女子 OP 级	青岛市 51	烟台市 66	潍坊市 72	威海市 122	日照市 126	淄博市 197	—	—
障碍赛团体 男子甲组 GAASTRA PRO 级	日照市 34	青岛市 74	淄博市 76	枣庄市 84	烟台市 88	潍坊市 94	—	—
障碍赛团体 女子甲组 GAASTRA PRO 级	日照市 23	青岛市 47	淄博队 74	潍坊市 81	—		—	—
障碍赛团体 男子乙组 T293 级	日照市 27	烟台市 36	青岛市 72	威海市 96	—		—	—
障碍赛团体 女子乙组 T293 级	日照市 31	青岛市 32	威海市 69	—	—		—	—
队赛男子 OP	烟台市 66	青岛市 66	日照市 89	淄博市 90	潍坊市 103	威海市 125	—	—
队赛女子 OP	青岛市 51	烟台市 61	潍坊市 73	日照市 85	威海市 91	—	—	—

竞赛委员会主任孟凡香、何文，执行主任李前东，副主任王承云、于思明、张娟娟、卢伟、葛新、梅俊、何乃智、管恩余、张民凯、梁永春、闫伟、张涛、于西庆。

获得体育道德风尚奖运动队称号的是烟台市、日照市、淄博市、潍坊市、威海市代表队，20人获得体育道德风尚奖优秀运动员称号，获得优秀裁判员称号的是朱建海、赵丹、王宁、张也、崔旭东。

表 8-2

帆船帆板决赛成绩统计表

队伍	金牌（枚）	银牌（枚）	铜牌（枚）	积分（分）
日照市	12	9.5	7	479.5
青岛市	10	10	6	440
烟台市	5	5	4	229
潍坊市	4	2	2	219
枣庄市	0.5	2	2	64.5
威海市	0.5	0	3	105.5
淄博市	0	1	6	132
济宁市	0	0.5	0	45.5
东营市	0	0	0	9.5
临沂市	0	0	0	7
泰安市	0	0	0	3.5
合计	32	30	30	1735

说明：潍坊加计2金（国家队集训）

二、体操

竞技体操 二十五届省运会“泰山体育杯”体操（竞技体操）决赛于2022年6月15—19日在日照市东港区体育中心举行，是该届省运会第一个室内比赛项目。全省各市的9支代表队155名运动员参加47个小项的比赛，代表了山东省竞技体操项目的最高水平。

经过5天的激烈角逐，各代表获得金牌数分别为：潍坊代表队获得13枚，济南代表队获得7枚，青岛代表队、烟台代表队均获6枚，日照代表队获得5枚，淄博代表队获得4枚，泰安代表队获得3枚，济宁代表队获得2枚，菏泽代表队获得1枚。

日照体操队在本次比赛中共派出15名参赛队员，参加男女2013年组与2014年及以后组共4个组别的比赛，共斩获5枚金牌。此外，日照市男队获得体育道德风尚奖。

2022 年 6 月 18 日，鞍马决赛现场

体操（竞技体操）决赛名次一览表

表 8-3　　　　单位：分

项目	名次							
	第一名	第二名	第三名	第四名	第五名	第六名	第七名	第八名
男子 2010—2011 年组 团体	泰安市 180.785	青岛市 144.595	淄博市 131.960	—	—	—	—	—
男子 2012 年组 团体	济南市 237.280	泰安市 177.355	淄博市 174.950	—	—	—	—	—
男子 2013 年组 团体	潍坊市 296.945	济宁市 229.565	泰安市 178.300	菏泽市 148.580	—	—	—	—
男子 2014 年以后组 团体	日照市 340.470	济宁市 236.470	烟台市 224.820	泰安市 165.505	济南市 161.415	—	—	—
女子 2013—2014 年组 团体	济南市 220.545	烟台市 207.185	淄博市 176.000	日照市 173.530	泰安市 154.185	菏泽市 79.635	—	—
女子 2015 年以后组 团体	青岛市 266.555	淄博市 262.200	烟台市 221.125	济南市 204.035	济宁市 156.330	泰安市 100.060	—	—
男子 2012 年组 个人全能	荆希隆 青岛市 66.525	单宇 济南市 63.240	张竣朔 淄博市 62.015	陈约翰 济南市 59.160	刘杰硕 济南市 57.760	张天翼 淄博市 57.290	邵祥瑞 济南市 57.120	于子宸 淄博市 55.645

续表 8-3

项目	名次							
	第一名	第二名	第三名	第四名	第五名	第六名	第七名	第八名
男子 2013 年组 个人全能	韩光岚 潍坊市 65.760	傅博裕 日照市 64.045	范钧翔 潍坊市 64.015	刘星宇 潍坊市 63.890	王齐锋 泰安市 63.185	朱亚庚 菏泽市 62.260	程友泽 济宁市 59.205	徐启尧 济宁市 58.915
男子 2014 年以后组 个人全能	侯智文 潍坊市 65.640	范子骏 济宁市 65.345	刁劲源 青岛市 62.660	陈宇超 日照市 61.045	王珑翔 淄博市 60.955	彭嘉瑞 日照市 60.790	万年毅 日照市 59.800	张哲豪 烟台市 59.450
女子 2011 年组 个人全能	栾一 烟台市 43.785	刘新雨 潍坊市 43.230	赵家悦 烟台市 42.125	李俊怡 淄博市 37.680	徐子洋 潍坊市 36.550	王源 济南市 26.310	—	—
女子 2012 年组 个人全能	梁京乐 潍坊市 41.140	黄天音 潍坊市 39.645	王子月 烟台市 36.860	孙静 烟台市 34.850	宫卿 潍坊市 32.120	苗雅茹 烟台市 31.345	王锦涵 烟台市 30.125	—
女子 2013 年组 个人全能	胡慰苒 日照市 44.825	王语涵 淄博市 42.880	李心语 济南市 42.610	周轩伊 泰安市 41.160	张筱瑜 烟台市 38.565	靖谦秀 济南市 38.270	王筱萱 菏泽市 37.000	张亚楠 泰安市 34.435
女子 2014 年组 个人全能	肖雨婷 日照市 46.295	黄诗涵 日照市 45.215	许倩雯 淄博市 45.210	欧阳欣瑶 日照市 44.535	李杨 日照市 44.360	袁雨佳 日照市 44.355	黄士歌 淄博市 44.030	孔一晴 淄博市 43.880
女子 2015 年以后组 个人全能	路茉汐 济南市 46.425	尹舒畅 济南市 46.375	杨梓涵 青岛市 46.140	李俊锐 淄博市 44.765	朱晨溪 青岛市 44.705	张果果 青岛市 44.610	李艺琳 淄博市 44.480	王忆楚 青岛市 43.920
男子 2010 年组 三项全能 A	田润泽 泰安市 29.066	丁明楷 淄博市 22.332	张洪山 青岛市 21.366	—	—	—	—	—
男子 2010 年组 三项全能 B	徐春博 青岛市 34.299	于欣禾 淄博市 10.799	高嘉轶 青岛市 10.233	—	—	—	—	—
男子 2011 年组 三项全能 A	王鹏翔 烟台市 26.199	刘烁歌 泰安市 23.966	董臣 泰安市 22.099	—	—	—	—	—
男子 2011 年组 三项全能 B	许靖尧 淄博市 35.966	董士吉 泰安市 25.033	崔浩萱 青岛市 22.332	崔智博 泰安市 20.165	—	—	—	—
男子 2012 年组 两项全能 A	张竣朔 淄博市 26.933	陈约翰 济南市 26.166	于子宸 淄博市 25.299	高瑞鑫 泰安市 21.733	郭洪文博 泰安市 17.100	—	—	—
男子 2012 年组 两项全能 B	单宇 济南市 26.500	尹正豪 泰安市 25.832	鲍一鸣 泰安市 24.099	刘杰硕 济南市 23.666	张天翼 淄博市 22.333	赵晞纶 济南市 14.966	—	—
男子 2012 年组 两项全能 C	荆希隆 青岛市 26.833	邵祥瑞 济南市 17.332	—	—	—	—	—	—

续表 8-3

项目	名次							
	第一名	第二名	第三名	第四名	第五名	第六名	第七名	第八名
男子 2013 年组 单项自由体操	刘星宇 潍坊市 13.233	王齐锋 泰安市 13.200	刘子睿 淄博市 12.333	朱亚庚 菏泽市 12.300	刘业鹏 泰安市 12.300	伊号宣 济宁市 11.533	杨嘉诚 济宁市 11.200	檀陈宇 淄博市 9.133
男子 2013 年组 单项鞍马	王齐锋 泰安市 13.033	徐启尧 济宁市 12.966	刘子睿 淄博市 12.300	刘一航 青岛市 11.800	刘资然 潍坊市 11.333	王浩森 潍坊市 11.100	—	—
男子 2013 年组 单项吊环	韩光岚 潍坊市 13.533	傅博裕 日照市 13.100	刘一航 青岛市 12.433	刘资然 潍坊市 11.000	刘百川 济南市 7.433	王俊衡 泰安市 6.066	陈正泽 泰安市 0.000	—
男子 2013 年组 单项跳马	韩光岚 潍坊市 13.500	王宇航 菏泽市 13.066	程友泽 济宁市 12.933	伊号宣 济宁市 12.466	张筱播 烟台市 11.866	高子越 菏泽市 11.800	—	—
男子 2013 年组 单项双杠	傅博裕 日照市 13.600	范钧翔 潍坊市 13.300	王浩森 潍坊市 13.000	程友泽 济宁市 12.133	杨嘉诚 济宁市 12.066	檀陈宇 淄博市 11.733	刘业鹏 泰安市 11.600	高子越 菏泽市 3.966
男子 2013 年组 单项单杠	朱亚庚 菏泽市 13.600	刘星宇 潍坊市 13.566	范钧翔 潍坊市 13.433	徐启尧 济宁市 13.033	陈正泽 泰安市 12.700	刘百川 济南市 8.833	张筱播 烟台市 4.933	王宇航 菏泽市 4.900
男子 2014 年以后组 单项自由体操	刘子衿 烟台市 13.233	侯智文 潍坊市 13.133	张哲豪 烟台市 13.033	闫翔禄 济宁市 12.766	黄梦喆 日照市 12.600	刘忠顺 泰安市 12.233	吕承泽 济宁市 11.566	—
男子 2014 年以后组 单项鞍马	刘子衿 烟台市 13.266	万年毅 日照市 12.966	尚博文 济南市 12.633	黄梦喆 日照市 12.066	陈宇超 日照市 11.700	王正阳 泰安市 11.666	—	—
男子 2014 年以后组 单项吊环	侯智文 潍坊市 12.400	范桓榕 济南市 10.133	王竽浩 菏泽市 10.100	彭嘉瑞 日照市 10.066	纪凯旋 济宁市 10.033	闫翔禄 济宁市 9.900	王珑翔 淄博市 9.866	康佳逸 烟台市 8.700
男子 2014 年以后组 单项跳马	范子骏 济宁市 13.233	张哲豪 烟台市 13.100	万年毅 日照市 12.966	于飞乐 烟台市 12.833	彭嘉瑞 日照市 12.766	范桓榕 济南市 12.600	吕承泽 济宁市 12.133	王正阳 泰安市 11.766
男子 2014 年以后组 单项双杠	范子骏 济宁市 13.700	陈宇超 日照市 13.200	尚博文 济南市 12.866	刁劲源 青岛市 12.700	王珑翔 淄博市 12.066	于飞乐 烟台市 9.900	—	—
男子 2014 年以后组 单项单杠	刁劲源 青岛市 13.533	纪凯旋 济宁市 12.666	王竽浩 菏泽市 11.533	夏睿驰 日照市 11.300	康佳逸 烟台市 9.366	夏睿熙 日照市 8.566	—	—
女子 2011 年组 单项跳马	李俊怡 淄博市 13.533	王源 济南市 13.116	—	—	—	—	—	—
女子 2011 年组 单项高低杠	刘新雨 潍坊市 12.733	徐子洋 潍坊市 8.933	—	—	—	—	—	—

续表 8-3

项目	名次							
	第一名	第二名	第三名	第四名	第五名	第六名	第七名	第八名
女子 2011 年组 单项平衡木	栾一 烟台市 12.133	刘新雨 潍坊市 11.800	徐子洋 潍坊市 11.366	赵家悦 烟台市 11.166	李俊怡 淄博市 9.900	—	—	—
女子 2011 年组 单项自由体操	栾一 烟台市 13.500	赵家悦 烟台市 13.133	王源 济南市 10.500	—	—	—	—	—
女子 2012 年组 单项跳马	黄天音 潍坊市 13.566	王子月 烟台市 13.200	苗雅茹 烟台市 12.866	宫卿 潍坊市 12.433	—	—	—	—
女子 2012 年组 单项高低杠	梁京乐 潍坊市 10.300	孙静 烟台市 5.233	王锦涵 烟台市 4.200	—	—	—	—	—
女子 2012 年组单项平衡木	梁京乐 潍坊市 11.900	宫卿 潍坊市 11.766	苗雅茹 烟台市 10.066	—	—	—	—	—
女子 2012 年组 单项自由体操	黄天音 潍坊市 13.600	王子月 烟台市 13.266	孙静 烟台市 12.166	王锦涵 烟台市 10.366	—	—	—	—
女子 2013 年组 两项全能 A	靖谦秀 济南市 26.100	胡慰苒 日照市 26.066	周轩伊 泰安市 25.866	张亚楠 泰安市 25.066	王筱萱 菏泽市 24.300	顾雅婷 济南市 20.932	戴旭妍 济南市 19.232	衣薇蓉 烟台市 18.299
女子 2013 年组 两项全能 B	李心语 济南市 23.900	王语涵 淄博市 22.899	张筱瑜 烟台市 22.032	孙嘉淇 烟台市 15.499	刘笑笑 济南市 15.166	—	—	—
女子 2014 年组 两项全能 A	肖雨婷 日照市 26.600	黄诗涵 日照市 25.975	欧阳欣瑶 日照市 25.575	侯淑译 泰安市 25.450	潘奕如 日照市 25.275	孔一晴 淄博市 25.025	吕骏萱 济南市 24.900	侯茹馨 泰安市 23.300
女子 2014 年组 两项全能 B	许倩雯 淄博市 26.975	李杨 日照市 26.425	黄士歌 淄博市 25.925	袁雨佳 日照市 25.150	王艺霏 菏泽市 24.875	王凤舞 青岛市 24.800	张沐梓 烟台市 22.850	—
女子 2015 年以后组 两项全能 A	路茉汐 济南市 26.850	李艺琳 淄博市 25.950	王忆楚 青岛市 25.875	张果果 青岛市 25.500	滕可欣 青岛市 25.400	张梓萱 淄博市 25.350	成羽遥 泰安市 25.275	胡曲沐夏 淄博市 24.725
女子 2015 年以后组 两项全能 B	杨梓涵 青岛市 27.900	尹舒畅 济南市 27.625	李俊锐 淄博市 27.200	朱晨溪 青岛市 26.625	高陈贝 淄博市 26.500	韩凌雨 济宁市 25.725	荆小麦 淄博市 25.675	孙沐之 青岛市 25.600

竞赛委员会主任孟凡香、何文，执行主任郝丕彪，副主任高淑芹、卢伟、葛新、梅俊、闫伟、张涛、于西庆。

获得体育道德风尚奖运动队称号的是烟台市男队、日照市男队、济南市女队、潍坊市女队，9 人获得体育道德风尚奖男子运动员称号，9 人获得体育道德风尚奖女子运动员称号，获得优秀裁判员称号的是于良、张瑞、姜芸、刘倩。

体操（竞技体操）决赛成绩统计表

表 8-4

队伍	金牌（枚）	银牌（枚）	铜牌（枚）	积分（分）
潍坊市	13	8	4	355
济南市	7	7	4	327
烟台市	6	6	10	360
青岛市	6	1	7	235
日照市	5	8	2	303
淄博市	4	6	10	348
泰安市	3	5	4	289
济宁市	2	5	1	201
菏泽市	1	1	2	115
滨州市	0	0	0	0
德州市	0	0	0	0
聊城市	0	0	0	0
合计	47	47	44	2533

蹦床 2022 年 6 月 26—29 日，二十五届省运会蹦床决赛在日照市东港区体育中心开赛。全省各地市的 8 支代表队 108 名运动员参赛，按照年龄段分为 5 个组别，共产生网上个人、团体 12 枚金牌。

日照选手张钰祺在最后一天决赛中，夺得女子 2014 年以后组网上个人项目金牌。济南队、潍坊队斩获 5 枚金牌，淄博队和日照队各获 1 枚金牌。

2022 年 6 月 26 日，蹦床决赛运动员入场

体操（蹦床）决赛名次一览表

表 8-5　　　　单位：分

项目	名次							
	第一名	第二名	第三名	第四名	第五名	第六名	第七名	第八名
男子 2012—2013 年组 团体	潍坊市 183.150	济南市 159.020	泰安市 153.380	—	—	—	—	—
男子 2014 年以后组 团体	济南市 130.100	潍坊市 127.350	烟台市 113.900	泰安市 107.650	淄博市 77.900	东营市 58.350	—	—
女子 2012—2013 年组 团体	潍坊市 181.810	济南市 174.310	淄博市 160．050	青岛市 159.800	泰安市 112.980	—	—	—
女子 2014 年以后组 团体	淄博市 135.600	济南市 131.060	青岛市 124.300	泰安市 76.150	东营市 42.700	—	—	—
男子 2010—2011 年组 网上个人	刘锦昊 济南市 49.270	潘光辰 济南市 49.210	岳彩浩 淄博市 42.650	张腾岳 泰安市 38.480	安佳昊 泰安市 25.190	董子豪 烟台市 4.580	—	—
男子 2012 年组 网上个人	李宪晖 潍坊市 43.010	李志恩 泰安市 42.420	郭鑫 潍坊市 42.020	邓恩泽 济南市 40.280	李东辰 济南市 40.020	张艺泷 泰安市 8.310	—	—
男子 2013 年组 网上个人	张效政 潍坊市 41.810	鹿轩 烟台市 39.240	王心意 潍坊市 37.680	—	—	—	—	—
男子 2014 年以后组 网上个人	孙堂泽 济南市 26.400	王子尧 济南市 26.100	程冠豪 潍坊市 25.900	高俊熙 烟台市 25.800	孙梓越 泰安市 25.400	李东阳 潍坊市 25.100	黄保国 泰安市 25.100	张亿麟 淄博市 24.800
女子 2010—2011 年组 网上个人	吴卓 济南市 46.930	陈鸿恩 济南市 44.550	徐梦晗 泰安市 44.340	王裕赛 淄博市 42.590	陈郑茹涵 淄博市 42.010	张冰洁 泰安市 24.210	房诗涵 烟台市 7.560	—
女子 2012 年组 网上个人	窦佳玥 潍坊市 44.520	隋和 潍坊市 43.920	高子茹 淄博市 42.770	穆琳菲 淄博市 41.570	李晓漫 济南市 41.220	魏启源 泰安市 38.420	于潇雨 青岛市 36.170	李逸欣 泰安市 32.580
女子 2013 年组 网上个人	荣家慧 济南市 42.000	刘梦轩 潍坊市 41.830	郭欣萌 济南市 40.360	袁千贝安 泰安市 38.990	张家瑜 潍坊市 38.720	郝音茵 青岛市 36.750	李欣语 青岛市 36.580	孙梓宸 烟台市 35.990
女子 2014 年以后组 网上个人	张钰祺 日照市 27.100	王敏玉 泰安市 26.200	张宝怡 济南市 26.100	杜雯乐 淄博市 26.000	何伊琳 淄博市 25.700	肖佳萌 烟台市 25.700	徐晓依 济南市 25.500	马辰璐 青岛市 25.400

竞赛委员会主任孟凡香、何文，执行主任郝丕彪，副主任高淑芹、卢伟、葛新、梅俊、闫伟、张涛、于西庆。

获得体育道德风尚奖运动队称号的是济南市男队、泰安市男队、淄博市女队、潍坊市女队，4 人获得体育道德风尚奖男子运动员称号，9 人获得体育道德风尚奖女子运动员称号，获得优秀裁判员称号的是王丹、陈恰恰、刘民、何茂贵。

体操（蹦床）决赛成绩统计表

表 8-6

队伍	金牌（枚）	银牌（枚）	铜牌（枚）	积分（分）
济南市	5	5.5	2	176.5
潍坊市	5	3.5	3	148.5
淄博市	1	0	3	99
日照市	1	0	0	13
泰安市	0	2	2	134
烟台市	0	1	1	55
青岛市	0	0	1	43
东营市	0	0	0	15
合计	12	12	12	684

三、橄榄球

橄榄球（男子） 2022 年 6 月 21 日，二十五届省运会“中铁十四局集团杯”七人制男子橄榄球预赛（男子甲、乙组）在日照奎山体育中心日照之光体育场开赛，11 个地市代表队的 323 名运动员参赛，这是该届省运会在奎山体育中心举行的首个比赛项目。经过两天紧张激烈的角逐，烟台市、青岛市、潍坊市代表队分别获得甲组冠亚季军，青岛市、烟台市、潍坊市代表队分别获得乙组冠亚季军。

七人制橄榄球项目预赛（男子甲、乙组）分别有 8 支代表队进入决赛。男子甲组进入决赛的是烟台市、青岛市、潍坊市、济宁市、济南市、威海市、淄博市、日照市代表队；男子乙组进入决赛的是青岛市、日照市、烟台市、潍坊市、临沂市、淄博市、威海市、济南市代表队。根据比赛规则，日照市作为举办城市，男子甲、乙组代表队直接晋级参加 6 月 25 日开始的二十五届省运会男子七人制橄榄球项目决赛。

2022 年 6 月 25—26 日，参加男子七人制橄榄球项目决赛的甲、乙组各 8 支队伍，通过小组赛、排位赛和淘汰赛的激烈角逐，最终济南代表队、青岛代表队、潍坊代表队分获甲组前三名，青岛代表队、日照代表队、济南代表队分获乙组前三名。

2022 年 6 月 25 日，男子橄榄球决赛现场

橄榄球（男子）名次一览表

表 8-7

项目	名次							
	第一名	第二名	第三名	第四名	第五名	第六名	第七名	第八名
男子甲组	济南市	青岛市	潍坊市	烟台市	济宁市	淄博市	威海市	日照市
男子乙组	青岛市	日照市	济南市	烟台市	淄博市	临沂市	潍坊市	威海市

竞赛委员会主任孟凡香、孙立，执行主任刘金飚，副主任李少杰、卢伟、葛新、梅俊、古茂林、葛世刚、杨斌、郑悦、王磊、夏永、宋瑞军。

获得体育道德风尚奖运动队称号的是男子甲组烟台市、淄博市代表队，男子乙组济南市、青岛市代表队，32 人获得体育道德风尚奖运动员称号，获得优秀裁判员称号的是梁颖、梁秋同、王婷婷、姜乾乾。

橄榄球（男子）成绩统计表

表 8-8

队伍	金牌（枚）	银牌（枚）	铜牌（枚）	积分（分）
青岛市	7	0	0	91
济南市	6.5	0	0	85
烟台市	4	0	0	52
日照市	3.5	0	0	45
潍坊市	3	0	0	43
淄博市	2.5	0	0	35
济宁市	1.5	0	0	20
威海市	1	0	0	16
临沂市	1	0	0	15
总计	30	0	0	402

橄榄球（女子） 2022 年 7 月 3—4 日，二十五届省运会“中铁十四局集团杯”七人制橄榄球女子甲乙组决赛，全省各地市的 221 名运动员参加决赛。

经过两天的激烈角逐，运动员们克服恶劣天气影响，用顽强的拼搏精神赛出了风格、赛出了水平。最终济南代表队、潍坊代表队、青岛代表队分获甲组冠亚季军，烟台代表队、青岛代表队、泰安代表队分获乙组冠亚季军。

2022年6月29日，女子橄榄球预赛现场

橄榄球（女子）名次一览表

表8-9

项目	名次							
	第一名	第二名	第三名	第四名	第五名	第六名	第七名	第八名
女子甲组	济南市	潍坊市	青岛市	烟台市	泰安市	日照市	济宁市	威海市
女子乙组	烟台市	青岛市	泰安市	潍坊市	济南市	淄博市	日照市	威海市

竞赛委员会主任孟凡香、孙立，执行主任刘金飚，副主任李少杰、卢伟、葛新、 梅俊、古茂林、葛世刚、杨斌、郑悦、王磊、夏永、宋瑞军。

获得体育道德风尚奖运动队称号的是女子甲组潍坊市、济宁市代表队，女子乙组威海市、日照市代表队，32人获得体育道德风尚奖运动员称号，获得优秀裁判员称号的是屈圣罡、马明星、牛玉汝、赵笑寒。

橄榄球（女子）成绩统计表

表8-10

队伍	金牌（枚）	银牌（枚）	铜牌（枚）	积分（分）
烟台市	6	0	0	78
青岛市	5.5	0	0	72
济南市	5.5	0	0	72
潍坊市	5	0	0	65
泰安市	4	0	0	53
日照市	1.5	0	0	25

续表 8-10

队伍	金牌（枚）	银牌（枚）	铜牌（枚）	积分（分）
淄博市	1	0	0	15
威海市	1	0	0	12
济宁市	0.5	0	0	10
合计	30	0	0	402

四、柔道

2022 年 7 月 7—11 日，二十五届省运会“莒县农商银行杯”柔道决赛在莒县体育馆举行，这是该届省运会在莒县举行的首个比赛项目。全省 14 个地市的 500 名运动员参加甲组 9 个大项 8 个级别和乙组 10 个大项 9 个级别的比赛，东道主日照市派出 30 名运动员参赛。

日照代表队获得 2 枚金牌、3 枚银牌、4 枚铜牌，其中在男子乙组 73 公斤级别比赛中，日照代表队包揽冠亚军，并在男子乙组团体赛中拿下冠军。

2022 年 7 月 7 日，柔道男子组决赛现场

表 8-11

男子柔道各级别名次一览表

项目	名次							
	第一名	第二名	第三名		第五名		第七名	
甲-60公斤级	卫凌云 泰安市	冯嘉龙 泰安市	刘官靖 日照市②	张鑫名 潍坊市	黄修浩 泰安市	徐子豪 淄博市	田永辉 济南市	侯建 日照市②
甲-66公斤级	闫振鹏 济南市	张兴超 济南市	任德立 烟台市	马煜珂 淄博市	李洪喆 日照市②	公正 威海市	贺怀允 日照市②	史云昊 潍坊市

续表 8-11

项目	名次							
	第一名	第二名	第三名		第五名		第七名	
甲-73公斤级	綦亮 烟台市	单志超 威海市	毕金海 滨州市	孙承泽 淄博市	高孟泽 淄博市	郑通 淄博市	利进硕 青岛市	王庆顺 泰安市
甲-81公斤级	公钰 泰安市	葛萧男 泰安市	薛天源 烟台市	张新宇 东营市	郑乃朕 青岛市	彭传棣 泰安市	潘先童 威海市	邵志成 威海市
甲-90公斤级	宋佳泽 烟台市	徐少华 青岛市	徐保健 青岛市	苑士昊 东营市	梁汝爽 滨州市	王利群 临沂市	刘世誉 烟台市	任传德 济宁市
甲-100 公斤级	冯少波 济南市	于瀚翔 烟台市	谭晓军 威海市	杨玉坤 潍坊市	张博凯 潍坊市	刘永烽 烟台市	李雪威 威海市	李金鑫 潍坊市
甲+100 公斤级	刘宇航 济南市	魏志华 济南市	刘晓鹏 潍坊市	徐东鹏 东营市①	于中韩 威海市	侯欣梓 淄博市	杨建哲 济宁市	段月峰 威海市
甲无差	宋佳泽 烟台市	李雪威 威海市	魏志华 济南市	徐东鹏 东营市①	李健 青岛市	刘晓鹏 潍坊市	刘宇航 济南市	杨建哲 济宁市
乙-55公斤级	李嘉 烟台市	程毅 烟台市	杨浩然 潍坊市	鞠明洋 烟台市	辛金涛 日照市③	韩浩然 济南市	赵元金 聊城市	马志国 聊城市
乙-60公斤级	张帅 济南市	尚子豪 泰安市	李超 烟台市	巴家辉 东营市	李诚 烟台市	孙维建 滨州市	高峻绮 淄博市	杜戌 青岛市
乙-66公斤级	解禄焜 潍坊市	李赞 青岛市	孙文硕 泰安市	张广杰 日照市②	王伟杰 潍坊市	孙建钊 烟台市	司伟龙 淄博市	文德尚 济宁市
乙-73公斤级	王永俊 日照市②	王玉环 日照市④	张俊宇 烟台市	米振杭 济南市	张恩涛 烟台市	田建豪 东营市	刘鑫 青岛市	王钰彬 滨州市
乙-81公斤级	刘增昊 潍坊市	袁凯 青岛市	朱子扬 烟台市	张恩豪 济南市	汤纪轩 日照市②	林春源 烟台市	李昱锋 东营市	孙召福 东营市
乙-90公斤级	秦海程 潍坊市	于汉林 济宁市	于勇智 滨州市	王富昊 日照市	路昊岩 淄博市	孙亚龙 济宁市	郭继宇 威海市	王帅 泰安市
乙-100 公斤级	查宁 泰安市	黄德麒 潍坊市	董涵宇 淄博市	于俊杰 青岛市	马铭昱 淄博市	范家翔 青岛市	张念超 日照市	吴秋辰 威海市
乙+100 公斤级	林栋 威海市	王子诺 日照市	张万泰 青岛市	张高强 威海市	相禹童 烟台市	马成铭 日照市	贾皓斌 枣庄市	李秉徽 东营市
乙无差	查宁 泰安市	林栋 威海市	董涵宇 淄博市	张高强 威海市	李桓羽 济南市	张峻豪 烟台市	孙志鹏 青岛市	刘展鹏 烟台市

说明：①济南交流；②聊城交流；③泰安交流；④烟台交流

男子柔道团体赛名次一览表

表 8-12

项目	名次							
	第一名	第二名	第三名		第五名			
男子甲组 团体赛	泰安市	济南市	威海市	青岛市	东营市	淄博市	滨州市	烟台市
男子乙组 团体赛	日照市	潍坊市	青岛市	淄博市	烟台市	济宁市	威海市	东营市

竞赛委员会主任孟凡香、陈振华，执行主任毕明军，副主任王西国、赵晓峥、卢伟、葛新、

梅俊、牟耀文、兰庆朔、焦广良。

获得体育道德风尚奖运动队称号的是临沂市、济南市、东营市、泰安市代表队，29 人获得体育道德风尚奖运动员称号，获得优秀裁判员称号的是耿忠、伊青、王建南、韩传明、徐伟。

女子柔道各级别名次一览表

表 8-13

项目	名次							
	第一名	第二名	第三名		第五名		第七名	
甲-48公斤级	杨明芳 淄博市	张浩然 泰安市	赵欣 烟台市	卞喜悦 济南市	曹佳蒙 济南市	王静 威海市	—	—
甲-52公斤级	许奥宇 泰安市	杨雨朦 济南市	吴丽媛 潍坊市	王洋 济南市	张月容 潍坊市	李文达 淄博市	昌迅 青岛市	肖栩男 威海市
甲-57公斤级	高佳琳 潍坊市	王馨 济南市	韩佳璇 潍坊市	孙晨曦 青岛市	周雪 济南市	孙岩 泰安市	吕佳璇 潍坊市	唐佳 淄博市
甲-63公斤级	从阳阳 滨州市	杨怀珂 济南市	吴梦婷 淄博市	孙佳茹 淄博市	李亚萱 潍坊市	石金兰 潍坊市	孙心慧 青岛市	王奕 烟台市
甲-70公斤级	岳康宁 淄博市	王译晗 淄博市	杨瑜 青岛市	李雨辰 潍坊市	张菁华 聊城市①	王佳怡 青岛市	王凯 日照市	刘露露 枣庄市
甲-78公斤级	段金叶 济南市	韩佳怡 潍坊市	卞天雪 济南市	孙雨哲 东营市	刘丹 威海市	王晶 青岛市	徐淼艺 潍坊市	宋如 烟台市
甲+78公斤级	潘文迪 潍坊市	翟赟裳 淄博市	王育涵 威海市	张博音 烟台市	张莹莹 临沂市	宋沛芋 烟台市	张开兰 日照市	吕本泽 济南市
甲无差	潘文迪 潍坊市	解聪聪 青岛市	王育涵 威海市	刘丹 威海市	宋沛芋 烟台市	孙雨哲 东营市	吕本泽 济南市	邢恩慧 滨州市
乙-44公斤级	郑丽丹 济南市	王姝晨 济南市	许靖敏 烟台市	陈天娇 聊城市①	徐誉宁 淄博市	贾雯喆 东营市	赵玉心 威海市	—
乙-48公斤级	鲁越 烟台市	闫智婷 济南市	何绪伟 日照市	范小东 潍坊市	范丽欣 淄博市	王义茹 聊城市①	刘俪瀞 潍坊市	谢梦瑶 东营市
乙-52公斤级	杨元佳 济南市	王佳蕊 青岛市	洪紫君 济南市	姜瑞琛 烟台市	孙伊诺 淄博市	苏笑 日照市②	高培霖 济南市	尚冬妮 青岛市
乙-57公斤级	巩亚琦 淄博市	车钰琪 烟台市	王汝逸 泰安市	王思齐 济南市	刘文瑄 泰安市	胡灿 济南市	于清华 日照市	曹媛霄 济宁市
乙-63公斤级	陈康平 烟台市	李芯芯 青岛市	王泽宇 滨州市	高欣冉 济南市	周明雪 泰安市	孔欣悦 东营市	胡艳茹 淄博市	庞雯涵 滨州市
乙-70公斤级	李雅琪 济南市	黄曾悦 烟台市	王宇欣 滨州市	李敬月 泰安市	高艺赫 淄博市	刘祺雪 淄博市	仲永乐 济宁市	许梦泽 东营市
乙-78公斤级	焦宇 潍坊市	张凤茹 日照市	刘欣月 烟台市	张梦蝶 济宁市	王颢静 滨州市	宫子 威海市	王欣玥 淄博市	王文馨 淄博市
乙+78公斤级	陈梦涵 泰安市	尹静霏 威海市	商晓涵 滨州市	王晓印 烟台市	林瑾 威海市	王航宇 烟台市	徐芳 济南市	张玉娜 日照市
乙无差	陈梦涵 泰安市	商晓涵 滨州市	焦宇 潍坊市	宫子 威海市	张梦蝶 济宁市	尹静霏 威海市	王航宇 烟台市	王雪宁 烟台市

说明：①济南交流；②泰安交流

女子柔道团体赛名次一览表

表 8-14

项目	名次							
	第一名	第二名	第三名		第五名			
女子甲组团体赛	济南市	淄博市	烟台市	青岛市	威海市	泰安市	潍坊市	枣庄市
女子乙组团体赛	淄博市	济南市	烟台市	青岛市	潍坊市	威海市	滨州市	泰安市

竞赛委员会主任孟凡香、陈振华，执行主任毕明军，副主任王西国、赵晓峥、卢伟、葛新、梅俊、牟耀文、兰庆朔、焦广良。

获得体育道德风尚奖运动队称号的是烟台市、潍坊市、日照市、威海市代表队，19 人获得体育道德风尚奖运动员称号，获得优秀裁判员称号的是彭琦、刘蓉、徐英杰、林升朋、尚念军。

柔道决赛成绩统计表

表 8-15

队伍	金牌（枚）	银牌（枚）	铜牌（枚）	积分（分）
济南市	9	9	10.5	393.75
泰安市	8	4	3	245.5
潍坊市	7	3	9	295
烟台市	6	4.5	14	381.5
淄博市	4	3	7	281
日照市	1.5	2.5	3	131
威海市	1	4	8	249
滨州市	1	1	5	123.5
聊城市	0.5	0	1.5	52.25
青岛市	0	6	9	227.5
济宁市	0	1	1	75
东营市	0	0	5	118
枣庄市	0	0	0	17.5
临沂市	0	0	0	15
合计	38	38	76	2605.5

五、滑板

2022 年 7 月 9—11 日，二十五届省运会滑板决赛在日照奎山体育中心举行。滑板项目在此前相继亮相东京奥运会、陕西全运会，该届省运会也是首次将滑板项目列入正式竞赛项目。该届省运会滑板比赛场地——奎山体育中心滑板场，是全省唯一一块按照国际化标准进行布置的滑板场地，能够承接国家级以上大型滑板赛事。

该比赛设置男子甲乙组街式、女子甲乙组街式、男子甲乙组碗池、女子甲乙组碗池、男女混合甲乙组碗池团体、男女混合甲乙组街式团体12个小项，共有来自济南市、青岛市、淄博市、烟台市、日照市、菏泽市6支代表队的46名运动员参赛，产生金牌12枚。菏泽队、烟台队各获4枚金牌，淄博队获3枚金牌，东道主日照队获1枚金牌。

2022年7月9日，滑板决赛现场

滑板决赛名次一览表

表8-16 单位：分

项目	名次							
	第一名	第二名	第三名	第四名	第五名	第六名	第七名	第八名
男子街式乙组	杨越斌 烟台市 19.12	马晨珲 烟台市 18.30	蒋忠林 淄博市 15.16	马毓洪 日照市 12.75	郑傲阳 日照市 6.02	朱子翔 烟台市 5.53	崔英焕 济南市 5.30	韩佳旭 淄博市 3.28
男子街式甲组	马梓涵 日照市 19.30	刘翔 烟台市 12.60	黄文清 日照市 9.90	冯展鹏 菏泽市 7.90	李政宏 菏泽市 6.13	刘文景 烟台市 3.40	刘镇增 烟台市 2.26	李明晓 菏泽市 2.00
女子街式乙组	张芝靖怡 淄博市 12.48	王俊熙 淄博市 11.40	崔宸曦 济南市 10.35	孟令妍 青岛市 7.83	李欣珂 日照市 1.53	沈思雨 烟台市 1.20	曲荣林 烟台市 0.90	王雨桐 青岛市 0.44
女子街式甲组	韩梦莹 菏泽市 6.96	王小涵 淄博市 4.20	王若力 烟台市 3.23	姚佳欣 日照市 1.70	张劲飞 淄博市 1.53	高凯欣 日照市 0.90	孙迎 烟台市 弃赛	—
男子碗池乙组	杨越斌 烟台市 33.00	马晨珲 烟台市 21.00	朱子翔 烟台市 17.00	蒋忠林 淄博市 12.00	郑傲阳 日照市 6.56	袁洁 日照市 5.00	徐瑞麟 青岛市 4.43	韩佳旭 淄博市 弃赛
女子碗池甲组	孙迎 烟台市 23.00	韩梦莹 菏泽市 16.66	王若力 烟台市 4.66	贾晓迪 日照市 3.83	张劲飞 淄博市 1.20	王小涵 淄博市 1.06	—	—

续表 8-16

项目	名次							
	第一名	第二名	第三名	第四名	第五名	第六名	第七名	第八名
男子碗池甲组	冯展鹏 菏泽市 36.00	李明晓 菏泽市 20.66	刘翔 烟台市 18.00	张一鸣 日照市 12.00	马梓涵 日照市 10.00	刘文景 烟台市 7.00	李政宏 菏泽市 5.50	刘镇增 烟台市 2.66
女子碗池乙组	王俊熙 淄博市 19.50	孟令妍 青岛市 17.66	张芝靖怡 淄博市 12. 00	崔宸曦 济南市 9.00	王雨桐 青岛市 3.50	曲荣林 烟台市 3.00	沈思雨 烟台市 2.20	李欣珂 日照市 1.30
街式混合团体乙组	烟台市 63.49	淄博市 54.00	济南市 32.50	日照市 29.00	青岛市 20.69	—	—	—
街式混合团体甲组	菏泽市 66.32	日照市 24.23	烟台市 24.06	淄博市 11.23	—	—	—	—
碗池混合团体乙组	淄博市 46.33	烟台市 44.83	青岛市 23.70	济南市 12.50	日照市 5.73	—	—	—
碗池混合团体甲组	菏泽市 84.00	烟台市 50.33	日照市 16.00	淄博市 1.30	—	—	—	—

竞赛委员会主任孟凡香、孙立，执行主任杨刚，副主任魏巍、卢伟、葛新、梅俊、古茂林、葛世刚、杨斌、郑悦、王磊、夏永、宋瑞军。

获得体育道德风尚奖运动队称号的是日照市、淄博市代表队，6 人获得体育道德风尚奖运动员称号，获得体育道德风尚奖裁判员称号的是田军、王宏涛、刘光。

滑板决赛成绩统计表

表 8-17

队伍	金牌（枚）	银牌（枚）	铜牌（枚）	积分（分）
烟台市	4	5	5	215
菏泽市	4	2	0	102
淄博市	3	3	2	147
日照市	1	1	2	148
青岛市	0	1	1	57
济南市	0	0	2	44
合计	12	12	12	713

六、排球

排球（男子） 2022 年 7 月 4—9 日，二十五届省运会男子排球甲、乙组决赛在日照岚山区体育中心开赛，全省各地市的 150 名运动员参加比赛，这是该届省运会岚山区体育中心承接的第一场赛事。决赛分为两个阶段进行，获得预赛前七名的队伍与东道主进入第一阶段决赛，预赛 8~11 名的队伍进入第二阶段决赛。第一阶段比赛分为小组赛、四分之一决赛、半决赛和决赛。第二阶段比赛四支队伍进行单循环比赛。

烟台队、菏泽队、青岛队分别获甲组冠亚季军；潍坊队、威海队、烟台队分别获乙组冠亚季军。

2022 年 6 月 22 日，男子排球预赛现场

表 8-18

排球（男子）决赛名次一览表

项目	名次							
	第一名	第二名	第三名	第四名	第五名	第六名	第七名	第八名
甲组	烟台市	菏泽市	青岛市	济南市	淄博市	潍坊市	东营市	日照市
乙组	潍坊市	威海市	烟台市	青岛市	临沂市	日照市	菏泽市	济南市

竞赛委员会主任孟凡香、周升元，执行主任李大峰，副主任丁海宾、安家杰、卢伟、葛新、梅俊、冯展宁、王培玲、费立娥、王东亮、隽桂勋。

获得体育道德风尚奖运动队称号的是日照市、威海市、潍坊市、东营市甲组代表队，潍坊市、烟台市、威海市、济宁市乙组代表队。获体育道德风尚奖运动员称号的甲组有 24 名运动员，乙组有 22 名运动员，获得优秀裁判员称号的是王丽、李童、蒋晓庆、张绍堃、侯冠琳、赵水涵。

表 8-19

排球（男子）决赛成绩统计表

队伍	金牌（枚）	银牌（枚）	铜牌（枚）	积分（分）
烟台市	8.5	0	0	111
潍坊市	7	0	0	91

续表 8-19

队伍	金牌（枚）	银牌（枚）	铜牌（枚）	积分（分）
青岛市	6.5	0	0	85
菏泽市	5.5	0	0	72
威海市	4	0	0	52
济南市	4	0	0	52
日照市	3	0	0	39
临沂市	2.5	0	0	33
淄博市	2.5	0	0	33
东营市	1.5	0	0	20
总计	45	0	0	588

排球（女子） 2022 年 8 月 21—26 日，二十五届省运会女子排球甲、乙组决赛在日照岚山区体育中心开赛，全省各地市的 136 名运动员参赛。决赛分为两个阶段进行，获得预赛前七名的队伍与东道主进入第一阶段决赛，预赛 8~11 名的队伍进入第二阶段决赛。第一阶段比赛分为小组赛、四分之一决赛、半决赛和决赛，第二阶段比赛四支队伍进行单循环比赛。

济南队、淄博队、潍坊队分获甲组冠亚季军，烟台队、济南队、潍坊队夺得乙组冠亚季军。

2022 年 8 月 7 日，女子排球预赛现场

排球（女子）决赛名次一览表

表 8-20

项目	名次							
	第一名	第二名	第三名	第四名	第五名	第六名	第七名	第八名
女子甲组	济南市	淄博市	潍坊市	东营市	滨州市	青岛市	威海市	日照市
女子乙组	烟台市	济南市	潍坊市	青岛市	淄博市	菏泽市	临沂市	日照市

竞赛委员会主任孟凡香、周升元，执行主任李大峰，副主任丁海宾、安家杰、卢伟、葛新、梅俊、冯展宁、王培玲、费立娥、王东亮、隽桂勋。

获得体育道德风尚奖运动队称号的是日照市、威海市、潍坊市、济南市甲组代表队，潍坊市、菏泽市、日照市、威海市乙组代表队。获得体育道德风尚奖运动员称号的甲组有 21 人、乙组有 23 人，获得优秀裁判员称号的是杨俊峰、李波、王丹、于军、高鹏、王雪。

表 8-21

排球（女子）决赛成绩统计表

队伍	金牌（枚）	银牌（枚）	铜牌（枚）	积分(分)
济南市	9	0	0	117
潍坊市	8	0	0	105
淄博市	7.5	0	0	98
烟台市	5	0	0	65
青岛市	5	0	0	65
东营市	4	0	0	52
滨州市	2.5	0	0	33
菏泽市	2	0	0	26
日照市	2	0	0	26
威海市	1.5	0	0	20
临沂市	1.5	0	0	20
合计	48	0	0	627

说明：潍坊市、东营市、淄博市各加计1金

排球（沙滩排球） 2022 年 7 月 21—26 日，“日照银行杯”二十五届省运会沙滩排球决赛在日照万平口海洋公园开赛，比赛设男子甲组、男子乙组、女子甲组、女子乙组共 4 个组别，全省各地市的 8 支沙滩排球代表队 80 名运动员参赛。其中，日照沙滩排球代表队派出 12 名运动员参加比赛。该比赛执行中国排球协会审定的《沙滩排球竞赛规则 2017—2020》，分为小组赛、四分之一决赛、半决赛、决赛。

男子甲、乙组金牌分别被青岛一队和烟台二队获得，女子甲、乙组金牌被济南二队和淄博一队获得。

表 8-22

排球（沙滩排球）决赛名次一览表

项目	名次							
	第一名	第二名	第三名	第四名	第五名	第六名	第七名	第八名
男子甲组	青岛市1	潍坊市1	青岛市2	东营市1	淄博市1	淄博市2	烟台市	潍坊市2

续表 8-22

项目	名次							
	第一名	第二名	第三名	第四名	第五名	第六名	第七名	第八名
男子乙组	烟台市2	菏泽市	青岛市1	淄博市1	烟台市1	济南市	青岛市2	淄博市2
女子甲组	济南市2	济南市1	潍坊市1	淄博市	青岛市	日照市	潍坊市2	—
女子乙组	淄博市1	淄博市2	烟台市1	烟台市2	济南市1	济南市2	潍坊市1	青岛市

2022 年 7 月 21 日，沙滩排球决赛现场

竞赛委员会主任孟凡香、何文，执行主任李大峰，副主任丁海宾、安家杰、卢伟、葛新、梅俊、闫伟、张涛、于西庆。

获得体育道德风尚奖运动队称号的是男子甲组潍坊市、东营市队代表队，男子乙组菏泽市、济南市代表队，女子甲组淄博市、青岛市代表队，女子乙组潍坊市、青岛市代表队；获得体育道德风尚奖运动员称号的有男子甲组 2 名，男子乙组 2 名，女子甲组 1 名，女子乙组 2 名；获得优秀裁判员称号的是邵信波、于健、安德宝、高永艳、董兴超、孙树泽、刘元明。

排球（沙滩排球）决赛成绩统计表

表 8-23

队伍	金牌（枚）	银牌（枚）	铜牌（枚）	积分(分)
青岛市	4	0	0	104

续表 8-23

队伍	金牌（枚）	银牌（枚）	铜牌（枚）	积分（分）
淄博市	3.5	0	0	124
济南市	3.5	0	0	92
烟台市	3	0	0	92
潍坊市	2.5	0	0	76
菏泽市	1.5	0	0	22
东营市	0	0	0	18
日照市	0	0	0	14
合计	18	0	0	542

七、足球

2022 年 7 月 8 日，足球比赛开赛仪式现场

2022 年 8 月 20 日，二十五届省运会足球乙组决赛在日照海滨国家森林公园足球训练基地和日照国际足球训练基地落下帷幕。根据规程，二十五届省运会足球项目比赛共分甲、乙、丙 3 个年龄段，均为预决赛接续进行。在 6 个组别的较量中，青岛市获 4 项冠军，济南市、淄博市分获女子丙组、女子乙组冠军。东道主日照队获得 6 个 6~8 名，取得日照队参加历届省运会以来最好成绩。

7 月 7—21 日，足球丙组比赛率先进行，青岛队夺得男子丙组冠军，济南队获得女子丙组冠军，日照男子丙组与日照女子丙组分别获得所在组别第六名和第八名。7 月 22 日至 8 月 5 日，男女甲组的比赛随即展开，青岛市两支球队包揽男女甲组冠军，日照男甲和女甲均获得该组别第七名。8 月 6—20 日，足球乙组决赛举行，青岛男乙点球大战战胜济南男乙，获得男子乙组冠军；潍坊队以 2：1 逆转淄博队，拿下女乙冠军，日照男乙和女乙分别获得该组别的第六名和第八名。

足球（甲组）比赛名次一览表

表 8-24

项目	名次							
	第一名	第二名	第三名	第四名	第五名	第六名	第七名	第八名
男子甲组	青岛市	济南市	济宁市	淄博市	潍坊市	菏泽市	日照市	烟台市
女子甲组	青岛市	淄博市	潍坊市	临沂市	烟台市	济南市	日照市	济宁市

竞赛委员会主任孟凡香、袁利强，执行主任胡斌，副主任胡仲华、李晓毅、吴际、卢伟、葛新、梅俊、姚欣。

获得体育道德风尚奖运动队称号的是男子甲组日照市、潍坊市、菏泽市代表队，女子甲组日照市、临沂市、济宁市代表队，32 人获得体育道德风尚奖运动员称号，获得体育道德风尚奖裁判员称号的是王宪、王海廷、聂文文、石莹莹。

足球（甲组）比赛成绩统计表

表 8-25

队伍	金牌（枚）	银牌（枚）	铜牌（枚）	积分（分）
青岛市	10	0	0	130
淄博市	7	0	0	91
潍坊市	6	0	0	79
济南市	6	0	0	78
济宁市	4.5	0	0	59
烟台市	3.5	0	0	46
日照市	3	0	0	40
临沂市	3	0	0	39
菏泽市	2	0	0	26
合计	45	0	0	588

足球（乙组）比赛名次一览表

表 8-26

项目	名次							
	第一名	第二名	第三名	第四名	第五名	第六名	第七名	第八名
男子乙组	青岛市	济南市	泰安市	淄博市	济宁市	日照市	潍坊市	滨州市
女子乙组	潍坊市	淄博市	烟台市	济南市	青岛市	威海市	泰安市	日照市

竞赛委员会主任孟凡香、袁利强，执行主任胡斌，副主任胡仲华、李晓毅、程钰、卢伟、

葛新、梅俊、姚欣。

获得体育道德风尚奖运动队称号的是男子乙组潍坊市、济宁市、日照市代表队，女子乙组日照市、泰安市、淄博市代表队。32 人获得体育道德风尚奖运动员称号，获得体育道德风尚奖裁判员称号的是男子乙组孙岩、郭旭，女子乙组荆千姿、郭森。

表 8-27

足球（乙组）比赛成绩统计表

队伍	金牌（枚）	银牌（枚）	铜牌（枚）	积分(分)
青岛市	7.5	0	0	98
济南市	7	0	0	91
淄博市	7	0	0	91
潍坊市	6.5	0	0	85
泰安市	5	0	0	66
烟台市	3.5	0	0	46
日照市	3	0	0	39
济宁市	2.5	0	0	33
威海市	2	0	0	26
滨州市	1	0	0	13
合计	45	0	0	588

表 8-28

足球（丙组）比赛名次一览表

项目	名次							
	第一名	第二名	第三名	第四名	第五名	第六名	第七名	第八名
男子丙组	青岛市	淄博市	潍坊市	泰安市	威海市	日照市	济宁市	烟台市
女子丙组	济南市	潍坊市	泰安市	烟台市	青岛市	淄博市	临沂市	日照市

竞赛委员会主任孟凡香、袁利强，执行主任胡斌，副主任胡仲华、李晓毅、吴际、卢伟、葛新、梅俊、姚欣。

获得体育道德风尚奖运动队称号的是男子丙组日照市、淄博市、烟台市代表队，女子丙组潍坊市、青岛市、烟台市代表队。32 人获得体育道德风尚奖运动员称号，获得体育道德风尚奖裁判员称号的是秦玉斌、秦文成、王坤、姚润震。

表 8-29

足球（丙组）比赛成绩统计表

队伍	金牌（枚）	银牌（枚）	铜牌（枚）	积分（分）
潍坊市	7.5	0	0	98
青岛市	7.5	0	0	98

续表 8-29

队伍	金牌（枚）	银牌（枚）	铜牌（枚）	积分（分）
泰安市	6.5	0	0	85
淄博市	6	0	0	78
济南市	5	0	0	65
烟台市	4	0	0	52
日照市	3	0	0	39
威海市	2.5	0	0	33
济宁市	1.5	0	0	20
临沂市	1.5	0	0	20
总计	45	0	0	588

八、跆拳道

2022 年 7 月 13 日，“岚山农商银行杯”跆拳道比赛现场

2022 年 7 月 13—21 日，二十五届省运会跆拳道决赛在岚山区体育中心开赛，全省各地市的 16 支代表队、393 名跆拳道运动员参加比赛。比赛设置男女甲组和男女乙组 4 个组别各 8 个公斤级，共产生金牌 32 枚。比赛配备使用“KP & P”品牌电子头盔、电子护具，采用中国跆拳道协会审定的《第十四届全国运动会跆拳道项目竞赛规则》。

青岛队获 11 枚金牌，济南市和潍坊市分获 7 枚金牌和 4 枚金牌；淄博市、滨州市、泰安市分获 2 枚金牌；菏泽市、临沂市、烟台市、济宁市分获 1 枚金牌，东道主日照获 2 枚银牌和 3 枚铜牌。

跆拳道各级别比赛名次一览表

表 8-30

项目	名次							
	第一名	第二名	第三名		第五名			
男子甲组 54公斤级	战训伟 济南市	韩涛 德州市	杜子恒 泰安市	周正茂 潍坊市	薛文豪 济宁市	郑文硕 烟台市	聂天章 淄博市	冯显富 泰安市
男子甲组 58公斤级	赵瑞鑫 济南市	张云翔 青岛市	屈晨阳 临沂市	史智颢 淄博市	白传勋 菏泽市	李金岳 潍坊市	仇杜宏霖 烟台市	王一帆 潍坊市
男子甲组 63公斤级	方泽鑫 青岛市	马越 临沂市	李宇豪 济南市	张梓硕 东营市	张毅豪 日照市	李德智 菏泽市	李景琦 淄博市	陈星 烟台市
男子甲组 68公斤级	刘洋 临沂市	马润洲 青岛市	时秀金 济宁市	龙盛 青岛市	杨宇 菏泽市	孙艺铭 淄博市	王子文 潍坊市	刘航 烟台市
男子甲组 74公斤级	郑溢鑫 滨州市	杨陆明 菏泽市	刘国凯 青岛市	孙建超 潍坊市	李孝轩 淄博市	侯帅志 济宁市	李建鹏 潍坊市	乔浩霖 烟台市
男子甲组 80公斤级	任仕凌 菏泽市	窦博轩 菏泽市	冀薪同 潍坊市	李沁桐 烟台市	王石胜 东营市	李康 日照市	李帅斌 日照市	王暕 威海市
男子甲组 87公斤级	管航 潍坊市	谷兆欢 日照市	李勇亮 济南市	杨硕 临沂市	张冰杰 东营市	刘甲奥 菏泽市	张哲铭 枣庄市	张栋 日照市
男子甲组 +87公斤级	王培顺 青岛市	尹子涵 滨州市	王伯扬 潍坊市	张天昊 菏泽市	郑占涛 日照市	常浩天 东营市	章一炜 淄博市	赵子臻 临沂市
女子甲组 46公斤级	张爽 泰安市	盛雯 烟台市	赵雨涵 泰安市	吴昊俞 潍坊市	姜佳彤 淄博市	高婷婷 青岛市	孟琴箫 菏泽市	辛文程 济宁市
女子甲组 49公斤级	刘元悦 潍坊市	刘晓莹 菏泽市	王瑞雪 东营市	李唱 枣庄市	王佳露 菏泽市	聂君莹 威海市	于荣露 济南市	钮一珊 枣庄市
女子甲组 53公斤级	孙语婕 潍坊市	于超越 济南市	郝雪 青岛市	孙艺萍 潍坊市	姜亦斐 东营市	邵思妍 滨州市	李子莹 淄博市	代亚宁 东营市
女子甲组 57公斤级	赵芮宜 青岛市	成傲天 淄博市	李林轩 淄博市	田荣欣 潍坊市	纪沣芸 日照市	刘英姿 菏泽市	刘乐 济南市	刘津汝 菏泽市
女子甲组 62公斤级	朱志华 青岛市	李圆 菏泽市	滕梦凡 济南市	杨佳玮 东营市	温馨方 烟台市	刘宇宸 东营市	—	—
女子甲组 67公斤级	张爱玲 青岛市	郭宇鹤 济南市	姜靖雅 泰安市	王乐 烟台市	赵桐彤 威海市	宫维晗 烟台市	刘珂 菏泽市	杜慧颖 淄博市
女子甲组 73公斤级	张文菊 青岛市	田宇霏 济南市	于溪 潍坊市	黄菊 潍坊市	刘婉茹 济南市	李欣怡 菏泽市	王嘉蕊 日照市	—
女子甲组 +73公斤级	吴可然 青岛市	冯姿颖 淄博市	王淳宇 东营市	—	—	—	—	—
男子乙组 51公斤级	马子恒 滨州市	马溯 济南市	赵宇翰 菏泽市	王蔚仟 青岛市	孙毓涵 潍坊市	王啸 青岛市	万津阁 东营市	孔旭 泰安市
男子乙组 55公斤级	张旭锐 济宁市	王硕 临沂市	朱立琛 日照市	公培硕 淄博市	李勇 青岛市	潘明旭 德州市	秘海硕 滨州市	朱淇浩 滨州市
男子乙组 59公斤级	陈浩哲 淄博市	闫绍达 青岛市	陆心阳 淄博市	许丰韬 潍坊市	张展鹏 临沂市	赵世超 滨州市	张冲 菏泽市	刘佳铄 青岛市

续表 8-30

项目	名次							
	第一名	第二名	第三名		第五名			
男子乙组 63公斤级	温兴祖 济南市	尹永锟 日照市	王庆洋 济宁市	李煜恒 泰安市	程俊杰 德州市	李沂松 青岛市	王铁坤 德州市	夏龙威 菏泽市
男子乙组 68公斤级	杨凌刚 泰安市	邹子豪 烟台市	赵双俊 青岛市	于光源 菏泽市	霍富瑜 烟台市	戴羽捷 济宁市	张超宇 淄博市	杨富豪 枣庄市
男子乙组 73公斤级	逯建超 青岛市	张秩源 淄博市	聂可可 临沂市	葛昱文 济南市	朱庆德 菏泽市	王浩 烟台市	—	—
男子乙组 78公斤级	陈艺明 青岛市	阎旭 济南市	翟少崎 泰安市	李圣群 菏泽市	杜淳 枣庄市	朱恒宇 淄博市	康佳儒 烟台市	陈福双 菏泽市
男子乙组 +78公斤级	王而鑫 济南市	单钰祁 潍坊市	贺煜玺 济南市	刘忠骏 枣庄市	霍伟宽 菏泽市	杜浩然 日照市	—	—
女子乙组 46公斤级	朱静雨 烟台市	邓非然 潍坊市	蔡前芳 济宁市	亓子涵 济南市	武钰彤 东营市	邢雨彤 临沂市	李子墨 济南市	丁福雅 东营市
女子乙组 49公斤级	沈梦熙 济南市	韦晴 临沂市	官京欣 潍坊市	朱福静 济宁市	张泓萌 淄博市	田宸瑜 济宁市	李锦蕊 淄博市	刘雨晴 日照市
女子乙组 52公斤级	刘芳辛 潍坊市	张晓凌 淄博市	刘毅 日照市	刘伟婧 东营市	宋文茹 东营市	董紫茵 菏泽市	—	—
女子乙组 55公斤级	郁璦玮 济南市	王春芮 青岛市	郑婷婷 潍坊市	刘梓欣 济南市	牛梓烨 淄博市	赵美婷 菏泽市	—	—
女子乙组 59公斤级	王雅茹 济南市	陈雨菲 济南市	李雨涵 威海市	刘梓童 泰安市	李玮雅 日照市	张鑫 东营市	呙丰 潍坊市	柴淑悦 日照市
女子乙组 63公斤级	明玉冰 淄博市	孟真 济南市	刘浩然 泰安市	曹丽君 枣庄市	武萱 菏泽市	栗睿 临沂市	—	—
女子乙组 68公斤级	李娜 青岛市	田舒 菏泽市	王安琪 泰安市	刘懿萱 滨州市	付澳琳 菏泽市	周家伊 东营市	袁梦雪 枣庄市	杨欣琦 淄博市
女子乙组 +68公斤级	王梦琪 青岛市	张继荣 济宁市	王艺洋 东营市	王艳蓓 日照市	邢梦窈 淄博市	—	—	—

竞赛委员会主任孟凡香、周升元，执行主任赵建秋，副主任李传民、李文波、肖志强、卢伟、葛新、梅俊、冯展宁、王培玲、费立娥、王东亮、隽桂勋。

获得体育道德风尚奖运动队称号的是菏泽市、日照市、泰安市、济南市、济宁市代表队，38 人获得体育道德风尚奖运动员称号，获得体育道德风尚奖裁判员称号的是郭常林、史凯丽、李兴梅、李威、刘伟明。

跆拳道决赛成绩统计表

表 8-31

队伍	金牌（枚）	银牌（枚）	铜牌（枚）	积分（分）
青岛市	11	4	6.5	297.5
济南市	7	7.5	7	272.5

续表 8-31

队伍	金牌（枚）	银牌（枚）	铜牌（枚）	积分（分）
潍坊市	6	2	12	253
淄博市	2	4	4	205.5
滨州市	2	1	1	72.5
泰安市	2	0	8	115
菏泽市	1	5	4	229.5
临沂市	1	3	3	100.5
烟台市	1	2	1.5	117.5
济宁市	1	1	4	94.5
日照市	0	2	2.5	107.5
德州市	0	0.5	0	18.5
东营市	0	0	5.5	123.75
枣庄市	0	0	3	61
威海市	0	0	1	25.75
总计	34	32	63	2094.5

说明：潍坊加计2金（备战世赛）

九、网球

2022年7月15日，网球决赛现场

2022年7月15—22日，二十五届省运会“建设银行杯”网球团体决赛在日照安泰网球公园开赛，团体和单项比赛设置甲组、乙组A、乙组B、乙组C共4个年龄组别，全省各地市的12支网球团体代表队、295名运动员参赛。日照网球团体代表队派出18名运动员参赛。7月18日，日照安泰网球队获女子甲组团体决赛金牌，是该届省运会网球项目产生的第一块金牌，也是日照网球项目首次在省运会上夺得金牌。

8月20—27日，二十五届省运会“建设银行杯”网球单项决赛在日照安泰网球公园举行。全省14个地市代表队的334名运动员参赛。东道主日照网球队选派21名队员参赛，并获金牌1枚、银牌1枚、铜牌2枚。

日照市在该届省运会网球项目比赛中共获得金牌2枚、银牌1枚、铜牌2枚。

网球（团体）比赛名次一览表

表8-32

项目	名次							
	第一名	第二名	第三名		第五名			
男子甲组团体	滨州市	淄博市	济南市	潍坊市	泰安市	日照市	济宁市	威海市
女子甲组团体	日照市	济南市	临沂市	淄博市	潍坊市	—	—	—
男子乙组A团体	济南市	滨州市	临沂市	青岛市	泰安市	潍坊市	淄博市	济宁市
女子乙组A团体	济南市	威海市	青岛市	临沂市	淄博市	泰安市	潍坊市	济宁市
男子乙组B团体	青岛市	济南市	临沂市	济宁市	潍坊市	日照市	威海市	淄博市
女子乙组B团体	青岛市	济南市	枣庄市	淄博市	临沂市	—	—	—
男子乙组C团体	济宁市	淄博市	济南市	泰安市	青岛市	滨州市	枣庄市	临沂市
女子乙组C团体	泰安市	济南市	青岛市	淄博市	济宁市	临沂市	滨州市	—

竞赛委员会主任孟凡香、何文，执行主任修振涛，副主任耿晨、卢伟、葛新、梅俊、闫伟、张涛、于西庆。

获得体育道德风尚奖运动队称号的是临沂市、威海市、潍坊市、淄博市、泰安市代表队，33人获得体育道德风尚奖运动员称号，14人获得体育道德风尚奖裁判员称号。

网球（团体）决赛成绩统计表

表8-33

队伍	金牌（枚）	银牌（枚）	铜牌（枚）	积分（分）
济南市	2	4	2	89
青岛市	2	0	3	61
滨州市	1	1	0	37
济宁市	1	0	1	48.5
泰安市	1	0	1	42
日照市	1	0	0	26
淄博市	0	2	3	70

续表 8-33

队伍	金牌（枚）	银牌（枚）	铜牌（枚）	积分（分）
威海市	0	1	0	24
临沂市	0	0	4	57.5
潍坊市	0	0	1	35.5
枣庄市	0	0	1	16
合计	8	8	16	506.5

网球（单项）比赛名次一览表

表 8-34

项目	名次							
	第一名	第二名	第三名		第五名			
男子甲组 单打	梁启润 淄博市	曹靖沅 淄博市	潘朱峰 日照市	生奉庭 青岛市	李书晔 青岛市	王晟 济南市	刘隆盛 滨州市	卞策 滨州市
女子甲组 单打	李小威 淄博市	张佳乐 济南市	曹婧妍 日照市	高欣宜 泰安市	孙可真 济南市	董佳钰 烟台市	冯傲寒 淄博市	沈炫霖 济南市
男子甲组 双打	潘朱峰 尤元堃 日照市	梁启润 曹靖沅 淄博市	霍加勉 张文浩 滨州市	卞策 牟盛元 滨州市	杨昊龙 刘冠辰 潍坊市	王家乐 乔文杰 潍坊市	李书晔 王天翼 青岛市	王晟 辛兆瑞 济南市
女子甲组 双打	李小威 冯傲寒 淄博市	曲天祺 曹婧妍 日照市	董佳钰 董钰瑶 烟台市	张佳乐 刘若瑾 济南市	韩济鸿 宋得鑫 日照市	薛胜男 李怡璇 青岛市	林于琦 时凯琳 威海市	沈炫霖 孙可真 济南市
男子乙组A 单打	石康源 滨州市	杜雨桐 滨州市	刘子昂 济南市	贾孟儒 济南市	毕明涛 滨州市	陈显峰 济南市	朱泽林 淄博市	章祥岷 青岛市
女子乙组A 单打	田嘉琳 济南市	牛姝雯 威海市	蔚海馨 济南市	徐辰玥 济南市	徐园茗 滨州市	李雨诺 威海市	徐梓瑶 青岛市	刘皓然 威海市
男子乙组A 双打	石康源 杜雨桐 滨州市	姜福民 马驰皓 青岛市	周铭宇 郭子涵 青岛市	刘子昂 李柏锐 济南市	毕明涛 张召宇 滨州市	王浩杰 赵炳业 潍坊市	于城野 张馨水 威海市	章祥岷 张一路 青岛市
女子乙组A 双打	牛姝雯 刘皓然 威海市	宋汶聪 李佳惠 青岛市	李雨诺 李彦妮 威海市	蔚海馨 田嘉琳 济南市	许慕涵 贾铭依 泰安市	徐梓瑶 王睿琦 青岛市	杨新滟 徐浩琳 潍坊市	徐辰玥 李泓沄 济南市
男子乙组B 单打	邵梓宸 青岛市	郑佳赫 青岛市	杨骐源 青岛市	唐英洁 济宁市	姬智心 济宁市	于浩泽 淄博市	于洪运 滨州市	吴天宇 威海市
女子乙组B 单打	杨安娜 青岛市	潘奕诺 青岛市	张艺绚 青岛市	丁若离 济南市	张嘉仪 淄博市	马赛 济南市	李姿萱 济南市	盛佳童 威海市
男子乙组B 双打	邵梓宸 刘子皓 青岛市	郑佳赫 杨骐源 青岛市	丁泓亦 谈珑 青岛市	王炳鑫 曲滋合 济南市	张智远 于宝鑫 潍坊市	于浩泽 王鹏程 淄博市	张刘贝一 张凯 泰安市	王子俊 官子蓬 济南市

续表 8-34

项目	名次							
	第一名	第二名	第三名		第五名			
女子乙组B双打	潘奕诺 杨安娜 青岛市	徐千然 熊一丹 济南市	李姿萱 马赛 济南市	丁若离 李睿涵 济南市	孙佳怡 董晓彤 潍坊市	张家琪 唐如滢雪 泰安市	张贯众 张艺绚 青岛市	曹广诺 王姝惠 滨州市
男子乙组C单打	刘逸晨 淄博市	高帅 泰安市	王泽宽 淄博市	孙硕泽 济宁市	侯润韬 泰安市	李敬昂 滨州市	林棋程 济宁市	李浩源 临沂市
女子乙组C单打	张思嘉 淄博市	孙田甜 烟台市	韩子好 泰安市	于雨霏 青岛市	杨子婷 青岛市	赵紫菡 淄博市	王佳馨 济南市	孙嘉忆 泰安市
男子乙组C双打	王泽宽 刘逸晨 淄博市	孙硕泽 赵梓屹 济宁市	康峻豪 李宜秦 淄博市	侯润韬 高帅 泰安市	谢志豪 王泽菡 威海市	王培栋 卢柯宇 日照市	诸葛瑞泽 赵彦润 临沂市	曹中钧 王梓烨 济南市
女子乙组C双打	耿诗硕 王佳馨 济南市	孙嘉忆 王薇絮 泰安市	孙田甜 张舒雅 烟台市	张思嘉 赵紫菡 淄博市	杨子婷 李迦霖 青岛市	董馥嘉 林伊宁 威海市	于雨霏 姜琳熙 青岛市	强宥语 宋雨佳 济宁市

竞赛委员会主任孟凡香、何文，执行主任修振涛，副主任耿晨、卢伟、葛新、梅俊、闫伟、张涛、于西庆。

获得体育道德风尚奖运动队称号的是青岛市、日照市、济宁市、滨州市、济南市代表队，35 人获得体育道德风尚奖运动员称号，15 人获得体育道德风尚奖裁判员称号。

网球（单项）决赛成绩统计表

表 8-35

队伍	金牌（枚）	银牌（枚）	铜牌（枚）	积分（分）
淄博市	6	2	3	167.5
青岛市	4	5	6.5	240.25
济南市	2	2	11	230.5
滨州市	2	1	2	108
日照市	1	1	1.5	51.25
威海市	1	1	1	85.5
泰安市	0	2	3	83
济宁市	0	1	2	49.5
烟台市	0	1	2	36.5
潍坊市	0	0	0	39
临沂市	0	0	0	13
合计	16	16	32	1104

十、击剑

2022 年 7 月 18—21 日，二十五届省运会击剑项目决赛在五莲市民体育中心举行。共有全省各地市的 9 支代表队、385 名运动员参赛。比赛采用中国击剑协会审定的最新击剑规则及补充规则组织执行。日照代表队有 20 名运动员参加男女乙组、丙组重剑、佩剑个人赛和团体赛。在首日比赛中，日照击剑队男子佩剑（丙组）获团体赛冠军。这是日照市首次组织击剑队参加省运会，也是日照市在省运会上的首枚击剑金牌。

日照击剑队是“市队区县办”运动队，于 2019 年组建，曾在 2019—2021 年的省击剑锦标赛和省击剑冠军赛中取得优异成绩。

2022 年 7 月 18 日，击剑比赛现场

击剑比赛各项目名次一览表
（个人成绩表）

表 8-36

项目	名次							
	第一名	第二名	第三名		第五名	第六名	第七名	第八名
男子重剑甲组个人	贯正麟 潍坊市	李文琦 烟台市	贯正麒 潍坊市	曾国根 临沂市	徐成林 济南市	王泽源 淄博市	颜开 临沂市	乔浩峰 青岛市
男子花剑甲组个人	隋心益 烟台市	刘凯 潍坊市	李明鸿 潍坊市	陆炫羽 烟台市	潘琪文 青岛市	黄世豪 淄博市	陶泉润 淄博市	刘保琛 济南市
男子佩剑甲组个人	张泽忠 淄博市	陈晋琨 淄博市	毕翰林 淄博市	李奕汎 青岛市	李同宇 泰安市	李昶甬 青岛市	许祥 泰安市	于小杰 青岛市
女子重剑甲组个人	闫格 烟台市	胡天禹 青岛市	王璐瑶 潍坊市	赵雪 潍坊市	段汝芃 潍坊市	黑晓楠 （并列第五） 青岛市	姚成越 烟台市	栾雅晴 烟台市

续表 8-36

项目	名次							
	第一名	第二名	第三名		第五名	第六名	第七名	第八名
女子花剑 甲组个人	金晨 潍坊市	薛奕君 潍坊市	孙毓忆 烟台市	赵梵妤 青岛市	高小媚 烟台市	闫昀哲 烟台市	梁昱琳 青岛市	申雪琳 烟台市
女子佩剑 甲组个人	邹志宇 青岛市	况萌 青岛市	李雪 潍坊市	薛梦洁 泰安市	张竞心 淄博市	王欣怡 淄博市	迟康百合 青岛市	陈雅文 淄博市
男子重剑 乙组个人	张祖桐 济南市	李泓然 潍坊市	邱子恩 烟台市	张昌磊 济南市	沙怡程 烟台市	姜子骏 烟台市	王俊杰 潍坊市	陈伟彬 潍坊市
男子花剑 乙组个人	皇甫浩然 青岛市	于昂 济南市	高宇航 烟台市	张嘉祎 烟台市	陈路阳 济南市	陈默 青岛市	卞宇涵 济南市	王彦鑫 潍坊市
男子佩剑 乙组个人	崔展硕 济宁市	曲祥鸣 济宁市	刘俊豪 泰安市	邢瀚曦 淄博市	郑旭洋 济南市	谭超 青岛市	于丰浩 淄博市	刁佳顺 青岛市
女子重剑 乙组个人	刘子娴 济南市	王梓煜 济南市	李馨 青岛市	李笑涵 济南市	孙乙尤 烟台市	王祎 烟台市	张楚涵 济南市	赵冉 青岛市
女子花剑 乙组个人	高心澄 青岛市	江俊嘻 烟台市	周颖 烟台市	庄钰婷 济南市	宋美慧 济南市	陈怡帆 淄博市	张子叶 青岛市	张硕 青岛市
女子佩剑 乙组个人	李乐祺 青岛市	宋佳伊 淄博市	陈泓君 淄博市	石佳乐 青岛市	郭依凡 青岛市	杨曦 青岛市	王艺轩 泰安市	于惠颖 日照市

击剑比赛各项目名次一览表
（团体成绩表）

表 8-37

项目	第一名	第二名	第三名	第四名	第五名	第六名	第七名	第八名
男子重剑 甲组团体	临沂市	潍坊市	烟台市	济南市	淄博市	青岛市	济宁市	—
男子花剑 甲组团体	潍坊市	烟台市	淄博市	青岛市	济南市	济宁市	—	—
男子佩剑 甲组团体	青岛市	淄博市	济南市	济宁市	潍坊市	—	—	—
女子重剑 甲组团体	潍坊市	烟台市	青岛市	淄博市	—	—	—	—
女子花剑 甲组团体	烟台市	潍坊市	青岛市	淄博市	—	—	—	—
女子佩剑 甲组团体	淄博市	青岛市	济宁市	潍坊市	—	—	—	—
男子重剑 乙组团体	烟台市	潍坊市	济南市	青岛市	淄博市	—	—	—

续表 8-37

项目	第一名	第二名	第三名	第四名	第五名	第六名	第七名	第八名
男子花剑乙组团体	青岛市	济南市	烟台市	潍坊市	烟台市	济宁市	—	—
男子佩剑乙组团体	济宁市	淄博市	青岛市	济南市	烟台市	泰安市	—	—
女子重剑乙组团体	济南市	烟台市	青岛市	潍坊市	淄博市	—	—	—
女子花剑乙组团体	济南市	青岛市	淄博市	烟台市	—	—	—	—
女子佩剑乙组团体	青岛市	淄博市	日照市	烟台市	济南市	—	—	—
男子重剑丙组团体	潍坊市	烟台市	青岛市	济南市	淄博市	—	—	—
男子花剑丙组团体	济南市	烟台市	青岛市	淄博市	潍坊市	—	—	—
男子佩剑丙组团体	日照市	青岛市	淄博市	烟台市	济南市	潍坊市	—	—
女子重剑丙组团体	烟台市	济南市	青岛市	潍坊市	日照市	—	—	—
女子花剑丙组团体	济南市	青岛市	烟台市	潍坊市	淄博市	—	—	—
女子佩剑丙组团体	日照市	青岛市	淄博市	济南市	烟台市	潍坊市	—	—

竞赛委员会主任孟凡香、孙丽，执行主任李前东，副主任王承云、于思明、张娟娟、卢伟、葛新、梅俊、李宗臣。

获得体育道德风尚奖运动队称号的是潍坊市、济宁市、济南市代表队，38 人获得体育道德风尚奖运动员称号，获得体育道德风尚奖裁判员称号的是陈臣、彭怡玥、杨勇、张宸豪、王栋。

击剑决赛成绩统计表

表 8-38

队伍	金牌（枚）	银牌（枚）	铜牌（枚）	积分（分）
青岛市	7	7	11	405.5
济南市	6	4	5	279.5
烟台市	5	7	9	333
潍坊市	5	6	5	277
淄博市	2	5	7	277.5

续表 8-38

队伍	金牌（枚）	银牌（枚）	铜牌（枚）	积分（分）
济宁市	2	1	1	76
日照市	2	0	1	49
临沂市	1	0	1	28.5
泰安市	0	0	2	36
合计	30	30	42	1762

十一、自行车

二十五届省运会自行车项目包含场地自行车、公路自行车、山地自行车、小轮车竞速和小轮车自由式5项赛事。

小轮车竞速 决赛于2022年7月19—20日在日照驻龙山体育公园举行，全省7个地市的64名运动员参加比赛，日照代表队参赛队员11名。共产生6个项目金牌，其中烟台代表队独揽女子甲组个人、男子乙组个人、女子乙组个人、男子乙组团体4块金牌，威海代表队获得男子甲组个人金牌，临沂代表队获得女子乙组团体金牌。

2022年7月19日，小轮车竞速决赛现场

小轮车竞速决赛名次一览表

表 8-39

项目	名次							
	第一名	第二名	第三名	第四名	第五名	第六名	第七名	第八名
男子甲组	陈于诚 威海市	周忠义 临沂市	赵庆洋 威海市	王辉 临沂市	晏广东 济南市	王顺冉 日照市	张超然 威海市	石家硕 济南市
女子甲组	姜嘉洁 烟台市	王寒 日照市	华如 临沂市	侯瑾瑾 济南市	吕思婷 威海市	林梦君 威海市	王茹月 临沂市	丛福林 菏泽市

续表 8-39

项目	名次							
	第一名	第二名	第三名	第四名	第五名	第六名	第七名	第八名
男子乙组	王东文 烟台市	于鸣磊 威海市	郭春宇 烟台市	姜超 临沂市	王志浩 威海市	于海宁 烟台市	郑瑞典 日照市	潘强 日照市
女子乙组	高玉环 烟台市	李佳玲 威海市	崔梦妍 烟台市	刘凤秀 烟台市	王乐华 临沂市	吴越 威海市	梁欣茹 临沂市	徐婷婷 临沂市
男子乙组团体	烟台市	临沂市	威海市	日照市	济南市	淄博市	—	—
女子乙组团体	临沂市	烟台市	威海市	济南市	日照市	—	—	—

竞赛委员会主任孟凡香、袁立强，执行主任李湧，副主任张崇文、沈爱军、周杰、卢伟、葛新、梅俊、姚欣。

获得体育道德风尚奖运动队称号的是烟台市、日照市代表队，6 人获得体育道德风尚奖运动员称号，获得体育道德风尚奖裁判员称号的是焦胜利、杨涛、焉晓蕾、李强。

表 8-40

小轮车竞速决赛成绩统计表

队伍	金牌（枚）	银牌（枚）	铜牌（枚）	积分（分）
烟台市	4	1	2	99
威海市	1	2	3	100
临沂市	1	2	1	88
日照市	0	1	0	46
济南市	0	0	0	39
淄博市	0	0	0	7
菏泽市	0	0	0	6
合计	6	6	6	385

场地自行车 决赛于 2022 年 7 月 24—28 日在山东省射击自行车运动管理中心日照基地举行，作为自行车项目中设项最多的一场决赛，该届省运会场地自行车决赛的男子甲组和男子乙组分别设有 6 个竞赛项目，女子甲组设有 5 个竞赛项目，女子乙组设有 4 个竞赛项目。全省各地市的 10 支代表队 181 名运动员参赛，共产生 21 枚金牌，其中潍坊获 5 枚金牌、济南获 4 枚金牌、烟台获 4 枚金牌、日照获 3 枚金牌、青岛获 2 枚金牌、济宁获 2 枚金牌、临沂获 1 枚金牌。日照市派出 23 名运动员参加该项比赛，共获 3 枚金牌、2 枚银牌、5 枚铜牌。

场地自行车决赛名次一览表

表 8-41

项目	名次							
	第一名	第二名	第三名	第四名	第五名	第六名	第七名	第八名
男子乙组 团体竞速赛	烟台市 00'47"657	临沂市 00'47"759	日照市 00'48"118	济南市 00'48"539	—	—	—	—
女子乙组 团体竞速赛	日照市 00'36"512	烟台市 00'36"833	济南市 00'36"756	潍坊市 00'45"327	—	—	—	—
男子甲组 4公里团体 追逐赛	济宁市 胜 04'19"682	潍坊市 负 04'23"944	日照市 胜 04'23"884	淄博市 负 04'27"751	—	—	—	—
女子甲组 4公里团体 追逐赛	日照市 胜 04'48"537	潍坊市 负 04'53"317	济宁市 胜	济南市 负	—	—	—	—
男子乙组 3公里团体 追逐赛	潍坊市 胜 03'13"298	临沂市 负 03'18"651	烟台市 胜 03'17"504	淄博市 负 03'18"779	—	—	—	—
女子乙组 3公里团体 追逐赛	潍坊市 胜 03'37"119	济南市 负 03'38"429	日照市 胜	济宁市 负	—	—	—	—
女子甲组 团体竞速赛	济南市 00'35"380	青岛市 00'35"679	济宁市 00'42"591	—	—	—	—	—
男子甲组 团体竞速赛	青岛市 00'46"486	潍坊市 00'47"112	烟台市 00'47"229	济南市 00'48"045	—	—	—	—
女子乙组 2公里个人 追逐赛	王丽颖 潍坊市 胜 02'29"284	韩子卿 济南市 负 02'33"780	毛维峰 潍坊市 胜 02'32"639	孙坤芳 淄博市 负 02'33"518	—	—	—	—
女子甲组 3公里个人 追逐赛	王晓昱 济南市 胜 03'46"115	吕涵 潍坊市 负 03'46"374	娄梦绮 日照市 胜 03'54"099	王梓彤 日照市 负 03'55"648	—	—	—	—
男子乙组 3公里个人 追逐赛	杨坤烨 潍坊市 胜 03'29"883	常凯淞 临沂市 负 03'30"697	高光泽 济南市 胜 03'35"419 警告一次	兰玉旻 烟台市 负 03'36"336	—	—	—	—
男子甲组 争先赛	曹永森 潍坊市 00'13"238	盛茗琪 烟台市 00'13"325	杨程为 淄博市 00'13"382	徐祥基 烟台市 00'13"498	张永鹏 潍坊市 00'13"502	尹煜 青岛市 00'13"506	李英祺 济南市 00'13"598	肖霖堂 济南市 00'13"667

续表 8-41

项目	名次							
	第一名	第二名	第三名	第四名	第五名	第六名	第七名	第八名
男子乙组争先赛	温家生 烟台市 00'13"186	丁俠 日照市 00'13"576	杨皓博 潍坊市 00'13"649	罗恒青 济南市 00'13"888	蒋清运 日照市 00'13"937	张忠旺 济南市 00'13"945	法甲廷 青岛市 00'14"023	常凯淇 临沂市 00'14"056
男子甲组4公里个人追逐赛	何昭毅 济宁市 胜 04'39"749	张智泉 济宁市 负 04'43"067	李志恒 济南市 胜	翟宇航 济宁市 负	—	—	—	—
男子乙组1公里个人计时赛	温家生 烟台市 01'06"009	李震祥 潍坊市 01'08"033	丁俠 日照市 01'08"514	常凯淇 临沂市 01'08"533	周天举 济南市 01'09"022	张忠旺 济南市 01'09"159	崔明达 济南市 01'09"313	法甲廷 青岛市 01'09"890
女子乙组争先赛	季然 日照市 00'14"790	唐冰艳 日照市 00'15"217	张子涵 济南市 00'15"233	纪杏娟 济南市 00'15"389	段宇炯 济南市 00'15"391	王晓铭 烟台市 00'15"504	任雅妮 烟台市 00'16"009	徐萧贻 威海市 00'16"512
女子甲组争先赛	陈晓 济南市 00'14"652	刘艺 青岛市 00'14"729	刘佳琪 烟台市 00'14"893	初紫藤 济南市 00'14"970	孙其歆 淄博市 00'15"199	李晓培 潍坊市 00'15"210	刘畅 济南市 00'15"310	尹怡凯 青岛市 00'15"373
男子甲组1公里计时赛	盛茗琪 烟台市 01'05"719	盖豪 青岛市 01'05"784	徐祥基 烟台市 01'05"880	李英祺 济南市 01'05"952	张永鹏 潍坊市 01'06"615	顾航宇 济南市 01'08"212	徐健 日照市 01'08"414	刘铭灿 淄博市 01'08"454
女子甲组500米计时赛	陈晓 济南市 00'35"735	初紫藤 济南市 00'35"835	刘佳琪 烟台市 00'36"486	刘艺 青岛市 00'36"694	孙其歆 淄博市 00'36"755	尹怡凯 青岛市 00'36"995	刘畅 济南市 00'38"068	—
男子甲组个人全能赛	张荣硕 青岛市 16	翟宇航 济宁市 18	初传翔 烟台市 22	李俊康 临沂市 24	李基华 潍坊市 24	任林涛 青岛市 30	李志强 烟台市 31	张仕强 青岛市 31
男子乙组个人全能赛	常凯淞 临沂市 9	杨坤烨 潍坊市 10	迟志轩 潍坊市 12	宋紫强 淄博市 26	孟庆阳 淄博市 30	王琨瑜 潍坊市 30	郭洪麟 淄博市 30	高光泽 济南市 33

2022 年 7 月 24 日，场地自行车决赛现场

竞赛委员会主任孟凡香、袁立强，执行主任李湧，副主任张崇文、沈爱军、周杰、卢伟、葛新、梅俊、姚欣。

获得体育道德风尚奖运动队称号的是日照市、济南市、烟台市代表队，20 人获得体育道德风尚奖运动员称号，获得体育道德风尚奖裁判员称号的是宫爱红、胡凯、李永梅、付上芬、颜勇。

场地自行车决赛成绩统计表

表 8-42

队伍	金牌（枚）	银牌（枚）	铜牌（枚）	积分（分）
潍坊市	5	6	3	242
济南市	4	3	4	277
烟台市	4	2	6	195
日照市	3	2	5	157
青岛市	2	3	0	139
济宁市	2	2	2	121
临沂市	1	3	0	84
淄博市	0	0	1	99
威海市	0	0	0	40
合计	21	21	21	1354

自行车（公路） 决赛于 8 月 4—9 日在日照市岚山区绣针河大道举行，全省 10 个地市代表队的 142 名运动员参赛。比赛设置男女甲乙四个组别和个人计时赛、团体计时赛、个人赛等 11 个竞赛项目，共产生 11 枚金牌。其中，滨州市获 2 枚金牌、青岛市获 5 枚金牌、烟台市获 3 枚金牌、临沂市获 1 枚金牌。

自行车（公路）决赛名次一览表

表 8-43

项目	名次							
	第一名	第二名	第三名	第四名	第五名	第六名	第七名	第八名
男子甲组20公里个人计时赛	赵明旭 滨州市 0:26'03"742	赵福星 青岛市 0:26'10"280	孙凯 临沂市 0:26'24"212	李志恒 济南市 0:26'48"662	时鹏洋 临沂市 0:26'56"843	潘友瑞 青岛市 0:27'18"703	曹厚旺 滨州市 0:27'28"733	孙铭辰 淄博市 0:27'34"244
男子乙组20公里个人计时赛	杨明森 烟台市 0:26'35"927	张豪 临沂市 0:27'28"261	孙晟皓 临沂市 0:27'42"170	亓宏艺 济南市 0:27'43"404	许振男 济南市 0:28'01"750	刘志城 烟台市 0:28'04"385	窦立鑫 淄博市 0:28'09"714	刘云龙 临沂市 0:28'12"112
女子甲组10公里个人计时赛	王亚楠 青岛市 0:13'50"914	孙玉青 青岛市 0:14'01"070	吕涵 潍坊市 0:14'04"381	鞠露萍 潍坊市 0:14'12"931	林宏波 青岛市 0:14'19"401	王新怡 济宁市 0:14'26"697	王晓昱 济南市 0:14'28"579	夏淑盈 临沂市 0:14'29"884

续表 8-43

项目	名次							
	第一名	第二名	第三名	第四名	第五名	第六名	第七名	第八名
女子乙组10公里个人计时赛	孙佳 青岛市 0:13'47"262	刘梦源 青岛市 0:14'03"558	孙明圆 临沂市 0:14'34"546	王晟宁 淄博市 0:14'39"364	付悦 潍坊市 0:14'40"511	邹郡 日照市 0:14'41"836	纪晓缘 烟台市 0:14'43"421	陈雨萍 临沂市 0:14'50"639
男子甲组80公里个人赛	时鹏洋 临沂市 2:03'59"706	鲍王强 临沂市 2:04'10"617	李俊杰 威海市 2:05'58"509	李亚飞 济南市 2:05'58"675	郭吉晔 烟台市 2:05'59"361	郭鑫 临沂市 2:06'02"394	曹厚旺 滨州市 2:06'47"804	赵福星 青岛市 2:11'44"109
男子乙组80公里个人赛	刘志城 烟台市 2:09'22"381	张豪 临沂市 2:09'24"027	杨明森 烟台市 2:09'24"419	亓宏艺 济南市 2:09'26"005	柴政 济南市 2:09'27"143	朱林 日照市 2:09'27"305	宋冀 威海市 2:09'27"529	宋玉全 滨州市 2:09'27"816
女子甲组60公里个人赛	王亚楠 青岛市 1:37'50"976	夏淑盈 临沂市 1:44'21"844	孙玉青 青岛市 1:44'22"356	仉霜霜 青岛市 1:50'42"914	林宏波 青岛市 1:50'43"339	宋春梅 威海市 1:50'43"355	王清源 临沂市 1:50'43"474	王茹星 临沂市 1:50'45"747
女子乙组60公里个人赛	李荣 滨州市 1:38'48"261	孙佳 青岛市 1:38'49"747	窦静 日照市 1:39'16"808	孙明圆 临沂市 1:39'58"486	任婉莹 青岛市 1:39'58"822	徐晓颜 烟台市 1:42'59"208	纪晓缘 烟台市 1:42'59"325	刘梦源 青岛市 1:42'59"352
男子甲组40公里团体计时赛	青岛市 0:51'23"693	滨州市 0:52'02"950	临沂市 0:52'08"842	济南市 0:52'25"429	威海市 0:53'20"525	日照市 0:55'33"482	—	—
男子乙组40公里团体计时赛	烟台市 0:52'05"638	济南市 0:53'43"155	临沂市 0:55'19"643	淄博市 0:56'19"106	日照市 0:59'07"122	—	—	—
女子甲组20公里团体计时赛	青岛市 0:27'40"140	临沂市 0:28'41"819	日照市 0:37'14"669	—	—	—	—	—

竞赛委员会主任孟凡香、周升元，执行主任李湧，副主任张崇文、沈爱军、周杰、卢伟、葛新、梅俊、冯展宁、王培玲、费立娥、王东亮、隽桂勋。

获得体育道德风尚奖运动队称号的是威海市、日照市、青岛市代表队，16 人获得体育道德风尚运动员称号，获得体育道德风尚奖裁判员称号的是孙磊、刘晓英、罗勇、王健、王沐国。

自行车（公路）决赛成绩统计表

表 8-44

队伍	金牌（枚）	银牌（枚）	铜牌（枚）	积分（分）
青岛市	5	4	1.5	174
烟台市	3	0	1	83
滨州市	2	1	0	54
临沂市	1	5	5	168

续表 8-44

队伍	金牌（枚）	银牌（枚）	铜牌（枚）	积分（分）
济南市	0	1	0	78
日照市	0	0	1.5	44
威海市	0	0	1	31
潍坊市	0	0	1	27
淄博市	0	0	0	29
济宁市	0	0	0	7
合计	11	11	11	695

自行车（BMX 自由式）决赛于8月16—17日在日照驻龙山体育公园举行，济南市、日照市、临沂市、威海市、菏泽市5个市14名运动员参赛。设置男女BMX两个组别的比赛项目，共产生2枚金牌，分别被济南市、威海市获得。

自行车（BMX 自由式）决赛成绩一览表

表 8-45 单位：分

项目	名次							
	第一名	第二名	第三名	第四名	第五名	第六名	第七名	第八名
女子组	吕思婷 威海市 58.33	王寒 日照市 25.00	华如 临沂市 17.00	从福林 菏泽市 7.67	—	—	—	—
男子组	张天宇 济南市 82.67	梅国梁 威海市 66.67	张浩 威海市 55.00	周忠义 临沂市 42.33	赵庆洋 威海市 37.67	晏广东 济南市 34.00	王辉 临沂市 26.67	王顺冉 日照市 23.33

竞赛委员会主任孟凡香、袁立强，执行主任李湧，副主任张崇文、周杰、韩华、江世钦、卢伟、葛新、梅俊、姚欣。

获得体育道德风尚奖运动队称号的是威海市、临沂市代表队，获得体育道德风尚奖运动员称号的是张天宇、华如、吕思婷、王寒，获得体育道德风尚奖裁判员称号的是宋非然、王增旋。

自行车（BMX 自由式）决赛成绩统计表

表 8-46

队伍	金牌（枚）	银牌（枚）	铜牌（枚）	积分（分）
威海市	1	1	1	46.5
济南市	1	0	0	20
日照市	0	1	0	16

续表 8-46

队伍	金牌（枚）	银牌（枚）	铜牌（枚）	积分（分）
临沂市	0	0	1	25
菏泽市	0	0	0	4.5
合计	2	2	2	112

山地自行车 决赛于 8 月 21—22 日在日照驻龙山体育公园举行，全省 8 个市的 75 名运动员参加比赛，日照队派出 9 名运动员参赛。设男女甲乙组个人越野赛和男女团体接力赛 6 枚金牌，济南市获 3 枚金牌，青岛市获 2 枚金牌，临沂市获 1 枚金牌。

山地自行车决赛成绩一览表

表 8-47

项目	名次							
	第一名	第二名	第三名	第四名	第五名	第六名	第七名	第八名
男子团体接力赛	李志浩 许振男 何正安 马腾 济南市 0:53'58"346	段孝达 孙晟皓 张豪 杨敬辉 临沂市 0:55'58"467	王硕 董佩全 许玉山 李良 日照市 0:57'04"672	刘志城 夏浩 王淞锐 杨明森 烟台市 1:02'25"659	—	—	—	—
女子团体接力赛	赵文慧 位晓涵 孙佳 仉霜霜 青岛市 1:06'34"861	窦静 王亚男 王兆凤 李梦蕊 日照市 1:14'31"370	王清源 陈雨萍 孙明圆 门云水 临沂市 1:15'10"014	李荣 王文悦 胡淑静 徐欣悦 滨州市	—	—	—	—
男子甲组4.5公里×4圈	李志浩 济南市 0:55'28"135	毕文政 济南市 0:56'46"162	刘鸿森 济南市 0:56'50"287	李亚飞 济南市 0:57'34"129	付家乐 临沂市 0:59'29"007	段孝达 临沂市 1:00'27"124	李良 日照市 1:05'10"146	刘潇骏 临沂市 1:11'54"882
男子乙组4.5公里×3圈	何正安 济南市 0:44'42"882	许振男 济南市 0:45'41"204	张豪 临沂市 0:45'52"192	董佩全 日照市 0:46'12"886	马腾 济南市 0:46'41"490	王硕 日照市 0:46'58"403	孙晟皓 临沂市 0:47'31"684	许玉山 日照市 0:48'48"192
女子甲组4.5公里×3圈	王清源 临沂市 0:49'50"072	林宏波 青岛市 0:49'56"183	仉霜霜 青岛市 0:53'30"802	王亚楠 青岛市 0:53'33"760	夏淑盈 临沂市 1:01'58"532	李梦蕊 日照市 1:11'33"716	—	—
女子乙组4.5公里×3圈	孙佳 青岛市 0:52'36"108	胥珊柳慧 济南市 0:53'07"156	位晓涵 青岛市 0:54'13"920	窦静 日照市 0:57'43"217	王兆凤 日照市 0:58'36"855	陈雨萍 临沂市 0:59'38"839	李荣 滨州市 1:02'42"334	门云水 临沂市 1:04'21"824

获得体育道德风尚奖运动队称号的是青岛市、临沂市、烟台市代表队，12 人获得体育道德风尚奖运动员称号，6 人获得体育道德风尚奖裁判员称号。

山地自行车决赛成绩统计表

表 8-48

队伍	金牌（枚）	银牌（枚）	铜牌（枚）	积分（分）
济南市	3	3	1	99
青岛市	2	1	2	74
临沂市	1	1	2	96
日照市	0	1	1	64
滨州市	0	0	0	28
烟台市	0	0	0	9
潍坊市	0	0	0	7
威海市	0	0	0	6
合计	6	6	6	383

十二、攀岩

2022 年 7 月 25—27 日，二十五届省运会攀岩决赛在五莲县黑虎山攀岩基地开赛。2020 年东京奥运会，攀岩作为正式比赛项目首次亮相，该届山东省运会攀岩也是首次作为正式比赛项目。

2022 年 7 月 25 日，攀岩决赛开赛仪式举行

比赛共设置 2002 年 1 月 1 日以后出生一个级别，男子速度接力（标准）、女子速度接力（标准）、男子速度接力（随机）、女子速度接力（随机）、男子两项全能（速度、攀石）、女

子两项全能（速度、攀石）6个竞赛项目，全省12个市的181名运动员参赛。青岛市获3枚金牌，菏泽市获2枚金牌，淄博市获1枚金牌。

攀岩决赛名次一览表

表 8-49

项目	名次							
	第一名	第二名	第三名	第四名	第五名	第六名	第七名	第八名
女子标准速度接力	菏泽队	济宁队	日照队	青岛队	—	—	—	—
男子标准速度接力	菏泽队	潍坊一队	潍坊二队	泰安一队	—	—	—	—
女子随机速度接力	青岛队	潍坊队	菏泽队	烟台一队	—	—	—	—
男子随机速度接力	青岛一队	烟台一队	滨州队	菏泽一队	日照一队	枣庄队	济宁队	青岛二队
女子两项全能比赛	俞铄南 淄博市 144.9	董语迪 临沂市 140	张文雨 临沂市 63.9	孙笑笑 菏泽市 61.6	白芳 济宁市 37	魏宇肖函 济南市 35.1	姜沛林 烟台市 35	张思怡 青岛市 33
男子两项全能比赛	田睿林 青岛市 154.4	徐露程 菏泽市 152.7	刘亚豪 菏泽市 144.9	刘浩辰 青岛市 132	董浩乐 临沂市 129.7	赵庆阳 烟台市 69.9	谭相宇 菏泽市 66.6	陈书鑫 临沂市 63.9

竞赛委员会主任孟凡香、孙丽，执行主任杨刚，副主任魏巍、卢伟、葛新、梅俊、李宗臣。

获得体育道德风尚奖运动队称号的是日照市、菏泽市、济宁市、泰安市、青岛市、枣庄市代表队，15人获得体育道德风尚奖运动员称号，6人获得体育道德风尚奖裁判员称号。

攀岩决赛成绩统计表

表 8-50

队伍	金牌（枚）	银牌（枚）	铜牌（枚）	积分（分）
青岛市	3	0	0	82
菏泽市	2	1	2	81
淄博市	1	0	0	13
潍坊市	0	2	1	32
临沂市	0	1	1	34
烟台市	0	1	0	47
济宁市	0	1	0	25
日照市	0	0	1	18
滨州市	0	0	1	16

续表 8-50

队伍	金牌（枚）	银牌（枚）	铜牌（枚）	积分（分）
枣庄市	0	0	0	14
泰安市	0	0	0	9
济南市	0	0	0	7
合计	6	6	6	378

十三、摔跤

2022 年 7 月 26—31 日，二十五届省运会摔跤决赛在莒县体育馆开赛。该比赛包含男子自由式摔跤、女子自由式摔跤、古典式摔跤，全省各市的 772 名运动员参加比赛，共产生 60 枚金牌。其中，济南市获 18 枚金牌，淄博市获 15.5 枚金牌，潍坊市获 6 枚金牌，烟台市获 5 枚金牌，滨州市获 4 枚金牌，青岛市获 3 枚金牌，日照市获 1.5 枚金牌，临沂市获 2 枚金牌，菏泽市获 2 枚金牌，泰安市、聊城市、威海市分获 1 枚金牌。

2022 年 7 月 26 日，国际式摔跤决赛现场

男子自由式摔跤决赛名次一览表

表 8-51

项目	名次							
	第一名	第二名	第三名		第五名		第七名	第八名
男子自由式摔跤乙45公斤级	江晨阳 济南市	赵国梁 潍坊市	李文硕 淄博市	杨福家 淄博市	宋明杰 烟台市	李志瀚 烟台市	唐绍杰 聊城市	杜浩轩 淄博市
男子自由式摔跤乙48公斤级	亓子辰 济南市	李梓硕 淄博市	杜友缘 青岛市	刘兴文 聊城市	刘兴武 聊城市	左传状 泰安市	赵天依 日照市	张丞达 淄博市

续表 8-51

项目	名次							
	第一名	第二名	第三名		第五名		第七名	第八名
男子自由式摔跤乙51公斤级	韩东浩 济南市	武泽昕 淄博市	郭鸿德 聊城市	米俊豪 泰安市	齐文琦 潍坊市	杜家成 临沂市	陈原震 临沂市	张亚璇 淄博市
男子自由式摔跤乙55公斤级	杨明泽 济南市	尹翼凡 泰安市	刘俊豪 潍坊市	赵召硕 聊城市	郑宾奥 临沂市	从向航 滨州市	张瑞屾 济宁市	邵华诗 日照市
男子自由式摔跤乙60公斤级	朱金鹏 潍坊市	董梦泽 日照市	刘一町 济南市	尚锦锋 济南市	尹琳钧 淄博市	郝延旭 德州市	邢翔宇 济宁市	孟湘凯 日照市
男子自由式摔跤乙65公斤级	滕嘉豪 烟台市	王一凡 烟台市	肖洪坤 青岛市	吴龙宇 济南市	刘洪梁 济南市	王俊潼 潍坊市	代祥玮 临沂市	常孝天 滨州市
男子自由式摔跤乙71公斤级	杨元冲 济南市	赵佳昊 淄博市	张金茂 日照市	孙嘉鑫 日照市	王佳钧 济南市	李宇豪 济宁市	杨明玺 潍坊市	孔海陆 烟台市
男子自由式摔跤乙80公斤级	李嘉伟 威海市	胡宇浩 淄博市	单元祺 淄博市	孙德豪 聊城市	高振宇 聊城市	解俊龙 济南市	矫昊田 青岛市	马玉融 日照市
男子自由式摔跤乙92公斤级	陈鑫铖 济南市	马泽玺 淄博市	巴荣江 烟台市	刘恒志 烟台市	张兆壮 日照市	扈佑禄 济宁市	刘有奥 菏泽市	卞军然 威海市
男子自由式摔跤乙110公斤级	王玉乐 日照市	尹浩然 日照市	曲中平 烟台市	陈薪宇 烟台市	马良昊 菏泽市	贾鹏钰 淄博市	王添蔚 威海市	司省珂 济宁市
男子自由式摔跤甲57公斤级	李金建 济南市	刘洋 济南市	赵德政 聊城市	王成龙 泰安市	杨爱民 泰安市	郑同铮 潍坊市	刘舒畅 济宁市	杜浩哲 滨州市
男子自由式摔跤甲61公斤级	张建飞 滨州市	王续 济南市	葛方蓉 威海市	袁瑞泽 日照市	苗祥炜 淄博市	朱光鑫 济南市	战志宏 烟台市	王一鸣 淄博市
男子自由式摔跤甲65公斤级	李以强 聊城市	张文梓 淄博市	董元辰 淄博市	桑圣顺 济南市	史世良 烟台市	董家豪 潍坊市	张禹正 日照市	信涵磊 淄博市
男子自由式摔跤甲70公斤级	乔文飞 济南市	葛绪程 威海市	车蔚浩 烟台市	刘学研 威海市	胡文祥 济宁市	林彬 威海市	杜德润 淄博市	刘海林 济南市
男子自由式摔跤甲74公斤级	付世杰 济南市	颜浩 潍坊市	郑锦程 威海市	任洪硕 日照市	孙兴 临沂市	翟来瑞 威海市	王旭升 济南市	陶乃财 烟台市
男子自由式摔跤甲79公斤级	金玉泽 济南市	陈兆鹏 威海市	王特 青岛市	杨宇鹏 济南市	续鑫磊 临沂市	张睿 潍坊市	金洪屹 烟台市	杨子泰 济宁市
男子自由式摔跤甲86公斤级	法诚盛 济南市	杜锡炜 潍坊市	常业辉 淄博市	朱存平 济南市	张忠瑞 济南市	李晨宇 滨州市	郑鹏翔 济宁市	刘正言 泰安市
男子自由式摔跤甲92公斤级	耿晓辉 潍坊市	谢瑞 聊城市	付鹏 淄博市	马西良 枣庄市	胡学钦 临沂市	高玉强 烟台市	庄忠和 聊城市	—

续表 8-51

项目	名次						
	第一名	第二名	第三名		第五名		第七名	第八名
男子自由式摔跤 甲97公斤级	张翼鹏 青岛市	李新磊 淄博市	吴硕通 青岛市	蔡延行 济南市	张煜迪 威海市	刘金龙 潍坊市	轩辕书鹏 济宁市	—
男子自由式摔跤 甲125公斤级	王昊一 淄博市	黄子豪 淄博市	王维林 威海市	黄毅 青岛市	孙吉康 青岛市	汤云瑞 济宁市	翟润康 济宁市	房官正 日照市

获得体育道德风尚奖运动队称号的是日照市、青岛市、济南市、烟台市代表队，33 人获得体育道德风尚运动员称号，获得体育道德风尚奖裁判员称号的是吴昊天、裴启凡、李豹、李冉、刘曈。

女子自由式摔跤决赛名次一览表

表 8-52

项目	名次							
	第一名	第二名	第三名		第五名		第七名	第八名
女子自由式摔跤 甲50公斤级	赵燕 济南市	杨灿 威海市	袁欢 济南市	梁雪 泰安市	刘晗 潍坊市	刘依帆 泰安市	—	—
女子自由式摔跤 甲53公斤级	艾金莹 济南市	宋鑫华 淄博市	贾学慧 日照市	徐思雅 济南市	卞翠霞 济南市	刘倩余 烟台市	陈朝鑫 日照市	张瑞鑫 泰安市
女子自由式摔跤 甲55公斤级	王帅 淄博市	王菲 济南市	宋家雪 济南市	李东方 青岛市	邹东运 泰安市	宋晓静 日照市	慕青霞 烟台市	—
女子自由式摔跤 甲57公斤级	徐嘉悦 淄博市	赵怡馨 日照市	朱茜静 潍坊市	赵艺昭 淄博市	—	—	—	—
女子自由式摔跤 甲59公斤级	刁洁 青岛市	班英 淄博市	赵芷可 潍坊市	赵慧铭 泰安市	许欣倩 淄博市	朱雪源 济南市	—	—
女子自由式摔跤 甲62公斤级	张函英 烟台市	孟繁亭 威海市	杨姿慧 潍坊市	李晓旦 烟台市	苏德欣 日照市	袁晓慧 日照市	—	—
女子自由式摔跤 甲65公斤级	高臬彤 淄博市	刘佳和 滨州市	王欣怡 滨州市	孙莉茹 淄博市	乔弋轩 淄博市	张芮宁 滨州市	—	—
女子自由式摔跤 甲68公斤级	赵晓丽 烟台市	黄淑新 潍坊市	孙青辉 青岛市	王冠华 泰安市	陈佳慧 烟台市	孙誉萌 济南市	—	—
女子自由式摔跤 甲72公斤级	王宇鑫 日照市	王昊颖 烟台市	于欣彤 威海市	陈常彤 烟台市	王嘉宁 潍坊市	—	—	—

续表 8-52

项目	名次							
	第一名	第二名	第三名		第五名		第七名	第八名
女子自由式摔跤甲76公斤级	王志苹 淄博市	代文斐 青岛市	蒋萌芽 济南市	纪鹏玮 烟台市	杨燕 泰安市	高宁 日照市	张贝贝 淄博市	—
女子自由式摔跤乙40公斤级	杨歌笛 济南市	于小婷 滨州市	仲梓怡 潍坊市	徐俊杰 济南市	许淼淼 滨州市	班欣迪 临沂市	—	—
女子自由式摔跤乙43公斤级	丁美琦 滨州市	朱美静 淄博市	刘梦缘 烟台市	郭雯丽 聊城市	杜亚宁 聊城市	吴静怡 聊城市	黄晓霞 滨州市	许晶晶 泰安市
女子自由式摔跤乙46公斤级	王玉婷 淄博市	吴洁 济南市	徐玮 烟台市	张雅惠 烟台市	管琳洁 淄博市	李福慧 菏泽市	朱文琪 济南市	盛欣荣 聊城市
女子自由式摔跤乙49公斤级	马欣悦 济南市	孙希蕾 淄博市	梁青涛 威海市	田梦启 淄博市	赵孟瑶 济南市	李梦萱 日照市	王冉 威海市	张世宁 青岛市
女子自由式摔跤乙53公斤级	孙田雨 淄博市	张鑫月 淄博市	冯玉秀 济南市	冯玉环 青岛市	闫鑫禹 济南市	王红精 威海市	张君华 菏泽市	贾秋悦 泰安市
女子自由式摔跤乙57公斤级	柳洪蕾 淄博市	张羽萌 济南市	弭文晨 泰安市	刘子鑫 潍坊市	丁千千 青岛市	董佳慧 淄博市	张琼杰 滨州市	孙嘉惠 潍坊市
女子自由式摔跤乙61公斤级	张亚涵 淄博市	刘子毓 淄博市	考悦菡 烟台市	孙琪馨 淄博市	郭娟羽 滨州市	庄明杨 济南市	张瑞雪 泰安市	李盼盼 济宁市
女子自由式摔跤乙65公斤级	江依凡 淄博市	赵佳慧 济南市	孙靖茹 滨州市	廉丰华 济南市	蓝雅婷 青岛市	郭富堃 青岛市	李文倩 滨州市	张诒涵 淄博市
女子自由式摔跤乙69公斤级	陈欣怡 淄博市	孟潇 济南市	温千慧 滨州市	孟晓宇 济南市	梁钰 泰安市	王丽君 滨州市	曾凡颖 滨州市	—
女子自由式摔跤乙73公斤级	杨兴皓月 淄博市	于小涵 淄博市	曾嘉怡 济南市	刘蓥钰 济南市	谭涵蕾 威海市	王峥 烟台市	王雪彤 烟台市	王月怡 济宁市

获得体育道德风尚奖运动队称号的是淄博市、聊城市、临沂市、济宁市代表队，20 人获得体育道德风尚奖运动员称号，获得体育道德风尚奖裁判员称号的是王菲、马勇、王大雷、孔亮、王兵宣。

古典式摔跤决赛名次一览表

表 8-53

项目	名次							
	第一名	第二名	第三名		第五名		第七名	第八名
古典式摔跤乙45公斤级	高亚泉 济南市	綦浩然 潍坊市	李浩洋 济南市	崔亦城 淄博市	马宇豪 泰安市	王传福 淄博市	姜瑞杰 临沂市	裴浩捷 潍坊市

续表 8-53

项目	名次							
	第一名	第二名	第三名		第五名		第七名	第八名
古典式摔跤乙 48公斤级	刘海坤 烟台市	吴佳康 菏泽市	迟文君 潍坊市	王书灿 济宁市	金绪恒 济南市	王珺羽 烟台市	袁文烁 淄博市	高丰睿 淄博市
古典式摔跤乙 51公斤级	谭洪鑫 滨州市	孙铭豪 淄博市	王振宇 淄博市	王梓皓 济南市	李韶涵 济宁市	王力弘 济南市	—	—
古典式摔跤乙 55公斤级	张廷乐 泰安市	杨德辉 菏泽市	胡琪浩 德州市	刘奎豪 济南市	朱子联 潍坊市	王硕 德州市	徐宁 菏泽市	侯世洋 日照市
古典式摔跤乙 60公斤级	韩佳轩 潍坊市	逯一凡 泰安市	牟宇康 潍坊市	褚文豪 济南市	王昌琳 菏泽市	张开阔 临沂市	马翊恒 济南市	曾祥超 济南市
古典式摔跤乙 65公斤级	冯浩展 临沂市	李超琦 菏泽市	刘方江 淄博市	吴秉洋 淄博市	李洪登 临沂市	王传财 济南市	居久祥 临沂市	李建航 滨州市
古典式摔跤乙 71公斤级	杨振旺 济南市	张光哲 泰安市	邵彬豪 烟台市	葛恒硕 日照市	孙燕通 潍坊市	吕承恳 青岛市	刘骐 临沂市	张孜豪 泰安市
古典式摔跤乙 80公斤级	宋伟锋 淄博市	周忠正 济南市	郜作良 日照市	王宝杰 青岛市	张淑航 青岛市	唐合磊 日照市	许浩宇 威海市	丁嘉豪 青岛市
古典式摔跤乙 92公斤级	孙千依 淄博市	高建国 淄博市	张金宝 德州市	滕飞 烟台市	信金池 青岛市	周乃鑫 日照市	刘昕筱 日照市	迟皓文 烟台市
古典式摔跤乙 110公斤级	杨少羿 菏泽市	侯一圣 泰安市	周佳朔 青岛市	崔程茂 烟台市	孙硕 日照市	栾佳霖 青岛市	曾飞猛 临沂市	梁涛旭 临市沂
古典式摔跤甲 55公斤级	武世博 潍坊市	迟文臣 潍坊市	石益铭 德州市	吴兴国 济南市	高振翔 济南市	任浩凯 东营市	李乐和 潍坊市	谭俊豪 东营市
古典式摔跤甲 60公斤级	冯宇 潍坊市	朱金行 潍坊市	李传峰 济南市	孙文斌 烟台市	林子杰 烟台市	李长锦 淄博市	翟传旺 济南市	陈程锦 济宁市
古典式摔跤甲 63公斤级	甄康 临沂市	谢洪文 济南市	刘玉科 东营市	于航伟 日照市	李清周 青岛市	柳军 烟台市	李威 枣庄市	李天成 青岛市
古典式摔跤甲 67公斤级	霍明旺 济南市	潘春阳 潍坊市	吴锡君 潍坊市	郭振 枣庄市	唐越江 菏泽市	姜新明 烟台市	盛淇楷 烟台市	孟凡鲁 济宁市
古典式摔跤甲 72公斤级	解兆杰 淄博市	隋昊 日照市	张洲洋 日照市	孟子程 枣庄市	徐长鸿 日照市	李荣祖 淄博市	李泽儒 烟台市	訾庆群 泰安市
古典式摔跤甲 77公斤级	常洋 滨州市	解发康 青岛市	张荣祥 日照市	张金昌 临沂市	孙鸿瑞 烟台市	董俊豪 淄博市	—	—
古典式摔跤甲 82公斤级	周熙翔 潍坊市	刘业晨 济南市	刘冠群 潍坊市	刘壮 济南市	马甲森 济南市	隋燚 日照市	—	—
古典式摔跤甲 87公斤级	宋嘉俊 青岛市	李英歌 济南市	马文杰 滨州市	宋宁宇 威海市	魏代鹏 日照市	张新智 潍坊市	孟凡华 济宁市	宁永林 青岛市

续表 8-53

项目	名次							
	第一名	第二名	第三名		第五名		第七名	第八名
古典式摔跤甲97公斤级	迟子扬 烟台市	王世浩 青岛市	高翔 济宁市	祝佳宁 青岛市	赵丰霖 日照市	聂延森 日照市	杨子宜 威海市	孙敬舒 淄博市
古典式摔跤甲130公斤级	何建群 菏泽市	臧文芃 青岛市	李睿昊天 德州市	郭昭德 淄博市	林鑫 泰安市	刘传奇 青岛市	刘学军 菏泽市	李一帆 烟台市

获得体育道德风尚奖运动队称号的是滨州市、菏泽市、潍坊市、泰安市代表队，29 人获得体育道德风尚奖运动员称号，获得体育道德风尚奖裁判员称号的是李陆欣、张超、冀寿亮、张晓明、王笑梅。

摔跤决赛成绩统计表

表 8-54

队伍	金牌（枚）	银牌（枚）	铜牌（枚）	积分（分）
济南市	18	11	26	763.5
淄博市	15.5	17.5	15.5	681.75
潍坊市	6	8	10	365.5
烟台市	5	2	18	410.75
滨州市	4	1.5	3.5	178.25
青岛市	3	5	12	327.75
菏泽市	2	3	0	113
临沂市	2	0	1	136.5
日照市	1.5	2.5	6.5	238.5
泰安市	1	4.5	6	219.25
威海市	1	4	7	190
聊城市	1	1	6	128
枣庄市	0	0	3.5	41.75
济宁市	0	0	2	128.5
德州市	0	0	2	26.5
东营市	0	0	1	22
合计	60	60	120	3971.5

竞赛委员会主任孟凡香、陈振华，执行主任毕明军，副主任王西国、赵晓峥、卢伟、葛新、梅俊、张民凯、牟耀文、兰庆朔、焦广良。

十四、空手道

2022 年 7 月 27—30 日，二十五届省运会空手道决赛在岚山区体育中心举行。比赛设置男女甲乙组 4 个组别，共产生 16 枚金牌。来自全省 13 个市代表队的 241 名运动员参赛。

2022 年 7 月 27 日，空手道决赛现场

空手道决赛名次一览表

表 8-55

项目	名次							
	第一名	第二名	第三名		第五名			
男子甲组 60公斤级	王子通 济南市	郭子俊 烟台市	常新锐 泰安市	吴鼎 菏泽市	王子涵 淄博市	苏一鸣 济南市	王之正 烟台市	赵田硕 淄博市
男子甲组 67公斤级	张镱镤 威海市	王浩宇 烟台市	石越齐 烟台市	于亿君 青岛市	马文浩 济南市	颜世财 日照市	周长浩 枣庄市	韩同鑫 日照市
男子甲组 75公斤级	杨森 烟台市	周圣豪 济南市	葛勇升 潍坊市	冀承鑫 济南市	邱圣森 淄博市	周庆泽 泰安市	贾诏文 烟台市	刘小龙 日照市
男子甲组 84公斤级	姚智友 潍坊市	高文硕 菏泽市	邢浩 威海市	马士伟 泰安市	周君韶 烟台市	魏来 济南市	张博文 日照市	庞泽宇 德州市
男子乙组 55公斤级	张智铭 滨州市	高铭泽 滨州市	陈在晨 潍坊市	鹿家豪 菏泽市	孙周培尧 淄博市	徐敬晗 淄博市	杨胜彬 烟台市	付兴强 济南市
男子乙组 61公斤级	王冠 菏泽市	朱健明 潍坊市	吴铭 滨州市	吴启宇 潍坊市	翟朔 淄博市	张栎 烟台市	高泽旭 威海市	郭山昶 滨州市
男子乙组 68公斤级	刘浩然 威海市	于洪晓 潍坊市	岳扬 菏泽市	王浩 烟台市	刘云龙 日照市	孙福镇 淄博市	许子豪 淄博市	李伟栋 济南市

续表 8-55

项目	名次							
	第一名	第二名	第三名		第五名			
男子乙组76公斤级	吕昌绪 泰安市	谢栋梁 济南市	路明仁 滨州市	牟俊泽 潍坊市	辛卫 日照市	刘昌胜 菏泽市	杨鑫 济南市	张又文 日照市
女子甲组55公斤级	刘一娴 青岛市	温静 烟台市	姚卫东 菏泽市	宋筱曼 淄博市	孙宗洋 淄博市	程滢水 威海市	隋缘 烟台市	王金硕 日照市
女子甲组61公斤级	周嘉琪 淄博市	王晨铃 淄博市	杨于瑶 威海市	贾淑文 菏泽市	綦灿艺 潍坊市	李晓冰 潍坊市	丛依婷 威海市	王静 济南市
女子甲组68公斤级	黄晨璐 青岛市	范素萍 枣庄市	刘佳逸 菏泽市	高琪 滨州市	谢欣珂 淄博市	安方妙 威海市	孙婧 潍坊市	韩瑞熙 泰安市
女子甲组+68公斤级	邱玉琳 济南市	刘嘉宜 淄博市	王昕怡 淄博市	徐艺轩 威海市	赵依林 菏泽市	魏子璇 德州市	李暄 菏泽市	王涛 济南市
女子乙组48公斤级	孙亚蕾 青岛市	孟佑杰 滨州市	刘程 枣庄市	韩雨彤 枣庄市	赵雯蕾 菏泽市	杨咏雪 烟台市	聂怡冉 济南市	赵楠楠 菏泽市
女子乙组53公斤级	李雨菲 青岛市	任芋颖 枣庄市	何雨林 烟台市	孙亚杰 青岛市	朱宁鑫 济宁市	张凯惠 烟台市	张可欣 济南市	孙佳艺 潍坊市
女子乙组59公斤级	郭慧琳 日照市	吕欣月 烟台市	王瑜 威海市	房效乐 淄博市	季晓慧 烟台市	崔馨元 济南市	雷苗 青岛市	马艺轩 淄博市
女子乙组+59公斤级	卢梦 潍坊市	杨光洁 淄博市	邢美钰 威海市	黄占文 济南市	孙雯霞 威海市	韩博宇 济宁市	李彦青 济南市	张烨 枣庄市

竞委会主任孟凡香、周升元，执行主任赵建秋，副主任李传民、李文波、肖志强、卢伟、葛新、梅俊、冯展宁、王培玲、费立娥、王东亮、隽桂勋。

获得体育道德风尚奖运动队称号的是济南市、日照市、青岛市、潍坊市、威海市代表队，23 人获得体育道德风尚奖运动员称号，获得体育道德风尚奖裁判员称号的是楚金海、宁波、张瑶瑶、曲港、李玉龙。

空手道决赛成绩统计表

表 8-56

队伍	金牌（枚）	银牌（枚）	铜牌（枚）	积分（分）
青岛市	4	0	2	77.5
济南市	2.5	2	2.5	169.25
潍坊市	2	2	4	112
威海市	1.5	0	4.5	85
烟台市	1	4	3	144
淄博市	1	3	3	146
滨州市	1	2	2.5	65.25
菏泽市	1	1	6.5	118.25
泰安市	1	0	2	45

续表 8-56

队伍	金牌（枚）	银牌（枚）	铜牌（枚）	积分（分）
日照市	1	0	0	61.75
枣庄市	0	2	2	54
德州市	0	0	0	13
济宁市	0	0	0	13
合计	16	16	32	1104

十五、短道速滑

2022 年 7 月 27—29 日，二十五届省运会短道速滑决赛在日照香河体育公园举行。香河体育公园是全省唯一一座既能举办排球、篮球比赛，又能举办冰上项目的场馆。短道速滑作为正式比赛项目在该届省运会首次亮相，设置甲乙组 500 米、1000 米，男子甲乙混合组 3000 米接力，女子甲乙混合组 3000 米接力比赛项目，共产生 10 枚金牌。

2022 年 7 月 27 日，短道速滑决赛现场

短道速滑决赛名次一览表

表 8-57

项目	名次							
	第一名	第二名	第三名	第四名	第五名	第六名	第七名	第八名
女子甲组500米	李金潹 淄博市	侯雨茗 青岛市	邹柯皓 烟台市	张庭侨 济南市	唐菲 淄博市	郭倚辰 烟台市	李润 青岛市	赵小艺 淄博市
女子甲组1000米	侯雨茗 青岛市	李金潹 淄博市	张庭侨 济南市	赵小艺 淄博市	郭倚辰 淄博市	唐菲 烟台市	李润 青岛市	于宜可 临沂市
女子乙组500米	刘颖 烟台市	宗易艾狄 青岛市	郭怡宁 烟台市	仪晨 淄博市	王雪莉 青岛市	张紫馨 淄博市	任珈漪 烟台市	李梓嘉 淄博市

续表 8-57

项目	名次							
	第一名	第二名	第三名	第四名	第五名	第六名	第七名	第八名
女子乙组1000米	刘颖 烟台市	宗易艾狄 青岛市	郭怡宁 烟台市	仪晨 淄博市	任珈漪 烟台市	王雪莉 青岛市	张紫馨 淄博市	李梓嘉 淄博市
女子甲乙组3000米混合接力	青岛市	淄博市	临沂市	—	—	—	—	—
男子甲组500米	张心喆 济南市	范木子垚 济南市	韩宇曦 烟台市	牛奎元 淄博市	王铭皓 淄博市	陈冠羽 青岛市	刘宇泉 青岛市	王志盛 淄博市
男子甲组1000米	张心喆 济南市	牛奎元 淄博市	刘宇泉 青岛市	韩宇曦 烟台市	王铭皓 淄博市	姜锦程 烟台市	王志盛 淄博市	郑航 淄博市
男子乙组500米	刘熙磊 青岛市	徐义智 青岛市	祁子昱 济南市	齐浩丞 泰安市	宗石开心 青岛市	张君 烟台市	肖擎宇 烟台市	毛宇轩 济南市
男子乙组1000米	孙闻岐 青岛市	宗石开心 青岛市	祁子昱 济南市	徐义智 青岛市	刘熙磊 青岛市	张君 烟台市	肖擎宇 烟台市	马开伟 淄博市
男子甲乙组3000米混合接力	济南市	青岛市	烟台市	淄博市	临沂市	—	—	—

竞赛委员会主任孟凡香、何文、高岩，执行主任李前东，副主任王承云、于思明、张娟娟、卢伟、葛新、梅俊、闫伟、张涛、于西庆。

获得体育道德风尚奖运动队称号的是青岛市、烟台市代表队，9人获得体育道德风尚奖运动员称号，获得体育道德风尚奖裁判员称号的是郭冬梅、朱俊英、金福栋。

短道速滑决赛成绩统计表

表 8-58

队伍	金牌（枚）	银牌（枚）	铜牌（枚）	积分（分）
青岛市	4	6	1	193
烟台市	4	0	5	173
济南市	3	1	3	94
淄博市	1	3	0	171
临沂市	0	0	1	23
泰安市	0	0	0	9
合计	12	10	10	663

说明：烟台市加计2金(冬季项目国家队选拔集训)

十六、篮球

二十五届省运会篮球项目比赛包含三人制男、女篮和五人制男、女篮甲组、乙组6个组别，比赛采取省篮球锦标赛（预赛）、省运会篮球项目决赛接续进行的方式，分别在日照实验高中艺体馆和日照市东港区体育中心举行。2022 年 7 月 28 日开赛，9 月 4 日结束。三人篮球和五人篮球比赛总场次达 377 场，累计有 137 支运动队，近 1400 名教练员、运动员参赛，共产生 99 枚金牌。

篮球（五人制甲组）决赛名次一览表

表 8-59

项目	名次							
	第一名	第二名	第三名	第四名	第五名	第六名	第七名	第八名
男子甲组	济南市	青岛市	潍坊市	临沂市	烟台市	泰安市	淄博市	日照市
女子甲组	淄博市	济南市	青岛市	烟台市	日照市	潍坊市	滨州市	临沂市

篮球（五人制甲组）决赛成绩统计表

表 8-60

队伍	金牌（枚）	银牌（枚）	铜牌（枚）	积分（分）
济南市	9			117
淄博市	7.5			98
烟台市	7.5			98
青岛市	7.5			98
潍坊市	5.5			72
临沂市	4			52
日照市	3.5			46
泰安市	2			26
滨州市	1.5			20
合计	48			627

说明：淄博加计1金、烟台加计2金（备战亚锦赛）

篮球（五人制乙组）决赛名次一览表

表 8-61

项目	名次							
	第一名	第二名	第三名	第四名	第五名	第六名	第七名	第八名
男子乙组	青岛市	临沂市	淄博市	泰安市	济南市	日照市	潍坊市	烟台市
女子乙组	淄博市	济南市	临沂市	青岛市	日照市	潍坊市	烟台市	济宁市

竞赛委员会主任孟凡香、何文，执行主任刘鑫，副主任韩磊、石伟、卢伟、葛新、梅俊、闫伟、张涛、于西庆。

获得男子乙组体育道德风尚奖运动队称号的是烟台市、淄博市、青岛市代表队，获得体育道德风尚奖运动员称号的共8人，获得体育道德风尚奖裁判员称号的是杜培玲、朱妍、周艳华；获得优秀裁判员称号的是武强、王华新。

获得女子乙组体育道德风尚奖运动队称号的是烟台市、临沂市、济宁市代表队，获得体育道德风尚奖运动员称号的共8人，获得体育道德风尚奖裁判员称号的是王刚、李刚、信钊；获得优秀裁判员称号的是刘伟、庄识氏、张腾。

表8-62

篮球（五人制乙组）决赛成绩统计表

队伍	金牌（枚）	银牌（枚）	铜牌（枚）	积分（分）
淄博市	8.5	0	0	111
青岛市	8	0	0	104
临沂市	7.5	0	0	98
济南市	6.5	0	0	85
日照市	4.5	0	0	59
潍坊市	3.5	0	0	46
泰安市	3	0	0	39
烟台市	2.5	0	0	33
济宁市	1	0	0	13
合计	45	0	0	588

表8-63

篮球（三人制）决赛名次一览表

项目	名次							
	第一名	第二名	第三名	第四名	第五名	第六名	第七名	第八名
男子组	济南一队	青岛队	淄博一队	威海队	泰安队	烟台队	潍坊队	日照二队
女子组	淄博二队	青岛队	临沂队	淄博一队	济南队	烟台队	威海一队	枣庄队

竞赛委员会主任孟凡香、何文，执行主任刘鑫，副主任韩磊、石伟、卢伟、葛新、梅俊、闫伟、张涛、于西庆。

获得体育道德风尚奖运动队称号的是日照二队、潍坊市、临沂市、青岛市、威海一队、济南市、烟台市代表队，24人获得体育道德风尚奖运动员称号，8人获得优秀教练员称号。获得体育道德风尚奖裁判员称号的是林凤炎、马涛、白庆海。

2022年7月28日，三人篮球锦标赛开赛仪式现场

篮球（三人制）决赛成绩统计表

表 8-64

队伍	金牌（枚）	银牌（枚）	铜牌（枚）	积分（枚）
淄博市	3	0	0	64
青岛市	3	0	0	44
济南市	2	0	0	42
临沂市	1	0	0	20
威海市	0	0	0	30
烟台市	0	0	0	28
泰安市	0	0	0	16
潍坊市	0	0	0	12
枣庄市	0	0	0	10
日照市	0	0	0	10
合计	9	0	0	276

十七、霹雳舞

二十五届省运会霹雳舞决赛于 2022 年 7 月 29—30 日在日照高新区文化体育中心举行。比赛设置甲组：团体赛、男子个人；乙组：男女混合团体赛、男子个人；丙组：男女混合团体赛 5 个项目及组别，产生 5 枚金牌，全省各地市 14 支代表队 157 名运动员参赛。经过两天的激烈角逐，济南队刘文涛、济宁队闫森分获男子甲组、乙组个人赛金牌，青岛队获丙组男女混合团体赛金牌，济宁队获乙组男女混合团体赛金牌，临沂队获甲组男子团体赛金牌。

霹雳舞凭借独特的竞技性以及广泛认可度，于 2020 年入选奥运会正式比赛项目，本次霹雳舞比赛是首次作为正式比赛项目亮相省运会。通过赛事不仅让人们直观感受霹雳舞的独特魅力，同时将完成山东省内顶尖霹雳舞者的首次集结，为省队组建输送人才。

2022 年 7 月 29 日，霹雳舞决赛现场

霹雳舞决赛名次一览表

表 8-65　　单位：分

项目	名次							
	第一名	第二名	第三名	第四名	第五名	第六名	第七名	第八名
甲组团体赛	临沂市 60.75	菏泽市 58.00	青岛市 56.75	淄博市 55.00	济南市 53.25	潍坊市 52.00	德州市 45.75	聊城市 45.25
乙组男女混合团体	济宁市 58.75	淄博市 57.50	潍坊市 57.25	临沂市 56.50	德州市 42.00	—	—	—
丙组男女混合团体	青岛市 74.25	临沂市 66.00	潍坊市 57.50	淄博市 54.25	菏泽市 54.00	济宁市 53.50	济南市 47.75	德州市 41.25
男子甲组个人	刘文涛 济南市	李振宇 菏泽市	阿肯卓尔·乌拉木别克 临沂市	齐赫 临沂市	梁国勇 青岛市	刘宗源 菏泽市	张从容 淄博市	张乃华 德州市
男子乙组个人	闫森 济宁市	蒋昌澄 青岛市	李子昂 济南市	余和阳 菏泽市	郎文浩 潍坊市	夏麒杰 青岛市	张泽炫 济南市	蒋明轩 东营市

竞赛委员会主任孟凡香、孙运国，执行主任郝丕彪，副主任高淑芹、孙凯、卢伟、葛新、梅俊、崔久西。

获得体育道德风尚奖运动队称号的是淄博市、日照市、枣庄市、潍坊市、泰安市代表队。17 人获得体育道德风尚奖运动员称号，获得体育道德风尚奖裁判员称号的是裴东光、廉久龙、李炎、郑杨。

霹雳舞决赛成绩统计表

表 8-66

队伍	金牌（枚）	银牌（枚）	铜牌（枚）	积分（分）
济宁市	2	0	0	33
临沂市	1	1	1	52
青岛市	1	1	1	49
济南市	1	0	1	43
菏泽市	0	2	0	46
淄博市	0	1	0	35
潍坊市	0	0	2	35
德州市	0	0	0	24
聊城市	0	0	0	5
东营市	0	0	0	5
合计	5	5	5	327

十八、铁人三项

2022 年 8 月 1—2 日，二十五届省运会“亚太森博杯”铁人三项决赛在日照奥林匹克水上公园举行，全省 8 个市的 66 名运动员参赛。比赛执行中国铁人三项协会审定的《全国铁人三项竞技比赛竞赛规程》，竞赛项目及组别设置男女甲组个人、4 人团体赛，游泳 1.5 公里、自行车 40 公里、跑步 10 公里；男女乙组个人、4 人团体赛，游泳 0.75 公里、自行车 20 公里、跑步 5 公里比赛，共产生 8 枚金牌。

按照有关奖励办法，因被国家队选调集训而无法参加该届省运会的 1 名烟台籍运动员和 1 名枣庄籍运动员，分别为各自代表队增加 1 枚金牌。

2022 年 8 月 1 日，铁人三项决赛现场

铁人三项名次一览表

表 8-67

项目	名次							
	第一名	第二名	第三名	第四名	第五名	第六名	第七名	第八名
男子甲组个人赛	张玺瑞 枣庄市 （亚锦赛选拔赛） 张彦群 淄博市 02:14'34"	王博垚 淄博市 02:14'39"	李武 威海市 02:16'24"	宋嘉 威海市 02:17'15"	李柏林 烟台市 02:18'10"	毛润泽 烟台市 02:26'35"	刘琳志 烟台市 02:28'28"	—
男子乙组个人赛	苏灿 威海市 01:05'00"	于秉辰 济南市 01:05'38"	魏明宇 淄博市 01:05'39"	李烨辰 潍坊市 01:05'43"	孙健洲 烟台市 01:06'59"	郭雨鑫 烟台市 01:07'07"	赵子豪 烟台市 01:08'15"	劳奕泽 淄博市 01:08'49"
女子甲组个人赛	张书涵 烟台市 （亚锦赛选拔赛） 郝玥 济南市 02:21'12"	丁丫 济南市 02:25'17"	辛东炎 济南市 02:34'20"	张涵淇 烟台市 03:22'13"	—	—	—	—
女子乙组个人赛	冯子仪 淄博市 01:13'13"	王欣玥 淄博市 01:15'29"	张馨怡 青岛市 01:17'16"	王静雨 淄博市 01:17'18"	刘宇阳 枣庄市 01:19'27"	王子奇 淄博市 01:19'52"	刘宇月 枣庄市 01:21'59"	张玺悦 枣庄市 01:23'35"
男子甲组团体赛	烟台市 7:13'13"	淄博市 4: 29'13"	威海市 4:33'39"	—	—	—	—	—
男子乙组团体赛	烟台队 4:34'08"	淄博队 4:35'25"	济南队 4:54'49"	枣庄队 4:57'32"	威海队 2:20'20"	淄博二队 2:32'20"	—	—
女子甲组4人团体赛	济南市 7:20'49"	—	—	—	—	—	—	—
女子乙组4人团体赛	淄博市 5: 05'52"	枣庄市 5:39'05"	—	—	—	—	—	—

竞赛委员会主任孟凡香、何文，执行主任马亮，副主任顾晓琳、李长军、卢伟、葛新、梅俊、闫伟、张涛、于西庆。

获得体育道德风尚奖代表队称号的是淄博市、枣庄市、威海市代表队，11 人获得体育道德风尚奖运动员称号，8 人获得体育道德风尚奖裁判员称号。

铁人三项决赛成绩统计表

表 8-68

队伍	金牌（枚）	银牌（枚）	铜牌（枚）	积分（分）
淄博市	3	4	1	121
烟台市	3	0	0	90

续表 8-68

队伍	金牌（枚）	银牌（枚）	铜牌（枚）	积分（分）
济南市	2	2	2	68
枣庄市	1	1	0	52
威海市	1	0	2	50
青岛市	0	0	1	10
潍坊市	0	0	0	9
合计	10	7	6	400

说明：枣庄市、烟台市各加计1金(亚锦赛选拔赛)

十九、现代五项

2022 年 7 月 1—4 日，二十五届省运会现代五项决赛在五莲市民体育中心开赛，全省 10 个市的 91 名运动员参加比赛。赛事采用中国现代五项运动协会最新印制的《现代五项项目竞赛规程》，个人赛击剑项目执行第十三届全国运动会现代五项资格赛竞赛办法与分值（单败排名赛制），特殊情况由组委会决定。该次赛事共产生 10 枚金牌。

2022 年 7 月 1 日，现代五项决赛开赛仪式现场

现代五项名次一览表

表 8-69　　单位：分

项目	名次							
	第一名	第二名	第三名	第四名	第五名	第六名	第七名	第八名
（甲组）女子个人赛	孟鑫 威海市 1102	付静 青岛市 1094	丁文萱 潍坊市 1086	吴宇涵 淄博市 1048	曲芳葶 烟台市 999	刘佳雯 青岛市 992	孙雪妮 烟台市 977	刘佳滢 青岛市 963

续表 8-69

项目	名次							
	第一名	第二名	第三名	第四名	第五名	第六名	第七名	第八名
（乙组）女子个人赛	齐悦彤 潍坊市 1076	陈方琳 枣庄市 1063	陈健宇 潍坊市 1052	高瑜晗 淄博市 1020	孙宝涵 威海市 1008	于小艺 潍坊市 1003	张雨晴 淄博市 990	许馨天 青岛市 971
（甲组）男子个人赛	赵润宇 淄博市 1208	丁权 青岛市 1172	杨子将 青岛市 1161	李子峤 枣庄市 1137	姜文岳 青岛市 1125	栾锦凯 青岛市 1110	贾文博 济宁市 1092	付玮光 济宁市 1087
（乙组）男子个人赛	徐政 青岛市 1170	贾昊霖 烟台市 1151	刘明洋 烟台市 1148	王康宇 淄博市 1129	滕梓棋 青岛市 1123	范艺翰 青岛市 1099	张珈玮 烟台市 1076	李宏基 济宁市 1067
（甲组）女子接力赛	青岛市 1085	烟台市 1030	潍坊市 902	淄博市 672	—	—	—	—
（乙组）女子接力赛	潍坊市 919	淄博市 906	青岛市 701	济南市 524	菏泽市 356	烟台市 329	—	—
（甲组）男子接力赛	青岛市 1252	日照市 1209	烟台市 1182	淄博市 1167	潍坊市 1077	济宁市 1071	—	—
（甲组）混合团体接力赛	青岛市 2337	烟台市 2212	潍坊市 1979	淄博市 1839	—	—	—	—
（乙组）男子接力赛	烟台市 1222	青岛市 1204	淄博市 1139	潍坊市 1014	菏泽市 957	济南市 768	—	—
（乙组）混合团体接力赛	淄博市 2045	潍坊市 1933	青岛市 1905	烟台市 1551	菏泽市 1313	济南市 1292	—	—

竞赛委员会主任孟凡香、孙丽，执行主任李前东，副主任王承云、于思明、张娟娟、卢伟、葛新、梅俊、李宗臣。

获得体育道德风尚奖运动队称号的是日照市、青岛市、淄博市代表队，10 人获得体育道德风尚奖运动员称号，获得体育道德风尚奖裁判员称号的是陈雷、胡伟、褚建刚。

现代五项决赛成绩统计表

表 8-70

队伍	金牌（枚）	银牌（枚）	铜牌（枚）	积分（分）
青岛市	4	3	3	162
潍坊市	2	1	4	101
淄博市	2	1	1	107
烟台市	1	3	2	102

续表 8-70

队伍	金牌（枚）	银牌（枚）	铜牌（枚）	积分（分）
枣庄市	1	1	0	33
威海市	1	0	0	21
日照市	0	1	0	11
菏泽市	0	0	0	24
济南市	0	0	0	23
济宁市	0	0	0	23
合计	11	10	10	607

说明：枣庄市加计1金 （国家队选拔集训）

二十、手球

2022 年 7 月 16—21 日，山东省手球锦标赛暨二十五届省运会男子手球决赛在日照市东港体育中心开赛，全省 10 个市的 264 名运动员参加比赛。赛事执行国际手联最新颁布的《手球竞赛规则》及中国手球协会有关手球比赛的特殊规定，比赛分小组赛（单循环）、半决赛、决赛 3 个阶段。最终男子甲组烟台市、青岛市、潍坊市、淄博市、济南市、滨州市、东营市、日照市分列前八名，男子乙组潍坊市、滨州市、青岛市、威海市、济南市、淄博市、东营市、日照市取得前八名。

2022 年 7 月 7 日，男子手球预赛现场

8 月 1—6 日，山东省手球锦标赛暨二十五届省运会女子手球决赛在日照市东港体育中心

举行，全省 9 个市的 226 名运动员参赛。比赛分小组赛（单循环）、半决赛、决赛 3 个阶段。女子甲乙组产生的 2 枚金牌全部被淄博女队获得，女子甲组前八名分别被淄博市、滨州市、泰安市、烟台市、青岛市、济南市、威海市、日照市获得；女子乙组前八名分别被淄博市、烟台市、青岛市、滨州市、潍坊市、济南市、泰安市、日照市获得。

手球（男子）决赛名次一览表

表 8-71

项目	名次							
	第一名	第二名	第三名	第四名	第五名	第六名	第七名	第八名
男子甲组	烟台市	青岛市	潍坊市	淄博市	济南市	滨州市	东营市	日照市
男子乙组	潍坊市	滨州市	青岛市	威海市	济南市	淄博市	东营市	日照市

竞赛委员会主任孟凡香、何文，执行主任刘金彪，副主任李少杰、卢伟、葛新、梅俊、闫伟、张涛、于西庆。

获得体育道德风尚奖运动队称号的是男子甲组东营市、日照市代表队和男子乙组滨州市、潍坊市代表队，32 人获得体育道德风尚奖运动员称号，获得体育道德风尚奖裁判员称号的是刘斌、巩志超（女）、杨嘉露（女）、张洺郡。

手球（男子）决赛成绩统计表

表 8-72

队伍	金牌（枚）	积分（分）
潍坊市	6.5	85
青岛市	5.5	72
滨州市	4	54
烟台市	4	52
淄博市	3	41
济南市	3	40
威海市	2	26
东营市	1	20
日照市	1	12
合计	30	402

手球（女子）决赛名次一览表

表 8-73

项目	名次							
	第一名	第二名	第三名	第四名	第五名	第六名	第七名	第八名
女子甲组	淄博市	滨州市	泰安市	烟台市	青岛市	济南市	威海市	日照市
女子乙组	淄博市	烟台市	青岛市	滨州市	潍坊市	济南市	泰安市	日照市

竞赛委员会主任孟凡香、何文，执行主任刘金彪，副主任李少杰、卢伟、葛新、梅俊、闫伟、张涛、于西庆。

获得体育道德风尚奖运动队称号的是女子甲组淄博市、威海市、泰安市代表队，女子乙组青岛市、烟台市、济南市代表队，32 人获得体育道德风尚奖运动员称号，获得体育道德风尚奖裁判员称号的是朱赟、戴丹妮、张金义、康曦。

手球（女子）决赛成绩统计表

表 8-74

队伍	金牌（枚）	积分（分）
淄博市	8	104
滨州市	5	65
烟台市	5	65
青岛市	4	53
泰安市	3	43
济南市	2	30
潍坊市	1.5	20
日照市	1	12
威海市	0.5	10
合计	30	402

二十一、拳击

2022 年 8 月 5—17 日，二十五届省运会拳击决赛在莒县体育馆开赛。比赛分为男子甲、乙组各 10 个公斤级别和女子甲、乙组各 7 个公斤级别，全省 16 个地市代表队的 372 名运动员在 34 个级别项目上展开比赛。其中，济南市获 8 枚金牌，淄博市获 6 枚金牌，烟台市、泰安市分获 5 枚金牌，济宁市获 3 枚金牌，青岛市、枣庄市、潍坊市分获 2 枚金牌，威海市获 1 枚金牌。

2022年8月5日，男子拳击决赛现场

拳击决赛名次一览表

表8-75

项目	名次							
	第一名	第二名	第三名		第五名			
女子甲组48公斤级	张淑芹 烟台市	王霞 菏泽市	孙子彤 淄博市	赵嘉仪 滨州市	徐圣洁 泰安市	—	—	—
女子甲组60公斤级	刘双 烟台市	高才华 临沂市	边文萱 淄博市	孟祥蕊 日照市	杨田田 泰安市	王维佳 潍坊市	—	—
女子甲组51公斤级	段玥 济宁市	李佳 济南市	侯俊杰 淄博市	王丽媛 青岛市	王瑞旭 日照市	迟新宇 烟台市	卢玙晗 泰安市	王瑞洁 临沂市
女子甲组57公斤级	尹蓝雪 济南市	刘丽 临沂市	李歆歆 济南市	赵乾乾 滨州市	刘心如 烟台市	贺赢 菏泽市	张德香 淄博市	路金乐 泰安市
女子甲组64公斤级	刘宇航 淄博市	杜昊炎 烟台市	秦迎迪 济宁市	张子薇 枣庄市	张子烨 淄博市	石悦 青岛市	江巧真 临沂市	—
女子甲组69公斤级	孙凡程 淄博市	金瑞瑞 临沂市	孟悦 枣庄市	任新阳 滨州市	戚芮 青岛市	杨梓菡 烟台市	—	—
女子甲组75公斤级	陈泽桐 淄博市	胡晓雅 烟台市	唐昕如 济南市	刘琪 青岛市	朱苹 枣庄市	李佳婕 济宁市	杨凯 潍坊市	—
男子甲组49公斤级	段耀智 济南市	郭政宏 淄博市	杨恩诏 泰安市	唐义恒 临沂市	王耀晖 潍坊市	孙一聪 济宁市	汪一帆 济宁市	—
男子甲组52公斤级	刘豪 济南市	王鹤 淄博市	刘新 潍坊市	于晓洋 烟台市	李成峰 青岛市	任童畅 济宁市	徐海馨 济南市	张晓博 菏泽市

续表 8-75

项目	名次							
	第一名	第二名	第三名		第五名			
男子甲组56公斤级	万光远 泰安市	李权洪 淄博市	刘恩成 济南市	孙海峰 烟台市	臧广瑞 淄博市	于建辉 威海市	李恒 菏泽市	冯建烨 潍坊市
男子甲组64公斤级	刘正声 潍坊市	孙溪杰 淄博市	刘洪晋 济南市	徐一城 泰安市	孙佳琪 青岛市	秦思特 潍坊市	王满堂 枣庄市	雷昊天 滨州市
男子甲组60公斤级	王超锐 济南市	张志凯 烟台市	高畅 临沂市	宋义泽 泰安市	关立浩 临沂市	张建政 枣庄市	孙敬勃 威海市	张宗晨 青岛市
男子甲组69公斤级	王云龙 济南市	杜照衡 枣庄市	闫富琨 威海市	范胜超 潍坊市	陈正文 临沂市	李宁洋 淄博市	李兴哲 淄博市	郑朝禹 泰安市
男子甲组75公斤级	王磊 枣庄市	尹皓 济南市	王名扬 泰安市	刘益嘉 烟台市	王忠提 菏泽市	彭海文 枣庄市	郭春迪 淄博市	—
男子甲组91公斤级	宋豪杰 威海市	王文哲 淄博市	李嘉晨 烟台市	徐怀冰 潍坊市	陈宣一 泰安市	王祥瑞 枣庄市	王微连 济南市	—
男子甲组81公斤级	李昭明 淄博市	娄延松 济南市	董西良 枣庄市	王旭宁 潍坊市	吕彬正 青岛市	杨明浩 德州市	段煜杰 威海市	—
男子甲组91公斤级	贯浩森 泰安市	陈晓彬 济南市	倪立辉 临沂市	李杭朋 烟台市	—	—	—	—
女子乙组51公斤级	李雅飞 青岛市	张依霏 泰安市	尹鑫雨 济南市	孟子诺 济宁市	宋涵雪 济南市	刘益嘉 青岛市	王世显 枣庄市	王柯 菏泽市
女子乙组48公斤级	刘云秀 济南市	王思雅 日照市	焦心雪 泰安市	赵文慧 青岛市	王晓霞 潍坊市	高萌阳 滨州市	韩鑫丽 潍坊市	迟雨洁 烟台市
女子乙组57公斤级	赵轩 枣庄市	唐璇 泰安市	刘舒馨 临沂市	张宇洁 济南市	颜天姿 临沂市	刘红利 日照市	史鑫宇 滨州市	李畅 烟台市
女子乙组60公斤级	梁文杰 淄博市	王蓉 临沂市	张其蕊 泰安市	刘恩惠 临沂市	李盼 济南市	杨梦昭 烟台市	孟淑欣 淄博市	郑浩然 济宁市
女子乙组64公斤级	赵鑫 泰安市	王胜楠 济南市	董富贵 济南市	陈禹如 临沂市	张艺萌 淄博市	马露萍 临沂市	彭惠敏 泰安市	马晓慈 潍坊市
女子乙组69公斤级	王润琪 烟台市	张舒欣 济宁市	孔令蕊 泰安市	王金格 济宁市	李婧 潍坊市	王炫 淄博市	刘晗 枣庄市	辛家琪 青岛市
男子乙组49公斤级	刘昌璇 济南市	李子豪 泰安市	高建峰 青岛市	高洋 淄博市	冯文旭 潍坊市	王元超 泰安市	赵得安 烟台市	—
女子乙组75公斤级	尹梦璇 淄博市	孙晨雨 临沂市	刘方言 潍坊市	朱家妹 济宁市	生雪怡 青岛市	杨凡豫 济宁市	任新茹 淄博市	—
男子乙组52公斤级	房堃 烟台市	李劭卿 青岛市	侯福镇 济南市	张缤涵 淄博市	郭修通 枣庄市	马浩宇 济宁市	陈柱泰 菏泽市	于同泽 泰安市
男子乙组56公斤级	肖荣旭 济南市	徐嘉浩 济南市	邢华瑞 烟台市	穆枫岳 淄博市	韩顺义 枣庄市	刘航瑞 淄博市	胡友志 泰安市	冯博超 菏泽市

续表 8-75

项目	名次							
	第一名	第二名	第三名		第五名			
男子乙组64公斤级	范学良 潍坊市	刘福睿 青岛市	姚焜程 烟台市	张英辉 济南市	冯旭 德州市	冯文通 滨州市	张一帆 菏泽市	孙翔 烟台市
男子乙组60公斤级	张端进 泰安市	孟凯 枣庄市	高琦 临沂市	刘广轩 潍坊市	王文硕 临沂市	张梦达 淄博市	王立中 威海市	年永嵩 德州市
男子乙组69公斤级	许爽 济宁市	赫迪 潍坊市	田发明 威海市	张跃瀚 潍坊市	何明发 菏泽市	吕耀 青岛市	宋凯歌 菏泽市	齐明强 临沂市
男子乙组75公斤级	王延杰 泰安市	田书睿 济南市	刘衍森 威海市	李嘉诚 济宁市	张玉琨 淄博市	温盛杰 临沂市	晁子赫 枣庄市	郐广龙 烟台市
男子乙组81公斤级	张佳硕 青岛市	王润东 潍坊市	徐铭泽 淄博市	赵锐 威海市	李凯涛 济南市	梁杰淳 枣庄市	王嘉昊 烟台市	胡文才 菏泽市
男子乙组91公斤级	潘俊文 烟台市	韩牧轩 济宁市	黄耀 临沂市	夏永祺 潍坊市	刘钰 枣庄市	任方彦 淄博市	范智斌 济南市	吴硕 菏泽市
男子乙组+91公斤级	曾祥宇 济宁市	贾新创 济宁市	段正 烟台市	苏崇宝 济南市	刘奕志 淄博市	王治超 泰安市	臧振宁 潍坊市	李宽心 菏泽市

竞赛委员会主任孟凡香、陈振华，执行主任赵建秋，副主任李传民、李文波、肖志强、卢伟、葛新、梅俊、张民凯、牟耀文、兰庆硕、焦广良。

获得体育道德风尚奖运动队称号的是潍坊市、济宁市、济南市、日照市、淄博市代表队，42 人获得体育道德风尚奖运动员称号，获得体育道德风尚奖裁判员称号的是李伟、冯玉璞、朱爱凤、王金海、刘琳琳、韩良国。

拳击决赛成绩统计表

表 8-76

队伍	金牌（枚）	银牌（枚）	铜牌（枚）	积分（分）
济南市	8	7	10	315
淄博市	6	5	7	297
烟台市	5	3	8.5	243.75
泰安市	5	3	6.5	228
济宁市	3	3	5	165
潍坊市	2	2	8	195.5
青岛市	2	2	4	154.25
枣庄市	2	2	3	154.5
威海市	1	0	4	77
临沂市	0	5.5	8.5	206.25

续表 8-76

队伍	金牌（枚）	银牌（枚）	铜牌（枚）	积分（分）
菏泽市	0	1	0	95.5
日照市	0	0.5	0.5	16.75
滨州市	0	0	3	54.5
德州市	0	0	0	19.5
合计	34	34	68	2222.5

二十二、武术

武术散打　2022 年 8 月 2—7 日，二十五届省运会武术散打决赛在五莲县市民体育中心举行，全省 15 个市的 300 余名运动员参赛。比赛设男女甲乙组 28 个级别，共产生 28 枚金牌。

2022 年 8 月 2 日，武术散打决赛现场

武术散打决赛名次一览表

表 8-77

级别	名次							
	第一名	第二名	第三名		第五名			
男子甲组 +90公斤级	庞琪耀 青岛市	路盛通 淄博市	李成运 日照市	韩恒兴 青岛市	李宁博 菏泽市	钟行云 东营市	郑元昊 淄博市	唐昊 临沂市
男子甲组 52公斤级	颜李彭 济南市	毛存富 青岛市	乔东 菏泽市	许振虎 济南市	韩鲁 日照市	纪益康 滨州市	王杰 临沂市	张俊岭 泰安市
男子甲组 56公斤级	王尊龙 滨州市	李金傲 济南市	宋春程 烟台市	张洪源 菏泽市	牛梓良 淄博市	肖赢 临沂市	徐金龙 济宁市	李龙强 泰安市
男子甲组 60公斤级	徐龙泷 青岛市	房永雪 泰安市	范瑞星 菏泽市	刘传昂 济南市	刘锡明 枣庄市	贺成志 枣庄市	段焕熠 德州市	祝韶滨 日照市

续表 8-77

级别	名次							
	第一名	第二名	第三名		第五名			
男子甲组 65公斤级	张甲豪 济南市	刘则赫 菏泽市	游聚德 菏泽市	马永林 泰安市	杨皓翔 济宁市	花文政 枣庄市	卞长兴 济宁市	王方正 枣庄市
男子甲组 70公斤级	陈建国 菏泽市	罗俊山 济南市	班更硕 威海市	王通 临沂市	亓睿泽 东营市	战兴轲 泰安市	张宇杨 烟台市	孙学新 青岛市
男子甲组 75公斤级	王卓 菏泽市	崔朕民 菏泽市	史大蕾 烟台市	李琪 临沂市	杨广举 威海市	邓宇鑫 德州市	李京宣 济南市	刘子豪 滨州市
男子甲组 80公斤级	韩争 菏泽市	牛德盖 青岛市	朱家旺 临沂市	王旭波 枣庄市	侯运翔 烟台市	马文栋 济南市	—	—
男子甲组 85公斤级	李忠澳 淄博市	苏晟煜 枣庄市	任广金 临沂市	张兴远 菏泽市	栾吉政 烟台市	王绍柯 日照市	李尚义 日照市	黄东源 威海市
男子甲组 90公斤级	张凡辉 济宁市	侯圣昊 日照市	韩景浩 菏泽市	宋箫灵 济南市	胡洋鸣 枣庄市	张泽涛 济南市	吴云 烟台市	赵亚林 烟台市
男子乙组 +90公斤级	张子豪 泰安市	赵书铭 烟台市	房爱冲 枣庄市	王焱 菏泽市	张金玉 临沂市	帅子龙 烟台市	卢智超 日照市	刘玉楷 济南市
男子乙组 52公斤级	付家乐 临沂市	刘健 青岛市	周广健 聊城市	张子鹏 菏泽市	殷志东 日照市	刘昊信 济南市	王耀翔 青岛市	张烁 济宁市
男子乙组 56公斤级	米展 济南市	张乾 滨州市	张维沛 日照市	罗俊卿 德州市	孙梓皓 烟台市	张本特 泰安市	王启鹤 枣庄市	岳士冰 聊城市
男子乙组 60公斤级	赵传航 济南市	聂少强 日照市	于佳昊 烟台市	耿强 临沂市	杨越翔 淄博市	王赢 东营市	李超 滨州市	闫勋 菏泽市
男子乙组 65公斤级	张家辉 滨州市	栾旭东 泰安市	李志超 日照市	陈一航 临沂市	刘津策 淄博市	祁大地 菏泽市	郑颖异 枣庄市	董修成 聊城市
男子乙组 70公斤级	季玉磊 滨州市	程梓恒 枣庄市	林钊驰 烟台市	李龙祥 临沂市	曹英豪 东营市	杨宏伟 菏泽市	郭伟迪 滨州市	贾文贺 济南市
男子乙组 75公斤级	杨家祥 菏泽市	范东旭 枣庄市	张艺 滨州市	高子杨 菏泽市	王宁 日照市	杨衍鋆 德州市	席修正 聊城市	于袁康 淄博市
男子乙组 80公斤级	田艺博 枣庄市	李昌洪 济南市	张兰天 烟台市	刘勇志 淄博市	王亚政 菏泽市	郭雨豪 滨州市	李正驰 日照市	王立佳 聊城市
男子乙组 85公斤级	王智 菏泽市	孙超 济南市	刘东旭 青岛市	张仁路 菏泽市	杨鸿彰 淄博市	康凯 枣庄市	王钧堃 烟台市	张飞 青岛市
男子乙组 90公斤级	王宇航 菏泽市	李修硕 淄博市	欧兆恒 济宁市	王鹏赫 枣庄市	马寿豪 烟台市	米广宇 济南市	毕硕 威海市	于祥涵 菏泽市
女子甲组 52公斤级	蒋灿 日照市	陈文静 济南市	范慧聪 菏泽市	边子娴 淄博市	宋本路 济南市	遇一鸣 烟台市	李沅晓 临沂市	宋子涵 临沂市

续表 8-77

级别	名次							
	第一名	第二名	第三名		第五名			
女子甲组 56公斤级	袁梦 菏泽市	陈羚彬 日照市	孙爱兰 临沂市	边佳美 淄博市	陈金平 济宁市	郭晓燕 烟台市	耿凌恒 济南市	娄晓洁 烟台市
女子甲组 60公斤级	阎广学 淄博市	谭静宜 淄博市	张涵玉 临沂市	王家馨 济南市	王宇 枣庄市	汤瑶 德州市	肖稳 临沂市	王木林森 济宁市
女子甲组 70公斤级	李瑶瑶 日照市	李晓雅 济南市	王璐 青岛市	张亚楠 滨州市	桑钰婷 泰安市	张文婷 日照市	胡欣燕 滨州市	李海鑫 淄博市
女子乙组 52公斤级	祝晴雨 济南市	文海琳 临沂市	刘欣雨 青岛市	杨梓瑄 菏泽市	毕超茹 菏泽市	刘如晨 青岛市	杨宇彤 淄博市	胡淑平 聊城市
女子乙组 56公斤级	赵依诺 济南市	朱世钰 青岛市	王晶 菏泽市	石佳鑫 枣庄市	张硕 日照市	关蕊 泰安市	梁佳晨 烟台市	白羽鹤 聊城市
女子乙组 60公斤级	曲雅宁 泰安市	于雅泽 济南市	谭雪 日照市	李睿涵 菏泽市	李嘉欣 青岛市	孟焱 临沂市	孔冰雪 滨州市	杨晓彤 东营市
女子乙组 70公斤级	朱家宝 淄博市	董慧然 济南市	姚思彤 济宁市	王泽琦 淄博市	张潆予 日照市	曹雨晴 泰安市	翟李萌 菏泽市	—

竞委会主任孟凡香、孙丽，执行主任张祥府，副主任朱勇、张海洋、耿晓晨、卢伟、葛新、梅俊、李宗臣。

获得体育道德风尚奖运动队称号的是济南市、淄博市、日照市、泰安市、青岛市代表队，34 人获得体育道德风尚奖运动员称号，获得体育道德风尚奖裁判员称号的是葛世博、杜广强、黄秀娟、苏静、吴鲁梁。

武术散打决赛成绩统计表

表 8-78

队伍	金牌（枚）	银牌（枚）	铜牌（枚）	积分（分）
菏泽市	7	3	16	347.5
济南市	6	8	4.5	290
淄博市	3	3.5	4	170.75
滨州市	3	1	2	114.5
青岛市	2	3	4	126.25
泰安市	2	2	1	103
日照市	1.5	2.5	2.5	129.25
枣庄市	1	3	3	129.75
临沂市	1	1	9	161.5
济宁市	1	0	2	71

续表 8-78

队伍	金牌（枚）	银牌（枚）	铜牌（枚）	积分（分）
德州市	0.5	0	0.5	27.5
烟台市	0	1	5.5	144.5
聊城市	0	0	1	48.5
威海市	0	0	1	29
东营市	0	0	0	19.5
合计	28	28	56	1912.5

武术（套路） 2022 年 8 月 18—25 日，二十五届省运会武术套路决赛在日照第一中学东校区艺体馆举行，全省各市 16 支代表队的 340 名选手参赛。比赛设男女甲乙丙组长拳刀术棍术全能、长拳剑术枪术全能、南拳南刀南棍全能、太极拳太极剑全能、男女对练一项、集体基本功等项目，共产生 28 枚金牌。

日照代表队派出 28 名运动员参赛，共获金牌 5 枚、银牌 3 枚（含交流 0.5 枚）、铜牌 8 枚（含交流 2 枚）。

2022 年 8 月 18 日，武术（套路）决赛现场

武术（套路）决赛名次一览表

表 8-79　　单位：分

项目	名次							
	第一名	第二名	第三名	第四名	第五名	第六名	第七名	第八名
男子甲组 长拳&刀术&棍术全能	李嘉泰 滨州市 28.49	亓睦尧 泰安市 27.42	王天宇 淄博市 26.87	张恒彬 东营市 26.76	王效康 济宁市 25.95	杨飞宇 威海市 24.09	霍书硕 聊城市 22.77	黄兆聪 泰安市 22.52

续表 8-79

项目	名次							
	第一名	第二名	第三名	第四名	第五名	第六名	第七名	第八名
男子甲组 长拳&剑术&枪术全能	郑校轩 淄博市 28.02	于仲春 烟台市 27.94	石昌盛 日照市 27.57	郭子有 日照市 27.41	霍俊达 青岛市 26.45	肖玉安 青岛市 24.25	黄兴 枣庄市 23.20	—
男子甲组 南拳&南刀&南棍全能	孙冲 东营市 28.31	宁士豪 日照市 28.20	张金龙 济南市 28.19	商海浩然 淄博市 27.75	田家豪 滨州市 27.08	尹郑义 济南市 26.65	王振鲁 菏泽市 26.30	孙俊飞 潍坊市 26.01
女子甲组 南拳&南刀&南棍全能	张琦琦 日照市 25.97	张蕾 青岛市 25.82	王迦南 淄博市 25.40	孙宜伟 烟台市 24.42	梁树甜 菏泽市 23.55	郭奕彤 淄博市 23.45	高子业 济南市 22.46	—
女子甲组 长拳&刀术&棍术全能	李美婷 日照市 26.70	别倩倩 东营市 24.17	刘佳欣 烟台市 23.99	侯超凡 东营市 23.71	王春霞 泰安市 22.28	—	—	—
女子甲组 长拳&剑术&枪术全能	孙晨曦 日照市 26.47	马丽君 枣庄市 24.94	高亚 济南市 22.26	—	—	—	—	—
男子甲组 太极拳&太极剑全能	王呈祥 济南市 19.04	孔维烁 济南市 18.72	闫晋 菏泽市 18.71	王永春 滨州市 18.15	卢玉琳 日照市 18.09	李明阳 淄博市 18.07	石少喆 淄博市 17.97	李聪 菏泽市 17.89
女子甲组 太极拳&太极剑全能	朱涵煜 滨州市 18.08	吴鲁豫 菏泽市 17.68	郭欣怡 济南市 17.46	孟宪煜 烟台市 17.23	王庭语 济南市 17.19	张文惠 滨州市 17.18	朱梓鑫 潍坊市 16.10	赵颖 菏泽市 16.08
男子乙组 长拳&刀术&棍术全能	王善宇 东营市 28.04	王明宇 德州市 27.39	马宗壮 日照市 27.17	李先威 菏泽市 27.16	张鲁南 临沂市 27.06	于合翼 烟台市 27.04	苏东方 青岛市 27.01	宗文博 淄博市 26.79
男子乙组 长拳&剑术&枪术全能	范明远 日照市 27.82	许世鑫 滨州市 27.77	肖贺 济宁市 27.61	赵家毅 济南市 27.54	苏云泽飞 淄博市 27.45	孙启东泽 东营市 26.97	罗子恒 聊城市 26.45	欧阳德智 青岛市 26.35
女子乙组 长拳&刀术&棍术全能	钟竣暄 东营市 27.52	孙守诺 青岛市 25.50	岳兴芳 日照市 25.12	王梦凡 烟台市 24.93	张雨 临沂市 24.80	于文珂 青岛市 23.85	宋慧 枣庄市 22.80	李唯一 菏泽市 22.77
女子乙组 长拳&剑术&枪术全能	李晓童 东营市 27.69	孔令彤 淄博市 27.47	刘亚琦 日照市 27.42	王家慧 济南市 27.38	孙悦 烟台市 25.26	朱勇杰 菏泽市 24.34	宋明岳 临沂市 23.00	祝光卓 泰安市 22.80
男子乙组 南拳&南刀& 南棍全能	刘涛 临沂市 28.47	赵东旭 菏泽市 28.44	翟阔 日照市 28.25	马宗志 滨州市 28.13	郭栋晨 淄博市 27.86	李斌杰 滨州市 27.82	桑龙泽 临沂市 27.78	谷传澳 日照市 27.73
男子乙组 太极拳&太极剑全能	陈思澳 滨州市 18.20	冯博显 青岛市 17.63	苏子翔 临沂市 17.61	杨蒙 菏泽市 17.52	王晨旭 淄博市 17.49	逯云飞 菏泽市 17.41	赵家正 滨州市 17.37	程永晏 潍坊市 1C70 16.70

续表 8-79

项目	名次							
	第一名	第二名	第三名	第四名	第五名	第六名	第七名	第八名
女子乙组 太极拳&太极剑全能	吕欣欣 滨州市 18.23	方静雅 济南市 18.20	徐潇 济南市 17.83	王子慧 潍坊市 17.80	周丹 菏泽市 17.31	陈雅琦 潍坊市 17.23	曹梦静 日照市 17.15	侯佳和 青岛市 17.14
女子乙组 南拳&南刀&南棍全能	胡铭 菏泽市 27.14	王馨 济南市 26.99	李心雨 日照市 26.45	袁立 菏泽市 26.04	张悦 烟台市 25.99	张宇 潍坊市 24.28	鲁婷 济宁市 23.33	刘田雨 东营市 23.07
女子丙组 长拳&刀术&棍术全能	王超越 滨州市 26.11	邵帅 烟台市 25.92	吕怡璇 淄博市 25.84	刘炫宇 日照市 25.72	曲小萌 济南市 25.67	商佳笑 菏泽市 24.83	李明瑾 枣庄市 24.45	康子诺 济宁市 24.42
女子丙组 长拳&剑术&枪术全能	赵闻越 淄博市 26.39	门子园 滨州市 26.02	崔烨彤 日照市 25.98	李思羽 青岛市 25.94	尹嘉昀 潍坊市 25.77	王嘉信 烟台市 25.61	王立贞 济南市 25.30	麻越 青岛市 25.17
男子丙组 南拳&南刀&南棍全能	徐煜鑫 潍坊市 26.46	谢世龙 日照市 26.15	唐德昊 济南市 26.09	孙振宇 滨州市 26.06	马阡宸 菏泽市 26.03	孙圣杰 青岛市 25.93	靳凯歌 烟台市 25.92	姜弘轩 烟台市 25.91
男子丙组 长拳&刀术&棍术全能	王成坤 济南市 26.28	安书樟 淄博市 26.19	王政 日照市 26.08	刘乙阳 东营市 25.80	金延隆 威海市 25.77	海松 青岛市 25.71	孙延昊 枣庄市 25.54	李亚聪 菏泽市 25.42
男子丙组 长拳&剑术&枪术全能	刘煜祺 菏泽市 26.01	栗鑫亿 滨州市 25.99	史吉硕 威海市 25.81	于金圣 青岛市 25.40	宋一航 枣庄市 25.33	鲁哲 日照市 25.33	王彦斐 潍坊市 25.07	朱明辉 济宁市 24.67
女子丙组 南拳&南刀&南棍全能	刘姿含 潍坊市 26.38	蒋晨旭 潍坊市 26.17	李依敬 滨州市 25.98	刘子瑶 济南市 25.72	王鑫悦 淄博市 25.69	李知忆 青岛市 25.67	申佳鑫 菏泽市 25.64	房佳艺 德州市 25.57
女子丙组 集体基本功	吕安妍 宋如意 尚瑞婷 李依敬 王超越 门子园 滨州市 9.22	徐婉婷 李思彤 李思羽 李知忆 袁继沅 麻越 青岛市 9.20	商佳笑 朱潇丹 沙瑄 申佳鑫 菏泽市 8.65	—	—	—	—	—
男子丙组 集体基本功	王政 王建坤 谢世龙 赵百豪 郭志杰 鲁哲 日照市 9.31	于金圣 侯府兵 孙圣杰 欧阳广行 海松 陈国栋 青岛市 9.24	吕钟涛 孙振 孙振宇 栗鑫亿 王瑞 董林豪 滨州市 9.20	刘志豪 刘煜祺 吕佳奇 李亚聪 王振博 马阡宸 菏泽市 9.17	—	—	—	—

续表 8-79

项目	名次							
	第一名	第二名	第三名	第四名	第五名	第六名	第七名	第八名
女子丙组 太极拳&太极剑全能	穆雨馨 济南市 17.29	陈啓萌 淄博市 17.21	付钰佳 济南市 17.12	朱莉娅张 潍坊市 17.09	惠质 日照市 17.08	蒋若琳 潍坊市 17.04	尚瑞婷 滨州市 17.02	李思彤 青岛市 17.00
男子甲组 对练&女子甲组对练	肖玉安 宋阳光 霍俊达 侯菁菁 裴海珍 青岛市 17.45	赵同越 朱瑞彤 邢欣欣 龚鑫宁 菏泽市 16.91	徐学骏 崔玉朝 张蕾 裴海珍(陪) 青岛市 16.7	张祺智 张化奇(陪) 王宝浩(陪) 别倩倩 李欣阳 东营市 16.6	石昌盛 仲玉强 牛昌稳 李美婷 张琦琦 日照市 16.24	尹仕程 张化奇 王宝浩 侯超凡 李笑 东营市 15.72	—	—
男子乙组 对练&女子乙组对练	陈子轩 赵长松 侯佳和 王巍 青岛市 16.98	范明远 张建宇 王振 刘亚琦 李心雨 日照市 16.82	乔泽宇 欧阳德智 于文珂 孙守诺 青岛市 16.79	曹开心 范统斐 刘亚男 朱勇杰 菏泽市 16.37	谷传澳 王振(陪) 曹梦静 岳兴芳 日照市 16.37	孙启东泽 张景硕 刘诗冉 聂晓婷 东营市 15.71	—	—
武术套路 男子甲组长拳	李嘉泰 滨州市 9.42	郑校轩 淄博市 9.27	石昌盛 日照市 9.19	郭子有 日照市 9.10	于仲春 烟台市 8.99	亓睦尧 泰安市 8.88	霍俊达 青岛市 8.84	王天宇 淄博市 8.72
武术套路 男子甲组南拳	孙冲 东营市 9.40	宁士豪 日照市 9.31	张金龙 济南市 9.17	田家豪 滨州市 9.16	商海浩然 淄博市 9.02	孙俊飞 潍坊市 8.89	王振鲁 菏泽市 8.84	夏廷涛 青岛市 8.39
武术套路 女子甲组南刀	张蕾 青岛市 8.77	张琦琦 日照市 8.42	王迦南 淄博市 8.39	孙宜伟 烟台市 7.87	郭奕彤 淄博市 7.75	梁树甜 菏泽市 7.63	高子业 济南市 7.60	—
武术套路 男子甲组刀术	李嘉泰 滨州市 9.53	张恒彬 东营市 9.29	亓睦尧 泰安市 9.16	王天宇 淄博市 9.04	王效康 济宁市 8.7	杨飞宇 威海市 8.58	黄兆聪 泰安市 7.81	霍书硕 聊城市 6.98
武术套路 男子甲组剑术	于仲春 烟台市 9.50	郭子有 日照市 9.39	郑校轩 淄博市 9.37	石昌盛 日照市 8.96	肖玉安 青岛市 8.70	霍俊达 青岛市 8.48	黄兴 枣庄市 7.98	肖云奇 聊城市 7.33
武术套路 男子甲组南棍	张金龙 济南市 9.5	孙冲 东营市 9.41	宁士豪 日照市 9.37	商海浩然 淄博市 9.35	尹郑义 济南市 8.83	田家豪 滨州市 8.64	孙俊飞 潍坊市 8.35	王振鲁 菏泽市 8.17
武术套路 女子甲组南拳	张琦琦 日照市 8.93	王迦南 淄博市 8.48	张蕾 青岛市 8.42	孙宜伟 烟台市 8.28	梁树甜 菏泽市 7.98	郭奕彤 淄博市 7.75	高子业 济南市 7.29	—
武术套路 男子甲组棍术	李嘉泰 滨州市 9.54	亓睦尧 泰安市 9.38	王天宇 淄博市 9.11	张恒彬 东营市 9.07	王效康 济宁市 8.83	杨飞宇 威海市 8.21	霍书硕 聊城市 8.05	黄兆聪 泰安市 7.62
武术套路 男子甲组枪术	于仲春 烟台市 9.45	石昌盛 日照市 9.42	郑校轩 淄博市 9.38	霍俊达 青岛市 9.13	郭子有 日照市 8.92	黄兴 枣庄市 7.73	肖玉安 青岛市 7.37	—

续表 8-79

项目	名次							
	第一名	第二名	第三名	第四名	第五名	第六名	第七名	第八名
武术套路 男子甲组南刀	宁士豪 日照市 9.52	张金龙 济南市 9.52	孙冲 东营市 9.50	尹郑义 济南市 9.49	商海浩然 淄博市 9.38	王振鲁 菏泽市 9.29	田家豪 滨州市 9.28	孙俊飞 潍坊市 8.77
武术套路 女子甲组南棍	张蕾 青岛市 8.63	张琦琦 日照市 8.62	王迦南 淄博市 8.53	孙宜伟 烟台市 8.27	郭奕彤 淄博市 7.95	梁树甜 菏泽市 7.94	高子业 济南市 7.57	—
武术套路 女子甲组棍术	李美婷 日照市 8.81	刘佳欣 烟台市 7.92	别倩倩 东营市 7.81	侯超凡 东营市 7.64	王春霞 泰安市 7.28	—	—	—
武术套路 女子甲组枪术	孙晨曦 日照市 8.95	马丽君 枣庄市 8.29	高亚 济南市 7.28	—	—	—	—	—
武术套路 男子甲组太极拳	王呈祥 济南市 9.55	闫晋 菏泽市 9.43	孔维烁 济南市 9.28	王永春 滨州市 9.16	卢玉琳 日照市 9.06	石少喆 淄博市 9.05	周世阳 泰安市 8.94	李明阳 淄博市 8.92
武术套路 女子甲组剑术	孙晨曦 日照市 9.15	马丽君 枣庄市 8.54	高亚 济南市 7.50	—	—	—	—	—
武术套路 女子甲组刀术	李美婷 日照市 9.05	刘佳欣 烟台市 8.24	侯超凡 东营市 8.03	别倩倩 东营市 7.87	王春霞 泰安市 7.49	—	—	—
武术套路 女子甲组太极拳	朱涵煜 滨州市 9.04	吴鲁豫 菏泽市 8.99	张文惠 滨州市 8.64	王庭语 济南市 8.58	郭欣怡 济南市 8.54	孟宪煜 烟台市 8.27	赵颖 菏泽市 8.04	朱梓鑫 潍坊市 8.02
武术套路 女子甲组长拳	李美婷 日照市 8.84	别倩倩 东营市 8.49	孙晨曦 日照市 8.37	马丽君 枣庄市 8.11	侯超凡 东营市 8.04	刘佳欣 烟台市 7.83	王春霞 泰安市 7.51	高亚 济南市 7.48
武术套路 男子甲组太极剑	王呈祥 济南市 9.49	孔维烁 济南市 9.44	闫晋 菏泽市 9.28	张嘉豪 临沂市 9.23	李明阳 淄博市 9.15	李聪 菏泽市 9.04	卢玉琳 日照市 9.03	王永春 滨州市 8.99
武术套路 女子甲组太极剑	朱涵煜 滨州市 9.04	孟宪煜 烟台市 8.96	郭欣怡 济南市 8.92	吴鲁豫 菏泽市 8.69	王庭语 济南市 8.61	张文惠 滨州市 8.54	朱梓鑫 潍坊市 8.08	赵颖 菏泽市 8.04
武术套路 男子乙组长拳	赵家毅 济南市 9.27	王善宇 东营市 9.25	马宗壮 日照市 9.18	范明远 日照市 9.18	肖贺 济宁市 9.11	许世鑫 滨州市 9.10	苏东方 青岛市 9.00	王明宇 德州市 8.98
武术套路 女子乙组棍术	钟竣暄 东营市 9.08	孙守诺 青岛市 8.64	岳兴芳 日照市 8.29	张雨 临沂市 8.06	于文珂 青岛市 8.06	王梦凡 烟台市 7.88	宋慈 枣庄市 7.70	李唯一 菏泽市 7.42

续表 8-79

项目	名次							
	第一名	第二名	第三名	第四名	第五名	第六名	第七名	第八名
武术套路 女子乙组枪术	刘亚琦 日照市 9.14	孔令彤 淄博市 9.06	李晓童 东营市 9.04	王家慧 济南市 8.96	孙悦 烟台市 8.56	朱勇杰 菏泽市 8.35	祝光卓 泰安市 7.28	宋明岳 临沂市 7.07
武术套路 男子甲组对练	肖玉安 宋阳光 霍俊达 青岛市 8.44	赵同越 朱瑞彤 菏泽市 8.12	石昌盛 仲玉强 牛昌稳 日照市 8.09	张祺智 张化奇(陪) 王宝浩(陪) 东营市 8.00	徐学骏 崔玉朝 青岛市 7.90	尹仕程 张化奇 王宝浩 东营市 7.75	—	—
武术套路 男子乙组棍术	王善宇 东营市 9.45	张鲁南 临沂市 9.32	王明宇 德州市 9.27	于合翼 烟台市 9.25	宗文博 淄博市 9.21	李先威 菏泽市 9.19	陈连正 德州市 9.13	曹旭东 潍坊市 9.08
武术套路 男子乙组枪术	苏云泽飞 淄博市 9.42	范明远 日照市 9.38	许世鑫 滨州市 9.38	肖贺 济宁市 9.28	赵家毅 济南市 9.26	祝尊宇 济宁市 9.09	罗子恒 聊城市 9.08	欧阳德智 青岛市 9.01
武术套路 女子乙组刀术	钟竣暄 东营市 9.22	孙守诺 青岛市 8.69	王梦凡 烟台市 8.59	张雨 临沂市 8.57	岳兴芳 日照市 8.32	于文珂 青岛市 7.76	李唯一 菏泽市 7.75	宋慈 枣庄市 7.58
武术套路 女子乙组剑术	孔令彤 淄博市 9.38	李晓童 东营市 9.32	王家慧 济南市 9.28	刘亚琦 日照市 9.23	孙悦 烟台市 8.35	朱勇杰 菏泽市 7.73	宋明岳 临沂市 7.56	祝光卓 泰安市 7.52
武术套路 男子乙组刀术	马宗壮 日照市 9.36	王善宇 东营市 9.34	李明田 临沂市 9.20	李先威 菏泽市 9.17	张思哲 滨州市 9.16	王明宇 德州市 9.14	苏东方 青岛市 9.12	于合翼 烟台市 9.11
武术套路 男子乙组剑术	许世鑫 滨州市 9.29	范明远 日照市 9.26	肖贺 济宁市 9.22	苏云泽飞 淄博市 9.21	孙启东泽 东营市 9.20	祝尊宇 济宁市 9.16	罗子恒 聊城市 9.08	赵家毅 济南市 9.01
武术套路 女子乙组长拳	李晓童 东营市 9.33	钟竣暄 东营市 9.22	王家慧 济南市 9.14	刘亚琦 日照市 9.05	孔令彤 淄博市 9.03	岳兴芳 日照市 8.51	王梦凡 烟台市 8.46	宋明岳 临沂市 8.37
武术套路 女子甲组对练	侯菁菁 裴海珍 青岛市 9.01	张蕾 裴海珍 (陪) 青岛市 8.80	邢欣欣 龚鑫宁 菏泽市 8.79	别倩倩 李欣阳 东营市 8.60	李美婷 张琦琦 日照市 8.15	侯超凡 李笑 东营市 7.97	—	—
武术套路 男子乙组南棍	刘涛 临沂市 9.47	赵东旭 菏泽市 9.46	翟阔 日照市 9.38	谷传澳 日照市 9.36	马宗志 滨州市 9.31	李志辉 烟台市 9.29	桑龙泽 临沂市 9.26	庞世豪 济宁市 9.25
武术套路 女子乙组太极拳	方静雅 济南市 9.12	吕欣欣 滨州市 9.12	徐潇 济南市 9.03	王子慧 潍坊市 8.95	周丹 菏泽市 8.80	侯佳和 青岛市 8.71	陈雅琦 潍坊市 8.62	曹梦静 日照市 8.33
武术套路 女子乙组南刀	王馨 济南市 9.18	胡铭 菏泽市 9.18	张悦 烟台市 8.74	袁立 菏泽市 8.65	李心雨 日照市 8.50	郝悦桐 烟台市 8.29	张宇 潍坊市 8.18	鲁婷 济宁市 7.88

续表 8-79

项目	名次							
	第一名	第二名	第三名	第四名	第五名	第六名	第七名	第八名
武术套路 男子乙组南刀	刘涛 临沂市 9.44	赵东旭 菏泽市 9.44	翟阔 日照市 9.40	郭栋晨 淄博市 9.3	李斌杰 滨州市 9.38	桑龙泽 临沂市 9.32	马宗志 滨州市 9.31	李志辉 烟台市 9.27
武术套路 男子乙组太极剑	陈思澳 滨州市 9.22	赵家正 滨州市 8.89	苏子翔 临沂市 8.86	杨蒙 菏泽市 8.8	冯博显 青岛市 8.81	王晨旭 淄博市 8.69	罗晓东 烟台市 8.58	逯云飞 菏泽市 8.55
武术套路 女子乙组南棍	胡铭 菏泽市 8.97	王馨 济南市 8.96	袁立 菏泽市 8.8	李心雨 日照市 8.83	张悦 烟台市 8.76	张宇 潍坊市 7.94	鲁婷 济宁市 7.80	郝悦桐 烟台市 7.64
武术套路 男子乙组南拳	刘涛 临沂市 9.56	赵东旭 菏泽市 9.54	马宗志 滨州市 9.51	翟阔 日照市 9.47	李斌杰 滨州市 9.38	赵长松 青岛市 9.37	郭栋晨 淄博市 9.31	谷传澳 日照市 9.24
武术套路 男子乙组太极拳	陈思澳 滨州市 8.98	逯云飞 菏泽市 8.86	冯博显 青岛市 8.82	王晨旭 淄博市 8.80	苏子翔 临沂市 8.75	杨蒙 菏泽市 8.70	赵家正 滨州市 8.48	程永晏 潍坊市 8.47
武术套路 女子乙组太极剑	吕欣欣 滨州市 9.11	方静雅 济南市 9.08	王子慧 潍坊市 8.85	曹梦静 日照市 8.82	徐潇 济南市 8.80	陈雅琦 潍坊市 8.61	周丹 菏泽市 8.51	侯佳和 青岛市 8.43
武术套路 女子乙组南拳	李心雨 日照市 9.12	胡铭 菏泽市 8.99	王馨 济南市 8.85	袁立 菏泽市 8.52	张悦 烟台市 8.49	张宇 潍坊市 8.16	王韶涵 泰安市 7.87	刘田雨 东营市 7.81
武术套路 女子丙组刀术	邵帅 烟台市 8.80	吕怡璇 淄博市 8.75	王超越 滨州市 8.74	刘炫宇 日照市 8.68	曲小萌 济南市 8.66	商佳笑 菏泽市 8.63	李明瑾 枣庄市 8.49	王文睿 聊城市 8.44
武术套路 女子丙组剑术	崔烨彤 日照市 8.80	门子园 滨州市 8.79	赵闻越 淄博市 8.79	李思羽 青岛市 8.77	王立贞 济南市 8.71	尹嘉昀 潍坊市 8.68	王嘉信 烟台市 8.63	麻越 青岛市 8.38
武术套路 男子丙组南拳	徐煜鑫 潍坊市 8.84	唐德昊 济南市 8.80	马阡宸 菏泽市 8.79	谢世龙 日照市 8.78	任俊杨 淄博市 8.78	孙圣杰 青岛市 8.78	赵禹博 淄博市 8.76	靳凯歌 烟台市 8.75
武术套路 女子丙组长拳	赵闻越 淄博市 8.86	王超越 滨州市 8.75	李思羽 青岛市 8.61	门子园 滨州市 8.60	邵帅 烟台市 8.57	曲小萌 济南市 8.56	崔烨彤 日照市 8.53	刘炫宇 日照市 8.52
武术套路 男子丙组南棍	徐煜鑫 潍坊市 8.84	谢世龙 日照市 8.74	唐德昊 济南市 8.65	孙圣杰 青岛市 8.64	任俊杨 淄博市 8.64	马阡宸 菏泽市 8.64	孙振宇 滨州市 8.64	靳凯歌 烟台市 8.62
武术套路 女子丙组棍术	王超越 滨州市 8.62	吕怡璇 淄博市 8.59	邵帅 烟台市 8.55	刘炫宇 日照市 8.52	曲小萌 济南市 8.45	商佳笑 菏泽市 8.34	康子诺 济宁市 8.16	王文睿 聊城市 8.13
武术套路 女子丙组枪术	赵闻越 淄博市 8.74	崔烨彤 日照市 8.65	尹嘉昀 潍坊市 8.63	门子园 滨州市 8.63	李思羽 青岛市 8.56	王嘉信 烟台市 8.56	王立贞 济南市 8.47	麻越 青岛市 8.40
武术套路 男子丙组南刀	徐煜鑫 潍坊市 8.78	孙振宇 滨州市 8.67	唐德昊 济南市 8.64	谢世龙 日照市 8.63	马阡宸 菏泽市 8.60	姜弘轩 烟台市 8.60	刘志豪 菏泽市 8.56	靳凯歌 烟台市 8.55

续表 8-79

项目	名次							
	第一名	第二名	第三名	第四名	第五名	第六名	第七名	第八名
武术套路 男子丙组刀术	王成坤 济南市 8.82	安书樟 淄博市 8.77	王政 日照市 8.75	李亚聪 菏泽市 8.72	孙延昊 枣庄市 8.69	刘乙阳 东营市 8.6	孔思凡 烟台市 8.66	闫一凡 淄博市 8.65
武术套路 男子丙组剑术	栗鑫亿 滨州市 8.68	刘煜祺 菏泽市 8.63	于金圣 青岛市 8.57	史吉硕 威海市 8.51	王彦斐 潍坊市 8.45	宋一航 枣庄市 8.40	鲁哲 日照市 8.38	朱明辉 济宁市 8.14
武术套路 女子丙组南拳	刘姿含 潍坊市 8.82	蒋晨旭 潍坊市 8.73	李依敌 滨州市 8.66	刘子瑶 济南市 8.62	沈乐蓉 泰安市 8.60	申佳鑫 菏泽市 8.57	王鑫悦 淄博市 8.57	李知忆 青岛市 8.55
武术套路 男子丙组长拳	王成坤 济南市 8.69	安书樟 淄博市 8.68	王政 日照市 8.68	刘煜祺 菏泽市 8.66	史吉硕 威海市 8.65	金延隆 威海市 8.64	栗鑫亿 滨州市 8.63	刘乙阳 东营市 8.59
武术套路 女子丙组南刀	刘姿含 潍坊市 8.77	蒋晨旭 潍坊市 8.73	李依敌 滨州市 8.66	刘子瑶 济南市 8.63	李知忆 青岛市 8.61	房佳艺 德州市 8.60	王鑫悦 淄博市 8.58	申佳鑫 菏泽市 8.55
武术套路 女子乙组对练	侯佳和 王巍 青岛市 8.52	于文珂 孙守诺 青岛市 8.49	刘亚琦 李心雨 日照市 8.29	曹梦静 岳兴芳 日照市 8.21	刘亚男 朱勇杰 菏泽市 7.89	刘诗冉 聂晓婷 东营市 7.82	—	—
武术套路 男子丙组棍术	王成坤 济南市 8.77	安书樟 淄博市 8.74	金延隆 威海市 8.71	王政 日照市 8.65	海松 青岛市 8.57	刘乙阳 东营市 8.54	李克学 潍坊市 8.50	李士伟 济宁市 8.49
武术套路 男子丙组枪术	刘煜祺 菏泽市 8.72	栗鑫亿 滨州市 8.68	史吉硕 威海市 8.65	宋一航 枣庄市 8.52	鲁哲 日照市 8.51	于金圣 青岛市 8.36	王彦斐 潍坊市 8.29	陆嗣奥 淄博市 8.26
武术套路 女子丙组南棍	刘姿含 潍坊市 8.79	蒋晨旭 潍坊市 8.71	李依敌 滨州市 8.66	王鑫悦 淄博市 8.54	申佳鑫 菏泽市 8.52	李知忆 青岛市 8.51	王梓嘉 淄博市 8.51	房佳艺 德州市 8.48
武术套路 男子乙组对练	范明远 张建宇 王振 日照市 8.53	曹开心 范统斐 菏泽市 8.48	陈子轩 赵长松 青岛市 8.46	乔泽宇 欧阳德智 青岛市 8.30	谷传澳 王振(陪) 日照市 8.16	孙启东泽 张景硕 东营市 7.89	宁玉航 宋宗鹏 聊城市 7.61	—
武术套路 男子丙组太极拳	吕佳奇 菏泽市 8.63	孙振 滨州市 8.57	崔亚凯 济南市 8.53	王振博 菏泽市 8.49	郭志杰 日照市 8.41	郝世博 淄博市 8.38	侯府兵 青岛市 8.37	王郝威 枣庄市 8.35
武术套路 女子丙组太极剑	穆雨馨 济南市 8.63	陈启萌 淄博市 8.59	朱莉娅张 潍坊市 8.58	付钰佳 济南市 8.55	惠质 日照市 8.53	蒋若琳 潍坊市 8.52	宋如意 滨州市 8.51	尚瑞婷 滨州市 8.50
武术套路 女子丙组太极拳	穆雨馨 济南市 8.66	陈启萌 淄博市 8.62	付钰佳 济南市 8.57	惠质 日照 8.55	尚瑞婷 滨州市 8.52	蒋若琳 潍坊市 8.52	朱莉娅张 潍坊市 8.51	李思彤 青岛市 8.51
武术套路 男子丙组太极剑	吕佳奇 菏泽市 8.64	孙振 滨州市 8.58	吕钟涛 滨州市 8.55	王振博 菏泽市 8.53	崔亚凯 济南市 8.53	郭志杰 日照市 8.51	侯府兵 青岛市 8.50	辛丰屹 临沂市 8.49

续表 8-79

项目	名次							
	第一名	第二名	第三名	第四名	第五名	第六名	第七名	第八名
武术套路 女子丙组集体基本功	滨州队 9.22	青岛队 9.20	菏泽队 8.65	—	—	—	—	—
武术套路 男子丙组集体基本功	日照队 9.31	青岛队 9.24	滨州队 9.20	菏泽队 9.17	—	—	—	—
武术套路 男子甲组长拳&刀术&棍术全能	李嘉泰 滨州市 28.49	亓睦尧 泰安市 27.42	王天宇 淄博市 26.87	张恒彬 东营市 26.76	王效康 济宁市 25.75	杨飞宇 威海市 25.95	霍书硕 聊城市 22.77	黄兆聪 泰安市 22.52
武术套路 男子甲组长拳&剑术&枪术全能	郑校轩 淄博市 28.02	于仲春 烟台市 27.94	石昌盛 日照市 27.57	郭子有 日照市 27.41	霍俊达 青岛市 26.45	肖玉安 青岛市 24.25	黄兴 枣庄市 23.20	—
武术套路 男子甲组南拳&南刀&南棍全能	孙冲 东营市 28.31	宁士豪 日照市 28.20	张金龙 济南市 28.19	商海浩然 淄博市 27.75	田家豪 滨州市 27.08	尹郑义 济南市 26.65	王振鲁 菏泽市 26.30	孙俊飞 潍坊市 26.01
武术套路 女子甲组南拳&南刀&南棍全能	张琦琦 日照市 25.97	张蕾 青岛市 25.82	王迦南 淄博市 25.40	孙宜伟 烟台市 24.42	梁树甜 菏泽市 23.55	郭奕彤 淄博市 23.45	高子业 济南市 22.46	—
武术套路 女子甲组长拳&刀术&棍术全能	李美婷 日照市 26.70	别倩倩 东营市 24.17	刘佳欣 烟台市 23.99	侯超凡 东营市 23.71	王春霞 泰安市 22.28	—	—	—
武术套路 女子甲组长剑&剑术&枪术全能	孙晨曦 日照市 26.47	马丽君 枣庄市 24.94	高亚 济南市 22.26	—	—	—	—	—
武术套路 男子甲组太极拳&太极剑全能	王呈祥 济南市 19.04	孔维烁 济南市 18.72	闫晋 菏泽市 18.71	王永春 滨州市 18.71	卢玉琳 日照市 18.09	李明阳 淄博市 18.07	石少喆 淄博市 17.97	李聪 菏泽市 17.89
武术套路 女子甲组太极拳&太极剑全能	朱涵煜 滨州市 18.08	吴鲁豫 菏泽市 17.68	郭欣怡 济南市 17.46	孟宪煜 烟台市 17.23	王庭语 济南市 17.19	张文惠 滨州市 17.18	朱梓鑫 潍坊市 16.10	赵颖 菏泽市 16.08
武术套路 男子乙组长拳&刀术&棍术全能	王善宇 东营市 28.04	王明宇 德州市 27.39	马宗壮 日照市 27.17	李先威 菏泽市 27.16	张鲁南 临沂市 27.06	于合翼 烟台市 27.04	苏东方 青岛市 27.01	宗文博 淄博市 26.79
武术套路 男子乙组长拳&剑术&枪术全能	范明远 日照市 27.82	许世鑫 滨州市 27.77	肖贺 济宁市 27.61	赵家毅 济南市 27.54	苏云泽飞 淄博市 27.45	孙启东泽 东营市 26.97	罗子恒 聊城市 26.45	欧阳德智 青岛市 26.35
武术套路 女子乙组长拳&刀术&棍术全能	钟竣暄 东营市 27.52	孙守诺 青岛市 25.50	岳兴芳 日照市 25.12	王梦凡 烟台市 24.93	张雨 临沂市 24.80	于文珂 青岛市 23.85	宋慈 枣庄市 22.80	李唯一 菏泽市 22.77
女子乙组长拳&剑术&枪术全能	李晓童 东营市 27.69	孔令彤 淄博市 27.47	刘亚琦 日照市 27.42	王家慧 济南市 27.38	孙悦 烟台市 25.26	朱勇杰 菏泽市 24.34	宋明岳 临沂市 23.00	祝光卓 泰安市 22.80

续表 8-79

项目	名次							
	第一名	第二名	第三名	第四名	第五名	第六名	第七名	第八名
武术套路 男子甲组对练&女子甲组对练全能	肖玉安 宋阳光 霍俊达 侯菁菁 裴海珍 青岛市 17.45	赵同越 朱瑞彤 邢欣欣 龚鑫宁 菏泽市 16.91	徐学骏 崔玉朝 张蕾 裴海珍(陪) 青岛市 16.70	张祺智 张化奇(陪) 王宝浩(陪) 别倩倩 李欣阳 东营市 16.60	石昌盛 仲玉强 牛昌稳 李美婷 张琦琦 日照市 16.24	尹仕程 张化奇 王宝浩 侯超凡 李笑 东营市 15.72	—	—
武术套路 男子乙组南拳&南刀&南棍全能	刘涛 临沂市 28.47	赵东旭 菏泽市 28.44	翟阔 日照市 28.25	马宗志 滨州市 28.13	郭栋晨 淄博市 27.86	李斌杰 滨州市 27.82	桑龙泽 临沂市 27.78	谷传澳 日照市 27.73
武术套路 男子乙组太极拳&太极剑全能	陈思澳 滨州市 18.20	冯博显 青岛市 17.63	苏子翔 临沂市 17.61	杨蒙 菏泽市 17.52	王晨旭 淄博市 17.49	逯云飞 菏泽市 17.41	赵家正 滨州市 17.37	程永晏 潍坊市 16.70
武术套路 女子乙组太极拳&太极剑全能	吕欣欣 滨州市 18.23	方静雅 济南市 18.20	徐潇 济南市 17.83	王子慧 潍坊市 17.80	周丹 菏泽市 17.31	陈雅琦 潍坊市 17.2	曹梦静 日照市 17.15	侯佳和 青岛市 17.14
武术套路 女子乙组南拳&南刀&南棍全能	胡铭 菏泽市 27.14	王馨 济南市 26.99	李心雨 日照市 26.45	袁立 菏泽市 26.0	张悦 烟台市 25.99	张宇 潍坊市 24.28	鲁婷 济宁市 23.33	刘田雨 东营市 23.07
武术套路 女子丙组长拳&刀术&棍术全能	王超越 滨州市 26.11	邵帅 烟台市 25.92	吕怡璇 淄博市 25.84	刘炫宇 日照市 25.72	曲小萌 济南市 25.67	商佳笑 菏泽市 24.8	李明瑾 枣庄市 24.45	康子诺 济宁市 24.42
武术套路 女子丙组长拳&剑术&枪术全能	赵闻越 淄博市 26.39	门子园 滨州市 26.02	崔烨彤 日照市 25.98	李思羽 青岛市 25.94	尹嘉昀 潍坊市 25.77	王嘉信 烟台市 25.61	王立贞 济南市 25.30	麻越 青岛市 25.17
武术套路 男子丙组南拳&南刀&南棍全能	徐煜鑫 潍坊市 26.46	谢世龙 日照市 26.15	唐德昊 济南市 26.09	孙振宇 滨州市 26.06	马阡宸 菏泽市 26.03	孙圣杰 青岛市 25.93	靳凯歌 烟台市 25.92	姜弘轩 烟台市 25.91
武术套路 男子丙组长拳&刀术&棍术全能	王成坤 济南市 26.28	安书樟 淄博市 26.19	王政 日照市 26.08	刘乙阳 东营市 25.80	金延隆 威海市 25.77	海松 青岛市 25.71	孙延昊 枣庄市 25.54	李亚聪 菏泽市 25.42
武术套路 男子丙组长拳&剑术&枪术全能	刘煜祺 菏泽市 26.01	栗鑫亿 滨州市 25.99	史吉硕 威海市 25.81	于金圣 青岛市 25.40	宋一航 枣庄市 25.33	鲁哲 日照市 25.3	王彦斐 潍坊市 25.07	朱明辉 济宁市 24.67
武术套路 女子丙组南拳&南刀&南棍全能	刘姿含 潍坊市 26.38	蒋晨旭 潍坊市 26.17	李依散 滨州市 25.98	刘子瑶 济南市 25.72	王鑫悦 淄博市 25.69	李知忆 青岛市 25.67	申佳鑫 菏泽市 25.64	房佳艺 德州市 25.57

续表 8-79

项目	名次							
	第一名	第二名	第三名	第四名	第五名	第六名	第七名	第八名
武术套路 男子乙组对练&女子乙组对练	陈子轩 赵长松 侯佳和 王巍 青岛市 16.98	范明远 张建宇 王振 刘亚琦 李心雨 日照市 16.82	乔泽宇 欧阳德智 于文珂 孙守诺 青岛市 16.79	曹开心 范统斐 刘亚男 朱勇杰 菏泽市 16.37	谷传澳 王振(陪) 曹梦静 岳兴芳 日照市 16.37	孙启东泽 张景硕 刘诗冉 聂晓婷 东营市 15.71	—	—
武术套路 女子丙组太极拳&太极剑全能	穆雨馨 济南市 17.29	陈启萌 淄博市 17.21	付钰佳 济南市 17.12	朱莉娅张 潍坊市 17.09	惠质 日照市 17.08	蒋若琳 潍坊市 17.04	尚瑞婷 滨州市 17.02	李思彤 青岛市 17.00
武术套路 男子丙组太极拳&太极剑全能	吕佳奇 菏泽市 17.27	孙振 滨州市 17.15	崔亚凯 济南市 17.06	王振博 菏泽市 17.02	郭志杰 日照市 16.92	侯府兵 青岛市 16.87	郝世博 淄博市 16.85	王郝威 枣庄市 16.83

竞委会主任孟凡香、袁利强，执行主任张祥府，副主任朱勇、张海洋、耿晓晨、卢伟、葛新、梅俊、姚欣、尚洪兵。

获得体育道德风尚奖运动队称号的是日照市、菏泽市、东营市、威海市、临沂市代表队，16人获得体育道德风尚奖运动员称号，获得体育道德风尚奖裁判员称号的分别为樊腾飞、张晓静、史荆荆、孙宁。

武术（套路）决赛成绩统计表

表 8-80

队伍	金牌（枚）	银牌（枚）	铜牌（枚）	积分（分）
滨州市	6	4.5	3	227
日照市	5	2.5	6	215.5
菏泽市	3.5	3.5	2.5	252.5
东营市	3.5	1	0	115
济南市	3	3.5	8	222
淄博市	2.5	3	3	178.5
青岛市	2	4.5	2	189.5
潍坊市	2	1	0	106
临沂市	0.5	0	1	41.5

续表 8-80

队伍	金牌（枚）	银牌（枚）	铜牌（枚）	积分（分）
烟台市	0	2	1	100
枣庄市	0	1	0	48
泰安市	0	1	0	29
德州市	0	0.5	0	8
威海市	0	0	1	25
济宁市	0	0	0.5	19.5
聊城市	0	0	0	9
合计	28	28	28	1786

二十三、游泳

公开水域游泳 2022 年 8 月 6—7 日，二十五届省运会“山钢杯”公开水域游泳决赛在山东省水上运动管理中心举行。比赛设置男子甲组 10 公里团体、女子甲组 10 公里团体、男子乙组 5 公里个人、女子乙组 5 公里个人、男子乙组 5 公里团体、女子乙组 5 公里团体 6 个组别，全省各市 6 支代表队的 83 名运动员参赛。

最终决出 6 枚金牌。其中，青岛队获 3 枚金牌，济南队获 2 枚金牌，烟台队获 1 枚金牌。

2022 年 8 月 6 日，公开水域游泳决赛现场

游泳（公开水域）决赛名次一览表

表 8-81

项目	名次							
	第一名	第二名	第三名	第四名	第五名	第六名	第七名	第八名
男子甲组 10公里 团体赛	淄博市 张彦群 亚锦赛选拔赛 烟台市 8:20'16"	青岛市 8:29'06"	淄博市 4:31'14"	—	—	—	—	—
男子乙组 5公里 个人赛	刘培鑫 青岛市 55:53'0"	张展硕 青岛市 58:19'3"	王曦喆 淄博市 59:38'8"	孙欧俊翔 济南市 59:42'4"	吴明书 淄博市 59:45'0	王宗瑄 淄博市 59:46'6"	胡意隆 济南市 01:02'42"4	宋远祥 青岛市 01:03'19"0
男子乙组 5公里 团体赛	青岛市 4:01'57"	淄博市1队 4:04'56"	济南市 4:17'10"	淄博市3队 2:11'10"	淄博市2队 2:14'30"	—	—	—
女子甲组 10公里 团体赛	淄博市 王一淳 国家队集训 青岛市 08:47'49"7	济南市 09:19'34"5	烟台市 09:33'35"5	淄博市 04:50'16"0	—	—	—	—
女子乙组 5公里 个人赛	郭可馨 济南市 01:01'15"5	刘栎霖 济南市 01:01'44"0	王佳音 青岛市 01:01'49"6	余梓绮 淄博市 01:01'56"2	秦静雯 青岛市 01:04'06"4	田金珊 济南市 01:04'15"7	卢睿播 淄博市 01:04'53"1	王子琮 淄博市 01:04'57"7
女子乙组 5公里 团体赛	济南市 04:13'39"2	淄博市1队 04:16'52"0	青岛市 04:20'58"9	淄博市2队 02:14'31"6	淄博市3队 02:20'08"6	淄博市4队 02:26'46"0	—	—

竞赛委员会主任孟凡香、何文，执行主任马亮，副主任顾晓琳、李长军、卢伟、葛新、梅俊、闫伟、张涛、于西庆。

获得体育道德风尚奖运动队称号的是济南市、烟台市代表队，8 人获得体育道德风尚奖运动员称号，6 人获得体育道德风尚奖裁判员称号。

游泳（公开水域）决赛成绩一览表

表 8-82

队伍	金牌（枚）	银牌（枚）	铜牌（枚）	积分（分）
青岛市	3	2	2	94
淄博市	2	2	2	153
济南市	2	2	1	80

续表 8-82

队伍	金牌（枚）	银牌（枚）	铜牌（枚）	积分（分）
烟台市	1	0	1	23
合计	8	6	6	350

说明：淄博加计2金(亚锦赛选拔赛)

跳水　2022 年 8 月 10—14 日，二十五届省运会“恒丰银行杯”跳水决赛在日照市游泳中心跳水馆举行，全省 8 个市代表队的 102 名运动员参赛。比赛设置甲（A、B 组），乙（A、B、C、D 组）6 个组别，共产生 32 枚金牌。该届比赛新增两枚双人跳水金牌，并在年龄分组上更加细化。

2022 年 8 月 10 日，跳水决赛现场

游泳（跳水）决赛名次一览表

表 8-83　　单位：分

项目	名次							
	第一名	第二名	第三名	第四名	第五名	第六名	第七名	第八名
男子甲A组 双人跳台	刘承瓒 杨栩东 济南市 351.78	陈睿智 徐鑫洋 泰安市 186.21	胡政涛 罗念浩 淄博市 75.0	—	—	—	—	—
女子甲A组 双人跳台	梁恩群 王淇洪 济南市 246.42	王文祺 段林彤 济南市 67.2	郭晶晶 韩睿颖 淄博市 25.2	—	—	—	—	—
男子甲B组 双人跳台	陈康嘉 张来辉 济南市 179.55	李浩坤 刘禹涵 淄博市 18.6	宫子钊 臧晟成 淄博市 15.6	—	—	—	—	—
女子甲B组 双人跳台	傅亚婷 李美慧泽 淄博市 165.27	—	—	—	—	—	—	—

续表 8-83

项目	名次							
	第一名	第二名	第三名	第四名	第五名	第六名	第七名	第八名
男子甲A组双人3米板	刘承瓒 李鲲宇 济南市 279.99	陈睿智 徐鑫洋 泰安市 246.09	胡政涛 罗念浩 淄博市 71.4	—	—	—	—	—
女子甲A组双人3米板	陈奕彤 汪欣 淄博市 210.09	段林彤 王文祺 济南市 64.2	王子鑫 韩睿颖 淄博市 22.8	—	—	—	—	—
男子甲A组1米板	李鲲宇 济南市 278.9	刘承瓒 济南市 267.7	徐鑫洋 泰安市 262.9	胡政涛 淄博市 259.05	李俊杰 泰安市 237.75	李元凯 烟台市 229.05	毕晓峰 潍坊市 225.65	—
女子甲A组1米板	陈奕彤 淄博市 195.55	王淇洪 济南市 193.5	汪欣 淄博市 191.7	段林彤 济南市 42.5	王子鑫 淄博市 13.8	郭晶晶 淄博市 11.4	—	—
男子甲B组1米板	高嘉骏 济南市 313.4	陈康嘉 济南市 214.6	孙铄 烟台市 184.6	臧晟成 淄博市 8.45	李浩坤 淄博市 6.5	—	—	—
女子甲B组1米板	苏炜微 淄博市 284.3	李婧可 潍坊市 225.6	张博慧 泰安市 165.8	高熙妠 济南市 61.65	—	—	—	—
男子甲A组3米板	李鲲宇 济南市 361.3	李元凯 烟台市 289.1	杨栩东 济南市 288.65	李俊杰 泰安市 253.2	毕晓峰 潍坊市 236.15	—	—	—
女子甲A组3米板	王淇洪 济南市 221.4	汪欣 淄博市 190.05	王子鑫 淄博市 4.9	—	—	—	—	—
男子甲B组3米板	高嘉骏 济南市 267.75	纪佰荣 淄博市 232.7	刘禹涵 淄博市 6.0	—	—	—	—	—
女子甲B组3米板	李美慧泽 淄博市 263.7	傅亚婷 淄博市 241.9	张博慧 泰安市 166.8	—	—	—	—	—
男子乙B组1米板	崔汶硕 泰安市 176.7	王传尧 济南市 172.9	檀陈翔 淄博市 148.55	张芯棋 日照市(原济南市) 115.85	孟凡骏 烟台市 71.95	王力彬 烟台市 62.2	屈靖喆 济南市 43.6	—
女子乙B组1米板	栗彤尧 淄博市 186.7	刘紫涵 淄博市 179.4	刘锦萱 日照市(原济南市) 173.1	周博科 济南市 166.25	王依涵 济南市 160.05	王思齐 烟台市 150.6	刘筱杨 日照市(原济南市) 138.55	原宇轩 烟台市 134.8
男子乙A组1米板	马金杯 泰安市 235.85	朵思泉 济南市 204.1	赵熠诺 济南市 203.85	王俊皓 淄博市 147.5	—	—	—	—

续表 8-83

项目	名次							
	第一名	第二名	第三名	第四名	第五名	第六名	第七名	第八名
女子乙A组 1米板	王梦菡 济南市 173.85	任雨婷 烟台市 156.0	周艺笑 菏泽市 148.05	董依辰 日照市(原济南市) 141.8	赵亿霏 泰安市 138.95	谢梦缘 泰安市 116.7	赵亿霖 泰安市 59.1	—
男子甲A组 跳台	杨栩东 济南市 395.65	陈睿智 泰安市 375.95	毕晓峰 潍坊市 352.95	李俊杰 泰安市 267.6	罗念浩 淄博市 51.15	—	—	—
女子甲A组 跳台	梁恩群 济南市 268.9	陈奕彤 淄博市 233.1	王文祺 济南市 42.6	韩睿颖 淄博市 10.2	郭晶晶 淄博市 7.2	—	—	—
男子甲B组 5米台	纪佰荣 淄博市 240.85	张来辉 济南市 142.0	宫子钊 淄博市 3.9	—	—	—	—	—
女子甲B组 5米台	苏炜微 淄博市 331.7	李婧可 潍坊市 286.8	—	—	—	—	—	—
男子乙B组 5米台	王传尧 济南市 154.5	崔汶硕 泰安市 151.35	檀陈翔 淄博市 131.8	张芯棋 日照市(原济南市) 122.95	屈靖喆 济南市 40.7	—	—	—
女子乙B组 5米台	栗彤尧 淄博市 166.7	周博科 济南市 153.05	王依涵 济南市 138.5	刘筱杨 日照市(原济南市) 137.15	靳子萱 济南市 137.15	谭心瑶 烟台市 136.5	刘紫涵 淄博市 135.2	刘锦萱 日照市(原济南市) 134.05
男子乙A组 5米台	朵思泉 济南市 178.25	赵熠诺 济南市 160.7	马金杯 泰安市 133.3	王俊皓 淄博市 114.05	—	—	—	—
女子乙A组 5米台	周艺笑 菏泽市 173.0	王梦菡 济南市 154.7	任雨婷 烟台市 150.15	林嘉一 烟台市 146.8	董依辰 日照市(原济南市) 136.4	谢梦缘 泰安市 121.4	赵亿霏 泰安市 86.4	赵亿霖 泰安市 29.5
男子乙C组 1米板	刘宸宇 烟台市 160.15	刘正阳 济南市 149.0	杨镇豪 青岛市(原淄博市) 146.25	王冠力 淄博市 142.7	杨砚冰 青岛市(原淄博市) 142.25	王俊逸 济南市 134.5	吴德鑫 淄博市 125.55	朱茗亓 济南市 124.4
女子乙C组 1米板	高福媛 烟台市 168.55	李依依 淄博市 148.6	李梓萱 济南市 147.45	刘纯玺 济南市 137.45	王婧妍 济南市 136.2	俞企 淄博市 135.55	张云熙 青岛市(原淄博市) 134.95	于芝琳 烟台市 123.35

续表 8-83

项目	名次							
	第一名	第二名	第三名	第四名	第五名	第六名	第七名	第八名
男子乙C组5米台	王冠力 淄博市 137.9	杨镇豪 青岛市(原淄博市) 135.55	杨砚冰 青岛市(原淄博市) 133.75	朱茗亓 济南市 124.6	刘正阳 济南市 114.8	刘宸宇 烟台市 108.4	王俊逸 济南市 99.95	吴德鑫 淄博市 90.35
女子乙C组5米台	高福媛 烟台市 156.15	李梓萱 济南市 146.3	王婧妍 济南市 128.25	俞企 淄博市 127.4	李依依 淄博市 125.55	刘纯玺 济南市 120.05	张云熙 青岛市(原淄博市) 113.6	于芝琳 烟台市 112.8
男子乙D组个人全能	高永屹 日照市(原济南市) 190.45	梁瀚仁 烟台市 184.15	李钰潼 泰安市 164.25	邢家荣 烟台市 155.35	张淏睿 淄博市 152.75	张孜旭 淄博市 142.25	—	—
女子乙D组个人全能	苑舒娅茹 泰安市 182.4	赵廷菡 济南市 164.5	赵鲁粤 淄博市 153.55	李恩熙 淄博市 146.65	—	—	—	—

竞委会主任孟凡香、何文，执行主任马亮，副主任顾晓琳、李长军、王峰、卢伟、葛新、梅俊、闫伟、张涛、于西庆。

获得体育道德风尚奖运动队称号的是济南市、淄博市、日照市代表队，15 人获得体育道德风尚奖运动员称号，获得体育道德风尚奖裁判员称号的是刘海兰、李欣、韩玉。

游泳（跳水）决赛成绩统计表

表 8-84

队伍	金牌（枚）	银牌（枚）	铜牌（枚）	积分（分）
济南市	14.5	14	6.5	551
淄博市	10	7.5	13	510.5
泰安市	3	4	5	198
烟台市	3	3	2	168
菏泽市	1	0	1	23
日照市	0.5	0	0.5	39
潍坊市	0	2	1	46
青岛市	0	0.5	1	25.5
合计	32	31	30	1561

游泳　2022 年 8 月 29 日至 9 月 4 日，二十五届省运会“工商银行杯”游泳决赛在日照市游泳中心举行。游泳是该届省运会仅次于田径的第二大竞技运动项目，集结了全省 9~17

岁的优秀运动员，年龄分组上更加细化，参赛人数与队员整体水平不断提高，后备人才储备呈现较好发展态势。

比赛设置男女甲 A、甲 B、乙 A、乙 B、乙 C86 个项目，来自全省 15 个市的 608 名运动员参赛。该次比赛是日照游泳队首次参加省运会游泳项目比赛，经过两年多的艰苦备战，日照代表队实现省运会游泳项目奖牌“零”的突破，获得 1 枚铜牌。

2022 年 8 月 29 日，游泳比赛现场

游泳决赛名次一览表

表 8-85　　单位：分

项目	名次							
	第一名	第二名	第三名	第四名	第五名	第六名	第七名	第八名
男子甲A组 200米自由泳	王曦喆 淄博市 787	王昭博睿 济南市 612	栾凯歌 济南市 568	张凯铭 淄博市 549	时一 枣庄市 546	张航 烟台市 431	王墨涵 东营市 359	王克凯 泰安市 284
男子甲A组 400米自由泳	刘培鑫 青岛市 860	邱园凯 潍坊市 774	胡意隆 济南市 684	臧子豪 青岛市 647	栾凯歌 济南市 563	黄煜程 枣庄市 486	张铭麟 淄博市 464	—
男子甲A组 1500米自由泳	刘培鑫 青岛市 826	邱园凯 潍坊市 753	胡意隆 济南市 651	黄奕皓 临沂市 645	黄煜程 枣庄市 568	张铭麟 淄博市 508	张宏民 枣庄市 444	盛琨尧 枣庄市 387
男子甲A组 100米仰泳	宋远祥 青岛市 675	张陆 枣庄市 570	郑富源 济南市 549	张凯铭 淄博市 549	吴昊泽 淄博市 536	盛琨尧 枣庄市 410	步长昊 济宁市 376	—
男子甲A组 100米蛙泳	侯淏天 青岛市 710	王晨阳 潍坊市 546	崔忠俊杰 济南市 518	楚乐一 潍坊市 485	张航 烟台市 453	王墨涵 东营市 435	石俊杰 枣庄市 423	王克凯 泰安市 351

续表 8-85

项目	名次							
	第一名	第二名	第三名	第四名	第五名	第六名	第七名	第八名
男子甲A组 200米蛙泳	侯渼天 青岛市 746	崔忠俊杰 济南市 575	王晨阳 潍坊市 575	楚乐一 潍坊市 500	李骏宇 日照市 351	胡良骏 枣庄市 292	—	—
男子甲A组 100米蝶泳	王曦喆 淄博市 849	张珈瑜 烟台市 640	王昭博睿 济南市 626	曹维国 青岛市 602	时一 枣庄市 558	石俊杰 枣庄市 504	吴昊泽 淄博市 488	—
男子甲A组 400米个人混合泳	宋远祥 青岛市 694	曹维国 青岛市 640	张珈瑜 烟台市 598	臧子豪 青岛市 577	张陆 枣庄市 568	黄奕皓 临沂市 559	郑富源 济南市 479	张宏民 枣庄市 380
男子甲B组 100米自由泳	李启铭 潍坊市 754	赵一朴 潍坊市 715	王忆航 滨州市 704	郭嘉瑞 潍坊市 686	宋梓翔 淄博市 681	刘在钰 东营市 622	翟岚轩 淄博市 608	杨家贺 烟台市 594
男子甲B组 200米自由泳	李启铭 潍坊市 728	孙欧俊翔 济南市 716	郭嘉瑞 潍坊市 696	赵明浩 济南市 536	张锦浩 淄博市 535	孙枫珂 淄博市 470	李尚优 东营市 460	魏明宇 淄博市 425
男子甲B组 400米自由泳	张展硕 青岛市 870	王宗瑄 淄博市 751	于昕睿 潍坊市 748	谭旭阳 潍坊市 653	王俊丰 烟台市 563	崔树彬 淄博市 550	李漪冬 淄博市 510	李尚优 东营市 489
男子甲B组 1500米自由泳	张展硕 青岛市 840	王宗瑄 淄博市 770	于昕睿 潍坊市 762	刘耀杰 潍坊市 724	李嘉凯 东营市 540	李漪冬 淄博市 509	苏子尧 淄博市 484	仝林熙 东营市 433
男子甲B组 200米仰泳	孙铉贺 烟台市 669	刘耀杰 潍坊市 640	聂圣禾 青岛市 621	周思翰 烟台市 514	唐奕轩 济宁市 471	程浩庭 潍坊市 435	宋梓翔 淄博市 423	张东 临沂市 371
男子甲B组 100米蛙泳	刘俊杰 潍坊市 672	刘在钰 东营市 614	李祖翰 淄博市 595	刘浩宇 淄博市 544	张宇辰 潍坊市 537	王俊丰 烟台市 519	鞠潇桐 济南市 471	谢翔智 潍坊市 459
男子甲B组 200米蛙泳	刘俊杰 潍坊市 692	李祖翰 淄博市 519	曲文星 日照市 603	张宇辰 潍坊市 588	鞠潇桐 济南市 510	刘浩宇 淄博市 442	苏子尧 淄博市 432	孙铭涵 日照市 422
男子甲B组 200米蝶泳	陈梦翔 烟台市 682	翟岚轩 淄博市 672	谭旭阳 潍坊市 590	崔树彬 淄博市 557	刘路艺 淄博市 517	谢翔智 潍坊市 505	庞铭轩 潍坊市 414	张家瑞 济宁市 346
男子甲B组 200米个人混合泳	孙欧俊翔 济南市 680	陈梦翔 烟台市 672	王忆航 滨州市 666	赵一朴 潍坊市 665	聂圣禾 青岛市 621	孙铉贺 烟台市 584	杨家贺 烟台市 558	程浩庭 潍坊市 512
男子乙A组 400米自由泳	吴明书 淄博市 751	陈羿名 烟台市 699	孟川程 烟台市 640	王骏腾 青岛市 638	段昊禹 青岛市 636	杨凯力 潍坊市 624	翟一凡 烟台市 623	朱裕辰 青岛市 611

续表 8-85

项目	名次							
	第一名	第二名	第三名	第四名	第五名	第六名	第七名	第八名
男子乙A组 4×100米自由泳接力	陈羿名 姚李泽 翟一凡 李子龙 烟台市 644	杨凯力 孙昊翔 韩昱栋 王子涵 潍坊市 579	段昊禹 朱裕辰 王浩彦 王骏腾 青岛市 568	黄俊熠 周子新 张博森 吴明书 淄博市 510	靳易林 吴锦辉 张骋 周冠宇 枣庄市 498	—	—	—
男子乙A组 4X100米混合泳接力	李子龙 翟一凡 孟川程 陈羿名 烟台市 642	段昊禹 王骏腾 王浩彦 朱裕辰 青岛市 619	杨凯力 孙昊翔 马正林 王子涵 潍坊市 585	张博森 黄俊熠 周子新 吴明书 淄博市 427	周冠宇 张骋 吴锦辉 靳易林 枣庄市 422	—	—	—
男子乙A组 100米蛙泳单项	王骏腾 青岛市 13.0	翟一凡 烟台市 11.0	孙昊翔 潍坊市 10.0	张博傲 青岛市 9.0	冯煜鉴 青岛市 8.0	贾明睿 滨州市 7.0	马钰贺 烟台市 6.0	张博森 淄博市 5.0
男子乙B组 200米自由泳	何玉曙光 淄博市 628	孙宇廷 烟台市 577	刘悦葳 济南市 572	曲泓烁 青岛市 572	李鸿儒 烟台市 556	冯彦朗 青岛市 552	于珉浩 烟台市 528	梁天宇 泰安市 527
男子乙B组 4X100米自由泳接力	淄博市三队 566	烟台市 547	青岛市 529	淄博市 二队 472	济南市 459	枣庄市 398	淄博市 一队 371	东营市 366
男子乙B组 4X100米混合泳接力	烟台市 559	淄博市二队 501	青岛市 489	淄博市 三队 397	济南市 397	东营市 364	淄博市 一队 353	枣庄市 349
男子乙B组 8X50米自由泳接力	淄博市 13.0	烟台市 11.0	青岛市 10.0	—	—	—	—	—
男子乙C组 4X100米混合泳接力	青岛市 531	济南市 482	烟台市 458	淄博市 一队 418	潍坊市 378	威海市 363	淄博市 二队 347	淄博市三队 332
男子乙C组 8X50米自由泳接力	青岛市 13.0	济南市 11.0	淄博市 一队 10.0	烟台市 9.0	陈冠中 淄博市二队 8.0	威海市 7.0	潍坊市 6.0	淄博市 三队 5.0
男子乙C组 8X50米蛙泳接力	青岛市 13.0	烟台市 11.0	济南市 10.0	淄博市 一队 9.0	潍坊市 8.0	淄博市 二队 7.0	威海市 6.0	淄博市 三队 5.0
女子甲A组 200米自由泳	王佳音 青岛市 775	张瑜轩 烟台市 762	高原晨曦 淄博市 747	李昀曈 威海市 691	彭静旖 淄博市 680	于绍楠 烟台市 652	刘若钰 烟台市 634	于小艺 潍坊市 584
女子甲A组 400米自由泳	刘栎霖 济南市 759	战佳文 青岛市 751	李昀曈 威海市 728	彭静旖 淄博市 703	霍雨菲 济南市 701	张舒淇 烟台市 685	于绍楠 烟台市 649	方嘉瑶 济南市 551

续表 8-85

项目	名次							
	第一名	第二名	第三名	第四名	第五名	第六名	第七名	第八名
女子甲A组 800米自由泳	刘栎霖 济南市 726	张舒淇 烟台市 668	霍雨菲 济南市 645	王子琮 淄博市 604	王誉蓉 淄博市 386	—	—	—
女子甲A组 100米仰泳	战佳文 青岛市 749	李艺涵 淄博市 611	贾子瞳 东营市 505	王艺鹭 烟台市 501	郭泽坤 淄博市 352	—	—	—
女子甲A组 100米蛙泳	张凯悦 淄博市 683	朱晓彤 青岛市 641	王世涵 淄博市 622	秦静雯 青岛市 599	刘子桢 烟台市 568	逄淑婷 青岛市 525	袁喆俊曦 济南市 441	郭泽坤 淄博市 326
女子甲A组 200米蛙泳	王世涵 淄博市 701	张凯悦 淄博市 688	秦静雯 青岛市 650	朱晓彤 青岛市 636	刘子桢 烟台市 547	逄淑婷 青岛市 513	—	—
女子甲A组 100米蝶泳	吴欣桐 烟台市 750	高原晨曦 淄博市 697	张瑜轩 烟台市 697	刘若钰 烟台市 614	温欣宇 济南市 547	张零 东营市 547	王誉蓉 淄博市 415	王佳宜 东营市 408
女子甲A组 400米个人混合泳	王佳音 青岛市 797	王子琮 淄博市 593	温欣宇 济南市 570	李艺涵 淄博市 471	张零 东营市 464	—	—	—
女子甲B组 100米自由泳	李欣泽 济南市 746	韩力博 淄博市 705	张馨月 潍坊市 659	王子硕 枣庄市 640	郭晶晶 淄博市 574	李紫陌 青岛市 556	胡家玮 东营市 456	俞尔佳 日照市 390
女子甲B组 200米自由泳	卢睿璇 淄博市 718	范瑞雪 威海市 563	孙怡涵 枣庄市 559	邢奥雪 济南市 553	赵晗宇 淄博市 523	王欣玥 淄博市 517	刘昱彤 东营市 366	—
女子甲B组 400米自由泳	卢睿播 淄博市 760	张诗雅 潍坊市 638	王子鑫 淄博市 581	赵晗宇 淄博市 483	刘宇阳 枣庄市 477	王涵亿琳 济南市 433	徐炜尧 德州市 325	—
女子甲B组 800米自由泳	张熙悦 烟台市 767	卢睿播 淄博市 764	王子鑫 淄博市 578	刘宇阳 枣庄市 482	王子珊 青岛市 420	徐炜尧 德州市 337	马欣悦 枣庄市 292	—
女子甲B组 200米仰泳	王子硕 枣庄市 681	张熙悦 烟台市 661	邢奥雪 济南市 484	李紫陌 青岛市 419	王欣玥 淄博市 402	王子珊 青岛市 393	王涵亿琳 济南市 392	刘昱彤 东营市 369
女子甲B组 100米蛙泳	包梓煊 烟台市 605	李瑞一 淄博市 594	韩宜禾 济南市 589	龙仪 烟台市 579	张奥刘洋 淄博市 556	范瑞雪 威海市 551	贺紫玥 枣庄市 319	—
女子甲B组 200米蛙泳	曲佳凝 青岛市 752	龙仪 烟台市 612	李瑞一 淄博市 610	张奥刘洋 淄博市 566	韩宜禾 济南市 564	刘宇月 枣庄市 391	贺紫玥 枣庄市 329	马欣悦 枣庄市 328
女子甲B组 200米蝶泳	卢睿璇 淄博市 753	张诗雅 潍坊市 714	韩力博 淄博市 696	张芯语 青岛市 597	孙怡涵 枣庄市 461	胡家玮 东营市 395	—	—

续表 8-85

项目	名次							
	第一名	第二名	第三名	第四名	第五名	第六名	第七名	第八名
女子甲B组 200米个人混合泳	李欣泽 济南市 755	曲佳凝 青岛市 746	包梓煊 烟台市 677	张馨月 潍坊市 633	张芯语 青岛市 579	郭晶晶 淄博市 542	刘宇月 枣庄市 450	—
女子乙A组 200米自由泳	李香凝 淄博市 765	郑晓晨 烟台市 725	陈姿佃 青岛市 712	刘若萱 烟台市 705	时承锦 烟台市 681	司宝妍 淄博市 679	林雨嘉 烟台市 631	孙晓彤 青岛市 604
女子乙A组 4X100米混合泳接力	淄博市一队 654	青岛市 621	烟台市 575	淄博市 二队 486	潍坊市 469	济南市 455	东营市 443	淄博市三队 418
女子乙A组 4X100米自由泳接力	淄博市二队 03'55"59	烟台市 04'00"93	青岛市 04'11"28	淄博市 一队 04'17"56	济南市 04'19"10	潍坊市 04'23"14	东营市 04'34"41	—
女子乙A组 100米蛙泳单项	王璐 青岛市 11.0	段佳欣 滨州市 13.0	吴梦露 潍坊市 10.0	徐艺珊 淄博市 9.0	徐艺琳 东营市 8.0	姚一凡 东营市 7.0	张怡琳 潍坊市 6.0	王子欣艺 淄博市 5.0
女子乙B组 200米自由泳	李佳宣 淄博市 732	于珍珠 青岛市 732	隽晓琳 淄博市 688	陈梦露 烟台市 687	张雅舒 青岛市 646	王旭冉 青岛市 605	纪炎铠 青岛市 594	纪茹山 青岛市 590
女子乙B组 4X100米自由泳接力	淄博市一队 678	青岛市 664	烟台市 639	淄博市 二队 590	济南市 551	威海市 524	东营市 505	潍坊市 441
女子乙B组 4X100米混合泳接力	淄博市一队 654	青岛市 646	烟台市 636	淄博市 二队 572	济南市 473	东营市 467	威海市 464	潍坊市 415
女子乙B组 8X50米自由泳接力	淄博市一队 13.0	青岛市 11.0	烟台市 10.0	东营市 9.0	淄博市二队 8.0	潍坊市 7.0	—	—
女子乙C组 4X100米混合泳接力	烟台市 601	青岛市 589	济南市 521	淄博市 一队 496	滨州市 440	东营市 419	潍坊市 410	威海市 395
女子乙C组 8X50米自由泳接力	烟台市 13.0	青岛市 11.0	淄博市 二队 10.0	济南市 9.0	潍坊市 8.0	—	—	—
女子乙C组 8X50米蛙泳接力	青岛市 13.0	烟台市 11.0	济南市 10.0	淄博市 一队 9.0	潍坊市 8.0	—	—	—
男子乙A组 蛙泳全能成绩	王骏腾 青岛市 2700 13.0	翟一凡 烟台市 2437 11.0	孙昊翔 潍坊市 2253 10.0	张博傲 青岛市 1900 9.0	冯煜鉴 青岛市 1817 8.0	马钰贺 烟台市 1639 7.0	贾明睿 滨州市 1585 6.0	张玉睿 东营市 1377 5.0

续表 8-85

项目	名次							
	第一名	第二名	第三名	第四名	第五名	第六名	第七名	第八名
男子乙A组 自由泳全能 成绩	吴明书 淄博市 2727 13.0	王子涵 潍坊市 2222 11.0	张思宇 烟台市 2029 10.0	韩昱栋 潍坊市 1914 9.0	孙奥 枣庄市 1735 7.5	白杨天烁 济南市 1735 7.5	董隆玺 济宁市 1627 6.0	陈俊宇 潍坊市 1553 5.0
男子乙A组 仰泳全能成绩	段昊禹 青岛市 2619 13.0	杨凯力 潍坊市 2550 11.0	邵子航 青岛市 2244 10.0	周冠宇 枣庄市 2235 9.0	姚李泽 烟台市 2162 8.0	黄俊熠 淄博市 1858 7.0	王乐阳 青岛市 1567 6.0	王睿泽 济南市 1445 5.0
男子乙A组 蝶泳全能成绩	孟川程 烟台市 2514 13.0	陈羿名 烟台市 2505 11.0	张添瑞 临沂市 2144 10.0	邸若轩 济南市 2139 9.0	张高源 东营市 1975 8.0	张骋 枣庄市 1929 7.0	张皓翔 烟台市 1910 6.0	马正林 潍坊市 1894 5.0
男子乙A组 混合全能成绩	李子龙 烟台市 2856 13.0	周子辰 烟台市 2570 11.0	葛嘉平 威海市 2449 10.0	王一燃 青岛市 2213 9.0	王浩彦 青岛市 2204 8.0	靳易林 枣庄市 2202 7.0	吴锦辉 枣庄市 2178 6.0	周子新 淄博市 2032 5.0
男子乙B组 蛙泳全能成绩	何玉曙光 淄博市 2473 13.0	耿鹤轩 潍坊市 1950 11.0	韩金庭 潍坊市 1924 10.0	孙弘凯 青岛市 1828 9.0	高源 青岛市 1757 8.0	张敬涵 青岛市 1553 7.0	袁浩东 青岛市 1381 6.0	韩子信 东营市 1370 5.0
男子乙B组 自由泳全能 成绩	冯彦朗 青岛市 2146 13.0	于珉浩 烟台市 2093 11.0	梁天宇 泰安市 2074 10.0	高梓睿 淄博市 2066 9.0	刘昊东 淄博市 2049 8.0	刘悦葳 济南市 2044 7.0	吴传北 淄博市 2009 6.0	闻耕 枣庄市 1804 5.0
男子乙B组 仰泳全能成绩	孙宇廷 烟台市 2167 13.0	李子豪 青岛市 1786 11.0	李英豪 淄博市 1651 10.0	李星皓 烟台市 1550 9.0	于文乐 淄博市 153 1 8.0	朱明昊 青岛市 1527 7.0	王子勤 烟台市 1511 6.0	王泽晟 济南市 1463 5.0
男子乙B组 蝶泳全能成绩	曲泓烁 青岛市 2315 13.0	宋浩然 济南市 2007 11.0	粘津堂 烟台市 1940 10.0	刘好胜凯 淄博市 1920 9.0	陈宣亦 青岛市 1827 8.0	刘牧歆 青岛市 1717 7.0	张朝玺 菏泽市 1689 6.0	张玺硕 枣庄市 1660 5.0
男子乙B组 混合全能成绩	李鸿儒 烟台市 2568 13.0	李彦辰 烟台市 2369 11.0	王升华 东营市 2224 10.0	夏渤程 威海市 1990 9.0	赵秉泽 淄博市 1868 8.0	高泽堃 淄博市 1797 7.0	石鑫宇 淄博市 1791 6.0	司维晨 淄博市 1626 5.0
男子乙C组 蛙泳全能成绩	曾繁荣 济南市 1984 13.0	丁浚恩 青岛市 1962 11.0	宋政霖 烟台市 1847 10.0	陈泳成 青岛市 1 669 9.0	陈奕宁 济南市 1478 8.0	李明泽 潍坊市 1477 7.0	璩卓轩 青岛市 1468 6.0	吴泊岩 青岛市 1451 5.0
男子乙C组 自由泳全能 成绩	由浩翊 青岛市 2278 13.0	王立言 济南市 2041 11.0	李昱彤 淄博市 1996 10.0	王子木 济南市 1949 9.0	初禹希 威海市 1907 8.0	赵政 青岛市 1865 7.0	赵家鹤 淄博市 1711 6.0	王睿捷 淄博市 1591 5.0

续表 8-85

项目	名次							
	第一名	第二名	第三名	第四名	第五名	第六名	第七名	第八名
男子乙C组仰泳全能成绩	郑茂森 青岛市 2260 13.0	牟俊宇 青岛市 1859 11.0	孟繁川 青岛市 1791 10.0	姜佳彤 烟台市 1769 9.0	徐钰涵 烟台市 1727 8.0	王君昊 青岛市 1715 7.0	崔梓鸣 淄博市 1629 6.0	王浩煜 济南市 1605 5.0
男子乙C组蝶泳全能成绩	张渝林 烟台市 2076 13.0	刘嘉鹏 青岛市 2053 11.0	黄政凯 青岛市 1922 10.0	于越 烟台市 1753 9.0	王子涵 青岛市 1667 8.0	刘勇哲 济南市 1629 7.0	马宇翔 济南市 1576 6.0	冯梓棋 烟台市 1556 5.0
男子乙C组混合全能成绩	万子钰 济南市 2322 13.0	葛勇均 青岛市 2279 11.0	祁滨航 青岛市 2208 10.0	徐浩岩 淄博市 2172 9.0	王梓涵 青岛市 1940 8.0	宋雨宸 威海市 1915 7.0	郝经纬 烟台市 1899 6.0	郭泽远 济南市 1845 5.0
女子乙A组蛙泳全能成绩	段佳欣 滨州市 2676 13.0	王璐 青岛市 2665 11.0	吴梦露 潍坊市 2141 10.0	王璐妍 青岛市 2003 9.0	张怡琳 潍坊市 1740 8.0	王子欣艺 淄博市 1606 7.0	刘梦洳 淄博市 1430 6.0	—
女子乙A组自由泳全能成绩	刘若萱 烟台市 2583 6.5	时承锦 烟台市 2564 11.0	郑晓晨 烟台市 2556 10.0	司宝妍 淄博市 2522 9.0	徐艺珊 淄博市 2421 8.0	林雨嘉 烟台市 2353 7.0	孙晓彤 青岛市 2206 6.0	曹曰淇 滨州市 2160 5.0
女子乙A组仰泳全能成绩	孙铭霞 烟台市 2675 13.0	张靖涵 淄博市 2614 11.0	张艺格 青岛市 2085 10.0	崔湛然 潍坊市 1989 9.0	马尔晴 烟台市 1567 8.0	王静雨 淄博市 1480 7.0	曹子迪 淄博市 1445 6.0	戴泳蓥 德州市 1247 5.0
女子乙A组蝶泳全能成绩	李香凝 淄博市 2784 13.0	孙一诺 威海市 2349 11.0	王修袖 淄博市 2054 10.0	姚一凡 东营市 1896 9.0	朱思羽 青岛市 1859 8.0	米奕迪 济南市 1806 7.0	李雨轩 济南市 1779 6.0	王钧茹 淄博市 1402 5.0
女子乙A组混合全能成绩	陈姿佃 青岛市 3162 13.0	郑和苹 青岛市 2788 11.0	徐艺琳 东营市 2331 10.0	董茗鑫 青岛市 2294 9.0	蒋珂欣 东营市 2275 8.0	郑舒嘉 济南市 2217 7.0	冯子仪 淄博市 2145 6.0	王子奇 淄博市 2064 5.0
女子乙B组蛙泳全能成绩	邵靖淇 青岛市 2583 13.0	陈梦露 烟台市 2579 11.0	刘妍汐 烟台市 2307 10.0	张若琳 济南市 2181 9.0	丛文瑞 烟台市 2142 8.0	刘若涵 淄博市 2045 7.0	杜语诺 潍坊市 1959 6.0	刘璐瑶 滨州市 1763 5.0
女子乙B组自由泳全能成绩	隽晓琳 淄博市 2571 13.0	边姿嘉 淄博市 2530 11.0	李欣奕 烟台市 2319 10.0	杨佳丽娃 济南市 2296 9.0	王文瑄 青岛市 2198 8.0	纪茹山 青岛市 2184 7.0	王袁晨雅 烟台市 2157 6.0	李奕轩 东营市 2141 5.0
女子乙B组仰泳全能成绩	李佳宣 淄博市 2633 13.0	于珍珠 青岛市 2548 11.0	张雅舒 青岛市 2444 10.0	韩明希 烟台市 2280 9.0	路悠然 淄博市 2208 8.0	李悦辰 淄博市 2178 7.0	刘宇玲 威海市 1857 6.0	黄钰琭 威海市 1824 5.0

续表 8-85

项目	名次							
	第一名	第二名	第三名	第四名	第五名	第六名	第七名	第八名
女子乙B组蝶泳全能成绩	姜涵文 烟台市 2587 13.0	牛雨萱 潍坊市 2562 11.0	王旭冉 青岛市 2315 10.0	赵泽瑜 淄博市 2302 9.0	赵姝雅 青岛市 2300 8.0	肖昭和 青岛市 2179 7.0	丛子菡 济南市 2023 6.0	郑佳乐 东营市 1993 5.0
女子乙B组混合全能成绩	谭丁鑫 淄博市 3004 13.0	岳宜佳 青岛市 2783 11.0	马艺瑛 威海市 2459 10.0	任嘉怡 东营市 2281 9.0	巩俊萱 淄博市 2160 8.0	王乐怡 淄博市 2113 7.0	梁芮溪 淄博市 2004 6.0	孙韵涵 淄博市 1506 5.0
女子乙C组蛙泳全能成绩	柳茹涵 青岛市 2552 13.0	周柏希 青岛市 2031 11.0	曹逸萱 济南市 1918 10.0	刘卓霏 青岛市 1779 9.0	赵婉彤 烟台市 1743 8.0	王钰萱 济南市 1718 7.0	徐铭泽 烟台市 1708 6.0	范杨一诺 潍坊市 1652 5.0
女子乙C组自由泳全能成绩	王孙怡 烟台市 2217 13.0	赵迎桢 济南市 2100 11. 0	陈佳怡 青岛市 2013 10.0	赵陈妤儿 烟台市 1958 9.0	于可萌 烟台市 1859 8.0	兰博 青岛市 1844 7.0	王书仪 滨州市 1830 6.0	王梓涵 济南市 1818 5.0
女子乙C组仰泳全能成绩	孙铭阳 烟台市 2299 13.0	巴慧妍 青岛市 2206 11.0	李岳瑶 淄博市 2010 10.0	冯姝涵 淄博市 1959 9.0	杜鸥颖 济南市 1957 8.0	吴美桦 滨州市 1828 7.0	林彦如 烟台市 1785 6.0	尚文琪 青岛市 1737 5.0
女子乙C组蝶泳全能成绩	张芷菡 济南市 2164 13.0	王馨慧 青岛市 2143 11.0	刘牧之 烟台市 2101 10.0	董昱萱 淄博市 2089 9.0	夏丽然 济南市 2035 8.0	苗思彤 威海市 1925 7.0	王怡涵 东营市 1898 6.0	郭若然 滨州市 1686 5.0
女子乙C组混合全能成绩	李昕烨 烟台市 2786 13.0	王加可 济宁市 2641 11.0	范芝岐 枣庄市 2472 10.0	李祉萱 烟台市 2352 9.0	李文君 烟台市 2325 8.0	庄雯 青岛市 2291 7.0	李瞻彤 淄博市 2106 6.0	丰嘉悦 威海市 1971 5.0
团体成绩	淄博市 1320.00	青岛市 1195.00	烟台市 1023.50	济南市 637.00	潍坊市 562.00	枣庄市 275.50	东营市 257.50	威海市 153.00

竞赛委员会主任孟凡香、何文，执行主任马亮，副主任顾晓琳、李长军、卢伟、葛新、梅俊、闫伟、张涛、于西庆。

获得体育道德风尚奖运动队称号的是济南市、淄博市、日照市、烟台市、青岛市代表队，60 人获得体育道德风尚奖运动员称号，7 人获得体育道德风尚奖裁判员称号。

游泳决赛成绩一览表

表 8-86

队伍	金牌（枚）	银牌（枚）	铜牌（枚）	积分（分）
青岛市	28	23	16	1195
淄博市	24	14	14	1320
烟台市	20.5	22	16	1023.5
济南市	8	8	15	637

续表 8-85

队伍	金牌（枚）	银牌（枚）	铜牌（枚）	积分（分）
潍坊市	4	12	12	562
滨州市	1.5	1	2	111.5
枣庄市	1	1	2	275.5
威海市	0	2	3	153
东营市	0	1	3	257.5
济宁市	0	1	0	36
临沂市	0	0	1	31
日照市	0	0	1	28
泰安市	0	0	1	25
德州市	0	0	0	18
菏泽市	0	0	0	6
合计	87	85	86	5679

二十四、乒乓球

2022 年 8 月 15—29 日，二十五届省运会乒乓球决赛在日照高新文化体育中心举行。比赛根据选手年龄分为 6 个组别，产生 30 枚金牌。其中，前 3 个年龄相对较大的组别分别设男女团体、男女单打、男女双打 6 个小项，后 3 个年龄较小的组别。只设男女团体和男女单打，不设双打。全省各市的 14 支代表队、579 名运动员参赛，日照市代表队派出 30 名运动员参赛。

2022 年 8 月 15 日，乒乓球决赛现场

乒乓球决赛名次一览表

表 8-87

项目	名次							
	第一名	第二名	第三名	第四名	第五名	第六名	第七名	第八名
甲A男子团体	济宁市	淄博市	临沂市	东营市	济南市	青岛市	滨州市	—
甲A女子团体	青岛市	济南市	淄博市	济宁市	东营市	临沂市	枣庄市	—
甲A男子单打	杨明坤 威海市	吕东阳 济宁市	范子涵 东营市	张恩泽 济宁市	肖骐骏 淄博市	魏奕喆 淄博市	孙启轩 淄博市	王子瑞 济南市
甲A女子单打	王昕奕 青岛市	袁铭池 济宁市	刘怡然 青岛市	王楚涵 淄博市	刘梦凡 青岛市	刘凤智 济南市	李思萱 青岛市	蔡孟儒 东营市
甲A男子双打	魏奕喆 孙启轩 淄博市	张恩泽 于珺皓 济宁市	吕东阳 吴疆 济宁市	肖骐骏 赵泳铭 淄博市	于彭辉 陈兴达 威海市	刘泽辉 苏翔 临沂市	刘峻良 尹浩然 临沂市	—
甲A女子双打	李思萱 刘梦凡 青岛市	王昕奕 刘怡然 青岛市	王楚涵 殷子涵 淄博市	袁铭池 付玉洁 济宁市	刘凤智 李芯毅 济南市	赵茹玺 徐艺鸣 济南市	王科嘉 蔡孟儒 东营市	刘一诺 王潇妮 淄博市
甲B男子团体	济南市	临沂市	潍坊市	淄博市	德州市	济宁市	东营市	枣庄市
甲B女子团体	青岛市	淄博市	东营市	滨州市	济南市	济宁市	临沂市	—
甲B男子单打	王吉轩 德州市	康有德 济南市	王烁皓 济南市	王睿晨 临沂市	于宗平 青岛市	董金栋 潍坊市	宋浩男 烟台市	刘赞 济南市
甲B女子单打	丁怡婕 青岛市	王馨雅 滨州市	孙艺嘉 淄博市	冯怡璇 淄博市	郭欣瑶 东营市	展雨萱 青岛市	刘依诺 滨州市	袁佳艺 东营市
甲B男子双打	康有德 刘赞 济南市	孔令辉 王翰林 淄博市	王睿晨 邵一鑫 临沂市	王吉轩 王天佑 德州市	王烁皓 李佳铭 济南市	薛栋泽 王振龙 淄博市	张宇航 薛沣轩 济宁市	韩其琛 孙存壮 东营市
甲B女子双打	孙艺嘉 冯怡璇 淄博市	王馨雅 刘依诺 滨州市	丁怡婕 彭熙钰 青岛市	马奥冉 吴靖涵 淄博市	展雨萱 王乃佳 青岛市	马加蕙 王筱语 济南市	袁佳艺 王艺涵 东营市	郭欣瑶 李昀卓 东营市
乙A男子团体	济南市	淄博市	东营市	青岛市	潍坊市	临沂市	济宁市	烟台市
乙A女子团体	临沂市	青岛市	淄博市	东营市	济南市	威海市	枣庄市	—
乙A男子单打	马铭骏 济南市	刘宇棋 济南市	王衍林 济南市	孟子浩 济南市	唐乙仁 淄博市	马澜诚 潍坊市	牛政皓 潍坊市	韩亚璐航 潍坊市
乙A女子单打	王艺洁 临沂市	孙小蕾 临沂市	郭姝君 淄博市	王瑾萱 青岛市	刘曾瑜 淄博市	孙淇琪 临沂市	贺安琪 青岛市	田芮夕 东营市

续表 8-87

项目	名次							
	第一名	第二名	第三名	第四名	第五名	第六名	第七名	第八名
乙A男子双打	孙振瑜 刘禹辰 青岛市	蓝彦东 张铭显 东营市	唐乙仁 张睿鑫 淄博市	张浩宇 刘明杰 淄博市	牛政皓 韩亚璐航 潍坊市	马铭骏 孟子浩 济南市	王衍林 刘宇棋 济南市	温博安 吴秉轩 临沂市
乙A女子双打	王艺洁 孙小蕾 临沂市	王闰 孙淇琪 临沂市	郭姝君 刘曾瑜 淄博市	丛木子 杜佳琳 威海市	王瑾萱 刘思彤 青岛市	田瑞英 韦雨彤 淄博市	尚亮君 董以宁 济南市	高仙潼 翟乐天 济南市
乙B男子团体	淄博市	济南市	青岛市	潍坊市	滨州市	东营市	临沂市	济宁市
乙B女子团体	济南市	青岛市	潍坊市	临沂市	淄博市	东营市	日照市	烟台市
乙B男子单打	赵俊玮 济南市	刘峻玮 淄博市	马国梓 淄博市	丁凯盈 潍坊市	于海洋 济南市	郭浩宇 淄博市	张梓霖 青岛市	张兴熠 济南市
乙B女子单打	邵沁怡 青岛市	周钰璐 潍坊市	崔家棋 济南市	姜依依 青岛市	薛舒晴 济南市	周琦中 青岛市	韩欣冉 济南市	刘姿萱 淄博市
乙C男子团体	济南市	青岛市	济宁市	淄博市	潍坊市	东营市	临沂市	威海市
乙C女子团体	滨州市	青岛市	临沂市	济南市	东营市	潍坊市	淄博市	烟台市
乙C男子单打	赵臣泽 济南市	刘俊泽 济南市	周奕峰 青岛市	刘孟想 济宁市	曾令泽 青岛市	屈靖伟 济南市	杨子毅 济宁市	韩听洋 淄博市
乙C女子单打	周楚涵 济南市	张恬 青岛市	王绍晨 临沂市	王雅涵济 南市	孙若溪 滨州市	朱梓闻 临沂市	王钢清 东营市	刘子琪 青岛市
乙D男子团体	济南市	青岛市	济宁市	威海市	临沂市	东营市	淄博市	烟台市
乙D女子团体	青岛市	济宁市	威海市	日照市	济南市	淄博市	滨州市	东营市
乙D男子单打	金显辰 济南市	李明旭 青岛市	程松 临沂市	曲禹竹 威海市	王政儒 济南市	祝紫恒 临沂市	胡芳硕 济宁市	赵一辰 济宁市
乙D女子单打	张雅雯 济宁市	范怡然 济宁市	周玥彤 济南市	乌雅涵 济南市	赵怡婷 青岛市	王晨静 威海市	杜禹诺 威海市	王一诺 东营市

竞赛委员会主任孟凡香、孙运国，执行主任杜其文，副主任李允印、杨勇、尚作涛、卢伟、葛新、梅俊、崔久西。

获得体育道德风尚奖运动队称号的是淄博市、济南市、临沂市、青岛市、滨州市、东营市、日照市代表队，59 人获得体育道德风尚奖运动员称号，15 人获得体育道德风尚奖裁判员称号。

乒乓球决赛成绩统计表

表 8-88

队伍	金牌（枚）	银牌（枚）	铜牌（枚）	积分（分）
济南市	11	5	4	419
青岛市	8	8	4	351
淄博市	3	5	8	337
临沂市	3	3	5	219
济宁市	2	5	3	195
滨州市	1	2	0	78
威海市	1	0	1	83
德州市	1	0	0	30
东营市	0	1	3	170
潍坊市	0	1	2	105
烟台市	0	0	0	26
枣庄市	0	0	0	17
日照市	0	0	0	15
合计	30	30	30	2045

二十五、羽毛球

2022 年 8 月 22 日，羽毛球决赛现场

2022 年 8 月 22 日至 9 月 4 日，二十五届省运会“中国银行杯”羽毛球决赛在莒县体育馆举行。比赛按年龄分为 6 个组别，共产生 28 枚金牌。全省 14 个市的 525 名运动员参加比赛，东道主日照代表团派出 15 名运动员参赛。羽毛球决赛是该届省运会在莒县体育馆举办的所有赛事中时间跨度最长的比赛项目。

羽毛球决赛名次一览表

表 8-89

项目	名次							
	第一名	第二名	第三名	第四名	第五名	第六名	第七名	第八名
甲A男团	济南市	青岛市	枣庄市	济宁市	淄博市	泰安市	—	—
甲A女团	济南市	济宁市	滨州市	枣庄市	—	—	—	—
甲B男团	青岛市	济南市	淄博市	临沂市	枣庄市	潍坊市	东营市	泰安市
甲B女团	青岛市	济南市	淄博市	泰安市	—	—	—	—
乙A男团	青岛市	日照市	淄博市	临沂市	枣庄市	济南市	济宁市	东营市
乙A女团	青岛市	济宁市	滨州市	东营市	济南市	淄博市	威海市	泰安市
乙B男团	济南市	青岛市	淄博市	济宁市	潍坊市	德州市	临沂市	东营市
乙B女团	青岛市	东营市	济南市	淄博市	威海市	滨州市	潍坊市	枣庄市
乙C男团	青岛市	济南市	济宁市	烟台市	淄博市	潍坊市	滨州市	威海市
乙C女团	青岛市	济南市	东营市	威海市	淄博市	潍坊市	枣庄市	德州市
乙D男团	青岛市	济南市	东营市	淄博市	日照市	枣庄市	威海市	泰安市
乙D女团	青岛市	淄博市	济南市	烟台市	东营市	济宁市	威海市	潍坊市
甲A男单	牛铭羽 济南市	刘海东 济南市	吕良泉 青岛市	王锦程 青岛市	宋沛璟 青岛市	周润松 淄博市	杨硕 青岛市	孙钦泽宇 淄博市
甲A女单	张馨冉 济南市	张凯璇 济宁市	张子寒 济宁市	郭佳悦 济宁市	李子艺 滨州市	赵怡然 济南市	岳雨轩 滨州市	石思颖 济南市
甲A男双	徐化雨 张坤重 济南市	吕良泉 宋沛璟 青岛市	刘海东 孙宁泽 济南市	苟竣熙 王锦程 青岛市	郑煜川 沈汇卿 枣庄市	沈汇毅 陶维儒 枣庄市	韩承旭 王勃凯 泰安市	逄泽 杜锦江 潍坊市
甲A女双	张馨冉 石思颖 济南市	张凯璇 孟祥泽 济宁市	郭佳悦 刘智嘉 济宁市	赵怡然 孙玥 济南市	王稚楠 岳雨轩 滨州市	翟秋童 刘雯瑞 淄博市	黄丽洁 刘媛智 枣庄市	张力暄 于思淼 枣庄市
甲B男单	纪昆廷 青岛市	江首毅 济南市	李光皓 淄博市	李天诚 淄博市	邱康顺 济南市	钟骁羽 济南市	赵可嘉 济南市	杨天祎 青岛市

续表 8-89

项目	名次							
	第一名	第二名	第三名	第四名	第五名	第六名	第七名	第八名
甲B女单	姜婧 青岛市	李可心 青岛市	冯涵钰 济南市	任雪飞 青岛市	何舒旸 济南市	卞嘉琦 济南市	田若菡 青岛市	任卉洁 济南市
甲B男双	张力元 薛子煜 临沂市	钟骁羽 赵可嘉 济南市	李光皓 李天诚 淄博市	孙硕 杨鹏越 临沂市	杨天祎 殷伯龙 青岛市	牛鑫钰 孙北辰 淄博市	王传滨 袁子洋 潍坊市	严程耀 刘逸伦 枣庄市
甲B女双	任雪飞 李可心 青岛市	任卉洁 刘恬睿 济南市	田若菡 姜婧 青岛市	何舒旸 接楚晶 济南市	张文瑄 刘奕漩 临沂市	肖力畅 徐煜涵 淄博市	张蕴珂 路雅斐 泰安市	赵诗悦涵 李文硕 淄博市
乙A男单	刘轩卓 青岛市	孙启睿 青岛市	吕欣泽 青岛市	尹仇和 青岛市	詹城沣 枣庄市	李佳铭 青岛市	隋想 枣庄市	闫文煊 济宁市
乙A女单	汪一飞 青岛市	赵玥萱 滨州市	王致远 济宁市	赵梓涵 青岛市	袁清扬 东营市	徐以航 青岛市	叶子萱 青岛市	刘晓桐 济宁市
乙B男单	钟骐骏 济南市	郝子放 济南市	崔煜宸 济南市	苑喆宸 青岛市	杨博翔 潍坊市	李国瑞 淄博市	任俊旭 临沂市	黄钰宸 青岛市
乙B女单	于子萱 青岛市	欧阳逸霏 青岛市	熊懿 青岛市	刘思斯 济南市	张钰苒 青岛市	孙宁熙 淄博市	刘原辰 济南市	王孜悦 济南市
乙C男单	张文泽 济南市	焦一哲 潍坊市	王浩儒 淄博市	刘厚甫 济南市	李宸昊 青岛市	张倬赟 青岛市	刘洺瑄 枣庄市	迟泽茗 潍坊市
乙C女单	王柯然 济南市	俞秀晶 威海市	李孝珍 青岛市	刘览曲 青岛市	王语萌 淄博市	管悦竹 青岛市	王天晴 青岛市	王楚涵 济南市
乙D男单	阮盛一 青岛市	李锦鹏 东营市	李昆阳 青岛市	武宇宙 青岛市	李曙航 东营市	汤博文 青岛市	王博予 淄博市	—
乙D女单	姜淼淼 青岛市	翟雨乐 淄博市	吴昀潞 济宁市	张艺萱 潍坊市	李漫琳 烟台市	刘雅轩 淄博市	张炘然 东营市	杨心瑜 青岛市

竞赛委员会主任孟凡香、陈振华，执行主任杜其文，副主任李允印、杨勇、尚作涛、卢伟、葛新、梅俊、张民凯、牟耀文、兰庆硕、焦广良。

获得体育道德风尚奖运动队称号的是日照市、淄博市、青岛市、临沂市、滨州市代表队，53 人获得体育道德风尚奖运动员称号，9 人获得体育道德风尚奖裁判员称号。

羽毛球决赛成绩统计表

表 8-90

队伍	金牌（枚）	银牌（枚）	铜牌（枚）	积分（分）
济南市	3	3	1	99
青岛市	2	1	2	74
临沂市	1	1	2	96

续表 8-90

队伍	金牌（枚）	银牌（枚）	铜牌（枚）	积分（分）
日照市	0	1	1	64
滨州市	0	0	0	28
烟台市	0	0	0	9
潍坊市	0	0	0	7
威海市	0	0	0	6
合计	6	6	6	383

二十六、皮划艇

皮划艇（激流回旋） 2022 年 8 月 13—15 日，二十五届省运会皮划艇（激流回旋）决赛在日照市奥林匹克水上公园举行。激流回旋项目是首次作为正式比赛项目亮相省运会，全省 7 个市的 45 名运动员参赛。

比赛设置男子组单人皮艇、单人划艇，女子组单人皮艇、单人划艇，皮艇男女混合团体和划艇男女混合团体 6 个组别，共产生 6 枚金牌。

2022 年 8 月 13 日，激流回旋决赛现场

皮划艇（激流回旋）决赛名次一览表

表 8-91

项目	名次							
	第一名	第二名	第三名	第四名	第五名	第六名	第七名	第八名
男子单人划艇	王泽宇 潍坊市 102.20	朱博文 济南市 103.21	李欣恒 威海市 105.70	孙启皓 潍坊市 108.23	王天赐 潍坊市 112.02	赵坤 日照市 112.45	张心愿 济南市 114.12	刘国栋 淄博市 116.36

续表 8-91

项目	名次							
	第一名	第二名	第三名	第四名	第五名	第六名	第七名	第八名
女子单人划艇	许嘉琪 潍坊市 119.44	柏慧 日照市 123.00	卢佳音 济南市 124.90	李佳语 青岛市 128.20	曹景怡 济南市 148.61	赵雨欣 威海市 172.15	—	—
皮艇混合团体赛	济南市 115.45	潍坊市 120.69	济南市 121.11	青岛市 187.81	威海市 219.48	日照市 283.95	—	—
划艇混合团体赛	潍坊市 105.91	日照市 116.61	威海市 119.30	济南市 127.18	济南市 271.36	—	—	—
男子单人皮艇	张裕振 济南市 103.93	黄嗣兴 日照市 107.11	杨海成 日照市 111.99	周义翔 青岛市 112.28	高誉玮 威海市 117.30	宋忠航 济南市 124.25	刘天昌 淄博市 168.59	赵浩龙 潍坊市 172.31
女子单人皮艇	刘光原 淄博市 127.43	郭晓琳 济南市 129.67	徐新荣 济南市 129.77	樊紫珊 日照市 132.87	赵雨欣 威海市 145.16	潘雨梦 青岛市 149.18	许嘉琪 潍坊市 197.61	—

竞赛委员会主任孟凡香、何文，执行主任吴俐知，副主任张鹤、史绪鹏、卢伟、葛新、梅俊、闫伟、张涛、于西庆。

获得体育道德风尚奖运动队称号的是济南市、淄博市、潍坊市代表队，获得体育道德风尚奖运动员称号的共14人，获得体育道德风尚奖裁判员称号的是张守云、史忠一、孙静萍、孟帅、刘飞。

皮划艇（激流回旋）决赛成绩统计表

表 8-92

队伍	金牌（枚）	银牌（枚）	铜牌（枚）	积分（分）
潍坊市	3	1	0	78
济南市	2	2	3	116
淄博市	0.5	0	0	14.5
菏泽市	0.5	0	0	9.5
日照市	0	3	1	66
威海市	0	0	2	51
青岛市	0	0	0	34
合计	6	6	6	369

皮划艇（静水） 2022年8月20—24日，二十五届省运会“中铁二十三局集团杯”皮划艇（静水）决赛在日照市奥林匹克水上公园举行。全省14个市的361名运动员参赛，参赛艇数431

条，是历届省运会中参赛人数、参赛艇数最多的一届。

比赛根据运动员年龄段设置男女甲乙组 4 个组别，共产生 32 枚金牌。其中，烟台市代表队获 9 枚金牌，成为本次赛事最大赢家。日照市代表团派出 37 名运动员参加比赛，共获金牌 3 枚、银牌 4 枚、铜牌 4 枚，团体总分排名第六。

2022 年 8 月 20 日，皮划艇决赛现场

皮划艇（静水）决赛名次一览表

表 8-93

项目	名次							
	第一名	第二名	第三名	第四名	第五名	第六名	第七名	第八名
男子甲组200米单人皮艇	杨忠烨 潍坊市 00'46"028	崔安格 淄博市 00'46"203	赵法壮 济宁市 00'46"293	孙浩 枣庄市 00'46"973	逄硕 青岛市 00'48"611	黄杰 日照市 00'48"896	孙嘉 潍坊市 00'40"852	孔轩 滨州市 00'41"422
男子甲组500米双人皮艇	王嘉伟 李新晨 烟台市 01'46"687	杨忠烨 李宜民 潍坊市 01'47"024	吕文镝 姜诗波 淄博市 01'48"339	赵法壮 周甲一 济宁市 01'49"602	黄杰 何绪金 日照市 01'50"212	刘志东 孔轩 滨州市 01'52"484	张小菲 李显江 烟台市 01'41"787	刁俊琪 王晓阳 青岛市 01'41"990
男子甲组500米单人划艇	高玉涛 青岛市 01'59"111	周庆高 日照市 02'03"178	李霄坤 日照市 02'05"078	王春阳 烟台市 02'07"506	王建堃 济南市 02'08"683	史振辉 青岛市 02'13"611	赵秀才 滨州市 02'03"013	戚超 临沂市 02'05"985
男子甲组1000米单人皮艇	李昊轩 烟台市 04'21"608	马飞 济南市 04'23"381	孙嘉 潍坊市 04'26"503	董方旭 青岛市 04'34"126	吕文镝 淄博市 04'35"261	刘志东 滨州市 04'36"948	王宁 济宁市 03'51"139	臧文军 潍坊市 04'02"022
男子甲组1000米单人划艇	周庆高 日照市 04'49"162	李霄坤 日照市 04'49"589	高玉坤 青岛市 04'51"714	党永杰 淄博市 04'54"044	朱俊科 潍坊市 05'02"182	王建堃 济南市 05'11"322	王春阳 烟台市 04'07"748	侯建军 潍坊市 04'19"732

续表 8-93

项目	名次							
	第一名	第二名	第三名	第四名	第五名	第六名	第七名	第八名
男子甲组1000米双人皮艇	马高亭 李昊轩 烟台市 04'07"201	亢丕志 马飞 济南市 04'11"158	孔砾莹 刘冠廷 济宁市 04'12"078	葛宝启 王连资 青岛市 04'13"066	臧文军 杨新德 潍坊市 04'20"561	李佳鑫 于润田 烟台市 04'26"358	赵明挚 徐伟佳 潍坊市 03'31"971	孙詹寓 刘永翔 日照市 03'39"561
男子甲组1000米双人划艇	高玉坤 高玉涛 青岛市 04'34"694	党永杰 王子祈 淄博市 04'42"509	史振辉 徐乃鑫 青岛市 04'42"711	朱俊科 孙长圣 潍坊市 04'51"909	杜世坤函 丁畅 日照市 04'52"761	赵秀才 姜诏轩 滨州市 04'57"001	马玉阳 刘有涵 济南市 03'58"164	王铭 闫泓滋 潍坊市 04'02"322
男子甲组500米四人皮艇	王嘉伟 张小菲 李新晨 马高亭 烟台市 01'33"492	杨新德 徐伟佳 刘晨曦 刘羽 潍坊市 01'34"537	王宁 孔砾莹 周甲一 刘冠廷 济宁市 01'34"950	李宜民 赵明挚 吕鑫 张志鹏 潍坊市 01'35"477	李佳鑫 李显江 马贵国 于润田 烟台市 01'35"905	逄硕 葛宝启 王连资 董方旭 青岛市 01'37"472	王晓阳 张超 朱晓龙 陈凯先 青岛市 01'39"082	赵鑫 赵广润 刘子昂 李复兴 枣庄市 01'39"489
女子甲组200米单人皮艇	李佳音 青岛市 00'51"134	姜萍萍 烟台市 00'51"501	马红杰 滨州市 00'53"029	翟鑫钰 淄博市 00'55"318	王梦琪 济宁市 00'56"766	徐子涵 日照市 00'58"744	郝佳乐 潍坊市 00'48"984	阎敏慧 烟台市 00'49"030
女子甲组200米单人划艇	宋怡彤 菏泽市 01'03"313	王晨爽 日照市 01'05"023	杨李智 济南市 01'06"968	张雅淇 淄博市 01'07"125	张皓洋 淄博市 01'07"799	张兴月 滨州市 01'08"990	张润双 日照市 00'53"501	张笑妍 青岛市 00'54"719
女子甲组200米双人皮艇	张惠颖 赵越 日照市 00'50"429	闫梦茹 赵静萍 济宁市 00'53"465	王天祎 李蕊 济南市 00'56"370	薛辛茹 沈娜 枣庄市 00'58"210	邱孟扬子 车郑文宝 淄博市 00'59"435	—	—	—
女子甲组500米单人皮艇	李佳音 青岛市 02'03"683	姜萍萍 烟台市 02'04"683	张紫怡 潍坊市 02'08"831	闫梦茹 济宁市 02'10"061	张璐 青岛市 02'10"421	阎敏慧 烟台市 02'12"726	翟诗语 淄博市 02'11"688	孙雪 日照市 02'11"933
女子甲组500米单人划艇	李成琳 日照市 02'29"108	宋怡彤 菏泽市 02'32"315	耿思惠 淄博市 02'33"130	张笑妍 青岛市 02'33"183	张兴月 滨州市 02'40"498	张皓洋 淄博市 02'44"788	张润双 日照市 02'26"937	孙淑娇 潍坊市 02'30"443
女子甲组500米双人皮艇	张嘉颖 陶馨燕 潍坊市 02'02"304	刘春佳 林晓婷 青岛市 02'03"471	张惠颖 赵越 日照市 02'04"321	赵静萍 王梦琪 济宁市 02'06"086	徐子涵 孙雪 日照市 02'06"394	王天祎 李蕊 济南市 02'06"634	张梦涵 杨亚杰 滨州市 02'03"792	—
女子甲组500米双人划艇	杨李智 杨李慧 济南市 02'13"928	耿思惠 张雅淇 淄博市 02'14"058	李成淋 王晨爽 日照市 02'16"151	任巧宇 周婧雯 淄博市 02'41"131	王晨阳 付滏 济宁市 02'52"788	—	—	—

续表 8-93

项目	名次							
	第一名	第二名	第三名	第四名	第五名	第六名	第七名	第八名
女子甲组500米四人皮艇	张嘉颖 陶馨燕 张紫怡 郝佳乐 潍坊市 01'47"109	刘春佳 林晓婷 仲蕾 张璐 青岛市 01'48"404	翟诗语 翟鑫钰 邱孟扬子 车郑文宝 淄博市 01'54"797	马红杰 张梦涵 杨亚杰 赵文硕 滨州市 01'56"044	—	—	—	—
男子乙组200米单人皮艇	王金伟 临沂市 00'46"898	崔浩 济南市 00'47"213	王梓洋 潍坊市 00'49"983	张翰宇 淄博市 00'50"171	常烁 滨州市 00'51"033	倪毓庆 济宁市 00'51"041	公维浩 临沂市 00'43"592	刘潇铖 日照市 00'44"041
男子乙组500米单人皮艇	王金伟 临沂市 01'51"226	崔浩 济南市 01'51"751	王梓洋 潍坊市 01'54"261	高栓起 青岛市 01'54"981	徐壮 滨州市 01'58"318	刘立业 东营市 02'00"306	胡政业 青岛市 01'56"229	王国奥 潍坊市 01'59"690
男子乙组500米双人皮艇	史新耀 牟同泽 青岛市 01'48"085	孔德银 殷富豪 济南市 01'50"682	王宗飞扬 任锦隆 淄博市 01'51"372	潘铎 韩博航 青岛市 01'55"525	韩义超 肖春雨 滨州市 01'57"132	潘冠霖 井泓皓 日照市 01'57"455	张建申 张天驰 济南市 01'46"408	孙亦阳 王浩然 济宁市 01'50"055
男子乙组1000米单人皮艇	邵程阳 潍坊市 04'27"023	宋志远 青岛市 04'30"983	韩腾 青岛市 04'32"888	何宇航 济南市 04'33"173	秦明宇 济南市 04'35"568	纪泓宇 东营市 04'53"403	贾凯丞 潍坊市 04'04"227	荆鎏溟 淄博市 04'10"717
男子乙组1000米单人划艇	宋宇恒 烟台市 04'27"938	范文杰 滨州市 04'31"475	张浩哲 日照市 04'39"635	尚可昊 淄博市 04'43"280	李彦翰 潍坊市 04'45"185	郭吉祥 淄博市 04'45"350	郝江文 烟台市 04'33"904	刘子硕 济南市 04'36"412
男子乙组1000米双人皮艇	史新耀 牟同泽 青岛市 03'43"006	初冠楠 郭原里 烟台市 03'45"876	马昀硕 秦明宇 济南市 03'52"709	杜敦祥 杜敦瑞 潍坊市 03'53"204	潘冠霖 井泓皓 日照市 03'56"336	唐茂 于仕孟 威海市 04'13"796	潘铎 韩博航 青岛市 03'44"352	于政源 田家豪 潍坊市 03'49"697
男子乙组1000米双人划艇	尚可昊 郭吉祥 淄博市 04'49"715	张浩哲 王一鸣 日照市 04'51"557	戚宝帅 乔嘉林 青岛市 04'56"882	高振宝 高增 济南市 04'59"805	卢玺皓 徐梓翔 淄博市 05'10"845	于海彬 胡子航 济南市 05'25"530	牟凌霄 刘嘉琪 威海市 04'17"363	丁新礼 尹旺豪 青岛市 04'26"030
男子乙组1000米四人皮艇	刘洪积 韩腾 高栓起 宋志远 青岛市 03'43"975	孔德银 马昀硕 何宇航 殷富豪 济南市 03'44"200	邵程阳 杜敦祥 杜敦瑞 王家熙 潍坊市 03'54"467	初冠楠 郭原里 李子麟 吴东霖 烟台市 03'58"055	姜阳光 栾景杨 周汝琥 陈嘉乐 烟台市 04'07"427	唐茂 王贵阳 姜润康 于仕孟 威海市 04'19"457	孙亦阳 王浩然 倪毓庆 杨超群 济宁市 03'24"927	韩义超 肖春雨 徐壮 常烁 滨州市 03'30"630
女子乙组200米单人皮艇	杨梦圆 济宁市 00'52"763	杨小容 威海市 00'53"028	丁相嫣 潍坊市 00'53"084	刘心蕊 济南市 00'56"232	刘菲 日照市 00'57"992	王艺晓 济南市 01'02"097	刘亚妮 潍坊市 00'48"912	刘航 青岛市 00'51"294

续表 8-93

项目	名次							
	第一名	第二名	第三名	第四名	第五名	第六名	第七名	第八名
女子乙组500米单人皮艇	张鲁茜 济南市 02'02"559	杨梦圆 济宁市 02'05"234	程子怡 济南市 02'10"809	张潇文 威海市 02'11"377	毕依菲 烟台市 02'11"849	王清怡 威海市 02'18"522	臧一 潍坊市 02'13"270	西璇萌 东营市 02'15"027
女子乙组500米单人划艇	徐萌婕 烟台市 02'27"685	韩雯琪 烟台市 02'32"868	胡静云 淄博市 02'33"100	寇琳婕 淄博市 02'33"325	李昕颖 日照市 02'34"648	庞宏蕾 济南市 02'41"040	徐远硕 济南市 02'27"451	崔梦莹 潍坊市 02'29"662
女子乙组500米双人皮艇	赵梓彤 刘亚楠 潍坊市 02'05"580	曲建华 吕明欣 青岛市 02'09"438	王涵焜 张雅妮 枣庄市 02'12"908	张美慧 隋家淇 威海市 02'14"420	王萌 耿天琪 济宁市 02'17"008	王艺晓 贾宁 济南市 02'25"103	郑炎妮 赵芯稼 威海市 02'09"637	黄浩悦 范晓晗 滨州市 02'09"667
女子乙组1000米单人皮艇	周月欣 烟台市 04'45"694	张鲁茜 济南市 04'55"639	毕依菲 烟台市 05'13"144	王涵焜 枣庄市 05'17"824	宋丽丽 潍坊市 05'21"859	刘菲 日照市 05'23"734	刘鹏云 东营市 04'39"074	王清怡 威海市 04'40"376
女子乙组1000米单人划艇	徐萌婕 烟台市 05'52"557	寇琳婕 淄博市 06'04"002	韩雯琪 烟台市 06'08"717	胡静云 淄博市 06'08"807	李昕颖 日照市 06'29"999	徐远硕 济南市 06'41"677	崔梦莹 潍坊市 05'08"438	刘冉 威海市 05'09"998
女子乙组1000米双人皮艇	周月欣 刘瀚聪 烟台市 04'31"231	程子怡 刘心蕊 济南市 04'40"878	胡雅雯 车有双 青岛市 04'42"781	张冰冰 王锦铧 威海市 04'43"423	韩慧瑶 贾雪萍 潍坊市 04'55"548	刘鹏云 西璇萌 东营市 05'13"731	颜若伶 孙佳欣 烟台市 04'18"556	赵树洁 徐宁晗 潍坊市 04'40"484
女子乙组1000米四人皮艇	胡雅雯 曲建华 吕明欣 车有双 青岛市 03'48"018	张冰冰 王锦铧 张潇文 杨小容 威海市 03'48"168	丁相嫣 赵梓彤 刘亚楠 韩慧瑶 潍坊市 03'53"875	刘瀚聪 王熙慧 颜若伶 孙佳欣 烟台市 03'54"790	贾雪萍 宋丽丽 刘亚妮 臧一 潍坊市 04'00"573	郑炎妮 张美慧 赵芯稼 隋家淇 威海市 04'16"358	朐佳丽 黄浩悦 范晓晗 刘佳慧 滨州市 04'00"548	王萌 耿天琪 李思甜 郑淑琪 济宁市 04'03"986

竞赛委员会主任孟凡香、何文，执行主任吴俐知，副主任张鹤、史绪鹏、卢伟、葛新、梅俊、闫伟、张涛、于西庆。

获得体育道德风尚奖运动队称号的是日照市、潍坊市、青岛市、济南市、滨州市代表队，40 人获得体育道德风尚奖运动员称号，6 人获得体育道德风尚奖裁判员称号。

皮划艇（静水）决赛成绩统计表

表 8-94

队伍	金牌（枚）	银牌（枚）	铜牌（枚）	积分（分）
烟台市	9	4	2	275
青岛市	8	4	5	311
潍坊市	5	2	7	314

续表 8-94

队伍	金牌（枚）	银牌（枚）	铜牌（枚）	积分（分）
日照市	3	4	4	234
济南市	2	8	4	269
临沂市	2	0	0	37
淄博市	1	4	5	236
济宁市	1	2	3	145
菏泽市	1	1	0	24
威海市	0	2	0	99
滨州市	0	1	1	123
枣庄市	0	0	1	42
东营市	0	0	0	32
合计	32	32	32	2141

二十七、射箭

2022 年 8 月 25—29 日，二十五届省运会射箭决赛在日照山海天旅游度假区山东国医职业学院体育场举行。比赛根据运动员参赛年龄、性别分为男子甲组、男子乙组、女子甲组、女子乙组 4 个组别，设置近距离单项、单轮全能个人、单轮全能团体等 26 个竞赛项目。全省 11 个市代表队的 153 名运动员参赛。

2022 年 8 月 25 日，射箭决赛现场

射箭决赛名次一览表

表 8-95

单位：环

项目	名次							
	第一名	第二名	第三名	第四名	第五名	第六名	第七名	第八名
女子乙组 个人单轮全能	刘妍秀 青岛市 1356	徐籽倩 青岛市 1328	宋盈秀 泰安市 1321	王馨 青岛市 1315	张雅宁 泰安市 1311	苏涵 济南市 1309	卢振涵 济南市 1304	朱鑫玉 济南市 1303
女子乙组 单轮全能团体	刘妍秀 徐籽倩 王馨 周佳媛 青岛市 3999	苏涵 卢振涵 朱鑫玉 张晓冉 济南市 3916	宋盈秀 张雅宁 王嘉乐 周姁姁 泰安市 3899	李文宇 王璐瑶 任倩君 张雯锦 烟台市 3776	刘珂馨 杨雅晴 王湘怡 魏子涵 淄博市 3768	高宇菲 孙馨悦 田玉娇 谷尉平 威海市 3720	李佳依 宋欣铭 吕美澄 日照市 3649	付钰淇 伊雪 隋雨含 黄月新 潍坊市 3561
女子乙组 个人60米排名赛	刘妍秀 青岛市 677	宋盈秀 泰安市 666	徐籽倩 青岛市 657	王馨 青岛市 655	张雅宁 泰安市 653	苏涵 济南市 650	高宇菲 威海市 639	朱鑫玉 济南市 636
女子乙组 个人近距离单项	刘妍秀 青岛市 679	徐籽倩 青岛市 671	卢振涵 济南市 668	朱鑫玉 济南市 667	李佳依 日照市 660	李文宇 烟台市 660	王馨 青岛市 660	苏涵 济南市 659
女子乙组 个人淘汰赛	刘妍秀 青岛市	卢振涵 济南市	宋盈秀 泰安市	张雅宁 泰安市	徐籽倩 青岛市	朱鑫玉 济南市	李文宇 烟台市	刘珂馨 淄博市
女子乙组团体 淘汰赛	刘妍秀 王馨 徐籽倩 青岛市	苏涵 卢振涵 朱鑫玉 济南市	王嘉乐 张雅宁 宋盈秀 泰安市	杨雅晴 刘珂馨 王湘怡 淄博市	任倩君 张雯锦 李文宇 烟台市	高宇菲 孙馨悦 田玉娇 威海市	吕美澄 李佳依 宋欣铭 日照市	伊雪 付钰淇 隋雨含 潍坊市
女子乙组 混合团体 淘汰赛	刘妍秀 陈泊宏 青岛市	宋盈秀 彭仕泽 泰安市	李文宇 高嘉奇 烟台市	李佳依 杨梓涵 日照市	苏涵 王庆辰 济南市	付钰淇 闫鼎贺 潍坊市	高宇菲 毕艺峰 威海市	刘珂馨 王闻肇 淄博市
男子乙组 个人单轮全能	王闻肇 淄博市 1339	武瀚 泰安市 1339	王庆辰 济南市 1338	陈泊宏 青岛市 1335	闫鼎贺 潍坊市 1335	彭仕泽 泰安市 1333	石山宗 济南市 1332	周冠宇 济南市 1331
男子乙组 单轮全能团体	王庆辰 石山宗 周冠宇 佟鑫 济南市 4001	陈泊宏 彭峰 赵鹏 施增瑞 青岛市 3942	武瀚 彭仕泽 何长远 梁翼飞 泰安市 3933	陈嘉维 王洪琛 吴志恒 杨雨硕 滨州市 3913	闫鼎贺 苗鑫 黄志伟 杜明泽 潍坊市 3889	杨梓涵 孙浩 范恩帅 蒋嘉铭 日照市 3850	高嘉奇 蔡其安 蔡铭涛 张中昊 烟台市 3843	王闻肇 娄济鹏 许文豪 仇新然 淄博市 3826
男子乙组 个人 60 米 排名赛	陈泊宏 青岛市 665	石山宗 济南市 664	彭仕泽 泰安市 663	武瀚 泰安市 663	王庆辰 济南市 661	闫鼎贺 潍坊市 660	周冠宇 济南市 659	王闻肇 淄博市 657
男子乙组 个人近距离单项	王闻肇 淄博市 682	王庆辰 济南市 677	武瀚 泰安市 676	闫鼎贺 潍坊市 675	陈嘉维 滨州市 674	周冠宇 济南市 672	彭仕泽 泰安市 670	陈泊宏 青岛市 670

续表 8-95

项目	名次							
	第一名	第二名	第三名	第四名	第五名	第六名	第七名	第八名
男子乙组 个人淘汰赛	王闻肇 淄博市	彭仕泽 泰安市	陈治宏 青市岛	武瀚 泰安市	吴志恒 滨州市	闫鼎贺 潍坊市	石山宗 济南市	周冠宇 济南市
男子乙组 团体淘汰赛	王庆辰 周冠宇 石山宗 济南市	陈治宏 赵鹏 彭峰 青岛市	吴志恒 陈嘉维 王洪琛 滨州市	武瀚 何长远 彭仕泽 泰安市	蔡铭涛 高嘉奇 蔡其安 烟台市	杨梓涵 范恩帅 孙浩 日照市	苗鑫 闫鼎贺 黄志伟 潍坊市	许文豪 娄济鹏 王闻肇 淄博市
女子甲组 个人单轮全能	祀梦泽 济南市 1335	杨美怡 威海市 1335	吴子涵 泰安市 1325	刘晨 青岛市 1281	李易珂 潍坊市 1260	赵千烨 淄博市 1252	于晓静 青岛市 1250	孙明珠 济南市 1249
女子甲组 单轮全能团体	祀梦泽 孙明珠 王晓青 赵美琪 济南市 3797	刘晨 于晓静 牟雨阳 苏硕 青岛市 3779	杨美怡 徐亚宁 冼荣荣 李彦君 威海市 3685	李易珂 武欣怡 綦子彤 韩静怡 潍坊市 3608	吴子涵 孙凤仪 张佳钰 泰安市 3581	赵千烨 许慧晏 王锦华 淄博市 2913	—	—
女子甲组 个人 70 米排名赛	吴子涵 泰安市 663	祀梦泽 济南市 663	杨美怡 威海市 662	刘晨 青岛市 625	李易珂 潍坊市 623	孙明珠 济南市 618	牟雨阳 青岛市 606	苏硕 青岛市 605
女子甲组 个人近距离单项	杨美怡 威海市 673	祀梦泽 济南市 672	吴子涵 泰安市 662	刘晨 青岛市 656	于晓静 青岛市 650	赵千烨 淄博市 648	丁豪娜 烟台市 646	牟雨阳 青岛市 642
女子甲组 个人淘汰赛	杨美怡 威海市	王晓青 济南市	赵千烨 淄博市	牟雨阳 青岛市	祀梦泽 济南市	吴子涵 泰安市	苏硕 青岛市	贾露菲 济宁市
女子甲组 团体淘汰赛	杨美怡 冼荣荣 徐亚宁 威海市	王晓青 祀梦泽 孙明珠 济南市	牟雨阳 刘晨 苏硕 青岛市	綦子彤 李易珂 武欣怡 潍坊市	吴子涵 孙凤仪 张佳钰 泰安市	赵千烨 许慧晏 王锦华 淄博市	—	—
女子甲组 混合 团体淘汰赛	杨美怡 杨嘉炜 威海市	祀梦泽 李梦麒 济南市	赵千烨 王麟骅 淄博市	刘晨 王皓楠 青岛市	丁豪娜 盖东昊 烟台市	吴子涵 万子文 泰安市	李易珂 张成 潍坊市	吴晓晗 王子杰 日照市
男子甲组 个人单轮全能	李梦麒 济南市 1356	王麟骅 淄博市 1349	盖东昊 烟台市 1323	于浩泽 济南市 1322	崔文凯 烟台市 1303	王皓楠 青岛市 1301	王艺衡 烟台市 1301	董家赫 济南市 1290
男子甲组 单轮全能团体	李梦麒 于浩泽 董家赫 冀玉渲 济南市 3968	盖东昊 崔文凯 王艺衡 麻斌宸 烟台市 3927	王麟骅 周桢杰 王希豪 张孝哲 淄博市 3905	王皓楠 赵叙凯 王轩羿 柳金魁 青岛市 3851	王子杰 王毅硕 王振宇 杨健珑 日照市 3806	张成 管祥宇 刘春迪 邵长治 潍坊市 3802	万子文 郑延钊 刘淑豪 泰安市 3703	王雪洋 蒋舸 赵功博 李恪豪 济宁市 3576

续表 8-95

项目	名次							
	第一名	第二名	第三名	第四名	第五名	第六名	第七名	第八名
男子甲组个人 70 米排名赛	李梦麒 济南市 666	王麟骅 淄博市 660	盖东昊 烟台市 648	于浩泽 济南市 639	王子杰 日照市 637	王皓楠 青岛市 637	周桢杰 淄博市 633	董家赫 济南市 632
男子甲组个人近距离单项	李梦麒 济南市 690	王麟骅 淄博市 689	于浩泽 济南市 683	崔文凯 烟台市 675	盖东昊 烟台市 675	王艺衡 烟台市 669	王皓楠 青岛市 664	万子文 泰安市 664
男子甲组个人淘汰赛	李梦麒 济南市	盖东昊 烟台市	赵叙凯 青岛市	王艺衡 烟台市	张成 潍坊市	麻斌宸 烟台市	董家赫 济南市	周桢杰 淄博市
男子甲组团体淘汰赛	盖东昊 王艺衡 崔文凯 烟台市	赵叙凯 王皓楠 王轩羿 青岛市	李梦麒 于浩泽 董家赫 济南市	王麟骅 王希豪 周桢杰 淄博市	万子文 郑延钊 刘淑豪 泰安市	管祥宇 张成 刘春迪 潍坊市	崔维顺 王毅硕 王子杰 日照市	王雪洋 蒋舸 赵功博 济宁市

竞赛委员会主任孟凡香、袁利强，执行主任李前东，副主任王承云、于思明、张娟娟、樊祥伟、卢伟、葛新、梅俊、姚欣。

获得体育道德风尚奖运动队称号的是日照市、济南市、青岛市、淄博市代表队，获得体育道德风尚奖运动员称号的共 19 人，获得体育道德风尚奖裁判员称号的有孙雨、宋伟、李新新、许萌。

射箭决赛成绩统计表

表 8-96

队伍	金牌（枚）	银牌（枚）	铜牌（枚）	积分（分）
济南市	9	10	4	423
青岛市	8	6	4	370
威海市	4	1	2	109
淄博市	3	3	3	192
泰安市	1	4	9	261
烟台市	1	2	3	177
滨州市	0	0	1	35
潍坊市	0	0	0	124
日照市	0	0	0	62
济宁市	0	0	0	15
东营市	0	0	0	4
合计	26	26	26	1772

二十八、举重

2022 年 8 月 23—30 日，二十五届省运会“农商银行杯”举重决赛在日照第一中学西校区艺体馆举行。女子比赛设甲、乙、丙三组 27 个级别；男子设甲、乙两组 20 个级别，共产生 47 枚金牌，全省 14 个市代表队的 419 名运动员参赛。

日照市派出 3 名运动员参赛，获女子乙组 76 公斤级和女子甲组 87 公斤级第一名。

2022 年 8 月 23 日，举重决赛现场

举重（女子）决赛成绩统计表

表 8-97　　单位：公斤

项目	名次							
	第一名	第二名	第三名	第四名	第五名	第六名	第七名	第八名
女子丙组 40公斤级	樊文静 菏泽市 148	刘诗怡 青岛市 134.5	吴婷 泰安市 131.5	徐文睿 淄博市 125.5	陈玉萍 泰安市 120.5	袁沫 菏泽市 113	田意涵 泰安市 112	荣悦如 淄博市 103
女子丙组 45公斤级	曹玉婕 烟台市 156	李昕怡 烟台市 147	孙家慧 滨州市 144	崔钰婕 淄博市 129	孙泽琦 淄博市 127	翟新妍 滨州市 117	—	—
女子丙组 49公斤级	李彩妃 青岛市 147	符雅芳 泰安市 142.5	唐宇鑫 泰安市 133	阎骄 烟台市 120.5	赵海玲 泰安市 120	潘萌萌 青岛市 115	张欣宇 滨州市 106	段文珺 淄博市 103
女子丙组 55公斤级	韩嘉璇 烟台市 139	蒋顺云 淄博市 131	周文清 淄博市 125.5	黄锦秀 泰安市 123.5	单丹丹 烟台市 119.5	班非凡 聊城市 115	王璐璐 烟台市 109	穆姝含 滨州市 107.5
女子丙组 59公斤级	谭俊玲 淄博市 159	赵芮 青岛市 139	于嘉欣 青岛市 137.5	杨锦迪 淄博市 129	胡茹心 泰安市 115	刘雨晴 潍坊市 114	高铭悦 烟台市 109	崔枫爽 淄博市 103

续表 8-97

项目	名次							
	第一名	第二名	第三名	第四名	第五名	第六名	第七名	第八名
女子丙组 64公斤级	王锦秀 淄博市 152	毛新慧 青岛市 139	刘佳慧 烟台市 134.5	毛雨涵 济南市 121	管清曦 潍坊市 114	刘宏梅 济南市 113	孙静娴 青岛市 113	宁亚楠 烟台市 113
女子丙组 71公斤级	孙倩悦 烟台市 155	李文凤 济南市 139	米德鹏 济南市 137	刘羽佳 青岛市 134	曹琰雪 烟台市 121	窦雨潼 淄博市 112	陈梦涵 潍坊市 104	孙美慧 淄博市 100
女子丙组 76公斤级	巩岩菲 淄博市 148	王天宇 济南市 145	牟象琪 淄博市 140	杨雯斐 烟台市 133	李宇惠 青岛市 119	于欢欢 威海市 111	杨圆梦 滨州市 104	赵婉汝 威海市 101
女子丙组 +76公斤级	王艺颖 淄博市 154	张淏怡 淄博市 138	赵欣颖 聊城市 131	唐钰乔 济南市 126.5	孙源 烟台市 125.5	于清云 青岛市 123.5	姜鑫昱 济南市 110	许敬轩 聊城市 98
女子乙组 40公斤级	尚晓琴 泰安市 75	—	—	—	—	—	—	—
女子乙组 45公斤级	王馨悦 潍坊市 146	李文妹 济南市 130	—	—	—	—	—	—
女子乙组 49公斤级	刘笑 滨州市 159	杜毅萍 泰安市 153	王妍 潍坊市 139	—	—	—	—	—
女子乙组 55公斤级	刘玉环 济南 169	王一鑫 潍坊市 139	李明哲 烟台市 136	王冉 枣庄市 100	—	—	—	—
女子乙组 59公斤级	于鑫萌 青岛市 171	梁裔彤 聊城市 170	邢梦涵 淄博市 160	高素平 潍坊市 148	刘佳鑫 烟台市 148	陈一鸣 烟台市 138	宫瑜蔚 烟台市 133	刘文晴 青岛市 118
女子乙组 64公斤级	唐江宏 淄博市 169	刘琛 青岛市 164	刘春霞 济南市 163	满世芹 滨州市 163	孙嘉雯 淄博市 150	姜子怡 烟台市 140	刘明悦 烟台市 130	赵虹钰 青岛市 115
女子乙组 71公斤级	刘娜 泰安市 190	孙嘉斐 淄博市 167	钟赟怡 烟台市 136	闭蔚萍 威海市 135	荀子惠 青岛市 130	王智慧 潍坊市 115	任瑞婷 烟台市 110	—
女子乙组 76公斤级	徐千然 日照市 190	张薇 烟台市 170	张玉 泰安市 156	郭慧芸 烟台市 140	王俞婷 威海市 130	杨睿轩 聊城市 95	潘春秋 潍坊市 95	—
女子乙组 81公斤级	刘鲁悦 泰安市 193	徐芮 青岛市 192	史思圆 临沂市 186	穆洪妮 烟台市 185	冯晓华 济南市 182	徐英杰 烟台市 170	王雯琪 淄博市 170	刘丹 青岛市 165

续表 8-97

项目	名次							
	第一名	第二名	第三名	第四名	第五名	第六名	第七名	第八名
女子乙组 +81公斤级	张佳 淄博市 227	徐莎莎 青岛市 207	肖晨旭 济南市 196	王雨涵 淄博市 195	王慧茹 滨州市 191	谭韶愉 潍坊市 185	刘笑笑 临沂市 155	林鑫如 威海市 90
女子甲组 49公斤级	屠延华 济南市 141	郜睿 聊城市 126	郭梦鑫 滨州市 100	袁萍 威海市 60	—	—	—	—
女子甲组 55公斤级	程学慧 聊城市 181	杨宇帆 淄博市 180	王君君 滨州市 105	—	—	—	—	—
女子甲组 59公斤级	翟桠菡 淄博市 173	张雪 烟台市 169	—	—	—	—	—	—
女子甲组 64公斤级	年世娥 烟台市 193	常璐璐 淄博市 188	曹梦妍 泰安市 140	高云铬 滨州市 135	刘佳 淄博市 80	—	—	—
女子甲组 71公斤级	王彤 潍坊市 195	马凡婷 淄博市 186	赖雯静 滨州市 181	孙铭宇 威海市 130	—	—	—	—
女子甲组 81公斤级	万月霞 淄博市 207	毛苗香 烟台市 200	臧文秋 潍坊市 199	法娟 青岛市 198	史本芳 烟台市 159	李彦雨 枣庄市 158	吴历函 威海市 144	丁鑫汝 日照市 115
女子甲组 87公斤级	刘燕 日照市 185	徐亚茹 聊城市 184	宫千棕 威海市 110	—	—	—	—	—
女子甲组 +87公斤级	宋思雨 烟台市 227	王一凤 济南市 207	孙喆 潍坊市 175	杜佳乐 泰安市 150	张琦悦 淄博市 80	孙鑫 淄博市 70	—	—

获得体育道德风尚奖运动队称号的是烟台市、日照市、淄博市、潍坊市代表队，25 人获得体育道德风尚运动员称号，6 人获得体育道德风尚奖裁判员称号。

举重（女子）决赛成绩统计表

表 8-98

队伍	金牌（枚）	银牌（枚）	铜牌（枚）	积分（分）
淄博市	8	6	3	308
烟台市	5	4	3	271
泰安市	3	2	4	149
青岛市	2	6	2	185.5

续表 8-98

队伍	金牌（枚）	银牌（枚）	铜牌（枚）	积分（分）
济南市	2	4	3	139
潍坊市	2	1	3	117
日照市	2	0	0	31
聊城市	1	3	1	75
滨州市	1	0	3	88.5
菏泽市	1	0	0	20
威海市	0	0	1	68
临沂市	0	0	1	16
枣庄市	0	0	0	16
合计	27	26	24	1484

举重（男子）决赛成绩一览表

表 8-99

单位：公斤

项目	名次							
	第一名	第二名	第三名	第四名	第五名	第六名	第七名	第八名
男子乙组 49公斤级	孟新迪 淄博市 177	马飞翔 济南市 168	何俊杰 威海市 163	刘开超 聊城市 150	刘兆喜 淄博市 130	赵龙琪 菏泽市 70	—	—
男子乙组 55公斤级	杨立洲 淄博市 221	解佳旋 潍坊市 204	储继轲 济南市 196	张召庆 聊城市 195	赵乾超 枣庄市 190	崔悦斌 烟台市 175	李冠群 济南市 171	贾庆晗 聊城市 151
男子乙组 61公斤级	李绍文 泰安市 249	刘天帅 聊城市 246	路杨辉 烟台市 230	于洪彬 济南市 222	毛健东 滨州市 221	翟建皓 淄博市 220	邵佳辉 烟台市 194	王圣杰 威海市 192
男子乙组 67公斤级	李锦堂 青岛市 254	吴建龙 聊城市 250	张猛 烟台市 243	王绪军 济南市 236	刘先进 烟台市 235	牛顺博 聊城市 235	刘瑞 滨州市 220	李铭轩 潍坊市 192
男子乙组 73公斤级	马朝政 聊城市 280	李靖 青岛市 268	丁艳良 潍坊市 251	李岳骏 烟台市 240	马华将 聊城市 240	刘伟升 潍坊市 237	逄明泉 青岛市 237	郭俊宇 临沂市 197
男子乙组 81公斤级	朱昊志 青岛市 287	朱然 潍坊市 278	刘艺凡 淄博市 265	张号雨 烟台市 256	王思城 枣庄市 255	刘守业 聊城市 248	彭钰杰 烟台市 245	郭其华 聊城市 235
男子乙组 89公斤级	张烨 聊城市 295	张乃善 泰安市 285	刘世兴 烟台市 255	魏民 青岛市 240	邓鹤年 济南市 235	刘绪旺 聊城市 233	王昌圣 枣庄市 230	任宏羽 威海市 225

续表 8-99

项目	名次							
	第一名	第二名	第三名	第四名	第五名	第六名	第七名	第八名
男子乙组 96公斤级	张高琦 青岛市 300	王钥民 淄博市 255	张宪晨 聊城市 251	刚宪平 济南市 246	商炜杰 威海市 245	薛明发 聊城市 230	张新 烟台市 225	王家辉 枣庄市 212
男子乙组 102公斤级	马深奥 威海市 298	杨添皓 青岛市 295	肖国庆 济南市 271	王富强 淄博市 266	王荣鑫 潍坊市 251	赵浩然 烟台市 250	姬鹏翔 济南市 246	冶建明 威海市 235
男子乙组 +102公斤级	宋忠坤 淄博市 356	孙灵坤 青岛市 316	邱连富 枣庄市 302	潘军成 烟台市 288	李志宇 淄博市 266	孙士烨 聊城市 261	张文龙 泰安市 260	刘昱翰 烟台市 255
男子甲组 55公斤级	胡世斌 烟台市 210	孙天泽 淄博市 209	包晨阳 临沂市 208	高英明 潍坊市 156	张子豪 临沂市 75	—	—	—
男子甲组 61公斤级	王霆 淄博市 262	宋一哲 烟台市 246	李守文 聊城市 210	—	—	—	—	—
男子甲组 67公斤级	李丰耀 烟台市 267	霍伟长 聊城市 251	丁志伦 济南市 241	于金哲 淄博市 232	赵全维 济南市 225	郝子豪 滨州市 185	孙腾武 东营市 70	—
男子甲组 73公斤级	曲彬彬 烟台市 287	徐升凯 青岛市 277	牟恒德 济南市 276	卢天龙 临沂市 275	王太宇 聊城市 271	孙远硕 济南市 251	王浩 枣庄市 195	—
男子甲组 81公斤级	张正 烟台市 288	张健航 聊城市 275	汤运雷 聊城市 252	徐玮辰 青岛市 247	侯承均 威海市 200	李天乙 东营市 110	—	—
男子甲组 89公斤级	王祖农 淄博市 294	鲍胜坤 济南市 293	于兆彬 烟台市 273	蓝佳冬 青岛市 265	古博宇 泰安市 218	邵鹏 威海市 210	宁凯 潍坊市 193	—
男子甲组 96公斤级	李诚 聊城市 305	黄岩哲 威海市 180	—	—	—	—	—	—
男子甲组 102公斤级	杜光旭 淄博市 315	姜胜耀 烟台市 307	安恒远 济南市 297	彭奕航 青岛市 296	—	—	—	—
男子甲组 109公斤级	刘易鑫 烟台市 313	郐方鑫 淄博市 306	孙振坤 济南市 303	刘翔 菏泽市 286	褚雷 枣庄市 223	邢元林 威海市 200	田思豪 聊城市 191	李培基 烟台市 140
男子甲组 +109公斤级	王永新 烟台市 310	徐文翔 潍坊市 252	刘培琦 济南市 241	刘金源 枣庄市 210	李言宸 潍坊市 160	—	—	—

竞赛委员会主任孟凡香、何文，执行主任毕明军，副主任王西国、沈爱军、赵晓峥、黄坤、卢伟、葛新、梅俊、闫伟、张涛、于西庆、尚洪兵。

获得体育道德风尚奖运动队称号的是青岛市、威海市、淄博市、泰安市代表队，25 人获得体育道德风尚奖运动员称号，6 人获得体育道德风尚奖裁判员称号。

表 8-100

举重（男子）决赛成绩统计表

队伍	金牌（枚）	银牌（枚）	铜牌（枚）	积分（分）
淄博市	6	3	1	162
烟台市	6	2	4	217
聊城市	3	4	3	198
青岛市	3	4	0	125
威海市	1	1	1	79
泰安市	1	1	0	38
潍坊市	0	3	1	86
济南市	0	2	7	154
枣庄市	0	0	1	60
临沂市	0	0	1	32
滨州市	0	0	0	21
菏泽市	0	0	0	16
东营市	0	0	0	13
合计	20	20	19	1201

二十九、赛艇

2022 年 8 月 28 日至 9 月 1 日，二十五届省运会赛艇决赛在日照奥林匹克水上公园举行。比赛设男女甲组公开级、轻量级，男女乙组公开级、轻量级 37 个项目，全省 15 个市的 358 名运动员参赛。日照市选派 36 名运动员参赛，获金牌 2 枚、银牌 6 枚、铜牌 5 枚。

2022 年 8 月 28 日，赛艇决赛现场

赛艇决赛成绩一览表

表 8-101

项目	名次							
	第一名	第二名	第三名	第四名	第五名	第六名	第七名	第八名
男子甲组2000米公开级1X	尹业童 青岛市 07'33"952	吴凯琦 日照市 07'39"825	费玉磊 烟台市 07'52"890	尹军杰 临沂市 08'00"400	公健旭 淄博市 08'48"572	周秀智 济南市 08'57"937	赵佳鑫 淄博市 07'45"425	许祖豪 威海市 07'56"098
男子甲组2000米公开级2X	吴凯琦 丁相凯 日照市 07'20"444	周城 王鑫龙 淄博市 07'26"121	杨浚 王守坤 青岛市 07'28"114	任玉瑞 孙兆林 泰安市 07'29"254	杨帅博 许祖豪 威海市 08'02"796	李泓浩男 许景勋 济宁市 08'09"294	郭天廓 孙韩正男 济宁市 07'39"872	江泽谭 陈鑫 青岛市 07'45"759
男子甲组2000米公开级2-	郑禾炎 李庆尧 济南市 06'41"455	王振辉 李弘达 淄博市 06'43"865	杨硕硕 陈程程 济宁市 06'49"715	杨一尚 刘海瑞 枣庄市 06'50"983	叶金山 李松章 烟台市 06'54"575	单奕宁 高捷 日照市 07'02"480	朱子阳 尹茂洋 济宁市 08'01"550	秦德雨 姜毅 淄博市 08'19"387
男子甲组2000米公开级4X	邵志强 赵春国 于久收 惠永政 潍坊市 05'56"903	尹业童 杨浚 王守坤 赵天宇 青岛市 06'01"193	周城 王鑫龙 赵佳鑫 公健旭 淄博市 06'07"065	翟玉涛 秦靖翔 薛盛喜 高捷 日照市 06'31"343	曹书晗 杨正源 朱子阳 尹茂洋 济宁市 06'40"848	张殿贵 谢国良 谢文博 马登超 济南市 08'17"613	徐泓博 刘睿哲 吴一 朱敬存 泰安市 07'26"458	—
男子甲组2000米公开级4-	郑禾炎 李庆尧 周秀智 李永顺 济南市 06'24"237	丁相凯 孙琳凯 刘鹏 单奕宁 日照市 06'29"079	杨硕硕 陈程程 曹书晗 杨正源 济宁市 06'31"632	王振辉 李弘达 秦德雨 姜毅 淄博市 06'39"549	叶金山 李松章 王晨宇 许昊宇 烟台市 06'45"542	邵志强 赵春国 于久收 惠永政 潍坊市 07'27"429	杨一尚 刘海瑞 李炫奇 彭子恒 枣庄市 07'17"375	—
男子甲组2000米8+	梁笑通 吴凯琦 丁相凯 孙琳凯 刘鹏 单奕宁 高捷 王琪 李庆友 日照市 06'36"916	张百惠 叶金山 李松章 王晨宇 许昊宇 张习浩 臧福杰 王晟全 王瑞 烟台市 06'42"359	谢文博 郑禾炎 李庆尧 周秀智 李永顺 张殿贵 谢国良 刘焱翔 杜世杰 济南市 06'45"674	高舒奕 张星宇 高修权 杨硕硕 陈程程 吴国傲 苏富祥 刘文涛 郭金猛 济宁市 06'48"474	孙旭 邵志强 赵春国 于久收 惠永政 杨坤 陈潍华 王鑫涛 吴雨泽 潍坊市 06'58"874	孙伟欣 于锦航 孙彬凯 陈昊杰 刘金锋 马鹏城 王琨皓 于智健 刘永胜 潍坊市 07'32"271	段存慧 郭天廓 孙韩正男 曹书晗 尹茂洋 蔡德航 常清淳 赵子鑫 杨正源 济宁市 06'33"102	赵晓晗 翟玉涛 秦靖翔 迟玉豪 薛盛喜 王众鑫 秦俊杰 王志昀 闫煦 日照市 07'11"762
男子甲组2000米轻量级1X	段帅 青岛市 08'24"828	杨坤 潍坊市 08'31"195	王腾 威海市 08'32"708	苑松民 烟台市 08'49"633	代宇航 济宁市 08'53"930	张灿 威海市 09'01"163	邵徐昊 潍坊市 07'45"567	张一鸣 泰安市 08'03"699

续表 8-101

项目	名次							
	第一名	第二名	第三名	第四名	第五名	第六名	第七名	第八名
男子甲组 2000米 轻量级2X	段帅 赵凤祥 青岛市 06'26"835	李永顺 刘焱翔 济南市 06'29"140	张习浩 王雪宇 烟台市 06'30"175	栾尚杰 张一鸣 泰安市 06'37"863	王腾 张灿 威海市 06'40"733	张源溪 王洋 淄博市 06'40"968	张文锦 王煜超 淄博市 07'03"846	代宇航 王原智 济宁市 07'13"976
男子甲组 2000米 轻量级4X	张文锦 张源溪 王洋 王煜超 淄博市 06'27"117	张习浩 臧福杰 李海洋 苑松民 烟台市 06'32"847	杨坤 陈潍华 王鑫涛 吴雨泽 潍坊市 06'34"097	迟玉豪 王琪 薛盛喜 王众鑫 日照市 06'49"154	张星宇 高修权 郭天廓 孙韩正男 济宁市 06'49"769	刘焱翔 谢国良 刘景顺 杜世杰 济南市 07'46"464	—	—
女子甲组 2000米 公开级1X	曹梦涵 潍坊市 08'54"595	姜璐瑶 青岛市 09'01"455	张淑敏 日照市 09'07"125	刘瑞 枣庄市 09'18"665	田烨榕 淄博市 09'24"155	邸雅涵 临沂市 09'52"055	黄昕 济南市 08'41"501	苗雅炜 淄博市 08'52"288
女子甲组 2000米 公开级2X	曹梦涵 彭豆 潍坊市 07'05"214	姜璐瑶 魏虹宇 青岛市 07'08"939	赵继霞 武金金 日照市 07'19"116	唐雪晴 张歆艺 淄博市 07'20"774	孙子婷 李玉洁 烟台市 08'18"754	刘宇晴 荣潇睿 济宁市 08'41"256	—	—
女子甲组 2000米 公开级2-	徐颖菲 杜晶晶 青岛市 08'05"510	钟晗 刘娟 烟台市 08'12"960	邸雅涵 韩颖 临沂市 08'15"625	刘瑞 范清卿 枣庄市 08'16"665	刘艺琳 刘娆 青岛市 08'46"702	孙骅亭 王培乐 泰安市 09'09"827	刘宇晴 荣潇睿 济宁市 12'05"565	—
女子甲组 2000米 公开级4X	孙子婷 李玉洁 吴琼 董帅真 烟台市 06'57"861	唐雪晴 张歆艺 苗雅炜 田烨榕 淄博市 07'02"301	马浩雯 赵子鹤 苏小雨 黄昕 济南市 07'09"208	赵继霞 武金金 李千千 赵晓晗 日照市 07'33"058	—	—	—	—
女子甲组 2000米 公开级4-	马浩雯 赵子鹤 苏小雨 刘鸣晨 济南市 07'37"796	徐颖菲 杜晶晶 张笑铭 刘艺琳 青岛市 07'41"914	钟晗 刘娟 梁睿 李京芳 烟台市 08'02"081	张梦佳 韩宇航 王铮 陈蓉蓉 潍坊市 10'11"266	—	—	—	—
女子甲组 2000米8+	刘春梅 钟晗 刘娟 梁睿 孙子婷 赵梓淇 刘佳 谢爱琴 李景玉 烟台市 06'29"636	陈浩杰 徐颖菲 杜晶晶 张笑铭 刘艺琳 刘娆 黄玉雪 徐鑫 葛鲁悦 青岛市 06'37"221	李鑫 马浩雯 赵子鹤 苏小雨 黄昕 刘鸣晨 赵淑雅 刘欣 周爽 济南市 06'52"483	张淑敏 赵继霞 武金金 李千千 陈萱 张祎 张雨新 马润 张梦涵 日照市 07'23"353	宋文宇 刘宇晴 荣潇睿 杜蕊 张阁书 侯纪雯 孔佳音 冯著 许文雅 济宁市 10'46"468	—	—	—

续表 8-101

项目	名次							
	第一名	第二名	第三名	第四名	第五名	第六名	第七名	第八名
女子甲组 2000米 轻量级1X	张菱麟 淄博市 08'18"331	张淑敏 日照市 08'19"186	王丁冉 淄博市 08'35"453	于洁 青岛市 08'40"063	尹秋雪 青岛市 08'49"441	李鹏飞 潍坊市 09'11"318	徐嘉惠 泰安市 10'04"586	王一涵 潍坊市 10'26"894
女子甲组 2000米 轻量级2X	张菱麟 王丁冉 淄博市 07'14"957	于洁 尹秋雪 青岛市 07'24"552	赵晓晗 陈萱 日照市 07'34"465	吕嘉鑫 韩晓腾 潍坊市 07'41"080	王欣雅 许凯晨 东营市 08'18"612	李宇琦 李笑庆 东营市 08'19"572	—	—
女子甲组 2000米 轻量级4X	吕嘉鑫 韩晓腾 王一涵 李鹏飞 潍坊市 08'12"378	李宇琦 李笑庆 王欣雅 许凯晨 东营市 10'04"033	—	—	—	—	—	—
男子乙组 2000米 公开级1X	王雯正 烟台市 08'01"764	陈炳运 日照市 08'07"921	钟祯 青岛市 08'15"199	郭昊 枣庄市 08'22"011	姚子超 潍坊市 08'54"829	孙佳一 菏泽市 08'57"469	刘一谦 青岛市 08'12"759	周洹宇 枣庄市 08'30"202
男子乙组 2000米 公开级2X	孙守鑫 郭昊 枣庄市 07'09"413	李盛阳 赵业程 淄博市 07'16"698	李庆友 尹浩 日照市 07'18"808	李金洋 刘鹏翔 烟台市 07'28"811	杨子涵 肖经驰 淄博市 07'41"381	孙炜俊 杨虑清 枣庄市 07'57"438	刘国翔 吴云文 青岛市 07'44"694	蔡德航 郭金猛 济宁市 07'59"219
男子乙组 2000米 公开级2-	苏富祥 刘文涛 济宁市 07'30"450	于智健 刘永胜 潍坊市 07'42"560	王志昀 闫煦 日照市 07'49"085	孙炜俊 杨虑清 枣庄市 08'22"718	高世超 史舰浩 聊城市 08'41"933	薛皓恺 宋秉泽 潍坊市 09'46"020	—	—
男子乙组 2000米 公开级4X	杨子涵 李盛阳 赵业程 肖经驰 淄博市 06'09"604	李庆友 尹浩 王志昀 闫煦 日照市 06'12"384	吴国傲 常清淳 赵子鑫 王子涵 济宁市 06'35"639	相运生 衣书旺 单冬升 高世超 聊城市 07'11"549	王晟全 王瑞 祝艺洲 齐骏虎 烟台市 07'20"111	—	—	—
男子乙组 2000米 公开级4-	王晟全 王瑞 祝艺洲 王艺澎 烟台市 06'09"625	苏富祥 刘文涛 蔡德航 郭金猛 济宁市 06'15"692	刘兴硕 赵志洋 赵兴凯 王奥运 潍坊市 06'58"432	相运生 衣书旺 单冬升 崔明哲 聊城市 07'01"535	—	—	—	—
男子乙组 1000米 公开级1X	王雯正 烟台市 03'44"099	陈炳运 日照市 03'49"069	钟祯 青岛市 03'49"814	孙守鑫 枣庄市 03'59"507	姚子超 潍坊市 04'04"034	刘一谦 青岛市 04'04"922	孙佳一 菏泽市 03'44"848	史舰浩 聊城市 03'53"774

续表 8-101

项目	名次							
	第一名	第二名	第三名	第四名	第五名	第六名	第七名	第八名
男子乙组 2000米 轻量级1X	孙俊杰 威海市 08'15"226	王自祥 威海市 08'21"669	马文骏 淄博市 08'26"099	薛昊东 济南市 08'49"696	刘志远 淄博市 08'56"631	杨轲 潍坊市 09'04"579	李永楠 枣庄市 08'27"425	何键霖 日照市 08'42"468
男子乙组 2000米 轻量级2X	孙俊杰 王自祥 威海市 06'32"659	付昱洋 陶康旭 威海市 06'38"967	徐纯良 刘志远 淄博市 06'42"119	李金洋 刘鹏翔 烟台市 06'45"147	李永楠 刘子钰 枣庄市 07'07"309	吴国傲 常清淳 济宁市 07'21"742	梁恩茂 杨钰涛 东营市 08'50"720	—
男子乙组 1000米 轻量级1X	齐骏虎 烟台市 03'47"448	马文骏 淄博市 03'50"578	薛昊东 济南市 03'52"136	付昱洋 威海市 03'54"956	陶康旭 威海市 04'01"166	徐纯良 淄博市 04'03"091	杨轲 潍坊市 03'47"488	梁恩茂 东营市 03'54"073
女子乙组 2000米 公开级1X	赵淑雅 济南市 07'39"200	王璟祺 枣庄市 07'46"352	史一帆 青岛市 07'50"540	王子祺 威海市 08'12"225	董纯 枣庄市 08'19"755	辛甜雨 泰安市 08'40"180	孙惠仁 济南市 09'51"374	崔梦歌 济宁市 09'56"691
女子乙组 2000米 公开级2X	周笑 盖佳慧 烟台市 07'08"135	张馨予 宋雨萌 潍坊市 07'24"942	张晨晨 张静涵 济南市 07'34"607	吴美好 陈仲硕 枣庄市 08'05"287	潘昕阳 李盟 潍坊市 10'51"677	—	—	—
女子乙组 2000米 公开级2-	赵梓淇 刘佳 烟台市 08'04"912	陈一诺 孙方园 潍坊市 08'21"509	葛鲁悦 于欣睿 青岛市 08'28"322	杜蕊 张阁书 济宁市 08'45"262	董一凡 刘京硕 潍坊市 08'49"819	—	—	—
女子乙组 2000米 公开级4X	谢爱琴 李景玉 王菲菲 刘春梅 烟台市 07'47"288	张晨晨 张静涵 王梦如 刘欣 济南市 08'00"108	吴美好 吕雨淳 陈仲硕 王冉 枣庄市 08'15"133	黄金娟 周雅雯 陈桐萱 樊昱卓 潍坊市 08'30"251	姜林媛 席梦圆 杨展允 班晓涵 聊城市 10'52"511	—	—	—
女子乙组 2000米 公开级4-	赵梓淇 刘佳 谢爱琴 李景玉 烟台市 07'53"008	陈一诺 孙方园 张馨予 宋雨萌 潍坊市 08'05"968	葛鲁悦 于欣睿 谢美惠 张政 青岛市 08'26"166	杜蕊 张阁书 侯纪雯 孔佳音 济宁市 08'40"498	姜林媛 席梦圆 杨晨允 班晓涵 聊城市 11'47"293	—	—	—
女子乙组 1000米 公开级1X	赵淑雅 济南市 04'07"272	王璟祺 枣庄市 04'13"642	王子祺 威海市 04'15"622	董纯 枣庄市 04'28"862	钟挥宇 青岛市 04'34"127	辛甜雨 泰安市 04'38"269	段存慧 济宁市 05'11"195	许文雅 济宁市 06'01"340

续表 8-101

项目	名次							
	第一名	第二名	第三名	第四名	第五名	第六名	第七名	第八名
女子乙组 2000米 轻量级2X	周笑 盖佳慧 烟台市 03'41"586	史一帆 钟挥宇 青岛市 03'47"193	刘欣 周爽 济南市 04'03"676	马欣玥 崔梦歌 济宁市 04'13"093	吕雨淳 王冉 枣庄市 04'14"591	侯纪雯 孔佳音 济宁市 04'16"043	李乐乐 丁沛匀 青岛市 04'32"970	张雨新 马润 日照市 04'52"095
女子乙组 2000米 轻量级1X	鲍子雯 烟台市 08'50"887	宋雪怡 威海市 09'02"821	马维琳 淄博市 09'12"883	徐明慧 枣庄市 09'20"243	陈鑫怡 淄博市 09'36"966	尹智思 潍坊市 10'25"468	王涵钰 威海市 09'10"517	冯著 济宁市 09'11"242
女子乙组 2000米 轻量级2X	刘春梅 鲍子雯 烟台市 07'01"028	杨舒涵 马维琳 淄博市 07'10"215	王梦如 姜可昕 济南市 07'36"465	段存慧 高舒奕 济宁市 08'05"918	—	—	—	—
女子乙组 1000米 轻量级1X	宋雪怡 威海市 04'10"584	杨舒涵 淄博市 04'18"091	徐明慧 枣庄市 04'26"729	陈鑫怡 淄博市 04'33"141	尹智思 潍坊市 04'39"306	孙嘉 青岛市 04'45"931	王涵钰 威海市 04'47"426	高舒奕 济宁市 04'57"462

竞赛委员会主任孟凡香、何文，执行主任吴俐知，副主任张鹤、史绪鹏、卢伟、葛新、梅俊、闫伟、张涛、于西庆。

获得体育道德风尚奖运动队称号的是日照市、潍坊市、淄博市、烟台市、济宁市代表队，37 人获得体育道德风尚奖运动员称号，6 人获得体育道德风尚奖裁判员称号。

赛艇决赛成绩统计表

表 8-102

队伍	金牌（枚）	银牌（枚）	铜牌（枚）	积分（分）
烟台市	13	3	3	291
济南市	5	2	7	199
青岛市	4	7	6	259
淄博市	4	7	5	282
潍坊市	4	5	2	261
威海市	3	3	2	158
日照市	2	6	5	200
枣庄市	1	2	2	184
济宁市	1	1	3	219
东营市	0	1	0	37
临沂市	0	0	1	26

续表 8-102

队伍	金牌（枚）	银牌（枚）	铜牌（枚）	积分（分）
泰安市	0	0	0	56
聊城市	0	0	0	47
菏泽市	0	0	0	13
合计	37	37	36	2232

三十、射击

2022 年 8 月 30 日，二十五届省运会“日广集团杯”射击决赛在五莲县黑虎山射击中心，全省各市 13 支代表队的 395 名运动员参加为期 6 天的比赛，角逐男女甲乙 4 个组别 59 个小项的 60 枚金牌。该项比赛是二十五届省运会五莲县赛区最后一场比赛，五莲县公安按照“一队一档，一枪一档”管理模式，严格执行枪弹分离规定。

2022 年 8 月 29 日，女子射击决赛现场

射击决赛成绩一览表

表 8-103　　单位：环

项目	名次							
	第一名	第二名	第三名	第四名	第五名	第六名	第七名	第八名
甲组男子 25米手枪速射	倪志欣 青岛市 576_17x 24	王慧淇 济南市 563_15x 23	赵海洋 济南市 558_14x 22	王绎理 济南市 559_9x 15	杜京韩 烟台市 552_12x 13	董佳锟 烟台市 562_13x 9	张天铄 淄博市 549_8x	姜智铭 烟台市 544_5x
甲组男子 10米气步枪	李松临 青岛市 619.9 247.7	曹伟迪 潍坊市 621.0 246.6	刘申磊 青岛市 618.7 224.6	周家鹏 烟台市 621.1 203.7	陈汉桐 淄博市 619.2 182.6	姜冠宇 淄博市 619.1 162.8	王铚远 烟台市 622.9 142.3	张玉林 潍坊市 618.5 120.0

续表 8-103

项目	名次							
	第一名	第二名	第三名	第四名	第五名	第六名	第七名	第八名
甲组女子 10米气步枪	孙建莹 潍坊市 621.0 248.7	葛英淼 济南市 620.9 247.5	孙晓慧 烟台市 630.2 227.0	刘忠旭 济南市 625.1 206.5	杨腾越 淄博市 620.2 184.1	于佳暖 烟台市 630.3 163.5	李欣蓉 济南市 619.3 141.6	高洁 临沂市 619.5 121.2
甲组男子 10米气手枪	陈柯丞 济南市 568_9x 237.8	田坤正 临沂市 570_20x 237.6	江雨恒 临沂市 560_8x 217.7	闫华中 青岛市 563_12x 196.0	吕海鹏 烟台市 563_8x 174.6	陈润发 淄博市 567_11x 155.2	张家毓 淄博市 556_9x 135.0	巩寿昌 淄博市 559_8x 109.9
甲组女子 10米气手枪	杨帆 济南市 564_19x 238.3	朱宏毅 济南市 562_10x 236.7	王淼 青岛市 554_9x 213.3	王长涌 济南市 556_9x 192.7	郑曰瑶 淄博市 555_11x 173.2	窦欣 临沂市 563_11x 153.3	修铭熠 烟台市 557_10x 133.2	任素圆 烟台市 553_4x 107.0
甲组女子 25米手枪	杨帆 济南市 572_17x 30	窦欣 临沂市 555_11x 18	李英姿 东营市 556_13x 16	朱宏毅 济南市 558_12x 15	王长涌 济南市 567_12x 12	任素圆 烟台市 560_5x 10	修铭熠 烟台市 560_6x 7	郑曰瑶 淄博市 569_15x 5
甲组男子 50米步枪卧射	侯霄龙 济南市 617.6	孙天宇 济南市 613.8	曹伟迪 潍坊市 613.8	周家鹏 烟台市 612.4	张玉林 潍坊市 611.5	李松临 青岛市 609.9	刘申磊 青岛市 607.9	衣文豪 烟台市 607.7
甲组男子 50米步枪三种 姿势	曹伟迪 潍坊市 1165_56x 456.7	李松临 青岛市 1143_36x 453.5	张玉林 潍坊市 1149_48 440.8	周家鹏 烟台市 1172_56x 428.0	孙天宇 济南市 1156_40x 416.8	衣文豪 烟台市 1149_40x 405.0	李玉冰 济南市 1148_34x 394.0	刘申磊 青岛市 1151_46x 393.5
甲组女子 50米步枪三种 姿势	孙晓慧 烟台市 1168_49x 459.6	于佳暖 烟台市 1164_54x 457.3	刘忠旭 济南市 1167_46x 445.7	孙建莹 潍坊市 1156_57x 427.8	李菲 青岛市 1150_43x 419.5	王晓辰 青岛市 1165_59x 408.4	李倩 青岛市 1152_45x 395.5	薛文静 潍坊市 1161_54x 390.7
甲组女子 50米步枪卧射	王晓辰 青岛市 622.8	孙建莹 潍坊市 622.6	于佳暖 烟台市 619.7	单梦欣 潍坊市 617.5	李菲 青岛市 616.2	吕文瑞 济南市 615.8	李倩 青岛市 614.9	李欣蓉 济南市 614.8
甲组男子 25米标准手枪	王慧淇 济南市 566_12x	倪志欣 青岛市 562_16x	耿才艺 烟台市 562_11x	董佳锟 烟台市 556_6x	赵海洋 济南市 552_7x	杜京韩 烟台市 546_7x	江雨恒 临沂市 543_14x	田坤正 临沂市 538_12x
乙组男子 25米手枪速射	刘俊赫 烟台市 582_19x	王硕 青岛市 581_14x	邓永昊 淄博市 571_11x	刘佳睿 烟台市 567_8x	焦梓硕 济南市 563_14x	历虹君 烟台市 563_10x	巩得晴 济南市 562_11x	李一昊 青岛市 559_14x
乙组男子 10米气步枪	李乾经 青岛市 629.9 249.1	张升 青岛市 621.5 246.6	丁凯 青岛市 620.3 225.6	王子豪 潍坊市 621.2 202.8	李斌 青岛市 622.5 182.9	曹洪艺 济南市 613.7 161.9	耿国文 淄博市 615.0 141.3	马勇 潍坊市 616.7 120.6

续表 8-103

项目	名次							
	第一名	第二名	第三名	第四名	第五名	第六名	第七名	第八名
乙组女子 10米气步枪	郭虹 烟台市 625.2 250.1	于佳鑫 烟台市 624.1 248.5	宋谦慧 淄博市 623.5 228.9	崔茗茜 济南市 621.7 206.3	李晓雪 济南市 621.6 184.6	朱佳迎 济南市 627.2 164.0	任晓洁 淄博市 6210 143.2	张月 烟台市 625.2 122.1
乙组男子 10米气手枪	王培霖 东营市 562_7x 239.8	范明昊 淄博市 568_13x 237.1	吕玉嘉 青岛市 565_14x 217.7	王晗 临沂市 567_10x 196.2	赵文瑞 济南市 560_15x 175.8	武庆彬 滨州市 560_14x 155.2	任逸然 济南市 565_16x 135.2	王新桐 烟台市 564_7x 114.2
乙组女子 10米气手枪	马千珂 济南市 568_11x 238.2	张琦琦 济南市 572_15x 232.7	唐钧渲 日照市 566_15x 210.8	徐健 青岛市 556_13x 191.0	杜佳雪 滨州市 560_7x 168.3	徐丹阳 日照市 562_15x 150.3	李文蕾 潍坊市 568_13x 131.1	张晓霞 淄博市 559_10x 110.9
乙组女子 25米手枪	马千珂 济南市 577_17x 33	徐丹阳 日照市 567_9x 28	梁小丫 济南市 574_13x 26	唐钧渲 日照市 576_20x 19	闵祥宗 青岛市 570_20x 15	刘嘉仪 青岛市 564_16x 10	张琦琦 济南市 578_13x 9	徐健 青岛市 563_17x 6
乙组男子 50米步枪卧射	张唤清 烟台市 620.3	刘海晖 济南市 616.0	李乾经 青岛市 615.9	刘鸿远 济南市 615.8	于子皓 潍坊市 615.1	程培龙 烟台市 614.1	丁凯 青岛市 613.7	张升 青岛市 613.2
乙组男子50米 步枪三种姿势	马勇 潍坊市 1143_38x 452.0	张升 青岛市 1152_48x 449.5	曹洪艺 济南市 1139_34x 439.0	李乾经 青岛市 1144_36x 427.1	丁凯 青岛市 1141_37x 416.2	李斌 青岛市 1142_39x 406.3	刘海晖 济南市 1136_38x 395.6	耿国文 淄博市 1136_30x 391.2
乙组女子 50米步枪三种 姿势	庞慧婷 潍坊市 1157_56x 460.2	朱佳迎 济南市 1178_68x 460.1	褚紫晴 济南市 1168_57x 448.8	李晓雪 济南市 1177_64x 437.3	崔茗茜 济南市 1161_49x 425.5	贾梓桐 潍坊市 1161_50x 415.4	于佳鑫 烟台市 1171_54x 400.2	张月 烟台市 1165_47x 398.4
乙组女子 50米步枪卧射	李晓雪 济南市 621.3	庞慧婷 潍坊市 617.6	褚紫晴 济南市 616.5	朱佳迎 济南市 615.3	崔茗茜 济南市 613.7	贾梓桐 潍坊市 610.2	张月 烟台市 609.8	于佳鑫 烟台市 609.6
乙组男子 25米标准手枪	王硕 青岛市 567_17x	刘俊赫 烟台市 561_12x	焦梓硕 济南市 555_10x	王昶晟 烟台市 552_11x	谈嘉乐 青岛市 551_8x	刘佳睿 烟台市 550_9x	杨之航 济南市 546_6x	邓永昊 淄博市 545_9x
甲组男子团体 25米手枪速射	济南市 1680_38x	烟台市 1658_300	青岛市 1570_24x	—	—	—	—	—
甲组男子团体 10米气步枪	烟台市 1856.8	潍坊市 1847.2	淄博市 1844.3	济南市 1835.6	青岛市 1834.9	临沂市 1831.2	东营市 1816.1	—
甲组女子团体 10米气步枪	烟台市 1879.7	济南市 1865.3	淄博市 1856.5	潍坊市 1848.5	济宁市 1842.2	临沂市 1840.3	青岛市 1835.5	—

续表 8-103

项目	名次							
	第一名	第二名	第三名	第四名	第五名	第六名	第七名	第八名
甲组男子团体10米气手枪	淄博市 1682_28x	临沂市 1678_31x	济南市 1672_26x	青岛市 660_32x	东营市 1565_20x	—	—	—
甲组女子团体10米气手枪	济南市 1682_38x	烟台市 1660_25x	—	—	—	—	—	—
甲组女子团体25米手枪	济南市 1697_41x	烟台市 1653_19x	—	—	—	—	—	—
甲组男子团体50米步枪卧射	济南市 1837.5	潍坊市 1831.2	烟台市 1823.2	青岛市 1812.8	东营市 1781.7	滨州市 1776.3	淄博市 1769.8	—
甲组男子团体50米步枪三种姿势	烟台市 3449_132x	济南市 3443_122x	青岛市 3411_115x	淄博市 3345_76x	东营市 3268_66x	—	—	—
甲组女子团体50米步枪三种姿势	烟台市 3473_144x	青岛市 3467_147x	济南市 3430_110x	淄博市 3367_87x	济宁市 3253_58x	—	—	—
甲组女子团体50米步枪卧射	青岛市 1853.9	济南市 1845.3	烟台市 1844.6	潍坊市 1832.1	淄博市 1799.3	济宁市 1791.1	—	—
甲组男子团体25米标准手枪	烟台市 1664 24x	济南市 1653_29x	临沂市 1608_31x	青岛市 1567_24x	东营市 1441_12x	—	—	—
乙组男子团体25米手枪速射	烟台市 1708_39x	济南市 1683_34x	东营市 1641_34元	淄博市 1613_22x	潍坊市 1494_15x	—	—	—
乙组男子团体10米气步枪	青岛市 1872.7	淄博市 1835.1	济南市 1834.5	烟台市 1822.1	东营市 1821.6	临沂市 1819.1	济宁市 1721.0	—
乙组女子团体10米气步枪	烟台市 1874.5	济南市 1862.8	潍坊市 1859.1	淄博市 1855.8	滨州市 1833.4	东营市 1819.2	青岛市 1800.7	临沂市 1759.7
乙组男子团体10米气手枪	淄博市 1685_39x	济南市 1683_43x	烟台市 1678_32x	东营市 1670_19x	青岛市 1664_35x	临沂市 1637_24x	济宁市 1625_29x	滨州市 1611_22
乙组女子团体10米气手枪	济南市 1693_38x	日照市 1681_43x	青岛市 1664_26x	潍坊市 1662_34x	淄博市 1636_25x	滨州市 1609_20x	临沂市 1605_21x	烟台市 1593_15x
乙组女子团体25米手枪	济南市 1729_43x	日照市 1704_42x	青岛市 1697_53x	潍坊市 1668_27x	烟台市 1650_33x	淄博市 1608_23x	临沂市 1551_8x	—
乙组男子团体50米步枪卧射	青岛市 1842.8	烟台市 1840.0	济南市 1839.2	潍坊市 1835.6	东营市 1814.3	淄博市 1810.1	滨州市 1796.9	济宁市 1790.3
乙组男子团体50米步枪三种姿势	青岛市 3437_121x	济南市 3401_107x	淄博市 3388_89x	烟台市 3344_96x	东营市 3329_81x	济宁市 3243_84x	—	—

续表 8-103

项目	名次							
	第一名	第二名	第三名	第四名	第五名	第六名	第七名	第八名
乙组女子团体50米步枪三种姿势	济南市 3523_189x	烟台市 3472_131x	东营市 3348_85x	淄博市 3328_61x	青岛市 3278_64x	济宁市 3184_51x	—	—
乙组女子团体50米步枪卧射	济南市 1853.1	潍坊市 1831.6	烟台市 1810.0	东营市 1805.3	青岛市 1792.8	淄博市 1791.8	济宁市 1769.6	临沂市 1690.9
男子甲组个人多向125靶	吕彦臻 烟台市 106 40	李昊讯 淄博市 107 37	王衡 青岛市 111 26	庄严 济南市 106 24	李俊贤 烟台市 109 19	杨孟霖 济南市 115 14	高俊鑫 淄博市 105	韩昌震 淄博市 105
女子甲组个人多向125靶	张珂欣 青岛市 107 43	刘瑞锦 济南市 106 38	孙红宇 济南市 112 29	卢怡璇 青岛市 101 25	牟瑞杰 烟台市 108 20	苏伟琪 济南市 100 16	吕浩楠 烟台市 100	孙韵涵 烟台市 98
男子乙组个人多向125靶	吴冠志 青岛市 110	臧春瑞 济南市 112	许淏俊 淄博市 110	邢立洋 济南市 104	崔恒源 淄博市 103	曹书政 济南市 103	刘致豪 烟台市 103	彭硕 青岛市 102
女子乙组个人多向125靶	刘文静 济南市 105	王怡 烟台市 105	王慧姣 济南市 98	赵英宏 烟台市 96	陈怡霏 烟台市 93	王新贻 济南市 88	梁芸铭 日照市 87	张雅清 烟台市 86
男子甲组个人双向125靶	张恭文 济南市 109 50	李震 济南市 109 48	王宏历 青岛市 99 39	孙正阳 济南市 96 29	翟纯正 淄博市 94 21	孙丰一 淄博市 104 13	高治彬 烟台市 94	任道坤 烟台市 92
女子甲组个人双向125靶	邵鲁粤 济南市 102 49	耿埼岩 济南市 99 46	许亚欣 济南市 81 35	宗娱卉 烟台市 86 26	彭晨曦 临沂市 87 17	张鑫 青岛市 80 10	刘炳煜 淄博市 44	李爱欣 淄博市 37
男子乙组个人双向125靶	郑成明 济南市 107	李国邦 济南市 99	周明毅 青岛市 98	徐梓航 烟台市 97	马悦恒 烟台市 97	王鑫 青岛市 94	司华勋 淄博市 94	邱连堃 济南市 92
女子乙组个人双向125靶	张欣钰 济南市 106	张克消难 济南市 104	毕傲雨 烟台市 86	张馨予 青岛市 81	石佳钰 济南市 75	孙硕 青岛市 65	李雨宣 淄博市 40	房家敏 淄博市 37
男子团体甲组多向125靶	烟台市	淄博市	济南市	青岛市	济宁市	—	—	—
女子团体甲组多向125靶	济南市	烟台市	青岛市	淄博市	济宁市	—	—	—
男子团体乙组多向125靶	济南市	青岛市	淄博市	烟台市	济宁市	滨州市	—	—

续表 8-103

项目	名次							
	第一名	第二名	第三名	第四名	第五名	第六名	第七名	第八名
女子团体乙组多向125靶	烟台市	济南市	济宁市	滨州市	—	—	—	—
男子团体甲组双向125靶	济南市	淄博市	烟台市	青岛市	济宁市	—	—	—
男子团体乙组双向125靶	济南市	烟台市	青岛市	淄博市	济宁市	—	—	—
女子团体甲组双向125靶	济南市	青岛市	淄博市	济宁市	—	—	—	—
女子团体乙组双向125靶	济南市	济宁市	—	—	—	—	—	—

竞赛委员会主任孟凡香、孙丽，执行主任李湧，副主任张崇文、周杰、韩华、江世钦、卢伟、葛新、梅俊、李宗臣。

获得体育道德风尚奖运动队称号的是潍坊市、济南市、青岛市、烟台市代表队，39 人获得体育道德风尚奖运动员称号，9 人获得体育道德风尚奖裁判员称号。

射击决赛成绩统计表

表 8-104

队伍	金牌（枚）	银牌（枚）	铜牌（枚）	积分（分）
济南市	27	22	15	1024
烟台市	14	11	9	711
青岛市	12	8	14	664
潍坊市	4	6	3	279
淄博市	2	5	8	414
东营市	1	0	3	130
临沂市	0	3	2	139
日照市	0	3	1	65
济宁市	0	1	1	130
滨州市	0	0	0	64
合计	60	59	56	3620

说明：青岛市加计1金（备战亚锦赛）

三十一、田径

2022 年 8 月 30 日至 9 月 5 日，二十五届省运会田径决赛在日照奎山体育中心开赛。共设置 92 枚金牌，全省各市 16 支代表队的 987 名运动员参赛。比赛采用最先进的鹰眼系统并使用全套电子判罚设备，保证比赛公正公平。该届省运会运动成绩比往年有大幅提高，3 名运动员达到健将标准，111 人次达到一级的标准、521 人次达到二级的标准。

2022 年 8 月 30 日，男子百米比赛现场

田径决赛成绩一览表

表 8-105

项目	名次							
	第一名	第二名	第三名	第四名	第五名	第六名	第七名	第八名
男子甲组 100米	王新凯 淄博市 10"51	李文豪 泰安市 10"65	崔森 青岛市 10"72	刘子旭 淄博市 10"75	宁续昊 济南市 10"80	张保洲 青岛市 10"94	王绍博 烟台市 10"98	陈欣雨 枣庄市 11"00
男子甲组 200米	王新凯 淄博市 21"36	崔森 青岛市 21"52	田皓宇 青岛市 21"80	宁续昊 济南市 21"82	孙旭阳 泰安市 22"12	单希梦 淄博市 22"21	朱新星 滨州市 22"39	董景泽 淄博市 23"98
男子甲组 400米	董景泽 淄博市 48"36	刘世杰 济宁市 48"89	魏隆沛 滨州市 1'53"60	刘奥宇 淄博市 1'53"97	任厚瑞 泰安市 1'54"27	张俊瑞 枣庄市 2'00"04	张宪金 德州市 2'00"84	—
男子甲组 800米	李武 威海市 1'55"43	魏隆沛 滨州市 1'55"50	马子标 烟台市 1'55"90	张洪珂 济南市 1'56"11	刘奥宇 淄博市 1'56"89	任厚瑞 泰安市 1'56"95	冯子昊 潍坊市 1'58"11	沈治浩 临沂市 1'58"29
男子甲组 1500米	李武 威海市 3'48"98	张建斌 烟台市 3'53"85	马子标 烟台市 3'55"78	吕翔昊 潍坊市 3'56"68	曹孟帅 泰安市 3'57"87	王乙 威海市 3'58"00	张洪珂 济南市 3'59"11	金韦宇 淄博市 3'59"69
男子甲组 5000米	孙宁楷 淄博市 14'36"44	刘星 威海市 14'38"48	公方泰 泰安市 14'45"30	曹孟帅 泰安市 14'46"52	魏嵩林 烟台市 14'57"19	王乙 威海市 14'59"33	崔添然 威海市 15'00"74	王清泉 潍坊市 15'01"55

续表 8-105

项目	名次							
	第一名	第二名	第三名	第四名	第五名	第六名	第七名	第八名
男子甲组 10000米	孙宁楷 淄博市 31'30"65	公方泰 泰安市 31'41"38	宋亚超 德州市 31'46"35	盛宝水 临沂市 32'02"01	辛泽昊 淄博市 32'31"49	杨修鹏 青岛市 32'38"37	周清浩 淄博市 32'47"08	徐义荣 德州市 33'06"56
男子甲组 110米栏	耿睿 青岛市 13"92	韩译辉 淄博市 14"18	洪哲炜 烟台市 14"20	董炳森 潍坊市 14"37	梅润程 烟台市 14"47	马伟斌 潍坊市 14"50	潘志远 济宁市 14"81	谢统瀚 济宁市 14"84
男子甲组 400米栏	王迪 淄博市 51"75	李佳科 青岛市 51"88	何佳豪 青岛市 53"87	牛金山 日照市 54"04	张晓涛 日照市 54"14	张健 潍坊市 54"92	潘志远 济宁市 55"78	洪哲炜 烟台市 56"98
男子甲组 3000米障碍	张建斌 烟台市 9'19"43	黄家旭 淄博市 9'20"92	金韦宇 淄博市 9'23"48	韩祥林 济南市 9'29"77	王豪文 烟台市 9'37"25	张子杨 烟台市 9'40"08	崔添然 威海市 9'45"46	荆茂星 淄博市 10'01"66
男子甲组 跳高	鲁怀煜 济南市 2.09米	李昊龙 青岛市 2.05米	李忻隆 淄博市 2.05米	刘泽佳 青岛市 2.00米	徐梦奥 济南市 1.97米	尹世杰 济南市 1.97米	阎子熙 淄博市 1.91米	王俊淇 烟台市 1.88米
男子甲组 撑竿跳高	李佳烨 青岛市 4.90米	陈玉帅 济南市 4.80米	刘睿 青岛市 4.70米	曹霁翱 济宁市 4.60米	苏沛 济南市 4.50米	栾景皓 青岛市 4.35米	陈炳志 淄博市 4.35米	盖栋树 济宁市 4.20米 杨德龙 济南市 4.20米
男子甲组 跳远	马英龙 临沂市 7.51米	高培淇 淄博市 7.31米	董曜荣 淄博市 7.07米	倪冰 德州市 6.95米	张鸿宇 青岛市 6.95米	沈海勇 威海市 6.89米	李钇霖 济南市 6.70米	王家豪 烟台市 6.63米
男子甲组 三级跳远	马英龙 临沂市 16.05米	陈浩林 潍坊市 15.42米	王晨屹 青岛市 15.34米	倪冰 德州市 14.85米	李朝阳 烟台市 14.12米	赵兰毅 枣庄市 14.02米	刘子印 淄博市 13.57米	李沛华 济宁市 13.55米
男子甲组 铅球	葛保罗 青岛市 17.71米	张洪博 烟台市 17.36米	胡金康 临沂市 17.24米	李栋 济南市 16.63米	任玉晗 滨州市 15.84米	黄福乐 济南市 15.12米	赵伟杰 济宁市 14.94米	胡旭辉 青岛市 14.92米
男子甲组 链球	闫咏霖 淄博市 51.45米	都冠元 烟台市 59.74米	王弘杰 济南市 59.40米	赵迅 济南市 65.77米	王浩然 泰安市 57.08米	王旭阳 泰安市 56.51米	栾翔 烟台市 51.92米	陈元泉 济南市 48.52米
男子甲组 铁饼	徐炜强 青岛市 48.83米	韩昀达 青岛市 47.86米	徐铭晨 烟台市 44.30米	周长举 济宁市 43.59米	林珈苇 烟台市 42.35米	吴昱彤 日照市 42.17米	赵子硕 泰安市 41.81米	杨翔宇 临沂市 40.36米
男子甲组 标枪	杨柯 烟台市 70.28米	董健鑫 日照市 66.50米	马健宽 济南市 66.14米	王浩东 烟台市 56.44米	李臻伟 青岛市 56.36米	邵先泽 济南市 54.24米	赵学宇 济南市 53.75米	王存泽 青岛市 52.74米

续表 8-105

项目	名次							
	第一名	第二名	第三名	第四名	第五名	第六名	第七名	第八名
男子甲组4x100米接力	淄博市 40"84	滨州市 41"10	日照市 41"67	泰安市 42"18米	济南市 42"41	潍坊市 44"57	济宁市 49"86	—
男子甲组4x400米接力	淄博市 3'17"04	青岛市 3'17"60	日照市 3'18"21	济宁市 3'20"11	滨州市 3'21"17	潍坊市 3'22"38	枣庄市 3'37"11	—
男子甲组十项全能	周学龙 青岛市 6332分	李政浩 青岛市 5873分	高宏健 青岛市 5696分	朱敬烨 淄博市 4931分	于桐 济南市 4909分	孟震翔 淄博市 4435分	赵子俊 临沂市 3428分	郑兴滨 滨州市 3320分
男子甲组10000米竞走团体	王鹏 青岛市 42'32"62	丁臣 济南市 43'59"75	孔炫棕 泰安市 44'37"49	刘德亮 青岛市 45'30"39	王浩鑫 淄博市 45'42"41	马龙超 日照市 45'53"38	杨启瑞 泰安市 46'43"37	许俊豪 淄博市 47'35"90
男子甲组10000米竞走	陈兆洋 青岛市 41'38"74	张天贺 日照市 42'30"25	张海龙 济南市 42'35"10	张晓东 青岛市 44'26"88	伊英琪 日照市 45'30"72	牛宝国 济南市 45'30"73	和树坤 泰安市 45'54"77	刘文政 临沂市 45'56"23
男子甲组20000米竞走	陈兆洋 青岛市 1:32'15"46	牛宝国 济南市 1:32'41"74	宋吉禹 烟台市 1:33'05"27	刘文政 临沂市 1:39'56"54	李若飞 济宁市 1:44'37"81	王硕 临沂市 1:49'06"84	—	—
男子竞走团体	济南市 2:11'15"24	青岛市 2:15'53"24	淄博市 2:22'47"86	临沂市 2:27'05"23	日照市 2:30'22"60	—	—	—
女子甲组100米	徐紫涵 济南市 12"11	李慧贤 日照市 12"27	吕浩冉 济南市 12"34	张悦欣 滨州市 12"36	高淑婷 青岛市 12"42	王雪 临沂市 12"62	林育萱 威海市 12"71	王宇晴 滨州市 15"56
女子甲组200米	李慧贤 日照市 24"67	蒋依然 日照市 25"09	徐紫涵 济南市 25"20	仇筱 青岛市 25"34	吕浩冉 济南市 25"48	王宇晴 滨州市 25"68	丁亚晨 淄博市 25"80	王雪 临沂市 26"16
女子甲组400米	蒋依然 日照市 55"83	马晓乐 济南市 56"18	仇筱 青岛市 56"35	曹静怡 日照市 57"26	张知晓 烟台市 57"48	孙亚萍 淄博市 58"77	高子棋 青岛市 59"41	—
女子甲组800米	余学燕 青岛市 2'12"86	刘昱含 青岛市 2'15"57	王晓慧 日照市 2'16"36	李文文 临沂市 2'19"12	张力文 淄博市 2'19"88	牛华娆 日照市 2'21"01	王佳乐 潍坊市 2'21"47	—
女子甲组1500米决赛	丁子然 淄博市 4'37"63	余学燕 青岛市 4'40"34	刘昱含 青岛市 4'42"20	李晓璇 济南市 4'45"94	王晓慧 日照市 4'48"00	王佳乐 潍坊市 4'51"69	赵倩一 烟台市 4'54"90	王奕雯 济南市 4'55"94
女子甲组5000米	丁子然 淄博市 17'05"75	王薇 德州市 17'07"50	刘慧茹 德州市 17'14"40	林淑琪 枣庄市 18'23"82	刘雨琪 临沂市 18'30"88	朱莉莎 济宁市 19'19"94	王蓉 日照市 19'31"25	李荣馨 临沂市 20'08"49

续表 8-105

项目	名次							
	第一名	第二名	第三名	第四名	第五名	第六名	第七名	第八名
女子甲组 10000米	王薇 德州市 36'05"17	刘慧茹 德州市 36'07"84	孙晓慧 聊城市 36'40"04	刘文清 临沂市 36'48"58	王亚倩 青岛市 39'02"99	林淑琪 枣庄市 39'10"63	刘雨琪 临沂市 41'54"56	—
女子甲组 100米栏	王紫琪 济宁市 14"43	韩资仪 济南市 14"45	—	—	—	—	—	—
女子甲组 400米栏	胡文歌 日照市 1'01"95	于倩 日照市 1'02"89	庄怡瑄 淄博市 1'02"92	迟文婧 烟台市 1'03"07	庄昱瑄 淄博市 1'03"82	马晓乐 济南市 1'06"84	李佳宁 泰安市 1'07"34	王旭 青岛市 1'07"68
女子甲组 3000米障碍	孙晓慧 聊城市 10'40"44	迟焮 青岛市 10'46"65	刘文清 临沂市 10'57"60	李晓璇 济南市 11'16"86	王亚倩 青岛市 11'27"56	赵倩一 烟台市 11'53"95	李天喜 聊城市 12'00"29	王奕雯 济南市 12'21"65
女子甲组 跳高	刘鹭 济南市 1.84米	高婧雯 淄博市 1.67米	顾雨晴 青岛市 1.65米	刘梦雪 青岛市 1.62米	王佳 青岛市 1.59米	杨怡然 济南市 1.50米	—	—
女子甲组 撑竿跳高	杨旻书 青岛市 4.00米	李文秀 济南市 3.40米	胡一鸣 济南市 3.40米	杨欣雨 济南市 3.20米	—	—	—	—
女子甲组 跳远	范嘉格 淄博市 5.88米	黎璇 济南市 5.49米	崔艳 临沂市 5.47米	杨淼 青岛市 5.42米	张雅婷 滨州市 5.14米	石家羽 威海市 5.10米	郭亚君 济宁市 5.10米	李甜 枣庄市 5.09米
女子甲组 三级跳远	范嘉格 淄博市 12.44米	黎璇 济南市 12.29米	张慧莹 济宁市 12.10米	王欣 青岛市 11.79米	杨淼 青岛市 11.48米	郑苡辛 威海市 11.37米	李甜 枣庄市 11.15米	崔艳 临沂市 11.12米
女子甲组 铅球	姜志超 青岛市 15.59米	修怡帆 烟台市 15.08米	王选 滨州市 14.28米	陈怡然 济南市 13.37米	苏成芮 滨州市 12.93米	田同雨 潍坊市 12.74米	姚红帆 滨州市 12.59米	张珈瑞 青岛市 11.76米
女子甲组 链球	郭王雅楠 泰安市 52.27米	孙路春梓 泰安市 51.70米	郭红驿 烟台市 50.04米	王姿涵 济南市 49.78米	张秀秀 青岛市 47.18米	姚岚岚 淄博市 46.89米	姜蕊蕊 烟台市 46.67米	冯洪俐 济南市 46.24米
女子甲组 铁饼	姜志超 青岛市 58.78米	孙鑫 烟台市 46.45米	郑蕊 烟台市 46.11米	苏成芮 滨州市 45.66米	汪冠妤 日照市 38.22米	宋欢 临沂市 36.53米	王淼 临沂市 36.22米	刘轩彤 日照市 34.92米
女子甲组 标枪	张盼盼 滨州市 50.17米	张瑀 日照市 47.41米	张晓 青岛市 45.72米	豆双杰 威海市 43.97米	朱秋锦 烟台市 42.46米	张辰宇 淄博市 40.81米	梁晓钰 潍坊市 39.48米	常顺顺 潍坊市 38.37米
女子甲组 4x100米 接力	济南市 47"21	日照市 47"28	淄博市 48"11	青岛市 48"36	滨州市 49"04	临沂市 49"23	济宁市 50"84	烟台市 51"13

续表 8-105

项目	名次							
	第一名	第二名	第三名	第四名	第五名	第六名	第七名	第八名
女子甲组 4x400米 接力	日照市 3'48"90	淄博市 3'51"14	临沂市 4'06"26	济宁市 4'06"69	威海市 4'14"76	枣庄市 4'17"03	滨州市 4'22"77	—
女子甲组 七项全能	米钰婷 德州市 4633分	王子涵 青岛市 4193分	王梦阳 青岛市 4135分	戚倩惠 青岛市 3733分	张佳一 淄博市 2594分	蒲昕彤 淄博市 1899分	—	—
女子甲组 10000米竞 走团体	王瑜欣 青岛市 48'18"94	郝雨 济南市 49'33"75	徐晓彤 潍坊市 52'19"43	庄璐荣 青岛市 53'35"88	王超君 潍坊市 53'44"49	肖雨晴 济南市 55'20"01	张淑娴 泰安市 1:00'09"92	王语麒 临沂市 1:01'05"45
女子甲组 10000米 竞走	张嘉辉 青岛市 46'34"32	王梦娜 青岛市 48'05"93	李昕瑜 临沂市 48'25"80	纪海馨 青岛市 50'25"24	姚文鑫 日照市 50'46"96	郭欣悦 淄博市 53'36"46	冯亚茹 枣庄市 53'44"00	李圣华 潍坊市 54'00"23
女子甲组 20000米竞 走决赛	张嘉辉 青岛市 1:42'42"36	王梦娜 青岛市 1:46'52"10	孙雪晗 潍坊市 1:52'35"86	冯亚茹 枣庄市 1:55'17"15	付建玲 滨州市 1:56'42"88	姚文鑫 日照市 2:01'11"65	—	—
女子团体 竞走	青岛市 2:28'12"80	济南市 2:30'33"15	潍坊市 2:44'13"22	临沂市 2:00'59"52	泰安市 2:01'49"42	日照市 2:02'55"62	—	—
男子乙组 100米	孟德晟 烟台市 10"89	乔继超 日照市 10"92	龚俊博 淄博市 11"12	姜春阳 日照市 11"20	王昭骏 济南市 11"20	闫石松 青岛市 11"27	吴博文 滨州市 11"30	王付杰 日照市 12"13
男子乙组 200米决赛	孟德晟 烟台市 21"56	龚俊博 淄博市 22"04	刘凯 青岛市 22"16	姜春阳 日照市 22"69	路俊业 东营市 22"72	张钦 烟台市 22"80	李天赐 日照市 23"11	王昭骏 济南市 23"3
男子乙组 400米	刘凯 青岛市 48"76	安泰睿 日照市 49"88	张钦 烟台市 49"89	牛嘉政 淄博市 50"12	刘金鹏 济南市 52"40	战誉坤 济南市 55"60	代旭恒 淄博市 57"82	—
男子乙组 800米	安泰睿 日照市 1'56"18	于晓洋 烟台市 1'56"46	张恩良 济宁市 1'57"79	高英杰 临沂市 1'57"94	惠超 日照市 1'57"97	王保淳 淄博市 1'59"98	杜念凯 临沂市 2'03"49	—
男子乙组 1500米	高英杰 临沂市 4'04"59	王梓旭 临沂市 4'04"80	孟瀚瑞 青岛市 4'06"20	于晓洋 烟台市 4'06"47	徐健元 淄博市 4'08"37	王保淳 淄博市 4'09"53	王洪钰 青岛市 4'11"28	梁阳光 枣庄市 4'11"60
男子乙组 3000米决赛	王子鹏 淄博市 9'09"71	孙国恒 淄博市 9'12"97	张佳昕 烟台市 9'13"32	王梓旭 临沂市 9'13"34	张义坤 烟台市 9'19"34	宿泽龙 烟台市 9'26"50	徐健元 淄博市 9'27"12	兰传浩 青岛市 9'27"14
男子乙组 5000米	陈正 烟台市 15'14"55	王子鹏 淄博市 15'14"74	王淇 烟台市 15'22"18	孙国恒 淄博市 15'27"23	贾一琦 济宁市 15'28"17	刘宝鑫 潍坊市 15'29"21	高智国 泰安市 15'40"90	张义坤 烟台市 15'43"27

续表 8-105

项目	名次							
	第一名	第二名	第三名	第四名	第五名	第六名	第七名	第八名
男子乙组 10000米	陈正 烟台市 32'50"83	高智国 泰安市 33'41"06	张铭哲 淄博市 33'44"61	张佳昕 烟台市 34'03"89	贾一琦 济宁市 34'10"94	张楠 聊城市 34'21"25	郭瑞 德州市 35'23"14	郝祥坤 聊城市 35'56"77
男子乙组 110米栏	付皓羽 青岛市 13"78	刘奕铭 济南市 13"98	常方硕 淄博市 14"17	李宠 青岛市 14"43	潘怡宁 济宁市 14"47	王付杰 日照市 14"59	隗博昊 潍坊市 14"62	于相华 日照市 15"07
男子乙组 400米栏	于相华 日照市 53"10 PB	战誉坤 济南市 53"68 PB	白嘉豪 泰安市 54"51	李宠 青岛市 55"21 PB	宋轩锐 枣庄市 58"06	李铭钰 淄博市 58"67 PB	王棋 烟台市 1'00"58 PB	潘怡宁 济宁市 1'02"12 PB
男子乙组 跳高	王启铭 青岛市 2.05米	王秉琛 青岛市 2.01米	高瑞波 淄博市 1.99米	李思腾 青岛市 1.94米	马宗川 滨州市 1.91米	张海岩 淄博市 1.91米	邢梓橦 淄博市 1.80米	陈明宇 威海市 1.75米
男子乙组 撑竿跳高	连春鑫 济南市 4.70米	李继轩 青岛市 4.50米	董国臣 济南市 4.40米	刘士通 日照市 4.40米	文鹏飞 济宁市 4.00米	李权峯 济南市 3.20米	—	—
男子乙组 跳远	张盛铭 威海市 7.02米	荣一凡 淄博市 6.71米	李德开汗 济宁市 6.63米	谢宇豪 烟台市 6.56米	滕斐 青岛市 6.43米	崔建普 威海市 6.39米	张银瑞 泰安市 6.23米	贾镒铭 潍坊市 6.10米
男子乙组 三级跳远	张盛铭 威海市 14.68米	陈子杨 淄博市 13.94米	李张秋阳 青岛市 13.63米	杨泽林 淄博市 13.53米	王京亮 青岛市 13.24米	刘丰源 威海市 13.17米	田晨彤 济宁市 12.85米	贾镒铭 潍坊市 12.76米
男子乙组 铅球	田文成 青岛市 18.53米	赵中宇 济南市 18.01米	王浩 青岛市 16.84米	张宇翔 青岛市 16.61米	张智淇 淄博市 16.50米	吴月龙 淄博市 15.35米	张笑言 济宁市 15.31米	邵宁 枣庄市 14.97米
男子乙组 链球	刘烨 日照市 68.87米	潘栋 日照市 62.41米	王圣浩 青岛市 60.24米	董珂 青岛市 55.66米	申奥 日照市 54.17米	赫王冠宇 烟台市 50.93米	李和鸣 烟台市 43.53米	王岩 烟台市 43.08米
男子乙组 铁饼	姜泽昊 烟台市 58.23米	刘奕成 烟台市 57.47米	藏文豪 青岛市 50.7米	尹世鑫 青岛市 48.99米	刘俊宏 威海市 45.14米	王博 威海市 42.19米	袁光正 潍坊市 42.09米	张成昊 枣庄市 40.49米
男子乙组 标枪	于兴斐 青岛市 61.25米	马得铭 日照市 55.77米	逯毅豪 济南市 54.98米	张鹏 烟台市 54.60米	常子煜 淄博市 53.16米	姜紫阳 烟台市 52.01米	周承满 日照市 47.79米	刘向伟 临沂市 39.42米
男子乙组 4x100米 接力	日照市 42"37	淄博市 42"42	青岛市 42"53	滨州市 43"06	烟台市 43"82	临沂市 44"66	济宁市 45"49	—
男子乙组 4x400米 接力	烟台市 3'19"55	淄博市 3'20"34	青岛市 3'23"34	日照市 3'23"50	临沂市 3'31"87	潍坊市 3'36"47	泰安市 3'36"61	滨州市 3'37"88
男子乙组 七项全能	马宗川 滨州市 4550分	张琪 临沂市 4251分	于兴斐 青岛市 3774分	向上 青岛市 3372分	谭光皓 淄博市 2303分	李新纲 聊城市 2256分	王瀚林 济南市 1957分	朱芳振 德州市 1843分

续表 8-105

项目	名次							
	第一名	第二名	第三名	第四名	第五名	第六名	第七名	第八名
男子乙组10000米竞走团体	丁宝瑞 济南市 42'39"38	徐谢天 济南市 44'36"11	王奇 青岛市 44'39"00	张帆 泰安市 46'16"47	魏元磊 临沂市 47'31"47	杨一颢 临沂市 48'12"20	郭旭 临沂市 48'21"40	邢竣尧 淄博市 48'31"12
男子乙组5000米竞走	李鹏 潍坊市 20'20"09	李亚鹏 淄博市 20'38"78	孙乾铭 青岛市 20'43"32	尚恩 青岛市 20'46"30	王子洋 烟台市 20'54"43	李佳骏 青岛市 20'55"51	张艺 威海市 21'16"48	郭靖宇 潍坊市 21'24"96
男子乙组10000米竞走	李亚鹏 淄博市 42'52"51	李佳骏 青岛市 43'56"95	尚恩 青岛市 44'03"49	张艺 威海市 46'55"96	王汝豪 济南市 47'25"87	李鹏 潍坊市 48'00"73	赵权 枣庄市 48'06"61	巩文旭 泰安市 48'24"01
女子乙组100米	邢宇欣 东营市 12"32	王艺澄 淄博市 12"66	邱子桐 威海市 12"71	刘晨茜 泰安市 12"78	石睿新 滨州市 12” 82	许珊珊 滨州市 12"84	陆启睿 日照市 12"87	肖瑞鑫 淄博市 13"02
女子乙组200米	霍闽 菏泽市 25"60	王艺澄 淄博市 25"76	邱子桐 威海市 25"85	霍闽 菏泽市 59"68	姚依凡 淄博市 1'00"00	胡艺涵 淄博市 1'00"15	尹宇涵 东营市 1'00"20	霍黛千 烟台市 1'00"87
女子乙组400米	李肖巧 日照市 57"04	董欣怡 淄博市 57"11	霍闽 菏泽市 58"45	耿佳依 青岛市 59"91	姚依凡 淄博市 59"99	霍黛千 烟台市 1'00"17	尹宇涵 东营市 1'01"23	胡艺涵 淄博市 1'15"34
女子乙组800米	乔佳乐 青岛市 2'12"38	黎蕊霖 泰安市 2'12"88	夏一荧 潍坊市 2'13"90	郭含冰 日照市 2'15"39	巩东辰 淄博市 2'19"23	张倩 枣庄市 2'19"81	李静 青岛市 2'22"11	—
女子乙组1500米	刘群 青岛市 4'34"34	王永凤 潍坊市 4'35"15	隋雨婷 烟台市 4'38"10	乔佳乐 青岛市 4'39"95	巩东辰 淄博市 4'44"94	黎蕊霖 泰安市 4'44"98	宫懿轩 淄博市 4'48"18	韩月婷 东营市 4'55"66
女子乙组3000米决赛	王思语 滨州市 9'41"33	王永凤 潍坊市 9'51"63	窦焕茹 潍坊市 9'51"67	隋雨婷 烟台市 9'54"22	崔喻蕾 潍坊市 9'59"01	刘梦婕 青岛市 10'00"01	刘佳宏 临沂市 10'03"32	陶瑛同 滨州市 10'03"60
女子乙组5000米	王思语 滨州市 16'54"97	窦焕茹 潍坊市 16'56"65	陶瑛同 滨州市 17'15"74	刘佳宏 临沂市 17'22"37	崔喻蕾 潍坊市 17'23"02	刘梦婕 青岛市 17'39"74	贾媚涵 淄博市 17'44"97	刘心怡 青岛市 17'46"40
女子乙组100米栏	王丹 青岛市 14"02	娇君其 青岛市 15"1	刘文硕 泰安市 15"30	吴雨桐 济南市 15"89(15"887)	王海诺 淄博市 15"89(15"887)	刘诗华 枣庄市 17"37	仲怡然 济宁市 17"61	梁瑞涵 枣庄市 17"70
女子乙组400米栏	董欣怡 淄博市 1'03"49	厉倩倩 日照市 1'07"39	张佳轩 潍坊市 1'08"68	王海诺 淄博市 1'09"47	刘文硕 泰安市 1'10"17	张睿 青岛市 1'10"21	孙秀 济南市 1'12"17	刘诗华 枣庄市 1'15"32

续表 8-105

项目	名次							
	第一名	第二名	第三名	第四名	第五名	第六名	第七名	第八名
女子乙组 跳高	刘萌 青岛市 1.65米	王恩华 烟台市 1.65米	李颖萱 青岛市 1.53米	潘怡然 济南市 1.53米	随康乐 济宁市 1.53米	刘悯情 威海市 1.53米	孙豪雨 烟台市 1.46米	董家璐 青岛市 高圣涵 淄博市 1.38米
女子乙组 撑竿跳高	周云彩 济南市 3.40米	郭信恋 青岛市 3.20米	李雅慧 青岛市 3.00米	—	—	—	—	—
女子乙组 跳远	姚延杰 青岛市 5.53米	路玉婷 淄博市 5.41米	王思越 威海市 5.32米	安子游 日照市 5.11米	李子婷 临沂市 5.09米	冯一琳 临沂市 5.01米	李颖慧 济宁市 4.92米	王姣月 淄博市 4.83米
女子乙组 三级跳远	姚延杰 青岛市 12.12米	伊利铭 济宁市 11.77米	安子游 日照市 11.49米	路玉婷 淄博市 11.46米	王思越 威海市 11.29米	随康乐 济宁市 11.10米	车炳慧 淄博市 11.01米	禹文轩 济南市 10.94米
女子乙组 铅球	田心怡 烟台市 17.84米	徐梦淑 青岛市 17.10米	王宇彤 烟台市 16.65米	吴靖仪 青岛市 16.52米	张梦媛 青岛市 16.26米	于嘉铭 济南市 12.70米	肖钰霖 临沂市 12.55米	白奕滢 威海市 11.99米
女子乙组 铁饼	徐叶明 烟台市 49.57米	张梦媛 青岛市 44.47米	杨子洁 烟台市 42.41米	姜孟寒 威海市 38.27米	刘子涵 烟台市 36.64米	朱萍 枣庄市 34.20米	丁熙尧 青岛市 33.53米	高明宇 威海市 30.60米
女子乙组 标枪	郑佳佳 滨州市 47.44米	史佳琪 烟台市 43.50米	马艺宁 济南市 43.11米	丁尚旗 济南市 42.84米	焦靖桐 淄博市 42.19米	王明慧 烟台市 41.84米	孙宇菲 淄博市 39.64米	肖钰霖 临沂市 28.04米
女子乙组 4x100米 接力	青岛市 48"50	日照市 48"79	淄博市 48"81	滨州市 49"90	烟台市 50"73	泰安市 51"41	临沂市 52"42	济宁市 53"53
女子乙组 4x400米 接力	淄博市 3'55"15	青岛市 3'56"50	日照市 4'03"46	潍坊市 4'07"28	泰安市 4'09"19	滨州市 4'11"32	烟台市 4'11"55	临沂市 4'12"42
女子组 五项全能	王恩华 烟台市 3361分	宋佳梦 威海市 2826分	李子婷 临沂市 2813分	王怡诺 青岛市 2669分	王彦超 潍坊市 2530分	吴颜驿 淄博市 1032分	许鹂茜 淄博市 996分	张钰雯 淄博市 461分
女子乙组 10000米 竞走团体	刘俊婷 青岛市 49'07"80	于文静 济南市 50'16"45	王睿琪 济南市 50'42"95	张东艳 青岛市 50'46"06	徐子璇 潍坊市 55'09"48	谭愉淇 潍坊市 56'44"31	张佳丽 潍坊市 59'44"25	郑燕 临沂市 59'54"07
女子乙组 5000米竞走	李旺俤 青岛市 23'43"86	栾鑫源 青岛市 23'53"91	迟煜博 烟台市 24'10"95	于欣悦 烟台市 24'30"90	牛淑贤 威海市 24'34"88	崔妍群 日照市 24'53"89	张蕊蕊 济南市 25'35"14	张月 威海市 26'15"66

续表 8-105

项目	名次							
	第一名	第二名	第三名	第四名	第五名	第六名	第七名	第八名
女子乙组 10000米 竞走	李旺俤 青岛市 47'20"30	栾鑫源 青岛市 49'14"94	迟煜博 烟台市 51'29"39	于欣悦 烟台市 52'54"24	崔妍群 日照市 54'53"61	荆晗 淄博市 56'25"38	尹茂静 威海市 57'38"55	成静怡 滨州市 57'47"39

竞赛委员会主任孟凡香、孙立，执行主任张华，副主任潘艺鸥、王德才、姚方文、邵伟、卢伟、葛新、梅俊、古茂林、葛世刚、杨斌、郑悦、王磊、夏永、宋瑞军。

获得体育道德风尚奖运动队称号的是潍坊市、济宁市、日照市、临沂市、青岛市代表队，92 人获得体育道德风尚奖运动员称号，20 人获得体育道德风尚奖裁判员称号。

田径决赛成绩统计表

表 8-106

队伍	金牌（枚）	银牌（枚）	铜牌（枚）	积分（分）
青岛市	27	23	24	1267
淄博市	17	18	10	920.5
烟台市	11	9	16	721
日照市	8.5	12	5	513.5
济南市	7	11.5	10	659.5
滨州市	6	2	2	309
威海市	4	2	3	276
临沂市	3	2	6	355
德州市	2.5	2.5	2	114
泰安市	1	5	3	258
潍坊市	1	4	5	281
济宁市	1	2	3	256.5
聊城市	1	0	1	48
菏泽市	1	0	1	23
东营市	1	0	0	32
枣庄市	0	0	0	127
合计	92	93	91	6161

三十二、冲浪

2022 年 3 月 2 日，冲浪比赛现场

2022 年 8 月 11 日，二十五届省运会日照市筹备委员会接到山东省烟台体育训练中心《关于取消第 25 届省运会冲浪比赛的通知》，因原定举办地海南省疫情防控原因，决定取消省运会冲浪决赛，省运会冲浪成绩以预赛成绩为最终成绩。

2022 年 3 月 2—5 日，二十五届省运会冲浪项目预赛在海南省陵水县开赛。济南市、青岛市、日照市、淄博市等 9 支队伍的 55 名运动员参赛，比赛按男、女组别设短板个人赛、短板团体赛以及长板团体赛 6 个项目。冲浪项目被十四届全运会首次列入正式比赛项目，当时比赛场地选在海南省，该届省运会设置冲浪项目也是山东省运会历史首次。

冲浪决赛名次一览表

表 8-107　　单位：分

项目	名次							
	第一名	第二名	第三名	第四名	第五名	第六名	第七名	第八名
男子短板个人赛	王琪翔 淄博市 1000	于佳稣 烟台市 860	马文嵩 济南市 730	于奕斌 青岛市一队 670	焦润东 淄博市 610	姜凯腾 烟台市 583	韩家晟 青岛市一队 555	王海锋 烟台市 528
女子短板个人赛	喻言 烟台市 1000	于涵玉 淄博市 860	王馨雨 泰安市 730	张家瑄 青岛市一队 670	王和玉 青岛市一队 610	刘海阳 烟台市 583	李童筠 淄博市 555	宫涵笑 青岛市一队 528

续表 8-107

项目	名次							
	第一名	第二名	第三名	第四名	第五名	第六名	第七名	第八名
男子短板团体赛	淄博市 2110	烟台市 1971	青岛市一队 1725	济南市 1605	日照市 1450	—	—	—
女子短板团体赛	烟台市 2083	淄博市 1915	青岛市一队 1808	泰安市 1680	—	—	—	—
男子长板团体赛	青岛市一队 2530	济宁市 1665	淄博市 1581	日照市 1561	青岛市二队 1500	—	—	—
女子长板团体赛	青岛市一队 2590	日照市 1808	青岛市二队 1638	潍坊市 1438	—	—	—	—

三十三、棒垒球

2022年7月1—7日，二十五届省运会“中国体育彩票杯”棒垒球决赛在威海市临港举行。作为该届省运会的表演项目之一，全省各市15支球队的300余名运动员参加。

竞赛委员会主任杨丽、孟凡香，执行主任修振涛、姜进军、王维钢，副主任耿晨、卢伟、葛新、于夕皆、梅俊、陈汝忠、时卫军。

2022年7月1日，棒垒球比赛现场

三十四、高尔夫

2022 年 8 月 1—10 日，二十五届省运会高尔夫球决赛在德州市荣盛国科国际高尔夫球场举行。比赛设置三轮 54 洞，男女个人比杆赛、男女团体比杆赛和混合团体比杆赛 5 个项目，按年龄设置 A、B、C3 个组别，共产生 15 枚金牌，全省各市 27 支代表队的 200 余名运动员参赛。

竞委会主任孟凡香、隋力，执行主任修振涛，副主任胡东方、卢伟、葛新、张少先、梅俊、张锐、张希勇、杨玉涛。

2022 年 7 月 21 日，高尔夫球决赛现场

三十五、马术

2022 年 8 月 7—12 日，二十五届省运会马术项目决赛在山东映川骑士旅游区落幕。该次赛事由山东省体育局主办，山东省体育中心、山东省马术协会、临沂市体育局、沂南县人民政府承办。临沂、青岛、济南、济宁、聊城、威海、潍坊、淄博、滨州、日照 10 支代表队、123 名马术运动员、114 匹马参赛。参赛运动员均为青少年选手。

赛事分为：盛装舞步赛、越野三项赛、场地障碍赛，每项赛事有团体赛与个人赛，团体以 4 人为一组，个人以单人参赛。

马术作为奥运会比赛项目，近几年在省内推广及发展迅速，涌现出大量马术爱好者，特别是青少年群体。

竞赛委员会主任为林春、孟凡香，执行主任为都栋、李楠、杨文娜，副主任为杨刚、魏巍、卢伟、葛新、梅俊、宋加新、王庆国、袁俊波、杨维庆、王广军、王彬、郑相府。

三十六、桥牌

2022 年 8 月 7 日，二十五届省运会“青岛银行杯”桥牌比赛在青岛国信体育馆落下帷幕。省人大常委会副主任夏耕、省体育局副局长栾风岩等出席颁奖仪式并为获奖运动员颁奖。

作为该届省运会四个表演项目之一，桥牌是唯一一个入选的智力运动项目，比赛共设公开团体、U25 团体、U16 团体、公开双人和混合双人 5 个组别，全省 7 个地市的 180 名运动员参赛。

竞赛委员会名誉主任夏耕，主任李政，执行主任张柄臣、王强、王博清、车景华，副主任李国利、宋振波、张海忠、刘谕、张敏。

2022年8月3日，桥牌决赛现场

第九章　十一届省残运会竞赛项目

十一届省残运会项目竞赛于2022年6月25日开赛，运动会于9月16日开幕，9月20日闭幕。全省16个市和山东特殊教育职业学院组建的17个代表队1500余名残疾人运动员参赛。

该届省残运会设田径、游泳、举重、乒乓球、自行车、射箭、飞镖、象棋、轮椅网球、跆拳道、旱地冰壶、盲人门球、聋人篮球、聋人足球、轮椅篮球、坐式排球、盲人柔道17个大项700余个小项比赛，各项目比赛成绩前三名的运动员分别获金、银、铜牌，共产生金牌786枚、银牌539枚、铜牌441枚。对代表团设体育道德风尚奖和特别贡献奖。

市筹委会加强运动员资格审查和裁判工作，兴奋剂检查和处罚按照国家有关规定执行，维护残疾人竞赛工作秩序，保障全体参赛单位和运动员合法权益，保障该届省残运会的公平、公正。

第一节 竞赛组织

十一届省残运会以各市、山东特殊教育职业学院为单位组团参赛，日照市可增报一团，各项目均录取前六名。对获得各项目比赛前三名的运动员分别颁发金、银、铜牌；获得前6名的运动员颁发成绩证书。对代表团设体育道德风尚奖和特别贡献奖，分别颁发奖匾或奖杯。

山东省残疾人联合会、山东省体育局联合发文，将《山东省第十一届残疾人运动会竞赛规程总则》印发给各市残联、体育局，山东特殊教育职业学院，严格规范残运会章程。在省委、省政府的坚强领导和组委会的统筹指导下，日照市委、市政府的积极组织下，各部门通力合作，维护残疾人竞赛工作秩序，保障全体参赛单位和运动员的合法权益，确保省残运会的公平性、公正性、公开性。

一、项目和赛程

山东省残疾人运动会设有肢体残疾、视力残疾、听力残疾三个残疾类别设项。肢体残疾设项分为田径、游泳、举重、乒乓球、自行车、射箭、飞镖、象棋、轮椅网球、跆拳道、旱地冰壶、坐式排球、轮椅篮球项目。视力残疾设项分为田径、游泳、乒乓球、自行车、盲人门球、盲人柔道、象棋项目。听力残疾设项分为田径、游泳、乒乓球、自行车、飞镖、象棋、跆拳道、聋人篮球、旱地冰壶、聋人足球项目。

竞赛赛程分为两个阶段。飞镖、象棋、旱地冰壶、自行车、射箭、轮椅网球、坐式排球、盲人门球、聋人足球、轮椅篮球、举重、盲人柔道、跆拳道项目比赛提前举行。田径、游泳、乒乓球和聋人篮球项目比赛于2022年9月举行首场比赛。

十一届省残运会各项目竞赛日程表

表9-1

序号	项目	时间	地点
1	飞镖	6月25日至27日	日照市海景云创酒店
2	象棋	6月25日至27日	日照市海景云创酒店
3	旱地冰壶	6月25日至27日	日照高新文化体育中心
4	盲人柔道	7月16日至18日	莒县体育馆
5	轮椅网球	7月25日至26日	日照市安泰网球公园
6	公路自行车	8月13日至15日	岚山区绣针河大道
7	场地自行车	9月10日至12日	山东省射击自行车运动管理中心日照基地
8	盲人门球	8月14日至19日	五莲县市民体育中心体育馆
9	聋人足球	8月25日至29日	日照国家海滨森林公园足球训练基地
10	坐式排球	8月29日至9月2日	岚山区体育中心
11	射箭	9月1日至2日	山东国医职业学院体育场馆
12	举重	9月3日至5日	日照一中西校区艺体馆

续表 9-1

序号	项目	时间	地点
13	跆拳道	9 月 7 日至 9 日	岚山区体育中心
14	聋人篮球	9 月 16 日至 20 日	东港区体育中心
15	轮椅篮球	9 月 16 日至 19 日	日照实验高级中学艺体馆
16	乒乓球	9 月 17 日至 20 日	日照高新文化体育中心
17	田径	9 月 17 日至 20 日	日照奎山体育中心
18	游泳	9 月 17 日至 20 日	日照海之韵游泳中心

二、运动员资格审查

户籍在山东省辖区内的运动员（未代表外省在中国残奥委会、聋奥委会注册），自动具备参赛资格，可直接代表户籍所在市参赛。省内市级之间交流的运动员（未代表外省在中国残奥委会、聋奥委会注册）代表某市参赛前资审时，必须出示与运动员本人签订的协议。运动员严禁代表两个单位参赛，一经发现，将取消该运动员本届运动会的所有参赛资格和取得的成绩。引进外省运动员（未代表外省在中国残奥委会、聋奥委会注册）代表某市参赛，须出示在所代表市的暂住证，需要在中国残奥会、聋奥会注册为山东省，且 4 年内不得转会，注册和暂住证起始时间为 2021 年 12 月 1 日前（引进的运动员在国家队或省外训练的不受暂住证限制）。山东特殊教育职业学院学生（未代表外省在中国残奥委会、聋奥委会注册）原则上代表学院参赛，运动员在参赛前资审时，需出示本校学籍注册证明材料；山东特殊教育职业学院学生代表地市参赛的须经学院同意，报名时须备注学院学生。

所有运动员在赛前资审时，需携带中华人民共和国残疾人证（第二代）、身份证（户口本）原件、人身意外伤害保险和体检证明材料，未办理人身意外伤害保险和体检的运动员一律不得参赛。参赛运动员须符合中国残疾人体育协会制定的各项最新比赛规则中规定的最低分级标准；参赛运动员的残疾类别为肢体残疾、视力残疾、听力残疾。参赛运动员须经县级以上医务部门检查，确保身体健康状况适合参加所报项目比赛。运动员参赛期间出现故意扰乱赛场、会场秩序的，将停止该运动员或运动队的参赛资格，取消运动员本人所有项目的比赛资格和取得的成绩。

三、裁判工作

技术代表、裁判长、医学分级师由主办单位委派。组委会仲裁、分级委员会以及各单项竞委会仲裁由主办单位与承办单位派员共同组成。裁判员、医学分级员除主办单位委派的人员外，不足部分由承办单位安排。

运动会期间（包括项目竞赛各阶段），兴奋剂检查和处罚均按照国家有关规定执行，凡出现违规，将停止该项目运动员或运动队的参赛资格，取消其成绩并收回所得奖牌，并在其所在代表团团体总分中扣除 30 分，取消“体育道德风尚奖”评选资格。

第二节 竞技体育运动项目

一、飞镖

2022年6月25—27日，十一届省残运会飞镖比赛在日照市海景云创酒店举行。全省各市15支代表队的75名运动员参赛，其中男运动员40人、女运动员35人。

飞镖比赛设置肢体残疾、听力残疾2个组别。竞赛项目有肢体残疾坐姿单人赛（男、女）、肢体残疾站姿单人赛（男、女）、听力残疾单人赛（男、女）。济南队、东营队各获得奖牌3枚，排在奖牌榜第一位。

飞镖各项目比赛名次一览表

表9-2

项目	名次					
	第一名	第二名	第三名	第四名	第五名	第六名
女子肢体残疾坐姿单人赛	徐春玲 东营市	付怡银 聊城市	高云英 日照市一队	邹一楠 潍坊市	宁春荣 聊城市	赵连翠 日照市一队
女子肢体残疾站姿单人赛	赵翠 济南市	蔡秋妮 威海市	王海爱 东营市	吴迪 日照市一队	陈修娟 日照市一队	胡善连 日照市二队
女子听力残疾单人赛	赵柯 菏泽市	李娇娇 东营市	张云丽 济南市	褚晴 济宁市	丁婷 济宁市	周中煜 枣庄市
男子肢体残疾坐姿单人赛	孔长征 淄博市	权培建 聊城市	吕计虎 济宁市	李学军 泰安市	苏佃光 日照市一队	隋顺超 济宁市
男子肢体残疾站姿单人赛	吴大全 济南市	张申勇 济宁市	张志 泰安市	范正 济宁市	赵贤坤 日照市一队	高峰 泰安市
男子听力残疾单人赛	纪德强 烟台市	段峰 滨州市	王文涵 青岛市	韩耀胜 济宁市	吕彦鸣 济南市	孙泽源 滨州市

2022年6月27日，飞镖女子肢体残疾坐姿单人赛比赛现场

飞镖比赛成绩统计表

表 9-3 单位：枚

单位	金牌	银牌	铜牌	第四名	第五名	第六名	奖牌总数
济南市	2	0	1	0	1	0	3
东营市	1	1	1	0	0	0	3
淄博市	1	0	0	0	0	0	1
烟台市	1	0	0	0	0	0	1
菏泽市	1	0	0	0	0	0	1
聊城市	0	2	0	0	1	0	2
济宁市	0	1	1	3	1	1	2
滨州市	0	1	0	0	0	1	1
威海市	0	1	0	0	0	0	1
日照市一队	0	0	1	1	3	1	1
泰安市	0	0	1	1	0	1	1
青岛市	0	0	1	0	0	0	1
潍坊市	0	0	0	1	0	0	0
枣庄市	0	0	0	0	0	1	0
日照市二队	0	0	0	0	0	0	0

二、象棋

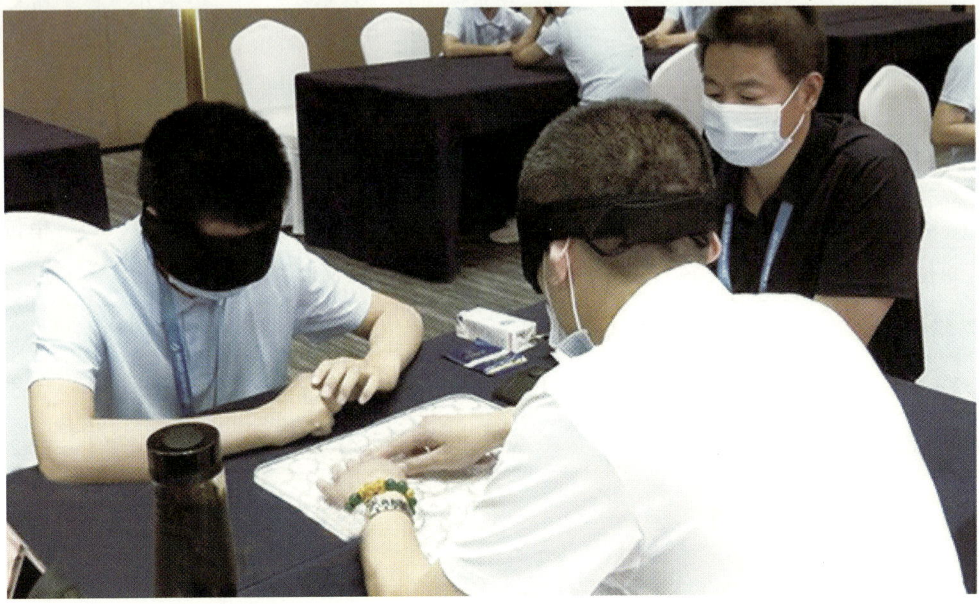

2022 年 6 月 27 日，象棋男子视力残疾个人赛现场

2022 年 6 月 25—27 日，十一届省残运会象棋比赛在日照市海景云创酒店举行。全省各

市 14 支代表队和山东特殊教育职业学院的 60 名运动员参赛，其中男运动员 45 人、女运动员 15 人。

象棋比赛设置肢体残疾组、听力残疾组、视力残疾组 3 个组别。竞赛项目有肢体残疾个人赛（男、女）、听力残疾个人赛（男、女）、视力残疾个人赛（男、女）。日照队（日照一队、日照二队）获得奖牌 6 枚，排在奖牌榜第一位。

象棋各组别比赛名次一览表

表 9-4　　单位：分

组别	名次					
	第一名	第二名	第三名	第四名	第五名	第六名
男子视力组	李永民 东营市 12	郭伟 济南市 11	管勐 聊城市 11	袁守波 山东特教学院 10	刘新山 聊城市 8	孙仁星 山东特教学院 8
男子听力组	隋红利 威海市 13	宋明明 威海市 10	石一右 济宁市 10	牟新春 青岛市 8	王伟 青岛市 8	张守廷 济南市 8
男子肢体组	宋奇 东营市 12	张蒙 菏泽市 10	王勇 烟台市 10	徐曰勇 日照市 9	杜启顺 青岛市 9	杨威 枣庄市 9
女子视力组	隆慧娴 滨州市 10	董晓 日照市一队 8	马晓丽 日照市一队 6	高芮盈 滨州市 4	杨晓涵 日照市一队 2	—
女子听力组	夏凌淑 淄博市 10	孙元慧 日照市一队 6	蒋礼 济南市 6	徐新惠 日照市一队 6	—	—
女子肢体组	杨丽花 日照市一队 14	李鹏程 日照市一队 12	牟宗梅 日照市二队 10	陈依依 日照市一队 8	庄辰月 日照市二队 6	褚文美 滨州市 2

象棋比赛成绩统计表

表 9-5　　单位：枚

单位	第一名	第二名	第三名	第四名	第五名	第六名	奖牌总数
东营市	2	0	0	0	0	0	2
日照市一队	1	3	1	0	1	0	5
威海市	1	1	0	0	0	0	2
滨州市	1	0	0	0	0	0	1
淄博市	1	0	0	0	0	0	1
济南市	0	1	1	0	0	1	2

续表 9-5

单位	第一名	第二名	第三名	第四名	第五名	第六名	奖牌总数
菏泽市	0	1	0	0	0	0	1
日照市二队	0	0	1	0	1	0	1
聊城市	0	0	0	0	1	0	1
烟台市	0	0	1	0	0	0	1
济宁市	0	0	1	0	0	0	1
青岛市	0	0	0	1	2	0	0
山东特教学院	0	0	0	1	0	1	0
枣庄市	0	0	0	0	0	1	0

三、旱地冰壶

2022 年 6 月 25—27 日，十一届省残运会旱地冰壶比赛在日照高新文化体育中心举行。全省各市 13 支代表队和山东特殊教育职业学院的 75 名运动员参赛，其中男运动员 40 人、女运动员 35 人。

旱地冰壶比赛设置肢体组、听力组、轮椅组 3 个组别，日照队一队、泰安队、日照一队分别获得第一名。

2022 年 6 月 25 日，男子旱地冰壶轮椅组比赛现场

旱地冰壶各组别比赛名次一览表

表 9-6

组别	名次					
	第一名	第二名	第三名	第四名	第五名	第六名
肢体组	日照市一队	日照市二队	滨州市	—	—	—
轮椅组	日照市一队	日照市二队	聊城市	青岛市	山东特教学院	泰安市
听力组	泰安市	烟台市	济宁市	枣庄市	日照市	山东特教学院

旱地冰壶比赛成绩统计表

表 9-7　　单位：枚

单位	第一名	第二名	第三名	第四名	第五名	第六名	奖牌总数
日照市一队	2	0	0	0	1	0	14
泰安市	1	0	0	0	0	1	7
日照市二队	0	2	0	0	0	0	10
烟台市	0	1	0	0	0	0	5
济宁市	0	0	1	0	0	0	4
聊城市	0	0	1	0	0	0	4
滨州市	0	0	1	0	0	0	4
青岛市	0	0	0	1	0	0	3
枣庄市	0	0	0	1	0	0	3
山东特教学院	0	0	0	0	1	1	3
淄博市	0	0	0	0	0	0	0
济南市	0	0	0	0	0	0	0
潍坊市	0	0	0	0	0	0	0
德州市	0	0	0	0	0	0	0

四、盲人柔道

2022 年 7 月 16—18 日，十一届省残运会盲人柔道比赛在莒县体育馆举行。盲人柔道比赛有 72 名运动员参加，其中男运动员 41 人、女运动员 31 人。

盲人柔道竞赛项目设男子 -60 公斤级、-66 公斤级、-73 公斤级、-81 公斤级、-90 公斤级、-100 公斤级、+100 公斤级、73 公斤级以下无差、63 公斤级以上无差，女子 -48 公斤级、-52 公斤级、-57 公斤级、-63 公斤级、-70 公斤级、-78 公斤级、+78 公斤级、57 公斤级以下无差、63 公斤级以上无差级别比赛。

2022 年 7 月 16 日，男子盲人柔道比赛现场

盲人柔道男子各级别比赛名次一览表

表 9-8

级别	第一名	第二名	第三名		第五名	
-60 公斤级	靖鹏鹏 济南市	何士林 烟台市	吴振宇 山东特教学院	刘军 烟台市	—	—
-66 公斤级	寇德路 济南市	陈超 临沂市	孟尹 临沂市	边含波 山东特教学院	李峰旭 青岛市	—
-73 公斤级	游世先 日照市	邢化银 烟台市	刘紫炀 烟台市	张涛 德州市	公丕鑫 临沂市	齐佳麟 青岛市
-81 公斤级	于庆国 泰安市	刘成雨 临沂市	陈紫阳 山东特教学院	孙浩 济南市	吕朝俊 青岛市	吕鑫琦 济南市
-90 公斤级	罗文聪 青岛市	杨渓博 青岛市	李延杰 山东特教学院	崔宝佶 济南市	—	—
-100 公斤级	臧浩荣 青岛市	李航 青岛市	王浩然 泰安市	庄郁奇 临沂市	—	—
+100 公斤级	李想 青岛市	周永康 青岛市	—	—	—	—
73 公斤以下无差	刘紫炀 烟台市	靖鹏鹏 济南市	游世先 日照市	张涛 德州市	孟尹 临沂市	寇德路 济南市
81 公斤以上无差	臧浩荣 青岛市	李想 青岛市	孙浩 济南市	罗文聪 青岛市	刘成雨 临沂市	崔宝佶 济南市

盲人柔道女子各级比赛名次一览表

表 9-9

级别	第一名	第二名	第三名		第五名	
-48 公斤级	刘芳 临沂市	付佳艳 青岛市	赵鑫燕 青岛市	—	—	—
-52 公斤级	史一凡 青岛市	王惜文 青岛市	王书芹 日照市	—	—	—
-57 公斤级	崔娜 济南市	张梓怡 烟台市	王煜佳 济南市	—	—	—
-63 公斤级	李慧娴 临沂市	吴思琴 烟台市	王艳 临沂市	—	—	—
-70 公斤级	王文静 青岛市	冯晓萱 青岛市	—	—	—	—
-78 公斤级	李雨 淄博市	张雅迪 济南市	孙言芳 临沂市	陈雨晴 山东特教学院	薛涵月 青岛市	—
+78 公斤级	郭晴 烟台市	邹为苗 日照市	何玉岭 日照市	李雨辰 青岛市	—	—
57 公斤以下 无差	崔娜 济南市	张梓怡 烟台市	刘芳 临沂市	王煜佳 济南市	付佳艳 青岛市	吴思琴 烟台市
63 公斤以上 无差	王文静 青岛市	郭晴 烟台市	陈雨晴 山东特教学院	李雨 淄博市	孙言芳 临沂市	李慧娴 临沂市

五、轮椅网球

2022 年 7 月 25—26 日，十一届省残运会轮椅网球项目在日照安泰网球公园举行。全省各市 4 支代表队的 23 名运动员参赛，其中男运动员 12 人，女运动员 11 人。

轮椅网球竞赛项目有男子单打、女子单打、男子双打、女子双打、混合双打、男子团体、女子团体。日照队（日照一队、日照二队）获得奖牌 19 枚，排在奖牌榜第一位。

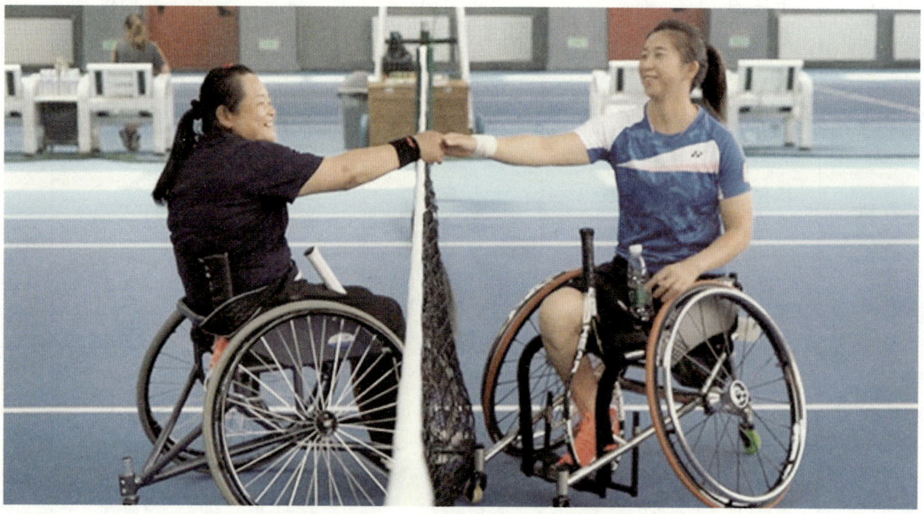

2022 年 7 月 25 日，轮椅网球女子单打比赛现场

轮椅网球各项目比赛名次一览表

表 9-10

项目	名次			
	第一名	第二名	第三名	第五名
男子团体	日照市一队	日照市二队	—	—
女子团体	日照市一队	日照市二队	—	—
男子单打	张金雄（青岛市）	孙士松 （日照市一队）	曹学农（日照市一队） 张志忠（日照市一队）	宋爱民（泰安市） 田东（日照市一队）
女子单打	徐婷婷（青岛市）	厉金花 （日照市一队）	尚红梅（日照市一队） 杨世香（日照市一队）	杨怀兰（日照市一队） 孔梦圆（日照市二队）
男子双打	孙士松 / 张志忠 （日照市一队）	田东 / 曹学农 （日照市一队）	相玉亮 / 于善克 （日照市二队） 李峰 / 宋爱民（泰安市）	—
女子双打	杨怀兰 / 厉金花 （日照市一队）	杨世香 / 尚红梅 （日照市一队）	孔梦圆 / 魏代菊 （日照市二队） 陈霞 / 宋丽梅（泰安市）	—
混合双打	张金雄 / 徐婷婷 （青岛市）	孙士松 / 杨世香 （日照市一队）	田东 / 杨怀兰 （日照市一队） 张志忠 / 尚红梅 （日照市一队）	曹学农 / 厉金花 （日照市一队） 相玉亮 / 孔梦圆 （日照市二队）

轮椅网球比赛成绩统计表

表 9-11　　单位：枚

单位	第一名	第二名	第三名	第四名	第五名	第六名	奖牌总数
日照市一队	4	5	6	0	3	0	15
青岛市	3	0	0	0	0	0	3
日照市二队	0	2	2	0	2	0	4
泰安市	0	0	2	0	1	0	2

六、公路自行车

2022年8月13—15日，十一届省残运会公路自行车比赛在日照市岚山区绣针河大道举行。全省各市8支代表队的130名运动员参赛，其中男运动员76人、女运动员54人。

公路自行车比赛设置肢体残疾组、听力残疾组、视力残疾组3个组别。竞赛项目有男子C1级5公里个人计时赛、女子C2级5公里个人计时赛等55项。

2022 年 8 月 15 日，男子肢体残运组公路自行车比赛现场

公路自行车各项目比赛名次一览表

表 9-12

项目	名次					
	第一名	第二名	第三名	第四名	第五名	第六名
男子听力组行进间 200 米计时赛	王滨 青岛市 17"632	于赛飞 青岛市 19"615	杨奥磊 临沂市 20"855	蔡福泉 临沂市 21"372	—	—
女子听力组行进间 200 米计时赛	牟丽洁 青岛市 19"704	孟艳 临沂市 21"688	刘淳铮 烟台市 23"632	赵文丽 烟台市 25"355	李涵潇 烟台市 26"165	曹瑞 临沂市 29"243
男子 B 级 7 公里个人计时赛	房雨生 青岛市 10'10"298	朱瑞铭 青岛市 10'26"723	高宝山 青岛市 10'37"038	马涛 日照市 10'44"799	王常坤 临沂市 11'33"078	—
女子 B 级 7 公里个人计时赛	孙荣花 临沂市 10'48"796	闫萍萍 临沂市 11'35"137	何婷婷 青岛市 11'39"355	徐源潞 日照市 12'29"006	—	—
男子听力组 7 公里个人计时赛	于赛飞 青岛市 10'12"255	王滨 青岛市 10'33"894	王连飞 聊城市 12'18"479	蔡福泉 临沂市 12'21"607	杨奥磊 临沂市 13'04"175	—
女子听力组 7 公里个人计时赛	孟艳 临市沂 11'19"354	牟丽洁 青岛市 11'22"017	刘淳铮 烟台市 13'52"341	李涵潇 烟台市 13'57"209	曹瑞 临沂市 14'15"939	张慧敏 临沂市 14'25"800
男子 C5 级 7 公里个人计时赛	付俊伟 临沂市 11'21"717	王宝树 临沂市 11'42"976	叶均图 青岛市 12'14"189	马德健 日照市一队 12'21"106	王志文 日照市一队 12'41"319	李业军 日照市一队 12'42"299
男子 C4 级 7 公里个人计时赛	吴国庆 青岛市 11'07"059	王忠运 聊城市 12'15"666	陈海杰 临沂市 13'28"676	丁成明 烟台市 14'00"512	—	—

续表 9-12

项目	名次					
	第一名	第二名	第三名	第四名	第五名	第六名
男子 C3 级 7 公里个人计时赛	李绍民 聊城市 11'32"808	李义刚 临沂市 12'22"351	刘荣鑫 临沂市 12'59"193	宋道龙 日照市一队 14'53"477	—	—
女子 C5 级 7 公里个人计时赛	李帅帅 临沂市 12'09"114	刘相霞 日照市一队 12'29"890	吴雪菲 临沂市 13'17"786	翟昌霞 泰安市 18'54"720	—	—
女子 C4 级 7 公里个人计时赛	李肖辉 青岛市 13'12"949	陶文丽 临沂市 15'10"363	—	—	—	—
女子 C3 级 7 公里个人计时赛	尤欣欣 临沂市 14'42"538	刘香玲 日照市一队 16'21"613	—	—	—	—
男子 C2 级 5 公里个人计时赛	王永海 日照市一队 07'15"619	刘柏源 日照市一队 09'13"036	翟秀宝 临沂市 09'51"675	—	—	—
男子 C1 级 5 公里个人计时赛	王理想 青岛市 07'36"998	李阳 日照市一队 08'30"451	臧德勤 临沂市 09'15"715	吴少恺 青岛市 10'16"779	李业利 日照市一队 10'19"542	—
女子 C2 级 5 公里个人计时赛	宋振玲 淄博市 08'34"885	牛之凤 泰安市 09'40"005	曹新雨 临沂市 11'44"15	姜良美 临沂市 14'47"467	—	—
女子 C1 级 5 公里个人计时赛	郭芊芊 日照市一队 09'17"686	刘青萍 日照市一队 12'46"216	—	—	—	—
男子 H5 级 5 公里个人计时赛	李振阳 青岛市 08'56"400	王聚江 淄博市 10'16"102	张政 青岛市 11'35"601	崔玉涛 青岛市 12'05"845	—	—
男子 H4 级 5 公里个人计时赛	宋晓栋 青岛市 09'27"695	姜华伟 青岛市 20'16"035	—	—	—	—
男子 H3 级 5 公里个人计时赛	陈光祥 青岛市 10'57"283	王言全 淄博市 12'39"333	徐常晏 青岛市 13'03"177	田东 日照市一队 19'03"466	—	—
女子 H5 级 5 公里个人计时赛	张胜男 青岛市 11'14"666	陈莎莎 淄博市 11'58"773	高金超 青岛市 15'22"014	—	—	—
女子 H4 级 5 公里个人计时赛	于静 青岛市 13'09"232	王香博 淄博市 15'17"180	郑芸 青岛市 16'28"289	—	—	—

续表 9-12

项目	名次					
	第一名	第二名	第三名	第四名	第五名	第六名
女子 H3 级 5 公里个人计时赛	张晶 青岛市 09'59"441	李佳琦 淄博市 11'15"535	石淑梅 青岛市 12'36"388	—	—	—
男子 B 级 20 公里个人赛	高宝山 青岛市 33'16"234	房雨生 青岛市 33'20"995	朱瑞铭 青岛市 33'23"239	王常坤 临沂市 33'23"491	马涛 日照市 33'54"562	—
女子 B 级 20 公里个人赛	孙荣花 临沂市 32'02"577	闫萍萍 临沂市 36'02"859	陈冬梅 青岛市 36'03"101	徐源潞 日照市 36'04"130	—	—
男子听力组 20 公里个人赛	王滨 青岛市 29'53"013	于赛飞 青岛市 29'53"771	蔡福泉 临沂市 33'54"997	王连飞 聊城市 33'56"773	杨奥磊 临沂市 33'47"978	—
女子听力组 20 公里个人赛	牟丽洁 青岛市 38'27"997	孟艳 临沂市 38'29"171	李涵潇 烟台市 38'36"618	张慧敏 临沂市 38'37"479	刘淳铮 烟台市 38'38"405	赵文丽 烟台市 38'44"873
男子 C5 级 20 公里个人赛	王宝树 临沂市 39'03"205	付俊伟 临沂市 39'07"689	李业军 日照市一队 39'09"551	马德健 日照市一队 39'19"344	王志文 日照市一队 39'19"742	叶均图 青岛市 39'30"711
男子 C4 级 20 公里个人赛	吴国庆 青岛市 32'38"880	王忠运 聊城市 33'13"746	陈海杰 临沂市 37'47"596	丁成明 烟台市 39'13"176	—	—
男子 C3 级 20 公里个人赛	李绍民 聊城市 36'16"699	李义刚 临沂市 36'16"946	刘荣鑫 临沂市 36'20"669	宋道龙 日照市一队 49'19"594	—	—
女子 C5 级 20 公里个人赛	李帅帅 临沂市 47'17"425	吴雪菲 临沂市 47'17"517	刘相霞 日照市一队 47'17"894	翟昌霞 泰安市 52'00"645	—	—
女子 C4 级 20 公里个人赛	李肖辉 青岛市 39'30"574	陶文丽 临沂市 45'16"126	—	—	—	—
女子 C3 级 20 公里个人赛	刘香玲 日照市一队 49'20"696	尤欣欣 临沂市 49'21"080	—	—	—	—
男子 C2 级 10 公里个人赛	王永海 日照市一队 18'09"705	刘柏源 日照市一队 19'37"019	翟秀宝 临沂市 22'02"300	—	—	—
男子 C1 级 10 公里个人赛	王理想 青岛市 16'02"156	李阳 日照市一队 18'33"598	臧德勤 临沂市 18'42"154	吴少铠 青岛市 21'08"208	李业利 日照市一队 24'59"203	—

续表 9-12

项目	名次					
	第一名	第二名	第三名	第四名	第五名	第六名
女子 C2 级 10 公里个人赛	宋振玲 淄博市 20'00"674	牛之凤 泰安市 20'57"961	曹新雨 临沂市 25'31"210	姜良美 临沂市 32'06"520	—	—
女子 C1 级 10 公里个人赛	郭芊芊 日照市一队 25'37"090	刘青萍 日照市一队 27'56"242	—	—	—	—
男子 H5 级 10 公里个人赛	李振阳 青岛市 20'14"872	王聚江 淄博市 22'28"186	张政 青岛市 22'28"245	汪之栋 青岛市 22'52"704	—	—
男子 H4 级 10 公里个人赛	宋晓栋 青岛市 41'32"135	姜华伟 青岛市 42'15"038	—	—	—	—
男子 H3 级 10 公里个人赛	王言全 淄博市 26'35"945	陈光祥 青岛市 26'43"434	徐常晏 青岛市 29'06"726	—	—	—
女子 H5 级 10 公里个人赛	陈莎莎 淄博市 28'00"548	张胜男 青岛市 28'08"233	高金超 青岛市 34'53"169	—	—	—
女子 H4 级 10 公里个人赛	于静 青岛市 27'29"728	王香博 淄博市 28'16"991	郑芸 青岛市 36'11"676	—	—	—
女子 H3 级 10 公里个人赛	张晶 青岛市 21'20"869	李佳琦 淄博市 22'38"447	石淑梅 青岛市 22'42"503	—	—	—
男子 H2 级 1 公里个人计时赛	封向儒 青岛市 02'32"444	任重航 淄博市 04'04"085	王乐源 青岛市 15'41"822	孙士松 日照市一队 16'20"667	曹学农 日照市一队 18'07"248	—
男子 H1 级 1 公里个人计时赛	相玉亮 日照市一队 03'28"932	陶熙 青岛市 03'59"412	朱建华 青岛市 04'08"858	—	—	—
女子 H2 级 1 公里个人计时赛	尹婷婷 日照市一队 05'58"630	孔梦圆 日照市一队 15'53"368	陈乾雯 青岛市 23'43"140	—	—	—
女子 H1 级 1 公里个人计时赛	尚红梅 日照市一队 04'54"728	朱美芳 日照市一队 05'01"546	陈发红 青岛市 06'24"616	—	—	—
男子 H2 级 1 公里个人赛	封向儒 青岛市 02'56"350	曹学农 日照市一队 04'09"976	任重航 淄博市 04'14"199	于善克 日照市二队 05'31"187	—	—

续表 9-12

项目	名次					
	第一名	第二名	第三名	第四名	第五名	第六名
男子 H1 级 1 公里个人赛	陶熙 青岛市 02'30"317	朱建华 青岛市 03'02"871	徐强 日照市二队 05'26"054	—	—	—
女子 H2 级 1 公里个人赛	尹婷婷 日照市一队 05'34"191	孔梦圆 日照市一队 06'28"938	汉德超 日照市二队 09'51"081	—	—	—
女子 H1 级 1 公里个人赛	陈发红 青岛市 03'02"394	尚红梅 日照市一队 04'48"145	杨怀兰 日照市二队 05'19"712	—	—	—
男子 H3-H5 级团体接力赛	青岛市 04'30"717	淄博市 05'12"664	日照市一队 09'31"146	—	—	—
女子 H3-H5 级团体接力赛	青岛市 05'31"620	淄博市 05'47"641	日照市二队 12'37"111	—	—	—
男子 H1-H2 级团体接力赛	日照市一队 08'07"134	青岛市 08'07"348	—	—	—	—
女子 H1-H2 级团体接力赛	日照市一队 10'35"612	日照市二队 13'48"121	—	—	—	—
H1-H5 级混合团体接力赛	日照市一队 09'36"927	青岛市 09'39"341	日照市二队 13'09"494	—	—	—

公路自行车比赛成绩统计表

表 9-13

单位：枚

单位	第一名	第二名	第三名	第四名	第五名	第六名	奖牌总数
青岛市	29	14	19	4	0	1	62
日照市一队	12	13	3	10	6	1	28
临沂市	8	12	13	6	4	2	33
淄博市	4	11	1	0	0	0	16
聊城市	2	2	1	1	0	0	5
泰安市	0	2	0	2	0	0	2
日照市二队	0	1	5	0	0	0	6
烟台市	0	0	3	4	2	1	3

七、场地自行车

2022 年 9 月 10 日，男子肢体残疾组场地自行车比赛现场

2022 年 9 月 10—12 日，十一届省残运会场地自行车比赛在山东省射击自行车运动管理中心日照基地举行。全省各市 8 支代表队的 71 名运动员参赛，其中男运动员 37 人、女运动员 34 人。

场地自行车比赛设置肢体残疾组、听力残疾组、视力残疾组 3 个组别。竞赛项目有男子、女子视力组行进间 200 米等 31 项。

场地自行车各项目比赛名次一览表

表 9-14

项目	名次					
	第一名	第二名	第三名	第四名	第五名	第六名
女子视力组行进间 200 米	孙荣花 董艳霞 临沂市 14"993	闫萍萍 王倩 临沂市 17"772	—	—	—	—
女子 C1 组 500 米计时赛	郭芊芊 日照市 1'06"001	刘青萍 日照市 1'15"679	—	—	—	—
女子 C2 组 500 米计时赛	宋振玲 淄博市 0'46"453	牛之凤 泰安市 0'54"234	曹新雨 临沂市 1'02"889	—	—	—
女子 C3 组 500 米计时赛	尤欣欣 临沂市 52"533	刘香玲 日照市 59"943	—	—	—	—

续表 9-14

项目	名次					
	第一名	第二名	第三名	第四名	第五名	第六名
女子 C4 组 500 米计时赛	李肖辉 青岛市 41"298	陶文丽 临沂市 54"751	—	—	—	—
女子 C5 组 500 米计时赛	李帅帅 临沂市 44"971	刘相霞 日照市 48"711	吴雪菲 临沂市 48"932	—	—	—
女子视力组 500 米计时赛	孙荣花 董艳霞 临沂市 44"981	闫萍萍 王倩 临沂市 48"004	—	—	—	—
女子听力组 500 米计时赛	牟丽洁 青岛市 38"501	孟艳 临沂市 40"915	李涵潇 烟台市 49"090	曹瑞 临沂市 49"127	刘淳铮 烟台市 49"338	赵文丽 烟台市 50"170
女子 C1 组 3 公里个人追逐赛	郭芊芊 日照市 6'13"111	刘青萍 日照市 7'10"126	—	—	—	—
女子 C2 组 3 公里个人追逐赛	宋振玲 淄博市 4'53"926	牛之风 泰安市 5'39"551	曹新雨 临沂市 6'48"971	—	—	—
女子 C3 组 3 公里个人追逐赛	刘香玲 日照市 6'16"525	尤欣欣 临沂市 7'26"793	—	—	—	—
女子 C4 组 3 公里个人追逐赛	李肖辉 青岛市 4'35"171	陶文丽 临沂市 6'05"568	—	—	—	—
女子 C5 组 3 公里个人追逐赛	李帅帅 临沂市 4'39"022	吴雪菲 临沂市 4'55"345	刘相霞 日照市 4'56"362	—	—	—
女子视力组 3 公里个人追逐赛	孙荣花 董艳霞 临沂市 4'29"961	闫萍萍 王倩 临沂市 4'56"703	—	—	—	—
女子听力组 3 公里个人追逐赛	孟艳 临沂市 4'07"453	牟丽洁 青岛市 4'14"463	刘淳铮 烟台市 5'15"564	张慧敏 临沂市 5'20"157	李涵潇 烟台市 5'20"221	曹瑞 临沂市 5'29"976
男子视力组行进间 200 米	高宝山 张劲龙 青岛市 11"757	朱瑞铭 李佩珂 青岛市 12"506	房雨生 王震 青岛市 12"512	郎壮 梁杰 临沂市 16"101	—	—

续表 9-14

项目	名次					
	第一名	第二名	第三名	第四名	第五名	第六名
男子 C1 组 1 公里计时赛	王理想 青岛市 1'25"565	李阳 日照市 1'30"082	李业利 日照市 1'51"604	臧德勤 临沂市 2'18"127	—	—
男子 C2 组 1 公里计时赛	王永海 日照市 1'25"458	刘柏源 日照市 1'50"782	翟秀宝 临沂市 1'58"377	—	—	—
男子 C3 组 1 公里计时赛	李绍民 聊城市 1'17"678	李义刚 临沂市 1'24"157	刘荣鑫 临沂市 1'38"116	—	—	—
男子 C4 组 1 公里计时赛	吴国庆 青岛市 1'10"084	王忠运 聊城市 1'33"421	陈海杰 临沂市 1'39"175	—	—	—
男子 C5 肢体场地赛 1 公里计时赛	付俊伟 临沂市 1'17"853	王宝树 临沂市 1'21"252	李业军 日照市 1'28"268	贺文伟 日照市二队 1'30"232	王志文 日照市 1'30"770	叶均图 青岛市 1'32"407
男子视力组 1 公里计时赛	高宝山 张劲龙 青岛市 1'09"642	朱瑞铭 李佩珂 青岛市 1'13"704	房雨生 王震 青岛市 1'14"270	郎壮 梁杰 临沂市 1'25"732	—	—
男子听力组 1 公里计时赛	王滨 青岛市 1'10"488	于赛飞 青岛市 1'12"418	蔡福泉 临沂市 1'20"236	杨奥磊 临沂市 1'25"798	王连飞 聊城市 1'28"790	—
男子 C1 组 3 公里个人追逐赛	王理想 青岛市 4'28"680	李阳 日照市 4'54"837	李业利 日照市 5'47"763	臧德勤 临沂市 6'14"855	—	—
男子 C2 组 3 公里个人追逐赛	王永海 日照市 4'29"143	刘柏源 日照市 5'43"879	翟秀宝 临沂市 6'18"599	—	—	—
男子 C3 组 3 公里个人追逐赛	李绍民 聊城市 4'13"630	李义刚 临沂市 4'44"565	刘荣鑫 临沂市 5'48"103	—	—	—
男子 C4 组 4 公里个人追逐赛	吴国庆 青岛市 5'28"548	王忠运 聊城市 6'20"705	陈海杰 临沂市 7'06"380	—	—	—
男子 C5 组 4 公里个人追逐赛	付俊伟 临沂市 5'49"138	王宝树 临沂市 6'01"957	王志文 日照市 6'10"820	李业军 日照市 6'16"845	叶均图 青岛市 6'22"142	陈树磊 青岛市 6'47"962

续表 9-14

项目	名次					
	第一名	第二名	第三名	第四名	第五名	第六名
男子听力组 4公里个人追逐赛	于赛飞 青岛市 5'10"047	王滨 青岛市 5'17"630	蔡福泉 临沂市 5'55"343	杨奥磊 临沂市 6'21"977	王连飞 聊城市 6'24"90	—
男子视力组 4公里个人追逐赛	房雨生 王震 青岛市 5'11"770	高宝山 张劲龙 青岛市 5'13"754	朱瑞铭 李佩珂 青岛市 5'15"226	郎壮 梁杰 临沂市 6'11"009	—	—
混合团体竞速赛	李肖辉 吴国庆 李绍民 青岛市 聊城市 联合队 0'54"569	吴雪菲 王宝树 李义刚 临沂市 0'59"965	李阳 王永海 李业军 日照市一队 1'04"268	—	—	—

场地自行车比赛成绩统计表

表 9-15　　单位：枚

单位	第一名	第二名	第三名	第四名	第五名	第六名	奖牌总数
青岛市	12.5	6	3	—	1	2	21.5
临沂市	9	13	11	9	0	1	33
日照市一队	5	8	6	1	1	0	19
聊城市	2.5	2	0	0	2	0	4.5
淄博市	2	0	0	0	0	0	2
泰安市	0	2	0	0	0	0	2
烟台市	0	0	3	0	2	1	3
日照市二队	0	0	0	1	0	0	0

八、盲人门球

2022 年 8 月 14—19 日，十一届省残运会盲人门球比赛在五莲县市民体育中心举行。120 名运动员参赛，其中男运动员 69 人、女运动员 51 人。

盲人门球比赛设置视力残疾 1 个组别，竞赛项目有男子组、女子组。男子组第一名至第六名分别为青岛市、济宁市、潍坊市、临沂市、济南市、菏泽市代表队。女子组第一名至第六名分别为潍坊市、济宁市、临沂市、烟台市、济南市、枣庄市代表队。

2022 年 8 月 14 日，盲人门球男子视力残疾组比赛现场

九、聋人足球

2022 年 8 月 25—29 日，十一届省残运会聋人足球比赛在日照国家海滨森林公园足球训练基地举行。全省各市 8 支代表队的 92 名运动员参赛。

聋人足球比赛设置听力残疾 1 个组别，竞赛项目有男子组 1 组，第一名至第六名分别为青岛市、临沂市、济南市、东营市、日照市、烟台市代表队。

十、坐式排球

2022 年 8 月 29 日至 9 月 2 日，十一届省残运会坐式排球比赛在日照市岚山区体育中心体育馆举行。全省各市 6 支代表队的 95 名运动员参赛，其中男运动员 51 人、女运动员 44 人。

坐式排球比赛设置肢体残疾 1 个组别，竞赛项目有肢体残疾男子组、肢体残疾女子组。肢体残疾男子组第一名至第六名分别为临沂市、济宁市、烟台市、枣庄市、青岛市、东营市代表队。肢体残疾女子组第一名至第五名分别为临沂市、济宁市、烟台市、青岛市、东营市代表队。

2022 年 8 月 31 日，坐式排球肢体残疾男子组比赛现场

坐式排球决赛成绩统计表

表 9-16　　单位：枚

单位	第一名	第二名	第三名	第四名	第五名	第六名	奖牌总数
临沂市	2	0	0	0	0	0	12
济宁市	0	2	0	0	0	0	10
烟台市	0	0	2	0	0	0	8
青岛市	0	0	0	1	1	0	5
枣庄市	0	0	0	1	0	0	3
东营市	0	0	0	0	0	1	1

十一、射箭

2022 年 9 月 1—2 日，十一届省残运会射箭比赛在山东国医职业学院体育场馆举行。全省各市 4 支代表队的 54 名运动员参赛，其中男运动员 34 人、女运动员 20 人。

射箭比赛设置男子组、女子组 2 个组别，竞赛项目有复合弓 14 项，包括个人公开级 50 米双轮赛、个人公开级 50 米淘汰赛、个人 W1 级 50 米双轮赛、个人 W1 级 50 米淘汰赛、公开级团体淘汰赛、W1 级团体淘汰赛、复合弓混合团体公开级淘汰赛、复合弓 W1 级混合团体淘汰赛；反曲弓 7 项，包括个人公开级 70 米双轮赛、个人公开级淘汰赛、公开级团体淘赛、反曲弓混合团体公开级淘汰赛。

2022 年 9 月 2 日，射箭比赛现场

射箭各项目决赛名次一览表

表 9-17 单位：环

项目	第一名	第二名	第三名	第四名	第五名	第六名
女子个人反曲弓公开级 70 米双轮	朱亚亚 济宁市 475	赵杉 济宁市 461	郭克燕 济宁市 276	刘娜娜 泰安市 22	王莉琪 青岛市 4	臧海燕 青岛市 2
女子个人反曲弓公开级 淘汰赛、决赛	朱亚亚 济宁市	赵杉 济宁市	郭克燕 济宁市	刘娜娜 泰安市	王莉琪 青岛市	刘琦 青岛市 臧海燕 青岛市
女子反曲弓公开级 团体淘汰赛、决赛	朱亚亚 赵杉 郭克燕 济宁市	—	—	—	—	—
反曲弓公开级混合 团体淘汰赛、决赛	朱亚亚 徐金强 济宁市	—	—	—	—	—
男子个人反曲弓公开级 70 米双轮	徐金强 济宁市 490	王东旭 济宁市 466	李光 济宁市 465	郝祥雨 泰安市 346	陈军 泰安市 302	李军 泰安市 285
男子个人反曲弓公开级 淘汰赛、决赛	徐金强 济宁市	王东旭 济宁市	李军 泰安市	郝祥雨 泰安市	陈军 泰安市	李光 济宁市
男子反曲弓公开级 团体淘汰赛、决赛	徐金强 王东旭 李光 济宁市	—	—	—	—	—
女子个人复合弓公开级 50 米双轮	李佳意 青岛市 644	谢丽君 济宁市 629	王佳 青岛市 601	孙慧娟 济宁市 591	区恒远 青岛市 580	马春玲 济宁市 487
女子个人复合弓公开级 淘汰赛、决赛	谢丽君 济宁市	李佳意 青岛市	孙慧娟 济宁市	王佳 青岛市	区恒远 青岛市	马春玲 济宁市
女子复合弓公开级 团体淘汰赛、决赛	谢丽君 孙慧娟 马春玲 济宁市	—	—	—	—	—
复合弓公开级 混合团体淘汰赛、决赛	谢丽君 葛令续 济宁市	李佳意 巩嘉意 青岛市	—	—	—	—

续表 9-17

项目	第一名	第二名	第三名	第四名	第五名	第六名
男子个人复合弓公开级 50 米双轮	葛令续 济宁市 663	巩嘉意 青岛市 646	郭峰 青岛市 641	龚令波 济宁市 630	邵辰东 青岛市 601	张曙光 济宁市 587
男子个人复合弓公开级淘汰赛、决赛	葛令续 济宁市	郭峰 青岛市	巩嘉意 青岛市	龚令波 济宁市	邵辰东 青岛市	张曙光 济宁市
男子团体复合弓公开级淘汰赛、决赛	巩嘉意 郭峰 邵辰东 青岛市	葛令续 龚令波 张曙光 济宁市	权培建 邹德义 姚忠刚 聊城市	—	—	—
女子个人复合弓 W150 米双轮	刘静 青岛市 606	韩园园 青岛市 594	刘青 济宁市 22	范莹莹 青岛市 13	姜兰 济宁市 6	曲金霞 济宁市 4
女子个人复合弓 W1 淘汰赛、决赛	韩园园 青岛市	刘静 青岛市	刘青 济宁市	姜兰 济宁市	范莹莹 青岛市 曲金霞 济宁市	—
女子团体复合弓 W1 淘汰赛、决赛	刘静 韩园园 范莹莹 青岛市	—	—	—	—	—
复合弓 W1 混合团体淘汰赛、决赛	刘静 张贵月 青岛市	—	—	—	—	—
男子个人复合弓 W150 米双轮	张贵月 青岛市 636	满朝朝 青岛市 530	曲先平 青岛市 511	张太贺 济宁市 358	弓钰瑶 济宁市 33	段东华 聊城市 30
男子个人复合弓 W1 淘汰赛、决赛	张贵月 青岛市	满朝朝 青岛市	曲先平 青岛市	张太贺 济宁市	段东华 聊城市	韦明智 济宁市
男子团体复合弓 W1 淘汰赛、决赛	张贵月 满朝朝 曲先平 青岛市	—	—	—	—	—

射箭决赛成绩统计表

表 9-18

单位：枚

单位	第一名	第二名	第三名	第四名	第五名	第六名	奖牌总数
济宁市	12	6	6	6	3	7	24

续表 9-18

单位	第一名	第二名	第三名	第四名	第五名	第六名	奖牌总数
青岛市	9	8	5	2	7	3	22
泰安市	0	2	1	4	2	1	3
聊城市	0	0	1	0	1	1	1

十二、举重

2022 年 9 月 3—5 日，十一届省残运会举重项目比赛在日照一中西校区艺体馆举行。全省各市 9 支代表队的 47 名运动员参赛，其中男运动员 35 人、女运动员 12 人。

举重比赛设置肢体残疾组 1 个组别，竞赛项目有男子项目 49 公斤级、54 公斤级、59 公斤级、65 公斤级、72 公斤级、80 公斤级、88 公斤级、97 公斤级、107 公斤级、107 公斤以上级，女子项目 41 公斤级、45 公斤级、50 公斤级、55 公斤级、61 公斤级、67 公斤级、73 公斤级、79 公斤级、86 公斤级、86 公斤以上级共 20 项。

2022 年 9 月 3 日，举重男子肢体残疾组比赛现场

举重各项目决赛名次一览表

表 9-19

单位：公斤

项目	名次				
	第一名	第二名	第三名	第四名	第五名
男子 49 公斤级	张龙岗 日照市一队 35.0	—	—	—	—
男子 54 公斤级	杜磊 东营市 102.0	王龙 枣庄市 101.0	—	—	—
男子 59 公斤级	薛志恒 菏泽市 108.0	陈垒 菏泽市 106.0	韩华贵 泰安市 91.0	—	—
男子 65 公斤级	刘磊 枣庄市 150.0	葛现威 菏泽市 102.0	于月明 日照市一队 100.0	吴成林 淄博市 60.0	陈泓宇 枣庄市 50.0
男子 72 公斤级	杨全喜 菏泽市 150.0	张雷雷 东营市 92.0	—	—	—
男子 80 公斤级	王强 枣庄市 160.0	时振华 枣庄市 40.0	—	—	—
男子 88 公斤级	马震超 菏泽市 150.0	张忠亮 聊城市 140.0	胡文元 东营市 98.0	董永波 菏泽市 80.0	—
男子 97 公斤级	任广博 菏泽市 170.0	袁海 东营市 125.0	郑勇勇 潍坊市 75.0	刘奥胜 菏泽市 72.0	—
男子 107 公斤级	褚方园 枣庄市 161.0	单士涛 菏泽市 155.0	马永海 泰安市 81.0	—	—
男子 +107 公斤级	段文生 日照市一队 30.0	—	—	—	—
女子 45 公斤级	崔哲 菏泽市 90.0	李培风 东营市 36.0	—	—	—
女子 55 公斤级	李春雷 菏泽市 90.0	—	—	—	—

续表 9-19

项目	名次				
	第一名	第二名	第三名	第四名	第五名
女子 61 公斤级	崔建金 菏泽市 100.0	—	—	—	—
女子 67 公斤级	何秀芳 菏泽市 75.0	—	—	—	—
女子 73 公斤级	李娜娜 东营市 63.0	刘昱含 枣庄市 35.0	—	—	—
女子 79 公斤级	邵宇彤 枣庄市 51.0	—	—	—	—
女子 86 公斤级	高晓玲 威海市 43.0	—	—	—	—
女子 +86 公斤级	李春芝 日照市一队 30.0	—	—	—	—

举重决赛成绩统计表

表 9-20　　单位：枚

单位	第一名	第二名	第三名	第四名	第五名	奖牌总数
菏泽市	8	3	0	2	0	11
枣庄市	4	3	0	0	1	7
日照市一队	3	0	1	0	0	4
东营市	2	3	1	0	0	6
威海市	1	0	0	0	0	1
聊城市	0	1	0	0	0	1
泰安市	0	0	2	0	0	2
潍坊市	0	0	1	0	0	1
淄博市	0	0	0	1	0	0

十三、跆拳道

2022年9月7—9日，十一届省残运会跆拳道比赛在日照市岚山区体育中心体育馆举行。全省各市11支代表队和山东特殊教育职业学院97名运动员参赛，其中男运动员52人、女运动员45人。

跆拳道比赛设置肢体残疾组、听力残疾组2个组别，竞赛项目有肢体男子组K41—43、K44共6项，肢体女子组K41—43、K44共6项，听力男子组K60 4项、P60个人1项、团体1项，听力女子组K60 4项、P60个人1项、团体1项，听力混合组P60 1项。

2022年9月7日，男子肢体残疾组跆拳道比赛现场

跆拳道品势决赛名次一览表

表9-21

级别	名次					
	第一名	第二名	第三名	第四名	第五名	第六名
混双品势	张永岱 王澜静 青岛市 7.333(2.933,4.400)	郑佳俊 王荣惠 青岛市 6.817(2.817,4.000)	董梓奥 王明晶 济宁市 6.334(2.367,3.967)	刘骐源 郭管丰怡 济宁市 6.184(2.167,4.017)	孙吉越 曲家瑄 济南市 6.084(2.134,3.950)	苏兴磊 曲家齐 济南市 6.068(2.134,3.934)
男子个人品势	郑佳俊 青岛市 7.784(3.250,4.534)	张永岱 青岛市 7.718(3.334,4.384)	卢玉浩 青岛市 7.467(3.200,4.267)	蒋林峰 山东特教学院 7.134(2.984,4.150)	雷尚进 聊城市 7.034(2.967,4.067)	董梓奥 济宁市 6.951(2.867,4.084)
男子团体品势	郑佳俊 张永岱 卢玉浩 青岛市 7.367(3.050,4.317)	孙吉越 苏兴磊 高广增 济南市 6.633(2.783,3.850)	—	—	—	—

续表 9-21

级别	名次					
	第一名	第二名	第三名	第四名	第五名	第六名
女子 个人品势	刘俊娜 青岛市 7.784(3.284, 4.500)	李心毅 青岛市 7.767(3.200, 4.567)	王澜静 青岛市 7.234(2.900, 4.334)	孙梦佳 济宁市 6.700(2.650, 4.050)	曲家瑄 济南市 6.450(2.450, 4.000)	郭管丰怡 济宁市 6.417(2.417, 4.000)
女子 团体品势	李心毅 刘俊娜 纪敏 青岛市 7.350(3.050, 4.300)	付雯雯 孙梦佳 王明晶 济宁市 6.850(2.817, 4.033)	—	—	—	—

跆拳道竞技比赛名次一览表

表 9-22

单元	级别	名次				
		第一名	第二名	第三名		第五名
3	K41-43 男子 -61 公斤级	缪德乐 泰安市	岳树国 日照市一队	隋金江 日照市二队	夏天 日照市二队	—
3	K41-43 男子 -75 公斤级	任代昌 烟台市	高月星 日照市一队	吴松 滨州市	刘嘉树 烟台市	—
3	K41 女子 -49 公斤级	刘仕春 日照市一队	田芸菲 日照市二队	赵欣然 日照市二队		—
3	K43 女子 +58 公斤级	王赛 日照市一队	赵婉如 日照市二队	杨如兰 日照市二队		—
3	K44 男子 +75 公斤级	刘路东 青岛市	姚伦森 青岛市	姜冬冬 济宁市	李常健 日照市一队	李陆刚 烟台市
3	K44 男子 -61 公斤级	张清江 日照市一队	傅柏诚 临沂市	陈世赫 日照市一队	许吉祥 济南市	—
3	K44 男子 -75 公斤级	于洋 青岛市	代伦辉 青岛市	李志 济宁市	周之皓 临沂市	—
3	K44 女子 +58 公斤级	侯艳芬 泰安市	凌菲 日照市一队	刘清 日照市二队	张莉莉 日照市二队	—
3	K44 女子 -49 公斤级	孙玉芹 日照市一队	庄辰月 日照市一队	梁玺玉 日照市二队	陈依依 日照市一队	—

续表 9-22

单元	级别	名次					
		第一名	第二名	第三名		第五名	
3	K44 女子 -58 公斤级	邵倩 青岛市	孙学华 日照市一队	朱玉杰 山东特教学院		—	
2	K60 男子 +80 公斤级	黄俊凯 青岛市	杨立辉 青岛市	高士祥 山东特教学院	房乐 淄博市	—	
2	K60 男子 -58 公斤级	张永岱 青岛市	蒋林峰 山东特教学院	赵浩杰 山东特教学院	王全旗 临沂市	孟庆涛 济南市	刘兵兵 山东特教学院
2	K60 男子 -68 公斤级	李世杰 青岛市	彭川营 济南市	聂凡淞 临沂市	付彦文 青岛市	康俊亮 山东特教学院	
2	K60 男子 -80 公斤级	李世奇 青岛市	苗世杰 济宁市	李云聪 山东特教学院		—	
2	K60 女子 +67 公斤级	徐晓虹 青岛市	杨芙蓉 山东特教学院	李红叶 济南市	左文青 青岛市	—	
2	K60 女子 -49 公斤级	张园园 济南市	李莎 济南市	郭树菊 山东特教学院	王艺霖 青岛市	—	
2	K60 女子 -57 公斤级	刘林华 青岛市	郭亚宁 山东特教学院	王明珠 山东特教学院		—	
2	K60 女子 -67 公斤级	兰斓 青岛市	陈亚茹 济南市	张英琪 济宁市	孙玉琴 山东特教学院	李欢欢 山东特教学院	

跆拳道决赛成绩统计表

表 9-23

单位：枚

单位	第一名	第二名	第三名	第四名	第五名	第六名	奖牌总数
青岛市	15	6	5	0	0	0	26
日照市一队	4	5	3	0	0	0	12
泰安市	2	0	0	0	0	0	2
济南市	1	4	2	0	3	1	7
烟台市	1	0	1	0	1	0	2
山东特教学院	0	3	7	1	3	0	10
日照市二队	0	2	7	0	0	0	9

续表 9-23

单位	第一名	第二名	第三名	第四名	第五名	第六名	奖牌总数
济宁市	0	2	4	2	0	2	6
临沂市	0	1	3	0	0	0	4
淄博市	0	0	1	0	0	0	1
滨州市	0	0	1	0	0	0	1
聊城市	0	0	0	0	1	0	0

十四、聋人篮球

2022 年 9 月 16—20 日，十一届省残运会聋人篮球比赛在日照东港区体育中心举行。全省各市 9 支代表队和山东特殊教育职业学院的 182 名运动员参赛，其中男运动员 95 人、女运动员 87 人。比赛设置听力残疾组 1 个组别，竞赛项目有男子组、女子组。

2022 年 9 月 16 日，聋人篮球男子组比赛现场

聋人篮球比赛男子组成绩排位赛名次一览表

表 9-24

比赛队	成绩	决定名次			
济南市 VS 济宁市	70 : 68	1	济南市	2	济宁市
烟台市 VS 滨州市	60 : 54	3	烟台市	4	滨州市
临沂市 VS 日照市	66 : 17	5	临沂市	6	日照市
枣庄市 VS 东营市	12 : 33	7	东营市	8	枣庄市
—		9	聊城市		

聋人篮球比赛女子组成绩排位赛名次一览表

表 9-25

比赛队	成绩	决定名次			
烟台市 VS 济南市	33 ∶ 52	1	济南市	2	烟台市
临沂市 VS 济宁市	66 ∶ 32	3	临沂市	4	济宁市
山东特教学院 VS 东营市	35 ∶ 14	5	山东特教学院	6	东营市
枣庄市 VS 日照市	6 ∶ 12	7	日照市	8	枣庄市
—		9	聊城市		

十五、轮椅篮球

2022 年 9 月 16 日，轮椅篮球比赛现场

2022 年 9 月 16—19 日，十一届省残运会轮椅篮球比赛在日照实验高级中学艺体馆举行。全省各市 6 支代表队的 82 名运动员参赛，其中男运动员 54 人、女运动员 28 人。

轮椅篮球比赛设置肢体残疾组 1 个组别，竞赛项目有男子组、女子组。男子组第一名至第六名分别为烟台市、临沂市、济南市、东营市、日照市一队、日照市二队代表队。女子组第一名至第五名分别为临沂市、烟台市、东营市、日照市一队、日照市二队代表队。

轮椅篮球决赛成绩统计表

表 9-26　　　　单位：枚

单位	第一名	第二名	第三名	第四名	第五名	第六名	奖牌总数
烟台市	1	1	0	0	1	0	11
临沂市	1	1	0	0	0	0	11
东营市	0	0	1	1	0	0	7
济南市	0	0	1	0	0	0	4
日照市一队	0	0	0	1	1	0	5
日照市二队	0	0	0	0	0	1	1

十六、乒乓球

2022 年 9 月 17 日，乒乓球肢体残疾男子组单打比赛现场

2022 年 9 月 17—20 日，十一届省残运会乒乓球比赛在日照高新文化体育中心举行。全省各市 15 支代表队和山东特殊教育职业学院的 96 名运动员参赛，其中男运动员 63 人、女运动员 33 人。

乒乓球比赛分为肢体残疾组、视力残疾组和听力残疾组 3 个组别，竞赛项目有男子组单打 12 项、双打 11 项、团体 11 项，女子组有单打 12 项、双打 11 项、团体 11 项，混合组有双打 1 项。

乒乓球团体比赛名次一览表

表 9-27

级别	名次					
	第一名	第二名	第三名	第四名	第五名	第六名
TT1 男子团体	徐立军 牛晓兵 日照市一队	—	—	—	—	—
TT1 女子团体	高飞燕 谈雪枚 日照市一队	—	—	—	—	—
TT2 男子团体	王胜 陈勇 日照市一队	—	—	—	—	—
TT2 女子团体	郑亚琦 费洪菊 日照市一队	—	—	—	—	—
TT3 男子团体	滕建峰 张永华 日照市一队	—	—	—	—	—
TT3 女子团体	杨晨 周霞 日照市一队	—	—	—	—	—
TT5 男子团体	张杰 徐明 潍坊市	—	—	—	—	—
TT5 女子团体	杨洪岩 陈鑫 威海市	—	—	—	—	—
TT8 男子团体	李思源 冯俊凯 山东特教学院	—	—	—	—	—
TT10 男子团体	赵裔卿 吕晓磊 济南市	阎铭华 孙泺颜 淄博市	秦晓楠 徐文忠 潍坊市	李国祥 曹圣刚 泰安市	安景国 马付义 聊城市	许孝博 王家瑞 菏泽市
TT13 男子团体	王聪 张超越 济南市	王昱龙 裴浩辰 潍坊市	周强 李佳栋 烟台市	—	—	—
TT13 女子团体	王钰童 林焕 济南市	—	—	—	—	—
TT1 男子单打	徐立军 日照市一队	路日暖 日照市二队	袁少军 日照市二队	—	—	—
TT1 女子单打	高飞燕 日照市一队	谈雪枚 日照市一队	孟祥梅 日照市二队	—	—	—

续表 9-27

级别	名次					
	第一名	第二名	第三名	第四名	第五名	第六名
TT2 男子单打	王胜 日照市一队	陈勇 日照市一队	周飞 日照市二队	—	—	—
TT2 女子单打	费洪菊 日照市一队	王金媛 日照市二队	马雪 日照市二队	—	—	—
TT3 男子单打	滕建峰 日照市一队	张永华 日照市一队	郑世礼 日照市二队	—	—	—
TT3 女子单打	周霞 日照市一队	杨晨 日照市一队	高华 日照市二队	—	—	—
TT4 男子单打	张杰 潍坊市	—	—	—	—	—
TT5 男子单打	刘力加 烟台市	徐明 潍坊市	—	—	—	—
TT5 女子单打	陈鑫 威海市	左雅楠 山东特教学院	杨洪岩 威海市	—	—	—
TT7 男子单打	冯俊凯 山东特教学院	阎铭华 淄博市	李思源 山东特教学院	许孝博 菏泽市	续宁 泰安市	马付义 聊城市
TT7 女子单打	李惟妙 德州市	李梦德 德州市	—	—	—	—
TT8 男子单打	刘涛 泰安市	李永杰 烟台市	黄广阔 泰安市	—	—	—
TT9 男子单打	赵裔卿 济南市	孙泺颜 淄博市	—	—	—	—
TT9 女子单打	霍欣冉 菏泽市	—	—	—	—	—
TT10 男子单打	吕晓磊 济南市	黎冰 威海市	秦晓楠 潍坊市	安景国 聊城市	曹圣刚 泰安市	徐文忠 潍坊市
TT12 男子单打	朱涛 烟台市	许亚贤 济宁市	孟毅 枣庄市	王晓晖 济宁市	龚永强 烟台市	宋智勇 德州市
TT12 女子单打	孔祥乐 济宁市	郎薇韵 枣庄市	张雨晴 聊城市	王丹丹 济宁市	—	—
TT13 男子单打	王聪 济南市	徐有越 德州市	张超越 济南市	裴浩辰 潍坊市	周强 烟台市	王昱龙 潍坊市
TT13 女子单打	王哲 青岛市	林焕 济南市	王钰童 济南市	邹亦辰 青岛市	李宜霏 菏泽市	周晗蕊 菏泽市

续表 9-27

级别	名次					
	第一名	第二名	第三名	第四名	第五名	第六名
TT1 男子双打	徐立军 牛晓兵 日照市一队	—	—	—	—	—
TT1 女子双打	高飞燕 谈雪枚 日照市一队	—	—	—	—	—
TT2 男子双打	王胜 陈勇 日照市一队	—	—	—	—	—
TT2 女子双打	郑亚琦 费洪菊 日照市一队	—	—	—	—	—
TT3 男子双打	滕建峰 张永华 日照市一队	—	—	—	—	—
TT3 女子双打	杨晨 周霞 日照市一队	—	—	—	—	—
TT5 男子双打	张杰 徐明 潍坊市	—	—	—	—	—
TT5 女子双打	左雅楠 陈凤旭 山东特教学院	—	—	—	—	—
TT8 男子双打	黄广阔 刘涛 泰安市	—	—	—	—	—
TT10 男子双打	赵裔卿 吕晓磊 济南市	秦晓楠 徐文忠 潍坊市	阎铭华 孙泺颜 淄博市	李国祥 曹圣刚 泰安市	安景国 马付义 聊城市	许孝博 王家瑞 菏泽市
TT13 男子双打	王聪 张超越 济南市	王昱龙 裴浩辰 潍坊市	周强 李佳栋 烟台市	谌文东 蔡利彬 东营市	—	—
TT13 女子双打	王钰童 林焕 济南市	—	—	—	—	—
TT13 混合双打	王聪 王钰童 济南市	—	—	—	—	—

乒乓球决赛成绩统计表

表 9-28　　　　　　　　　　　　　　　　　　　　单位：枚

单位	第一名	第二名	第三名	第四名	第五名	第六名	奖牌总数
日照市一队	18	4	0	0	0	0	22
济南市	10	1	2	0	0	0	13
潍坊市	3	4	2	1	0	2	9
山东特教学院	3	1	1	0	0	0	5
烟台市	2	1	2	0	2	0	5
威海市	2	1	1	0	0	0	4
泰安市	2	0	1	2	2	0	3
德州市	1	2	0	0	0	1	3
济宁市	1	1	0	2	0	0	2
菏泽市	1	0	0	1	1	3	1
青岛市	1	0	0	1	0	0	1
淄博市	0	3	1	0	0	0	4
日照市二队	0	2	6	0	0	0	8
枣庄市	0	1	1	0	0	0	2
聊城市	0	0	1	1	2	1	1
东营市	0	0	0	1	0	0	0

十七、田径

2022 年 9 月 17 日，男子肢体残疾组田径比赛现场

2022年9月17—20日，十一届省残运会田径比赛在日照奎山体育中心举行。全省各市17支代表队和山东特殊教育职业学院的312名运动员参赛，其中男运动员199人、女运动员113人。

田径比赛分为肢体残疾组、视力残疾组和听力残疾组3个组别，竞赛项目有男子T36级100米、女子T37/38级100米决赛等286项。

田赛各项目比赛名次一览表

表9-29　　单位：米

项目	名次					
	第一名	第二名	第三名	第四名	第五名	第六名
女子F55级标枪决赛3人	苏佩佩 日照市二队 9.54	张盼 泰安市 9.25	魏俊霞 德州市 7.83	—	—	—
男子F55级标枪决赛6人	孙庆 日照市一队 20.76	宋奎存 泰安市 15.04	李净 菏泽市 14.92	李明 聊城市 14.18	凌福荣 日照市二队 12.93	杜永涛 滨州市 11.64
男子F35级铅球决赛2人	姬开平 枣庄市 8.38	李飞 济宁市 7.91	—	—	—	—
男子F36级铅球决赛3人	李彦仓 济南市 9.46	王顺 济南市 7.18	—	—	—	—
男子T44级跳高决赛3人	燕卫国 东营市 1.20	亓淑功 济南市 1.10	—	—	—	—
男子F37级铅球决赛7人	杨明琦 济南市 9.24	信新 淄博市 8.47	张磊 烟台市 8.22	杨斌 菏泽市 6.80	司国松 滨州市 6.28	贾文记 菏泽市 5.55
男子F38级铅球决赛4人	井普春 济南市 7.66	郭增建 泰安市 6.73	马德朋 德州市 6.28	王振奇 山东特教学院 4.43	—	—
女子F56级标枪决赛5人	战竹萍 烟台市 12.41	赵丹 日照市一队 10.59	杨景娥 济宁市 9.23	陈媛媛 泰安市 8.98	管恩美 日照市二队 8.39	—
男子T45/46/47级跳高决赛4人	张勇 泰安市 1.40	张凯 东营市 1.40	厉建华 日照市二队 1.35	—	—	—
男子F56级标枪决赛8人	高峰 济宁市 20.89	王继锋 泰安市 19.39	董祥德 潍坊市 16.89	冯利江 烟台市 16.74	刘峰 聊城市 16.10	袁宝江 日照市二队 14.37

续表 9-29

项目	名次					
	第一名	第二名	第三名	第四名	第五名	第六名
女子 F35 级 铅球决赛 3 人	王梦瑶 济南市 5.25	刘瑞晨 滨州市 3.33	陈雨晴 滨州市 2.86	—	—	—
女子 F36 级 铅球决赛 2 人	张新颖 济南市 6.36	贾佑群 淄博市 5.23	—	—	—	—
女子 F57 级 标枪决赛 3 人	李书香 济宁市 11.39	袁莹莹 日照市一队 10.92	徐衍花 日照市二队 6.39	—	—	—
女子 F37 级 铅球决赛 3 人	贾倩倩 淄博市 6.15	王含冰 德州市 4.17	陈璐 济宁市 2.46	—	—	—
男子 60 级 跳高决赛 4 人	郝才鹏 青岛市 1.80	唐海明 临沂市 1.80	宋广超 临沂市 1.70	徐明坤 枣庄市 1.65	—	—
男子 60 级 铅球决赛 5 人	宫安霖 烟台市 14.28	辛顺 青岛市 11.33	黄海涛 泰安市 10.00	王乐龙 临沂市 9.83	方俊杰 威海市 6.06	—
男子 F57 级 标枪决赛 4 人	杜立明 菏泽市 19.45	丁银根 日照市二队 17.54	周东峰 日照市二队 16.53	葛恩涛 日照市二队 10.29	—	—
女子 60 级 铅球决赛 5 人	梁富云 临沂市 10.14	李邢女 枣庄市 7.20	于静茹 威海市 5.87	孔英锣 滨州市 5.33	于静丹 威海市 3.02	—
男子 F11 级 标枪决赛 4 人	苏永响 烟台市 28.88	王硕 临沂市 23.14	韩文龙 东营市 21.94	郭嘉鹏 山东特教学院 16.86	—	—
男子 T37 级 跳远决赛 3 人	厉毅 日照市一队 3.00	丁立强 日照市一队 2.28	—	—	—	—
男子 F53-34 级 铅球决赛 4 人	王海 泰安市 6.15	张德虎 济宁市 5.32	秦绪柳 日照市一队 4.35	辛俊杰 日照市二队 2.05	—	—
男子 F54 级 铅球决赛 3 人	李勇 泰安市 6.83	张致诚 日照市二队 6.81	张玉 济宁市 3.79	—	—	—
男子 T12 级 跳高决赛 1 人	—	黄千山 青岛市 1.63	—	—	—	—
男子 T42 级 跳远决赛 3 人	陈雷 泰安市 3.37	孙春宝 日照市二队 2.83	—	—	—	—

续表 9-29

项目	名次					
	第一名	第二名	第三名	第四名	第五名	第六名
女子 60 级 跳高决赛 2 人	—	—	董凌云 青岛市 1.35	—	—	—
女子 T44 级 跳高决赛 3 人	刘鑫 日照市一队 0.85	张秀秀 日照市二队 0.70	季文浩 日照市二队 0.60	—	—	—
男子 F12-13 级 标枪决赛 6 人	刘有玺 潍坊市 30.28	曹光宗 淄博市 29. 62	李乐 泰安市 25.57	孔一航 临沂市 23.67	张亮亮 东营市 20.56	刘明伟 潍坊市 14.79
女子 F32 级 铅球决赛 1 人	—	王雨 日照市一队 4.05	—	—	—	—
女子 F52-33 级 铅球决赛 3 人	蒋维芝 日照市一队 4.01	于怀竹 日照市二队 2.17	—	—	—	—
女子 F53-34 级 铅球决赛 3 人	赵萧雅 济宁市 3.67	李燕玉 济南市 3.19	—	—	—	—
女子 F54 级 铅球决赛 3 人	朱美芳 日照市一队 4.93	王公珍 泰安市 4.71	牟潇潇 日照市二队 2.46	—	—	—
女子 F11 级 标决赛 4 人	魏丹丹 东营市 13.93	黄婷 烟台市 12.61	刘辰宇 日照市一队 11.94	盖晓飞 东营市 4.26	—	—
女子 F12 级 标枪决赛 4 人	王晓蛟 青岛市 22.70	王吉丽 滨州市 16.51	姚红 东营市 15.61	张静 临沂市 13.11	—	—
男子 F53-34 级 标枪决赛 4 人	王海 泰安市 11.80	张德虎 济宁市 10.94	秦绪柳 日照市一队 10.82	辛俊杰 日照市二队 4.02	—	—
男子 F54 级 标枪决赛 3 人	李勇 泰安市 15.98	张致诚 日照市二队 13.15	张玉 济宁市 10.14	—	—	—
男子 F42 级 铅球决赛 2 人	—	王乐正 枣庄市 10.12	张海洋 日照市二队 8.73	—	—	—
男子 F44 级 铅球决赛 4 人	杨记超 东营市 11.96	于永忠 威海市 11.60	王绪勇 烟台市 11.42	高长龙 日照市二队 10.66	—	—
男子 F11 级 铁饼决赛 4 人	王硕 临沂市 25.11	苏永响 烟台市 23.18	韩文龙 东营市 14.81	—	—	—

续表 9-29

项目	名次					
	第一名	第二名	第三名	第四名	第五名	第六名
男子 F12-13 级 铁饼决赛 5 人	张亮亮 东营市 25.00	曹光宗 淄博市 23.20	刘有玺 潍坊市 23.19	孔一航 临沂市 22.34	刘明伟 潍坊市 18.80	—
男子 F46 级 铅球决赛 8 人	李书强 济南市 10.69	宋炳国 临沂市 10.61	王新国 潍坊市 9.88	朱峰刚 泰安市 8.27	管培华 日照市二队 8.11	王代臣 淄博市 8.07
女子 F52-33 级 标枪决赛 3 人	蒋维芝 日照市一队 7.58	于怀竹 日照市二队 6.33	任兴如 日照市二队 5.76	—	—	—
女子 F53-34 级 标枪决赛 3 人	李燕玉 济南市 6.79	赵萧雅 济宁市 6.00	—	—	—	—
女子 F40 级 铅球决赛 1 人	陈颖 济南市 3.65	—	—	—	—	—
女子 F44 级 铅球决赛 5 人	王平平 东营市 6.35	陈真真 滨州市 5.55	葛桂鹃 菏泽市 5.22	张志贤 东营市 4.93	刘加丽 济南市 3.34	—
女子 F46 级 铅球决赛 4 人	刘玉梅 济宁市 8.52	韩雪 德州市 7.87	王红梅 潍坊市 7.46	姜蕾 泰安市 7.07	—	—
女子 F11 级 铁饼决赛 4 人	黄婷 烟台市 20.30	魏丹丹 东营市 16.87	刘辰宇 日照市一队 12.83	盖晓飞 东营市 12.44	—	—
女子 F12 级 铁饼决赛 4 人	王吉丽 滨州市 22.42	王晓蛟 青岛市 20.82	张静 临沂市 18.14	姚红 东营市 16.50	—	—
女子 F54 级 标枪决赛 3 人	王公珍 泰安市 10.95	朱美芳 日照市一队 9.90	牟潇潇 日照市二队 4.14	—	—	—
女子 F32 级 掷棒决赛 1 人	—	—	王雨 日照市一队 5.32	—	—	—
男子 F55 级 铅球决赛 6 人	孙庆 日照市一队 6.89	宋奎存 泰安市 6.58	李明 聊城市 6.17	李净 菏泽市 5.87	凌福荣 日照市二队 5.80	杜永涛 滨州市 5.10
女子 F55 级 铅球决赛 3 人	苏佩佩 日照市二队 4.76	魏俊霞 德市州 4.60	张盼 泰安市 3.99	—	—	—
男子 T45/46/47 级 跳远决赛 6 人	张凯 东营市 4.92	李书强 济南市 4.83	厉建华 日照市二队 4.51	吴发起 烟台市 4.42	张勇 泰安市 4.28	—
男子 F35 级 铁饼决赛 2 人	姬开平 枣庄市 23.89	李飞 济宁市 19.05	—	—	—	—

续表 9-29

项目	名次					
	第一名	第二名	第三名	第四名	第五名	第六名
男子 F36 级 铁饼决赛 3 人	李彦仓 济南市 32.57	王顺 济南市 16.67	—	—	—	—
男子 60 级 跳远决赛 3 人	任民 青岛市 6.41	宋广超 临沂市 5.83	徐明坤 枣庄市 5.19	—	—	—
男子 F37 级 铁饼决赛 7 人	杨明琦 济南市 34.91	信新 淄博市 30.84	张磊 烟台市 29.78	杨斌 菏泽市 29.32	贾文记 菏泽市 23.63	司国松 滨州市 21.17
女子 F56 级 铅球决赛 5 人	战竹萍 烟台市 5.61	赵丹 日照市一队 5.36	陈媛媛 泰安市 4.17	杨景娥 济宁市 4.16	管恩美 日照市二队 4.08	—
男子 F56 级 铅球决赛 8 人	冯利江 烟台市 9.36	王继锋 泰安市 8.14	高峰 济宁市 7.23	刘峰 聊城市 6.99	董祥德 潍坊市 6.92	袁宝江 日照市二队 6.88
女子 T44 级 跳远决赛 4 人	刘鑫 日照市一队 2.31	刘加丽 济南市 2.26	张秀秀 日照市二队 2.10	季文洁 日照市二队 2.01	—	—
女子 T45/46/47 级 跳远决赛 1 人	李慧玲 枣庄市 3.98	—	—	—	—	—
男子 F38 级 铁饼决赛 4 人	井普春 济南市 19.82	马德朋 德州市 16.56	郭增建 泰安市 15.52	王振奇 山东特教学院 9.96	—	—
女子 F57 级 铅球决赛 3 人	李书香 济宁市 5.29	袁莹莹 日照市一队 4.95	徐衍花 日照市二队 2.44	—	—	—
女子 60 级 跳远决赛 2 人	—	董凌云 青岛市 5.00	—	—	—	—
女子 F35 级 铁饼决赛 3 人	王梦瑶 济南市 10.66	刘瑞晨 滨州市 7.74	陈雨晴 滨州市 7.64	—	—	—
女子 F36 级 铁饼决赛 2 人	张新颖 济南市 13.66	贾佑群 淄博市 12.64	—	—	—	—
女子 F37 级 铁饼决赛 3 人	贾倩倩 淄博市 15.80	王含冰 德州市 9.09	陈璐 济宁市 6.47	—	—	—
男子 F57 级 铅球决赛 4 人	杜立明 菏泽市 8.13	周东峰 日照市二队 6.82	丁银根 日照市二队 6.19	葛恩涛 日照市二队 4.43	—	—
男子 F42 级 标枪决赛 5 人	王乐正 枣庄市 32.20	张海洋 日照市二队 21.21	孙春宝 日照市二队 21.16	郭林堂 聊城市 12.34	—	—

续表 9-29

项目	名次					
	第一名	第二名	第三名	第四名	第五名	第六名
男子 F44 级 标枪决赛 4 人	王绪勇 烟台市 45.93	高长龙 日照市二队 43.79	于永忠 威海市 36.84	杨记超 东营市 29.57	—	—
男子 T11 级 跳远决赛 1 人	—	尚宝龙 青岛市 4.05	—	—	—	—
男子 T12 级 跳远决赛 2 人	—	—	黄千山 青岛市 5.40	—	—	—
男子 T13 级 跳远决赛 1 人	—	—	李怀伟 临沂市 5.01	—	—	—
男子 F53-34 级 铁饼决赛 4 人	王海 济宁市 15.47	张德虎 泰安市 11.36	秦绪柳 日照市一队 8.18	辛俊杰 日照市二队 4.48	—	—
女子 F52-33 级 铁饼决赛 3 人	蒋维芝 日照市一队 6.99	任兴如 日照市二队 6.51	于怀竹 日照市二队 5.92	—	—	—
女子 T11 级 跳远决赛 1 人	李佳红 潍坊市 2.16	—	—	—	—	—
女子 T12 级 跳远决赛 1 人	唐锐 临沂市 4.05	—	—	—	—	—
女子 T13 级 跳远决赛 3 人	刘雪萍 德州市 3.99	张丽 临沂市 3.42	崔子晗 潍坊市 2.59	—	—	—
男子 F54 级 铁饼决赛 3 人	李勇 泰安市 15.02	张致诚 日照市二队 14.07	张玉 济宁市 11.32	—	—	—
女子 F53-34 级 铁饼决赛 3 人	赵萧雅 济宁市 6.99	李燕玉 济南市 6.78	—	—	—	—
女子 F54 级 铁饼决赛 3 人	朱美芳 日照市一队 13.41	王公珍 泰安市 11.08	牟潇潇 日照市二队 6.32	—	—	—
男子 F46 级 标枪决赛 9 人	王代臣 淄博市 42.57	李书强 济南市 42.33	管培华 日照市二队 33.52	宋炳国 临沂市 29.67	谭志文 临沂市 27.40	朱峰刚 泰安市 24.59
女子 F44 级 标枪决赛 4 人	王平平 东营市 17.06	张志贤 东营市 16.04	陈真真 滨州市 14.97	葛桂鹏 菏泽市 13.41	—	—

续表 9-29

项目	名次					
	第一名	第二名	第三名	第四名	第五名	第六名
女子 F46 级 标枪决赛 5 人	刘玉梅 济宁市 20.77	韩雪 德州市 18.74	王红梅 潍坊市 15.18	韩青芳 滨州市 15.04	姜蕾 泰安市 12.46	—
男子 60 级 标枪决赛 5 人	辛顺 青岛市 53.45	王乐龙 临沂市 41.13	宫安霖 烟台市 36.90	黄海涛 泰安市 32.83	董鑫超 滨州市 23.93	—
女子 60 级 标枪决赛 3 人	梁富云 临沂市 21.46	李邢女 枣庄市 15.99	孔英锣 滨州市 12.73	—	—	—
男子 F55 级 铁饼决赛 6 人	李净 菏泽市 20.11	孙庆 日照市一队 19.61	凌福荣 日照市二队 17.24	宋奎存 泰安市 16.14	杜永涛 滨州市 14.13	李明 聊城市 12.07
女子 F55 级 铁饼决赛 3 人	苏佩佩 日照市二队 9.97	魏俊霞 德州市 9.74	张盼 泰安市 9.29	—	—	—
男子 F11-12 级 铅球决赛 3 人	王硕 临沂市 8.64	曹光宗 淄博市 8.03	苏永响 烟台市 8.02	—	—	—
男子 F35 级 标枪决赛 2 人	—	李飞 济宁市 19.48	姬开平 枣庄市 13.52	—	—	—
男子 F36 级 标枪决赛 3 人	李彦仓 济南市 29.96	王顺 济南市 13.88	—	—	—	—
女子 F56 级 铁饼决赛 5 人	战竹萍 烟台市 12.81	赵丹 日照市一队 11.33	管恩美 日照市二队 9.96	杨景娥 济宁市 9.85	陈媛媛 泰安市 5.16	—
男子 F37 级 标枪决赛 7 人	信新 淄博市 28.01	张磊 烟台市 27.69	杨明琦 济南市 21.50	杨斌 菏泽市 20.42	贾文记 菏泽市 15.81	司国松 滨州市 14.13
男子 F13 级 铅球决赛 4 人	张亮亮 东营市 9.16	孔一航 临沂市 8.52	刘有玺 潍坊市 7.71	刘明伟 潍坊市 7.08	—	—
男子 F56 级 铁饼决赛 8 人	高峰 济宁市 23.15	冯利江 烟台市 20.89	袁宝江 日照市二队 19.22	王继锋 泰安市 18.97	刘峰 聊城市 18.31	董祥德 潍坊市 18.01
女子 F57 级 铁饼决赛 3 人	袁莹莹 日照市一队 14.39	李书香 济宁市 13.93	徐衍花 日照市二队 4.95	—	—	—
女子 F11 级 铅球决赛 4 人	黄婷 烟台市 6.16	魏丹丹 东营市 6.07	刘辰宇 日照市一队 4.71	盖晓菲 东营市 3.90	—	—

续表 9-29

项目	名次					
	第一名	第二名	第三名	第四名	第五名	第六名
女子 F12 级 铅球决赛 4 人	王吉丽 滨州市 8.14	王晓娇 青岛市 7.71	张静 临沂市 6.51	姚红 东营市 5.80	—	—
男子 F38 级 标枪决赛 4 人	井普春 济南市 30.08	郭增建 泰安市 24.48	马德朋 德州市 17.54	—	—	—
男子 F57 级 铁饼决赛 4 人	杜立明 菏泽市 28.03	丁银根 日照市二队 20.89	周东峰 日照市二队 17.30	葛恩涛 日照市二队 10.19	—	—
女子 F35 级 标枪决赛 3 人	王梦瑶 济南市 7.54	刘瑞晨 滨州市 6.06	陈雨晴 滨州市 4.57	—	—	—
女子 F36 级 标枪决赛 2 人	张新颖 济南市 10.15	—	—	—	—	—
女子 F37 级 标枪决赛 3 人	贯倩倩 淄博市 17.49	王含冰 德州市 7.26	陈璐 济宁市 6.23	—	—	—
男子 F42 级 铁饼决赛 5 人	王乐正 枣庄市 34.14	张海洋 日照市二队 25.52	孙春宝 日照市二队 19.96	郭林堂 聊城市 14.61	孙煜 日照市二队 6.62	—
男子 F44 级 铁饼决赛 4 人	王绪勇 烟台市 40.31	杨记超 东营市 35.59	于永忠 威海市 32.36	高长龙 日照市二队 31.49	—	—
女子 F40 级 铁饼决赛 1 人	陈颖 济南市 9.25	—	—	—	—	—
女子 F44 级 铁饼决赛 4 人	王平平 东营市 20.21	陈真真 滨州市 17.99	葛桂鹃 菏泽市 17.95	张志贤 东营市 14.98	—	—
男子 T12 级 三级跳远决赛 1 人	黄千山 青岛市 12.16	—	—	—	—	—
男子 T13 级 三级跳远决赛 1 人	—	李怀伟 临沂市 10.84	—	—	—	—
男子 60 级 三级跳远决赛 4 人	任民 青岛市 13.97	唐海明 临沂市 12.74	宋广超 临沂市 12.32	徐明坤 枣庄市 11.92	—	—
女子 F46 级 铁饼决赛 4 人	刘玉梅 济宁市 26.91	韩雪 德州市 24.10	姜蕾 泰安市 15.73	王红梅 潍坊市 15.22	—	—

续表 9-29

项目	名次					
	第一名	第二名	第三名	第四名	第五名	第六名
男子 F46 级 铁饼决赛 7 人	宋炳国 临沂市 34.30	王新国 潍坊市 25.51	王代臣 淄博市 24.60	朱峰刚 泰安市 23.14	管培华 日照市二队 19.65	王明海 日照市二队 19.44
女子 60 级 三级跳远决赛 2 人	董凌云 青岛市 10.95	—	—	—	—	—
男子 60 级 铁饼决赛 4 人	辛顺 青岛市 35.19	宫安霖 烟台市 33.78	王乐龙 临沂市 32.33	黄海涛 泰安市 26.50	—	—
女子 60 级 铁饼决赛 3 人	梁富云 临沂市 28.56	李邢女 枣庄市 18.68	孔英锣 滨州市 13.92	—	—	—

径赛各项目比赛名次一览表

表 9-30

项目	名次					
	第一名	第二名	第三名	第四名	第五名	第六名
男子 T36 级 100 米决赛 4 人 1 组	先炳鑫 青岛市 13"42	魏宝峰 淄博市 15"60	陈泽东 山东特教学院 17"42	问宇辰 临沂市 23"58	—	—
男子 T37 级 100 米决赛 4 人 1 组	王涛 临沂市 13"26	郑帅 淄博市 15"72	丁立强 日照市一队 16"48	孙方奎 日照市二队 27"68	—	—
男子 T38 级 100 米决赛 4 人 1 组	程继康 东营市 13"02	迟运超 枣庄市 13"59	马得甲 济南市 14"25	王贤军 日照市一队 16"42	—	—
女子 T37/38 级 100 米决赛 3 人 1 组	李美嘉 济南市 17"19	曹娜娜 枣庄市 17"56	—	—	—	—
男子 T42 级 100 米决赛 4 人 1 组	李茂大 青岛市 16"77	陈雷 泰安市 17"51	段宗泽 日照市二队 18"14	郭宇 日照市二队 25"32	—	—
男子 T45/46/47 级 100 米决赛 8 人 1 组	蒋政位 泰安市 11"42	房跃文 淄博市 12"24	冯天昱 青岛市 12"32	赵永亮 潍坊市 13"34	张勇 泰安市 13"78	张凯 东营市 13"97
女子 T43/44 级 100 米决赛 4 人 1 组	刘加丽 济南市 18"30	张秀秀 日照市二队 22"21	刘鑫 日照市一队 22"87	季文洁 日照市二队 34"93	—	—

续表 9-30

项目	名次					
	第一名	第二名	第三名	第四名	第五名	第六名
女子 T45/46/47 级 100 米决赛 3 人 1 组	李羽洁 青岛市 14"18	李慧玲 枣庄市 14"86	许梦琪 德州市 20"05	—	—	—
男子 T53 级 100 米决赛 3 人 1 组	刘坤 济宁市 20"15	蔡起蛟 聊城市 23"00	刘志达 聊城市 23"63	—	—	—
男子 T54 级 100 米决赛 3 人 1 组	刘学长 聊城市 19"70	付小龙 济宁市 21"35	于曦曦 聊城市 22"02	—	—	—
女子 T51/52 级 100 米决赛 1 人 1 组	郑利君 济宁市 31"02	—	—	—	—	—
女子 T53 级 100 米决赛 2 人 1 组	李小红 济宁市 24"06	杨丹 济宁市 25"61	—	—	—	—
女子 T54 级 100 米决赛 1 人 1 组	李振文 济宁市 28"23	—	—	—	—	—
女子 T12 级 800 米决赛 7 人共 2 组	张秋悦 济南市 3'01"08	杨倩茹 淄博市 3'05"48	田一硕 德州市 3'09"43	张云 临沂市 3'10"93	杨雅淇 潍坊市 3'51"78	李浩然 德州市 3'53"14
女子 T13 级 800 米决赛 1 人 1 组	—	—	乔心悦 烟台市 3'16"81	—	—	—
女子 60 级 800 米决赛 8 人 1 组	石文丽 青岛市 2'49"36	韦东云 德州市 2'51"48	王雪娇 聊城市 2'54"31	王娟 临沂市 2'57"44	杨新悦 枣庄市 3'04"46	盖琳娜 枣庄市 3'15"71
男子 60 级 800 米决赛 7 人 1 组	朱鲁客 临沂市 2'08"35	谭懿 烟台市 2'08"68	彭崇垒 山东特教学院 2'14"97	张群 山东特教学院 2'29"65	徐海星 德州市 2'32"52	王聪 山东特教学院 2'36"91
男子 T11 级 100 米决赛 3 人 1 组	尚宝龙 青岛市 13"92	韩文龙 东营市 17"14	—	—	—	—
男子 T12 级 100 米决赛 5 人共 2 组	袁义志 东营市 12"85	范晓辉 山东特教学院 15"06	孙鑫昊 烟台市 15"48	李想 泰安市 20"57	—	—
男子 T13 级 100 米决赛 4 人 1 组	李怀伟 临沂市 12"88	公法超 聊城市 13"84	王淑浩 淄博市 14"26	—	—	—

续表 9-30

项目	名次					
	第一名	第二名	第三名	第四名	第五名	第六名
女子 T11 级 100 米决赛 6 人 1 组	王玉芹 德州市 14"13	张亦飞 东营市 16"34	卓诗璐 烟台市 19"04	宋智慧 德州市 19"09	万小轩 德州市 19"80	李佳红 潍坊市 20"51
女子 T12 级 100 米决赛 4 人 1 组	路晓静 烟台市 15"17	唐锐 临沂市 15"68	李雨菡 济南市 15"68	巴梦影 东营市 18"49	—	—
女子 T13 级 100 米决赛 4 人 1 组	刘雪萍 德州市 14"55	乔心悦 烟台市 15"77	张丽 临沂市 15"92	崔子涵 潍坊市 16"59	—	—
男子 60 级 100 米决赛 8 人 1 组	刘雨 枣庄市 11"51	武杰 临沂市 11"64	任民 青岛市 11"85	高清泉 临沂市 11"89	钱生堃 枣庄市 12"58	柳佳诺 泰安市 12"75
女子 60 级 100 米决赛 6 人 1 组	隋慧云 东营市 13"57	王轲 青岛市 13"72	王凯欣 青岛市 15"19	沈彦梅 临沂市 15"53	高梦瑞 德州市 17"07	于静丹 威海市 20"40
男子 T36 级 800 米决赛 2 人 1 组	—	—	李瑞祥 德州市 3'12"71	陈佳琪 山东特教学院 3'38"32	—	—
男子 T37 级 800 米决赛 9 人共 2 组	胡明 济南市 2'37"61	杨航 临沂市 2'38"83	庞江琦 聊城市 2'54"50	姜宸睿 东营市 3'10"41	邹士强 临沂市 3'14"94	王鑫 枣庄市 3'24"88
男子 T38 级 800 米决赛 6 人 1 组	伊善君 青岛市 2'22"89	刘华 日照市一队 2'40"72	孙天昊 菏泽市 2'52"11	朱冠忠 聊城市 3'05"84	阮光廷 德州市 4'23"21	王思勤 山东特教学院 4'45"85
女子 T45/46 级 800 米决赛 3 人 1 组	陈小杰 滨州市 3'18"49	韩青芳 滨州市 3'48"46	许红梅 德州市 4'15"25	—	—	—
男子 T45/46 级 800 米决赛 6 人 1 组	马明涛 滨州市 2'15"97	温继鹤 枣庄市 2'16"22	宋承桥 烟台市 2'21"32	谭志文 临沂市 2'23"62	王胜虎 滨州市 3'07"88	—
男子 T53 级 800 米决赛 1 人 1 组	王福升 济宁市 3'00"98	—	—	—	—	—
男子 T54 级 800 米决赛 3 人 1 组	于曦曦 聊城市 2'40"94	李展 济宁市 3'07"33	高丰 威海市 3'28"86	—	—	—
男子 T11 级 800 米决赛 5 人共 2 组	李东航 青岛市 2'19"66	谭本磊 烟台市 2'29"15	郭洪伟 德州市 3'08"51	贺凌杰 德州市 4'38"27	—	—

续表 9-30

项目	名次					
	第一名	第二名	第三名	第四名	第五名	第六名
男子 T12 级 800 米决赛 8 人共 2 组	贾少坤 青岛市 2'24"24	崔向前 淄博市 2'28"17	马锦程 烟台市 2'32"39	丛森 烟台市 2'35"10	张昊昱 德州市 2'44"82	蔺发顺 德州市 2'50"06
男子 T13 级 800 米决赛 3 人 1 组	王志勇 滨州市 2'29"65	张守岭 东营市 2'40"58	白杰 滨州市 2'47"95	—	—	—
男子 60 级 5000 米决赛 4 人 1 组	徐海星 德州市 21'17"48	刘一帆 枣庄市 21'18"84	张群 山东特教学院 22'23"50	—	—	—
女子 60 级 5000 米决赛 7 人 1 组	于新宇 日照市一队 22'22"54	王娟 临沂市 22'25"04	韦东云 德州市 23'36"13	王雪娇 聊城市 24'55"46	杨新悦 枣庄市 25'31"48	刘萌萌 枣庄市 27'03"65
男子 T12/13 级 5000 米决赛 7 人 1 组	祁顺 青岛市 18'09"97	高飞 临沂市 20'26"07	严伟 日照市一队 21'17"69	周科宇 东营市 23'57"84	李乐 泰安市 26'16"30	—
男子 60 级 110 米栏决赛 5 人 1 组	郝才鹏 青岛市 17"88	唐海明 临沂市 18"80	秦传超 临沂市 20"79	钱生堃 枣庄市 20"81	刘一帆 枣庄市 25"22	—
女子 60 级 100 米栏决赛 3 人 1 组	于新宇 日照市一队 20"55	吴喆 枣庄市 41"31	徐爱芹 枣庄市 44"00	—	—	—
男子 T36 级 200 米决赛 6 人 1 组	先炳鑫 青岛市 31"20	李瑞祥 德州市 32"92	魏宝峰 淄博市 33"89	陈佳琪 山东特教学院 36"41	陈泽东 山东特教学院 38"68	—
男子 T37 级 200 米决赛 8 人 1 组	王涛 临沂市 29"39	王鑫 枣庄市 32"35	郑帅 淄博市 34"21	丁立强 日照市一队 35"41	历毅 日照市一队 43"07	任建冬 德州市 45"23
男子 T38 级 200 米决赛 6 人 1 组	程继康 东营市 26"90	迟运超 枣庄市 28"60	刘华 日照市一队 29"51	马得甲 济南市 30"38	王贤军 日照市一队 34"09	阮光廷 德州市 42"91
女子 T37/38 级 200 米决赛 3 人 1 组	李美嘉 济南市 35"43	曹娜娜 枣庄市 38"10	—	—	—	—
男子 T42 级 200 米决赛 4 人 1 组	李茂大 青岛市 36"80	陈雷 泰安市 37"65	郭宇 日照市二队 53"47	段宗泽 日照市二队 53"96	—	—
男子 T43/44 级 200 米决赛 3 人 1 组	亓淑功 济南市 31"16	张荣啸 滨州市 38"94	—	—	—	—

续表 9-30

项目	名次					
	第一名	第二名	第三名	第四名	第五名	第六名
女子 T45/46/47 级 200 米决赛 2 人 1 组	李羽浩 青岛市 29"09	—	—	—	—	—
男子 T53 级 200 米决赛 3 人 1 组	刘坤 济宁市 38"38	蔡起蛟 聊城市 41"42	刘志达 聊城市 42"73	—	—	—
男子 T54 级 200 米决赛 3 人 1 组	周亮 聊城市 36"21	刘学长 聊城市 37"65	付小龙 济宁市 39"57	—	—	—
女子 T51/52 级 200 米决赛 1 人 1 组	郑利君 济宁市 1'04"50	—	—	—	—	—
女子 T53 级 200 米决赛 1 人 1 组	李小红 济宁市 49"86	—	—	—	—	—
女子 T54 级 200 米决赛 1 人 1 组	李振文 济宁市 57"54	—	—	—	—	—
男子 T11 级 200 米决赛 2 人 1 组	李东航 青岛市 26"29	尚宝龙 青岛市 27"64	—	—	—	—
男子 T12 级 200 米决赛 7 人共 2 组	袁义志 东营市 26"23	范晓辉 山东特教学院 30"25	孙鑫昊 烟台市 31"71	丛森 烟台市 35"74	李想 泰安市 42"65	—
男子 T13 级 200 米决赛 4 人 1 组	王智勇 滨州市 26"73	公法超 聊城市 28"52	王淑浩 淄博市 29"27	朱文东 东营市 29"29	—	—
女子 T11 级 200 米决赛 6 人共 2 组	王玉芹 德州市 28"63	张亦飞 东营市 33"18	卓诗璐 烟台市 39"35	李佳红 潍坊市 40"61	—	—
女子 T12 级 200 米决赛 4 人 1 组	路晓静 烟台市 30"95	李雨菡 济南市 32"13	唐锐 临沂市 33"31	巴梦影 东营市 40"27	—	—
女子 T13 级 200 米决赛 4 人 1 组	刘雪萍 德州市 30"10	乔心悦 烟台市 32"59	张丽 临沂市 33"09	崔子涵 潍坊市 33"91	—	—
男子 T37 级 1500 米决赛 6 人 1 组	杨航 临沂市 5'47"94	胡明 济南市 5'48"41	庞江琦 聊城市 6'08"91	姜宸睿 东营市 6'49"41	邹士强 临沂市 6'56"33	吕梦晓 聊城市 8'59"57
男子 T38 级 1500 米决赛 4 人 1 组	伊善君 青岛市 5'05"98	孙元昊 菏泽市 5'49"21	朱冠忠 聊城市 6'03"41	—	—	—

续表 9-30

项目	名次					
	第一名	第二名	第三名	第四名	第五名	第六名
男子 T45/46 级 1500 米决赛 5 人 1 组	马明涛 滨州市 4'54"83	宋承桥 烟台市 4'56"36	张卫天 聊城市 5'08"22	谭志文 临沂市 5'12"46	王胜虎 滨州市 6'46"86	—
女子 T45/46 级 1500 米决赛 3 人 1 组	许红梅 德州市 9'14"66	陈小杰 滨州市 9'18"63	—	—	—	—
男子 T53 级 1500 米决赛 1 人 1 组	王福升 济宁市 5'41"59	—	—	—	—	—
男子 T54 级 1500 米决赛 3 人 1 组	周亮 聊城市 5'16"41	李展 济宁市 6'09"24	高丰 威海市 6'21"19	—	—	—
女子 T53 级 1500 米决赛 1 人 1 组	杨丹 济宁市 7'16"89	—	—	—	—	—
男子 60 级 200 米决赛 8 人 1 组	刘雨 枣庄市 22"72	武杰 临沂市 23"17	秦传超 临沂市 24"29	彭崇垒 山东特教学院 24"83	张恩豪 青岛市 25"58	柳佳诺 泰安市 25"68
女子 60 级 200 米决赛 8 人 1 组	王轲 青岛市 28"09	隋慧云 东营市 28"55	王凯欣 青岛市 31"44	沈彦梅 临沂市 32"38	孙慧芝 潍坊市 32"72	高梦瑞 德州市 35"82
男子 T12 级 10000 米决赛 3 人 1 组	祁顺 青岛市 39'43"58	高飞 临沂市 42'25"75	严伟 日照市一队 43'14"36	—	—	—
女子 T12 级 5000 米决赛 4 人 1 组	张秋悦 济南市 24'14"93	张云 临沂市 25'36"94	—	—	—	—
男子 T36 级 400 米决赛 6 人 1 组	先炳鑫 青岛市 1'08"99	李瑞祥 德州市 1'17"60	魏宝峰 淄博市 1'20"20	陈佳琪 山东特教学院 1'33"92	陈泽东 山东特教学院 1'40"00	问宇辰 临沂市 1'51"25
男子 T38 级 400 米决赛 9 人 1 组	伊善君 青岛市 57"17	程继康 东营市 1'02"11	马得甲 济南市 1'06"13	迟运超 枣庄市 1'06"47	刘华 日照市一队 1'06"97	孙元昊 菏泽市 1'13"70
女子 T37/38 级 400 米决赛 3 人 1 组	李美嘉 济南市 1'22"34	曹娜娜 枣庄市 1'33"34	—	—	—	—
男子 T42 级 400 米决赛 3 人 1 组	李茂大 青岛市 1'35"62	段宗泽 日照市二队 1'47"67	郭宇 日照市二队 2'30"02	—	—	—

续表 9-30

项目	名次					
	第一名	第二名	第三名	第四名	第五名	第六名
男子 T43/44 级 400 米决赛 3 人 1 组	亓淑功 济南市 1'23"53	张荣啸 滨州市 1'30"04	—	—	—	—
男子 T45/46/47 级 400 米决赛 9 人 1 组	蒋政位 泰安市 53"77	温继鹤 枣庄市 54"96	冯天昱 青岛市 57"50	王树军 潍坊市 58"87	宋承桥 烟台市 1'00"21	吴发起 烟台市 1'01"32
女子 T45/46/47 级 400 米决赛 5 人 1 组	李羽洁 青岛市 1'07"14	李慧玲 枣庄市 1'10"91	陈小杰 滨州市 1'26"36	许梦琪 德州市 1'37"82	—	—
男子 T53 级 400 米决赛 4 人 1 组	刘坤 济宁市 1'23"12	刘志达 聊城市 1'31"10	—	—	—	—
男子 T54 级 400 米决赛 2 人 1 组	周亮 聊城市 1'07"63	付小龙 济宁市 1'25"85	—	—	—	—
女子 T51/52 级 400 米决赛 1 人 1 组	郑利君 济宁市 2'30"12	—	—	—	—	—
女子 T53 级 400 米决赛 1 人 1 组	杨丹 济宁市 1'55"08	—	—	—	—	—
女子 T54 级 400 米决赛 1 人 1 组	李振文 济宁市 1'54"56	—	—	—	—	—
男子 60 级 1500 米决赛 7 人 1 组	朱鲁客 临沂市 4'43"55	谭懿 烟台市 4'45"25	徐海星 德州市 5'16"79	杨立富 德州市 5'19"30	刘志强 聊城市 5'26"91	张群 山东特教学院 5'33"12
女子 60 级 1500 米决赛 7 人 1 组	石文丽 青岛市 5'48"51	韦东云 德州市 5'54"79	王娟 临沂市 5'58"87	杨新悦 枣庄市 6'22"88	王雪娇 聊城市 6'35"57	刘萌萌 枣庄市 6'59"07
男子 T11 级 400 米决赛 4 人 1 组	李东航 青岛市 59"42	谭本磊 烟台市 1'03"02	郭洪伟 德州市 1'18"37	—	—	—
男子 T12 级 400 米决赛 9 人 共 3 组	袁义志 东营市 59"86	丛森 烟台市 1'06"28	张昊昱 德州市 1'06"62	马锦程 烟台市 1'07"82	蔺发顺 德州市 1'10"57	范晓辉 山东特教学院 1'11"86
男子 T13 级 400 米决赛 5 人 1 组	王智勇 滨州市 1'01"79	公法超 聊城市 1'06"29	朱文东 东营市 1'06"50	王淑浩 淄博市 1'09"75	白杰 滨州市 1'12"19	—

续表 9-30

项目	名次					
	第一名	第二名	第三名	第四名	第五名	第六名
女子 T11 级 400 米决赛 5 人 共 2 组	王玉芹 德州市 1'09"38	张亦飞 东营市 1'18"70	宋智慧 德州市 1'27"71	卓诗璐 烟台市 1'29"28	—	—
女子 T12 级 400 米决赛 5 人 共 2 组	路晓静 烟台市 1'12"40	李雨菡 济南市 1'19"76	田一硕 德州市 1'23"90	巴梦影 东营市 1'27"66	李浩然 德州市 1'36"99	—
男子 T37 级 400 米决赛 8 人 1 组	王涛 临沂市 1'03"27	杨航 临沂市 1'03"83	庞江琦 聊城市 1'06"10	胡明 济南市 1'13"77	王鑫 枣庄市 1'17"01	姜宸睿 东营市 1'19"87
男子 60 级 400 米决赛 15 人共 2 组	刘雨 枣庄市 49"76	武杰 临沂市 51"96	高清泉 临沂市 53"71	彭崇垒 山东特教学院 55"32	谭懿 烟台市 56"93	柳佳诺 泰安市 58"35
女子 60 级 400 米决赛 7 人 1 组	王轲 青岛市 1'05"10	石文丽 青岛市 1'08"90	隋慧云 东营市 1'09"63	王凯欣 青岛市 1'18"02	沈彦梅 临沂市 1'20"34	孙慧芝 潍坊市 1'20"44
男子 T42-47 级 4×100 米接力决赛 2 队 1 组	—	泰安市 58"52	日照市二队 1'02"27	—	—	—
男子 T52-54 级 4×100 米接力决赛 2 队 1 组	济宁市 1'40"56	—	—	—	—	—
女子 T52-54 级 4×100 米接力决赛 1 队 1 组	济宁市 2'05"46	—	—	—	—	—
男子 T35-38 级 4×100 米接力决赛 5 队 1 组	济南市 1'00"56	日照市一队 1'02"59	临沂市 1'06"41	德州市 1'18"77	—	—
男子 T11-13 级 4×100 米接力决赛 4 队 1 组	青岛市 51"10	东营市 55"53	烟台市 57"42	—	—	—
女子 T11-13 级 4×100 米接力决赛 4 队 1 组	德州市 1'02"43	东营市 1'05"04	烟台市 1'06"12	—	—	—
男子 60 级 4×100 米接力决赛 4 队 1 组	临沂市 44"63	青岛市 46"88	山东特教学院 50"31	威海市 58"01	—	—
女子 60 级 4×100 米接力决赛 3 队 1 组	临沂市 1'05"41	枣庄市 1'15"48	—	—	—	—
男子 60 级 400 米栏决赛 6 人 1 组	朱鲁客 临沂市 1'01"27	钱生堃 枣庄市 1'05"47	秦传超 临沂市 1'07"67	刘一帆 枣庄市 1'16"35	张恩豪 青岛市 1'31"35	—

续表 9-30

项目	名次					
	第一名	第二名	第三名	第四名	第五名	第六名
女子 60 级 400 米栏决赛 3 人 1 组	于新宇 日照市一队 1'21"11	徐爱芹 枣庄市 2'14"40	吴喆 枣庄市 2'16"21	—	—	—
女子 T53 级 800 米决赛 1 人 1 组	李小红 济宁市 3'31"25	—	—	—	—	—
女子 T54 级 800 米决赛 2 人 1 组	赵敏 聊城市 3'21"55	—	—	—	—	—
男子 T45/46/47 级 200 米决赛 6 人 1 组	蒋政位 泰安市 23"18	温继鹤 枣庄市 24"68	冯天昱 青岛市 24"95	王树军 潍坊市 26"16	吴发起 烟台市 29"39	—
男子 T11 级 1500 米决赛 4 人 1 组	谭本磊 烟台市 5'19"93	严伟 日照市一队 5'45"28	郭洪伟 德州市 6'32"87	—	—	—
男子 T12 级 1500 米决赛 6 人 1 组	祁顺 青岛市 4'51"36	贾少坤 青岛市 5'02"79	马锦程 烟台市 5'14"08	高飞 临沂市 5'34"40	周科宇 东营市 5'37"91	—
男子 T13 级 1500 米决赛 2 人 1 组	—	—	白杰 滨州市 5'36"18	—	—	—
女子 T12 级 1500 米决赛 6 人 1 组	张秋悦 济南市 6'12"40	张云 临沂市 6'30"44	田一硕 德州市 7'15"93	李浩然 德州市 7'21"87	李卓蔓 潍坊市 8'03"59	杨雅淇 潍坊市 8'07"34
男子 T35-38 级 4×400 米接力决赛 4 队 1 组	济南市 5'04"81	日照市一队 5'10"70	德州市 7'01"76	枣庄市 8'09"56	临沂市 9'51"38	—
男子 T42-47 级 4×400 米接力决赛 1 队 1 组	—	日照市二队 5'30"75	—	—	—	—
男子 T52-54 级 4×400 米接力决赛 2 队 1 组	聊城市 5'22"78	济宁市 6'09"86	—	—	—	—
女子 T52-54 级 4×400 米接力决赛 1 队 1 组	济宁市 7'55"74	—	—	—	—	—
男子 60 级 4×400 米接力决赛 3 队 1 组	临沂市 3'38"47	青岛市 4'14"49	—	—	—	—

续表 9-30

项目	名次					
	第一名	第二名	第三名	第四名	第五名	第六名
女子 60 级 4×400 米接力决赛 3 队 1 组	青岛市 4'52"60	临沂市 5'43"18	枣庄市 5'44"94	—	—	—
男子 T11-13 级 4×400 米接力决赛 3 队 1 组	青岛市 4'21"66	烟台市 4'34"99	东营市 4'41"24	—	—	—
女子 T11-13 级 4×400 米接力决赛 4 队 1 组	德州市 5'18"39	东营市 5'40"72	烟台市 5'43"45	—	—	—

田径决赛成绩统计表

表 9-31　　　　单位：枚

单位	第一名	第二名	第三名	第四名	第五名	第六名	奖牌总数
青岛市	36	12	8	1	2	0	56
济南市	30	12	4	2	0	0	46
济宁市	28	14	2	2	0	0	44
临沂市	18	22	16	11	4	1	56
东营市	15	15	5	5	2	2	35
日照市一队	15	13	10	1	3	—	38
烟台市	14	15	15	5	3	1	44
泰安市	12	12	5	7	4	5	29
德州市	10	14	13	7	7	3	37
枣庄市	8	20	1	5	4	4	29
滨州市	8	10	3	2	3	4	21
聊城市	7	7	7	6	4	2	21
淄博市	5	10	6	1	0	1	21
菏泽市	4	1	4	4	2	2	9
日照市二队	3	17	17	0	4	3	37
潍坊市	2	1	6	5	3	6	9
山东特教学院	1	5	6	6	2	4	12
威海市	0	1	3	0	0	1	4

十八、游泳

2022 年 9 月 17—20 日，十一届省残运会游泳比赛在日照海之韵游泳中心举行。全省各市 15 支代表队的 139 名运动员参赛，其中男运动员 73 人、女运动员 66 人。

游泳比赛分为肢体残疾组、视力残疾组和听力残疾组 3 个组别，竞赛项目有女子 100 米自由泳 S6、男子 100 米自由泳 S4 等 187 项。

2022 年 9 月 17 日，游泳比赛现场

游泳各项目决赛名次一览表

表 9-32

项目	名次					
	第一名	第二名	第三名	第四名	第五名	第六名
女子 100 米自由泳 -S6 决赛	丁海丽 日照市一队 02'21"67	宋婉君 枣庄市 03'01"07	黄然 东营市 03'19"07	—	—	—
男子 100 米自由泳 -S4 决赛	邓祥臻 日照市一队 01'26"54	陈奎达 青岛市 01'33"08	李建军 日照市一队 02'33"34	—	—	—
男子 100 米自由泳 -S3 决赛	董平 青岛市 02'40"35	王超 青岛市 02'58"50	—	—	—	—
男子 100 米蝶泳 -S15 决赛	李朝旭 青岛市 01'03"61	孙胜 临沂市 01'26"81	周奉禄 潍坊市 01'48"68	王光辉 潍坊市 02'05"35	—	—
女子 100 米蝶泳 -S15 决赛	贾云舒 济南市 01'13"87	周吉辰 聊城市 01'51"05	—	—	—	—

续表 9-32

项目	名次					
	第一名	第二名	第三名	第四名	第五名	第六名
男子 100 米 蝶泳 -S8 决赛	罗彬祥 临沂市 01'12"21	郭维清 青岛市 01'12"96	徐镇 聊城市 01'26"12	王加镇 聊城市 01'40"74	—	—
男子 100 米 蝶泳 -S9 决赛	林震宇 济南市 01'11"32	李礼想 枣庄市 01'15"28	熊小铭 青岛市 01'15"56	成炳杰 滨州市 01'41"76	—	—
男子 100 米 蝶泳 -S10 决赛	刘宗辉 青岛市 01'10"75	陈治锦 青岛市 01'17"25	范博文 滨州市 01'17"50	徐浩翔 济南市 01'20"78	梁金章 聊城市 01'33"22	刘永华 枣庄市 01'35"26
女子 100 米 蝶泳 -S8 决赛	许艳茹 济南市 01'36"95	吴文君 青岛市 01'50"58	梁子晨 威海市 04'11"62	—	—	—
女子 100 米 蝶泳 -S9 决赛	张雨阳 滨州市 01'22"28	顿陇娟 青岛市 01'26"34	安露缘 临沂市 01'46"35	武春梅 聊城市 02'03"41	张晓红 泰安市 02'07"83	傅承芳 威海市 03'07"79
女子 100 米 蝶泳 -S10 决赛	杨泺涵 济南市 01'17"94	张蒙 青岛市 01'21"45	李凯乐 滨州市 01'41"27	黄邦娟 淄博市 02'04"33	李翠 枣庄市 02'05"32	魏传龙 聊城市 02'09"39
男子 100 米 自由泳 -S5 决赛	赵庆东 聊城市 01'27"94	张飞 枣庄市 01'40"29	张坤衡 济宁市 02'00"34	陶纪友 济宁市 02'53"09	—	—
男子 100 米 自由泳 -S6 决赛	贾红光 聊城市 01'12"95	刘开玉 枣庄市 01'44"11	李文玉 威海市 02'24"34	—	—	—
男子 100 米 自由泳 -S7 决赛	张家毅 滨州市 01'12"87	崔詰垠 临沂市 01'15"12	张传省 日照市一队 01'31"64	陈强 泰安市 02'49"32	—	—
女子 100 米 自由泳 -S5 决赛	王世杰 日照市一队 02'13"86	唐瑞芳 济宁市 03'03"87	—	—	—	—
男子 50 米 自由泳 -S11 决赛	孙传振 济宁市 00'30"70	王瑞欣 济南市 00'39"08	孙大伟 临沂市 00'39"73	高宇杰 济南市 00'41"76	马恒顺 济宁市 00'43"79	庄中良 德州市 00'46"15
男子 50 米 自由泳 -S12 决赛	杜跃跃 滨州市 00'28"41	李云龙 淄博市 00'29"37	田国强 济宁市 00'35"83	杜遥 滨州市 00'37"44	张建安 东营市 00'47"39	—
男子 50 米 自由泳 -S13 决赛	杜道 滨州市 00'26"60	徐兴尚 青岛市 00'27"82	李阳 泰安市 00'48"23	—	—	—
女子 50 米 自由泳 -S11 决赛	杨婷婷 济宁市 00'35"96	李雨桐 济南市 00'40"45	周琪 烟台市 00'45"61	王丽颖 淄博市 01'10"76	乔欣欣 泰安市 01'13"80	刘恩朔 滨州市 01'46"14

续表 9-32

项目	名次					
	第一名	第二名	第三名	第四名	第五名	第六名
女子 50 米自由泳 -S12 决赛	孟子阳 滨州市 00'33"96	段继珍 济宁市 00'34"85	王梓晴 济南市 00'35"81	王语嫣 青岛市 00'36"49	张安琦 滨州市 00'42"72	张一倩 济宁市 00'51"77
女子 50 米自由泳 -S13 决赛	周杉杉 济宁市 00'33"93	徐梦涵 滨州市 00'37"10	皇甫依昀 济南市 00'43"47	朱艳 临沂市 00'53"81	王士娟 临沂市 01'02"19	秦子然 烟台市 01'14"65
男子肢体残疾 4X50 米自由泳接力决赛	枣庄市 02'51"80	日照市一队 03'39"35	—	—	—	—
男子 150 米个人混合泳 -SM3 决赛	王超 青岛市 06'09"52	—	—	—	—	—
男子 150 米个人混合泳 -SM4 决赛	邓祥臻 日照市一队 02'53"67	陈奎达 青岛市 03'03"03	李建军 日照市一队 05'29"67	王越 日照市一队 05'44"84	—	—
男子 100 米蛙泳 -S5 决赛	张飞 枣庄市 01'53"47	赵庆东 聊城市 01'55"53	陶纪友 济宁市 02'25"34	张坤衡 济宁市 03'03"13	—	—
男子 100 米蛙泳 -SB6 决赛	贾红光 聊城市 01'38"42	刘开玉 枣庄市 01'47"54	—	—	—	—
女子 100 米蛙泳 -SB5 决赛	王世杰 日照市一队 03'11"95	唐瑞芳 济宁市 04'46"82	—	—	—	—
女子 100 米蛙泳 -SB6 决赛	丁海丽 日照市一队 02'39"80	—	黄然 东营市 03'16"27	—	—	—
男子 100 米自由泳 -S8 决赛	罗彬祥 临沂市 01'08"60	郭维清 青岛市 01'12"58	杨秀森 青岛市 01'15"32	徐镇 聊城市 01'16"23	—	—
男子 100 米自由泳 -S9 决赛	熊小铭 青岛市 01'04"74	李礼想 枣庄市 01'05"46	林震宇 济南市 01'05"87	成炳杰 滨州市 01'12"04	—	—
男子 100 米自由泳 -S10 决赛	刘宗辉 青岛市 01'04"90	陈治锦 青岛市 01'06"04	徐浩翔 济南市 01'09"89	范博文 滨州市 01'11"98	梁金章 聊城市 01'20"58	刘永华 枣庄市 01'35"53
女子 100 米自由泳 -S8 决赛	许艳茹 济南市 01'23"24	吴文君 青岛市 01'27"03	梁子晨 威海市 03'26"86	—	—	—
女子 100 米自由泳 -S9 决赛	顿陇娟 青岛市 01'14"08	张雨阳 滨州市 01'16"55	安露缘 临沂市 01'27"01	武春梅 聊城市 01'45"02	张晓红 泰安市 01'46"01	傅承芳 威海市 01'57"52

续表 9-32

项目	名次					
	第一名	第二名	第三名	第四名	第五名	第六名
女子 100 米自由泳 -S10 决赛	张蒙 青岛市 01'06"99	杨泺涵 济南市 01'09"93	李凯乐 滨州市 01'21"16	魏传龙 聊城市 01'33"75	黄邦娟 淄博市 01'34"31	李翠 枣庄市 01'38"11
男子 100 米蝶泳 -S11 决赛	孙传振 济宁市 01'29"74	高宇杰 济南市 01'33"97	王瑞欣 济南市 01'49"85	马恒顺 济宁市 02'08"97	孙大伟 临沂市 02'57"38	庄中良 德州市 03'13"19
男子 100 米蝶泳 -S12 决赛	李云龙 淄博市 01'18"19	杜跃跃 滨州市 01'34"04	田国强 济宁市 01'47"30	—	—	—
男子 100 米蝶泳 -S13 决赛	徐兴尚 青岛市 01'04"61	杜逍 滨州市 01'16"11	李阳 泰安市 02'30"10	—	—	—
女子 100 米蝶泳 -S11 决赛	杨婷婷 济宁市 01'31"59	李雨桐 济南市 01'54"99	周琪 烟台市 02'25"05	—	—	—
女子 100 米蝶泳 -S12 决赛	孟子阳 滨州市 01'30"44	王梓晴 济南市 01'35"67	段继珍 济宁市 01'44"84	张清媛 临沂市 03'33"98	姜慧 临沂市 04'59"29	—
女子 100 米蝶泳 -S13 决赛	周杉杉 济宁市 01'18"73	徐梦涵 滨州市 01'30"96	皇甫依昀 济南市 01'54"19	朱艳 临沂市 02'21"40	—	—
男子 200 米个人混合泳 -SM15 决赛	李朝旭 青岛市 02'33"53	李进 临沂市 03'21"29	周奉禄 潍坊市 03'30"68	王光辉 潍坊市 04'08"44	孙志文 东营市 04'23"12	—
女子 200 米个人混合泳 -SM15 级决赛	刘奂希 济南市 03'05"36	—	—	—	—	—
男子 4X100 米自由泳接力 -34 分决赛	聊城市 05'16"08	枣庄市 06'04"56	日照市一队 07'58"06	—	—	—
男子 200 米蝶泳 -S15 决赛	孙胜 临沂市 03'29"29	王光辉 潍坊市 05'25"93	—	—	—	—
男子 200 米自由泳 -S3 决赛	董平 青岛市 05'41"05	王超 青岛市 06'17"66	—	—	—	—
男子 200 米自由泳 -S4 决赛	邓祥臻 日照市一队 03'07"73	陈奎达 青岛市 03'18"53	李建军 日照市一队 05'14"24	—	—	—
男子 200 米自由泳 -S5 决赛	赵庆东 聊城市 03'52"26	张坤衡 济宁市 04'07"94	陶纪友 济宁市 05'34"45	—	—	—

续表 9-32

项目	名次					
	第一名	第二名	第三名	第四名	第五名	第六名
男子 100 米 蛙泳 -SB7 决赛	杨秀森 青岛市 01'37"20	张传省 日照市一队 01'43"71	崔喆垠 临沂市 01'45"78	张家毅 滨州市 02'05"91	范印强 德州市 05'00"94	—
男子 100 米 蛙泳 -SB8 决赛	林震宇 济南市 01'21"30	罗彬祥 临沂市 01'24"18	郭维清 青岛市 01'30"26	王加镇 聊城市 01'38"71	徐镇 聊城市 01'39"91	成炳杰 滨州市 01'56"83
男子 100 米 蛙泳 -SB9 决赛	熊小铭 青岛市 01'24"40	徐浩翔 济南市 01'24"70	陈治锦 青岛市 01'26"76	范博文 滨州市 01'30"15	刘宗辉 青岛市 01'31"88	梁金章 聊城市 01'34"91
女子 100 米 蛙泳 -SB7 决赛	—	—	梁子晨 威海市 03'02"96	—	—	—
女子 100 米 蛙泳 -SB8 决赛	张雨阳 滨州市 01'26"71	许艳茹 济南市 01'42"44	吴文君 青岛市 01'51"84	—	—	—
女子 100 米 蛙泳 -SB9 决赛	张蒙 青岛市 01'23"17	杨泺涵 济南市 01'36"86	李凯乐 滨州市 01'44"96	安露缘 临沂市 01'47"68	张晓红 泰安市 02'00"84	武春梅 聊城市 02'02"66
男子 50 米 自由泳 -S15 决赛	陈国栋 济南市 00'27"68	王海涛 潍坊市 00'31"04	孙胜 临沂市 00'31"87	李伟铭 滨州市 00'32"25	邹树明 东营市 00'35"36	孙志文 东营市 00'36"40
女子 50 米 自由泳 -S15 决赛	贾云舒 济南市 00'29"69	赵嘉琪 泰安市 00'41"78	王庆英 泰安市 01'02"66	李安琪 滨州市 01'05"76	—	—
男子 50 米 自由泳 -S5 决赛	赵庆东 聊城市 00'35"60	张飞 枣庄市 00'41"41	陶纪友 济宁市 01'03"65	张坤衡 济宁市 01'10"09	—	—
男子 50 米 自由泳 -S6 决赛	贾红光 聊城市 00'31"33	刘开玉 枣庄市 00'42"33	李文玉 威海市 01'04"46	—	—	—
男子 50 米 自由泳 -S7 决赛	崔喆垠 临沂市 00'32"76	张家毅 滨州市 00'34"77	张传省 日照市一队 00'35"02	陈强 泰安市 01'10"70	—	—
女子 50 米 自由泳 -S6 决赛	宋婉君 枣庄市 01'07"20	丁海丽 日照市一队 01'08"14	黄然 东营市 01'41"16	—	—	—
女子 50 米 自由泳 -S5 决赛	王世杰 日照市一队 01'03"43	唐瑞芳 济宁市 01'33"32	—	—	—	—
男子 100 米 蛙泳 -SB11 决赛	孙传振 济宁市 1'35"85	崔荣杰 滨州市 01'49"64	王瑞欣 济南市 01'50"10	高宇杰 济南市 01'52"74	马恒顺 济宁市 01'57"25	庄中良 德州市 02'02"55

续表 9-32

项目	名次					
	第一名	第二名	第三名	第四名	第五名	第六名
男子 100 米 蛙泳 -SB12 决赛	杜跃跃 滨州市 01'27"85	田国强 济宁市 01'35"70	杜遥 滨州市 01'37"82	张建安 东营市 03'01"84	—	—
男子 100 米 蛙泳 -SB13 决赛	徐兴尚 青岛市 01'17"97	李云龙 淄博市 01'22"17	杜道 滨州市 01'28"81	李阳 泰安市 01'47"19	—	—
女子 100 米 蛙泳 -SB11 决赛	杨婷婷 济宁市 01'43"92	周琪 烟台市 02'01"52	李雨桐 济南市 02'13"30	王丽颖 淄博市 02'28"10	—	—
女子 100 米 蛙泳 -SB12 决赛	王梓晴 济南市 01'35"07	孟子阳 滨州市 01'39"39	王语嫣 青岛市 01'40"29	段继珍 济宁市 01'47"98	张安琦 滨州市 01'59"45	张清媛 临沂市 2'09"95
女子 100 米 蛙泳 -SB13 决赛	周杉杉 济宁市 01'35"04	徐梦涵 滨州市 01'44"69	皇甫依昀 济南市 01'54"39	朱艳 临沂市 02'19"90	王士娟 临沂市 03'29"49	—
男子 4X100 米 自由泳接力 -49 分 决赛	滨州市 05'57"86	—	—	—	—	—
女子 4X100 米 自由泳接力 -49 分 决赛	济宁市 06'26"18	滨州市 07'43"19	烟台市 10'29"00	—	—	—
男子 50 米 仰泳 -S15 决赛	陈国栋 济南市 00'33"19	王海涛 潍坊市 00'37"73	李伟铭 滨州市 00'41"73	邹树明 东营市 00'44"63	李进 临沂市 00'48"41	孙志文 东营市 00'49"95
女子 50 米 仰泳 -S15 决赛	贾云舒 济南市 00'37"56	赵嘉琪 泰安市 00'55"13	崔倩 烟台市 00'58"54	郭雨萌 济宁市 01'00"76	于瑶 烟台市 01'02"87	衣纳赢 烟台市 01'11"79
男子 50 米 仰泳 -S3 决赛	董平 青岛市 01'10"38	王超 青岛市 01'12"41	—	—	—	—
男子 50 米 仰泳 -S4 决赛	陈奎达 青岛市 00'52"33	李建军 日照市一队 01'10"71	王越 日照市一队 01'38"08	—	—	—
男子 100 米 仰泳 -S6 决赛	贾红光 聊城市 01'21"38	刘开玉 枣庄市 01'52"03	丁新海 日照市一队 02'39"59	—	—	—
男子 100 米 仰泳 -S7 决赛	张家毅 滨州市 01'24"05	崔喆垠 临沂市 01'29"60	张传省 日照市一队 01'54"13	陈强 泰安市 02'35"97	—	—
男子 100 米 仰泳 -S8 决赛	杨秀森 青岛市 01'18"14	罗彬祥 临沂市 01'20"10	郭维清 青岛市 01'21"07	徐镇 聊城市 01'36"19	—	—

续表 9-32

项目	名次					
	第一名	第二名	第三名	第四名	第五名	第六名
女子 100 米仰泳 -S6 决赛	丁海丽 日照市一队 02'27"95	宋婉君 枣庄市 02'47"75	于雪琪 淄博市 03'42"79	—	—	—
女子 100 米仰泳 -S8 决赛	许艳茹 济南市 01'50"82	吴文君 青岛市 02'05"44	梁子晨 威海市 03'49"01	—	—	—
男子 200 米自由泳 -S15 决赛	孙胜 临沂市 02'44"01	王海涛 潍坊市 02'50"12	闫现阳 泰安市 05'46"35	—	—	—
女子 200 米自由泳 -S15 决赛	刘奂希 济南市 02:50"91	周吉辰 聊城市 03:31"88	潘鑫茹 滨州市 04'33"14	—	—	—
男子 400 米自由泳 -S6 决赛	贾红光 聊城市 06'36"12	刘开玉 枣庄市 07'55"51	丁新海 日照市一队 11'09"48	—	—	—
男子 400 米自由泳 -S7 决赛	张家毅 滨州市 05'12"14	崔喆垠 临沂市 06'24"20	—	—	—	—
男子 400 米自由泳 -S8 决赛	杨秀森 青岛市 05'40"92	罗彬祥 临沂市 05'52"29	郭维清 青岛市 06'05"63	徐镇 聊城市 07'23"24	—	—
男子 400 米自由泳 -S9 决赛	李礼想 枣庄市 05'09"83	成炳杰 滨州市 05'20"78	林震宇 济南市 06'22"47	—	—	—
男子 400 米自由泳 -S10 决赛	刘宗辉 青岛市 05'06"34	陈治锦 青岛市 05'22"36	徐浩翔 济南市 05'31"34	范博文 滨州市 05'59"76	梁金章 聊城市 06'46"04	刘永华 枣庄市 07'03"34
女子 400 米自由泳 -S6 决赛	丁海丽 日照市一队 10'41"56	宋婉君 枣庄市 12'09"69	黄然 东营市 15'10"02	—	—	—
女子 400 米自由泳 -S8 决赛	吴文君 青岛市 07'35"44	许艳茹 济南市 08'25"04	梁子晨 威海市 13'15"45	—	—	—
女子 400 米自由泳 -S9 决赛	顿陇娟 青岛市 05'41"02	张雨阳 滨州市 05'42"60	安露缘 临沂市 06'52"52	张晓红 泰安市 07'53"70	武春梅 聊城市 08'05"94	傅承芳 威海市 08'35"01
女子 400 米自由泳 -S10 决赛	杨泺涵 济南市 05'17"65	张蒙 青岛市 05'18"00	李凯乐 滨州市 06'07"14	黄邦娟 淄博市 07'05"37	魏传龙 聊城市 07'40"94	李翠 枣庄市 08'07"38
男子 100 米仰泳 -S11 决赛	孙传振 济宁市 01'22"77	王瑞欣 济南市 01'33"95	高宇杰 济南市 01'39"61	孙大伟 临沂市 01'50"52	马恒顺 济宁市 02'05"89	庄中良 德州市 02'07"26

续表 9-32

项目	名次					
	第一名	第二名	第三名	第四名	第五名	第六名
男子 100 米仰泳 -S12 决赛	杜跃跃 滨州市 01'17"19	田国强 济宁市 01'40"68	杜遥 滨州市 02'04"18	张建安 东营市 02'37"22	—	—
男子 100 米仰泳 -S13 决赛	徐兴尚 青岛市 01'07"13	杜逍 滨州市 01'21"31	李阳 泰安市 02'20"71	—	—	—
女子 100 米仰泳 -S11 决赛	杨婷婷 济宁市 01'31"05	李雨桐 济南市 01'37"37	周琪 烟台市 01'47"76	乔欣欣 泰安市 02'30"73	王丽颖 淄博市 03'15"37	刘恩朔 滨州市 03'54"48
女子 100 米仰泳 -S12 决赛	王梓晴 济南市 01'31"84	王语嫣 青岛市 01'34"20	段继珍 济宁市 01'38"85	张安琦 滨州市 01'54"54	张一倩 济宁市 02'09"07	张清媛 临沂市 02'23"28
女子 100 米仰泳 -S13 决赛	周杉杉 济宁市 01'29"29	徐梦涵 滨州市 01'43"34	皇甫依昀 济南市 01'45"31	朱艳 临沂市 02'18"67	王士娟 临沂市 02'37"44	秦子然 烟台市 03'00"05
男子 50 米蛙泳 -SB3 决赛	王超 青岛市 02'07"37	董平 青岛市 02'46"22	—	—	—	—
男子 50 米蛙泳 -SB15 决赛	陈国栋 济南市 00'33"39	李朝旭 青岛市 00'35"14	李进 临沂市 00'42"11	李伟铭 滨州市 00'45"68	孙志文 东营市 00'47"93	邹树明 东营市 00'50"83
女子 50 米蛙泳 -SB15 决赛	贯云舒 济南市 00'39"68	刘奂希 济南市 00'44"94	赵嘉琪 泰安市 00'53"15	潘鑫茹 滨州市 01'01"24	李安琪 滨州市 01'01"29	于瑶 烟台市 01'01"44
男子 100 米自由泳 -S11 决赛	孙传振 济宁市 01'10"69	王瑞欣 济南市 01'26"26	孙大伟 临沂市 01'29"73	高宇杰 济南市 01'32"00	马恒顺 济宁市 01'42"46	崔荣杰 滨州市 01'50"49
男子 100 米自由泳 -S12 决赛	杜跃跃 滨州市 01'05"18	李云龙 淄博市 01'06"64	田国强 济宁市 01'22"21	杜遥 滨州市 01'27"76	张建安 东营市 02'23"28	—
男子 100 米自由泳 -S13 决赛	徐兴尚 青岛市 01'01"61	杜逍 滨州市 01'10"56	李阳 泰安市 01'51"02	—	—	—
女子 100 米自由泳 -S11 决赛	杨婷婷 济宁市 01'23"95	李雨桐 济南市 01'30"85	周琪 烟台市 01'48"33	王丽颖 淄博市 02'27"08	乔欣欣 泰安市 02'35"22	刘恩朔 滨州市 03'24"63
女子 100 米自由泳 -S12 决赛	孟子阳 滨州市 01'13"99	段继珍 济宁市 01'22"22	王梓晴 济南市 01'22"49	王语嫣 青岛市 01'30"81	张安琦 滨州市 01'39"67	张一倩 济宁市 01'59"87
女子 100 米自由泳 -S13 决赛	周杉杉 济宁市 01'21"47	徐梦涵 滨州市 01'27"52	皇甫依昀 济南市 01'37"26	朱艳 临沂市 01'58"68	—	—

续表 9-32

项目	名次					
	第一名	第二名	第三名	第四名	第五名	第六名
男子 100 米仰泳 -S15 决赛	陈国栋 济南市 01'16"78	李伟铭 滨州市 01'29"35	邹树明 东营市 01'47"94	李进 临沂市 01'49"15	周奉禄 潍坊市 01'51"85	王海涛 潍坊市 02'17"76
女子 100 米仰泳 -S15 决赛	刘奂希 济南市 01'29"31	周吉辰 聊城市 01'48"83	崔倩 烟台市 02'04"30	赵嘉琪 泰安市 02'16"00	于瑶 烟台市 02'26"48	郭雨萌 济宁市 02'31"15
男子 100 米蛙泳 -SB4 决赛	陈奎达 青岛市 02'30"60	王越 日照市一队 03'36"59	邓祥臻 日照市一队 03'37"83	郭丁心 威海市 03'49"54	—	—
女子 100 米蛙泳 -SB4 决赛	刘晓丽 日照市一队 04'58"58	于雪琪 淄博市 08'38"41	—	—	—	—
男子 100 米仰泳 -S9 决赛	李礼想 枣庄市 01'14"02	林震宇 济南市 01'15"43	熊小铭 青岛市 01'18"42	成炳杰 滨州市 01'30"13	—	—
男子 100 米仰泳 -S10 决赛	刘宗辉 青岛市 01'15"48	陈治锦 青岛市 01'18"90	徐浩翔 济南市 01'22"15	范博文 滨州市 01'24"84	刘永华 枣庄市 01'36"32	梁金章 聊城市 01'40"70
女子 100 米仰泳 -S9 决赛	顿陇娟 青岛市 01'23"93	张雨阳 滨州市 01'28"03	安露缘 临沂市 01'48"38	武春梅 聊城市 02'05"75	张晓红 泰安市 02'26"37	张雨欣 枣庄市 02'53"79
女子 100 米仰泳 -S10 决赛	张蒙 青岛市 01'19"30	杨泺涵 济南市 01'21"40	李凯乐 滨州市 01'35"23	李翠 枣庄市 01'52"19	黄邦娟 淄博市 02'02"66	魏传龙 聊城市 02'10"33
男子 200 米个人混合泳 -SM5 决赛	张飞 枣庄市 03'38"65	赵庆东 聊城市 03'45"58	张坤衡 济宁市 05'35"49	李文玉 威海市 06'22"55	—	—
男子 200 米个人混合泳 -SM6 决赛	贾红光 聊城市 03'12"63	刘开玉 枣庄市 03'41"40	—	—	—	—
男子 200 米个人混合泳 -SM7 决赛	崔喆垠 临沂市 03'01"09	张家毅 滨州市 03'11"70	—	—	—	—
女子 200 米自由泳 -S5 决赛	王世杰 日照市一队 04'55"84	唐瑞芳 济宁市 06'38"14	—	—	—	—
女子 200 米个人混合泳 -SM6 决赛	丁海丽 日照市一队 05'45"63	宋婉君 枣庄市 07'17"66	唐瑞芳 济宁市 09'28"30	—	—	—
男子 200 米个人混合泳 -SM11 决赛	孙传振 济宁市 03'00"62	王瑞欣 济南市 03'35"37	高宇杰 济南市 03'36"12	马恒顺 济宁市 04'10"23	孙大伟 临沂市 04'23"66	庄中良 德州市 05'03"81

续表 9-32

项目	名次					
	第一名	第二名	第三名	第四名	第五名	第六名
男子 200 米 个人混合泳 -SM12 决赛	杜跃跃 滨州市 03'11"25	田国强 济宁市 03'26"01	张建安 东营市 06'51"76	—	—	—
男子 200 米 个人混合泳 -SM13 决赛	徐兴尚 青岛市 02'27"29	杜道 滨州市 02'46"83	李云龙 淄博市 02'58"67	李阳 泰安市 04'56"27	—	—
女子 200 米 个人混合泳 -SM12 决赛	孟子阳 滨州市 03'07"36	王梓晴 济南市 03'14"20	段继珍 济宁市 03'42"55	张清媛 临沂市 05'27"47	张一倩 济宁市 05'47"85	姜慧 临沂市 06'40"37
女子 200 米 个人混合泳 -SM13 决赛	周杉杉 济宁市 03'11"67	徐梦涵 滨州市 03'33"34	皇甫依昀 济南市 03'47"27	朱艳 临沂市 04'34"73	—	—
男子 4X50 米 混合泳接力 -20 分 决赛	枣庄市 03'29"48	日照市一队 04'14"72	—	—	—	—
男子 50 米 蝶泳 -S15 决赛	李朝旭 青岛市 00'28"25	陈国栋 济南市 00'30"26	李进 临沂市 00'39"27	邹树明 东营市 00'43"50	王光辉 潍坊市 00'47"00	孙志文 东营市 00'57"13
女子 50 米 蝶泳 -S15 决赛	贾云舒 济南市 00'33"18	刘奂希 济南市 00'39"09	赵嘉琪 泰安市 01'00"86	王庆英 泰安市 01'06"66	—	—
男子 50 米 自由泳 -S3 决赛	董平 青岛市 01'17"50	王超 青岛市 01'36"48	—	—	—	—
男子 50 米 自由泳 -S4 决赛	邓祥臻 日照市一队 00'38"21	陈奎达 青岛市 00'40"81	李建军 日照市一队 01'10"16	—	—	—
男子 50 米 蝶泳 -S5 决赛	赵庆东 聊城市 00'35"67	张飞 枣庄市 00'40"16	张坤衡 济宁市 01'24"11	陶纪友 济宁市 01'52"37	—	—
男子 50 米 蝶泳 -S6 决赛	贾红光 聊城市 00'33"71	刘开玉 枣庄市 00'40"33	李文玉 威海市 01'30"78	—	—	—
男子 50 米 蝶泳 -S7 决赛	崔喆垠 临沂市 00'32"87	张家毅 滨州市 00'35"98	陈强 泰安市 02'02"49	—	—	—
女子 50 米 蝶泳 -S6 决赛	丁海丽 日照市一队 01'19"91	黄然 东营市 04'11"52	—	—	—	—
男子 100 米 自由泳 -S15 决赛	李朝旭 青岛市 00'58"53	李伟铭 滨州市 01'14"68	李进 临沂市 01'18"03	孙志文 东营市 01'21"71	邹树明 东营市 01'29"50	王光辉 潍坊市 01'43"76

续表 9-32

项目	名次					
	第一名	第二名	第三名	第四名	第五名	第六名
女子 100 米自由泳 -S15 决赛	贾云舒 济南市 01'04"42	周吉辰 聊城市 01'38"26	赵嘉琪 泰安市 01'39"73	李安琪 滨州市 02'11"78	王庆英 泰安市 02'29"53	—
男子 400 米自由泳 -S11 决赛	孙传振 济宁市 05'10"10	王瑞欣 济南市 06'34"83	高宇杰 济南市 06'35"79	孙大伟 临沂市 07'14"06	马恒顺 济宁市 07'31"58	崔荣杰 滨州市 08'10"13
男子 400 米自由泳 -S12 决赛	李云龙 淄博市 05'53"88	杜跃跃 滨州市 06'21"91	田国强 济宁市 06'34"24	张建安 东营市 12'33"99	—	—
男子 400 米自由泳 -S13 决赛	徐兴尚 青岛市 04'44"81	李阳 泰安市 08'09"86	—	—	—	—
女子 400 米自由泳 -S11 决赛	杨婷婷 济宁市 06'27"85	李雨桐 济南市 06'37"54	周琪 烟台市 08'15"07	—	—	—
女子 400 米自由泳 -S12 决赛	孟子阳 滨州市 05'38"36	王梓晴 济南市 06'07"48	段继珍 济宁市 07'06"05	张安琦 滨州市 08'26"14	张一倩 济宁市 09'11"89	张清媛 临沂市 10'35"04
女子 400 米自由泳 -S13 决赛	周杉杉 济宁市 05'57"13	徐梦涵 滨州市 06'40"14	皇甫依昀 济南市 07'22"57	朱艳 临沂市 09'21"72	—	—
男子 800 米自由泳 -S15 决赛	李朝旭 青岛市 09'51"74	孙胜 临沂市 12'44"12	王海涛 潍坊市 13'34"91	王浩宇 潍坊市 20'16"31	—	—
男子 4X100 米混合泳接力 -34 分决赛	聊城市 06'00"08	枣庄市 06'31"29	日照市一队 09'01"81	—	—	—
男子 100 米蛙泳 -SB15 决赛	李朝旭 青岛市 01'12"07	陈国栋 济南市 01'16"83	王海涛 潍坊市 01'29"07	孙胜 临沂市 01'31"38	李进 临沂市 01'36"84	孙志文 东营市 01'44"97
女子 100 米蛙泳 -SB15 决赛	贾云舒 济南市 01'25"53	刘奂希 济南市 01'38"54	周吉辰 聊城市 01'59"21	李安琪 滨州市 02'10"87	潘鑫茹 滨州市 02'12"55	于瑶 烟台市 02'21"28
男子 50 米仰泳 -S5 决赛	赵庆东 聊城市 00'40"88	陶纪友 济宁市 01'19"44	张坤衡 济宁市 01'21"33	—	—	—
女子 50 米仰泳 -S5 决赛	王世杰 日照市一队 01'17"87	唐瑞芳 济宁市 01'31"51	—	—	—	—
男子 200 米个人混合泳 -SM8 决赛	罗彬祥 临沂市 02'59"31	郭维清 青岛市 03'06"35	杨秀森 青岛市 03'09"40	徐镇 聊城市 03'28"13	—	—

续表 9-32

项目	名次					
	第一名	第二名	第三名	第四名	第五名	第六名
男子 200 米个人混合泳 -SM9 决赛	林震宇 济南市 02'50"03	熊小铭 青岛市 02'52"03	李礼想 枣庄市 02'53"11	成炳杰 滨州市 03'16"67	—	—
男子 200 米个人混合泳 -SM10 决赛	刘宗辉 青岛市 02'39"35	徐浩翔 济南市 02'51"59	范博文 滨州市 02'58"03	陈治锦 青岛市 03'06"64	梁金章 聊城市 03'19"46	刘永华 枣庄市 03'24"33
女子 200 米个人混合泳 -SM8 决赛	许艳茹 济南市 03'30"23	—	吴文君 青岛市 03'53"28	—	—	—
女子 200 米个人混合泳 -SM9 决赛	张雨阳 滨州市 02'55"28	顿陇娟 青岛市 03'26"49	安露缘 临沂市 03'38"42	武春梅 聊城市 04'09"93	张晓红 泰安市 04'20"51	傅承芳 威海市 05'19"74
女子 200 米个人混合泳 -SM10 决赛	张蒙 青岛市 02'48"99	杨泺涵 济南市 02'51"63	李凯乐 滨州市 03'25"62	黄邦娟 淄博市 03'58"08	李翠 枣庄市 04'04"59	魏传龙 聊城市 04'06"38
男子 400 米自由泳 -S15 决赛	陈国栋 济南市 04'59"41	孙胜 临沂市 06'06"16	王海涛 潍坊市 06'24"45	王光辉 潍坊市 08'43"16	—	—
女子 400 米自由泳 -S15 决赛	刘奂希 济南市 05'53"77	周吉辰 聊城市 07'25"63	—	—	—	—
男子 50 米自由泳 -S8 决赛	郭维清 青岛市 00'30"24	罗彬祥 临沂市 00'30"30	徐镇 聊城市 00'32"74	王加镇 聊城市 00'42"87	—	—
男子 50 米自由泳 -S9 决赛	熊小铭 青岛市 00'28"23	林震宇 济南市 00'28"28	李礼想 枣庄市 00'30"02	曹全可 聊城市 00'33"09	—	—
男子 50 米自由泳 -S10 决赛	陈治锦 青岛市 00'28"43	刘宗辉 青岛市 00'29"78	徐浩翔 济南市 00'30"43	范博文 滨州市 00'34"40	梁金章 聊城市 00'35"42	刘世瑞 聊城市 00'36"76
女子 50 米自由泳 -S8 决赛	许艳茹 济南市 00'35"54	吴文君 青岛市 00'37"11	梁子晨 威海市 01'36"93	—	—	—
女子 50 米自由泳 -S9 决赛	顿陇娟 青岛市 00'33"21	张雨阳 滨州市 00'34"82	安露缘 临沂市 00'39"45	武春梅 聊城市 00'45"34	张晓红 泰安市 00'47"78	傅承芳 威海市 00'49"83
女子 50 米自由泳 -S10 决赛	张蒙 青岛市 00'30"35	杨泺涵 济南市 00'31"77	李凯乐 滨州市 00'37"73	魏传龙 聊城市 00'42"46	李翠 枣庄市 00'43"39	黄邦娟 淄博市 00'43"64
男子 4X100 米混合泳接力 -49 分决赛	滨州市 06'10"49	济宁市 07'32"60	—	—	—	—
女子 4X100 米混合泳接力 -49 分决赛	济宁市 07'16"76	滨州市 08'45"99	烟台市 11'07"14	—	—	—

游泳决赛成绩统计表

表 9-33　　　　　　　　　　　　　　　　　　　　　　单位：枚

单位	第一名	第二名	第三名	第四名	第五名	第六名	奖牌总数
青岛市	43	30	10	3	1	0	83
济南市	28	30	21	4	0	0	79
济宁市	22	11	18	8	8	3	51
滨州市	17	30	12	21	5	6	59
日照市一队	16	6	13	1	0	0	35
聊城市	14	7	3	15	8	7	24
临沂市	8	11	13	14	8	4	32
枣庄市	7	18	2	1	4	7	27
淄博市	4	3	1	7	3	1	8
威海市	1	0	8	2	0	5	9
潍坊市	0	4	5	4	2	2	9
泰安市	0	3	12	7	9	0	15
东营市	0	2	4	6	7	5	6
烟台市	0	1	9	0	2	5	10
德州市	0	0	0	0	1	5	0

第十章 赛区

二十五届省运会、十一届省残运会是日照市首次独立承办的大型综合性体育运动会。全市上下尽锐出战、攻坚克难、协调推进，构建“市级统筹、属地负责、齐抓共管”的工作格局。场馆建设方面，7个区县、功能区均建设综合性场馆，成为省运会比赛的主阵地；竞赛组织方面，建立省组委会、市筹委会、区县执委会、单项竞委会四级联动竞赛管理体系。创新建立“区县包保、区县特派员、主城区项目主管”三位一体竞赛组织运行模式，压实区县主体责任。组建40个单项竞委会，发挥竞赛协调核心作用；选调17名主城区项目主管、6名区县特派员集中办公，实行巡回指导制度，竞赛管理人员下沉一线现场检查指导，及时召开竞赛工作会议研究解决问题。

各场馆坚持建、管、营一体，提前引入社会力量全程参与，所有场馆从规划设计、建筑施工到体育工艺等都做到了“三个满足”。即满足举办省运会、省残运会及其他重大体育赛事需要、满足全民健身需要、满足赛后运营需要。各赛区赛事组织科学、服务细致、保障全面。器材购置安装、测试赛、正式赛、颁奖等环节全部实现标准化、规范化。狠抓赛风赛纪，推出规范争议处理等10余项新措施。各赛场均配置高标准兴奋剂检测室，配备全程录像设备，赛风赛纪和反兴奋剂工作实现“零投诉”。

第一节 东港区赛区

二十五届省运会、十一届省残运会筹备及举行期间，东港区按照“办好一次会，搞活一座城”要求，坚持问题导向，明确工作目标，创新办赛思路，建起职责明确、沟通顺畅、协同配合运行机制，有序有效推进各项筹备工作，高标准完成东港区体育中心等场馆建设任务，全方位做好志愿服务、定点接待、环境整治、安全保障、卫生防疫等赛事保障工作，各项赛事顺利举办。乘着举办省运会东风，东港区多方面发力，做好省运会与全民健身、竞技体育、体育产业、精致城市建设结合文章，放大省运会溢出效应，为群众提供更多、更好运动休闲场所，提升群众运动热情、提高全民健身普及程度，广大群众幸福感、获得感显著增强。

一、组织机构

2018年10月，日照市确定承办二十五届省运会后，东港区聚焦“办会为民、办会兴城”，锚定“办赛精彩、参赛出彩、发展增彩”目标，坚持“一刻也不能停、一步也不能错、一天也误不起”工作理念，扎实推进省运会各项筹办工作。成立二十五届省运会东港区执行委员会，执委会下设18个部室，部长由分管区领导担任。成立由区长担任主任的12个单项竞委会筹备组，具体负责各单项赛事组织保障工作。先后研究制定《执委会公文收发管理制度》《执委会会议制度》等10余项工作制度，强化日常考勤、问题通报、印章和车辆规范管理等细节，不断补齐短板，促进执委会日常管理规范化和科学化。制定重点工作配档表，重点专项工作由专人负责，实行工作进展周调度、周通报，建立细致完善的配套服务体系，为办好省运会提供组织保障。

2021年3月31日，二十五届省运会东港区执委会第一次筹备工作会议召开。会议贯彻落实全市第二十五届省运会筹备工作会议精神，进一步提高思想认识，明确目标任务，全力以赴推进各项筹备工作。

2022年4月19日，为做好二十五届省运会、十一届省残运会赛事筹办工作，东港区执行委员会下发《山东省第二十五届运动会第十一届残运会东港区执行委员会人员、内设机构及工作职责》，决定调整执委会部分组成人员、内设机构及工作职责。区执委会下设综合管理部、竞赛部、场馆建设与运行保障部、备战参赛部、新闻宣传部、财务部、安全保卫部、环境整治部、信息技术部、医疗卫生和疫情防控部、交通运输部、接待部、食品安全保障部、志愿者工作部、应急保障部、交通安全部、消防安全部、残运会工作部18个工作机构，并明确各部工作职责和成员单位职责分工。对于工作职责存在交叉重叠的，由执委会各部室牵头单位负责统筹协调安排，由相关业务主管部门单位负责开展工作，其他部门单位协助配合。

二、竞赛项目

东港区赛区承担二十五届省运会31个大项中篮球、网球、举重、游泳等12个大项（21个小项）的正式比赛，以及新增3个项目的新建场馆测试比赛；承担十一届残运会5个项目的正式比赛。

2022 年 8 月 21 日，二十五届省运会男子篮球（乙组）决赛现场

东港区体育中心承办二十五届省运会手球、男子甲乙组五人制篮球、体操、蹦床项目，日照实验高中承办三人制篮球、女子甲乙组五人制篮球项目，日照一中（西校区）承办举重项目，香河体育公园承办短道速滑项目，日照世帆赛基地承办帆船帆板（风筝板）项目，日照万平口海洋公园承办沙滩排球项目，日照网球中心承办网球项目，日照奥林匹克水上公园承办铁人三项、公开水域、赛艇、皮划艇、激流回旋项目，日照市游泳中心承办游泳、跳水项目。

三、宣传活动

新闻宣传 东港区执委会新闻宣传部积极对接市筹委会新闻宣传工作部，多次到赛事现场调研、召开工作调度会议，全力做好新闻宣传工作。研究制定《山东省第二十五届运动会新闻宣传工作实施方案（草稿）》，并根据二十五届省运会在东港区举行的 20 个项目各自实际情况，细化新闻宣传工作实施方案，安排媒体人员分工，压实工作职责，在各大场馆、赛区划分媒体采访区域，规范采访秩序，服务好各大媒体采访报道需要。坚持线上线下宣传相结合。先后在《人民日报》、《光明日报》、新华网、《经济日报》、山东电视台、《大众日报》、《闪电新闻》、日照电视台、《日照日报》、《东港发布》等媒体平台刊发、播报超过 500 篇。其中，《山东日照上演“空中芭蕾”表演》在新华网刊发；在《新东港》、“在东港”App 上设立专栏专题报道赛事相关信息，营造浓厚省运会氛围。强化宣传引导。组织《大众日报》、山东电视台、《齐鲁晚报》、鲁网、大众网、《日照日报》、日照电视台、《东港发布》等多家新闻媒体记者对二十五届省运会体操决赛、蹦床决赛、手球等项目进行全程报道。赛事举办期间，制作注水道旗 530 余个、路灯道旗 300 余个、KT 板 300 余个，全方位营造赛事氛围。区执委会新闻宣传部选派专门联络员对接省运会、省残运会各项目，及时联系区执委会各相关部室和赛事运动员、裁判员等被采访人员；并通过多采访点、素材共享等方式，确保各媒体平台第一时间获取最新讯息、第一时间发布赛事报道。

社会宣传 东港区围绕“五点一线”重点区域，对标“四化一通”工作标准，推动省运会社会宣传、氛围营造等工作。投入资金600余万元，对迎宾路与和阳路、丹阳路、日照路、昭阳路、兖州路5个主要道路节点进行更新改造，增设省运会或运动元素景观小品，塑造统一整体、精美多彩的道路景观。对比赛场馆周边建筑外立面统一进行粉刷，实现建筑外观与周边环境和谐统一。投入资金110万元，对区政府广场、海曲公园北门、营子绿地、东港区体育中心周边等设置主题立体花坛。完成海曲公园北门广场、东港区北门广场立体雕塑2处，营子绿地安装不锈钢雕塑1处；安装迎宾路桥仿真植物垂直绿化墩16座，五叶地锦垂直绿化墩74座。投入资金54万元，在场馆区域、路口节点，增设省运会元素小品、公益广告51个，烘托赛事氛围，彰显城市魅力；投入资金25.62万元，更换建筑工地围挡公益广告数量330余块，面积1950余平方米，更换围挡绿植面积1390余平方米。

亮化提升 在省运会场馆大面积使用灯光带，形成绚丽璀璨的光影效果，演绎出“韵律”的特性，提升城市夜景品位。在国际财富中心、天德大酒店、君临天下大酒店、新城投大楼和万丽海景等建筑物展播省运元素动画140次，播放360小时，形成动画联动播放，展现东港夜晚活力。利用沿街商户LED电子屏滚动播放省运会宣传标语口号，营造“全民参与、喜迎盛会”的浓厚氛围。投资2730万元，对迎宾路沿线进行综合整治提升，新增公园面积约7.7万平方米，在迎宾路沿线道路背景林中打造6公里林下“绿道”，栽植苗木2.35万株、地被28万平方米；运用“碳汇”模式开展裸土治理，增加绿化面积19万平方米。通过新建口袋公园、改造节点景观、道路补绿增绿、街头桥体花卉布景等措施，完善绿化层次，提升城市绿化水平。共完成消防公园、秦楼派出所绿地等13个公园绿地建设改造，栽植乔灌木13万株，地被3.5万平方米，完成悬挂及摆放花箱6100余盆，使用花卉约6.5万盆，丰富省运会道路景观色彩。

四、保障服务

二十五届省运会、十一届残运会承办、举办期间，东港区围绕竞赛中心实行“一赛一案”，制度牵引、辐射联动。竞赛部成员立足竞赛项目，同时穿插各部室，对接信息发布、配餐对接、医疗救治、器材安置，将赛事精神和核心需求传递渗透到各部室，确保竞赛组织与各项保障工作顺利推进；研究制定区级层面包保工作方案，强化组织领导，补齐人员短板，化解赛事叠加管理压力；针对高强度赛事，前置突发情况预判，严密制定医疗保障方案，完善调度指挥流程，及时为受伤运动员提供救治服务；强化赛事期间纪检专项检查，深入赛事一线现场督查，实时通报并限期整改，形成有效合力。本着节俭办赛原则，区财政投入4000余万元，保障各项赛事顺利推进，其中1200多万元用于9处场馆运行服务保障团队，统筹推进安保交通、卫生防疫、环境整治、志愿者服务、后勤接待、氛围营造等工作。

卫生防疫保障 制订《省运会东港区新冠疫情防控总体方案》和专项疫情防控方案50个。抽调100余名330余人次的医护人员、卫生监督、疾控人员组成新冠疫情防控和医疗保障队伍，出动急救车辆80余台次，配备急救器械、常用药品、耗材，在全市疫情防控工作总体方案框架下，按照“一赛事一方案”“一场馆一方案”“一酒店一方案”要求，组织12家医疗机构、150余名医疗防疫人员24小时在岗在位，医疗救治1130余人次。20家接待酒店、9处赛事场馆开展预防性、终末消毒消杀1000余次。

安全保卫 成立东港安保指挥部，制定总体安保方案和专项安保方案100余个，累计出动警力5323人次、保安9215人次，安装AR全景6套、车辆道闸39处、安保监控1463处。编制省运会重点专项工作3.0版，下设13个职能小组，根据总体方案要求和各赛事不同特点制定分方案，按“一赛事一方案”“一驻地一方案”“一场馆一方案”的要求层层压实主体责任，做到定人、定岗、定责。同时按照上级指导性意见和赛事要求在赛事期间调整方案要求和措施，完善相关安保衔接工作。其间，下发证件5950余张；采集车辆信息150余条，下发车辆通行证50余张。

交通保障　坚持防疫和安全两手抓，严格要求所有驾驶员及工作人员服务期间必须全程佩戴口罩，所有乘车人员需扫描车辆场所码方可乘车，严格执行车辆消杀制度。采取“四不两直”方法不定期检查保障车辆，监管运输车辆，保障省运会、省残运会有关人员的行车安全。组织开展各项交通违法行为整治专项工作，规范交通秩序，确保道路交通安全、顺畅。省运会、省残运会期间，东港交警大队出动警力600人次、警车300台次，劝导车辆1万余台次，提供交管服务4000余次，路线保障60余次，提前对管制区、分流区、管控区的路线进行勘察摸排，及时排除交通隐患，保障道路畅通。

食品安全保障　东港区立足“执委会指导、接待单位落实主责、食品安全保障部跟上监管”模式，印发《第二十五届省运会第十一届残运会2022年食品安全保障重点工作任务分工方案》，明确各环节监管任务安排与职责划分。制定《2022年省运会食品安全保障工作方案》，严格按照《重大活动餐饮服务食品安全监督管理规范》的相关要求，加强省运会举办期间的食品安全保障工作，落实接待单位主体责任。对接待单位实行驻点监管，从严对索证索票、进货查验、加工流程、餐饮具清洗消毒、从业人员健康管理、经营场所环境卫生、食品留样等进行监督检查。明确菜单评审，适当对大宗供应商组织监督抽检。从全链条、各环节保障省运会食品安全。

综合保障　东港区执委会制定《第二十五届省运会应急保障服务工作应急预案》和供水、供电、通信、燃气、海上渔船等应急处置预案，严守综合保障底线。建立水、电、燃气保障常态督查机制，对各场馆和定点酒店供水、供电、供气、消防等实行常态化巡查检验，发现问题及时整改、排除隐患。13家接待酒店全部组建省运会、省残运会接待站，重点食材定点采购、每日检测，守住食品安全底线。

认真按照省运会重点工作配档表进度要求，传达学习了有关省运会筹备工作的会议精神及领导批示指示，积极参加各类筹备会议，确保应急保障工作能够坚决落实到位。

消防安全保障　东港区执委会强化消防安全保障，成立防火检查组、消防培训组、通信保障组等6个工作小组及8个现场执勤组。防火检查组出动检查人员238人次，检查及复查场馆和接待宾馆62个次，督促整改隐患54处；消防培训组通过知识讲座、实地指导等方式，对重点岗位、重点人群进行消防安全培训21次，提升微型消防站、消防控制室等重点岗位人员业务素质；现场执勤组对场馆及接待宾馆开展“六熟悉”32次，实战演练24次。秦楼特勤消防救援站、海曲路消防救援站、石臼所消防救援站、太阳城消防救援站共出动294车次、2058人次，进行现场执勤保卫。

志愿者工作　区执委会强化纵向联动落实机制，积极对接日照市筹委会志愿者工作部，在日照职业技术学院、山东体育学院等高校积极宣传发动，共组织1371人次志愿者参与20项赛事的志愿服务保障工作。

场馆运行保障　东港区落实“服务保障、赛事组织、环境氛围一流”的总体要求，推进场馆建设工作，先后召开场馆建设动员会议、竣工验收推进会议、日常办公会议等10余次，开展场馆建设联合督导检查20余次，解决工程推进过程中的困难问题，高标准按期完成东港区体育中心、日照一中西校区艺体馆等体育场馆建设任务。

五、市场开发

东港区将体育与文化、旅游产业融合发展，2022年9月，制定《东港区推进“体育+旅游”

融合工作方案》，通过赛事活动举办，联通体育文化和体育旅游产业渠道，提升体育的文化内涵，提升旅游景区知名度。2021年以后，东港区先后举办登山比赛、自行车比赛、钓鱼比赛、城市坐标定向赛、生态田园运动会、第十二届全民健身运动会首届乒乓球混合团体争霸赛、花样滑冰比赛、第十二届全民健身运动会花绳操比赛等系列赛事活动，打造了"赛场即是景点，比赛即是旅游"的体育旅游消费新场景。

2022年6月4日，二十五届省运会"中泰证券杯"帆船帆板决赛现场

利用东港体育中心等场馆，发挥市主地资源优势，推动"体育+"发展，做大做强品牌赛事，打造一批融文化旅游、观赛服务、运动社交、住宿餐饮等于一体的体育旅游新业态，以举办二十五届省运会、十一届省残运会为契机，加快产业重塑，培育新的经济增长点。用活市场机制，打造市场活跃、提质升级的海滨体育休闲消费胜地。带动全民健身，打造全民共建、全民共享的全民运动健身模范区。抓住集中举办品牌赛事机遇，吸引更多社会资本参与赛事筹办和城市开发建设，加快体育制造向体育智造转型升级，完善现代体育产业体系。

推进体产城融合，打造阳光时尚、开放活力的城市体育品牌。东港区把赛事筹办作为体产城融合发展的"加速器"和"催化剂"，增进全区上下体育共识，激发社会各界关心支持、主动参与体育事业的热情。借助省运会举办，深挖体育消费潜能，举办马拉松、垂钓、房车露营等体育消费项目，"体育+旅游"发展产业链持续拉长。"春打太极拳，夏开水运会，秋跑马拉松，冬办体操节，四季打网球，全年下围棋"的品牌赛事持续升温。

六、社会效益

日照市申办二十五届省运会后，东港区围绕省运会筹备，以创新体育运动推广方式、提升体育服务能力，持续营造浓厚的全民健身氛围，不断推进群众体育事业发展。体育公共服务水平不断提升，切实增强广大市民的获得感、满意度和幸福指数。

加大公共体育设施供给。主城区建成"10分钟健身圈"，村、社区室外体育场地面积分别超600平方米和1000平方米，体育场地总面积达717.6万平方米，人均体育场地面积达5平方米以上，列全市各区县之首。区内的香河体育公园、市游泳馆、足球公园、网球公园四大公共体育场馆均实现在特定时段向特定人群免费或低收费开放，带动了群众体育健身、体育消费的积极性。

东港区以迎接二十五届省运会为契机，持续开展环境改造提升行动

通过赛事活动烘托体育运动氛围，2021年4月，东港区先后承办全省社区运动会试点启动仪式、全市首届“生态田园”运动会，举办全国第六届“万步有约”暨东港区第一届职业人群健走激励大赛。自2021年开始，东港区每年举办全民健身月活动，通过举办登山、健步行、篮球、城市定向、社会体育指导员大赛等20余项比赛活动，营造人人参与体育锻炼的社会氛围。

2022年8月29日，二十五届省运会“工商银行杯”游泳决赛现场

第二节　岚山区赛区

岚山区赛区作为二十五届省运会、十一届省残运会承办主体，主动配合、积极作为，全力推进各项工作。岚山区赛区承担二十五届省运会男子排球、跆拳道、空手道、公路自行车、女子排球和十一届省残运会跆拳道、公路自行车、坐式排球8个项目的筹办。岚山区选拔优秀运动员参加19个比赛项目，获金牌43枚。其中，二十五届省运会23枚、十一届省残运会20枚。

一、组织机构

2020年10月，岚山区成立二十五届省运会岚山区执行委员会。2022年3月，岚山区委、区政府印发《关于调整山东省第二十五届运动会第十一届残运会岚山区执行委员会人员和内设机构的通知》《关于调整山东省第二十五届运动会第十一届残运会岚山区竞赛委员会筹备组的通知》等文件，对岚山区执行委员会和内设机构人员进行调整。调整后，由岚山区委和区政府主要负责人任执委会主任，区委常委、宣传部部长、教育工委书记，区政府党组成员、副区长担任副主任。下设综合协调部、竞赛部、场馆建设与运行保障部、新闻宣传部、备战参赛部、市场开发部、财务部、监察审计部、环境整治部、信息技术部、安保部、医疗卫生部、交通运输部、接待部、食品安全保障部、志愿者工作部、综合保障部、残运会工作部18个工作部。

建立与二十五届省运会项目管理中心"一对一"沟通机制；坚持赛时工作早晚例会制度；建立健全财务和内控管理等制度，印发《关于印发经费开支标准和财务管理办法、经费支出审批管理办法、财产物资管理办法的通知》。编制完成《赛事秩序册》《赛事指南》《成绩册》等服务指南。二十五届省运会、十一届省残运会筹办、举办期间，召开主任办公会和副主任办公会14次，各部联席会议80余次，财务、审计、纪委全过程监督，对区执委会决定的重大事项、重点工作任务落实情况进行跟踪督查。

二、竞赛项目

岚山区赛区承办二十五届省运会男子排球、跆拳道、空手道、公路自行车、女子排球5个项目和十一届省残运会坐式排球、跆拳道、空手道3个项目的筹办、举办工作，全省16个市的2200余名运动员、教练员、裁判员参加。岚山区选拔优秀运动员参加二十五届省运会、十一届省残运会19个比赛项目，获金牌43枚。

2022年7月18日，二十五届省运会跆拳道比赛在岚山区体育中心举行（崔文亮 供图）

三、宣传活动

全景式、立体式宣传 在全区各景区景点、酒店通过电子屏、广播、展板、广告牌等形式循环播放省运会宣传口号和悬挂宣传条幅；在各接待酒店设置广告牌、易拉宝6处，宣传桌牌30个。开展“校园足球对抗赛”“市民探馆”“全民健身展演活动”“省运知识进校园”等省运会主题活动12次。

媒体宣传 协调中央、省、市主流媒体平台、体育频道、门户网站实时播发赛事消息。通过《新岚山》报纸、岚山电视台《岚山新闻》栏目，以及“岚山发布”微信号、视频号、微博号、“岚山视角”头条号、“爱岚山”App、潮起岚山抖音号等全媒体平台，开设“魅力岚山精彩省运”专题专栏，统筹多种手段进行融合宣传。刊发《山东省第十一届残运会公路自行车竞赛在岚山区拉开帷幕》《提气！省运会开赛日，岚山健儿杨玲棋、张恒夺得首金首银》《激情！高燃！省运会跆拳道比赛在岚山开赛》等重点稿件。赛事期间，通过平台观看赛事的观众超过70万人次；在全媒体平台累计刊发稿件340篇，其中在新华网、山东电视台、《大众日报》、《日照日报》等媒体刊发、播报稿件30余篇。建立记者与省运会各部室对接联系机制，围绕组织保障、志愿服务等省运会服务保障的题材，策划新闻选题、挖掘新闻线索、撰写新闻稿件，集中反映省运会赛事筹备、组织保障、志愿服务等情况。

四、保障服务

环境保障 二十五届省运会、十一届省残运会筹办及举办期间，岚山区开展道路环境问题排查整治活动，实行“24小时执法无空白”工作制度，坚持“1+1”组队徒步巡查与执法车辆全天机动巡查相结合，数字平台案件快速响应与投诉举报“接诉即办”相结合，查缺补漏，抓好各项问题整改落实。对沿线环境卫生、市政设施、交通设施、长冶河河道卫生、车辆停放等问题对照整治标准开展全面排查，出动执法人员820余人次，车辆230余台次，排查问题24处，全部妥善解决。开展市容秩序综合整治行动，清理流动商贩占道经营890余起、沿街商铺店外经营540余家次、乱贴乱画60余起，清理户外广告牌匾90余处，清理店外乱堆乱放50处，拆除私搭乱建19处、面积1600余平方米，残垣断壁3处。开展文化、旅游经营场所执法检查330余家次，督促严格落实上网人员实名登记、严禁违规超时营业等规定。开展餐油烟专项执法行动，检查餐饮企业570余家次，督促正常使用油烟净化设施并做到定期清洗维护。开展建筑工地专项执法行动，检查城区内在建施工工地600余家次，督促强化抑尘防尘措施、严禁超时施工噪声扰民。摊铺、维修沥青路面8.6万余平方米，整修路缘石6800余米、隔离护栏360余米，更换整修人行道板6300余平方米，铺设彩色透水混凝土慢行道2.2万平方米，更换挡车柱150余处；对中心路段路灯电缆进行排查维修，更换电缆约320米，砌接线井11套，维修更换各类电器510余套，处理市长热线70多件，紧急抢修高压线路一条；调整更换城区主次干道等道路雨水箅子132套、雨污井盖83套，疏通明珠路、轿顶山路污水管网；整治城市河道，集中清理40余次，共清理垃圾漂浮物280余吨，维护河道水体环境清洁。

交通保障 二十五届省运会、十一届省残运会期间，岚山区执委会为各运动队、技术官员、裁判员及志愿者提供交通运输保障车辆1503台次。指派优秀驾驶员参与服务，每个入住酒店配备2名工作人员参与赛事交通保障工作，对所有参与交通运输保障的驾驶员在疫情防控方面都纳入管理，建立健康管理台账。对关键节点路段进行养护修复，确保安全畅通。对用于自行车赛道的绣针河大道提高养护保洁力度，每天两扫四洒，保持赛道整洁畅通。

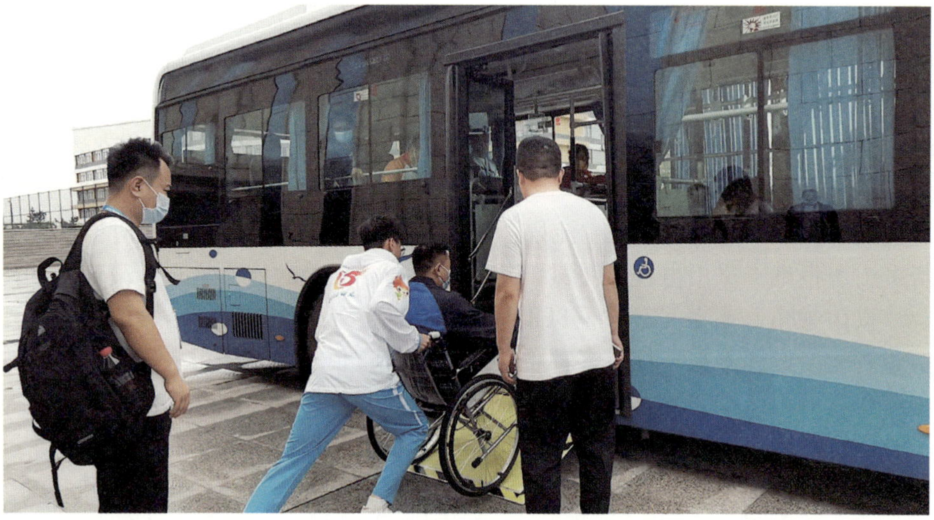

2022年8月29日，十一届省残运会坐式排球比赛项目开赛，酒店志愿者开展志愿服务（闫畅 供图）

志愿服务 由岚山团区委牵头，会同区总工会、妇联、教体局4个部门组成岚山区志愿者工作部，制定《山东省第二十五届运动会岚山赛区志愿者招募工作说明》《志愿者疫情防控方案》《志愿者投保方案》等文件，招募志愿者365名。加强人员培训管理，开展志愿者通用知识培训和岗前培训，通过“理论＋实操”等形式，开展培训5场，累计培训时长40余小时。坚持“志愿汇”App每日打卡，根据具体岗位表现及评优标准，对表现优异的志愿者优先纳入考核优秀评选；赛事期间，坚持每日一总结，及时发现不足并及时纠正，志愿者服务时长累计10万余小时。通过“岚山青年”公众号、视频号等新媒体矩阵平台发布志愿服务信息20余条，总浏览量8000余人次。

安全保卫 岚山区执委会制定第二十五届省运会岚山赛区赛事安全保卫工作方案，严密梯次防控。在比赛场馆，安装现代化智慧场馆系统1套，人脸识别3套、自动测温4套、客流分析6套，安保监控74个、电子橱柜2套等设备。设置“安检进入、外围巡逻、卡口查控、巡逻疏导、线路保障”五道防线，完成比赛场馆和4个接待宾馆的安全保卫任务。统筹交通疏导和管控调流措施，保障比赛期间400余辆车辆通行顺畅。创新与民间团体合作，动员安岚、闪电、爱心、方舟、朝阳义工，青赵、蓝剑、爱岚、雷锋救援队9支民间团体1100余人参与服务保障。

2022年7月14日，安保部对国开中学体育场馆搜爆排查安全隐患（陈维顺 供图）

食品安全保障 岚山区执委会制定《山东省第二十五届运动会第十一届残运会餐饮服务食品安全保障工作方案》等文件，对省运会、省残运会接待酒店及配餐单位开展食品安全检查。重点对从业人员健康管理、进货查验索证索票、餐饮具清洗消毒等方面进行检查，排查食品安全风险隐患；实行餐饮服务食品安全责任告知制度，告知省运会、省残运会接待酒店及配餐单位餐饮服务食品安全责任和在赛事期间餐饮服务必须严格遵守的法律、法规、行为规范等，并签订省运会接待酒店（配餐单位）食品安全责任承诺书。完善省运会接待酒店软硬件条件，组织接待酒店及配餐单位落实“互联网＋明厨亮灶”建设任务，加大其他软硬件规范提升力度。多次召集省运会接待酒店和配餐单位负责人、食品安全管理员、厨师长等人员召开省运会食品安全和食源性兴奋剂知识培训会议、岚山区大中型单位食品安全培训会议、省运会接待酒店及供货商食品安全培训会议等工作会议，对《省运会餐饮服务食品安全保障方案》《大型赛事食源性兴奋剂工作指南》等文件进行多轮次学习，并围绕从业人员健康管理、食品原料出入库管理、食品加工过程、餐饮具消毒、食品留样等食品安全知识进行培训。在省运会、省残运会接待酒店及配餐单位明确两名监管人员，开展驻点监管。

通信保障 岚山区执委会不断加强信息化建设。岚山区体育中心场馆开通千兆专线，协调各通信运营商加密场馆周围5G网络覆盖，实现场馆无线网络覆盖；协助完成岚山体育中心场馆配套设施数据与省运通平台对接；建立与单项竞赛委员会数据对接及协调机制，安排专人负责单项竞赛成绩汇集、录入工作；开展省运通平台宣传推广，完成多媒体采集终端设备安放准备工作。赛事期间，加强赛事无线电和网络通信保障、智慧省运系统运行、直播设备调试等工作。

医疗卫生保障 岚山区执委会制定《山东省第二十五届运动会第十一届残运会岚山区新冠疫情防控工作方案》及赛事方案、场馆方案、接待酒店方案等36个工作方案，成立疫情防控、医疗保障、卫生监督3个工作小组，加强疫情防控、医疗救治和卫生监督等工作。救治237人次，卫生监督执法检查52家次，成功处置突发公共卫生事件1起。加强人员培训，举办疫情防控培训班、医疗救治培训演练、监督检查等各类培训班17次，培训人员200余人次。

演练培训 二十五届省运会、十一届省残运会筹办期间，岚山区执委会开展全流程、全要素、全方位模拟演练3次，按照时间节点，磨合现场管理、服务保障、场馆与竞赛组织等核心环节，提升工作人员现场协调、服务、应急等赛事组织能力。服务人员全覆盖培训，加强服务意识、基础接待礼仪、特殊人群服务、仪态训练、安全保障等方面培训，保障赛事组织流程化、规范化、顺畅化。

五、市场开发

岚山区执委会树立“共赢”理念，服务省运会、省残运会市场开发工作，调动参与各方积极性，促进各方效益最大化。将寻求企业赞助和日常招商引资工作相结合，多渠道开展市场开发工作；维护赞助企业权益，保护赞助企业排他权，保证赞助企业得到实惠，实现政府与企业共赢，省运会、省残运会主办方和参与方共赢。加强市场开发收支管理，建立健全各项规章制度。市场开发的所有收入一律汇入区执委会开设的资金专户，后续使用需由执委会财务部牵头按照相关程序从专户中予以审批拨付；增加工作透明度，接受监察审计部门和企业监督，保障市场开发工作廉洁高效。

六、社会效益

岚山区执委会在“岚山发布”刊发《以体育之名、筑城市之美》系列主题报道，刊发《省运会成绩单来了！你不知道的背后》《岚山，以赛兴城》等系列报道，宣传省运会、省残运会对岚山区体育事业乃至经济社会发展所起到的重要推动作用。坚持全民健身与省运同行，履行体育服务民生、关注民生、服务百姓的宗旨，推动全民健身活动广泛开展。以省运场馆为依托，承办各级各类赛事活动。2022年5月17—20日，岚山区第十二届全民健身运动会暨“中国体育彩票杯”2022年岚山区中小学生排球联赛在区体育中心举行；2022年7月31日，“中国体育彩票杯”岚山区第十二届全民健身运动会跆拳道比赛暨岚山区第四届青少年跆拳道比赛在区体育中心举行；2023年5月11日，“中国体育彩票杯”2023年岚山区中小学生排球联赛在区体育中心举行。

第三节 莒县赛区

莒县赛区承担二十五届省运会、十一届省残运会5项赛事项目的筹办、举办任务，这是莒县首次承办高规格、大规模赛事。莒县县委、县政府将承办此次体育盛会作为一项重要民生工程，围绕“办赛精彩、参赛出彩、发展添彩”目标，成立二十五届省运会莒县执行委员会，下设11个工作机构，组建单项竞委会，完成二十五届省运会柔道、国际式摔跤、拳击、羽毛球比赛项目和十一届省残运会盲人柔道比赛项目承办任务，获市委、市政府发文表扬。

一、组织机构

2020年9月24日，莒县县委、县政府成立二十五届省运会莒县执行委员会。执委会下设综合管理部、竞赛部、场馆建设与运行保障部、备战参赛部、新闻宣传部、安保部、医疗卫生部、志愿者工作部、综合保障部、环境整治部、场馆运营部11个工作机构，实行分批集中办公，综合管理部、竞赛部、场馆建设、运行保障部、备战参赛部自执委会成立之日起即时集中办公，副部长、联络员、重点专项工作责任人驻会上班；其他各部根据二十五届省运会筹备工作需要和市筹委会、县执委会工作安排，适时集中办公。11月13日，组建羽毛球、拳击、国际式摔跤、柔道4个单项竞赛委员会。2021年3月1日，莒县教育和体育局成立二十五届省运会莒县竞赛领导小组，组建排球、足球、田径、摔柔各单项竞赛小组。2022年2月18日，莒县单项竞委会14个处室在莒县体育馆集中办公。

2022年3月30日，县委、县政府印发《关于调整山东省第二十五届运动会第十一届残运会莒县执行委员会人员和内设机构的通知》《关于公布山东省第二十五届运动会第十一届残运会莒县执行委员会单项竞赛委员会筹备组人员的通知》，调整莒县执行委员会人员和内设机构。单项竞赛委员会筹备组下设综合处、竞赛处、场地器材处、信息技术处、安全保卫处、医疗救护与疫情防控处、志愿者工作处、环境整治处、接待处、交通运输处、新闻宣传处、综合保障处、财务处、审计处14个工作机构。2022年6月，成立十一届省残运会盲人柔道竞委会及工作机构。

二、竞赛项目

2019年4月，市政府同莒县政府签订山东省第二十五届运动会日照市备战参赛、办赛和创建全国全民运动健身模范市任务目标责任书，莒县赛区承担二十五届省运会柔道、国际式摔跤、拳击、羽毛球4个比赛项目的办赛任务，4个办赛项目均圆满成功，获市委、市政府发文表扬。莒县有120余名运动员参加该届省运会，获15枚金牌、12枚银牌、21枚铜牌，成绩创历史最佳。莒县赛区还承担十一届省残运会盲人柔道比赛项目的办赛任务，有72名运动员参加男子、女子 9 个级别的比赛，共产生金牌 18 枚。

2022 年 5 月 28 日，在日照世帆赛基地举办的二十五届省运会“中泰证券杯”帆船帆板决赛中，莒县籍运动员卢佳欣获日照首枚金牌

三、宣传文化活动

2018 年，日照市成功申办山东省第二十五届运动会后，莒县加强宣传发动，营造浓厚省运会氛围。赛事期间，审核涉省运会信息 12 万余条，网上总体平稳有序。

宣传报道 二十五届省运会、十一届省残运会筹办、举办期间，莒县执委会加快莒县体育馆建设进度，运动员备战训练一线和各部门齐心配合、周密部署，喜迎全省体育盛事的宣传报道，在省、市主流媒体刊发《明年 9 月建成投用！日照这处体育馆最新进展！》《莒县：厉兵秣马 备战省运会》《莒县创新城市精致管理，保障省运会运动项目》等稿件 20 余条。2022 年 5 月，制定完善《山东省第二十五届运动会莒县赛区新闻宣传工作方案》，聚焦赛前、赛中、赛后 3 个阶段，发挥融媒体宣传优势，掀起新闻宣传热潮，县内新闻媒体统一开设“喜迎省运 · 活力汇‘莒’”专栏。今日莒州、莒县电视台、莒县发布累计刊发《省运会首个决赛项目！开赛！》等新闻稿件 300 余条，《莒县体育馆迎来首场赛事！》等 50 余条稿件在人民网、新华网、山东电视台等中央、省级主流媒体刊发。

社会宣传 莒县执委会制定完善《山东省第二十五届运动会莒县赛区社会宣传工作方案》《山东省第二十五届运动会莒县赛区道旗、宣传牌设置方案》，在城区重点路段和重点区域营造喜迎省运浓厚社会氛围。在莒县体育馆和接待宾馆的内部道路、广场和正门左右向外延伸 200 米范围内设置省运会灯杆道旗 270 个；在沿线道路安装公益广告 24 处；酒店周边更换双面公益广告宣传牌 58 处，省运会沿线安装绿雕 6 处，打造提升绿化节点 12 处。场馆外及接待酒店外道旗、宣传牌设置在 2022 年 7 月 1 日前全部完成。

文化活动 二十五届省运会、十一届省残运会期间，莒县执委会分四批组织全县体育协会、自媒体、机关干部、社会居民等开展市民探馆活动，并通过今日莒州、莒县电视台、莒县发布微信公众号等主流媒体在主要版面、专题专栏以及新媒体矩阵对活动进行宣传报道。

6月，在今日莒州、莒县电视、莒县发布、爱莒县客户端等媒体平台统一设立省运会倒计时牌。赛事期间，在爱莒县客户端开机首屏，设置省运会开屏画面。7月，组织开展第十二届全民健身运动会莒县“庆七一·迎省运”万人健康跑、“体彩杯”环莒县体育馆彩虹跑等活动10余场。

四、保障服务

综合保障 2022年5月，莒县应急管理局牵头编制完成省运会综合保障应急预案，莒县气象局、国网莒县供电公司、莒县自来水有限公司、莒县住房和城乡建设局等单位根据职责分工，分别制定应急预案。5月19日，莒县应急管理局牵头组建综合保障专班，对场馆水、电、消防等设施开展安全隐患排查。开展赛前应急演练，确保赛时及时处置各类突发事件。省运会期间，综合保障专班对场馆及接待宾馆开展应急演练2次，综合保障专项检查6次；莒县气象局提供气象服务专报34期，气象预警20期；莒县供电公司保障应急发电车1辆和保电维修人员3名，对比赛场馆供电线路开展3轮次全面特巡和2轮次专项带电检测，发现并消除隐患9次；莒县自来水公司提供应急抢修车1辆，保障人员2名，对场馆周边管线每周例行检查1次，供水管网应急抢修2次；县住房和城乡建设局会同奥德燃气有限公司对接待宾馆燃气设备检查36次。

安全保卫 莒县执委会安全保卫部制定《山东省第二十五届运动会安保工作方案》《山东省第二十五届运动会莒县赛区比赛场馆安全保卫方案》等方案20余个，安保部各成员单位严格落实“一赛事一方案”“一酒店一方案”要求，根据职责分工制定组织开展省运会安全保卫工作。安全保卫部组建指挥调度、综合材料、交通管控、技术支撑、后勤保障、督导检查等8个职能专班，每日统筹安排110名精干警力负责体育馆及各酒店安全保卫、路面交通定点守护、治安检查等工作。安排150名警力组成应急处突预备队。每日安排警用无人机加强体育馆及酒店巡航，确保全方位、全覆盖安保。共出动车辆3280辆次，警力9940人次，警犬157头次，保障二十五届省运会、十一届省残运会5个大项比赛顺利完成。

医疗救护与疫情防控 2022年3月，莒县卫生健康局牵头成立二十五届省运会、十一届省残运会医疗卫生保障工作领导小组，领导小组下设综合协调和后勤保障组、医疗救治组、卫生应急和疾病预防控制组、卫生监督组、宣传报道组5个专业组，负责涉赛人员赛事期间的医疗卫生保障工作。落实“一赛事一方案”“一酒店一方案”“一场馆一方案”要求，共制定省运会莒县医疗卫生保障工作方案1个、疫情防控方案6个、医疗救治方案6个、卫生监督工作方案6个。莒县卫生健康系统围绕新医疗救治保障、赛区场馆与公共卫生场所监督检测、传染病预警监测管理、病媒生物防治、突发公共卫生事件应急处置5个方面，统筹部署，科学规划，实现医疗救治工作“零失误”、医疗卫生保障工作“零投诉”目标。

志愿服务 2022年4月，莒县执委会志愿者工作部制定完善赛会志愿者招募工作方案，通过“青春莒州”“爱莒县”App官方平台发布志愿者招募公告，优选赛会志愿者125名，分批次开展岗位职责、安全意识、工作纪律培训，细化志愿者岗位及人员需求，结合志愿者个人特点、时间安排、上岗意向，在保证志愿者循环上岗的基础上实现人员、岗位合理匹配。面向志愿者开展“活力莒县省运有我”省运会志愿者vlog征集大赛，征集参赛视频40余部，累计播放17.4万余次。在莒县赛区全部比赛项目中，累计上岗青年志愿者260人次，累计在岗时间40天，志愿服务时长达2万余小时，参与裁判辅助、新媒体运营等10余项工作。

环境整治 莒县城市管理办公室严格落实《日照市迎办第二十五届省运会市容环境综合整治实施方案》，制定《莒县迎办第二十五届省运会市容环境综合整治实施方案》，成立领导小组，明确责任分工。对省运会场馆周边及沿线路段进行绿化建设改造，累计绿化面积超过11万平方米；在加强日常清扫保洁的同时，推行道路“机扫＋洒水＋洗扫＋人工巡捡”作业模式，累计清运建筑垃圾110吨；强化对省运会场馆周边道路巡逻管控力度，共查处酒驾醉驾、违反交通信号灯、违法停车、违规掉头、超员、超速等各类交通违法行为2200余起，进一步净化道路交通秩序。综合行政执法部门对场馆周边违法建设重拳整治，拆除违法建设8处600平方米，对流动摊点占道经营现象疏堵结合，累计清理占道经营、店外经营895处（次），清理乱贴乱画653处（次）。路面改造1.8万平方米，道路标线施画2.8万平方米，安装道路指示牌32处。

交通运输 二十五届省运会、十一届省残运会筹办期间，莒县投资2346万元实施20.98公里银杏大道沥青罩面提升工程，更新沿线道路安防设施。投资17.86万元在莒县体育馆周边建设悬臂指引标志8面、单立杆标志1面。赛事期间，累计投入赛事保障用车724辆次，为裁判长、裁判员、运动员、志愿者、媒体记者等人员提供赛事运输保障，累计运送2.1万人次。

五、市场开发

二十五届省运会、十一届省残运会期间，莒县有山东莒县农村商业银行股份有限公司、山东美沭生态环保科技有限公司、莒县雍瑞包装制品有限公司、莒县尚谷食品有限公司、山东兴辰铝业科技有限公司、日照泰森食品等多家企业赞助省运会。3家企业推出莒县文创产品，莒县红纸语文化传承工作室推出剪纸摆件（含相框），山东晨韵文化发展有限公司推出中式盘扣手绘钱包、多功能钱包，山东盈春鞋业有限公司推出手工布鞋。

六、社会效益

市民探馆体验活动。2022年9月29日，在国庆节和重阳节，莒县人大、政协组织机关退休老干部到莒县体育馆参观。

开放市民观赛。2022年8月31日至9月4日，以线上预约方式对市民开放羽毛球项目观赛，累计到场观赛市民421人。2023年2月27日、5月13—14日，莒县体育馆开展羽毛球少儿免费体验课，对羽毛球基础动作进行体验式教学。

省运会后赛事活动。2022年9月8日，第十二届全民健身运动会“体彩·聚星杯”莒县首届健美操、啦啦操、街舞比赛在莒县体育馆举行。9月17日，第十二届全民健身运动会“体彩·龙腾中心杯”全县羽毛球比赛在莒县体育馆开赛，赛事持续一周，共有74支代表队，350人参赛。12月10日，2022年鲁东区莒县市场“习酒·窖藏1988杯”羽毛球邀请赛开赛。2023年4月26日，2023年第十三届全民健身运动会“体彩·新世纪杯”全县教职工排球、乒乓球开赛。4月29日，2023年莒县体育馆“闪亮柚杯”羽毛球友谊赛开赛。5月27日，2023年第十三届全民健身运动会“尚美云筑＆精舞堂杯”莒县第二届操舞类开赛。6月15日，日照市第十三届全民健身运动会健身气功比赛在莒县体育馆二楼训练馆举行。

场馆免费开放活动。2022年9月28日至10月4日，莒县体育馆免费开放周活动，实行提前线上预约的方式，累计到馆运动733人。在省运会结束后，于2022年11月正式对外开放，至2023年6月，累计接待羽毛球运动爱好者8000人次。

第四节 五莲县赛区

二十五届省运会、十一届省残运会期间，五莲县执委会秉持严谨认真态度和高效务实作风，围绕“办赛精彩、参赛出彩、发展增彩”目标，坚持融入新理念、倡树新风尚、展现锦绣五莲新形象，各项赛事筹办、举办工作圆满顺利。

一、组织机构

2020年10月，五莲县委、县政府成立二十五届省运会五莲县执行委员会。由县委书记、县长任主任，有关县领导为副主任，副县长为执行副主任，教体局主要负责人担任秘书长。同时成立县竞委会筹备组，下设射击、击剑、现代五项、攀岩、武术（散打）5个单项竞赛委会筹备组，每个筹备组下设综合处、竞赛处、场地器材处、信息技术处、安全保卫处、医疗救护与疫情防控处、志愿工作处、环境整治处、接待处、交通运输处10个工作处。

二、竞赛项目

二十五届省运会、十一届省残运会期间，五莲县承担五莲县体育公园、黑虎山射击中心、黑虎山攀岩基地3个建设项目，承担二十五届省运会田径、自行车、射击、手球4项建队任务。

2022年8月2日，二十五届省运会武术散打比赛在五莲市民体育中心举行

五莲县赛区承担二十五届省运会现代五项、击剑、武术（散打）、攀岩、射击和十一届省残运会盲人门球6个竞赛项目的筹办、举办任务。五莲县输送的张琳、季然、李瑶瑶等运动员，在二十五届省运会帆船帆板、自行车、武术散打等项目决赛中获7枚金牌、4枚银牌、6枚铜牌，超额完成市里下达的5枚金牌任务目标。

三、宣传文化活动

二十五届省运会、十一届省残运会期间，五莲县执委会制定印发《第二十五届省运会五莲赛区宣传方案》，县融媒体中心成立专题报道组，在市级以上10余家媒体刊发各类稿件60余篇，在县属电视台、报纸、微信、客户端等媒体开设“喜迎省运会”“聚焦省运会”专栏，刊播赛事新闻、花絮等稿件130余篇。在342国道、222省道、洪莒路等县域主要道路、高速出口、赛事场馆周边制作安装省运会宣传景观28处，在浙江路、北京路、五莲山路等城区主要道路安装路杆道旗200余面，在接待酒店安装彩旗、展架等20余处，在锦绣五莲宣传展厅制作安装全域旅游、招商引资等宣传板面8个，设置赛场宣传A字板70余个，营造浓厚省运氛围。

四、保障服务

安全保卫 二十五届省运会、十一届省残运会筹办、举办期间，五莲县执委会加强安防设施和监控系统建设，五莲赛区各场馆累计安防设施总投资673万元，完成建设监控417路，场馆内部通道人像核录闸机44套，人脸抓拍25路，客流统计4路，AI全景摄像机1套，各比赛场馆内部达到安防设施全覆盖、无死角。提前调研警力需求，根据现场情况划分核心区、管控区。内部核心区域、重要区域部署警力负责值守，外部区域由部分民警带领保安队员加强管理。制定现场、住地、交通、消防、应急处突、社会面管理和赛事安保通信保障7项安全保卫工作方案，明确安保工作责任到岗到人。加强交通安保路线，前期经多次对省运会住地与场馆间交通安保路线现场勘察，确定推荐路线和备用路线。对接志愿者工作部，采集提报第一批省运会工作人员信息715人次，工作车辆38辆次。加强各场馆安全检查，下发《关于省运会五莲赛区“一场两馆”安全督导检查相关问题整改情况的通报》，对各场馆存在的32项问题和不足逐一列出问题清单、整改清单，督促相关单位逐项认领，明确责任，限期整改到位。

2022年6月18日，县执委会安全保卫和交通管理部召开安保执勤培训会议

医疗卫生保障和疫情防控 省运会、省残运会期间，五莲县执委会成立二十五届省运会十一届省残运会医疗卫生保障工作领导小组，负责医疗卫生保障工作的组织领导和统筹协调。制定《山东省第二十五届运动会第十一届残运会医疗卫生保障工作方案》《山东省第二十五届运动会第十一届残运会疫情防控工作方案》等文件，加强医疗救护和疫情防控工作。县卫生健康部门派驻专人到各赛点，指导疫情防控工作；每赛点安排1名医生、1名护士，与赛点组（竞）委会组成工作专班，配备一辆负压救护车，保证赛事期间突发事件医疗救治；强化培训演练，保障参赛人员熟练掌握防护知识和突发事件应急处置技能。

志愿服务 2022年3月8日，五莲赛区省运会志愿者招募工作启动，经筛选与审核，招募志愿者210名。组织开展通用知识培训和岗前培训5次，通过“理论＋实操”等形式，培训志愿者600余人次。通过“志愿汇”App，加强志愿服务工作线上管理，智能化签到签退，保障赛事顺利举行。

五、市场开发

五莲县执委会突出五莲特色，在市民体育中心体育馆二楼建设“锦绣五莲”宣传展区，体育产业展区，文旅产业、“非遗”文化展区3个区，宣传推介五莲县体育衍生产品。执委会市场开发部广开门路，争引市县企业赞助省运会物资价值约10万元。其中，山东锦鹿体育设施有限公司赞助T恤衫100件，天立学校赞助太阳帽200顶，海棠湾房产赞助手提袋4000个，日照众智教育有限公司赞助口罩6000个，五莲17家企业、单位赞助矿泉水800箱（包）。

六、社会效益

2018年，日照市申办省运会后，五莲县围绕省运会筹备工作，创新体育运动推广方式，提升体育服务能力，营造全民健身氛围，推进群众体育事业发展。投资约3亿元，建成包括“一场两馆”（五莲县北京路中学室外田径场、体育馆、游泳馆）、体育公园在内的五莲县市民体育中心。体育场作为五莲县市民体育中心项目之一，在完成省运会比赛任务后，移交五莲县北京路中学使用，解决该中学无体育场问题，落实学校体育场地设施免费对外开放，满足人民群众健身需求。县体育公园突出体育功能，建设轮滑、羽毛球、网球等场地6处，配备健身器材35套，安装智能化健身设施7件；建设健身步道高标准配套停车设施，建设6处市民休闲娱乐广场，为市民健身休闲娱乐提供方便。

五莲县市民体育中心通过公开招标方式引进日照珠江体育文化发展有限公司，规范第三方运营管理模式，落实公共体育场馆免费、低收费开放政策，结合庆祝“三八”妇女节、“六一”儿童节、教师节以及“全民健身日”等活动，向市民免费开放。广开门路，申办引进各级体育赛事。组织“谁是球王”乒羽争霸赛、啤酒节、展会等品牌活动，开展省、市体育消费季活动，打造集运动健身、休闲娱乐、商业服务等于一体的人气旺地和知名“打卡地”。

2023年2月19日，五莲县组织开展全民健身大讲堂活动

第五节 日照经济技术开发区赛区

二十五届省运会、十一届省残运会期间，日照经济技术开发区（以下简称日照经开区）完成竞赛组织、场地保障、器材准备、安全保卫、志愿者服务、礼宾接待、医疗防疫、颁奖礼仪、反兴奋剂保障、赛事报道、应急保障、交通运输、环境整治和组委会服务等工作任务，承办二十五届省运会田径测试赛、橄榄球比赛、滑板比赛、田径比赛、省田径基地特许赛及十一届省残运会田径比赛，并承担二十五届省运会开幕式任务，完成日照经开区承办的各项赛事任务。

一、组织机构

2020 年 10 月 16 日，日照经开区成立山东省第二十五届运动会日照经济技术开发区执行委员会，公布执委会组成人员、内设机构和工作机制。执委会下设 9 个部室、14 个处室。研究制定《山东省第二十五届运动会日照经开区执委会内设机构及职责分工》《山东省第二十五届运动会经开区执委会会议制度》等 10 余项工作制度，加强日常考勤、问题通报、印章和车辆规范管理等工作。制定日照经开区执委会重点工作配档表，重点专项工作专人负责，实行周调度、周通报，建立细致完善的配套服务体系，为省运会提供坚强组织保障。

2022 年 1 月 17 日，根据省运会筹备工作需要，日照经开区执委会调整部分组成人员、内设机构及工作职责，制定《山东省第二十五届运动会经开区执委会内设机构及职责分工》《山东省第二十五届运动会经开区执委会会议制度》等文件，执委会下设综合管理部、竞赛部、场馆建设与运行保障部、备战参赛部、新闻宣传部、安保部、医疗卫生部、志愿者工作部、综合保障部 9 个工作机构，明确各部工作职责和成员单位职责分工。对于工作职责存在交叉重叠的，由日照经开区执委会各部室牵头单位负责统筹协调安排，相关业务主管部门单位负责开展工作，其他部门单位协助配合。

2022 年 3 月 24 日，日照经开区执委会成立田径（竞走、橄榄球、滑板）单项竞赛委员会筹备组。日照经开区执委会单项竞赛委员会下设综合处、竞赛处、场地器材处、信息技术处、安全保卫处、医疗救护与疫情防控处、志愿者工作处、环境整治处、接待处、交通运输处 10 个工作机构。从全区各部门单位抽调 30 余人组成筹委会及竞赛保障小组，推进赛事各项筹备工作。

2022 年 8 月 15 日，日照经开区成立二十五届省运会日照经开区开幕式保障工作领导小组，下设统筹协调、贵宾接待、宣传转播与氛围布置、安全保卫、综合保障、疫情防控及医疗卫生、环境整治 7 个工作小组，制定开幕式期间场馆运行保障工作实施方案。工作小组实行专人负责制，明确岗位职责和工作要求，建立清单管理制，结合筹备工作重要时间节点，将保障工作清单化，圆满完成省运会开幕式任务。

二、竞赛项目

日照经开区承担二十五届省运会橄榄球比赛、滑板比赛、田径比赛，省运会田径测试赛、省田径基地特许赛十一届省残运会田径比赛和省运会开幕式任务。在二十五届省运会上，日照经开区运动员获 10.5 枚金牌、7 枚银牌、4 枚铜牌。其中，代表日照市组队参赛的日照经开区橄榄球代表队是首次参加省运会比赛，获男子乙组亚军。滑板比赛首次列入省运会比赛项目，滑板场地也是山东省第一个标准化滑板场地。经开区执委会高度重视，严把工程质量关、场地标准关、服务保障关，多次咨询中国轮滑协会、省体育中心相关顾问专家，在场地设置、物资配备、服务保障等方面全面抓好各项工作落实。

三、宣传文化活动

新闻宣传 日照经开区执委会高度重视赛事期间新闻宣传工作，制定《山东省第二十五届运动会经开区执委会新闻宣传工作实施方案》，安排媒体人员分工，压实工作职责，在各比赛场馆、赛区划分媒体采访区域，设置10余条媒体工作人员路线，规范采访秩序，服务媒体采访报道需要。执委会新闻宣传部选派专门联络人对接省运会各项目，联系相关部室和赛事运动员、裁判员等被采访人员；通过多采访点、素材共享等方式，保障各媒体平台第一时间获取最新讯息、第一时间发布赛事报道。赛事期间，共有省、市级媒体82家和专业摄影团队550人次参与赛事全程采访报道。在新华社、《人民日报》、光明网、《大众日报》、闪电新闻客户端等媒体发布赛事稿件330条，国内多家网络媒体转发赛事报道相关稿件4000余次。

环境文化 日照经开区采用“一冲三洗”模式组织联合作业，提高奎山体育中心周边连接通道路面保洁成效，并在奎山体育中心周边打造花海景观。对标“四化一通”工作标准，更新改造主要道路节点，增设省运会或运动元素景观小品，塑造统一整体、精美多彩的道路景观。安装省运会主题亮化灯箱144个，主题雕塑亮化美化9处，安装智慧公交候车亭186处。对奎山体育中心实施亮化提升，通过大面积使用灯光带，形成绚丽璀璨的光影效果；在沿街商户、各大酒店、商铺LED电子屏滚动播放省运会宣传标语口号，营造“全民参与、喜迎盛会”浓厚氛围。

四、保障服务

日照经开区执委会以为组委会及各参赛队伍和工作人员提供规范、优质的赛事组织服务和比赛环境为目标，对赛事流线设计、基础设施改造、竞赛器材准备和赛事组织保障的700余项工作进行详细分解，细化工作任务，明确职责分工，规定完成时限，落实专人负责，各项工作扎实推进，做到设备保障零事故、组织保障零失误、服务保障零差评。收到省体育中心、省田径运动管理中心和省残疾人联合会所致的感谢信2封、锦旗2面，各个代表队感谢信80余封，全区有35名工作人员受到市委、市政府表扬奖励。

竞赛组织保障 二十五届省运会期间，日照经开区执委会竞赛处为赛事组织保障提供服务500余次。赛前对接省体育训练中心，完成各项赛事指南及比赛实施方案编排，合成秩序册，上报各项比赛方案28项；联合有关处室进行人员路线规划、器材准备、场地搭建、功能房布置等。赛中和赛后完成氛围营造、成绩汇总等工作。2022年6月26日，橄榄球比赛男子组决赛日突降暴雨，执委会快速启动应急处置预案，竞赛处联合运行保障处仅用20分钟，冒雨快速把草坪铺贴修整完毕，保障决赛顺利进行。

场馆运行保障 按照赛事承办要求，日照经开区执委会对场馆基础设施、设施设备开展全面检查311次，梳理排查体育工艺、安全保障、信息通信、供水、供电、供气等关键环节存在问题和隐患，并及时整改落实。赛事期间，开展电梯事故应急救援专项演练17次，组织全员消防安全培训42次，改造无障碍卫生间7处。对接协调安装省运通平台，实时查询直播各项赛事实况。

食宿接待 二十五届省运会、十一届省残运会期间，日照经开区确定接待酒店7家，设立裁判员、运动员接待工作站，选派专人驻店负责，每家酒店分别安排6名工作人员入驻酒店，实行闭环管理。从运动员和裁判员报到、证件核验、材料分发、食宿交通安排、食品安全监管等方面，为各代表队及裁判员提供赛事保障服务。共保障参赛人员4000多人，其中运动员

2800多人，省、市裁判及技术人员600多人，志愿者800多人，收到各代表队感谢信80余封。

医疗防疫 日照经开区执委会从全区抽调18名医护人员，在比赛场地设置2处医疗点，开展现场基础救护工作，现场紧急处置各类伤情35次，接诊运动员6人次；酒店内配备18名医护人员。聘请专业机构每日2次消毒消杀。

安全保卫 日照经开区执委会成立安保工作领导小组，制定安全保卫工作方案、驻地酒店安保方案、突发性事件应急预案等各类工作方案20余项，针对各类突发事件开展10余次模拟演练，对雇用安保人员进行岗前培训6次。赛事保障期间，共出动公安警力260余人次，保安力量1120余人次。交警部门组建应急突击队5支，设置分流管控岗19处，固定公交停靠点5处，规划设计大型停车场3处，施画停车泊位1496个，科学规划10类人员车辆进出体育中心路线和内部停放区域；累计出动警力900余人次、警车200余台次，完成运动员车队、贵宾车队保障，公交专线保畅等各类交通安保任务150余次，实现交通安全、开幕式群众安全有序集散。消防部门出动车辆150余次，出动队员800人次，培训各类岗位人员1500余人次。

志愿服务 日照经开区执委会根据服务赛事、优中选优原则，招募志愿者848人，进行岗位职责、安全知识及纪律作风培训18次，服务运动员1.36万余人次、裁判员1700余人次、安全检查3.79万余人次。

交通运输保障 科学制定发车计划，合理安排车辆类型。二十五届省运会、十一届省残运会期间，共出动运输车辆3100余辆，准时安全接送运动员、裁判员、志愿者4.91万人次，行车总里程约12.4万公里，完成880余场次交通运输保障任务。

食品安全保障 制定《日照经开区第二十五届省运会餐饮服务食品安全保障方案》，对接待酒店开展事前检查，查找问题隐患，规范操作流程，组织培训10余次。每家接待单位派驻2名工作人员，实行24小时驻点监管，对食材采购、加工过程、餐饮具消毒、食品留样等环节严格把关，确保全过程规范到位。二十五届省运会、十一届省残运会期间，完成7家酒店驻点保障任务，开展检查180余次，查找整改问题40余条，未发生食源性食品安全问题。

省田管中心赠送二十五届省运会田径比赛锦旗

信息技术保障 实现比赛场馆5G、Wi-Fi全覆盖，完成多媒体采集终端点位设置及线路铺设工作，对橄榄球、田径等294场次比赛全程直播；对接市信息技术处开通端口，在日照经开区公众号、抖音直播赛事；按时限完成安省运一屏通安装调试工作。二十五届省运会开幕式及各项赛事期间，每日三次进行一屏通巡检及不定时巡检，加强赛程发布，成绩录入、发布等工作，共录入、发布成绩529场次，名次公告108次。

五、市场开发

日照经开区以赛事举办引领产业发展，推动“竞技”和“经济”同频共振、同步发力。加快建设文创园，以打造智慧场馆提升消费体验，发展露营、夜市、儿童娱乐场等娱乐设施，塑造“吃、住、行、游、购、娱”等旅游消费场景，延长体育旅游消费链，促进体育赛事和旅游融合发展。立足发展体育事业、繁荣体育产业，构建以奎山体育中心为依托的体育培训、赛事活动、运动休闲体系，以英吉多、中大体育为核心的体育制造业体系，不断增强体育产业的内驱力和辐射力。

六、社会效益

日照经开区围绕省运会各项筹备工作，提升人居生态环境，提高大赛办赛水平，促进体育产业发展，提高全民健身质量，提升群众幸福感，让办赛成果惠及千家万户。实施城市净化、绿化、美化、亮化、畅通的“四化一通”行动，制定《经开区承办第二十五届省运会市容环境综合整治实施工作方案》，全面开展环境综合整治。以承办省运会为切入点，举办中小学生“三大球”锦标赛及田径、乒乓球、羽毛球等青少年系列赛事30余场，提升青少年体质健康水平，助推青少年体育提质增效。持续规范规划建设体育中心、健身中心、体育健身广场等全民健身工程，主城区建成“10分钟健身圈”。省运会结束后，日照奎山体育中心在特定时段向特定人群免费或低收费开放，带动群众体育健身、体育消费积极性。

第六节　日照高新技术产业开发区赛区

日照高新技术产业开发区（以下简称日照高新区）高度重视二十五届省运会、十一届省残运会筹备、举办工作，将其纳入“一把手”工程，召开工委会议专题研究，明确任务，落实责任，细化措施，为运动会顺利举办提供强有力的组织保障和经费保障。

一、组织机构

2020年11月，日照高新区成立二十五届省运会日照市筹委会日照高新区执行委员会。执委会下设9个工作组，组长由区直部门负责人担任。

2022年，根据工作需要，二十五届省运会日照市筹委会日照高新区执行委员会决定调整部分组成人员、内设机构及工作职责。执委会下设综合管理部、接待部、竞赛部、场馆建设与运行保障部、信息技术部、新闻宣传部、安全保卫部、医疗卫生和疫情防控部、志愿者工作部、综合保障部、食品安全保卫部、环境整治部、交通运输部、市场开发部、财务部、监察审计部、残运会工作部17个部室，部长由工委分管领导担任。同时，成立二十五届省运会单项竞赛委员会筹备组，筹备组下设10个工作机构，具体负责各单项赛事组织保障工作。制定重点工作配档表，重点专项工作专人负责，实行工作进展周调度、周通报，建起细致完善的配套服务体系，为办好省运会提供组织保障。

二、竞赛项目

2022 年 7 月 29 日，二十五届省运会霹雳舞决赛开赛仪式现场（孙墉 摄）

日照高新区赛区承担二十五届省运会乒乓球、霹雳舞 2 个项目及乒乓球新建场馆测试比赛任务，承担十一届省残运会旱地冰壶、乒乓球 2 个比赛项目筹备、举办任务，1000 余名运动员，700 余名裁判员、教练及其他工作人员参加。其中，霹雳舞是二十五届省运会新增项目，赛事特邀国内 4 名具备 WDSF 国际裁判资格的裁判员担任裁判长，运动员们高水平发挥，奉献了一场极致视听享受的精彩盛宴。

三、宣传文化活动

日照高新区执委会成立新闻宣传工作部，定岗定人确保新闻宣传工作不漏项。赛前，制定新闻宣传报道工作方案、社会宣传工作方案，落实工作责任清单，推进各项任务落实。充分运用全媒体矩阵，多角度多层次宣传报道全区省运会筹备情况。利用"日照高新"公众号、视频号、头条号、抖音号等媒体平台，推介全区优美风光、发展动态、创新特色等。省运会筹办期间，区执委会组织 30 户家庭，开展"我与省运零距离"市民探馆活动，共同感受省运会氛围。比赛期间，新闻宣传部工作人员在场馆赛区划分媒体采访区域，规范采访秩序，服务各大媒体采访报道需要；选派专门联络人对接省运会各项目，及时联系区执委会各相关部室和赛事运动员、裁判员等被采访人员；通过多点采访、素材共享等方式，确保各媒体平台第一时间获取最新讯息、并第一时间发布赛事报道。

四、保障服务

接待服务 高新区执委会接待部规范接待工作流程、接待服务标准和接待礼仪，按照"来了就是一家人，住下就是家里人"理念，从细微处入手做好接待工作。2022 年 6 月 27 日，几名旱地冰壶项目运动员因故错过到赛场班车，智谷酒店接待站立即联系执勤交警，用警车将运动员安全送到比赛场地。

食品安全保障 食品安全保障部明确 1 名联络员负责食品安全保障工作，每个食品专仓配备 2 名驻场监管人员，按照《食品专仓食品安全准入管理办法》要求，结合《山东省食品销售者食品安全主体责任指南》，加强食材供应保障工作。各驻场监管人员加强与食材供应商、抽检机构、接待酒店沟通联系，及时掌握各环节监管动态，严守工作纪律，全面完成省运会食材供应保障任务。

2022 年 8 月 25 日，日照高新区对配餐单位进行监督检查（高洁 摄）

安全保卫 二十五届省运会、十一届省残运会期间，执委会安全保卫部出动车辆 12 车次、警力 144 人次，接受群众求助 10 次，发现安全隐患 3 次，完成赛事安保任务。强化消防安全保障，高新区消防救援大队多次组织对省运会涉赛场馆、入住酒店以及周边区域开展消防安全专项检查，主动上门指导整改火灾隐患，共检查火灾隐患 35 处，督促整改 35 处，召开企业负责人及消防安全管理人约谈会 3 次，组织消防宣传 10 次。

2022 年 6 月 25 日，日照高新区消防救援大队对消防员进行涉赛场地、接待宾馆消防安全培训及灭火和疏散演练

志愿服务 日照高新区执委会志愿者工作部制定《山东省第十一届残运会高新区执行委员会志愿者工作部工作方案》《山东省第二十五届省运会高新区执委会志愿者工作部工作应急预案》，细化分解工作任务进行，明确工作重点。招募志愿者 50 名，强化业务培训，细化岗位分工，各项志愿服务有序开展。

医疗卫生与疫情防控保障 日照高新区医疗卫生与疫情防控部设立医疗保障工作组，实施 24 小时值班。抽调专业医务人员 300 余人次，组建 6 支医疗救治队伍、2 支疫情防控队伍，承担 5 家接待宾馆和区文体中心疫情防控和医疗救治工作。赛事期间，共接诊运动员患者 70

人次，其中发热患者11人次、夜间急诊7人次、“120”车辆转诊9次，建起前方保障、急诊转运、定点医疗救治医院三重保障体系，为省运会、省残运会顺利举办提供保障。

五、市场开发

日照高新区执委会市场开发部通过对媒体资源、广告资源、场馆建设资源等统一打包，多方位、多层次发动宣传，扩大资源开发的市场面，吸引社会各界参与二十五届省运会、十一届省残运会筹办工作。通过赛事活动举办，提升体育文化内涵，提高旅游景区知名度。省运会筹备期间，先后举办第十二届全民健身运动会暨“圆梦冬奥 同享未来”2022年冬季冰雪运动会比赛，广场舞、羽毛球比赛，生态田园运动会、美丽乡村健康跑暨首届迷你马拉松比赛，日照市第四届体育舞蹈锦标赛，山东省第十四届“千乡乒乓”日照赛区预赛等系列赛事活动。

六、社会效益

自2018年日照市成功申办二十五届省运会后，日照高新区围绕省运会筹备，不断提升体育公共服务水平，营造浓厚全民健身氛围。建成日照高新文化体育中心场馆1处，场馆内设乒乓球、羽毛球、健身房等多处体育运动功能室，并与高新公园结合，室外配置网球场、灯光篮球场等体育配套设施，满足群众健身需求。

规范日照高新文化体育中心运营管理模式，落实公共体育场馆免费、低收费开放政策，结合庆祝“三八”妇女节、“六一”儿童节以及“全民健身日”等活动，面向市民免费开放。打造“体育+”模式，依托高新文化体育中心，组织开展乒乓球、羽毛球、趣味运动会、书画展会等品牌活动，扩大宣传，吸引更多的赛事活动入驻高新区。

第七节 山海天旅游度假区赛区

二十五届省运会、十一届省残运会筹备、举办期间，山海天旅游度假区聚焦“办赛精彩、参赛出彩、发展增彩”目标，全面优化赛区内外环境，综合开展赛事安全保障，用心用情开展志愿服务，周到细致推进接待流程，全力以赴做好后勤保障。山海天旅游度假区赛区承办二十五届省运会足球、射箭、小轮车、武术套路等12个项目决赛，接待服务6000余名裁判员、教练员、运动员。

一、组织机构

2020年10月，山海天旅游度假区党工委、管委会印发《关于成立山东省第二十五届运动会山海天旅游度假区执行委员会的通知》，2022年4月，印发《关于调整山东省第二十五届运动会十一届残疾人运动会 山海天旅游度假区执行委员会人员和内设机构的通知》，由党工委、管委会主要负责人任执委会主任，党工委委员、管委会副主任任执委会副主任，成员单位涉及区直各部门、市属驻区各部门、单位，各有关学校，各有关企业。执委会下设综合管理部、竞赛部、场馆建设与运行保障部、备战参赛部、新闻宣传部、安保部、医疗卫生部、志愿者工作部、综合保障部等17个部室。

二、竞赛项目

山海天旅游度假区赛区承担二十五届省运会射箭、自行车（山地、小轮）、滑板、武术（套路）、棒垒球（表演项目）等12个大项比赛的筹办任务。在该届省运会中，山海天旅游度假区输送的运动员获得6枚金牌、5枚银牌、3枚铜牌。

二十五届省运会“中泰证券杯”足球决赛在日照国际足球中心举行（刘晶 供图）

三、宣传文化活动

山海天旅游度假区执委会根据第二十五届省运会宣传工作计划，制定3个阶段宣传工作方案，并根据方案开展宣传活动。

省运会开幕式之前，区内主流媒体在主频道重要时段、重要版面、头版、首屏、首页等显要位置设立省运会倒计时牌，特别是在倒计时1周年、倒计时100天、倒计时30天等重要时间节点，结合全民健身举办庆祝活动。2022年5月17日，举行“我与省运零距离”市民探馆暨“喜迎省运会，七彩健步行”活动，营造浓厚省运会氛围，提高全民健身意识。

省运会开幕到闭幕期间，按照严格规范、聚焦重点、浓墨重彩、出新出彩的思路，宣传报道开闭幕式盛况、重要赛事赛况、运动员精彩表现以及期间举办的各类重要活动、场馆使用、志愿服务、科技创新、观众观赛感受反响等。发布宣传稿100余件，向市筹委会报送信息40余篇，被采用38篇。新闻宣传部制作道旗、标识等500余件。

省运会闭幕之后，按照“总结经验、扩大影响、持续不断、鼓舞干劲”的思路，对省运会进行回顾总结，推出综述报道，围绕场馆延续使用、参赛人员反响、全民健身普及等做好后续报道，形成新闻宣传长期效果。

四、保障服务

环境保障 山海天执委会环境整治部聚焦“四项举措”，聚力打造省运会一流环境。开展“迎省运”市容环境综合整治，对户外广告、学校周边秩序、占道经营和店外经营进行专项整治；重拳出击整治违建，以街区为单位实行网格化管理；环境整治部加强赛事环境治理，对违搭违建及不规范场地进行整治，打造比赛优质外部环境。开展“文明施工”行动，对噪声扰民、渣土车未覆盖、工地围挡、粉尘污染、车辆带泥、路面洒漏等方面实施严格管理，为省运会赛事举办打造良好环境。

疫情防控和医疗保障 山海天执委会医疗卫生保障部派驻8名医护人员、4辆救护车分布在各项目比赛场馆，市人民医院派出6名专业人员，做好医疗救护工作，全体医护人员守牢赛事疫情防线。来自济宁的运动员在钓鱼岛大酒店被玻璃划伤，简单救治后25分钟就送抵市医院，通过绿色通道接受治疗，方便快捷。

安全保卫 二十五届省运会、十一届省残运会期间，全体安保人员加强赛事前端保障、周边环境治安、人员有序通行、场馆设施消防、电力资源供给、警保联控值守等工作，公安、消防、保安等安保人员守护在赛场的各个角落，每天最早进入场馆进行赛前安保服务，最晚离开场馆，用实际行动护航“精彩省运”，兑现“平安之诺”。

交通保障 交通运输部按照“两对接、一调度、一巡查”要求，加强道路绿化、车辆通行、车次调度、安全撤离等工作。赛事期间，保障5509人次用车，优质高效完成交通保障任务。

食品安全和综合保障 食品安全部加强餐饮精细化管理，到各接待酒店开展食品安全检查10余次，抽查样品50余份，保障参赛人员用餐安全。综合保障部派出专人对场馆供电、供气、供水等设施进行维护，保障赛事网络运行顺畅，及时发布赛事信息结果。强化餐饮污染综合治理，对城区的81家餐饮企业安装油烟净化设备情况建立台账，会同环保部门检测餐饮商家3轮，对未达标餐饮企业下达整改通知，并进行重点监管。

五、市场开发

山海天旅游度假区执委会组织场馆产权单位，通过公开招标方式，分别为场馆招募4家运营单位，中标运营单位全权负责省运会各项赛事承办和场馆运营。日照国际足球中心主场馆和训练基地由兴业集团旗下的日照领航体育文化发展有限公司负责运营；山东国恒体育发展有限公司与日照一中签署租赁合同，日照一中东校艺体馆作为该企业开展青少年培训业务场馆；驻龙山体育公园由山东驻龙山体育文化发展有限公司运营，以承办各级各类小轮车赛事为主营业务；国医学院体育馆由山东健旅教育科技有限公司运营，将作为学校内部教学场馆使用。

六、社会效益

省运会结束后，山海天旅游度假区依托省运会期间建设的场馆，承办国家、省级高水平赛事，拉动消费人群，提高日照知名度。2022年8月22日至12月27日，国际足球中心作为北京国安主场，举办12场中超联赛，近5万人次观众到现场观赛。同时，承办中国足协杯、中冠联赛、青少年U系列比赛等国家级、省级相关赛事，2022年实现营收2000万元。

第十一章 保障服务

2018年10月，日照接过二十五届省运会会旗，成为全省第8个承办省运会的城市。该届省运会是常态化疫情防控形势下，全省举办的首个大型综合体育赛事，日照全市上下尽锐出战、攻坚克难，聚力推进二十五届省运会、十一届省残运会和第五届省老运会筹办、举办，实现“办赛精彩、参赛出彩、发展增彩”目标。日照以精心、精细、精致的作风，周密的组织，周到的服务，实现该届省运会、省残运会、省老运会保障服务工作零失误、零差错、零故障。

二十五届省运会、十一届省残运会期间，全市公安机关共出动警力3.6万人次、保安3.1万人次、安保志愿者6100人次，严格落实现场安保、安检验证、交通畅通、消防安全、应急处置等措施，加强对开闭幕式重点安保和各场馆赛事、运动员驻地安保，完成开闭幕式及各项赛事安保任务。疫情防控科学严密，全市800多名防疫工作者，构筑起牢固的安全防线，实现“医疗救治工作零失误”“医疗卫生保障工作零投诉”。接待服务热情周到，在53家定点接待宾馆设立二十五届省运会、十一届省残运会接待站，接待运动员、教练员、裁判员25424人，246483人次。遴选交通运输企业30家，优化调整公交线路20余条，提供交通运输服务保障1.1万余辆次，保障赛事人员26万余人次、观众群体5万余人次。通信保障稳定畅通，排除无线电安全隐患，做好移动通信和免费Wi-Fi服务，实现零事故、零中断、零投诉目标。设立水、电、燃气保障常态督查机制，出动各类保障队伍6300人次，对各场馆供水、供电和定点接待酒店供气常态化巡察检查、整改隐患，确保突发事件及时响应。食品服务精致安全，实行重点食材供应商招标定点采购，建设食品专仓，严格落实食品生产、运输、储存、加工登记备案制度，委托第三方每日监测，严防食物中毒和食源性兴奋剂事件发生。经费管理规矩规范，办会当年完成审计，实现“节俭办省运、廉洁办省运”目标。“小海贝”志愿服务闪亮省运，从8所高校选拔志愿者2558名，服务时长超过30万个小时，展现青春风采。

二十五届省运会、十一届省残运会细致周到的服务得到与会领导和全体参赛人员的高度评价，兑现了“当好东道主、办好省运会”的郑重承诺。省领导充分肯定，指出该届省运会织牢了“安全之网”，展现了“文明之风”，彰显了“绿色之美”，传递了“智慧之光”，激发了“奋进之力”。

第一节　安全保卫

二十五届省运会、十一届省残运会、第五届省老运会筹备、举办期间，全市公安机关按照省、市部署，围绕“平安省运”目标，倡树“用脚步丈量工作”务实作风，坚持细致精致工作要求，全警动员、全力以赴，推进各项安保措施落实，做到“五个坚决防止”和“两个确保”。市公安局专门成立由主要领导任总指挥的安保指挥部，设立“一办十七组”，全面组织安保工作。

制定总体安保方案和专项安保方案、预案 300 余个，开展 8 次综合实战演练和 16 次专题演练。加强智慧安保，优化市公安局“情指勤舆”一体化实战中心，建设大型活动安保信息指挥平台，实现安保现场图像实时传输、通信指挥畅通高效。加强开闭幕式安保工作，搭建“省公安厅 + 市公安局 + 现场通信指挥车”的“1+2+2”安保指挥架构，扁平化、点对点指挥体系高效运行。深化全警实战大练兵，在全省首创日照公安蓝军建设，开展“红蓝对抗”和全要素实战演练 8 次，建立机关应急预备队梯队管理机制，举办最小作战单元现场处置训练班，提升现场安保和应急处突能力。强化督导检查，市公安局成立 2 个巡回安保督导组，开展现场督导检查 67 次，及时发现纠正问题 159 个。

省运会期间，全市公安机关共出动警力 3.6 万人次、保安 3.1 万人次、安保志愿者 6100 人次，严格落实现场安保、安检验证、交通畅通、消防安全、应急处突等措施，深入开展夏季治安打击整治“百日行动”，与周边地市协作，建立环日照安保圈，营造安全稳定的社会治安环境，圆满完成省运会开闭幕式及各项赛事的安保任务，得到各级领导和社会各界一致好评，省公安厅给予市公安局通令嘉奖。

一、证件管理

筹委会安全保卫部专门组建制证中心，制发《山东省第二十五届运动会第十一届残运会证件管理规定》，明确证件申领制作范围、证件管理职责、证件信息采集及审核、证件制作和领取发放、证件补发换发等规定。制定证件管理工作规范和背景审查工作制度，组织开展人员、车辆证件制作信息采集、背景审查，保质保量完成赛事和开闭幕式证件制作。制作、发放二十五届省运会人员证件 34947 个、开幕式证件 8982 个、闭幕式证件 3546 个，十一届省残运会人员证件 4004 个、车辆通行证 2221 个。

赛事人员证件分为贵宾证、观摩证、组委会证、代表团证、筹委会证、执委会证、竞委会证、运动队证、技术官员证、媒体记者证、赞助商证、赛会保障证、驾驶员证、志愿者证、安保证、临时通行证等。发放范围包括所有贵宾、组委会、运动员、教练员、裁判员、代表团成员、观摩团成员、新闻记者和赛事服务、赛区安保等直接参与赛事和活动组织的工作人员。

赛事封闭管理区域：“∞”为全域通行，“V1”为代表团团部驻地，“V2”为技术官员驻地，“V3”为新闻中心，各场馆以名称拼音首字母为代码，都有单独代码。场馆内区域名称：贵宾区（代码 1）、竞赛场地区（代码 2），运行管理区（代码 3）、运动员准备区（代码 4）、媒体工作区（代码 5）、看台区（代码 6）、外场区（代码 7）。

赛事车辆证件分为贵宾车证、组委会车证、筹委会车证、代表团车证、执委会车证、竞委会车证、运动队车证、特种应急车证、赞助商车证、赛会保障车证和安保车证等。

开闭幕式人员证件分为贵宾证、嘉宾证、现场总指挥证、现场副总指挥证、执行总指挥证、指挥部工作组证、总导演证、导演证、工作证、组委会证、筹委会证、代表团证、运动员证、旗手证、领队证、技术官员证、保障证、志愿者证、驾驶员证、媒体记者证、演职人员证、安保总指挥证、省公安厅督导证、安保副总指挥证、安保指挥证、安保执勤证、临时通行证等。

开闭幕式车辆证件分为贵宾车证、代表团证、安保指挥车证、特种应急车证、保障车证、安保车证、媒体车证、演职人员车证、技术官员车证等。

二、交通秩序管理

全市公安交警优化支队、大队两级“情指勤舆”一体化合成作战中心，建立全程监控、逐级指挥、互联互通运作机制，打造扁平化、可视化、精准化指挥调度、情报研判、重点车辆管控、重点区域监控等多位一体化指挥模式。

2022年8月22日，二十五届省运会开幕式道路交通安保工作推进会议召开

文明规范执勤 全市公安交警部门制发总体安保方案及系列工作预案、分方案，成立由主要负责人任总指挥的交通安保指挥部。各参战单位牢固树立全局“一盘棋”思想，密切配合、形成合力，按照安保方案要求到岗到位、定人定岗，全力开展各项执勤安保工作。全体参战交通民警、辅警发扬不怕疲劳、连续作战优良作风，提前到岗到位，每天执勤10小时以上，始终保持警容严整、举止文明，规范执法、热情服务，以实际行动展示全市公安交警良好形象。

车辆要素管控 省运会期间，市公安交警支队审核办理省运会通行证的车辆安全检查1114台次，会同市交通运输部门，为省运会运动员及工作人员提供运输服务的运输企业17家，培训驾驶员502人次。依托公安检查站、高速口收费站及疫情防控检查点，建立环日照防控区；在进入市区主要路口、路段设置交警临时执勤点，强化车辆禁限行管控、货车远端分流，打造环市区交通管控圈；以场馆为中心、以举办规模为依据，科学划定核心区、管制区、分流区，构建安全、畅通交通大循环。

重要通行路线保障 以赛事场馆、驻地宾馆及领导活动为重点，确定车队行进主通道，科学规划重要车队行驶路线；在设计通行路线的同时，确定备用路线，制作车辆行径流线图，确保车辆畅通有序。强化科技手段应用，通过实时视频全程跟随监控，实现远程“绿波”调控，及时发现处置车队通行路线及周边突发交通事件。省运会期间，完成53波次重要车队线路通行保障工作，均做到万无一失。

交通安全设施提升 以赛事场馆、住地周边道路及勤务线路为重点，对交通安全设施开展全方位起底式大排查。省运会期间，整改涉省运道路设施隐患16处，科学渠化路口12处，新建路口信号灯3处、人行信号灯25处，设置标志标牌510面，覆新标线25000余平方米，安装护栏37000米。做优智慧交通安保，推进智慧交通安防系统建设，增设电警设备13处，挪建高空瞭望设备1处。利用大数据等技术，对区域交通组织实行统一指挥、视频调度、线上巡检，实现“扁平指挥一呼百应、场内场外一体运作、网格联动一气呵成”。

亲民交通管制 省运会期间，公安交警部门提前发布交通管制公告，提高市民对交通管制知晓率、支持率。省运会开幕式预演及开幕式当天，仅在特定时段和少数路段实施临时交通管制，最大限度降低交通管制对群众出行、生活造成的影响。对管制区内村居、社区和企业单位，协调辖区街道、村委等部门，提前进行道路交通宣传提示，减少和降低在管制时间内交通压力和出行冲突。运用广播、电视台、“双微平台”各类新媒体、传统媒体渠道，及时发布省运会开幕式期间交通管制通告信息，就管制时间、管制区域、交通分流引导措施进行广泛提前告知，累计发布各类交通信息 380 条，引导群众选择合理绕行路线，最大限度降低交通管制对市民出行影响。

交通秩序管控 省运会期间，全市公安交警部门深入开展夏季突出交通违法整治“百日行动”“护航 2022”综合交通秩序整治、酒驾醉驾整治“雷霆行动”，查纠各类交通违法 23.5 万起，其中酒醉驾 1875 起。严格落实常态化疫情防控措施，安排警力 24 小时驻守各运输服务站点。

2022 年 9 月 5 日，交通执勤

三、治安秩序维护

现场安保 省运会期间，按照筹委会“一场馆（驻地）一方案一团队”的要求，市公安局牵头制定完善场馆、驻地、消防、交通等专项安保方案。加强比赛场馆（地）周边封控和现场安保，明确责任单位，定人定岗落实现场勤务。制发驻地安保工作总体方案，提前对接待酒店进行治安、消防安全检查，安排 24 小时定点执勤警力和应急备勤力量，加强驻地巡逻防控，加强各类活动安全保障。

防爆安检 省运会期间，出动防爆安检警力 220 人次、排爆装备车 12 台次，携带防爆安检装备 243 件套次，使用搜爆犬 21 条次，对奎山体育中心、香河体育公园等场馆开展 6 次搜排爆安检，使用封条封闭房间 12 间、窨井盖 42 个，查获易燃物品等 36 件。优化开闭幕式和赛事人员入场流线，科学设立防疫核验、安检验证道，配置 6 台 X 光机、12 个安检门、30 名安检员，配备验证设备 4 套，维护入场秩序，提升通行效率。

2022 年 8 月 25 日，特警和武警联合巡逻

2022 年 8 月 25 日，特警队员在二十五届省运会安保活动中

社会面管理 省运会期间，对场馆、驻地周边及 44 处夜间重点区域落实“盯防 + 巡防 + 技防”措施，持续开展“见警察、见警灯、见警车”行动。开幕式期间，日照市和周边市启动社会面巡防一级勤务，开展公安、武警联勤武装巡逻。深化严打整治，强势推进夏季治安打击整治“百日行动”，组织夏夜治安巡查宣防两次集中统一行动，侦办各类案件 1702 起，抓获嫌疑

人 2269 人。深化打击枪爆危违法犯罪专项行动，检查涉危爆重点单位 2830 家次，发现整改安全隐患 90 余处。开展酒醉驾整治“雷霆”行动，查处酒驾醉驾 2683 起。加大行业场所治安检查力度，净化社会环境。

四、消防管理

2022 年 5 月 20 日，二十五届省运会首个项目开赛后，市消防救援支队坚持“火灾防控落实最严举措、执勤备战坚持最高等级、队伍内部执行最严纪律、政工战勤提供最强保障”原则，印发《山东省第二十五届运动会第十一届残运会日照市消防安全保卫工作实施方案》《中共日照市消防救援支队委员会关于做好省运会消防安保期间遂行政治工作的通知》，全警动员，狠抓社会消防管理和部队执勤备战，圆满完成二十五届省运会、十一届省残运会、第五届省老运会安保任务。

市消防救援支队指挥中心高频次拉动社会面微型消防站和网格力量，打造“流动性”和驻点消防宣传阵地，利用“双微一抖”新媒体平台、涉赛场馆 LED 显示屏、重点单位户外 LED 显示屏，高频次播放消防宣传短视频、公益广告、消防安全提示等，引导群众关注、学习消防常识。开展消防宣传 80 余次，播发消防提示、公益广告 6000 余条，向目标人群发送消防信息 20 万余条。分行业开展火灾隐患“集中核查”专项行动，检查商务、卫健、交通、教育、文旅、体育、住建等行业和日照港相关单位 451 家，发现隐患 3626 处。二十五届省运会、十一届省残运会正式比赛前采用 1+1+N（1 名消防监督员、1 名消防文员、1 名外聘消防专家）工作方式，组成 7 个涉赛场所火灾隐患“集中核查”组，对全市 21 家涉赛场馆和 60 余家接待酒店开展监督检查，发现并督促整改火灾隐患 375 处；办理比赛场馆（酒店）投入使用前消防安全检查意见书 5 份；赛事期间，组织防火力量不间断对 21 个涉赛场馆和 60 余家接待酒店开展消防监督检查；在开幕式、闭幕式重要时间节点，对举办场馆及周边 1000 米范围内重点场所落实不间断防火巡查，及时发现整改火灾隐患，确保赛事期间消防安全形势高度稳定。省运会安保期间，全市 54 个乡镇消防监督工作站共摸排乡镇工业园企业 475 家，村民经营性自建房 3550 处，开展农村消防宣传 120 余次，发现并整改火灾隐患 1075 处。

严格落实主官带班制度，全勤指挥部值班人员 24 小时指挥中心坐班值守、备勤人员手台监听、入群指挥。强化“一短三快”，多措并举持续提升接警调派、登车出动、途中行驶、战斗展开、内攻搜救速度。落实应急力量联勤、联训、联调、联战工作机制，联通企业专职队、微型消防站、社会救援力量和环卫、园林、绿化、交通等多种政府应急力量，实现打早灭小。

前移执勤备战关口，实行“前置执勤 + 消防站流动备勤 + 业务骨干定点驻勤”大型活动消防安保执勤工作模式。省运会彩排演练、开闭幕式和赛事活动期间，累计在核心区、警控区部署消防救援人员 1200 余人次、消防车 130 余辆次重点盯控，全时巡查；累计在社会面前置备勤消防救援力量 2000 余人次、300 余车次，确保各项勤务万无一失。对 21 个涉赛场馆和 77 家接待酒店进行不少于三轮次的“一对一”“会诊式”调研熟悉，开展高温酷暑、夜间环境等极端条件实兵实装测试 62 队次。落实“一场所一预案”，开展主场馆全要素火灾模拟演练，全市消防救援队伍累计制定涉赛场馆、接待酒店灭火救援预案 98 份，开展实战演练 39 次。制定出台《全市消防救援队伍灭火救援行动要则》，规范安全防护、灾情侦察、信息报送、警戒洗消、集中管理、力量补充、物资配备、人员移交、隔离观察等标准措施。战勤保障站成立省运会安保装备巡检小组，对驻勤队站车辆装备开展专项巡检 20 余次，确保执勤车辆装备性能完好，为省运会消防安保工作顺利开展奠定保障基础。

消防安全检查

五、反恐处突

2022 年 8 月 25 日，二十五届省运会安保巡逻

二十五届省运会期间，市公安局特警支队联合临沂特警支队 60 名增援警力以及武警力量，在 8 条巡逻线路、18 个执勤点位开展定点执勤和武装巡逻，根据现场安保秩序情况，科学动态调整警力部署。严格落实公安武警联勤武装巡逻等“四项机制”和“1·3·5 分钟”快速反应机制，组织 PTU 快反机动队落实定点驻守、流动车巡、徒步巡逻、视频巡逻“四巡合一”巡防措施。为避免省运会会场出现撒传单、挂条幅、高空坠物等情况，及时发现火灾、爆炸等各类突发事件，结合安全管控工作实际，特警支队设置制高点管控组，保障省运会顺利举行。

六、空中管控

省运会期间，市公安特警支队以最高标准加强省运会开闭幕式以及所有赛事活动空中管控。筹备期间，特警支队先后5次组织人员参加空中管控安保调度会议并到赛场实地勘验场馆（场地）情况，根据安保需要做好预案制定、警力部署、装备建设、技术支持等工作。开闭幕式期间，强化无人机管控措施，全力做好开幕式空中管控工作。日常赛事期间，利用无人机反制车及反制设备在赛事期间开展无人机反制管控，形成净空区域，保证空中安全。利用无人机反制车，搭建无人机管控临战指挥中心，设立“低慢小”航空器管控、无人机高空巡查、无人机群展演秩序维护3个职能小组，同步建立无人机反制车组、室内反制、高空巡查、PTU车组、摩托车铁骑、制高点哨位、步巡组等8个作战单元，空地一体协同作战。利用警用无人机高空优势，对开幕式场馆周边进行高空侦查，尤其是监控盲区、外围人员密集场所以及交通道路等地，将画面及时回传安保指挥部，为指挥部调整安保力量提供参考。

七、开幕式、闭幕式安保

2022年8月25日晚，二十五届省运会开幕式在日照奎山体育中心举办，闭幕式于9月5日晚在日照香河体育公园举办；9月16日晚，第十一届省残疾人运动会开幕式在日照香河体育公园举办；闭幕式于9月20日晚在驻地酒店举办。2023年5月8日晚，第五届省老运会在日照香河体育公园开幕；5月12日晚，在日照广播电视台演播大厅举行。省、市领导高度重视开幕式、闭幕式安保工作，省公安厅开幕式安保现场督导指导，市公安局局长主要领导现场指挥，市公安局制发《山东省第二十五届运动会开幕式安全保卫工作方案》《山东省第十一届残疾人运动会开幕式安全保卫工作方案》及预案、分方案，成立开幕式、闭幕式安保指挥部，构建“省厅指挥中心+市局现场安保指挥部(通信指挥车)+市局指挥中心”的“1+2”安保指挥架构。启动7处环鲁、环市县公安检查站查控勤务，全面加强进入日照的车、人、物安全检查；建立环日照安保圈、环市区防线、交通分流管制3条防线，在进入市区10处主要路口设置查控点。

加强奎山体育中心现场安保，设置17个交通管制和应急处突备勤点，在奎山体育中心

2022年9月4日，日照香河体育公园现场安保

划分 7 个责任区，明确责任单位，定人定岗落实现场勤务。香河体育公园周边设置 4 个交通管制点和 2 个应急处突备勤点，划分香河体育公园场馆内、场馆外、贵宾区域等 3 个责任区，明确责任单位和具体职责，采取定点执勤与动态巡逻相结合的方式，定人定岗落实现场勤务。对场馆周边和驻地酒店至场馆的路线开展现场勘查，建立与交通部门联勤联动机制，科学规划交通线路，在核心区各路口及场馆出入口设置管制点。

在安保现场设置通信指挥车，布建完善350M数字通信系统，实现安保现场图像实时传输，通信指挥畅通高效。提前发布无人机等“低慢小”航空器禁飞通告，加强“黑飞”无人机反制，加强无人机展演秩序维护，保障无人机展演安全顺利进行。与开闭幕式工作团队和烟花燃放作业公司密切联系，严格审核作业流程，会同消防救援部门对场馆开展消防安全检查，加强燃放现场监督。全力维护核心区交通秩序，做好贵宾车队通道交通保障指挥，引导车辆安全进出和有序停放，核心区域和市区道路交通有序通畅 。

第二节　医疗卫生保障

二十五届省运会、十一届省残运会是常态化疫情防控形势下，全省举办的首个大型综合体育赛事，省运会疫情防控与医疗救治工作点多、面广、战线长、风险高、工作量大。2022年3月16日，市筹委会调整设立医疗卫生部。全市卫生健康系统克服重重困难，抽调数千名干部和医务人员投身省运会医疗卫生保障工作，成立省运会医疗保障及应急处置工作领导小组。领导小组下设综合协调和后勤保障组、卫生应急和疾病预防控制组、医疗救治组、卫生监督组、宣传报道组5个专业组，负责运动员、教练员、技术官员、演职人员、观众等涉赛人员赛事期间的医疗卫生保障工作。

根据疫情防控形势和大型体育赛事的特点，参照国家、省大型体育赛事医疗卫生保障要求，医疗卫生部严格落实“一赛事一方案”“一酒店一方案”“一场馆一方案”的原则，制定疫情防控方案300余个，《省运会医疗救治总体方案》等医疗救治方案100余个，《省运会卫生监督总体方案》等卫生监督方案100余个。

日照市探索完善新冠疫情防控常态化条件下的医疗卫生保障工作新模式。卫生健康系统围绕疫情防控、医疗救治保障、赛区场馆与公共卫生场所监督检测、传染病预警监测管理、病媒生物防治、突发公共卫生事件应急处置六个方面，统筹部署，科学规划，实现“医疗救治工作零失误”“医疗卫生保障工作零投诉”的工作目标，织牢了疫情防控、顺利办赛的“安全之网”，构筑起严密防控的坚固防线。

一、省运会开闭幕式医疗卫生保障

二十五届省运会、十一届省残运会有6万多名观众参加开闭幕式（含预演、彩排、正式演出）。成立省运会开闭幕式医疗卫生保障工作领导小组，成立新冠疫情防控与医疗救治工作专班，编写《省运会开幕式疫情防控与医疗救治工作手册》《省运会闭幕式疫情防控与医疗救治工作手册》，实行扁平化管理。

开闭幕式现场设立医疗中心4个，医疗救治点29处；保障及指挥车辆18部。确立市人民医院、市中医医院和市中心医院3家定点医院。从全市19个医疗卫生单位抽调医疗救治医护人员1268人次，参与开闭幕式疫情防控与医疗救治工作。各定点医疗机构从2022年8月23日至9月20日实行24小时备勤值守，开通绿色通道，优化流程，简化手续，备足力量、留足床位，以应急需。在满足场馆用负压救护车和普通救护车前提下，在外场适当布置救护车辆作为第二梯队。

2022年8月24日，为保障进入奎山体育中心的各类人员防疫安全，医疗卫生部工作人员冒雨保障二十五届省运会开幕式预演

二、新冠疫情防控

日照市严把“赛前、途中、入住、入场、赛事、监测、消毒、排查”等关键环节，实行科学防控、精准防控、动态调整、联防联控。

实行专班工作制。从市疾控中心、市人民医院、市卫生健康综合执法支队抽调专家、技术骨干成立省运会疫情防控工作专班，负责疫情防控方案的制定、审核、动态调整，疫情防控措施落实情况督导。

三、病媒生物防治

二十五届省运会、十一届省残运会期间，是蚊、蝇、鼠、蟑螂等主要病媒生物活动高峰期，为预防媒介生物性传染病突发与流行，将病媒生物危害降至最低，保障参赛运动员、教练员、裁判员、志愿者、嘉宾和市民群众的健康安全，医疗卫生部科学安排专业消毒杀虫队伍，对体育场场馆周边外环境包括草坪、下水道、周边河流及部分密闭场馆开展消毒杀虫工作。结合爱国卫生和健康日照行动，持续推进健康日照建设。加强健康教育，宣传爱国卫生，组织社会各界开展环境卫生综合整治，消除蚊、蝇、鼠、蟑螂滋生地，预防各类疾病的发生和流行。

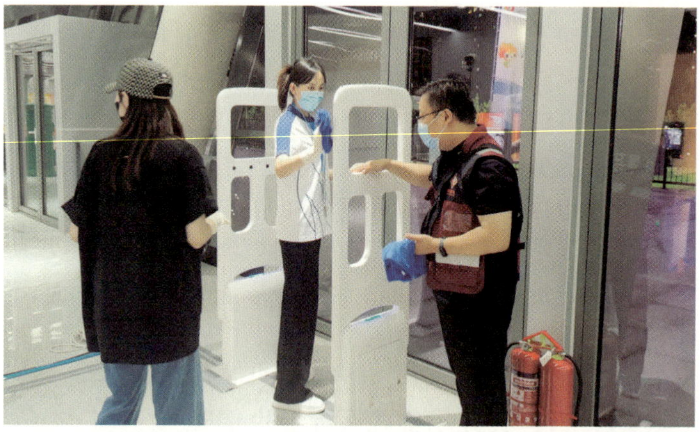

2022年8月20日，医疗卫生部组织消毒与病媒防制专家对省运会各比赛场馆、各接待酒店的消杀工作进行指导

四、卫生应急

培训与演练。省运会、省残运会期间，医疗卫生部举办省运会医疗卫生专题培训班，组

织综合演练，增强医疗救援队伍医疗救助能力，应对突发事件紧急医学救援信息互通、协同对应和配合处理能力。邀请西安市第十四届全运会负责医疗卫生保障的西安市急救中心副主任马建全和西安市第三人民医院张静涛两位专家线上就组织管理、综合协调、卫生保障、医疗救治等进行培训，组织参加省运会药品及兴奋剂相关专业培训，各区县各单位也分别组织培训。市卫生健康委组织省运会安保人员、志愿者和内场工作人员等进行应急自救互救指导培训，调整对接相关部室，不断完善开闭幕式等重要活动的保障方案，并进行专题培训与演练，做到工作措施细化、责任到人，各环节环环相扣、闭环运作。赛事期间，举办省运会医疗卫生专题培训班18次，参加培训1002人。开闭幕式期间，召开誓师动员大会并组织全体参与服务保障人员进行专题培训，组织综合演练10次。

突发公共卫生事件应急处理。二十五届省运会、十一届省残运会期间，发生突发公共卫生事件6起。市卫生健康委均启动应急响应，将发病运动员立即转运到定点医院处置，同时召集医疗和疾控专家进行研判，形成专家研判意见并以组委会名义印发相关部门单位，采取有关赛事活动暂停，运动员、教练员等在酒店管理等措施，确保最大限度保证赛事与安全两不误。

2022年8月22日，举办二十五届省运会开幕式医疗卫生保障动员培训会暨实地演练，220余人参加培训和现场演练

五、医疗救治

二十五届省运会、十一届省残运会期间的所有赛事场馆，全部设置医疗急救站点，安排医务人员、救护车辆、急救药品及除颤仪进行全程医疗救护保障。在各比赛场馆、接待酒店医疗点均备齐备足现场急救药品、医疗器械和医疗设备，配备医疗耗材70余种、药品100余种，用于急诊、急救和小伤病应急处置。新增5辆负压救护车作为医疗急救应急备用资源，全市入网救护车辆70辆。全市共设定省运会、省残运会定点救治医院8处，其他医疗机构13处，组建61支医疗救治队伍。各定点医院均成立由骨科、呼吸科、心内科、胃肠内科、儿科、检验科等多专业学科组成的医疗救治专家组，预留10~20张应急床位。在定点医院设立指定急诊室，在挂号、收费处，增设机动服务窗口，为就诊的涉赛涉会人员开辟“绿色通道”，建起前方救治、急诊转运、定点医疗救治医院三重保障体系。

二十五届省运会、十一届省残运会期间，全市卫生健康系统保障赛事、赛会1696场次，保障各类人员10万多人。设置医疗保障点1292个，接诊3113人次，市外转诊2人次。

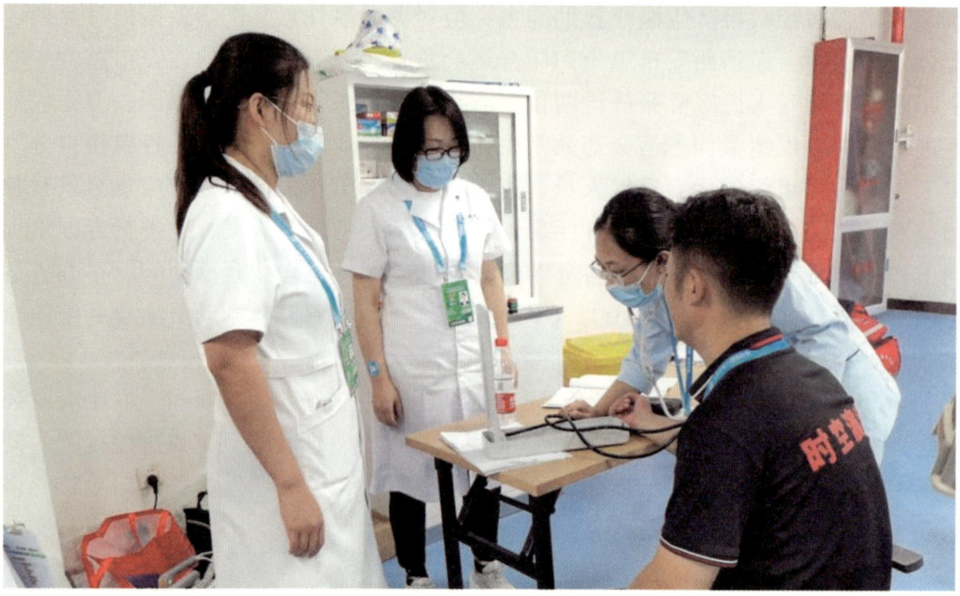

2022年8月24日，医务人员在奎山体育中心对身体不适的省运会开幕式导演组人员进行检查

六、卫生监督

二十五届省运会、十一届省残运会期间，全市各级卫生监督机构重点围绕定点接待酒店公共卫生和定点医疗机构放射防护等方面，开展监督工作。加强组织保障。成立市卫生监督保障工作领导小组和市公共卫生监督巡查小组，开展不定期巡回检查。开展人员培训。举办定点接待酒店及涉赛游泳场馆卫生监督保障培训班2期，主要围绕公共场所、游泳场所及生活饮用水卫生法律法规、公共场所疫情防控等内容进行培训。各区县开展卫生监督保障培训24次，培训214人次。实行智慧监管。通过日照市“智慧卫监”平台对29家定点接待酒店的布草间、消毒间安装远程监控系统，对公共用品用具清洁消毒情况进行线上监督。

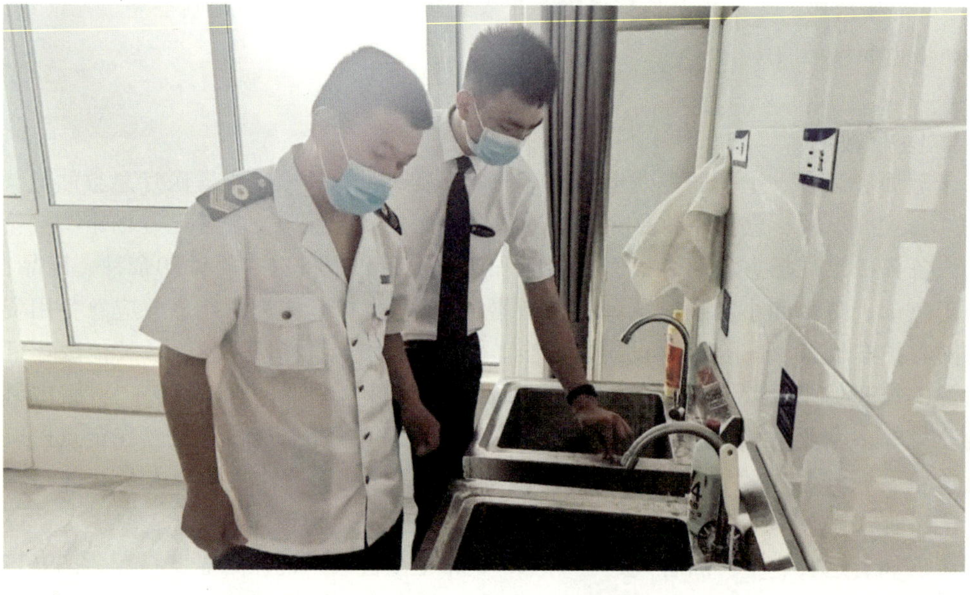

2022 年 8 月 15 日，医疗卫生部组织卫生监督员对省运会定点接待酒店进行卫生监督检查

链接 >>

第二十五届省运会医疗卫生保障培训会暨实地演练

2022年8月22日，山东省第二十五届运动会开幕式医疗保障动员培训会暨实地演练举办。市直各医疗卫生单位、各功能区社会事业（发展）局、日照港口医院、各区县卫生健康局主要负责人、分管负责人及相关科室负责人在主会场和分会场参加第一阶段动员会和培训会。培训会议结束后，全体保障人员到奎山体育中心严格按照《山东省第二十五届运动会第十一届残运会新冠疫情防控工作方案》《山东省第二十五届运动会开幕式医疗救治工作方案》和《山东省第二十五届运动会开幕式突发公共卫生事件应急预案》进行实地演练。

演练主要针对体温检测、现场救治、急救出车等环节，各环节配合默契，提升了省运会医疗保障人员现场处置能力和处置突发事件能力，为省运会顺利开展提供有力保障。

（摘自2022年8月23日 健康日照微信公众号）

第三节 交通保障

2022年3月22日，市筹委会交通运输部集中驻会办公，内设综合处、运输单位管理处、调度处、开闭幕式运输保障处、道路交通管理处5个处，负责组织并实施二十五届省运会、十一届省残运会、第五届省老运会交通运输保障和道路交通设施保障各项工作。制定《省运会省残运会赛时用车保障计划》《交通运输保障车辆及驾驶员管理办法》《交通保障疫情防控工作实施方案》等工作方案，按照“简约、安全、精彩”的办会要求，明确工作任务，细化工作措施，圆满完成二十五届省运会、十一届省残运会开闭幕式和各项赛事期间的交通保障工作。

赛事期间，共遴选公交、旅游、租赁、校车等运输企业30家，优化调整公交线路20余条，提供交通运输服务保障1.1万余辆次，保障赛事人员26万余人次、观众群体5万余人次。同时，针对不同赛事特点，采取流水发车、错时发车、项目交替用车等方式进行交通保障，节约用车900余辆次，节余经费85万余元，实现精准、高效、快捷和零事故、零失误目标。

一、交通路网建设

二十五届省运会、十一届省残运会期间，交通运输部进一步完善省运会交通引导系统，开展交通标识专项建设工作。根据省运会场馆道路沿线情况，在山海路建设悬臂标志5面、迎宾路建设4面，在全市主要路口建设单立杆标志45面。

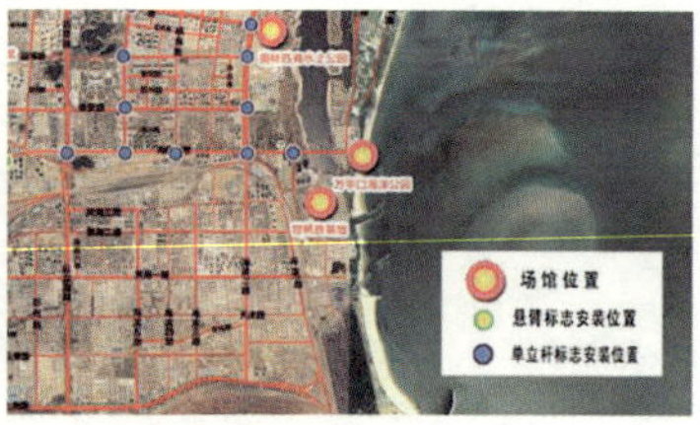

2022年8月30日，市筹委会交通运输部安排专人对日照市区各处省运会交通标识进行验收

二、交通组织保障

交通运输部建立驻会制度、例会制度、跨部门联席制度，抽调相关部门业务人员驻会工作，组成工作团队，明确责任和分工。每周召开一次驻会人员工作例会，每月召开一次跨部门协商会，研究解决存在困难和问题。针对行政用车、竞赛用车、大型活动用车、开闭幕式用车等不同需求，制定《山东省第二十五届运动会日照市筹委会交通运输组织保障重点专项工作实施方案》等工作方案，明确工作重点，分类分级制定相关政策，按照“安全第一、运力充足、交通顺畅”的原则，灵活运用穿插、循环、专线、返场等方法，通过高效机制优化服务、

内外联动保障供给、环节管理确保顺畅、超前谋划应对高峰。

三、竞赛用车保障

按照“简约、安全、精彩”举办体育赛事总体要求，交通运输部制定《山东省第二十五届运动会第十一届残运会赛时用车保障计划》，科学规划，高效组织实施，精彩、节俭、绿色完成赛事交通运输服务保障，平衡赛事需求，减少资源消耗和环境影响。细化服务对象出行需求线路、车辆配置规模、发车方式等方案，做好赛事交通保障。制定道路拥堵风险、疫情防控风险、交通事故风险、恶劣天气风险等各类风险应急方案，提高应急处置突发事件能力。

四、嘉宾和媒体记者交通保障

根据《山东省体育局关于调整山东省第二十五届运动会竞赛方案的通知》和疫情防控有关要求，办赛人员到赛区时不得乘坐公共交通工具，到达、离开用车均由对口接待单位负责。赛事期间，交通运输部根据运动会通用政策，结合赛程安排，为各类服务对象提供个性化交通保障。运动会嘉宾、主办单位、“双先会”代表赛事期间用车，由接待部提交用车申请，交通运输部统一安排车辆；媒体记者赛事期间用车，由宣传工作部提出用车申请，交通运输部统一安排车辆。省运会开闭幕式期间，交通运输部根据对口接待单位提供接待人员信息，分别对接落实筹委会各相关部门，确认车辆具体需求。

五、开闭幕式观众用车保障

二十五届省运会、十一届省残运会、第五届省老运会共有6万多名观众参加开闭幕式（含预演、彩排、正式演出），交通保障压力大，交通运输部根据观众运输需求，制定开幕式交通一览表、闭幕式交通一览表、开幕式当日工作流程表，根据观众类型、数量确定运输车辆，准备备用车辆。同时，根据赛事期间可能存在的风险点，梳理制订风险防控方案、应急处置预案，编制开幕式风险防控与应急处置一览表、省运会开幕式筹备问题清单。合理安排、科学调度，完成开闭幕式观众交通运输需求。

第四节　食宿接待

二十五届省运会、十一届省残运会期间，市筹委会接待部坚持“政府主导、市场运作、节俭务实”，遴选确定定点接待酒店53家，接待二十五届省运会、十一届省残运会运动队、裁判员、各类竞赛官员25424人，246483人次。二十五届省运会、十一届省残运会开闭幕式期间接待中国残联领导、省领导、主办单位、各市代表团、特邀嘉宾、媒体记者等贵宾群体1000余人，赢得与会人员的高度评价，收到省体育局、各市代表团、运动员、裁判员感谢信500余封，锦旗4面。

一、酒店遴选

二十五届省运会、十一届省残运会定点接待酒店遴选工作由市筹委会办公室、接待部牵头，会同竞赛部、安全保卫部、食品安全保障部、残运会工作部等组成评审小组，分组分区域对全市申报参选酒店进行评审验收。评审小组重点对申报酒店的设施设备、食品卫生、安全保障等方面软硬件条件进行全面细致的查验核实，综合评审意见，最终拟定入选名单。同时，要求酒店加强软硬件设施建设，在酒店接待站人员配备、规范服务、食品安全、设施维护、环境改造方面进行全面提升，查漏补缺，营造热情、温馨的省运氛围，为全力做好二十五届省运会、十一届省残运会接待服务保障工作奠定良好基础。

山东省第 25 届运动会接待站

山东省第 25 届运动会定点接待酒店标牌

二十五届省运会、十一届省残运会接待酒店一览表

表 11-1

区县	酒店名称
主城区	日照宾馆
	喜来登大酒店
	岚桥锦江大酒店
	东湖开元名都大酒店
	海景花园大酒店
	蓝海钧华大饭店
	金海花园大酒店
	亚汀酒店
东港区	天德国际大酒店
	苏宁诺富特酒店
	雅禾国际大酒店
	山孚大酒店
	海景云创酒店

续表 11-1

区县	酒店名称
东港区	君临观海大酒店
	尚文公寓
	福康大酒店
	日照大酒店万平口店
	世帆国际大酒店
	亚朵篮球酒店（广电店）
	全季大酒店灯塔景区店
	碧波大酒店
	海岸朵雅酒店
	丽呈瑞轩日照万达广场酒店
	锦江都城酒店
	希尔顿欢朋酒店
	国际博览中心酒店
岚山区	鲁圣大厦
	日照观海艺术酒店
	东山饭店
	多岛海云和夜泊酒店
	海悦大酒店
	舜海蓝天酒店
莒　县	莒国大饭店
	岳泰大酒店
	沭河宾馆
	万沙金大酒店
五莲县	白玉兰酒店
	良友喜事会
	日照松月湖蓝海钓华大饭店

续表 11-1

区县	酒店名称
五莲县	五莲飞天宾馆
	云逸酒店
	盛世泰华酒店
	大青山国际酒店
日照经开区	华美酒店
	日照至宜酒店
日照高新区	智谷精品酒店
	星程日照万象汇智慧谷酒店
	高新华驿酒店
	食为天商务酒店
山海天旅游度假区	日照兴业足球主题酒店
	钓鱼岛大酒店
	汇源酒店
	驻龙山假日酒店

二、对口接待

市筹委会制定《山东省第二十五届运动会第十一届残运会各市代表团对口接待工作方案》，按照"各司其职，对口落实、到点到人"要求，实行"一对一"对口接待，围绕方案中明确的主要任务与时间节点，落实到具体点位、具体人头，确保接待过程中每个环节、每个点位、每个事项有人负责、有人落实。

各对口接待单位按照方案要求，成立对口接待工作小组。工作小组由 3 人组成：对口接待单位 1 名领导班子成员任组长，1 名科级干部任办公室负责人，1 名正式在编人员任联络员。负责接待联络工作，全程负责省运会各市团部联络服务保障工作，全程负责领导嘉宾抵离迎送，到宾馆入住，参加开幕式和市内参观考察等活动。

各市代表团接待单位一览表

表 11-2

代表团团部	对口接待单位
济南市代表团	市教育局
青岛市代表团	市科技局
烟台市代表团	市民政局

续表 11-2

代表团团部	对口接待单位
潍坊市代表团	市司法局
临沂市代表团	市人力资源和社会保障局
济宁市代表团	市自然资源和规划局
淄博市代表团	市统计局
菏泽市代表团	市农业农村局
德州市代表团	市海洋发展局
威海市代表团	市医疗保障局
东营市代表团	市退役军人事务局
泰安市代表团	市外办
滨州市代表团	市国资委
聊城市代表团	市行政审批局
枣庄市代表团	市地方金融监管局

三、来宾接待

二十五届省运会、十一届省残运会期间，到日照的嘉宾主要有行政领导嘉宾、特邀嘉宾、主办单位、媒体记者、“双先”代表、代表团团部、运动队、裁判员和各类竞赛官员。按照资源共享、整体联动、运转顺畅、无缝衔接的接待工作总体要求，市筹委会接待部联合市筹委会竞赛部、食品安全部、安全保卫部等相关部室，组建酒店接待站和机场、车站接送站，成立接待工作专班，实行来宾接待 24 小时值班工作制。编制省运会、省残运会通用接待政策、流程、手册，分类制定来宾接待方案、应急预案和疫情防控方案，确保来宾住得舒适、吃得放心、行得方便，精准高效做好接待服务保障工作。

二十五届省运会、十一届省残运会竞赛项目接待酒店安排一览表

表 11-3

竞委会主体	竞赛地点	竞赛项目	竞赛时间	报到日期	离会日期	人群类别	接待酒店
莒县	莒县体育馆	柔道	7 月 7—11 日	7 月 4 日	7 月 12 日	官员 / 裁判员	沭河宾馆
				7 月 5 日	7 月 12 日	运动队	岳泰大酒店 莒国大饭店
东港区	东港体育中心	手球（男子）	7 月 7—21 日	7 月 4 日	7 月 21 日	官员 / 裁判员	君临观海大酒店
				7 月 5 日	7 月 22 日	运动队	福康大酒店
				7 月 5 日	7 月 22 日		山孚大酒店

续表 11-3

竞委会主体	竞赛地点	竞赛项目	竞赛时间	报到日期	离会日期	人群类别	接待酒店
东港区	东港体育中心	手球（女子）	7月23日至8月6日	7月21日	8月7日	运动队	君临观海大酒店
				7月21日	8月7日		华美酒店
日照经开区	奎山体育中心	滑板	7月9—10日	7月6日	7月11日	官员／裁判员	日照至宜酒店
				7月7日	7月11日	运动队	雅禾国际大酒店
山海天旅游度假区	日照国际足球中心	足球	7月9—21日	7月6日	7月21日	官员／裁判员	高新华驿酒店 智谷精品酒店
				7月7日	7月22日	运动队	钓鱼岛大酒店 兴业足球主题酒店 君临观海大酒店
			7月24日至8月5日	7月22日	8月6日	运动队	钓鱼岛大酒店 兴业足球主题酒店
			8月8—20日	8月6日	8月21日	运动队	钓鱼岛大酒店 兴业足球主题酒店
岚山区	岚山体育馆	跆拳道	7月13—21日	7月10日	7月22日	官员／裁判员	海悦大酒店
				7月11日	7月22日	运动队	鲁圣大厦 日照观海艺术酒店
莒县	莒县体育馆	残运会—盲人柔道	7月16—18日	7月12日	7月19日	裁判员／运动队	岳泰大酒店
东港区	安泰网球公园	网球	7月15—22日	7月12日	7月23日	官员／裁判员	钓鱼岛大酒店
				7月13日	7月23日	运动队	雅禾国际大酒店 汇源大酒店
五莲县	五莲县市民体育中心（五莲县体育馆）	击剑	7月18—22日	7月15日	7月23日	官员／裁判员	松月湖蓝海钓华大饭店
				7月16日	7月23日	运动队	良友喜事会 白玉兰酒店 五莲飞天宾馆 大青山国际酒店
山海天旅游度假区	驻龙山体育公园	小轮车竞速	7月19—20日	7月16日	7月21日	官员／裁判员	海景云创酒店
				7月17日	7月21日	运动队	驻龙山假日酒店
山海天旅游度假区	省自行车日照基地	场地自行车	7月24—28日	7月21日	7月29日	官员／裁判员	海景云创酒店
				7月22日	7月29日	运动队	君临观海大酒店

续表 11-3

竞委会主体	竞赛地点	竞赛项目	竞赛时间	报到日期	离会日期	人群类别	接待酒店
五莲县	五莲县黑虎山攀岩场	攀岩	7 月 25—27 日	7 月 22 日	7 月 28 日	官员 / 裁判员	良友喜事会
五莲县	五莲县黑虎山攀岩场	攀岩	7 月 25—27 日	7 月 23 日	7 月 28 日	运动队	大青山国际酒店 白玉兰酒店
东港区	万平口海洋公园	排球（沙滩）	7 月 21—26 日	7 月 18 日	7 月 27 日	官员 / 裁判员	君临观海大酒店
东港区	万平口海洋公园	排球（沙滩）	7 月 21—26 日	7 月 19 日	7 月 27 日	运动队	福康大酒店
东港区	安泰网球公园	残运会—网球	7 月 27—30 日	7 月 23 日	7 月 31 日	裁判员 / 运动队	钓鱼岛大酒店
莒县	莒县体育馆	摔跤	7 月 26—31 日	7 月 23 日	8 月 1 日	官员 / 裁判员	沭河宾馆
莒县	莒县体育馆	摔跤	7 月 26—31 日	7 月 24 日	8 月 1 日	运动队	莒国大饭店 岳泰大酒店
东港区	香河体育公园	短道速滑	7 月 27—29 日	7 月 24 日	7 月 30 日	官员 / 裁判员	海景云创酒店
东港区	香河体育公园	短道速滑	7 月 27—29 日	7 月 25 日	7 月 30 日	运动队	君临观海大酒店
岚山区	岚山体育馆	空手道	7 月 27—30 日	7 月 24 日	7 月 31 日	官员 / 裁判员	海悦大酒店
岚山区	岚山体育馆	空手道	7 月 27—30 日	7 月 25 日	7 月 31 日	运动队	鲁圣大厦 舜海蓝天酒店
东港区	实验高中艺体馆	篮球（三人制）	7 月 28 日至 8 月 4 日	7 月 25 日	8 月 5 日	官员 / 裁判员	海景云创酒店
东港区	实验高中艺体馆	篮球（三人制）	7 月 28 日至 8 月 4 日	7 月 26 日	8 月 5 日	运动队	雅禾国际大酒店
东港区	东港体育中心、实验高中艺体馆	篮球（五人制）	8 月 8—20 日	8 月 5 日	8 月 21 日	官员 / 裁判员	海景云创酒店
东港区	东港体育中心、实验高中艺体馆	篮球（五人制）	8 月 8—20 日	8 月 6 日	8 月 17 日	运动队	福康大酒店 雅禾国际大酒店
东港区	东港体育中心、实验高中艺体馆	篮球（五人制）	8 月 8—20 日	8 月 17 日	8 月 22 日	运动队	福康大酒店
东港区	东港体育中心、实验高中艺体馆	篮球（五人制）	8 月 23 日至 9 月 4 日	8 月 21 日	9 月 5 日	官员 / 裁判员	海景云创酒店
东港区	东港体育中心、实验高中艺体馆	篮球（五人制）	8 月 23 日至 9 月 4 日	8 月 21 日	8 月 29 日	运动队	雅禾国际大酒店 世帆国际大酒店
东港区	东港体育中心、实验高中艺体馆	篮球（五人制）	8 月 23 日至 9 月 4 日	8 月 29 日	9 月 5 日	运动队	雅禾国际大酒店 世帆国际大酒店
日照高新区	高新区文化体育中心	霹雳舞	7 月 29—31 日	7 月 26 日	8 月 1 日	官员 / 裁判员	海景云创酒店
日照高新区	高新区文化体育中心	霹雳舞	7 月 29—31 日	7 月 27 日	8 月 1 日	运动队	智谷精品酒店

续表 11-3

竞委会主体	竞赛地点	竞赛项目	竞赛时间	报到日期	离会日期	人群类别	接待酒店
东港区	奥林匹克水上公园	铁人三项	8月1—2日	7月27日	8月3日	官员/裁判员	山孚大酒店
				7月30日	8月3日	运动队	君临观海大酒店
五莲县	五莲县市民体育中心	武术散打	8月2—7日	7月30日	8月8日	官员/裁判员	五莲飞天宾馆
				7月31日	8月8日	运动队	良友喜事会 盛世泰华酒店 白玉兰酒店 大青山国际酒店
岚山区	日照岚山（绣针河）	公路自行车	8月4—9日	8月1日	8月10日	官员/裁判员	鲁圣大厦
				8月2日	8月10日	运动队	日照观海艺术酒店
莒县	莒县体育馆	拳击	8月5—17日	8月2日	8月18日	官员/裁判员	沭河宾馆
				8月3日	8月18日	运动队	莒国大饭店
东港区	奥林匹克水上公园	公开水域	8月6—7日	8月3日	8月8日	官员/裁判员	智谷精品酒店
				8月4日	8月8日	运动队	君临观海大酒店
岚山区	岚山区体育中心	排球（室内）	8月7—23日	8月4日	8月24日	官员/裁判员	日照观海艺术酒店
				8月5日	8月24日	运动队	鲁圣大厦 舜海蓝天酒店 海悦大酒店
东港区	日照游泳馆	跳水	8月10—14日	8月7日	8月15日	官员/裁判员	智谷精品酒店
				8月8日	8月15日	运动队	君临观海大酒店
东港区	奥林匹克水上公园	皮划艇（激流回旋）	8月13—15日	8月10日	8月16日	官员/裁判员	钓鱼岛大酒店
				8月11日	8月16日	运动队	君临观海大酒店
东港区	奥林匹克水上公园	皮划艇	8月20—24日	8月17日	9月2日	官员/裁判员	智谷精品酒店
				8月18日	8月25日	运动队	天德国际大酒店
		赛艇	8月28日至9月1日	8月26日	9月2日	运动队	君临观海大酒店

续表 11-3

竞委会主体	竞赛地点	竞赛项目	竞赛时间	报到日期	离会日期	人群类别	接待酒店
日照高新区	高新区文化体育中心	乒乓球	8 月 15—29 日	8 月 12 日	8 月 30 日	官员 / 裁判员	高新华驿酒店
				8 月 13 日	8 月 30 日	运动队	华美酒店 锦江都城酒店
五莲县	五莲县体育公园	残运会—盲人门球	8 月 14—19 日	8 月 10 日	8 月 20 日	裁判员 / 运动队	良友喜事会 白玉兰酒店
岚山区	岚山绣针河大道	残运会—公路自行车	8 月 14—16 日	8 月 10 日	8 月 17 日	裁判员 / 运动队	鲁圣大厦 日照观海艺术酒店
山海天旅游度假区	省自行车日照基地	残运会—场地自行车	9 月 10—12 日	9 月 6 日	9 月 13 日	裁判员 / 运动队	汇源大酒店
山海天旅游度假区	驻龙山体育公园	自由式小轮车	8 月 16—17 日	8 月 13 日	8 月 23 日	官员 / 裁判员	海景云创酒店
				8 月 14 日	8 月 18 日	运动队	驻龙山假日酒店
		山地自行车	8 月 21—22 日	8 月 19 日	8 月 23 日	运动队	驻龙山假日酒店
山海天旅游度假区	日照一中东校区艺体馆	武术套路	8 月 18—25 日	8 月 15 日	8 月 26 日	官员 / 裁判员	钓鱼岛大酒店
				8 月 16 日	8 月 26 日	运动队	汇源大酒店 日照至宜酒店 国际博览中心酒店
东港区	安泰网球公园	网球	8 月 19—27 日	8 月 17 日	8 月 28 日	官员 / 裁判员	君临观海大酒店
				8 月 17 日	8 月 28 日	运动队	山孚大酒店 碧波大酒店 锦江都城酒店
莒县	莒县体育馆	羽毛球	8 月 22 日至 9 月 4 日	8 月 19 日	9 月 5 日	官员 / 裁判员	沭河宾馆
				8 月 20 日	9 月 5 日	运动队	莒国大饭店 岳泰大酒店
东港区	日照一中西校艺体馆	举重	8 月 23—26 日	8 月 20 日	8 月 31 日	官员 / 裁判员	智谷精品酒店
				8 月 21 日	8 月 27 日	运动队	钓鱼岛大酒店 尚文公寓
			8 月 28—30 日	8 月 26 日	8 月 31 日	运动队	汇源大酒店 国际博览中心酒店
山海天旅游度假区	森林公园	残运会—聋人足球	8 月 25—29 日	8 月 21 日	8 月 30 日	裁判员 / 运动队	星程日照万象汇 智慧谷酒店

续表 11-3

竞委会主体	竞赛地点	竞赛项目	竞赛时间	报到日期	离会日期	人群类别	接待酒店
山海天旅游度假区	国医学院体育馆	射箭	8月25—29日	8月22日	8月30日	官员/裁判员	智谷精品酒店
				8月23日	8月30日	运动队	钓鱼岛大酒店
山海天旅游度假区	山海天国医馆	残运会—射箭	9月3—5日	8月30日	9月6日	裁判员/运动队	山孚大酒店
岚山区	岚山区体育中心	残运会—坐式排球	8月28—31日	8月24日	9月1日	裁判员/运动队	海悦大酒店 日照观海艺术酒店
五莲县	五莲黑虎山射击中心	射击（含飞碟）	8月29日至9月3日	8月26日	9月4日	官员/裁判员	五莲飞天宾馆
				8月27日	9月4日	运动队	大青山国际酒店 盛世泰华酒店 良友喜事会 白玉兰酒店
东港区	日照游泳馆	游泳	8月29日至9月4日	8月26日	9月5日	官员/裁判员	希尔顿欢朋酒店
				8月27日	9月5日	运动队	钓鱼岛大酒店 世帆国际大酒店
日照经开区	奎山体育中心	田径（含竞走）	8月30日至9月5日	8月27日	9月6日	官员/裁判员	苏宁诺富特酒店
				8月28日	9月6日	运动队	天德国际大酒店 君临观海酒店 日照至宜酒店
东港区	日照一中西校区	残运会—举重	9月4—6日	8月31日	9月7日	裁判员/运动队	尚文公寓
岚山区	岚山区体育中心	残运会—跆拳道	9月5—7日	9月1日	9月8日	裁判员/运动队	海悦大酒店 日照观海艺术酒店
东港区	实验高中艺体馆	残运会—轮椅篮球	9月16—19日	9月12日	9月20日	裁判员/运动队	君临观海大酒店
东港区	东港区体育中心	残运会—聋人篮球	9月16—20日	9月12日	9月21日	裁判员/运动队	君临观海大酒店 希尔顿欢朋酒店
东港区	高新区文体中心	残运会—乒乓球	9月17—20日	9月13日	9月21日	裁判员/运动队	智谷精品酒店 高新华驿酒店
东港区	日照市游泳馆	残运会—游泳	9月17—20日	9月13日	9月21日	裁判员/运动队	海景云创酒店 希尔顿欢朋酒店
日照经开区	日照奎山体育中心	残运会—田径	9月17—20日	9月13日	9月21日	裁判员/运动队	海景花园大酒店 天德国际大酒店

说明：未标明“残运会”的竞赛项目，均为二十五届省运会竞赛项目

四、赛事接待

市筹委会接待部高度重视省运会、省残运会赛事接待工作，横向采取“政府 + 市场运作”保障模式，与第三方专业机构合作，降低筹备过程中的沟通成本和人力成本，形成可借鉴的赛事接待“日照模式”；纵向与市筹委会各相关部室、有关单位密切配合，通力协作，并指导区县、功能区开展赛事接待服务工作，构建立体化“大接待”工作格局。

科学编制“两类四套”食谱，量身定制运动员等类群体菜单，严格按照饮食禁忌和相关要求，兼顾地域、口味和民族宗教因素，结合日照餐饮特色，将本地特色、文化特征融入家常菜中，实行科学配餐，规范成本核算，保证就餐质量，杜绝奢侈浪费，为省运会、省残运会举办提供科学、安全、高效的用餐保障。

根据赛事接待不同人员结构、不同性质、不同工作时段等，精心提供“赛场过生日”“节日送惊喜”等人性化服务，让各方来宾感受“家”的温暖，彰显日照开放包容、文明友好、充满活力的城市形象。

五、无障碍服务

市筹委会接待部坚持以人为本，提高无障碍接待服务水平。充分考虑省残运会保障服务特殊性，各接待酒店完成坡道、电梯、客房、餐厅、卫生间等无障碍设施改造，并根据实际需要配备轮椅、浴凳、抓杆等临时无障碍设施，把温暖办赛贯穿始终。接待人员完善服务细节、提升服务品质，充分体现人文关怀，推动“无障碍”理念融入城市发展，使日照这座海滨城市更有温度、更加文明。

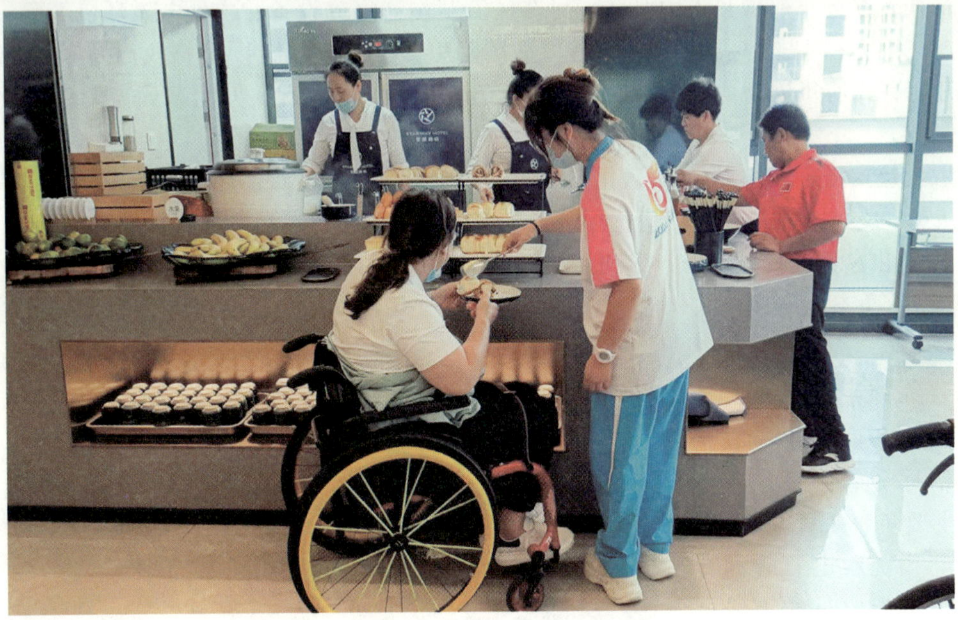

服务残疾人运动员就餐

第五节 通信和无线电安全保障

二十五届省运会、十一届省残运会期间，市工业和信息化局坚持高标准、严要求，落实、落细各项工作任务。对上争引专项资金 5722 万元用于省运会场馆及相关场地 5G 网络、无线电等建设改造，保障省运会、省残运会全赛时、全赛事通信和无线电安全。坚持“一场赛事一个专班”原则，协调日照电信公司、移动公司、联通公司、铁塔公司组成帆船比赛、铁人三项、开幕式、闭幕式等现场通信保障工作专班 52 个，安排现场保障人员 223 人，应急保障车和抢修车 65 辆，对每一场比赛进行全赛时、全赛程通信保障。加强电磁环境监测，保障无线电安全，出动无线电监测人员 700 人次，监测车 300 台次，监测设备 360 台次，监测时长 3500 余小时。实现通信保障零事故、零中断、零投诉。

一、通信保障组织

市工业和信息化局成立由主要负责人任组长，电信、移动、联通、铁塔等单位主要负责人任副组长，223 名思想素质好、责任心强、技术水平高的专业技术人员任成员的通信服务保障工作领导小组，严格执行日点名、日会商、日报告工作机制，环环相扣，层层压实。编制完成《山东省第二十五届运动会通讯保障重点专项工作实施方案》《日照移动第二十五届省运会通信保障方案》等文件，制定赛时、开幕式和闭幕式等应急预案；组织各运营商多次开展应急通信保障实战演练活动，完善反应迅速、处置有力的应急通信保障机制和专家队伍，提高处突保障能力。

强化督导检查 协调解决难点堵点问题，组织大连路弱电管廊修复、香河体育馆 5G 基站选址等专题协调会议 13 次，省运会通信和无线电保障现场督导会议 11 次，检查验收活动 2 次，协调解决 5G 建设疑难问题 23 个，省运会所有场馆、场所在赛前全部实现 5G 全覆盖、光纤接入，建成奎山体育中心Ⅱ类固定监测站 1 个；加强网络监测，对重点区域、重要设施、重要线路开展巡查、巡检和人力盯防，对赛区宏基站和室分设备、内外电磁环境等逐一开展隐患排查，对存在问题及时进行整改；建立故障隐患“零报告”机制，严格执行故障上报制度，尤其是开闭幕式前每周至少报告一次通信和无线电保障工作情况，开闭幕式当天 9 点、16 点两次报告。

争取上级支持 市工业和信息化局会同各运营商多次到上级部门进行专题汇报，争取上级部门认可和支持。省工业和信息化厅等上级部门先后拨付省运会专项资金 5722 万元，派出 30 余名领导和专家到日照现场指导和参与保障工作，并在全省协调派遣 2 辆无线电监测车、4 辆移动通信车参与开闭幕式保障工作，提升省运会场馆、场所通信服务能力和无线电管控能力。

二、无线电安全保障

市工业和信息化局成立由省工信厅分管副厅长、市工信局主要负责人任总指挥，33 名省、市无线电管理和专业技术人员为成员的无线电管控保障工作领导小组，分设现场指挥、频率管理、设备测试、场内监测、场外监测、协助安检、机动监测等 10 个工作小组，下发《关于加强山东省第二十五届运动会第十一届残运会无线电发射设备管理的通知》《关于山东

2022 年 8 月 25 日，奎山体育中心开幕式现场无线电安全保障（牟少华 供图）

省第二十五届运动会开幕式期间无线电发射设备管理的通告》等文件，强化无线电管控。

争取省工业和信息化厅省运会无线电专项资金 1080 万元，在日照奎山体育中心主场馆建设Ⅱ类固定无线电监测站 1 个，新增 1 台移动监测车和 1 套机动宽带监测测向系统；省工业和信息化厅派出 10 名无线电专家参与保障，缓解日照市无线电保障人员不足问题；争取省工业和信息化厅 2 辆无线电监测车和 3 套无线电监测设备到日照参与开闭幕式保障，缓解日照市无线电监测装备不足的问题。

二十五届省运会、十一届残运会期间，共检查登记设置使用无线电台站单位 203 家，登记相关区域内无线电发射设备 1100 台，涉及频率资源 502 个。落实无线电发射设备准入制度，登记注册省运会无线电发射设备 1267 台，发放“无线电发射设备专用标签”1267 个，核准频率 186 个，搭建省运会无线电管理专用数据库，协调避让频率 20 兆赫。组织技术人员对场馆内外电磁环境进行全天候监测和地毯式排查，监测定位场内干扰源 6 个，排查解决无线电干扰及隐患问题 18 个，为演播团队提供选频建议和频谱图 20 余张。印制常用无线电发射设备示意图 1000 余份，在入场须知中加入无线电管理内容，在开幕式现场循环语音播报 “未经许可或未粘贴无线电发射设备专用标签的无线电设备禁止携带入场”。开闭幕式期间，无线电安全保障人员对场馆内外电磁环境进行动态监测，现场处置排除无线电干扰 5 起，其中重大无线电干扰 1 起。

三、移动通信保障

市工业和信息化局会同各运营商多次到上级部门进行专题汇报，争取上级在资金、技术、人才、装备等方面支持。按照“一馆一策”原则，完成 22 个比赛场馆的 5G 和通信建设方案，并按照方案组织建设；争取省运会通信建设专项资金 4642 万元，新建铁塔 21 处，改造铁塔 53 处，新建馆内室内分布系统 22 套，累计建设 5G 基站 145 站；制定开闭幕式保障方案，并邀请省公司重保专家现场指导；争取 4 辆省公司移动通信车到日照参与开闭幕式保障，开闭幕式移动通信车数量 6 辆。

2022 年 8 月 25 日，日照联通公司第 25 届省运会开幕式通信后台检测（韩伟栋 供图）

提升开闭幕式通信服务能力。各通信公司科学分析开闭幕式现场人员数量，根据需求扩大容载，在开幕式场馆内安装临时 4G、5G 通信基站 101 台（套），场馆外安排应急通信保障车 6 辆、抢修保障车 21 辆，在闭幕式场馆内安装临时通信基站 71 台（套），场馆外安排应急通信保障车 3 辆、抢修保障车 11 辆，全面提升开闭幕式 4G、5G 容载；免费铺设 6 条专线用于保障电视直播传输。

2022 年 8 月 8 日，日照移动公司举行开幕式通信服务保障誓师工会授旗仪式（汤纪峰 供图）

2022 年 8 月 25 日，日照铁塔公司运维部党员突击队（高盛 供图）

2022 年 8 月 25 日，日照电信公司为二十五届省运会开幕式提供通信保障（赵世杰 供图）

第六节 电力·气象保障

2021 年 3 月 16 日，市应急管理局牵头成立综合保障部，下设安全检查组、供电保障组等工作组，成员单位有市气象局、日照供电公司等，主要负责场馆现场固定设施和临时设施安全检查、供电保障、气象保障等内容。综合保障部成立期间，市应急管理局共组织召开工作部署会 10 余次、协调推动会 10 余次、冲刺动员会 30 余次。为全面做好二十五届省运会、十一届省残运会、第五届省老运会安全检查工作，及时查找风险隐患，市应急管理局守住“现场布置到哪，安全检查到哪”工作原则，共开展多轮全覆盖检查 23 次，组织安全生产专家 150 余人次，开闭幕式期间进行全天候、不定期巡查，累计发现问题 124 项，全部反馈至有关单位并督促整改。

日照供电公司等单位提前谋划、主动作为，组建保电队伍、细化任务落实。明确省运会保电变电站 19 座、输电线路 26 条、配电线路 29 条，累计出动人员 4822 人次、车辆 1021 台次参与省运保电，完成 6 处迁改任务，迁改线路 19.8 公里，实现电网零闪动、设备零停电、保电零差错的保电目标。

2021 年 5 月开始，市气象局结合日照实际组织编制二十五届省运会气象服务保障方案。针对二十五省运会、十一届省残运会期间气象服务保障工作，申请省气象局引导类项目，对省运会、省残运会天气背景、高影响天气进行分析研究，开发精细化预报产品制作平台和产品一键式服务平台，为省运提供时间和空间上更加精细化的气象服务，确保赛时实战气象服务有序到位。

一、电力保障体系

根据市筹委会工作安排，日照供电公司牵头负责二十五届省运会开闭幕式及各项比赛的供电保障工作。2021 年 4 月 2 日，日照供电公司成立电力保障领导小组，下设运维检修、调度运行、供电服务、安保应急、后期保障 5 个工作小组，明确工作职责。同时，制定省运会、省残运会电力保障方案和开闭幕式现场保电方案。5 月 10 日，编制完成 22 个场馆“一馆一案”应急方案，细化各场馆保电时段人员值守、应急发电车接入等保障应急措施，明确紧急复电流程。截至 2022 年 2 月 20 日，各场馆陆续完成除开闭幕式专项演练外赛事应急演练。

二、场馆电源建设与完善

2022 年 4 月 21 日，日照供电公司工作人员在奎山体育中心检查备用电源自动投切功能

省运会筹办期间，日照供电公司从方案勘察、实施建设、验收送电等各环节“一对一”指导协助 15 个新建场馆和开闭幕式场馆进行电源建设，新建线路 23 千米。至 2022 年 4 月，全部完成投产送电。

为提高场馆可靠供电能力，日照供电公司着重从双电源配置、备用电源自动切换、发电车接入 3 个方面指导各场馆进行电源完善。至 2022 年 4 月，实现全部场馆应急发电车可接入、重要场馆备用电源秒级自动切换、重要负荷 UPS 不间断供电。8 月，开闭幕式场馆实现“双电源备自投 +UPS+ 应急发电车”三重保障。

三、电力安全隐患排查

为保证赛事供电安全可靠，做到供电设施零缺陷运行，日照供电公司制定下发隐患排查重点内容及巡视卡，涉及外部线路运行方式、内部设施备自投、UPS 配备、带电检测等 16 个方面，各小组抽调专业骨干，于 2021 年持卡完成两轮次“地毯式”安全隐患排查，累计排查隐患 63 处。2022 年 3 月，实现重大隐患治理“清零”。

2022 年 1 月 20 日，工作人员在 110 千伏韩家变电站使用超声波局放仪进行带电检测

带电检测　为保障二十五届省运会、十一届省残运会开闭幕式及赛事期间设备设施可靠运行，日照供电公司综合使用红外热像仪、超声波及地电波局放仪、无人机等技术，对变压器、电缆、配电柜等设施进行带电检测，及时发现并消除隐患 21 处。一级保电时段，“人巡 + 技巡”进行不间断巡视，做到隐患缺陷分钟级响应，及时发现并消除隐患 2 处。

满负荷测试　为全面掌握各场馆实际负荷情况和电气设备的整体可靠程度，日照供电公司指导各场馆陆续开展满负荷测试，全部用电设施满功率开启，对应急方案负荷切换、应急发电车接带等数据进行校验，同步开展带电检测，及时发现并消除隐患 6 处。

四、气象决策专项服务

二十五届省运会、十一届省残运会气象保障服务工作具有时间跨度长、比赛场馆多、预报服务要求高等特点，开闭幕式等重点时间环节预报要求高，恰逢汛期天气形势复杂多变，气象服务任务艰巨。为全力做好二十五届省运会、十一届省残运会气象保障服务工作，市气象局组建立体观测站网，调用威海新型移动气象保障车，在重点赛场增加移动观测设备，升级海上浮标站，接入共享全省地面雷达数据，与风云四号卫星等共同组成精密、立体的监测网，为提升预报服务准确度提供更多依据。省组委会抽调全省预报业务骨干，组成省运会气象保障服务小组，入驻日照市气象台及开幕式场馆现场，与日照市预报人员联合作战并提供技术支援。

市气象局现场气象保障服务人员依托微信工作群、手持服务终端及赛场显示屏等，及时提供降雨、大风等高影响天气逐小时监测实况和气象服务快报。赛事期间，针对不同赛事需求定制基于场馆精细化预报服务产品，共发布各类决策服务产品360余期，完成倒计时30天誓师大会、开闭幕式以及测试赛、正式赛等气象服务保障任务。在开闭幕式等重点环节，提供精准预报预警，按照“7311”工作模式，提前发布未来七天、三天、一天预报，活动当天滚动发布逐小时专题预报，保障开闭幕式等重大活动气象服务顺利进行。

五、开幕式人工消减雨措施

根据对赛事期间天气会商研判，预测在二十五届省运会开幕式期间可能会出现降雨天气。为确保省运会顺利开幕，市气象局成立人工消减雨工作专班，细化工作技术方案。开幕式当天，降水自西北向东南展开，日照市气象局协同淄博、潍坊、临沂、青岛等市，在开幕式会场周围60~200公里范围内实施人工消减雨作业12轮次，共发射火箭弹40枚、炮弹64枚，燃烧烟条30根，施放燃气炮6小时，最大限度降低降水对开幕式的不利影响，人工消减雨措施达到预期效果。

2022年8月25日，多地市联合实施消减雨作业（日照人影火箭、莒县燃烟炉）

链接 >>

日照：山东省第二十五届运动会开幕式气象保障任务圆满完成

山东省第二十五届运动会于2022年8月25日在日照奎山体育中心盛大开幕，日照市气象局全程开展内外场关键时段及延展期精细化气象服务并取得圆满成功。

活力港城多精彩，当好省运东道主。日照市气象局年初即将省运会开幕式气象保障任务列入年内重点工作任务，主要领导牵头实施，业务局长全程跟进具体工作开展，相关职能单位制定工作方案并紧锣密鼓进行多次演练，确保各环节精准衔接高效运转。

开幕式是省运会的压轴大戏，开幕式的气象保障是省运会气象保障的重头戏。气象保障小组与开幕式指挥部对接后，根据指挥中心要求，第一期省运会开幕式气象服务专报于8月18日17时正式发布。专报提示，开幕式当天日照市将有一次降水过程，天气形势的复杂多变，牵动了无数人的心，也绷紧了气象保障小组所有成员的神经。

开幕式日渐临近，每天一期的气象服务专报自8月22日起加密至每天2期，预报时间精度由24小时间隔精细到12小时间隔，预报点直接标定到开幕式主场馆——奎山体育中心。预报员的关注中心锁定在了25日这场雨，雨何时停？是否会影响到晚八点开幕式正常进行？经气象台会商，22日早7点服务专报指出，降水时段将出现在25日白天到20时前，开幕式前有望雨止转多云。

8月23日，山东省气象局及青岛、潍坊、威海等地市气象局委派具有重大活动保障经验的首席预报员及应急保障人员入驻日照市气象台及开幕式场馆现场，与日照市气象台预报员联合作战并提供技术支援。全省气象人的目光，都聚焦在25日日照上空的风云演变。

8月24日，开幕式前一天，专报加密至每天8期滚动制作，部分时段根据指挥部准备工作要求细化至逐小时预报。日照市气象台全体预报员全勤在岗，与省级支援力量共同研判未来天气形势、监测主场馆天气要素变化、制作各类预报服务材料。立体化的天气要素时空变化及预测信息源源不断传送到指挥部各相关职能部门。

8月25日晨，前期预报的降水开始自西北向东南展开。根据指挥部要求，专报加密至逐小时滚动制作，预报时间尺度精确到3小时、2小时、1小时。上午10时专报指出，降水将于18时前后停止。中午，日照市气象局分管领导参加开幕式工作调度会，就当天下午天气形势明确指出，开幕式主场馆附近降水将于18时前结束，天空状况将逐渐转多云，气温、气压、湿度、风速、能见度等诸要素均符合开幕式气象条件要求。

（摘自2022年8月30日 日照市气象局官网）

第七节 食品药品安全保障

筹委会食品安全保障部强化食品药品和价格监管，加强各项筹备工作，落实各项赛事食品安全保障任务，保障二十五届省运会、十一届省残运会各项赛事活动顺利进行。市市场监管局成立工作专班，下设综合协调、餐饮食品安全监管、食品流通安全监管、食品生产安全监管、食品抽检、药品监督管理等重点专项工作组，分头落实各项保障任务。制定下发《日照市市场监管局省运会食品安全保障筹备工作方案》《第二十五届省运会第十一届残运会餐饮服务食品安全保障工作方案》等工作方案，落实培训宣传、食品供应安全保障、食品检测监督、药源性兴奋剂整治等保障任务，全力保障省运会各项赛事活动顺利进行。

一、食品安全培训

二十五届省运会、十一届省残运会筹办期间，市市场监管局提请市政府办公室印发《关于做好重大活动饮食卫生安全保障工作的通知》，明确承接重大活动接待酒店标准要求。举办省运会接待酒店遴选暨餐饮食品安全培训会议，组织全市40家大型酒店、150余人进行《餐饮食品安全管理操作规范》和重大活动食品安全保障要点及操作规程、后厨虫鼠害防治等知识培训。接待酒店确定后，组织食品安全保障人员和接待酒店分管负责人、后厨负责人、食品安全管理员开展食品安全和重大活动保障等相关知识培训，重点对省运会食材专供管理特别是食源性兴奋剂防控知识进行培训，提高食品安全意识和保障能力。

2021 年 4 月，全市餐饮食品安全知识视频培训班举办

二、食品供应安全保障

食品安全保障部加强调研调查，严格遴选食材供应单位。全面掌握食源性兴奋剂相关情况，以及二十五届省运会、十一届省残运会食材供应基地、供应商和运动员食谱情况，梳理汇总全市优质食品生产企业，优质大中型商超、农贸市场，优质蔬菜生产经营主体，优质水果基地，优质肉蛋奶企业名单。制定食材供应基地和供应商遴选方案，报筹委会秘书长办公会研究通过，通过公开招标，选取日照凌云工贸有限公司、日照汇源高速公路服务区经营管理有限公司、日照日百商业有限公司、日照银座商城有限公司4家食材供应商为省运会供应食材。制定《省运会食品储存仓食品安全准入管理办法》，严格标准条件，加强资质审查。对供应商货源及供货流程提出严格要求，加强食材供应基地资质审核，其中肉类、蛋类、奶制品类的供应基地须有为省级以上大型赛事供过食材的经验。

加强省运会食品专仓建设，组织4家供应商建起省运会食品专仓，设立常温库、冷藏库、冷冻库，每个库设有待检区、合格区，全部安装摄像设备，对食材从入库到出库进行无死角全程监控。针对食材供应资质、出入仓标准、抽检、运输配送、供应流程等相关问题研究制定工作制度、工作流程。每个专仓安排2名驻场监管人员，进行实时监管。同时，根据赛事安排及时组织供应商对接接待酒店，提报食材需求，采购所需食材。省运会期间，共完成270余个单品、765吨食材供应。

2021年7月7日，市市场监管局工作人员对食材运输进行全程监督

三、食品检测监督

市市场监管局严格落实省运会、省残运会食材进货查验制度，制定《日照市质量检验检测研究院省（残）运会食品安全抽检保障实施方案》《省运会食品安全抽检工作流程》《省（残）运会食品安全保障用畜肉及畜产品仓库抽样方案》等文件，全面做好食品安全监管工作。落实省运会集中配餐单位驻点监管制度，每个接待酒店安排2名监管人员驻点监管，监督落实食材接收、查验和管理，对菜单菜谱审查、食品加工制作、餐饮具清洗消毒、食品留样等重点环节进行监督检查，严防严控食品安全和食源性兴奋剂风险。

省运会期间，全市市场监管部门抽调67名抽检人员到抽检一线24小时轮流倒班作业，对4个食品专仓实施常规抽检877批次，其中涉兴奋剂检验135批次；对4个食品专仓和10家接待酒店实施食品快检9364批次。对抽检不合格和阳性食品全部按照程序进行有效处置。组织多轮次督导和突击检查，向各区县下发督办单11个，确保各接待酒店设施达标、操作规范，有效保障饮食安全。

四、药源性兴奋剂整治

2022年9月13日，市市场监管局工作人员对食材进行安全检测

市市场监管局高度重视含兴奋剂药品经营监管工作，召开专题会议研究部署。印发《关于开展含兴奋剂药品经营专项检查的通知》，组织对全市药品经营企业开展监督检查。加强部门协同，保持与公安、卫健等部门信息共享，形成打击非法经营含兴奋剂药品行为高压态势。利用国家药品网络交易信息监测平台，对药品经营企业网上销售进行监督。强化督导检查，采取“四不两直”、集中突击检查等方式，抽查各区县专项检查落实情况。

二十五届省运会、十一届省残运会期间，全市检查药品经营企业922家次，对涉嫌非法渠道购进药品的13家药店进行立案查处，未发现违规销售胰岛素以外的蛋白同化制剂和肽类激素行为，牢牢守住药源性兴奋剂安全防线。

第八节 经费保障

2019年4月，市筹委会成立经费保障部和监察审计部，5月28日作为首批部室集中办公。2020年7月，筹委会决定将经费保障部调整为财务部。

二十五届省运会、十一届省残运会筹办期间，财务部、监察审计部先后研究制定《关于明确山东省第二十五届运动会经费开支责任的通知》《监察工作整体方案》等一系列管理制度，对收支管理、财产物资管理、政府采购管理、财务监督管理都作出详细规定，确保经费管理规矩规范，实现当年办会、当年结算、当年完成审计，完成“廉洁办会”工作目标。

一、财务管理

筹委会财务管理遵循“量力而行、保障必需、开源节流、提高绩效”原则，严格执行国家有关财经法律法规和管理制度，坚持“收支两条线”和经费归口统一管理，实行独立核算。经费开支实行部长负责制，各部室部长为第一责任人；各部室明确一名报账员负责该部室财务管理工作。严格制度管理，制定《财务管理办法》《预算管理办法》《经费使用管理办法》《资产管理办法》《政府采购管理办法》等财务管理制度；印发《关于明确山东省第二十五届运动会经费开支责任的通知》，实行市筹委会、区县执委会经费分级负责、独立核算财务模式。

二、预决算管理

市筹委会对二十五届省运会、十一届省残运会各项资金实行预算管理，预算内容包括收入预算、支出预算和采购预算。预算按照“勤俭节约、量力而行、保障重点、兼顾一般、讲求绩效、收支平衡”原则，不列赤字。按年度，分项目编制部门预算，实行预算部长(主任)(以下统称部长)负责制，部长为该部、室、中心（以下统称部室）预算编制第一责任人，负责该部室预算编制审查签批工作。

收入预算包括上级和同级财政、体育等部门拨入的筹备省运会各项补助收入、资源开发收入、其他收入等。支出预算包括部室项目支出、其他支出。部室项目支出必须由市筹委会安排，部室在省运会、省残运会筹备工作中履行工作职责有关的直接费用中，由市直各职能部门承担的日常工作不列入市筹委会预算。年度预算调整需提交秘书长办公会审批，追加预算必须执行“一事一报”制度，经秘书长办公会审定后报执行主任或其授权的执行副主任审批。

二十五届省运会、十一届省残运会闭幕后，市筹委会立即启动财务结算工作，制定财务结算工作方案，编制财务结算关门时间配档表，抽调执委会、市筹委会相关部室、税务、国企业务骨干开展财务单据审核、个税核算等工作。

三、收支管理

二十五届省运会、十一届省残运会所有经费坚持“收支两条线”原则，各部门取得的各项收入必须纳入筹委会统一管理，由财务部和监察审计部统一管理使用。实行支出事前分级审批制度，履行规定的审批程序。遵循厉行节约原则，经费支出按照“分级负责、独立核算、包干使用”的原则。各区县、功能区执委会对该区县、功能区单项竞委会的财务工作实行统一领导，市筹委会根据实际情况，按统一标准核定、拨付各单项竞委会包干经费，超支不补，结余留用。

四、收费标准

省体育局印发《山东省第二十五届运动会决赛期间经费开支标准和财务管理办法》，明确收费标准。各代表团（队）的在编运动员、教练员、工作人员每人每天向大会缴纳伙食费120元。2022年7月8日，经省组委会同意，第二十五届省运会执行委员会印发《关于省运会预决赛运动队缴费政策的补充通知》，决定调整部分缴费标准。在7—9月旅游旺季举行的比赛项目，运动队食宿标准上浮15%，各代表队在编人员向大会缴纳费用调整为每人每天138元。代表团每人每天向大会缴纳伙食费120元。各代表团和运动队的超编人员需向大会缴纳食宿、交通、证件等综合包干经费，标准为团部每人每天490元，运动队每人每天380元。

五、开支标准

食宿费 各代表队在编人员食宿费标准每人每天230元（住宿100元、伙食130元）。其中，各代表队每人每天向大会缴纳伙食费120元，其余食宿费由组委会负担。比赛项目在7—9月旅游旺季举行的，食宿标准上浮15%。各代表团团部在编人员食宿费标准每人每天370元（住宿240元、伙食130元）。其中，各代表团每人每天向大会缴纳伙食费120元，其余食宿费由组委会负担。各项目竞赛官员、正式选调选派裁判员、反兴奋剂运行指挥中心工作人员、兴奋剂检查官、反兴奋剂教育人员和省队选材调研人员等在编人员食宿费标准同运动队，费用由组委会承担；群先表彰会等省体育局组织的会议与会人员食宿费标准同团部人员，费用由组委会承担。各代表团（队）提前到会、延期离会的食宿费，由代表团（队）自理。

交通费 各代表团团部用车由各代表团自带，费用自理。原则上团部10人及以下，可自带车3辆；10~15人，可自带车5辆；16人及以上，可自带车7辆。编内车辆车证由组委会统一发放。

差旅费 运动会选调选派的外埠裁判员、反兴奋剂运行指挥中心工作人员、兴奋剂检查官、反兴奋剂教育人员及其他工作人员，往返差旅费由组委会承担。各代表团（队）、参加群先表彰会、特邀代表，以及省体育局派遣的各类竞赛官员、省队选材调研人员等差旅费自理。

酬金 发放期限按会期内实际工作计算天数，不同项目同一时段的工作时间不重复计算。税前酬金标准为：裁判长、仲裁主任、兴奋剂检查站站长、反兴奋剂教育负责人每人每天340元；副裁判长、仲裁委员每人每天270元；裁判员、兴奋剂检查官、反兴奋剂教育人员每人每天200元；各类辅助裁判员每人每天不超过100元。

六、财产物资管理

市筹委会坚持“廉洁省运”办会目标，以保障二十五届省运会、十一届省残运会顺利举办为前提，按照“保障需要，勤俭节约，立足现有，能捐不借、能借不租、能租不买”工作原则配置各类资产。规范固定资产配置工作流程：部室编制资产配置计划—财务部审核汇总—市场开发部确定资产配置方式—采购或市场开发—验收—登记入库—资产调配至部室—部室分配—清点回收—处置。所需购买器材等物资属于政府集中采购范围的，全部纳入政府集中统一采购，按照政府采购有关规定办理采购手续。大会结束后，市筹委会立即启动物资盘点清查，完成各类资产移交等工作。

七、财务监督

财务部严格按照市筹委会内部控制制度开展各项财务活动，对筹委会财务活动进行全过程、全方位、全覆盖财务监督。从资金申请、业务审批、财务报销3个环节做到事前、事中、事后全轨迹闭环监督，提高会计信息质量，确保法律法规和规章制度的贯彻执行。市筹委会全部经费收支情况按规定接受纪委监委、审计、财政等部门的指导、监督检查。

八、审计监督

2019年4月，筹委会成立监察审计部，成员单位包括市纪委监委机关、市财政局、市审计局。主要负责与二十五届省运会、十一届省残运会有关的经费开支、采购、招标、市场开发、社会捐赠等项目的廉政监察和审计工作。

压实监管责任　健全完善党风廉政建设责任制监督制约机制，强化检查、督查考核力度。编制《监察工作整体方案》，并根据实际情况细化制定《党风廉政建设责任制规定》《廉政监察工作规定》《工作人员廉洁自律守则》《监察审计部监督检查工作规范》等规定，明确监督重点、严明纪律措施、构建责任体系，确保有规可依，有规必依，凝聚廉洁办省运思想共识和工作合力。督促相关部室立足预防在先，做到关口前移，从重点领域、关键环节入手，压实主体责任，在工作部署、运行控制和措施落实上层层细化责任。组织召开2次党风廉政工作会议、开展4次专题警示教育。加强专项监察，开展廉政与效能监察，重点加强交通运输保障、后勤保障、开闭幕式等大额资金使用环节和各场馆建设项目实施情况的监督检查，对未按时间节点完成的重点场馆进行现场实地督导，细化目标任务，确保如期保质完成建设任务。与筹委会办公室建立沟通协调机制，确保在省运会筹备工作期间各项决策部署政令畅通、落地落实。

强化审计监督　市审计局组织9名审计人员先后参与省运会审计工作，重点审计预决算管理、收支管理、政府采购管理、资产管理等方面，做好事前、事中、事后全过程审计。事前阶段，编制《审计工作方案》，从内部管理制度建立健全及遵守执行情况、决策程序制度建设和执行情况、资金管理等7个方面具体审计内容作详细要求；事中阶段，根据需要及监督重点，进行抽审，发现问题及时沟通反馈、督促整改、规范管理，开展单项竞赛支出预算、决算分析，为省运会总体预算把控提供支撑依据；事后阶段，对资金使用情况进行审计，关注资金安全，实施整改督查。完成筹委会自组建至2022年底财政财务收支和竞赛器材采购、接待、市场开发等重点内容专项审计，出具审计报告4份，提出审计建议10余条，对发现的倾向性、苗头性问题，督促相关部室逐一整改，并制定长效整改机制，保障财务管理规范、资金使用安全。

加强过程监督　针对二十五届省运会、十一届省残运会从筹备到闭幕，整个过程涉及部室多、专业性强、资金流量大的特点，由出错后查错、纠错“秋后算账”式转变为“把关”式跟踪审计监督，及时揭示问题，提出建议。市审计局组建审计专项团队驻会办公，全面落实监察审计部参与主任办公会、秘书长办公会制度，提前介入“三重一大”事项研究，针对各部室出台的规章制度、签订的协议、拟招标的采购项目、拟上会讨论的议题等91项内容，按照职责提前参与会审，提出相关风险防范意见建议143条，促进筹委会各部室提升管理水平，提高工作效率，加快工作进程。和相关部室对接，就优化经费支出审批流程、租用车辆管理、市场开发工作经费支出管理、市场开发物资管理、加班餐管理、合同管理办法、赞助物品管理、政府采购管理、合作协议法律风险等提出建议，助力提质增效。

第九节 志愿服务

市筹委会志愿者工作部围绕“最佳服务品牌、最暖志愿队伍、最优志愿保障”志愿服务工作标准，共招募赛会志愿者和城市志愿者3558人，出色完成赛事保障、观众服务、票务、信息咨询等志愿服务。省运志愿者们辛勤付出、用心服务，用热情展示日照形象。

一、志愿者组织

二十五届省运会、十一届省残运会志愿服务由志愿者工作部负责。2018年起，为提升志愿者实战能力，团市委加强同驻日照7所高校联络，先后组织高校大学生参与国际马拉松赛事、体操节、全民健身运动会等全市重大体育赛事活动志愿者工作，树立志愿者良好的社会形象，畅通团市委和各驻日照高校团委之间的协调配合，培养了一批熟悉志愿服务工作的骨干队伍。按照志愿服务制度化、精细化、智能化原则，线下建立“团市委全员值班、第三方全天保障、高校带队老师及时跟进、使用单位闭环管理”的管理制度，线上依托钉钉、微信等软件，建立“志愿者工作部+大队+中队+小队”四级管理制度，以志愿者骨干为基础，构建全体志愿者钉钉打卡群、志愿者大队长工作群、单项竞赛志愿者管理群、临时任务管理群等多个多媒体群，实时掌握志愿者工作生活动态、畅通双向沟通渠道，确保赛会志愿者“出入有记录、工作有管理、生活有保障、情绪有呵护”。所有志愿者上岗前一律进行志愿服务的通用政策培训，并根据工作需求，适时开展专项工作培训。

赛会志愿者报到入驻大本营

二、招募培训

志愿者工作部根据筹委会各部门对志愿者需求，确定志愿者职能、数量，并通过团市委官网和各高校网站发布志愿者招募通告，广大青年积极响应、踊跃报名，共招募志愿者2500名。招募工作初始，按照1所高校1个大队、50人1个中队、10人1个小队模式，率先组建起志愿者骨干队伍。培训组织由各高校的志愿者骨干负责，带队老师总协调，全面提升志愿者个人综合素质和应急处置能力，让志愿者详细了解省运会服务流程和工作规范，为做好省运各项志愿服务工作打下基础。

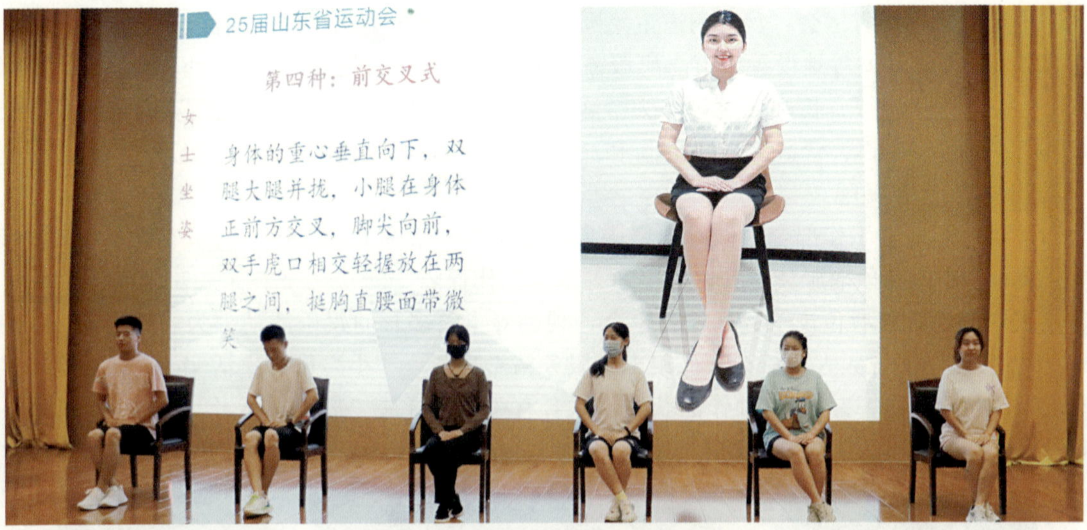

2022 年 6 月，志愿者礼仪培训

加强通识、专业知识和无障碍服务培训。2022 年 5—6 月，在 7 所驻日照高校和岚山区、莒县、五莲县开展通识培训 272 场，主要包括文明礼仪、特殊人群服务、防疫常识、接待规范等。同时，团市委印发《赛会志愿者上岗注意事项》，要求各竞委会在使用志愿者时加强专项培训和管理，提高志愿者服务质量。建立“岗前一分钟提醒机制”，由各项赛事的志愿者中（小）队长对志愿者的着装、仪容仪表、接待礼仪等进行督导和提醒，树立志愿者良好形象。

三、服务内容

受新冠疫情影响，二十五届省运会赛事、十一届省残运会赛事重叠较为严重，有的本应在青岛、潍坊等市举行的赛事临时调整到日照市举行，造成该届省运会志愿者数量不足，按照预定模式很难满足赛事需要。团市委及时调整策略，在预定方案基础上，打破区县界限，建立大统筹、跨区县、分批轮转志愿者上岗制度，满足各项赛事需要。赛会志愿者同时承担倒计时 30 天志愿服务、开闭幕式观众管理与志愿服务、组织志愿者方队等工作。二十五届省运会、十一届省残运会、第五届省老运会开幕式及闭幕式期间，团市委组织调度 2100 多名志愿者参与彩排、预演、演出保障工作，承担开幕式后勤、观众管理与服务、物资保障、票务检查、医疗保障、安全保卫、乘车引导、场馆指引及交通疏导任务。组织 500 多名赛会志愿者参与暖场互动，以青春气息活跃省运会现场氛围。

2022 年 8 月 15 日，志愿者服务五人篮球半决赛

2022 年 9 月 16 日，志愿者协助残疾人嘉宾入场

为更好地宣传省运会，营造东道主氛围，在新市区各个重点路口、商圈、赛场周边社区、城市书房以及加油站等地设置城市志愿服务驿站 8 处、城市志愿服务岗 52 处，配备旅游宣传手册、应急医疗包等宣传和公益物品为游客提供赛场指引、赛事介绍、旅游宣传、应急医疗等多项志愿服务工作，营造“当好东道主、办好省运会”浓厚氛围。

四、志愿者保障

筹委会志愿者工作部全力做好志愿服务后勤保障和激励奖励工作，构筑衣食住行安全反馈网络，为志愿者争取服装、餐饮、交通等基本工作保障。

组织志愿者开展包饺子、草坪音乐会、观影等丰富多彩的娱乐活动，为志愿者减压。开展“i 看省运”短视频大赛活动，征集志愿服务精彩瞬间、“小海贝”生活 vlog、志愿者心声感悟等作品百余份，并有 12 项作品获奖。联合有关媒体开展“最美志愿者”评选活动 2 次，集中展示不同赛项、不同赛区、不同岗位台前幕后志愿者，让更多市民了解、认可志愿者。

2022 年 7 月 23 日，志愿者工作部组织“小海贝”包饺子活动，丰富志愿者文娱生活

第十节 环境保障

2018年起，日照市以承办二十五届省运会、十一届省残运会为契机，将环境整治任务列为市城管委重点工作，与城市品质提升、创建全国文明城市、争创国家生态园林城市、城建计划实施、城市管理综合考核等重点工作任务同研究、同谋划、同部署，组织协调各级各相关部门，有力有序推进各项任务。编制完成《省运会城市环境综合整治方案》，将涉及道路改造、园林绿化、公厕等工程任务列入城建计划，持续完善载体服务功能。印发《迎办省运会市容环境整治实施方案》，统筹工程设施、设施维护、容貌治理等工作，抓好市容环境整治。坚持城市管理综合考核，组建市级专职巡查员队伍，对55个乡镇街道常态考核，与资金

奖惩、干部任用、养管经费核拨挂钩，提升市域城镇管理一体化水平，形成“以考促管、以考促改、以考促长效”机制，2022年将省运会环境整治纳入考核督办任务。

一、市政设施保障

道路优化畅通行动 结合城市发展和二十五届省运会、十一届省残运会举办需要，日照市实施道路优化畅通行动，改造提升重点路口、重点道路交通，提升道路通行效率。实施路口渠化，坚持小改造、大提升，完成青岛路与泰安路、北京路与泰安路、烟台路与济南路等60余处路口渠化改造，配套“可变车道、潮汐车道、左转右置”等交通优化措施，增加路口车道，提升道路通行能力；打造道路范围内慢行系统、景观绿化等，彰显“以人为本”建设理念，实现城市道路功能性和景观性的有机融合。实施重点道路品质提升，及时维修主干道罩面，组织实施青岛路、北京路、临沂路、海曲路等城市主干道维修罩面10条段，修补路面30余万平方米，整体罩面140万余平方米，其中在北京路（滨州路至山海路段）维修改造项目实施过程中，首次使用“就地热再生”等新工艺，实现对原有旧路面沥青材料100%重复利用，节约沥青矿石9600吨、减排二氧化碳1100余吨。畅通慢行网络，定期织补城市步行道、非机动车道及绿道网络，逐步构建“全覆盖”慢行交通网络。2019—2022年，日照市提升建设慢行通道约100公里、绿道约150公里。

2022 年，改造提升后的济南路与威海路道路路口渠化（市城市管理局供图）

亮化品质提升行动 功能照明方面，将市区125条次干道路、7774盏老钠灯更换为LED光源电器；采用合同能源管理（EMC）模式，将12条主干道路老钠灯更换为新型钠灯，并安装单灯控制器。推进智慧照明建设，实现主城区路灯照明系统共享使用一套集中控制系统。景观照明方面，坚持“适度”原则，对既有建筑选取重要城市楼宇节点，投资建设夜景照明。2019年，对迎宾路跨路桥等29处建（构）筑物进行景观照明建设。2021年，对市游泳馆等10余处建筑物进行景观照明提升。2022年，对财富中心等6栋楼宇既有夜景亮化设施进行升级改造，接入集中控制系统，打造滨海区域高品质夜景亮化。

二、市容秩序保障

高品质雕塑小品打造 二十五届省运会、十一届省残运会筹办期间，市城市管理局突出运动会主题，完成绿植雕塑、街景小品建设 60 余处。其中，在城区设立以省运会为主题的雕塑 12 处、运动标识 2 处，在 6 座桥体摆放花箱 4400 余个，美化重点道路沿线桥墩，迎宾路桥安装仿真植物垂直绿化墩 16 座、五叶地锦垂直绿化墩 74 座。采用园林植物营造省运景观，体现日照风貌特色，栽植各类苗木 15.5 万株，完成麦冬等地被 9.4 万余平方米、草花地被 7843 平方米。

海曲公园绿植雕塑（梁庆瑜 摄）

城市扬尘治理 加强日常监管，提升道路保洁标准，核心道路保洁“1 冲、2 扫、6 洒”，国控站点周边道路不间断洒水，普通道路“1 冲、2 扫、3 洒”，高于深度保洁 “1 冲、2 扫、2 洒”标准，最大限度抑制道路扬尘，主次干道深度保洁率保持 100%。规范建筑渣土管理，市城市管理局会同住建、交通、交警等部门，落实运输车辆准入、渣土处置备案等管理措施，推行定时、定人、定点、密闭运输制度，整合道路卡口、建筑工地等视频资源，安装车辆定位系统和视频传输系统，实现运输实时监控和违法违规行为倒查，有效管控超载、超速、洒漏等问题。开展餐厨油烟整治，依法依规取缔露天烧烤，组织餐饮业户全面安装餐厨油烟净化设施，组织执法队伍常态化监督，确保油烟达标排放。2022 年，现场检查餐饮业户 3900 余家，检测 190 余家次，更新油烟净化设施 915 处，罚款 1 起、限期整改 11 家、取缔 3 家。

沿街商铺信用管理 市城市管理局统筹沿街商铺信用信息归集、披露、评级、奖惩等工作，会同市发展改革委、市市场监管局、市行政审批服务局联合下发《日照市沿街商铺信用监管实施方案》，引导商铺强化自我管理约束，提升行业文明水平和沿街区域环境水平。统筹城市管理和市场监管工作，制定《沿街商铺信用等级评价标准》，定期集中评定。落实《中华人民共和国食品安全法》《中华人民共和国计量法实施细则》《日照市城市管理条例》等规定，对违反城市环境卫生管理、餐厨废弃物管理、停车管理、油烟污染等 22 类城市管理负面行为和 5 类经营负面行为实行信用减分，对认真履行约定、积极参与志愿服务活动等 3 类正面行为实行信用加分。针对商铺面广量大、积分需动态变化实际，统筹考虑信用披露和信用奖惩，采取信息技术手段，建立基础数据库，关联线下“二维码”，实现信用信息的即时采集、披露。城市管理、行政审批、发展改革、市场监管等部门通过数据管理系统，共享获取商户信用信息，分类适用管理、执法、审批措施。

井盖和管线管理 二十五届省运会、十一届省残运会筹办期间，全市城市管理部门对省运会场馆及其重点道路沿线完成三轮井盖专项整治，共发现整改问题144处；对迎宾路开展专项排查，发现并整改问题63处。开展排水井盖加装防坠网专项行动。截至省运会开幕前，日照市主城区41664座雨污水排水井全部加装完成，莒县、五莲县、岚山区城区排水井防坠网加装率达95%以上。完成海曲路（烟台路—枣庄路）、北京路（山海路—潮河段）、山东西路（丹阳路—和阳路路段）等重点道路沿线“三线入地”工程，其中山东西路（丹阳路—和阳路路段）共拆除电线杆16个、废旧电缆30余条，铺设强弱电2.4万余米，剪除墙体废线以及空中飞线2.08万余米。

市容环境集中攻坚 2022年，市城市管理局组织开展省运会市容环境整治集中行动，印发《日照市迎办第二十五届省运会市容环境综合整治实施方案》，以“五点一线”六类区域为重点，开展“绿化、亮化、净化、美化、畅通”工程。绿化方面，新增绿化面积210.7万平方米。其中，场馆周边绿化58.4万平方米，改造提升公园绿地31.4万平方米，道路绿化26.5万平方米，裸土绿化78.1万平方米，街心绿化3.5万平方米，花卉布置12.8万平方米。美化方面，整治沿街立面8.2万平方米，管线整治57.6公里，建筑围挡整治38.6公里，公益广告整治2525处，街面秩序整治1.2万处，违法建设整治8304平方米。净化方面，清扫垃圾3.6万吨，背街小巷卫生治理1375条，老旧小区卫生治理140个，垃圾场（站）卫生治理600个，城中村（城乡接合部）卫生治理528个，农贸市场、养殖场、屠宰场等周边环境卫生治理141个，建筑工地、拆迁工地、闲置土地围挡内环境卫生整治354个，苫盖渣土堆场7.5万平方米，绿化渣土堆场16.3万平方米。亮化方面，修复灯杆921根，安装（修复路灯）3119盏，修复供变电设施593个，保洁照明设施7308处，建设夜景亮化62处。畅通方面，优化道路畅通51.7公里，交通设施维护801处，公共交通保障448处，停车管理2704件，修复路面破损、沉陷等19.5万平方米，修复人行道3.5万平方米。

三、环境卫生保障

环卫设施扩容升级 结合垃圾分类，坚持全链条、全领域、全域一体推进。2022年，市城市管理局成功运作总投资11.94亿元的全域垃圾分类体系，加快完善垃圾投放、收运、处理体系，保障垃圾处理减量化、无害化、资源化。在住建部2022年第一季度生活垃圾分类工作评估中，日照市居全国86个同类型城市第十三位、全省第一位。完善垃圾投放体系。按照四分法模式，制定垃圾收集分类收集容器标准，改造小区垃圾分类房500余个，投放垃圾桶1.7万余个，全市413个公共机构、667个小区、570个村配备分类投放设施，公共机构覆盖率84%。完善垃圾收集转运体系。新建、提升改造生活垃圾收集转运站35座，配套24处中端暂存点、275台分类运输车，做到日产日清、随满随清。完善生活垃圾处理体系。建成投运市第一生活垃圾焚烧发电厂（二期）和五莲县生活垃圾焚烧发电项目，新增规模900吨/日，全市生活垃圾处理总规模达3100吨/日，焚烧规模达1900吨/日；至2022年年底，全市日均清运生活垃圾约2500吨，其中生活垃圾焚烧占比达85%以上，生活垃圾无害化处理率100%；建成莒县餐厨废弃物处置中心，新增处理规模10吨/日，餐厨废弃物处理总规模达到110吨/日，城市建成区固定场所餐厨废弃物产生单位与收集运输企业签订收运协议3020家，签约比例达75%以上。提高公厕数量、密度。统筹省运会、省残运会保障和市民如厕需求，将公厕建设列入年度市政府为民办实事项目，加快提升市区公厕数量和密度，打造公厕服务“10分钟服务圈”。2018—2022年，全市新改建城市公厕215座。至2022年底，中心城区有各类公厕542座，平均密度达4.3座/平方公里。

道路冲洗（梁庆瑜 摄）

污水处理提质增效 完善污水处理设施建设，完成1公里污水主管道外迁，完成768个住宅小区雨污分流、255公里市政管道雨污分流改造、598公里排水管道深度清淤检测修复，新建扩建8座城镇生活污水处理厂，设计处理能力每日增加19.2万吨，城镇生活污水实现全收集全处理，出水水质全部优于一级A排放标准。强化河道内源治理，实施“清清河流”行动，建设6处、632亩的河道人工湿地；沿河实施4处补水工程，每日向河道内补水12万吨以上，保障河流生态用水；在河道内科学种植芦苇、菖蒲等水生植物，投放鲢鱼、白鲢鱼等滤食性鱼苗，提高水体自净能力。强化设施管护，委托市水务集团实行“厂网河”一体化管护，组建专业化养护队伍，定期开展排水管网清淤检测，强化管网检测检修，确保排水体系作用发挥。

四、城市绿化建设

日照市以举办省运会、省残运会为契机，以创建国家生态园林城市为抓手，统筹绿化增量提质，坚持应绿必绿、可绿尽绿，实施公园绿地和场馆、道路附属绿化等工程。2022年，全市城市建成区绿地率40.5%，绿化覆盖率43.9%，人均公园绿地面积19.48平方米，城市绿化道路达标率89.13%，林荫道路覆盖率90.65%。

公园绿地建设 聚焦“300米见绿、500米见园”目标，新建兴海公园、亲子公园、人才公园、高新区公园等综合性公园；通过“见缝插绿、拆墙透绿、拆迁建绿、破硬还绿”等方式，全面实施街头口袋公园、游园建设。至2022年，全市综合公园有18处，10万人拥有综合公园1.9个；建成游园、口袋公园200余个，公园绿化活动场地服务半径覆盖达92%。

附属绿化建设 严格控制道路绿地率，具备条件的新改建道路全部推行单侧双排行道树和道路绿篱、道路绿带，选用法桐、栾树、水杉、银杏等适生乡土树种，合理搭配乔灌花草，营造一路一景道路绿化特色。推广立体绿化，高标准实施国际博览中心、日照科技馆、迎宾路快捷路等场馆、道路立体绿化。

青岛路与海曲路绿植花卉点（梁庆瑜 摄）

裸土绿化 日照市探索运用“碳汇”模式开展城市裸露土地治理，利用超高温好氧发酵技术，将污水处理后产生的污泥等有机固体废物进行高温发酵，调配成花卉用土，施加在裸露土地上，种植多年生草本植物，恢复地被生态、优化城市环境。至2022年底，累计绿化裸土150万平方米，实现市政污泥资源化、裸露土地绿化、城市绿量攀升、环境显著改善等多赢效果。

五、空气质量保障

2018—2022年，环境整治部深入开展污染防治攻坚行动，推进环境空气质量改善，实施工业源、扬尘源、移动源、港口等全领域治污减排工程，持续降低污染排放强度。聘请专家、技术团队，加强预测预警、溯源分析，做好科学治污、精准治污工作。2021年，市区空气质量优良率83.0%，环境空气六项指标均实现同比改善，全面达到国家环境空气质量二级标准。2022年，空气质量优良率达87.1%，同比提高4.1个百分点。

六、旅游环境质量提升

二十五届省运会、十一届省残运会筹办及举办期间，环境整治部持续开展旅游服务质量提升行动。印发《日照市旅游服务质量提升行动实施方案》《关于做好文体旅游行业领域假日安全生产和市场监管的通知》等文件，引导旅游景区、星级饭店、星级民宿等市场主体全面提升旅游服务质量。推进文明旅游示范单位创建和民俗质量提升，将文明旅游、环境整治、垃圾分类纳入文明旅游示范单位创建指标和星级旅游民宿申报评定指标。2018—2022年，日照市万平口风景区、浮来青、东夷小镇、五莲山风景区创建为省级文明旅游示范单位，全市评出市级精品民宿15家、创建星级民宿17家。

第十二章　市场开发

二十五届省运会日照市筹委会制定《山东省第二十五届运动会市场开发管理办法》，规定了市场开发的主体、方式、可开发资源类别、收支管理及合同管理等多个事项。明确省运会资源的开发管理工作由市场开发部统一组织实施。市场开发包括与省运会有关的各类有形资产资源和无形资产资源，开发形式包括赞助单位开发、特许经营、社会捐赠等。省运会期间，市场开发部共开发赞助企业99家，赞助金额包括现金5006.13万元、实物（服务）1558.97万元。

日照市市场开发创造了3个省运会市场开发纪录：历届山东省运会市场开发现金最高、全国各省省运会第二，为全市及各区县提供物资保障最多；全国各地省运会文创产品开发品种最多（107种），授权赋能最多（当地文创产品23个、农业产品13家）；历届山东省运会开发企业数量最多、全国各地省运会开发企业数量最多、行业种类最全。

第一节 赞助捐赠

二十五届省运会、十一届省残运会筹办期间，市场开发部借鉴广东省肇庆市、江苏省扬州市等南方城市，济南市、青岛市、济宁市等省内城市赛事开发经验，结合多位专家意见，确定“自主开发＋委托代理开发”相结合的市场开发模式。制定《市场开发管理办法》《物资管理办法》《社会捐赠管理办法》等文件，为依法依规开展工作打下基础。赛事筹备期间，先后到济南市、厦门市和杭州市等体育产业发达市，与关联度紧密的央企、省属国企及在外山东商会进行对接。累计向省内外企业及相关部门发放倡议书10000余份、宣传资料3000余件、感谢信300份，实地走访企业200余家；在全市7个区县（功能区）接续召开座谈动员会10余场，与33家金融机构、22家异地商会以及全市60家重点企业和130余家中小型企业多次进行深入交流。

一、高级合作伙伴

中泰证券股份有限公司、亚太森博（山东）浆纸有限公司签约山东省第二十五届运动会高级合作伙伴，分别捐款800万元。两家公司还是山东省第十一届残疾人运动会特别贡献单位。中泰证券股份有限公司冠名省运会开闭幕式及省运会帆船帆板、足球和省残运会聋人篮球比赛项目，亚太森博（山东）浆纸有限公司冠名日照实验高中艺体馆、省运会铁人三项和省残运会乒乓球比赛项目。

二、社会捐赠及法律援助

2021年7月，市筹委会制定《山东省第二十五届运动会社会捐赠管理办法》。2022年6月，北京京诚保安服务有限公司与二十五届省运会日照筹委会签署捐赠协议书，捐赠价值10.2万元安保服务。法律援助有2家事务所，分别是山东海洋律师事务所、山东德衡律师事务所。

二十五届省运会官方赞助商一览表

表12-1

企业名称	赞助现金（万元）	实物（服务）价值（万元）	冠名赛事
日照银行股份有限公司	300	0	沙滩排球
中国农业银行股份有限公司日照分行	200	0	篮球比赛、（残运会）轮椅篮球比赛
中国工商银行股份有限公司日照分行	200	0	游泳比赛（残运会）田径比赛
中国银行股份有限公司日照分行	198	0	羽毛球比赛
中国建设银行股份有限公司日照分行	200	0	网球比赛
恒丰银行股份有限公司	100	0	跳水比赛
山东省港口集团有限公司	100	0	排球比赛

续表 12-1

企业名称	赞助现金（万元）	实物（服务）价值（万元）	冠名赛事
山东钢铁集团日照有限公司	100	0	公开水域游泳比赛
中铁十四局集团有限公司	100	0	七人制橄榄球比赛
中铁二十三局集团有限公司	100	0	皮划艇比赛
山东省土地发展集团有限公司	100	0	皮划艇激流回旋比赛
山东泰山体育器材有限公司	259.33654	257.559	体操比赛
日照交通能源发展集团	0	500	手球比赛
山东能源集团有限公司	100	0	—

二十五届省运会官方供应商一览表

表 12-2

企业名称	赞助现金（万元）	实物（服务）价值（万元）	冠名赛事
北京百策源商贸有限公司	100	0	特许经营商
山东鲜淳乳业有限公司	70	7.986	乒乓球比赛
江苏金陵体育器材股份有限公司	52	52.8912	—
上海兰信医疗科技集团股份有限公司	30	0	拳击比赛
福建泉州匹克体育用品有限公司	50	86.372	—
山东高速日照供应链服务有限公司	10	71.62	—
日照三奇医疗卫生用品有限公司	0	138.2	—
日照尧王酒业集团有限公司	10	0	—
山东日照祥路碧海茶业有限公司	10	20	—
日照茶仓茶业有限公司	5	0	—
山东日照碧波茶业有限公司	0	10	—
日照市岚山园区云智三维科技有限公司	0	100	—
创泽智能机器人集团股份有限公司	0	100	—

二十五届省运会特别支持单位一览表

表 12-3

企业名称	赞助现金（万元）	实物（服务）价值（万元）	冠名赛事
金马工业集团股份有限公司	50	0	田径比赛

续表 12-3

企业名称	赞助现金（万元）	实物（服务）价值（万元）	冠名赛事
日照东港农村商业银行股份有限公司	50	0	举重比赛
山东莒县农村商业银行股份有限公司	50	0	柔道比赛
山东五莲农村商业银行股份有限公司	50	0	武术散打
日照岚山农村商业银行股份有限公司	50	0	跆拳道比赛
山东美佳集团有限公司	50	0	射箭比赛
日照新发地农业发展有限公司	50	0	赛艇比赛
山东百纳实业集团有限公司	30	0	三人制篮球比赛
莱商银行股份有限公司日照分行	30	0	—
兴业银行股份有限公司日照分行	30	0	—
济宁银行股份有限公司日照分行	30	0	—
齐鲁银行股份有限公司日照分行	30	0	—
威海市商业银行股份有限公司日照分行	30	0	—
中国光大银行股份有限公司日照分行	30	0	—
临商银行股份有限公司日照分行	30	0	马术表演
中国农业发展银行日照分行	30	0	—
华能国际电力股份有限公司日照电厂	30	0	—
中国邮政储蓄银行股份有限公司日照市分行	30	0	—
山东省煤田地质局第一勘探队	30	0	山地自行车
山东日广投资集团有限公司	15	0	冲浪比赛

二十五届省运会热心支持单位一览表

表 12-4

企业名称	赞助现金（万元）	实物（服务）价值（万元）
五莲银河酒业有限公司	15	0
日照天一生物医疗科技有限公司	10	0
山东杰出人力资源集团有限公司	10	0
山东瑞工建设集团有限公司	10	0
山东领信信息科技股份有限公司	10	0
招商银行股份有限公司日照分行	10	0
平安银行股份有限公司日照分行	10	0

续表 12-4

企业名称	赞助现金（万元）	实物（服务）价值（万元）
交通银行股份有限公司日照分行	10	0
中国民生银行股份有限公司日照分行	10	0
青岛银行股份有限公司日照分行	10	0
方鼎科技有限公司	10	0
日照山太飞机工程股份有限公司	10	0
山东香满园粮油有限公司	10	0
日照蛋姑娘综合商贸有限公司	10	0
阳光新能源开发股份有限公司	10	0
日照宏盛煤业发展有限公司	10	0
中金亿信能源有限公司	10	0
山东省地质矿产勘查开发局第八地质大队	10	0
山东双港活塞股份有限公司	10	0
山东永锦电气股份有限公司	10	0
中国人民财产保险股份有限公司日照市分公司	9.8	0
国药集团青岛医疗器械有限公司日照分公司	5	0
日照泰森食品有限公司	5	0
日照旭丰建设工程有限公司	5	0
山东凯裕达新材料科技有限公司	5	0
现代汽车模具（山东）有限公司	5	0
莒县尚谷食品有限公司	5	0
日照市向善食品有限公司	2	0
日照环宇包装股份有限公司	5	0
日照市城乡建设勘察测绘院有限公司	2	0
山东京琼乐盛生物科技有限公司	5	0
日照陆港恒丰装卸有限公司	2	0
山东美沭生态环保科技有限公司	2	0
莒县雍瑞包装制品有限公司	2	0

续表 12-4

企业名称	赞助现金（万元）	实物（服务）价值（万元）
山东兴辰铝业科技有限公司	2	0
日照市德盛机械股份有限公司	2	0
山东省威科泰激光科技有限公司	2	0
日照市茂盛钢结构安装工程有限公司	2	0
日照市岚山区岚青商贸中心	3	0
山东振富医疗科技股份有限公司	2	0
日照市交通运输有限公司	2	0
山东博大管业有限公司	2	0
日照程皓机械工程有限公司	2	0
华仁药业（日照）有限公司	2	0
举鑫九州（山东）食品有限公司	1	0
华晨广告传媒有限公司	0	80
绿之缘环境产业集团有限公司	0	50
特康药业集团有限公司	0	12.264
海诺薪创（山东）健康产业有限公司	0	10.08
日照市水务集团水库开发运营有限公司	0	62

三、市场开发活动

2021 年 3 月 26—28 日，市场开发部会同竞赛部到福建省厦门市，拜访厦门市山东商会、厦门休闲产业协会推介日照市产业发展及筹办省运会情况，考察匹克、安踏和特步等运动服装企业，并商谈合作事宜。经过多轮洽谈，确定匹克作为二十五届省运会官方供应商。

2021 年 4 月 2—3 日，根据省运会市场开发工作需要，市筹委会市场开发部到济南市开展工作，依次与鲁商联盟会、山东广播电视台、省国资委相关负责人座谈交流该届省运会筹备工作情况及日照市经济社会发展情况。至 2021 年 8 月 25 日，与 9 家企业签订赞助协议。

2022 年 4 月 28 日，市筹委会与省运会高级合作伙伴中泰证券股份有限公司举行签约仪式。5 月 25 日，市筹委会组织召开集中签约仪式，并为部分官方赞助商、特别支持单位、官方供应商授牌。6 月 17 日，日照市侨界赞助省运会暨亚太森博高级合作伙伴签约仪式举行。8 月 18 日，市场开发部为指定农副产品供应商和特许生产商企业授牌、颁发荣誉证书。8 月 19 日，市场开发部为省运会部分特别支持单位授牌。

四、赞助商回报服务

市筹委会按照不同赞助层级为赞助单位提供赞助回报，主要事项有：授予赞助单位合作伙伴、赞助商、供应商、热心支持单位等称号；使用省运会名称、会徽、吉祥物等特定称谓和特殊标志进行广告和市场营销等相关活动；省运会纪念品、工艺品、饰件、邮品等的生产销售；省运会特定产品或者服务类别的排他权；省运会会刊、省运会网站和省运会新闻发布会等媒介以及省运会各类印刷品刊发广告等的优先购买权；在省运会场馆现场展示产品或服务、售卖等资格；省运会各种证件的制作，开幕式、闭幕式及比赛门票制作、使用等；为省运会各类正式比赛项目和宣传省运会所举办各种主题活动的冠名；特许在省运会开幕式、闭幕式和与省运会相关的大型活动会场以及省运会比赛场馆内设置广告；特许在机场、车站、广场、主要道口和大会驻地等区域设置与省运会宣传关联的户外广告；社会捐款、捐物和举办省运主题义演、义卖、义赛、义展、义销、义诊等活动，以及其他相关资源。

为保障赞助商合法权益，市场开发部成立赞助企业权益维护工作组，开展赞助企业排他性排查专项行动70余次；在省运会官方渠道为赞助商展现企业品牌99家，门票宣传16家；制作安装广告牌1240块，主背景板15块，市区公交站台灯箱广告702块，安排视频广告大屏车6辆；组织赞助商签约仪式10余次，赠送荣誉牌匾99块；安排冠名赞助商代表出席开幕式或颁奖仪式33个单项比赛现场。所有赞助商都表示非常满意，省运会市场开发工作实现“零投诉”。

山东省第二十五届运动会“中泰证券杯”足球决赛举行

山东省第二十五届运动会“亚太森博杯”铁人三项决赛颁奖仪式举行

五、特许经营

为扩大省运会品牌和形象宣传，山东省第25届运动会日照市筹委会、北京百策源商贸有限公司及山东体育频道发展有限公司、广州博润体育科技有限公司签订特许经营合同，规范和丰富省运会特殊标志纪念品及文创产品的开发、生产和经营，满足群众对省运会纪念品的消费需求。

二十五届省运会纪念品

第二节 省运会衍生品

一、保障物资开发

二十五届省运会期间，市场开发部共开发并为全市及各区县提供价值约1500万元的竞赛器材、运动装备、矿泉水等办赛必需品，以及防疫口罩、免洗凝胶、酒精湿巾、艾灸贴、风油精等物资保障。

二、非遗文创产品

组织推荐“山东手造·优选日照”50个精品项目以及优秀非遗项目传承人广泛参与，打造一批具有浓郁日照地方特色的省运会题材文创产品。13家文创企业获批二十五届省运会特许生产商，开发、生产和经营省运会文创产品达30余项。二十五届省运会文创产品主要围绕省运会会徽、吉祥物、体育场馆、赛事项目等内容，融合日照绿茶、日照农民画、日照刺绣、剪纸等非遗文化元素展开创意设计。

非遗文创产品

二十五届省运会文创产品开发特许生产商一览表

表12-5

企业	开发产品
茶礼（日照）电子商务有限公司	名片茶
山东晨韵文化发展有限公司	手绘钱包
山东绮鲁绣韵工艺品有限公司	刺绣荷包
莒县红纸语文化传承工作室	剪纸
日照刘氏盘扣文化传承有限公司	盘扣制品
山东博礼文化发展有限公司	木质冰箱贴
日照艺安沙文化传播有限公司	沙绣
山东盈春鞋业有限公司（莒县妈妈制造合作社）	手工布鞋

续表 12-5

企业	开发产品
五莲县墨斗文化传播有限责任公司	皮影
五莲县葫芦阁电子商务有限公司	烙画葫芦
海诺薪创（山东）健康产业有限公司	艾草荷包
山东海洋文化旅游发展集团有限公司	折扇、冰箱贴、书签
日照市东港区雅集轩文化传播有限公司	雨衣、PP 扇子、会旗、明信片、手提袋、书签、小方巾、包装盒、包装贴等

二十五届省运会指定农副产品供应商一览表

表 12-6

企业名称	产品
日照城投集团有限公司	“跃麟湖”系列日照水库桃花鱼、苹果脆片、茶叶
山东海洋文旅集团	“日初礼遇”海鲜礼盒
日照国丰农业发展有限公司	大米
山东嗡嗡乐园生态农业有限公司	蜂蜜系列产品
山东美佳集团有限公司	海产品
山东浏园生态农业股份有限公司	京冬菜
山东钰安医疗科技股份有限公司	豆制品
莒县梁甫山农产品有限公司	杂粮、煎饼
招贤五彩现代农业开发有限公司	串收樱桃番茄
日照金果粮油有限公司	坚果、虾条
海诺薪创（山东）健康产业有限公司	艾灸系列产品
日照市三德宝石有限公司	黄芩、丹参
日照棕酒生物科技有限公司	章大师红曲蓝莓酒

第十三章 宣传活动

二十五届省运会、十一届省残运会筹办及举办期间，宣传工作部创新模式，打通内宣、外宣和网宣，实现无缝对接。经过前期深度策划，中期活动宣传，后期整合传播，放大了二十五届省运会、十一届省残运会热点和爆点。加强全媒体宣传，播发各类省运会报道1.3万余条，其中在《人民日报》、新华社、中央电视台等国家级媒体和《大众日报》、山东广播电视台等省级媒体发稿3600余条；山东电视台、日照广播电视台等对开闭幕式、重要比赛进行直播，各类直播共计610余场，在线观众超过6.6亿人次。突出重要节点宣传，在倒计时2周年、1周年、100天、30天，开幕式及闭幕式等重要时间节点，通过新闻发布会及各项主题庆祝活动，发布省运会会徽“腾飞吧太阳鸟”，吉祥物“阳阳”“盈盈”，省运会主题歌、宣传歌曲、宣传片、宣传标识等，扩大省运会影响力。开展全社会宣传，在各比赛场馆、接待酒店、重要路段、广场等重点区域，利用倒计时牌、雕塑、道旗、宣传牌、电子屏等形式营造现场氛围，设置道旗3800余组，各类宣传牌、车体广告、灯箱广告1.3万个；在出租车、公交车及车站等利用车载电视、电子屏循环播放省运会宣传片和宣传口号。开展配套活动宣传，举办“我与省运零距离”探馆、省运主题摄影大赛、少儿演讲比赛、书画大赛、小记者“采访省运会”夏令营等活动80余场次，扩大省运会知晓度。

第一节 新闻媒体宣传

一、报刊报道

省运会筹备期间，《日照日报》《黄海晨刊》开设“聚焦山东省第 25 届运动会”“2022 日照 山东省第二十五届运动会”“活力日照 精彩省运——山东省第 25 届运动会特别报道”专栏，运用消息、通信、图片、综述、侧记、评论等多种体裁，对日照市成功申办二十五届省运会、筹备工作推进成效、省运会场馆建设、志愿者服务、50 余项赛事、市区内氛围营造、主创团队、开闭幕式等方面展开宣传。省运会开幕式前，宣传力度和效果达到高潮。刊发《相聚阳光之城 一起奔向未来 山东省第二十五届运动会在日照开幕 陆治原出席并宣布开幕》《社论·相约活力日照 共享精彩省运——热烈祝贺山东省第二十五届运动会在我市开幕》《侧记·阳光之城 激情绽放——山东省第二十五届运动会开幕式侧记》等稿件。设计推出公益广告《山东省第二十五届运动会》《活力日照 精彩省运》《山东省第 25 届运动会鸣谢单位》等近 20 期，提高省运会知晓率，营造热烈社会氛围。策划推出《活力日照 精彩省运——山东省第二十五届运动会特刊》共 92 个版。其中，“活力日照 精彩省运——山东省第二十五届运动会特别报道”专版《山东省第二十五届运动会报道集锦（一）》，集纳刊发《人民日报》、人民网、新华网、《光明日报》、《大众日报》、山东卫视等中央、省级媒体对省运会的报道情况截图，再次放大宣传效果。

当前位置：日照日报20220825期 >> 第A1版:要闻 读报

山东省第二十五届运动会今晚开幕

今晚8 点，山东电视台新闻频道、体育频道，日照广播电视台公共频道、科教频道将对开幕式进行全程现场直播，主流日照客户端、日照日报视频号、直播日照新媒体等网络平台同步直播

全媒体记者 郑君瑶 报道

本报讯 8月25日晚，山东省第二十五届运动会将在日照奎山体育中心开幕，来自全省16市的运动健儿将汇聚一堂，一展山东竞技体育的强劲实力。今晚8点，山东电视台新闻频道、体育频道，日照广播电视台公共频道、科教频道将对开幕式进行全程现场直播，主流日照客户端、日照日报视频号、直播日照新媒体等网络平台同步直播，敬请收看。

据悉，开幕式由仪式和大型文体展演两部分组成，以“活力日照、精彩省运”为主题，以“简约而不简单、节俭不失精彩”为创作原则，融合“文化+科技”，突出全景式舞美、立体化呈现、高科技应用三大特色，呈现“人在光影中，光影在人中”全景式、开放式的震撼艺术效果，总时长约100分钟。其中，大型文体展演《齐鲁风·山海情》将充分运用全息投影、空中威亚、激光成像、无人机等技术，借助多媒体技术和声光电手段，集合艺术与技术、虚实场景与数字演绎等现代科技手段，多角度、全方位展示山东体育文化的丰富多彩和体育运动的蓬勃发展，为观众带来一场视觉盛宴。

二十五届省运会开幕式当天的《日照日报》

《日照日报》《黄海晨刊》运用消息、通讯、图片等多种体裁，刊发稿件 50 余篇，全方位、多角度报道省残运会举办情况。开设“聚焦山东省第十一届残疾人运动会”专栏专题，及时报道赛事活动，推出《张惠在调研省残运会筹办工作时强调 精心组织温暖服务 确保两个省运同样精彩》《山东省第十一届残疾人运动会开幕式即将精彩呈现》《开赛首日，日照健儿喜获两金五银！》等稿件。在做好常规赛事项目基础上，采访报道残疾运动员不断挑战自我、顽强拼搏的体育精神以及志愿者饱满、热情、细致、贴心的服务，推出《他没有因为失去一条腿改变生活，反而演绎了一段非凡人生——“独腿骑士”王永海》《冰壶打开了季善东的“另一扇窗”》《日照“无尾美人鱼” 王世杰：你比金牌更耀眼！》等稿件。

二、广播电视报道

省运会期间，日照广播电视台在《日照新闻》《社会零距离》《联播日照》栏目，开设“当好东道主 办好省运会”“省运在我家”“活力日照迎省运”等专栏，从省运会场馆建设、全民健身氛围营造、志愿者队伍培训、重大赛事活动举办等方面，通过体验式报道方式，多视角、全方位进行宣传报道，策划“走在前 开新局”省运会系列报道 10 集，播出《体育赋能发展》《一城活力 一城动感》等一批有影响的新闻稿件，累计播发新闻稿件 1200 余篇，播出广播公益广告、歌曲和电视 MV、宣传片 6000 余条次。在山东广播电视台等省级广播电视媒体发稿 150 余篇。

日照广播电视台电视公共频道专门开设《活力体育》栏目，围绕日照市建设现代化海滨体育名城、创建全国全民健身模范市、居家健身操、体育达人等方面，推出《日照精品体育项目巡礼》《备战省运》等特别节目 18 期。广播综合频道、广播音乐频道打造专业体育节目《体育日照》《活力体育》，为听众提供及时迅捷的省运新闻。广播交通生活频道开设《主播景琰带您看省运》专题节目，通过现场直播连线、短视频发布等方式播出节目 12 期。进行各类直播 610 余场，在线观众超过 6.3 亿人次。对省运会开闭幕式进行 270 分钟的现场直播，启用 4K 超高清转播车，全方位、多角度展示省运会开闭幕式盛况，全网总播放量 1000 万 + 次。

2022 年 8 月 25 日，日照广播电视台记者在二十五届省运会开幕式现场直播

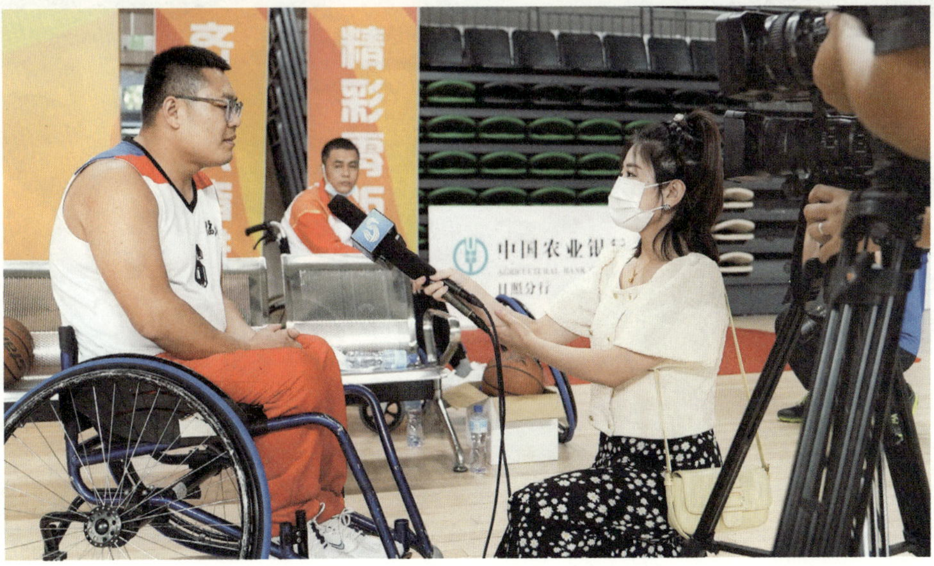

2022 年 9 月 19 日，日照广播电视台记者现场采访残运会运动员

围绕十一届省残运会赛事活动、运动员风采等，日照广播电视台开设“聚焦省残运会”“逐梦省残运会”“心飞扬 梦闪耀”等专栏，播发《王永海：勇敢追梦的“独腿骑士”》《王胜：轮椅上的乒乓梦想》等稿件 150 余篇。独立承办、现场直播省残运会开幕式，以“爱和梦想”为主题，将开幕仪式与文艺演出融为一体，生动展示残疾人自强不息、为梦想不懈奋斗的精神，以及对美好生活的热切向往。

三、网络报道

二十五届省运会、十一届省残运会期间，市筹委会宣传工作部统筹市内市外、网上网下宣传资源，聚焦重点媒体、重要环节和重点内容，突出全媒联动、拓展宣传渠道、活化传播形式，开展丰富多样的网上宣传。组织市内网络媒体、区县融媒体和省驻日照网络媒体开展策划，聚焦省运会、省残运会赛事及筹备工作开展网上宣传报道。

组织新媒体探馆省运会活动，聚合网络媒体、网评员、自媒体、网络名人等力量多方位进行网上宣传。在省运会开幕前，聚焦筹备进展成效、社会氛围营造、市民热切期盼、各界积极评价等方面，推出《山东省第二十五届运动会进入开幕 30 天倒计时》《千架无人机、大型焰火表演……省运会开幕式亮点“剧透”》《倒计时 2 天，氛围感拉满了！》《活力日照》《穿越日照》《日照准备好了！》《期待值拉满！山东省第二十五届运动会 8 月 25 日晚盛大开幕》等重点融媒体稿件，闪电新闻、直播日照等新闻客户端弹窗推送直播预告，通过短视频、海报、图文、街采等灵活多样、生动鲜活的形式和网言网语，营造喜迎省运会开幕浓厚氛围。

聚合网端微等媒介资源，强化市县媒体协同，同时加大争取沟通力度，在新华社客户端、人民网、新华网、光明网、中国新闻网、中国网、凤凰网、新浪网、大众网、齐鲁网、闪电新闻、齐鲁壹点、今日头条（加热推送）等中央级、省级重点网络媒体和知名商业网站（平台）推发《山东省第二十五届运动会在日照开幕》《山东省第十一届残疾人运动会在日照开幕》《活力日照 精彩省运》《省运会，日照准备好了！》《参赛运动员创历史新高，亮点纷呈！一图读懂山东省第二十五届运动会》《山东省第二十五届运动会闭幕》等重点稿件，阅读量 2900 万余次，# 山东省第二十五届运动会今日开幕 # 等话题登上微博热搜，百度搜索“山东省第二十五届运动会 + 开幕”得到相关结果 1030 万余个。

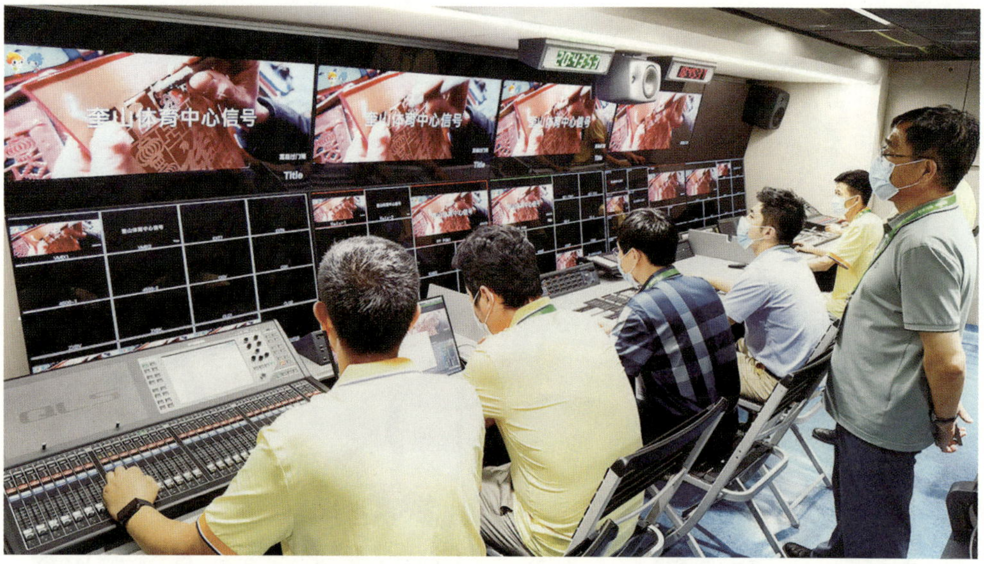

2022 年 8 月 25 日，二十五届省运会开幕式现场直播

适应网民需求，通过闪电新闻、直播日照、主流日照、大众网日照、百度直播、新黄河、新浪、蓝睛等网络直播平台，即时、全景、全程开展山东省第二十五届运动会开幕式直播，为广大网民献上一场身临其境、精彩震撼的视觉盛宴，全网总播放量达 2000 余万次。同时，各网络媒体（平台）推发《超燃！千架无人机、大型焰火表演点亮日照夜空！》《阳光之城！激情绽放！》《你发现了吗？这 10 个细节，值得再刷一遍》《忘不了！一起回顾这些精彩时刻》等重点融媒体作品，通过短视频、动图、海报、图文等多样化形式，对二十五届省运会精彩瞬间进行即时传播和回顾总结，抖音平台相关内容播放量突破 5000 万次，全网阅读量达 1 亿人次。

超前谋划，聚焦二十五届省运会、十一届省残运会，撰写推发《共迎体育盛会 共享运动魅力》《借省运东风，激扬日照“体育 +”澎湃动能》《人人都是东道主，文明省运会靠大家》《折翼飞翔，用自强不息精神不断奏响生命赞歌》《爱是一种双向奔赴！》等文章，并快速上线，针对重点帖文开展准确引导，正面跟评和点赞千余次，营造喜迎省运、点赞省运的良好网络环境。

市级新媒体平台聚焦省运会筹备、体育场建设阶段宣传、喜迎省运会、省运会开幕、比赛阶段宣传、开闭幕式宣传等重要时间段，宣传全面立体、热烈精彩。日照新闻网、日照网和主流日照、直播日照客户端、微信号、视频号、人民号、头条号等新媒体平台开设“活力日照 精彩省运”“C 位看省运”“vlog| 直击省运”“直通省运”等专栏，充分利用图文、视频、直播、海报、创意互动、贴片等形式，做好省运会预热、开幕式以及赛事的宣传，累计播发新闻稿件 380 余篇，总观看量超 1000 余万次，总点赞量超 500 万次。对省运会大型活动和重大赛事进行现场直播。现场直播省运会开幕式、排球比赛、跳板决赛、跳远比赛、举重决赛等 12 场赛事，观看人数共计 300 余万人次。开幕式系列短视频观看量超 320 万次，其中《一千架无人机编队为观众呈现出一只腾飞的太阳鸟，点亮了每个人心中跃动的激情》在抖音平台观看量超 144 万次，点赞量 1.6 万次。日照新闻网、日照网和主流日照、直播日照客户端、微信号、视频号、人民号、头条号等新媒体平台共发布十一届残运会作品 260 余条。其中，直播日照微信推文《诗图说 | 山东省第十一届残运会项目“文学图解”来了！》，用诗意和美感升华残疾人运动员坚忍不拔的品质，17 首短诗、17 张海报表达对残疾人运动员运动精神的敬意。

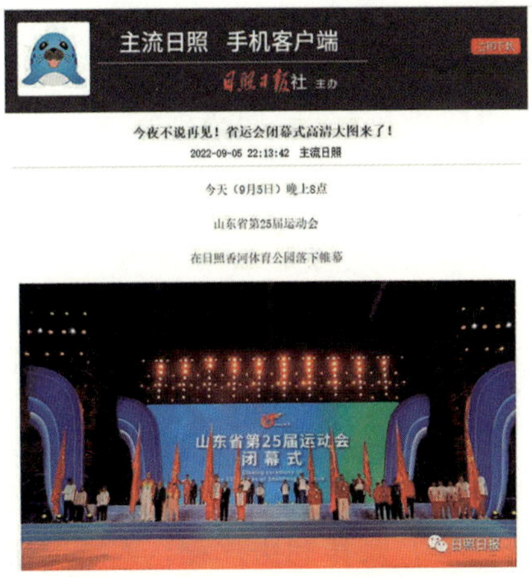
主流日照 手机客户端
日照日报社 主办
今夜不说再见！省运会闭幕式高清大图来了！
2022-09-05 22:13:42 主流日照
今天（9月5日）晚上8点
山东省第25届运动会
在日照香河体育公园落下帷幕

日照新闻网
www.rznews.cn
日照日报微信二维码 主流日照客户端
当前位置：首页 > 专题 > 聚焦山东省第十一届残疾人运动会 站内搜索 搜索 我要投稿
山东省第十一届残疾人运动会在日照开幕
来源：日照新闻网 发布时间2022-09-17 10:30:37
9月16日晚，山东省第十一届残疾人运动会在日照开幕。图为开幕式现场。 日照报业全媒体记者 范成思 报道
主流日照讯 共享阳光，逐梦残运。9月16日晚，山东省第十一届残疾人运动会在日照香河体育公园开幕。中国残联党组成员、副理事长赵素京致贺词，省委常委、组织部部长王宇燕宣布残运会开幕，省领导王随莲、孙继业、王修林，省有关部门领导张连三、邹斌芳、乔云萍，市领导张惠、李在武、杨留星、王新生出席开幕式。
赵素京代表中国残联向运动会开幕表示热烈祝贺。她说，习近平总书记对残疾人格外关心、格外关注。党的

媒体报道

第二节　社会氛围营造

一、倒计时牌

二十五届省运会筹备期间，采取点缀式设置，在全市范围选择最具代表性、人流量较大的场所设置大型、中型、小型三类倒计时牌。

大型倒计时牌

尺寸：宽 3.9 米，高 2.2 米

中型倒计时牌

尺寸：宽 2.2 米，高 3 米

小型倒计时牌

尺寸：宽 2.1 米，高 3.5 米

二、立体宣传

全市各宣传单位在比赛场馆、接待酒店等重点区域，利用倒计时牌、道旗、宣传牌、电子屏、大屏车等形式营造现场氛围；在重要道路、广场、景点、商超等做好点缀式宣传和街面宣传；在出租车、公交车及车站等利用车载电视、电子屏循环播放省运会宣传片和宣传口号；自 2022 年 6 月 25 日起，市级媒体平台全面设立倒计时牌，制作刊头片花，大密度播放标语口号、公益广告。累计设置道旗 3800 余组，各类宣传牌、雕塑、车体广告、灯箱广告 1.3 万个，街面显示屏、车载电子屏、楼体灯光秀等播放省运宣传标语，做到省运宣传全覆盖。

二十五届省运会宣传牌

三、系列专题片

二十五届省运会官方宣传片《活力日照　精彩省运》　该片整体创意围绕日照特色延伸展开，聚焦日照悠久的历史、灿烂的文明、丰富的物产、“蓝天碧海金沙滩”的优势资源、智慧引领的城市配套、现代特色的省运场馆、“生活在日照就是幸福”的民生视角、全民健身的体育氛围、激情活力的运动赛事等，全面展示日照城市形象和体育事业发展盛况，凸显日照迎接省运会的良好姿态。片长 4 分 36 秒，采用全高清格式，并综合运用实景拍摄 + 同期声 + 特效包装等手段。旨在以视听效果强调视觉表现力，注重内容吸引力及观众体验感，成为一张推介日照、宣传省运会的亮丽名片。

二十五届省运会倒计时两周年宣传片《活力日照　激情省运》　该片描述从日照市接过山东省运动会会旗到全民筹备的过程,展示日照为迎接第二十五届省运会所做的各项筹备工作，以“喜迎省运会”为主题，全民动起来，省运更精彩，以满足广大市民美好生活需要为目的，办好省运会。片长 7 分 06 秒，采用全高清格式，并综合运用实景拍摄 + 同期声 + 特效包装等手段。

二十五届省运会倒计时一周年宣传片《活力日照　精彩省运》　宣传片在省运会官方宣传片基础上丰富内容，片长 6 分 56 秒，在艺术手法及构思上进行创新。

二十五届省运会回顾片　该片囊括二十五届省运会开幕式盛况、比赛赛事精彩瞬间、感人瞬间以及活力四射的运动员，记录二十五届省运会经典时刻，展现二十五届省运会举办盛况。片长7分49秒，采用全高清格式，并综合运用实景拍摄+同期声+特效包装等手段。

十一届省残运会运动集锦《共享阳光 逐梦残运》 十一届省残运会让爱和梦想在日照这片沃土上演绎得淋漓尽致。面对一扇扇被命运关上的门，残疾运动健儿用坚强、勇毅与不屈，打开一扇扇崭新的窗。拼搏的瞬间热血沸腾，贴心的保障关怀备至。

第三节 系列文体活动

一、倒计时两周年活动

2020年9月9日，二十五届省运会开幕倒计时两周年新闻发布会暨会徽、吉祥物发布仪式在济南市举行，省体育局党组成员、省体育总会专职常务副主席隋拥军介绍二十五届省运会有关情况，发布会徽、吉祥物，启动开幕倒计时两周年系列活动。二十五届省运会资源信息发布暨市场开发合作企业签约仪式同日在济南市举行，邀请60余家企业代表参加。会上发布二十五届省运会《资源信息手册》，对省运会蕴含资源以及市场开发赞助体系、权益回报等进行详细介绍。

2020年9月下旬，结合“第三届中国（日照）新闻摄影周”，举办中央媒体日照行采访活动。组织中央媒体记者，采访报道省运会场馆建设，现场体验省运会筹备工作，了解城市发展成果，宣传报道各级领导、社会各界关注省运、运动员奋勇备战等情况。

组织开展二十五届省运会开幕倒计时两周年系列庆祝活动之日照市广场舞大赛。主要活动内容包括威风锣鼓+舞龙舞狮展演，1000人太极拳+健身气功+民族舞展演，120人街舞+轮滑展演，200人鬼步舞展演，点赞新时代1000人广场舞展演，全市广场舞比赛等群众性活动。

建设二十五届省运会官方网站、微博、微信公众号，官网分新闻、数据和服务三大板块。新闻板块包括通知公告、备战省运、省运动态、志愿省运、图说省运、视频播报、场馆巡礼、战况速递等内容；数据板块分赛程赛果、省运项目、媒体关注、健儿风采、历届省运、资料下载等内容；服务板块分票务服务、省运百科、筹委会、服务指南、场馆指南和活力日照等内容。官网于2020年8月25日正式上线，2022年12月31日下线。

开展二十五届省运会开幕倒计时两周年社会宣传。在市区重点位置、重要载体采用点缀式方式，重点部署一批公益广告，做到“重点位置，重点宣传”，营造省运会倒计时两周年社会氛围。各区县结合各自实际，参考市里做法，同步做好省运会社会氛围营造。

二、倒计时一周年活动

以二十五届省运会筹备进展为主线，坚持社会宣传、新闻宣传、文艺宣传等多种形式融合互动，新闻发布会、主题晚会、媒体记者行、全民健身、合作签约仪式等相关活动压茬进行，共同形成宣传合力，逐步掀起舆论高潮。

中小学生“参与省运，成就梦想”主题演讲比赛 2021年3月上旬至6月16日举办预选赛，7月18日决赛。在市内中小学校集中开展“参与省运，成就梦想”主题演讲比赛，面向中小学学生群体，增强省运会吸引力。

二十五届省运会开幕倒计时一周年启动仪式、倒计时一周年新闻发布会 2021年8月25日，二十五届省运会开幕倒计时一周年启动仪式在日照举办。启动仪式后，市筹委会召开新闻发布会，介绍该届省运会时间安排、竞赛安排、场馆设施建设及筹备进展等工作情况。

“山东省运，日照有约”市内媒体大宣传活动 日照日报社、日照广播电视台所属全媒体全部开设省运会专栏和倒计时牌，从倒计时一周年开始，各责任媒体、相关专栏每天都有省运会筹备内容，包括活动新闻、公益宣传、省运知识等。同时，用好新媒体矩阵，省运会官网及省运百家号、企鹅号、头条号、抖音号、快手号、火山号等及时更新省运内容，宣传有力。

“为中国加油，为省运添彩”系列宣传活动 借助二十五届省运会倒计时一周年重要节点，依托各相关活动，邀请中央、省级主流媒体到日照采风，组织网络红人看日照，继续举办中国（日照）新闻摄影周等系列活动，加大对重点体育场馆建设成就报道，对重要比赛项目现场进行集中观摩、报道和宣传，展现筹备进度，坚定办会信心。

“新时代薪火相传　跑进省运　跑向日照”系列群众体育活动 2021 年 8 月 25 日，在市政府广场组织“全民健身·机关先行”健身气功·八段锦展演，在万平口 1 号门处组织广场舞展演，在香河体育公园、网球中心球场北广场、阳光海岸绿道分别组织全民健身展演。各区县、功能区同步组织开展全民健身展演。

三、倒计时 30 天誓师大会

2022 年 7 月 27 日，市委、市政府举行二十五届省运会开幕倒计时 30 天誓师大会。市委书记、市人大常委会主任张惠出席大会并为二十五届省运会日照代表团及相关服务保障团队授旗，市委副书记、市长李在武出席大会并讲话。会上，相关筹办单位和志愿者代表发言，市民代表宣读倡议书。

四、“活力日照　精彩省运”视频、摄影作品展

二十五届省运会视频、摄影作品征集大赛，共收集参赛作品摄影类近 3000 件，视频类近百件，参赛作者 150 余名。经过专家评审，评选获奖摄影作品 37 件，其中一等奖 2 件、二等奖 5 件、三等奖 10 件、优秀作品奖 20 件；获奖视频作品 17 件，其中一等奖 2 件、二等奖 2 件、三等奖 3 件、优秀作品奖 10 件。

五、二十五届省运会、十一届省残运会摄影作品展

2022 年 9 月 30 日，山东省第二十五届运动会第十一届残运会摄影作品展在市文博中心三楼博物馆临展二厅开展，作品兼顾省运会和省残运会两大盛会；题材丰富，涵盖体育场馆及设施建设、开幕式、体育健儿顽强拼搏、省运会安全保障、志愿服务等各个方面，观展人数超过 1 万人次；并将所有入展作品汇集成册，印刷发行。

六、“献礼省运会　有我更精彩”日照市少儿书画大赛

活动以“献礼省运会 有我更精彩”为主题，以绘画或者书法形式，展现运动员敢于胜利、顽强拼搏的不屈斗志以及日照的秀美风光和良好风貌等，激发全市少年儿童关注省运、参与省运、热爱省运的激情。800 多件书画作品参赛，经层层筛选，66 件书画作品获奖。

七、小记者采访省运会夏令营活动

2021 年 7 月 25 日至 8 月 4 日，日照广播电视台公共频道联合山东广播电视台体育频道、少儿频道面向全市招募 120 名小记者。在组委会统筹安排下，举办 4 期小记者采访省运会夏令营活动。小记者们走进省运会场馆观摩比赛、采访运动员、与运动员合影，了解省运会大事件，记录精彩故事，感受体育精神。

第十四章 标志·标识

第一节 会旗·会徽·吉祥物·主题歌（会歌）

自2019年6月11日发布征集公告至2020年7月31日，山东省第二十五届运动会会徽、吉祥物得到社会各界高度关注并踊跃参与，共收到有效参赛作品近万件。经专家评委会三轮评选，评出了入围作品并进行公示，最终确定运动会会徽与吉祥物。

一、会旗

二十五届省运会会旗

十一届省残运会会旗

二、会徽

省运会会徽 会徽名为“腾飞吧太阳鸟”。主要融合抽象的日照“日”字、山东的“山”字，数字“25”、太阳鸟、圣火、船帆、海浪等元素，寓意运动员们如飞翔的太阳鸟激情拼搏、快乐竞技，奋勇谱写新时代山东体育运动发展的新辉煌；“日照”二字取自日照河山上“汉字摩崖石刻世界之最” 日照二字的书法字体，“2022”由帆船形象构成；会徽采用金黄、大红等色彩，象征光明、祥和、生命、运动、繁荣和永恒等美好寓意。

二十五届省运会会徽

省残运会会徽 会徽图案以数字“11”、奋进冲刺的轮椅运动员、熊熊燃烧的体育圣火以及翻卷的海浪组合造型，同时融入山东地图，展现出山东省残疾人体育独具魅力的风采。圣火熊熊燃烧，海浪澎湃激荡，轮椅飞奔向前，淋漓尽致地彰显出“平等、参与、共享”的残运会思想，体现出“理解、尊重、关心、帮助”的残运会精神。会徽采用红、黄、绿、蓝结合的标准色搭配，分别代表太阳、金沙滩、碧海、蓝天，整体搭配鲜艳醒目、和谐亮丽，富有鲜明的时代感和蓬勃发展的朝气，同时充分体现出赛事举办地——日照鲜明的地域特点和独特城市风貌。以书画飞白笔法挥洒而出的线条舒展奔放、大气磅礴，饱含着前进的动力和气势，烘托出赛场激情竞技的火热氛围，富有激动人心的感染力。

十一届省残运会会徽

三、吉祥物

吉祥物名为“阳阳、盈盈” 主要体现日照“东方太阳城”和“水上运动之都”的地域特色，以“太阳和海水”为设计原型，形成可爱的卡通形象。吉祥物男宝取名“阳阳”，寓意阳光帅气、健康快乐；女宝取名“盈盈”，寓意清澈晶莹、青春美好。阳阳、盈盈一起做出奔跑的姿势，代表活力日照热情欢迎来自海内外的朋友们，共同感受山东省第二十五届运动会的魅力。

二十五届省运会吉祥物阳阳、盈盈

四、主题歌·会歌

二十五届省运会主题歌

女高
男高

阳光下绽放

1=F ♩=120

谦　可作词
刘　琦作曲

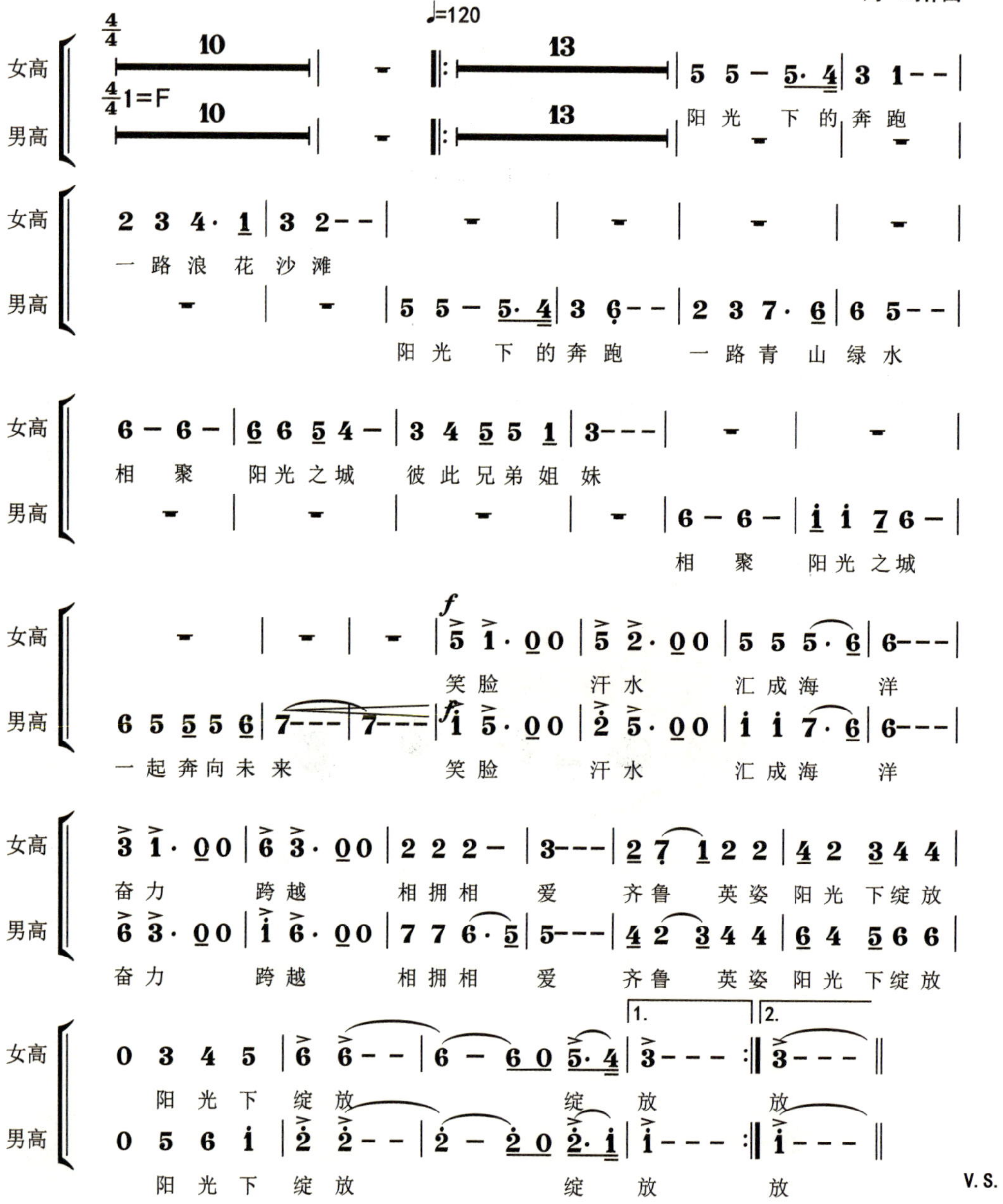

2 女高，男高

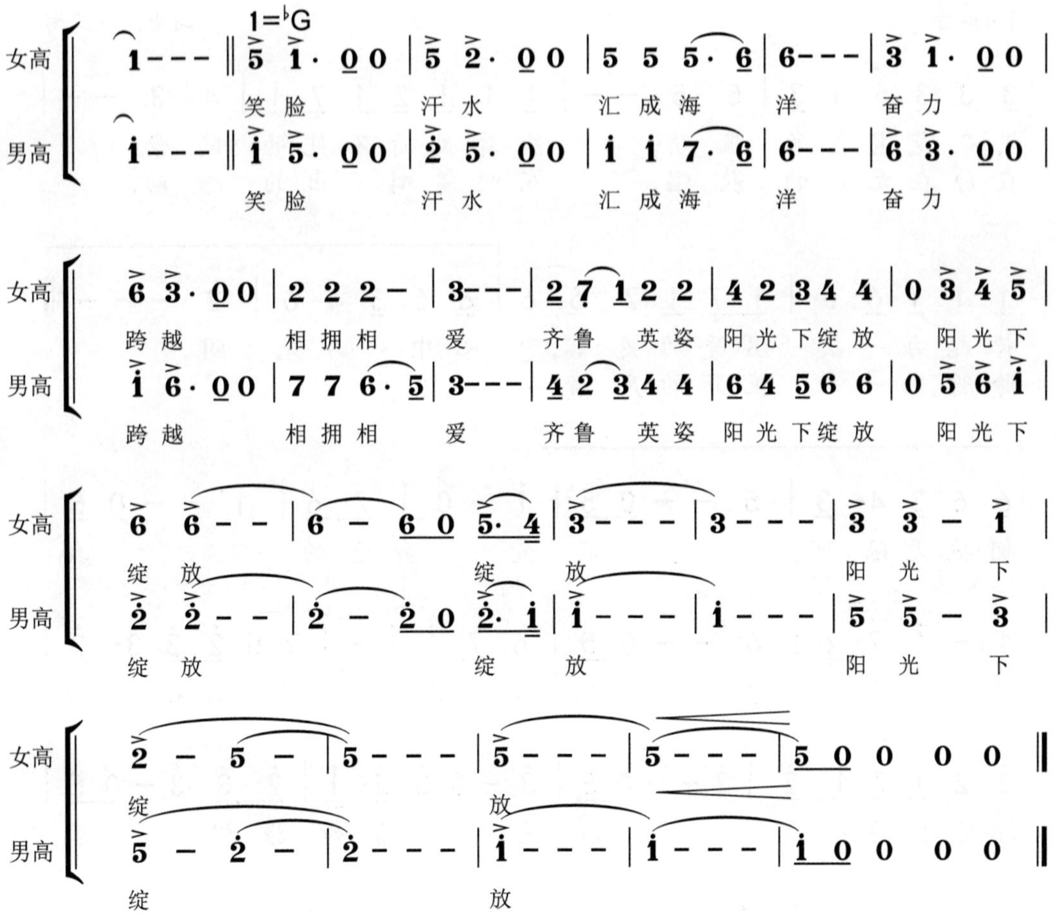

十一届省残运会会歌

我爱

1= A $\frac{4}{4}$

词曲：卢莉娜

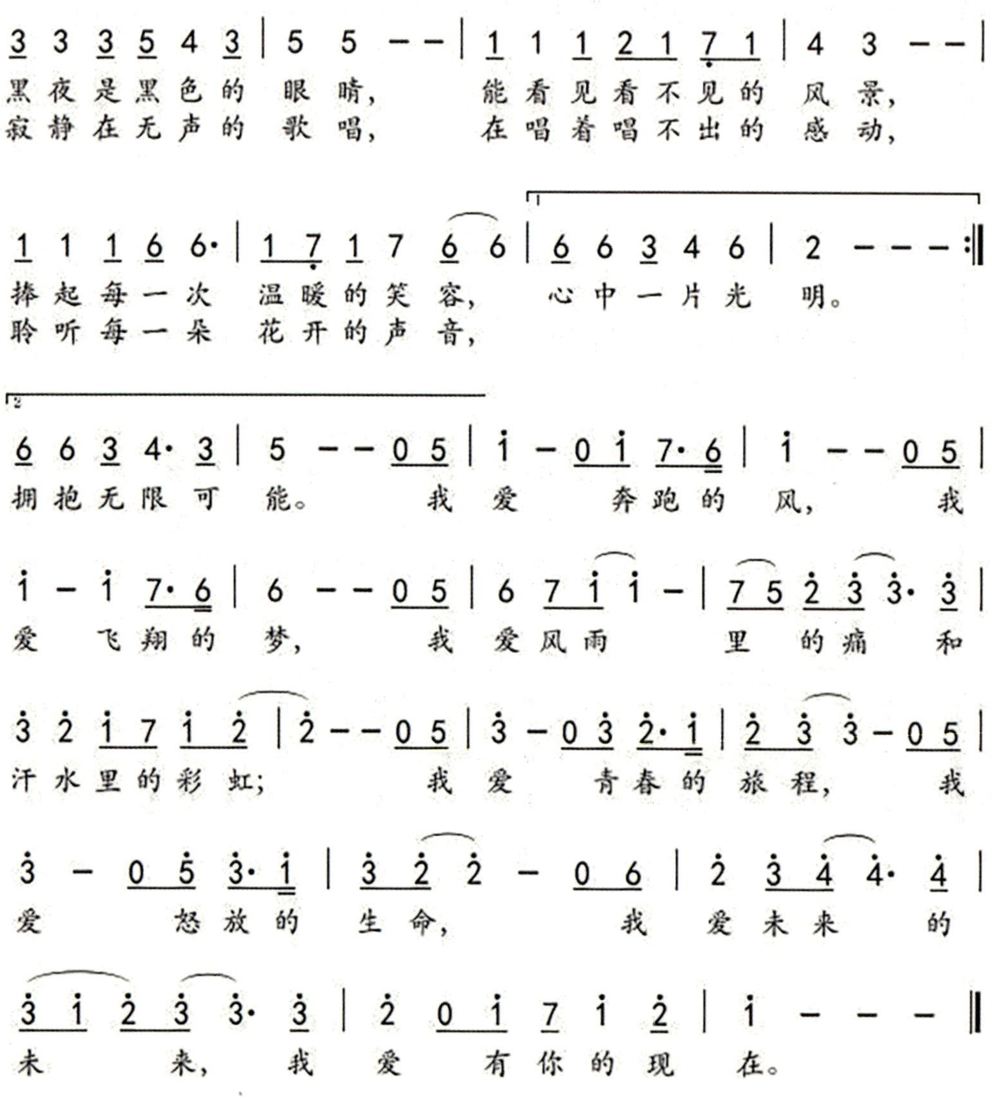

第五届省老运会主题歌

一路暖阳

闻　峻　词
顾法高　曲

1=♭D $\frac{2}{4}$

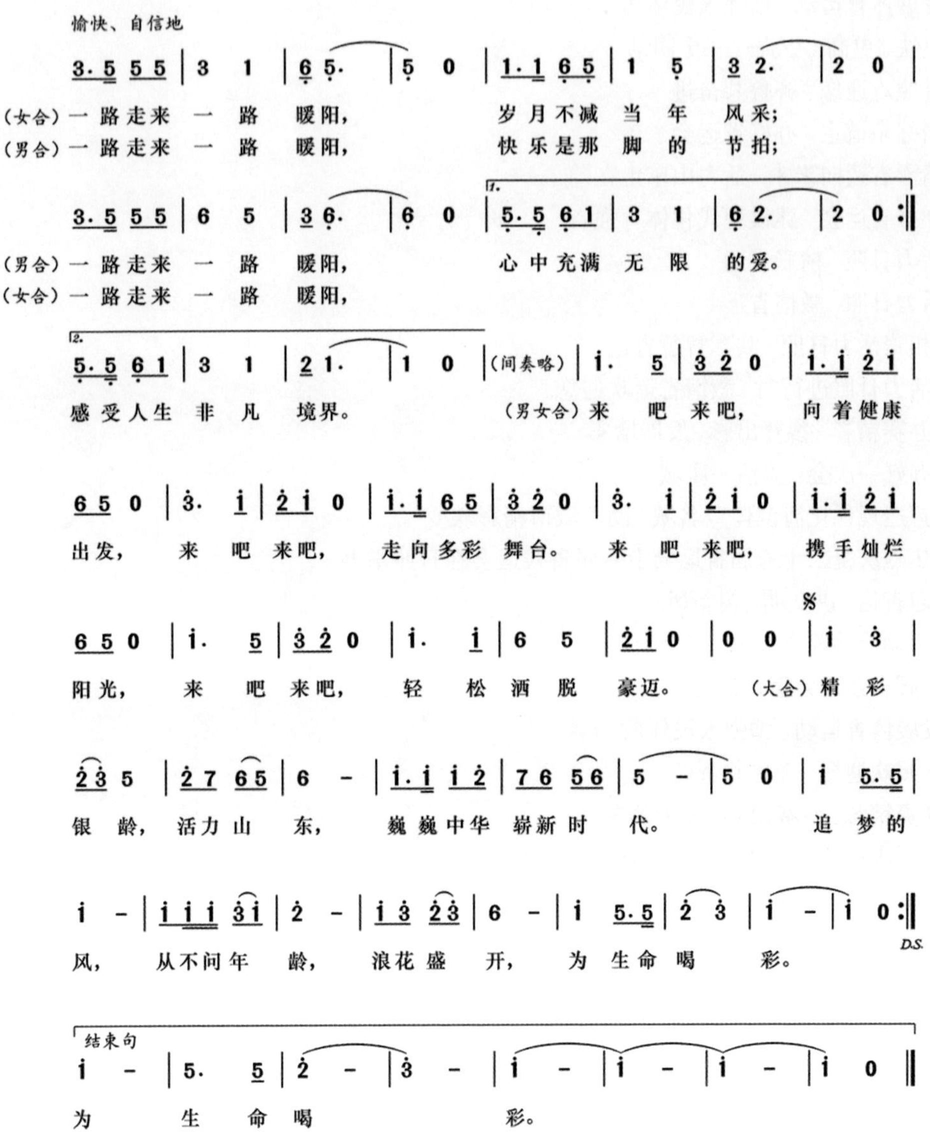

第二节 宣传口号·宣传画

一、宣传口号

二十五届省运会宣传口号：

1. 体育强则中国强　国运兴则体育兴
2. 发展体育运动　增强人民体质
3. 更快　更高　更强——更团结
4. 日照欢迎您　齐鲁共奋进
5. 当好东道主　办好省运会
6. 精彩省运向未来　活力山东走在前
7. 办好省运会　建设现代化体育强省
8. 活力日照　精彩省运
9. 活力日照　激情省运
10. 相聚活力日照　共享智慧省运
11. 活力日照进行时　激情省运欢迎您
12. 办赛精彩　参赛出彩　发展增彩
13. 办好一次会　搞活一座城
14. 打造现代化海滨体育名城　助力城市精彩蝶变
15. 热烈庆祝二十五届省运会十一届省残运会在日照举办
16. 迎省运　讲文明　树新风
17. 运动成就健康　省运传递梦想

十一届省残运会宣传口号：

1. 发展体育运动　增强人民体质
2. 日照欢迎您　齐鲁共奋进
3. 办赛精彩　参赛出彩　发展增彩
4. 热烈庆祝第十一届省残运会在日照举办
5. 当好东道主　办好残运会
6. 活力日照　精彩残运
7. 关爱残疾人　办好残运会
8. 自尊　自信　自强　自立
9. 运动无障碍　精彩零距离

二、宣传画

以“活力日照 精彩省运”“办赛精彩 参赛出彩 发展增彩”“山东省第二十五届运动会主办城市——活力日照欢迎您”等为主要内容，结合日照美景美色、场馆场地、运动项目等，制作发布宣传图样。

山东省第25届运动会
办赛精彩
参赛出彩
发展增彩
2022日照

2022日照
山东省第25届运动会主办城市——活力日照欢迎您！
当好东道主
办好省运会

山东省第25届运动会主办城市
——活力日照欢迎您！
2022·RIZHAO

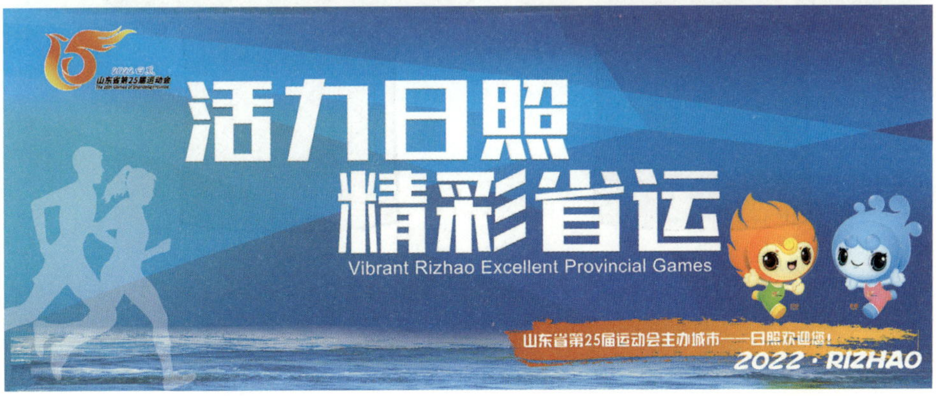
活力日照
精彩省运
Vibrant Rizhao Excellent Provincial Games
山东省第25届运动会主办城市——日照欢迎您！
2022·RIZHAO

二十五届省运会宣传画

第三节 服饰装备

一、服饰装备·日照代表团

日光红（P18003）/ 闪耀黄（14-0760TCX）短袖上衣

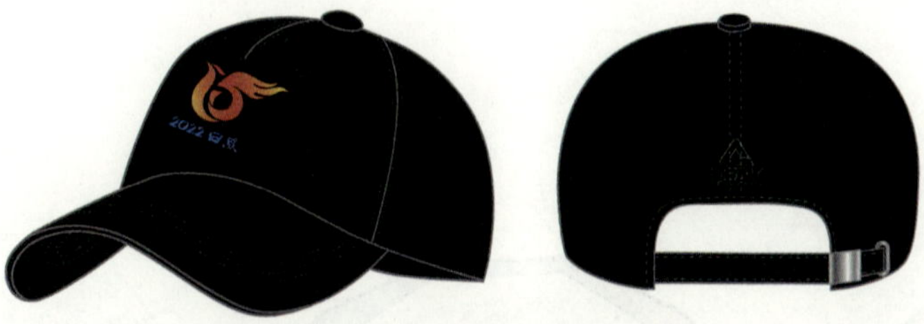

黑色帽子

米色 / 浅花灰鞋

日光红（P18003）/ 闪耀黄（14-0760TCX）上衣

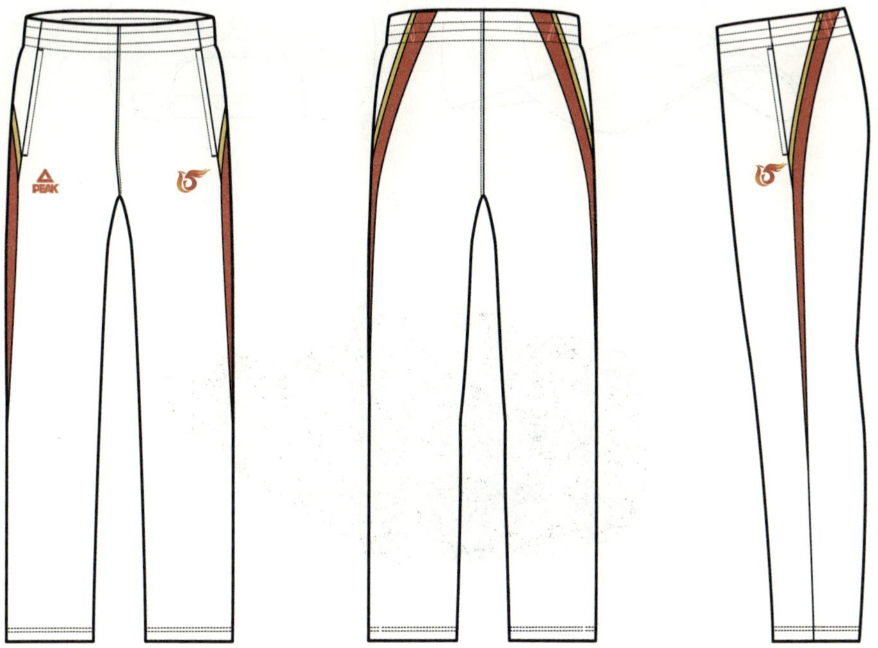

大白（P22121）/ 日光红（P18003）长裤

二、服饰装备·志愿者

大白（P22121）/ 运动蓝（17-4336TCX）短袖上衣

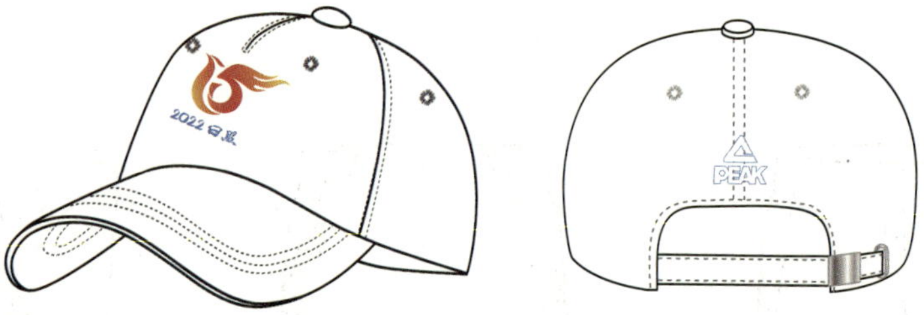

大白帽子

黑色小包

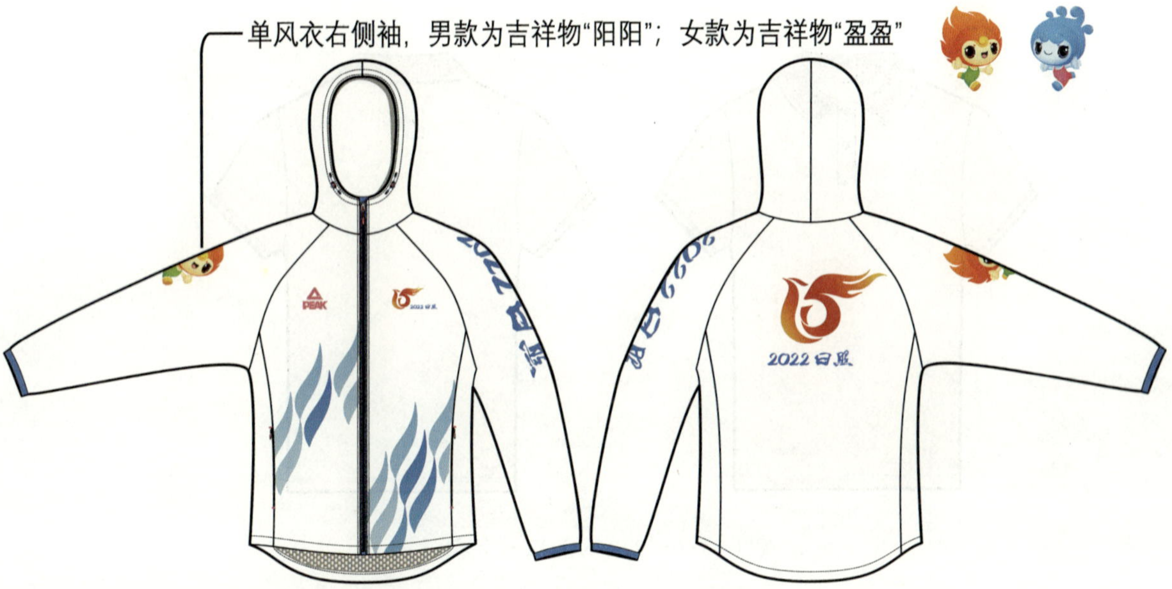

大白（P22121）/运动蓝（17-4336TCX）上衣

运动蓝（17-4336TCX）/大白（P22121）长裤

三、服饰装备·新闻媒体

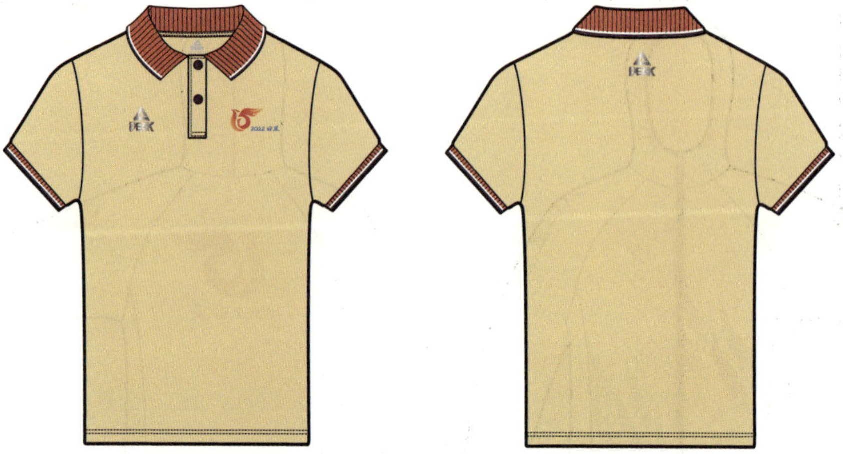

淡黄（13-0822TCX）短袖上衣

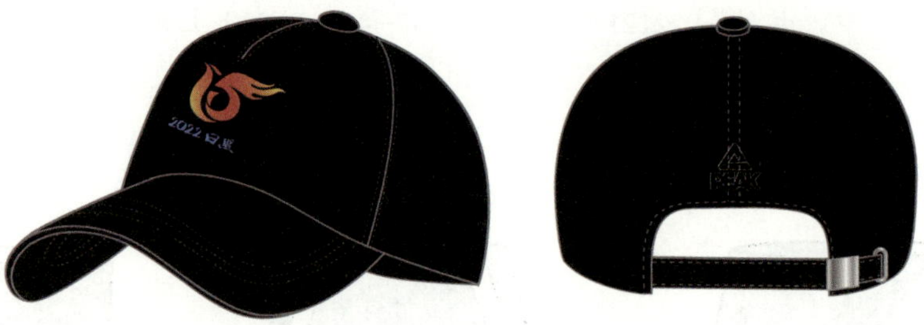

黑色帽子

中灰（P18013）马甲

深蓝（19-3942TCX）长裤

四、服饰装备·筹委会工作人员

大白（P22121）/深蓝（19-3942TCX）上衣

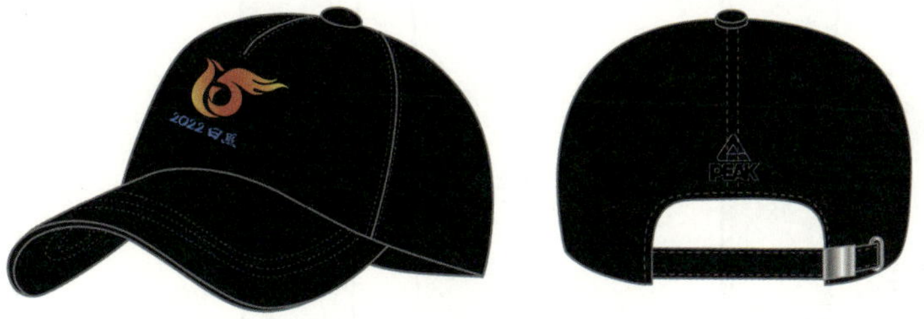

黑色帽子

黑色背包

深蓝（19-3942TCX）上衣

中灰（15-4101TCX）长裤

五、服饰装备·裁判员（技术官员）

城市灰（P16202）/橙色（15-1153TCX）短袖上衣

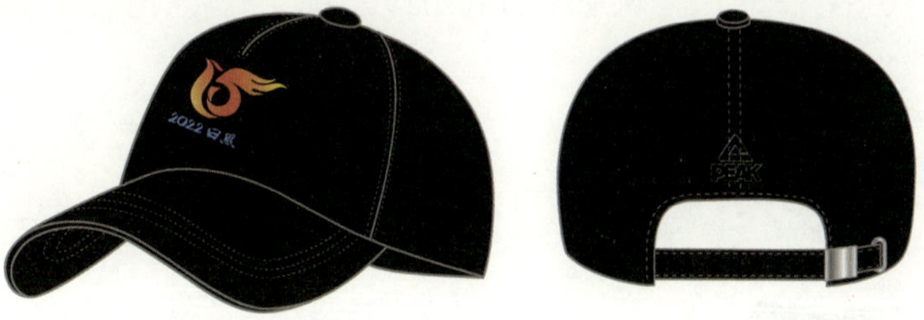

黑色帽子

城市灰（P16202）上衣

城市灰（P16202）长裤

六、服饰装备·公安执勤人员

黑色短袖上衣

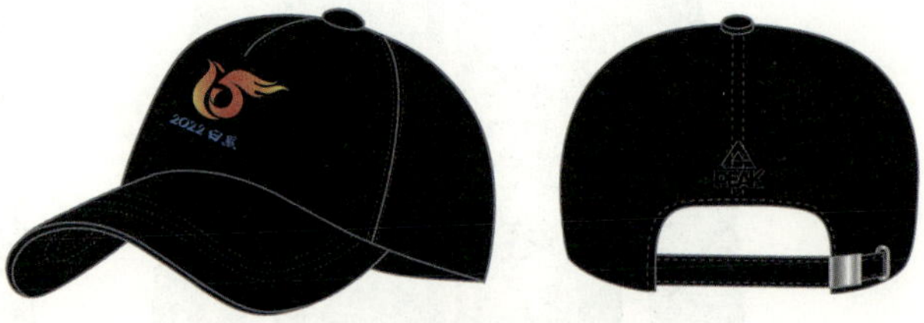

黑色帽子

第十五章 开幕式、闭幕式

二十五届省运会开幕式、闭幕式分别于2022年8月25日、9月5日在日照奎山体育中心、香河体育公园举行；十一届省残运会开幕式、闭幕式分别于2022年9月16日、20日在日照香河体育公园、东湖开元名都大酒店举行；第五届省老运会开幕式、闭幕式分别于2023年5月8日、12日在日照香河体育公园、日照广播电视台演播大厅举行。

2020年11月初，筹委会开闭幕式工作部抽调第一批工作人员集中办公。开闭幕式筹备工作期间，从全市23个部门（单位）抽调33人，分别成立省运会开闭幕式工作专班、省残运会开闭幕式工作专班，省运会、省残运会开闭幕式综合保障专班，负责具体筹备工作。2022年7月，成立二十五届省运会开闭幕式演出现场指挥部，负责综合协调、演出组织、宣传转播、综合保障等工作。

二十五省运会开幕式表演分《日出先照》《朝阳似我》《阳光之约》《日升月恒》四个篇章，突出打造齐鲁风格、日照特色、“体育+”等特点；闭幕式举行省运会会旗交接仪式，文体展演《阳光下绽放》，充分彰显日照城市气质，展现齐鲁儿女奋力开创新时代社会主义现代化强省建设新局面，以优异的成绩迎接党的二十大胜利召开的精神面貌。十一届省残运会开幕式分13个环节，整体流畅、简约而又大气、灵动，现场气氛热烈而又充满温情；闭幕式以会议形式举行，主要有10项议程，庄严、大气，气氛热烈、仪式流畅。第五届省老运会开幕式以“健康山东 活力暖阳”为主题，由《气韵风华》《依旧少年》等7个节目组成，彰显山东省老年人积极健身、阳光活力、健康向上的精神风貌；闭幕式以“一路阳光 一路歌”为主题，共演出《谁不说俺家乡好》等4个节目。

在全体演职人员数月的分场排练、合成排练、联排彩排的辛勤付出下，在全体工作人员统筹协调、精心组织下，开幕式、闭幕式精彩圆满，不仅为二十五届省运会、十一届省残运会、第五届省老运会画上圆满句号，也为全省人民奉献了一场集思想性、艺术性和群众性于一体的文体盛宴，为日照留下一笔宝贵的文化精神财富。

第一节 开幕式、闭幕式筹备

一、招投标情况

按照政府采购办法，市筹委会开闭幕式工作部按流程申报二十五届省运会开闭幕式 1800 万元创意策划执行团队招标预算申请、十一届省残运会开闭幕式 280 万元筹办经费预算申请，按照“一事一议”制度报市筹委会审批。

规范开展二十五届省运会、十一届省残运会招投标及方案审定工作。开闭幕式工作部围绕招标工作 2 次外出考察标书制定经验，4 次邀请国内知名文化传媒公司到日照市考察采风、听取创意方案汇报，9 次召开本土专家创意方案交流会，7 次集体学习借鉴历届大型运动会承办经验，紧扣时间节点完成二十五届省运会、十一届省残运会创意策划及执行团队招标工作。青岛时空演出有限公司和日照广播影视集团分别承担省运会、省残运会开闭幕式创意策划及演出执行工作。根据市领导提出的修改意见，主创团队分别对省运会、省残运会开闭幕式创意方案进行 6 次修改完善，分别提交省体育局、省残联，进行创意方案的审定及批复工作。

严格把控群演假期排练管理保障服务项目招标工作。根据主创团队排演计划安排，按照“节俭办会”原则，对群演假期排练保障经费进行 17 次费用测算。严格按流程完成假期排练集中管理保障服务项目招标挂网工作，2022 年 7 月 8 日开标，山东外国语职业技术大学中标。7 月 10 日，群众演员分批次入驻山东外国语职业技术大学大本营进行假期集中管理排练。

二、群演组织

根据假期集中排练计划安排，开闭幕式工作部成立山东外国职业技术大学大本营保障服务工作专班，下设演出组、保障组和机动组 3 个工作小组，配备 11 名工作人员、14 名管理教师、16 名志愿者，配合省运会、省残运会编导团队的集中排练保障服务工作。同时，健全完善群众演员管理、激励、疫情防控等措施，督导中标单位严把餐饮质量、住宿条件、医疗、交通、音响设备等配套服务工作。克服高温天气，历经 58 天辛勤付出，圆满完成省运会、省残运会 2 个主创编导团队 137 场次集中排练服务保障工作任务。

山东外国语职业技术大学排练现场

特殊教育学校手语排练现场

三、后勤保障

科学编制保障方案，根据主创团队排演计划需求，合理规划餐饮、交通 2 项保障方案的编制工作。对二十五届省运会开闭幕式总指挥部组织机构示意图及方案编制工作进行 6 次调整梳理及任务分解，顺利完成综合协调、演出组织、场馆运行及保障、贵宾接待、交通安保等保障服务工作。对参加省运会、省残运会开闭幕式的4000余名演职人员的车辆分配、用餐地点、物资存放等保障工作进行调研摸底，共协调保障1000余车次的交通运输，6万余份的盒饭配送，300余桶大桶水、5万余瓶水的饮水供应等大保障工作。

第二节 二十五届省运会开幕式

2022年8月25日晚，二十五届省运会开幕式在日照奎山体育中心举行，由暖场表演、仪式和大型文体展演3个部分组成，总时长约100分钟。

一、暖场表演

暖场表演由“花绳操表演”“太极气功八段锦表演”“中学生曳步舞表演”“青少年儿童体育炫技表演”4个部分组成，参加演出的演员都来自日照市非专业团体的普通市民，他们用最真诚、最饱满的热情，喜迎二十五届省运会开幕。

2022年8月25日，太极气功八段锦表演（李大伟 摄）

2022年8月25日，中学生曳步舞表演（李大伟 摄）

二、仪式

暖场表演结束后，开幕式仪式正式开始。其中，庄严的国旗入场以极具创意的形式呈现，体现国旗与数字光影艺术的完美结合，整个过程神圣庄严，充满仪式感和自豪感。

2022年8月25日，二十五届省运会开幕式省运会会旗入场（李大伟 摄）

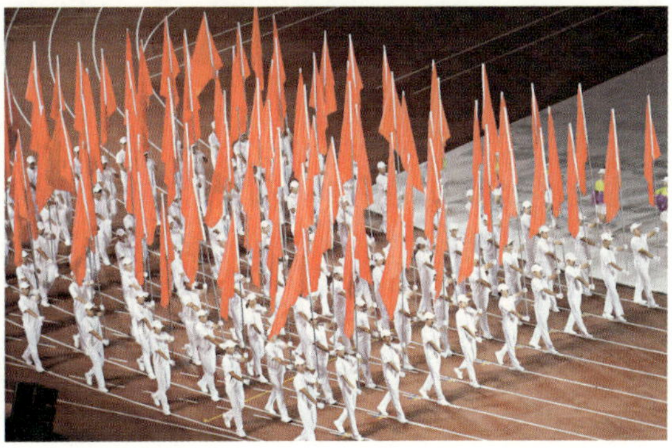

2022年8月25日，二十五届省运会开幕式彩旗方队入场（李大伟 摄）

三、大型文体展演

开幕式大型文体展演《齐鲁风·山海情》，由《日出先照》《朝阳似我》《阳光之约》《日升月恒》4个篇章组成，参演人数近千人。演出形式新颖、创意独特，充分展示山东省深厚历史文化和巨大发展成就，展现在习近平新时代中国特色社会主义思想指引下，全省上下勇担使命、开拓进取，奋力开创新时代社会主义现代化强省建设新局面，以优异成绩迎接党的二十大胜利召开。

开幕式大型文体展演充分运用全息投影、空中威亚、激光成像、无人机等技术，借助多媒体技术和声光电手段，集合艺术与技术、虚实场景与数字演绎等现代科技手段，多角度、全方位展示山东体育文化的丰富多彩和体育运动的蓬勃发展，生动诠释该届省运会“活力日照、精彩省运”的主题，为观众带来一场视觉盛宴。其中，1000架无人机编队表演和大型焰火表演为历届省运会开幕式首次。

开幕式大型文体演出

第三节　二十五届省运会闭幕式

2022年9月5日晚，二十五届省运会闭幕式在日照香河体育公园举行，由仪式和文体展演两个部分组成。其中，仪式部分由“活力日照、精彩省运”回顾，宣布比赛成绩，主要领导宣布闭幕和省运会会旗交接仪式等环节组成。

一、仪式

闭幕式在省运会精彩回顾视频中拉开帷幕，各代表团入场。随后，全体起立，奏唱中华人民共和国国歌。会上，宣布该届省运会比赛成绩和体育道德风尚奖名单。省委书记李干杰、省长周乃翔等领导为获奖代表团颁奖。省长周乃翔、市长李在武分别致辞。

举行省运会会旗交接仪式，播放二十六届省运会主办城市临沂市宣传片。省领导张海波、孙继业，日照市、临沂市和省直有关部门主要负责人，省运会组委会委员，各市代表团成员，运动员、教练员和裁判员代表，闭幕式参演人员，各界群众代表等参加闭幕式。

2022 年 9 月 5 日，省运会会旗交接仪式

二、文体展演

闭幕式文体展演《阳光下绽放》，本着“简约而不简单、节俭不失精彩”原则进行，以大开大合的呈现手段，将日照经典、竞技体育、群众体育、齐鲁文化作为核心内容充分彰显日照城市气质及展现齐鲁儿女奋力开创新时代社会主义现代化强省建设新局面。

闭幕式舞台以“沉浸式”舞美设计呈现，场景以“你中有我，我中有你”的表现手法，使用声光电高端设备与整体节目浑然一体，给观众营造不一样的表演场景和观演体验。文体表演的参演人员绝大部分来自日照，以为该届省运会创作的原创作品为主。

2022 年 9 月 5 日，闭幕式文体展演《阳光下绽放》

三、二十五届省运会闭幕式节目单

仪式部分：

1. 主持人介绍领导和来宾
2. 山东省第二十五届运动会精彩视频回顾
3. 各代表团入场
4. 奏唱中华人民共和国国歌
5. 宣读山东省第二十五届运动会比赛成绩
6. 市委副书记、市长李在武致辞
7. 省委副书记、省长周乃翔致闭幕词
8. 省委书记李干杰宣布山东省第二十五届运动会闭幕
9. 山东省运动会会旗交接
10. 播放山东省第二十六届运动会主办城——临沂市宣传片

文体表演《阳光下绽放》：

1. 序：童声合唱《山海之间》
2. 主持人致开场白
3. 山东省第二十五届运动会主题歌《阳光下绽放》
4. 表演唱《身影》——山东省第二十五届运动会志愿者主题歌
5. 舞蹈《茶韵海歌》
6. 歌曲《多情的土地》
7. 创意武术《天地人和》
8. 音舞诗画《鱼水情》
9. 群众体育《乐动》
10. 喜迎党的二十大主题歌舞《壮丽征程》
11. 尾声《歌唱祖国》

第四节　十一届省残运会开幕式

2022 年 9 月 16 日晚，十一届省残运会在日照香河体育公园开幕。中国残联党组成员、副理事长赵素京致贺词，省委常委、组织部部长王宇燕宣布残运会开幕，省领导王随莲、孙继业、王修林，省有关部门领导张连三、邹斌芳、乔云萍，市领导张惠、李在武、杨留星、王新生出席开幕式。

开幕式以“爱和梦想”为主题，将开幕仪式与文艺演出融为一体，生动展示残疾人自强不息、为梦想不懈奋斗的精神，以及对美好生活的热切向往。现场进行创意表演、运动员入场仪式、迎国旗奏唱国歌、迎会旗唱会歌、运动员与裁判员代表宣誓、文艺节目表演等活动。

开幕式分山东省领导、组委会领导入场，倒计时，开场创意表演《梦·点亮》，迎接中华人民共和国国旗、奏唱中华人民共和国国歌，运动员入场仪式，《浴火》《千年》表演，领导致辞、宣布开幕，《飞翔》《无限》演唱，迎接山东省残运会会旗、山东省第十一届残运会会旗、唱残运会会歌，运动员、裁判员宣誓，《阳光下绽放》表演，会歌《我爱》演唱等 13 个环节。

2022 年 9 月 16 日，十一届省残运会在日照香河体育公园开幕

开幕式整体流畅、简约而又大气、灵动，现场气氛热烈而又充满温情，赢得现场各级领导和观众的好评。结束后，观众朋友们起立致敬，久久不肯离去，演绎了一幕幕感人的画面。

2022 年 9 月 16 日，第 11 届省残运会开幕式文艺演出

第五节 十一届省残运会闭幕式

2022年9月20日晚，十一届省残运会闭幕式在日照东湖开元名都大酒店举行。省残联党组书记、理事长邹斌芳，市委副书记、市长李在武分别致辞。闭幕式上，宣布该届省残运会特别贡献奖、体育道德风尚奖、优秀志愿者组织单位名单和团体比赛成绩，举行会旗交接仪式。

闭幕式以会议的形式举行，主要有10项议程。

1. 奏唱中华人民共和国国歌
2. 观看省残运会精彩回顾片
3. 宣读特别贡献奖、体育道德风尚奖表扬通报
4. 宣布团体比赛成绩
5. 宣读表扬志愿服务工作优秀组织单位的通报
6. 颁奖
7. 致辞
8. 致闭幕词
9. 宣布本届残运会闭幕
10. 进行会旗交接仪式

闭幕式庄严、大气，气氛热烈、仪式流畅，为该届省残运会画上圆满的句号。

2022年9月20日，第11届省残运会闭幕式现场

第六节 第五届省老运会开幕式、闭幕式

2023 年 5 月 8 日，第五届山东省老年人运动会在日照香河体育公园开幕；5 月 12 日，在日照广播电视台演播大厅闭幕。

一、开幕式

2023 年 5 月 8 日，第五届山东省老年人运动会在日照香河体育公园开幕。省人大常委会副主任王随莲，省政协副主席孙继业，省老年人体育协会主席宋远方，省体育局党组书记、局长乔云萍，省卫健委二级巡视员杨新军，省老年人体育协会副主席钟永诚、王嗣华，日照市委书记、市人大常委会主任张惠，日照市委副书记、市长李在武，日照市委副书记王新生等出席开幕式。开幕式由省体育局党组书记、局长乔云萍主持。运动会组委会成员，省直机关和日照市有关部门负责人，各代表团成员，运动员、教练员、裁判员代表；志愿者和各界群众代表参加开幕式。

省政协副主席孙继业宣读省委书记、省人大常委会主任林武的贺信。中国老年人体育协会发来贺信，祝贺第五届山东省老年人运动会圆满成功。日照市委书记、市人大常委会主任张惠代表日照市委、市政府和日照人民致欢迎词，省老年人体育协会主席宋远方致开幕词。省人大常委会副主任王随莲宣布该届老年人运动会开幕。

开幕式后，进行大型文体展演。展演以"健康山东 活力暖阳"为主题，由《气韵风华》《依旧少年》《天天向上》《好戏连台》《就是有范》《一路暖阳》《我们一起远航》7 个节目组成，融合太极、武术、古典舞、舒筋拉力操、花绳操、健身球、柔力球、篮球、戏曲、街舞多种元素，通过古典与现代的激情碰撞，充分展现出传统体育文化的浩然正气、英姿飒爽的运动魅力与瑰丽壮美的日照风情，彰显山东省老年人积极健身、阳光活力、健康向上的精神风貌，赢得现场观众阵阵掌声。

2023 年 5 月 8 日，第五届山东省老年人运动会在日照香河体育公园开幕

二、闭幕式

2023 年 5 月 12 日，第五届山东省老年人运动会闭幕式在日照广播电视台演播大厅举行。

第五届省老运会组委会主任、省老体协主席宋远方，省体育训练中心主任王博清，第五届省老运会组委会副主任、省老体协副主席钟永诚、王嗣华，第五届省老运会组委会委员、省老体协秘书长、省老体中心主任孟涛，第五届省老运会组委会副主任、日照市委副书记王新生，第五届省老运会组委会副主任、日照市政府副市长林彦芹，第五届省老运会组委会委员、日照市老体协主席黄秀芹，第五届省老运会组委会委员、日照市政府副秘书长王海波，第五届省老运会组委会委员、日照市体育局局长卢伟出席闭幕式。运动会组委会成员，省直机关和日照市有关部门负责人，各代表团成员，运动员、教练员、裁判员代表参加闭幕式。闭幕式由第五届省老运会组委会副主任、省老年人体育协会副主席钟永诚主持。第五届省老运会组委会副主任、省老年人体育协会副主席王嗣华宣读《关于表彰第五届山东省老年人运动会体育道德风尚奖、优秀组织奖、特别贡献奖单位的决定》。

第五届省老运会组委会委员、日照市体育局局长卢伟宣读《关于表彰第五届山东省老年人运动会贡献奖、突出贡献奖单位的决定》。与会领导为获奖单位颁奖。

第五届省老运会组委会副主任、日照市委副书记王新生致辞，省体育训练中心主任王博清致闭幕词。第五届省老运会组委会主任、省老体协主席宋远方宣布第五届山东省老年人运动会闭幕。

文体展演以“一路阳光一路歌”为主题，共有健身秧歌《谁不说俺家乡好》、模特走秀《印·象》、歌伴舞《动起来 更精彩》、大合唱《歌唱祖国》4 个节目。

2023 年 5 月 12 日，第五届山东省老年人运动会在日照闭幕

第十六章 表扬奖励

在省委、省政府的坚强领导下，在全市各级各有关部门的共同努力和社会各界的大力支持下，二十五届省运动会、十一届省残运会在日照举办，兑现了“当好东道主、办好省运会”的承诺，实现了“办赛精彩、参赛出彩、发展增彩”的目标。省领导赞誉该届省运会织牢了“安全之网”，展现了“文明之风”，彰显了“绿色之美”，传递了“智慧之光”，激发了“奋进之力”。

该届运动会是全省体育史上规模最大、赛期最长、比赛项目和参与人数最多的一届，赛会规模居全国前列。在历时4年多的省运会筹办组织和备战参赛过程中，全市各级各有关部门和广大干部职工服从大局，敢于担当、攻坚克难，团结拼搏、敬业奉献，勇攀高峰、争创一流，向全省人民呈现了一届精彩的省运盛会，取得了日照参加省运会的历史最好成绩，涌现出一大批先进典型。从前期筹办到顺利举办，全市800多名防疫工作者忠于职守、日夜守护；数千名服务保障人员敬业专业、团结协作；2500多名“小海贝”志愿者无私奉献、不辞辛劳；近万名演职人员挥洒汗水、精益求精；参赛体育健儿顽强拼搏、勇争一流。他们用实际行动诠释了激情、热情、豪情，展示了日照人新时代的新风采，在省运会和日照发展史上留下浓墨重彩的一笔。2022年12月16日，市委、市政府印发《关于给予山东省第二十五届运动会、第十一届残运会市筹委会抽调人员及市体育局参与服务保障人员奖励的通报》，给予26名省运会市筹委会抽调人员、15名市体育局参与省运会服务保障人员嘉奖奖励。

2022年12月20日，市委、市政府印发《关于表扬在山东省第二十五届运动会、第十一届残运会筹办工作中表现突出集体和个人的通报》，通报表扬先进集体197家、先进个人600名，以传承好、弘扬好省运精神，真正把承办省运会焕发出的巨大激情、热情和豪情转化为推动高质量发展的强大动能，立足新起点、担当新使命、展现新作为，为推动现代化海滨城市精彩蝶变作出新的更大贡献。

第一节 二十五届省运会、十一届省残运会先进集体

2022年12月20日，二十五届省运会、十一届省残运会筹办工作通报表扬集体名单：

日照市纪委监委机关
中共日照市委办公室
日照市人民政府办公室
中共日照市委宣传部
日照市接待事务中心
日照市公安局
日照市财政局
日照市住房和城乡建设局
日照市交通运输局
日照市商务局
日照市文化和旅游局
日照市卫生健康委
日照市应急管理局
日照市审计局
日照市市场监督管理局
日照市体育局
日照市城市管理局
日照市大数据发展局
共青团日照市委
日照市残疾人联合会
东港区人民政府
岚山区人民政府
莒县人民政府
五莲县人民政府
日照经济技术开发区管委会
日照高新区管委会
山海天旅游度假区管委会
中日照市委组织部
中共日照市委市直机关工委
中共日照市委网信办
日照日报社
日照市档案馆
日照市教育局
日照市工业和信息化局
日照市人力资源和社会保障局

日照市自然资源和规划局
日照市侨联
日照市机关事业服务中心
日照广播电视台
日照市税务局
日照市气象局
日照海事局
武警日照支队
日照市消防救援支队
日照市供电公司
日照市电信公司
日照市移动公司
日照市联通公司
中国铁塔日照分公司
中国铁路济南局集团有限公司日照站日照西站
日照城投集团有限公司
日照交通能源发展集团有限公司
日照市纪委监委派驻第八纪检监察组
日照市公安局交警支队
日照市公安局治安警察支队
日照市建筑工程管理服务中心
日照市政府投资审计中心
日照市公用事业管理服务中心
日照市疾病预防控制中心
日照市卫生健康综合执法支队
日照市道路运输服务中心
日照市海洋与渔业监督监察支队
日照市人民医院
日照市中医医院
日照市体育医院
日照职业技术学院
日照师范学校
日照市卫生学校
曲阜师范大学
山东体育学院
济宁医学院
山东水利职业学院
山东外国语职业技术大学
日照航海工程职业学院
日照市新营小学

日照市金海岸小学
日照经济技术开发区实验幼儿园
日照市特殊教育学校
日照市太极拳协会
日照市轮滑运动协会
日照市街舞协会
日照市广场舞协会
山东海洋律师事务所
日照喜来登大酒店
东湖开元名都大酒店
岚桥锦江大酒店
日照银通客运服务有限公司
山东宋达旅游客运有限公司
山东日照运总集团东方客运高速公司
亚太森博（山东）浆纸有限公司
日照银行股份有限公司
中国建设银行股份有限公司日照分行
中国农业银行股份有限公司日照分行
中国银行股份有限公司日照分行
中国工商银行股份有限公司日照分行
山东省农村信用社联合社日照审计中心
日照市体育运动学校
日照一中
日照市实验高中
日照市黄海高中
东港区体育运动学校（东港实验学校）
日照市新营中学
岚山区新型体育运动学校（岚山区安东卫实验中学）
岚山一中
莒县体育运动学校（莒县三中）
莒县一中
莒县二中
五莲县体育运动学校（五莲中学）
日照经济技术开发区体育运动学校（日照经济技术开发区实验学校）
山海天体育运动学校（青岛路中学）
山海天实验小学
日照领航体育文化发展有限公司
日照安泰体育产业发展有限公司
日照驻龙山体育文化发展有限公司

东港区教育和体育局
东港区残疾人联合会
共青团东港区委
中共东港区委宣传部
东港区卫生健康局
东港区机关事务服务中心
山东体育频道发展有限公司
日照高级实验中学
日照市凯莱希模特空乘学校
日照市公安局东港分局
东港区住房和城乡建设局
东港区消防救援大队
东港区城市管理和综合执法局
东港区应急管理局
东港区交通局
中共岚山区委办公室
岚山区融媒体中心
岚山区教育和体育局
岚山区财政局
岚山区卫生健康局
岚山区市场监督管理局
岚山区交通运输局
共青团岚山区委
日照市公安局岚山分局
岚山区住房和城乡建设局
日照市公安局交通警察支队岚山大队
岚山区残疾人联合会
中共莒县县委宣传部
莒县教育和体育局
莒县住房和城乡建设局
莒县公安局
莒县卫生健康局
共青团莒县县委
莒县机关事务服务中心
莒县交通运输局
莒县残疾人联合会
莒县市场监督管理局
莒县应急管理局
莒县工业和信息化局
中共五莲县委宣传部

共青团五莲县委
五莲县教育和体育局
五莲县住房和城乡建设局
五莲县城市发展集团
五莲县公安局
五莲县残疾人联合会
五莲县财政局
五莲县卫生健康局
五莲县文化和旅游局
五莲县石场乡人民政府
日照珠江体育文化发展有限公司
日照经济技术开发区社会事业局
日照经济技术开发区经济发展集团有限公司
日照经济技术开发区党政办公室
日照市公安局日照经济技术开发区分局
日照经济技术开发区党群工作部
日照经济技术开发区交通和建设局
日照经济技术开发区财政局
日照市公安局交通警察支队日照经济技术开发区大队日照经济技术开发区应急管理和综合执法局
日照经济技术开发区经济发展局
日照市市场监督管理局日照经济技术开发区分局
日照经济技术开发区消防救援大队
日照高新区社会事业局
日照高新发展集团有限公司
日照高新区党群工作部
日照市公安局日照高新区分局
日照市市场监管局日照高新区分局
日照高新区消防救援大队
日照高新区党政办公室
日照交警直属大队临沂路中队
日照高新区建设局
日照高新区应急管理与综合执法局
山海天旅游度假区教育和体育局
山海天旅游度假区社会事业发展局
山海天旅游度假区市场监督管理局
山海天旅游度假区财政局
山海天旅游度假区党群工作部
山海天旅游度假区消防救援大队
日照市公安局山海天旅游度假区公安分局
山海天旅游度假区交通运输局

山海天旅游度假区党政办公室
日照市公安局交通警察支队山海天旅游度假区大队

第二节 二十五届省运会、十一届省残运会先进个人

2022年12月16日，二十五届省运会、十一届省残运会市筹委会抽调人员及市体育局参与服务保障人员受奖励名单：

省运会市筹委会抽调人员

李兆勇 市财政局党组成员、市政府投融资管理服务中心主任
生安政 市委宣传部副部长、市政府新闻办公室主任
苏 娜 市接待事务中心副主任
赵 峰 市住房和城乡建设局党组成员、副局长
窦明滨 市卫生健康委三级调研员
葛 新 市体育局党组成员、副局长
唐劲辉 共青团日照市委副书记
闫 娜 市残联党组成员、副理事长
陈常亮 市政府调研中心调研二科科长
徐子海 市公安局治安警察支队治安二大队二级警长
罗发明 市投资促进服务中心招商三科科长，民盟市委副秘书长
冯海燕 市文化和旅游局政策法规和科教科科长
张金凌 市委党校办公室四级主任科员
高 娜 市接待事务中心接待二科副科长
赵庆梁 市劳动监察支队四级主任科员
卢莉娜 市文化馆副馆长
郑大伟 岚山区高兴镇副镇长
赵彦庆 市城投体育发展集团副总经理
陈 彬 市专用通信局工作人员
井常浩 市新闻宣传中心工作人员
厉彦飞 市经济社会发展综合考核中心统计师
李兆云 市行政事业国有资产运营中心高级会计师
相恒平 市文化馆副研究馆员
周子怡 市应急指挥救援中心工作人员
张见行 市经济社会调查中心工作人员
赵 珊 市大数据发展服务中心工作人员

市体育局参与服务保障人员

周扬桂 市体育运动学校校长
田 军 市体育局党组成员、副局长
张 靖 市体育局办公室主任
徐 龙 市体育产业发展中心副主任

宋时高　市全民健身指导中心副主任
宋　洋　市体育运动学校训练科科长
徐雯雯　市体育产业发展中心工作人员
李文华　市全民健身指导中心工作人员
盛瑞源　市体育产业发展中心工作人员
薛福燕　市体育产业发展中心工作人员
陈亚伦　市体育产业发展中心工作人员
王保涛　市体育产业发展中心工作人员
卜华杰　市体育产业发展中心档案馆员
武绍芳　市体育运动学校高级教练
侯敏慧　市体育局一级科员

2022年12月20日，二十五届省运会、十一届省残运会筹办工作通报表扬个人名单（按市筹委会部室和区县执委会排列）：

筹委会办公室

周　斌　市委办公室副主任
王海波　市政府副秘书长
生安政　市委宣传部副部长
葛　新　市体育局副局长
梅　俊　市体育产业发展中心主任
陈常亮　市政府调查研究中心调研二科科长
冯海燕　市文化和旅游局政策法规与科教科科长
张　靖　市体育局办公室主任
张金凌　市委党校办公室四级主任科员
刘俊玮　市水利局办公室副主任
陈雨田　东港区涛雒镇党委宣传委员
郑大伟　岚山区高兴镇人民政府副镇长
厉彦飞　市委组织部统计师
张见行　市统计局综合科科员
陈　彬　市委办公室市委专用通信局工作人员
罗发明　市投资促进服务中心招商三科科长
赵彦庆　日照体育发展集团副经理
闫　征　日照市达同建筑科技有限公司（日照城投—规划设计研究院集团）经理
滕文凯　东港区委宣传部工作人员
孔　丽　市教育局教育科学研究院教学评价科科长
李文华　市全民健身指导中心科员
牟　欣　市档案馆宣传教育科二级主任科员
孟　云　市“12345”政务服务热线办理中心业务培训科科长
相益浩　市委办公室信息调研室副主任
王紫桐　市体育产业发展中心科员
付　梅　市体育总会办公室业务科科长

筹委会竞赛部

卢　伟　市体育局副局长
徐　龙　市体育产业发展中心副主任
王新武　市体育局竞赛训练科科长
王均涛　市体育总会办公室综合科科长
李　勇　市体育产业发展中心综合部部长
陈亚伦　市体育产业发展中心科员
王保涛　市体育产业发展中心科员
徐雯雯　市体育产业发展中心科员
盛瑞源　市体育产业发展中心科员
刘惠芳　山海天旅游度假区实验小学体育教师
徐　扬　东港区天宁小学体育教师
吕　鹏　日照第四实验小学体育教师
丁相东　日照高新区中学体育教师
刘立立　日照市实验小学体育教师
徐　洋　日照经济技术开发区桂林路小学体育教师
庄　磊　日照港幼儿园教师
韩昊禹　山海天旅游度假区实验小学体育教练员
曹秀芬　日照市献唐学校体育教师
张　美　市金海岸小学体育教师
孙　宁　日照经济技术开发区银川路小学体育组组长
邹会军　日照实验高中国际部副主任
徐　娜　东港区第一小学体育教师
高富春　日照一中体卫艺处副主任
孙新龙　市新营小学体育教师
孔德明　日照一中体育教师
贾　杰　日照经济技术开发区中学体育教师

筹委会场馆建设与运行保障部

赵　峰　市住房和城乡建设局党组成员、副局长
焦自民　市建筑工程管理服务中心二级调研员
丰　磊　市城乡建设管理服务中心发展规划科副科级干部
李宗耀　市城市建设执法监察支队工作人员
冯佰研　市住房和城乡建设局办公室副科级干部
高凌霄　市发展改革委员会综合科科长
刘立国　市教育局规划财务科科长
姚　亮　东港区林业保护和发展服务中心主任

筹委会宣传工作部

陶玉亮　市委宣传部副部长
李政勇　市新闻宣传中心主任
井常浩　市新闻宣传中心工作人员

李维智　日照广播电视台（集团）岚山电视记者站站长
迟　锐　日照日报社外宣与深度报道部副主任
戴世青　日照广播电视台（集团）经济专题部副主任
丁兆霞　大众日报日照站记者
刘九省　山东广播电视台日照站记者
刘　涛　齐鲁晚报日照融媒体中心记者
牟怡晓　大众网日照短视频记者
牟晓峰　山东广播电视台体育节目中心记者
郑泽之　鲁网日照记者站记者
刘新宇　市委网信办综合科副科长
金　康　市体育产业发展中心重大赛事部部长

筹委会备战参赛部

田　军　市体育局副局长
周扬桂　市体育运动学校校长
王玉宏　市体育运动学校副校长
申建伟　市体育运动学校副校长
戚丽丽　市体育局体育经济科科长、四级调研员
韩景波　市体育运动学校副校长
张传国　市体育局机关党委专职副书记
宋时高　市全民健身指导中心副主任
王　超　市体育局体育产业中心市场开发部部长
宋　洋　市体育运动学校训练科科长
徐　磊　市体育运动学校帆船帆板服务科科长
商永军　市体育运动学校办公室主任
刘　芳　市全民健身指导中心科员
崔　洁　市全民健身指导中心科员
胡焕生　市体育局专项公益性岗位人员
程　前　市体育运动学校科研员
王振华　市体育运动学校财务主管
尹相东　市体育运动学校教练员
赵之涛　市体育运动学校教练员
武绍芳　市体育运动学校教练员
王延楠　市体育运动学校教练员
李业文　市体育运动学校教练员
田正斌　市体育运动学校教练员
郑　超　市体育运动学校教练员
牛俊皓　市体育运动学校教练员
李陟峰　市体育运动学校教练员
邵学峰　市体育运动学校教练员
张茂坤　市体育运动学校教练员

王升梅 市体育运动学校教练员
刘　帅 市体育运动学校教练员
温希安 市体育运动学校教练员
付金磊 市体育运动学校教练员
张　颖 市体育运动学校教练员
王　蕾 市体育运动学校教练员
李振雨 市体育运动学校教练员
张　鹏 市体育运动学校柔性教练员
孟　严 市体育运动学校外聘教练员
刘　倩 市体育运动学校柔性教练员
周宏建 市体育运动学校柔性教练员
牛文雪 市体育运动学校柔性教练员
贾昌伟 市体育运动学校柔性教练员
秦四建 日照一中艺体中心主任
张　超 日照一中教师
尚庆猛 日照实验高中田径教研室主任
王　磊 日照黄海高中聘任教师
李　晟 山东体育学院教师
刘贤义 东港区体育运动学校校长
丁兆斌 东港区体育运动学校教练员
梁作明 东港区体育运动学校教练员
吕　斌 市新营中学教师
李坤玉 东港区体育运动学校聘任教练员
吕宜华 日照经济技术开发区体育运动学校竞训科科长

市场开发部

牛学卿 市投资促进服务中心副主任、农工党日照市委副主委
杨　冰 市国资委党委副书记、副主任
王丽华 市投资促进服务中心综合业务科科长
赵　娜 市投资促进服务中心招商四科科员
马俊驰 市投资促进服务中心招商四科工作人员
张　银 莒县招商投资促进中心产业信息科科长
魏　梅 市城投集团有限公司体育集团商户负责人
李鹏飞 市文化和旅游局文旅产业服务中心工作人员
王亚男 岚山经济发展集团有限公司工作人员
宋国安 日照实验高中党委书记、日照教育科学研究院院长
焦见峰 市税务局四级主办
吴小健 市邮政管理局四级主任科员

筹委会财务部

李兆勇 市财政局投融资管理服务中心主任
李　莉 市财政局副局长

李兆云　市财政局财政监督与绩效评价局正高级会计师（四级）
赵庆梁　市人力资源和社会保障局四级主任科员
王慧鑫　市审计局四级主任科员
朱同香　市财政局行政政法科科长
袁　野　市财金投资集团有限公司职员
张志华　山海天旅游度假区实验幼儿园主管会计
张玲玲　市税务局四级主办
杨刘桂　东港区税务局一级行政执法员

筹委会监察审计部

李乃龙　市委第四巡察组组长
陈维金　市纪委监委派驻第八纪检监察组组长
别海洋　市审计局党组成员、副局长
邢西时　市纪委监委派驻第八纪检监察组副组长、四级调研员
刘祥福　市纪委监委派驻第八纪检监察组综合科科长
李乃彬　市审计局固定资产投资审计科科长、一级主任科员
郭　浩　市政府投资审计中心专业技术人员
汤慧慧　市政府投资审计中心专业技术人员
骆晓慧　市经济责任审计中心四级主任科员
刘丽华　市经济责任审计中心四级主任科员

筹委会环境整治部

刘　鹤　市公用事业管理服务中心副主任
谢恩亮　市公用事业管理服务中心市容环境科科长
吴玉臻　公用事业管理服务中心城市亮化服务科科长
胡芳安　市公用事业管理服务中心综合科副科长
张　涛　市公用事业管理服务中心市容环境科副科长
何健康　市公用事业管理服务中心科员
杨　彬　市公用事业管理服务中心科员
陈　华　市“12345”政务服务热线办理中心副主任

筹委会开闭幕式工作部

禚　磊　市文化和旅游局二级调研员
肖光娟　日照广播影视集团（台）党委委员、副总编辑
王大卫　日照实验高中一级教师
卢莉娜　市文化馆副馆长
王平平　山东港口日照港轮驳公司综合办公室主任
相恒平　市文化馆副研究馆员
潘海燕　市妇女儿童工作委员会办公室秘书科科长
吴少山　市艺术剧院办公室主任
郑世成　市工人文化宫职工
李宝庆　市文化馆副研究馆员
金　虹　日照职业技术学院讲师

赵武威　日照银行股份有限公司员工
王　艳　市机关事务服务中心工作人员
许文林　山东外国语职业技术大学团委委员
黄秋霖　市文化馆大活动部主任
丁晟原　日照城投集团有限公司工作人员
闫早健　日照高新文化产业有限公司职员
张晓东　日照广播影视集团（台）电视公共频道副总监、大活动部主任
王萍萍　市体育总会办公室社会组织服务科科长
闫　洁　东港区委宣传部工作人员
王　伟　日照土地发展集团机关第一支部副书记
别敬伟　市技师学院讲师
费　敏　山海天旅游度假区青岛路中学一级教师
李晓华　市艺术剧院歌舞团副团长
吕丽翠　日照经济技术开发区城市开发建设有限公司职员
徐梦溪　市消防救援支队工作人员

筹委会信息技术部

田金光　市大数据发展局党组书记、局长
张守军　市大数据发展局党组成员、市大数据发展服务中心主任
张　文　市大数据发展服务中心运行保障部部长
赵　珊　市大数据发展服务中心工作人员
王文欣　市工业和信息化局工业互联网科科长
徐兆鹏　市工业和信息化局无线电监测站工程师
林　刚　市非公有制经济发展服务中心创新创业服务科科长
李灏苏　市非公有制经济发展服务中心四级主任科员
齐凤团　市大数据发展服务中心工作人员
王　岗　市铁塔公司项目经理
汤纪峰　市移动公司网络部员工
来庆云　市联通公司政企客户事业部行业总监
赵世杰　市电信公司云网部员工
孙　璐　数字日照有限公司员工
乔筠涵　数字日照有限公司员工

筹委会安全保卫部

林玺政　市公安局党委委员、副局长
郑　伟　市公安局治安警察支队支队长
蒋国华　市公安局治安警察支队一级警长
徐子海　市公安局治安警察支队二级警长
张云飞　市公安局治安警察支队二级警长
柳军宝　市公安局治安警察支队四级警长
郭江伟　市公安局警务督察支队四级警长
秦玉信　市公安局大数据支队警务技术四级主管

王世波　市公安局海岸警察支队韩家营子派出所副所长
王春雷　市公安局机关党委四级警长
李　超　市公安局警务保障处四级警长
王　保　市公安局特警支队四级警长
王升英　市公安局特警支队四级警长
薛　岩　市公安局警卫支队一级警员
李恒昌　市公安局警务保障处四级警长
张　梅　市公安局治安警察支队四级警长
苏　林　市公安局交警支队直属大队法制中队中队长、四级警长
张　雷　市公安局交警支队经开区大队交通管理科三级警长
郭鹏飞　市公安局交警支队山海天大队副大队长、三级警长
厉均峰　市公安局交警支队直属大队黄海路中队指导员、四级警长
张　群　东港区消防救援大队初级专业技术职务
赵理想　日照市经济技术开发区消防救援大队初级专业技术职务
滕笑宇　岚山区轿顶山路消防救援站站长
孙　志　东港区海曲路消防救援站副站长
刘金岩　日照海事局奎山海事处副处长
于世强　市海洋与渔业监督监察支队船艇大队副大队长

筹委会医疗卫生部

窦明滨　市卫生健康委员会三级调研员
王　磊　市卫生健康委员会党组成员、副主任
寇卫华　市卫生健康委员会干部保健办主任
柳廷飞　市卫生健康委员会医政医管科副科长
傅　明　市疾病预防控制中心副主任
丁　磊　市疾病预防控制中心科员
郑　祺　市委重大办疫情研判组组长、市疾病预防控制中心工会主席
丰　敏　市疾病预防控制中心科员
张永华　市卫生健康综合执法支队环境卫生科四级主任科员
吴建国　市人民医院团委副书记
秦晓晖　市卫生学校学生处科员
王　慧　市人民医院党委委员、副院长
姚永远　市人民医院 医务科副科长
刘　岩　市人民医院副主任医师
李吉敏　市人民医院主管护师
王　刚　市中医医院住院医师
杨　冰　市中医医院主治医师
厉乃函　市中医医院住院医师
李国华　市疾病预防控制中心免疫规划科科员
代振华　市疾病预防控制中心职业与放射卫生监测科副科长
申　欣　市疾病预防控制中心科员

林　琳　市疾病预防控制中心药械科科长
张　伟　市疾病预防控制中心团支部书记
王桂峰　市卫生健康综合执法支队环境卫生科科长
贾　宁　市卫生学校办公室主任
申共法　市“120”紧急救援指挥中心副主任

筹委会交通运输部

任福海　市交通运输局二级调研员
何茂亮　市交通能源发展集团副总经理
李兆欣　市道路运输服务中心副主任
祝鹏远　市交通运输局运输管理科科员
郑　玉　市公共汽车有限公司党总支书记、董事长、总经理
朱玉鹏　市道路运输服务中心客运科负责人
丁保家　市公共汽车有限公司副总经理
张永昕　市交通运输局运输管理科科员
王洪木　市公安局交通警察支队副支队长
丁　峰　市公安局交通警察支队交通管理科科长

筹委会接待部

赵　勇　市接待事务中心主任
苏　娜　市接待事务中心副主任
江军毅　市接待事务中心接待一科科长
付　蓉　市接待事务中心接待二科科长
王平乾　市接待事务中心综合科副科长
高　娜　市接待事务中心接待二科副科长
刘家坤　市体育局机关党委书记、二级调研员
李磊磊　市体育局机关党委副书记、机关纪委书记
马　政　市专用通信局工程通信科科长
李文竹　市政府办公室综合科科长、一级主任科员

筹委会食品安全保障部

刘海灯　市市场监管局餐饮服务食品安全监管科科长
曾　茜　市市场监管局餐饮服务食品安全监管科副科长
费立国　市市场监管局餐饮服务食品安全监管科工作人员
高珊珊　市市场监管局食品流通安全监管科一级科员
赵子超　市市场监管局三级主任科员
王　伟　市市场监管局特种设备监察科副科长
王　朋　市质量检验检测研究院食品检验一科科长
杨茂峰　市市场监管综合行政执法支队食品执法科科长
张永华　岚山区市场监管局党组成员、二级主办
苏纪政　五莲县市场监管局餐饮服务食品安全监管科负责人
山　丁　市市场监管局日照经济开发区分局食品药品监管科科长、四级主任科员
王姗娇　市市场监管局日照高新技术产业开发区分局一级科员

筹委会志愿者工作部

唐劲辉　共青团日照市委副书记
王锡刚　共青团日照市委副书记
辛　伟　共青团日照市委副书记（兼职）
于　涛　市大数据发展局数据资源管理与安全科四级调研员
陈　晨　市青少年事业发展中心主任
王　硕　共青团日照市委办公室主任
郑　璇　共青团日照市委组宣统战部部长
陈　晓　共青团日照市委市少先队总辅导员
苏田田　市青少年事业发展中心副主任
滕　羽　市青少年事业发展中心工作人员
孔令栋　市国济医生集团管理有限公司总经理
杨策策　日照职业技术学院辅导员

筹委会综合保障部

许传华　市应急管理局四级调研员
李为华　市应急管理局一级主任科员
周子怡　市应急管理局灾害救助科科员
包士强　市城市管理局燃气热力服务科科员
张民凯　市气象局副局长
程　月　市气象台副台长
顾　飞　市气象局业务科技科科长
张　锐　市供电公司运维检修部专责
宋　珂　市供电公司东港供电中心专责
王景隆　市供电公司日照经济技术开发区供电中心专责
汪　霞　市水务集团供水有限公司供水服务办公室主任
赵　越　市水务集团供水有限公司供水服务办公室职员

筹委会残运会工作部

闫　娜　市残联党组成员、副理事长
王汉波　市残联宣传文体联络部主任
牟　梁　市残联教就维权部副主任
秦　东　市残疾人康复中心主任
邓祥祥　市残联办公室负责人
王　凯　市残联康复部副主任
安　峰　市残疾人劳动就业服务中心科员
王　艳　市残疾人康复中心副主任
杨　明　市残疾人康复中心科员
王　丽　市残疾人康复中心科员
钱可修　市残联办公室科员
丁　峰　市残联康复部工作人员
刘新美　市残疾人康复中心科员

郭和利 市残疾人劳动就业服务中心科员
王维成 市残疾人劳动就业服务中心主任
筹委会群体工作部
韩　通 市体育总会办公室主任
安丰华 市政协教科卫体委员会主任
张永礼 市体育总会原副主席
张妍芳 市体育局群体科科长
李　霞 市体育局科员
张培东 市全民健身指导中心主任
卜立杰 市体育局四级主任科员
贾　萍 市体育总会办公室综合科副科长
刘　超 市全民健身指导中心科员
朱　敏 市体育总会办公室业务科科员
张素娴 市全民健身指导中心科员
陈晓萌 市体育总会办公室业务科科员
张庆乾 市体育总会办公室社会组织服务科科员
贾立军 市体育总会办公室综合科科员
刘　凯 市体育总会办公室社会组织服务科科员
对口接待单位
滕祥健 市委办公室机关纪委书记
王　群 市委信息综合服务中心数据管理科科长
李龙生 市政府办公室政务一科副科长
朱　锋 市政府办公室行政联络科四级主任科员
宋彦利 日照体育发展集团有限公司综合管理部职员
樊冰川 市外办亚洲部部长
张　咪 市科技局办公室四级主任科员
刁昆鹏 市统计局办公室三级主任科员
韩立龙 市地方金融监管局产融结合推进部副部长
孙志伟 市军休所科员
隋岩娜 市民政局养老服务与慈善事业促进科科员
康广峰 市司法局机关党委专职副书记提名人选、一级主任科员
李永彬 市医疗保障局办公室工作人员
郭金龙 市行政审批局政务服务中心科员
杨　斌 原市扶贫办信息统计组副组长
东港区
张　涛 东港区委常委、宣传部部长、副区长
于西庆 东港区政协副主席、教体局局长
田金玉 东港区机关事务中心招待所副所长
乔祥明 东港区文联副主席、秘书长
吴凤铭 东港区疾控中心主任

丁明明 东港区教育和体育局二级主任科员
李瑞国 东港区残联副理事长
秦志杰 共青团东港区委副书记
徐　蕊 东港区文化传媒有限公司副总经理
庄　岩 东港公安分局治安大队大队长
张富生 东港区财政局区财政事务服务中心主任
韩　伟 东港区教育和体育局体育事业综合服务中心副主任
宋玉峰 东港区工信局党组成员、副局长
惠　丽 东港区机关事务中心招待所副所长
于文洁 东港区机关事务中心工作人员
付晓梅 东港交警大队交安办内勤科员
蒋举民 东港区市场监管局科员
朱　涛 日照体育发展集团有限公司赛事管理部经理
王　萍 日照安泰体育产业发展有限公司运营部经理
时晓庆 东港区卫生健康局红十字会副会长
李晓涵 东港区审计局科员
郑志鹏 共青团东港区委科员
徐从利 东港区教育和体育局日照航海运动学校教练员
段秀军 东港区教育和体育局体育科科长
常志杰 东港区教育和体育局群体科科员
郭　雨 东港区教育和体育局体育科科员
赵永成 东港区教育和体育局科员
秦绪阳 东港区教育和体育局群体科科员
魏　娜 东港区教育和体育局体育市场科科长
安　杰 东港区教育和体育局体校教练员
韩　涛 东港区教育和体育局体校教练员
张　静 东港区教育和体育局体校教练员
刘建华 东港区教育和体育局体校教练员
曹　鑫 东港区教育和体育局办公室科员
尹宏业 东港区文化传媒有限公司职员
袁　方 东港区残联科员
陶玉松 东港区交通运输局运输科科长
辛　超 东港区消防救援大队消防文员
王宗斌 东港区住房和城乡建设局村镇科科长
辛　伟 东港区城市管理和综合执法局科员
王国庆 东港区应急管理局科员
迟天奇 东港区应急管理局应急中心防治科科长
时志军 东港区卫生健康局人口家庭科科长
申　杰 新东港控股集团有限公司职员

岚山区

冯展宁 岚山区委常委、宣传部部长、教育工委书记，副区长
李 刚 岚山区水利局局长
王照玉 岚山区网信中心主任
王 田 岚山区委宣传部副部长
于 玲 岚山区教育和体育局副局长
丁兆宝 岚山区体育总会办公室主任
徐 琳 岚山区委宣传部网信办秘书科科长
许 辉 岚山区政府办公室口岸管理科负责人
卢振玮 岚山区虎山镇中心幼儿园教师
陈 涛 岚山区安东卫实验小学副校长
丁 鹏 岚山区体育总会办公室副主任
郑凯扬 岚山区安东卫实验小学教师
张国庆 岚山区巨峰镇初级中学教师
何 凯 岚山区安东卫实验中学教师
王 长 岚山区新型体育运动学校校长
张 鑫 市体育运动学校排球教练员
杜 军 市公安局岚山分局三级警长
刘洪刚 市公安局交通警察支队岚山大队三级警长
丁永来 岚山区黄墩中心卫生院副院长
邵安胜 岚山区人民医院内科副主任医师
王进进 岚山区妇幼保健计划生育服务中心副主任
王松涛 共青团岚山区委副书记
马清晓 岚山区群众活动服务中心工作人员
崔帅龙 岚山区巨峰镇中心小学教师
马 萍 岚山区财政局文教科科长
王 建 岚山区纪委监委第四纪检监察室一级科员
许传良 岚山区住房和城乡建设局副局长
刘祥飞 岚山区工信局大数据发展服务中心科长
庄绪香 岚山区交通运输局客运管理所科员
张亚楠 岚山区市场监督管理局食品经营安全监督管理科科长
胡 磊 岚山区应急管理局灾害防治救助科科长
李云川 岚山区机关事务服务中心副主任
王瑞雪 岚山区人大常委会预工委副主任
厉 宁 岚山区委办公室秘书一科科长
王园园 岚山区残疾人联合会副理事长
郑成松 岚山区残联康复宣文部负责人
韩丽洁 岚山区商务局办公室科员

莒县

胡明帅 莒县“12345”政务服务热线办理中心主任

焦广良 莒县教育和体育局党组副书记、总督学
温兴东 莒县教育和体育局党组成员、体育总会办公室主任
王立秋 莒县教育和体育局原二级主任科员
张伟伟 莒县教育和体育局办公室工作人员
于文永 莒县体育运动学校校长
张元栋 莒县体育运动学校副校长
赵洪图 莒县洛河镇中心小学体育教师
徐西玉 莒县长岭镇中心小学体育教师
王继勇 市农业学校人保科科长
张　强 莒县体育总会办公室工作人员
段莹宁 莒县体育总会办公室工作人员
胡光现 莒县第一中学体育教师
仕治义 莒县第二中学体育教师
张守标 莒县第二中学党委书记、校长
张凡青 莒县第三实验小学体育教师
李瑛淑 莒县机关事务服务中心副主任
蒋超民 莒县市场监督管理局副局长
曹运涛 莒县文化和旅游局市场推广服务科科长
魏树祥 莒县住房和城乡建设局党组成员、主任
王海东 莒县城投公司办公室工作人员
桑　峰 莒县财政局教科文事业科负责人
刘光旭 莒县审计局政府投资审计服务二科科长
杨　栋 莒县工业和信息化局科员
李民田 莒县公安局陵阳派出所所长
刘安国 莒县医养健康事业发展服务中心工作人员
惠　智 共青团莒县委副书记（挂职）
管西社 莒县住房和城乡建设局城乡建设科科长
柳明甲 莒县交通运输事务发展服务中心客运管理服务科科长
史发启 莒县网络信息中心工作人员
陈文学 莒县应急管理局办公室工作人员
尹德宝 莒县教育和体育局工作人员
段文生 莒县残联副理事长（挂职）
蔡玉彬 莒县教育和体育局办公室负责人
周庆美 莒县教育和体育局计划财务与校舍规划科副科长

五莲县

祝继亮 五莲县委办公室副主任、保密委专职副主任
吴金彪 五莲县政府办公室党组成员、副主任
万兆博 五莲县委教育工委常务副书记，县教育和体育局党组书记、局长
刘光全 五莲县教育和体育局一级主任科员
苑芳辉 五莲县教育和体育局体育总会办公室综合科科长

葛　波　五莲县教育和体育局体育总会办公室科员
滕明华　五莲县教育和体育局办公室科员
孟宪冰　五莲县财政局副科级干部
周东利　五莲县住房和城乡建设局二级主任科员
厉　涛　五莲县建筑工程管理服务中心科长
李素清　五莲县建筑工程管理服务中心副主任
陈祥广　五莲县城市发展集团黑虎山项目工程部负责人
李　磊　五莲县城市发展集团材料部职工
丁　扬　五莲县财金投资集团有限公司办公室副主任
张嘉春　五莲县体育运动学校校长
刘巧燕　五莲县体育运动学校教练
李照庭　五莲县体育运动学校教练
段建雷　五莲县网络信息中心副主任
杨　霞　五莲县融媒体中心电台台长
孙　杰　五莲县石场乡社会事务办公室副主任
滕　杰　五莲县残联四级主任科员
张　勇　五莲县公安局治安大队副大队长、经保中队中队长
李　阳　五莲县公安局治安大队枪爆中队指导员
周　波　五莲县公安局交警大队交通管理科工勤
张　勇　五莲县卫健局党组成员、卫生健康综合执法大队大队长
刘　强　五莲县街头镇中心卫生院副院长
邢贞桃　五莲县应急管理局四级主任科员
苏贤贞　五莲县综合行政执法局党组成员副局长
范培勤　五莲县石场乡党委二级主任科员
汤士廷　五莲县文化和旅游局党组成员、文化和旅游产业服务中心主任
任　杰　五莲县机关事务服务中心高级工
于明荣　五莲县机关事务服务中心公务用车平台驾驶员
陈晓玉　五莲县工业和信息化局科员
赵龙团　五莲县城北市场监管所所长
胡　波　五莲县洪凝街道农技校教师

日照经济技术开发区

陈　玲　日照经济技术开发区社会事业局党委书记、局长
李　力　日照经济技术开发区社会事业局党委委员、副局长
孙　华　日照经济技术开发区社会事业局文体中心主任
李　伟　日照市献唐学校副校长
陈　艳　日照经济技术开发区银川路小学德育处主任
郑　晨　日照经济技术开发区银川路小学总务处主任
李文震　日照经济技术开发区体育运动学校教练员
李宜宏　日照市秦皇岛路小学总务处主任
孟令炜　日照经济技术开发区实验小学安全办主任

贯　明　日照经济技术开发区体育运动学校教练员
王　凯　日照经济技术开发区广州路小学安全办主任
安宝鹏　日照市宁波路学校教师
庄　媛　日照经济技术开发区银川路幼儿园教师
张　蔷　日照经济技术开发区汉中路幼儿园教师
冯亚楠　日照经济技术开发区奎山卫生院工作人员
滕国华　日照经济技术开发区经济发展集团党委委员、副总经理
路海涛　日照经济技术开发区经济发展集团城建公司党总支书记、经理
崔宝涛　日照经济技术开发区经济发展集团资产运营管理公司副经理（主持工作）
庄孝波　日照经济技术开发区党政办公室副主任
王宥彭　日照经济技术开发区党政办公室秘书科副科长
秦　磊　日照市公安局日照经济技术开发区分局治安管理大队教导员
田　磊　日照经济技术开发区党群工作部融媒体中心主任
王立仁　日照经济技术开发区党群工作部四级 11 岗职员
陈晓男　日照经济技术开发区交通和建设局城建科副科长
安　超　日照经济技术开发区交通和建设局城市综合管理办公室副主任
王兴莉　日照经济技术开发区财政局行财科科长
秦　伟　日照市公安局交通警察支队日照经济技术开发区大队交通管理科负责人、三级警长
尹　明　日照经济技术开发区应急管理和综合执法局北京路街道综合执法中队副中队长
王亦秋　日照经济技术开发区经济发展局大数据发展科科长
庄建华　市市场监督管理局日照经济技术开发区分局北京路市场监督管理所副所长
徐懋富　日照经济技术开发区实验学校党委书记、校长
　　　　日照经济技术开发区体育运动学校校长
张家铭　日照经济技术开发区北京路街道办事处党政办职员
王桂平　日照经济技术开发区奎山街道办事处城市管理办公室主任
牟　磊　日照经济技术开发区实验学校副校长
刘　洁　日照经济技术开发区银川路幼儿园保教主任

日照高新区

崔久西　日照高新区工委委员、管委副主任
李　浩　日照高新区党政办公室副主任
高　磊　日照高新区社会事业局局长
单艳艳　日照高新区社会事业局副局长
秦　锐　日照高新区财政局国资办主任
李　亮　日照高新区科技与经济发展局副局长
宋劲松　日照高新区公安分局二级警长
秦　闻　日照高新区应急管理和综合执法局应急综合执法大队大队长
申丛菲　日照高新发展集团党委委员
韩超越　日照高新发展集团文化产业公司总经理
焦艳芳　日照高新区纪检监察工委职员
陈洪月　日照高新区党群工作部融媒体职员

许　洁　日照高新区党群工作部职员
侯金栋　日照高新区社会事业局工作人员
许琳琳　日照高新区社会事业局工作人员
葛超文　日照高新区社会事业局工作人员
辛　斌　日照高新区社会事业局工作人员
高　洁　市市场监管局日照高新区分局工作人员
吕慧茹　日照高新区建设局交通办工作人员
潘　斌　日照高新区应急管理和综合执法局工作人员
吴一帆　日照高新技术产业开发区香河救援站站长助理
时文乾　日照交警直属大队临沂路中队辅警
单体文　日照市朝阳小学安全办主任
于月洲　日照高新区中学总务处副主任
邢玉田　日照河山实验学校教师
陈安迪　日照高新发展集团文化产业公司职员

山海天旅游度假区

刘加平　山海天旅游度假区纪工委监工委派驻纪检监察二组组长
卜现强　山海天旅游度假区教育和体育局党组成员、副局长
张　伟　山海天旅游度假区教育和体育局体育科科长
王安雷　山海天旅游度假区城乡建设管理局党组书记、局长
安佰荣　市公安局交通警察支队山海天旅游度假区大队交通管理中队（巡查铁骑队）负责人
程学勇　山海天旅游度假区体育运动学校负责人
高　磊　山海天旅游度假区教育和体育局体育科科员
侯学敏　山海天旅游度假区经济发展局党组成员、副局长兼区团工委书记
姬广兴　山海天旅游度假区青岛路中学教师
纪　达　山海天旅游度假区市场监督管理局副局长
裴志勇　山海天旅游度假区市场监督管理局督查协调科科长
金辛芳　山海天旅游度假区教育和体育局教学科科长
李　浩　山海天旅游度假区党政办公室综合科科长
邱　杰　山海天旅游度假区消防救援大队副大队长
邱渊明　山海天旅游度假区青岛路中学体育教师
苏同锋　山海天旅游度假交通运输局局长
王雪娇　山海天旅游度假区教育和体育局信息宣传中心工作人员
徐　斐　山海天旅游度假区公安分局治安管理大队教导员
徐笑云　山海天旅游度假区青岛路中学教师
杨伟伟　山海天旅游度假区社会事业发展局卫生健康科科员
杨云娜　山海天旅游度假区党群工作部副科级干部
姚久岭　山海天旅游度假区教育和体育局基础教育科科长
于世华　山海天旅游度假区教育和体育局学前教育科科长
朱先伟　山海天旅游度假区财政局副局长
庄乾宇　山海天旅游度假区卧龙山小学教师

严加庆 山海天旅游度假区卧龙山小学教师
张　萍 山海天旅游度假区安哲小学教师
于亚汐 山海天旅游度假区实验小学教师

第三节 第五届省老运会表扬奖励

一、体育道德风尚奖代表团

济南市代表团　青岛市代表团　淄博市代表团
枣庄市代表团　东营市代表团　烟台市代表团
潍坊市代表团　济宁市代表团　泰安市代表团
威海市代表团　日照市代表团　临沂市代表团
德州市代表团　聊城市代表团　滨州市代表团
菏泽市代表团　济南铁路局代表团　胜利油田代表团
省直机关代表团

二、优秀组织奖单位

济南市　淄博市　枣庄市　烟台市　潍坊市
济宁市　泰安市　日照市　聊城市　滨州市

三、特别贡献奖单位

日照市

四、突出贡献奖单位名单

山东省体育彩票管理中心　青岛啤酒股份有限公司
山东信发集团有限公司

五、贡献奖单位名单

鲁信投资控股集团有限公司
双星集团有限责任公司
山东钢铁集团日照有限公司
山东港口陆海国际物流集团有限公司
山东水发物流集团有限公司
中青建安集团
济南养乃世家商贸有限公司
山东迈宝赫健身器材有限公司

第十七章 赛后效应和场馆设施利用

二十五届省运会是日照市首次承办，并且独立承办的全省规格最高、规模最大的综合性体育盛会，对全市经济社会发展具有重大而深远的影响。日照市围绕“办好一次会，搞活一座城”，充分发挥省运会溢出效应和拉动作用，加快建设现代化海滨体育名城，让体育更好赋能城市发展。

二十五届省运会、十一届省残运会的举办，潜移默化地改变着日照市民的生活，全民健身蔚然成风，现代、时尚、运动成为这座城市的重要印记。全市体育影响力持续提升，连续4年获“中国体育旅游十佳目的地”，初步建起以健身休闲业、竞赛表演业等为龙头，高端制造业与现代服务业融合发展的现代体育产业体系。

日照市发挥山、海、湖、林、草、滩等自然优势和场馆资源优势，坚持办赛兴城、办赛惠民，用活市场机制，进一步完善“发展三大球、做大水文章、打好户外牌、唱响特色戏”品牌赛事体系，重大赛事承办成效显著。

第一节 赛后效应

一、全民健身运动发展

为破解“群众去哪健身、跟谁健身、如何科学健身”等问题，日照市充分利用省运会新建、改建的22处大型体育场馆，大力发展全民健身，为市民提供更加智慧、舒适、科学的运动体验，完善城区“10分钟健身圈”，全市人均体育场地面积达4.79平方米，位居全省第一、全国地级市前列，市民“家门口”健身更便利更普及，提高群众的获得感。

2023年7月10日，全市首届职工运动会篮球比赛在日照港职工文体馆举办

完善群众身边的体育健身组织网络，在全省率先实现乡镇体育总会全覆盖，各类体育协会、俱乐部和草根组织蓬勃发展，广大群众可以根据自己需要加入喜欢的健身组织，提高群众的归属感。

开展覆盖全人群的群众性体育赛事活动，每年举办全民健身运动会、绿水青山运动会、生态田园运动会、社区运动会、职工运动会、和美乡村赛事等各级各类全民健身赛事活动3000余场次，公园广场、城乡绿道、街头巷尾等，随处可见健身人群，全市经常参加体育锻炼人数比例达47%。开展线上线下相结合的体育健身培训和指导，培训社会体育指导员2万余人，超过总人口的6.7‰，国民体质合格率稳定在93%以上，持续传播体育信仰理念，促进人人健身、人人健康，运动健康成为日照市民喜欢的一种生活方式，成为日照的一种城市特质。2022年12月，日照市创建为全国全民运动健身模范市。2023年6月，全国全民运动健身模范市县交流活动在日照举行。

二、体育和城市融合

日照市体育场馆设施分布在主城区和各区县，成为城市标志性建筑，壮大了城市骨架，完善了城市功能，提升了城市品位。以大型体育场馆设施为核心，周边交通、文化、旅游、食宿、餐饮、商贸等基础设施建设不断完善，生态环境显著改善提升，日照奥林匹克水上运动小镇、

“奔跑吧·少年”青少年脊柱与视力健康操展示活动

2023年5月29日，日照幼儿体育国家级试点成果展示大会

奎山体育中心、香河体育公园、网球中心等体育场馆片区成为城市环境的新亮点、活力日照的新地标和体育消费的新场景，实现“建设一处场馆，造福一方百姓，带活一片区域”。

推动“三大球”、水上运动、网球、自行车、路跑等运动项目文化和城市体育文化景观建设，重塑城市人文精神，展示广大市民奋发有为、阳光自信的新时代市民形象，促进形成和谐互助的人际关系和文明守法的社会风气，充分彰显日照年轻时尚、激情动感、活力喷薄的城市魅力。同时，充分发挥体育设施、品牌赛事等资源优势，积极融入胶东区域发展一体化战略，深化与国内沿海城市和其他体育城市的交流，加强国际体育交流合作，搭建城市开放新平台，一座新兴的现代化海滨体育名城正在冉冉升起。

三、服务国家队训练备战

NYBO 青少年篮球公开赛全国总决赛

瞄准奥运会和国际比赛参赛服务，日照市积极承接国家队训练备战。依托国家水上运动训练基地、网球中心等一批高层次的体育训练平台和完善的训练保障体系，先后高质量服务保障帆船帆板、赛艇、网球、橄榄球、举重等 8 支国家队在日照训练备战东京奥运会，取得 9 枚金牌、3 枚银牌、2 枚铜牌，国家体育总局授予日照“抗疫情保备战突出贡献奖”。2023 年 7—8 月，国家青年女排在日照集训备战 U21 女排世界锦标赛，从日照走上国际赛场并勇夺世界冠军，国家青年女排专门发来感谢信，日照成为国家队的加油站和突击营地。

四、竞技体育与青少年体育发展

日照市创新后备人才选拔、培养、输送机制，进一步提高竞技体育水平和为国争光能力。建立“1+7+N”青少年体育后备人才培养体系，以市体校为核心，7 个区县新型体校为基础，学校和青少年俱乐部为补充，推行市队校办、市队俱乐部办和学校俱乐部合作培养模式。市体校创建为国家重点高水平后备人才基地，为国家队、省队培养输送了大批优秀运动员。

推动体育工作基础前移，深化体教融合，推动幼儿体育发展和青少年体育发展。圆满完成幼儿体育国家级试点，成果在全国会议推广。承接全国青少年脊柱健康管理试点工作，全市近 20 万名中小学生受益。完善青少年常态化竞赛体系，持续开展百校学生体质提升工程、体能训练进校园等工作，广大青少年身心更健康、体魄更强健。

五、体育产业发展

通过筹办、举办省运会，日照市体育影响力持续提升，连续 4 年获评“中国体育旅游十佳目的地”，创建为国家体育消费试点城市，莒县创建为山东省体育消费试点县，初步建起以健身休闲业、竞赛表演业等为龙头，高端制造业与现代服务业融合发展的现代体育产业体系。

培育更多创新、活力的体育市场主体，加快体育制造向体育智造转型升级。至 2022 年底，创建省级体育产业示范基地（单位、项目）10 个，省级体育服务综合体 4 个，国内高端体育制造企业——英吉多落户日照。创建更多时尚、舒适的体育消费场景。2023 年，创新举办日照 2023 中国运动休闲大会暨体育旅游季，以“新体旅 新消费 新动能”为主题，“赛会游”一体，配套 48 项赛事和全民健身活动，近 10 万人次参与。打造国家级、省级体育旅游精品项目 15 项。日照“海滨山岳行”体育旅游线路连续 5 年获“中国体育旅游精品线路”。

国内高端体育制造企业——英吉多落户日照

营造更加安心、优质的体育营商环境，开展时尚体育消费季。连续 3 年发放体育惠民消费券，激活体育假日经济，点亮夜经济；推进体育金融科技创新，培养大众体育消费黏性。2022 年，日照居民人均体育消费 2333.26 元，较 2021 年增加 154.05 元，花钱买健康成为越来越多人的共识，体育消费潜力逐步释放，体育产业发展氛围愈加浓厚。

第二节　场馆设施利用

一、重大赛事承办

日照市以筹办、举办省运会为契机，充分发挥山、海、湖、林、草、滩等自然优势和场馆资源优势，坚持办赛兴城、办赛惠民，牢固树立“项目为王”理念，用活市场机制，发挥社会力量的积极性。

2023 年以后，日照市承办全国网球团体锦标赛、全国田径大奖赛、2023 国际篮联三人篮球国家联赛、NYBO 青少年篮球公开赛全国总决赛等 60 余项国家级、省级以上重大体育赛事，拉动总消费约 2 亿元，赛事“流量”成为城市经济发展“增量”，进一步完善了“发展三大球、做大水文章、打好户外牌、唱响特色戏”的品牌赛事体系。

2023 国际篮联三人篮球国家联赛在日照网球中心举行

二、社会综合效应

日照市坚持赛事和城市一体营销，依托新华社、中新社、《人民日报》、中央电视台、中国教育电视台、《中国体育报》、《大众日报》、山东电视台等主流媒体，新浪、搜狐、网易等网络媒体和市级媒体矩阵进行全方位赛事宣传，中国水上运动之都、中国国际休闲海钓之都、全国围棋之乡、全国首批帆船发展联盟城市等赛事名片更加闪亮。发挥明星效应，姚明等体育明星出席赛事活动，成为流量热点，掀起体育热潮，更多人通过体育名片认识日照、踏足日照、倾情日照，人流、物流、资金流、信息流加速聚集，给城市注入更多的活力和商机。

附 录

第一节 文献选录

山东省第二十五届运动会开幕词

山东省人民政府副省长 孙继业

（2022 年 8 月 25 日）

尊敬的陆治原副书记，各位领导、各位嘉宾，各位运动员、教练员、裁判员，同志们、朋友们：

大家晚上好！今晚我们相聚在美丽的日照，共同出席山东省第二十五届运动会开幕式。在此，我代表山东省人民政府和组委会向出席开幕式的各位领导、各位来宾、各界群众和全体运动员、教练员、裁判员表示热烈的欢迎！向日照市委市政府、全市人民以及参与省运会筹办的志愿服务人员、工作人员、建设者表示衷心的感谢！向所有关心、支持省运会的各界人士表示崇高的敬意！

党的十八大以来，以习近平同志为核心的党中央高度重视体育事业发展，深入实施全民健身国家战略，体育强国建设取得辉煌成就。省委、省政府坚决贯彻党中央决策部署，坚持把体育事业作为高质量发展的重要内容，加快推动全省体育事业，竞技体育连创辉煌、全民健身广泛开展、体育产业长足进步、体育文化不断厚植，为社会主义现代化强省建设提供了强大动力。

四年一届的省运会，是我省规模最大、层次最广、影响最广的综合性体育盛会。在省运会的带动下，我们发现和培养了大批优秀体育人才，去年东京奥运会我省运动健儿取得 7 枚金牌，创奥运历史最好成绩，全运会夺得 58 枚金牌、160 枚奖牌，奖牌总数和金牌数蝉联“四连冠”。在省运会的带动下，我们有力提高了群众体育意识，越来越多的群众关心体育、热爱体育、参与体育，全民健身蓬勃发展。在省运会的带动下，我们充分发挥大型赛事综合效应，培育了体育产业新业态新模式，优势突出、特色鲜明的体育产业高质量发展新格局正在加速形成。

本届省运会是在常态化疫情防控新形势下，我省举办的首个重大综合性体育赛事，是展现我省体育事业发展成就的盛会，也是充分展现齐鲁儿女精神风貌的盛会，对于夯实体育事业、壮大体育产业、推进体育改革创新具有重要的促进作用。希望广大运动健儿牢记习近平总书记“使命在肩 奋斗有我”的殷切嘱托，大力弘扬中华体育精神和北京冬奥精神，意气风发争一流、顽强拼搏创佳绩；希望全体教练员、裁判员共同恪守和维护良好的竞赛秩序，遵循“公开、公平、公正”的竞赛原则，维护良好的赛风赛纪，确保比赛顺利进行；希望组委会各部门和日照市精心组织、热情服务，有序抓好疫情防控和赛事举办，全力以赴为全省人民奉献一场亮点纷呈、精彩圆满的“运动盛宴”，激励全省上下在新时代社会主义现代化强省建设新征程中，踔厉奋发、笃行不怠，争金夺银、再创辉煌！

让我们共同祝愿本届省运会圆满成功！

在山东省第二十五届运动会开幕式上的致辞

中共日照市委书记、市人大常委会主任 张 惠

（2022 年 8 月 25 日）

尊敬的各位领导、各位嘉宾，同志们、朋友们：

阳光海岸金秋爽，丹桂飘香迎宾来。今夜，我们相聚在活力日照，共同见证山东省第二十五届运动会盛大启幕，我谨代表中共日照市委、日照市人民政府和 309 万日照人民，向出席开幕式的各位领导、各位嘉宾，全体运动员、教练员、裁判员表示最热烈的欢迎！向所有关心、支持、参与省运会筹办的建设者、志愿者和体育工作者，表示最衷心的感谢！

习近平总书记指出，体育承载着国家强盛、民族振兴的梦想，体育强则中国强，国运兴则体育兴。四年前，我们接过省运会的会旗。四年接续奋战，在省委、省政府的坚强领导下，在省体育局等省直部门和兄弟城市鼎力支持下，我们紧紧围绕“办好一次会、搞活一座城”的目标，举全市之力，高标准做好场馆建设、备战训练、服务保障等工作，坚定兑现“当好东道主、办好省运会”的庄严承诺。四年春华秋实，日照的竞技体育、群众体育、体育产业蓬勃发展，人均体育场地面积增长 50%，跃居全国前列，“国家体育消费试点城市”“中国体育旅游十佳目的地”等桂冠花落日照。四年以赛兴城，日照城市颜值更加靓丽、公共服务更加完善。体育，成为日照人民喜欢的生活方式，也为这座城市注入了“活力因子”，日照正因为体育而拔节生长、芳华绽放。

同志们、朋友们，日照这座城市，因“日出初光先照”而得名，注定是一个活力喷薄、梦想花开的地方。相聚阳光之城，一起奔向未来。我们郑重承诺，热情好客的日照人民，一定倾力提供精细精致、贴心暖心的服务，为全省人民奉献一届绿色、智慧、平安、共享的精彩省运。我们真诚期待，四面八方的嘉宾朋友，能够尽情分享省运会的激情与欢乐，充分感受活力日照的时尚和脉动。我们衷心祝愿，勤劳智慧的齐鲁儿女，牢记嘱托走在前、勇担使命开新局，在新时代社会主义现代化强省建设新征程上“摘金夺银”，以优异成绩迎接党的二十大胜利召开！

最后，祝第二十五届省运会圆满成功！祝各路体育健儿赛出水平、勇创佳绩！祝各位领导、各位嘉宾身体健康、万事如意！

山东省第二十五届运动会闭幕词

中共山东省委副书记、省长 周乃翔

（2022 年 9 月 5 日）

尊敬的干杰书记，全体运动员、教练员、裁判员，同志们：

海上生明月，天涯共此时。今天山东省第二十五届运动会顺利完成各项赛事活动，即将落下帷幕。首先，我谨代表省委省政府向承办城市日照市和大会组委会，向所有参与省运、奉献省运的广大建设者、防疫工作者、赛事志愿者、新闻工作者和全体工作人员表示诚挚的问候，向各代表团和全体运动员、教练员表示热烈的祝贺！

习近平总书记强调，体育承载着国家强盛、民族振兴的梦想，关乎人民幸福、民族未来。体育强则中国强，国运兴则体育兴。本届省运会是在全省上下深入贯彻落实习近平总书记重要指示要求，贯彻落实省第十二次党代会精神，喜迎党的二十大胜利召开之际，举办的一次体育盛会，17000 名运动员同场竞技，2000 名优秀体育后备人才脱颖而出，49 名青少年运动员达到国家健将标准，156 个小项的成绩超上届，1600 余场次全民健身赛赛事活动同步举办，近百万群众踊跃参与，带动全民健身运动蓬勃发展。

这场盛会织牢了疫情防控、顺利办赛的“安全之网”，实行“一赛事一方案”“一场馆一方案”，800 余名防疫工作者忠于职守、日夜守护，构筑起严密防控的坚固防线。

这场盛会展现了公平公正、团结友谊的“文明之风”，参赛选手既拿竞技的金牌，更拿道德的金牌、风格的金牌、干净的金牌，取得了运动成绩和精神文明双丰收。

这场盛会彰显了生态环保、简约低碳的“绿色之美”，将绿色融入 22 个新建和改造提升场馆的规划建设、综合利用、环境整治等各个环节，让市民乐享绿水青山、碧海蓝天的生动画卷。

这场盛会传递了科技助力、高效便捷的“智慧之光”，科技助力高效便捷的智慧之光，广泛应用 5G、大数据、互联网等先进技术，探索智慧办赛、智慧参赛、智慧体育，促进了体育运动的普及发展。

这场盛会激发了自强不息、勇于超越的“奋进之力”，坚持“事争一流、唯旗是夺”，全面展示了全省体育事业发展的丰硕成果，充分展现了齐鲁儿女奋发向上、拼搏进取的精神风貌，给全省人民带来了巨大鼓舞，增添了奋进力量。

当前，全省上下正在深入贯彻习近平总书记对山东工作的重要指示要求，聚力落实省第十二次党代会部署，锚定“走在前、开新局”，奋力推动新时代社会主义现代化强省建设。全省广大干部群众，要以成功举办本届省运会为契机，大力弘扬“更快、更高、更强、更团结”的奥林匹克精神和中华体育精神，持续推动群众体育、竞技体育、体育产业协同发展、高质量发展。要自觉扛起“走在前、开新局”的光荣使命，踊跃投身改革发展稳定各条战线，以更加昂扬的精神状态和一往无前的奋斗姿态，拼搏实干、奋勇争先，努力在新时代社会主义现代化强省建设新征程上“摘金夺银”、争创佳绩，以实际行动和优异成绩迎接和庆祝党的二十大胜利召开。

在山东省第二十五届运动会闭幕式上的致辞

中共日照市委副书记、市长 李在武

（2022 年 9 月 5 日）

尊敬的干杰书记、乃翔省长，各位领导、各位来宾，同志们、朋友们：

今晚的日照流光溢彩、美轮美奂！第二十五届省运会即将落下帷幕，干杰书记、乃翔省长亲临现场，全省体育健儿和日照人民备受鼓舞。我代表日照市委、市政府，向出席闭幕式的各位领导、各位来宾表示诚挚的欢迎！向为本届省运会做出贡献的全体人员、各界朋友表示衷心的感谢！

习近平总书记指出，体育强则中国强，国运兴则体育兴。“当好东道主、办好省运会”是日照的庄严承诺。四年来，我们秉承“办赛精彩、参赛出彩、发展增彩”的理念，聚力打造“活力日照、精彩省运”。省运会的圆满成功是省委省政府正确领导的结果，得益于省体育局和组委会各单位的精心指导，得益于广大运动员、教练员、裁判员的共同努力，得益于全体工作人员、志愿者、媒体记者、赞助商和市民的热情参与，正是大家的鼎力支持，为日照镌刻了永恒的省运记忆，成就了一届成功、精彩、圆满的盛会。

这是一场体育的盛会，激发了推进新时代体育事业改革发展的强劲动能。省委省政府把体育摆在了重要位置，推动竞技体育、群众体育、体育产业、体育文化协同发展，为办好省运会注入强大动力。赛会规模居全国前列，比赛项目、参与人数创历史之最，历经省运洗礼，全市体育设施显著提升、体育人口大幅增加、体育氛围愈发浓厚，正在奋力书写体育强省建设日照篇章。

这是一场城市的盛会，奏响了同心协力、共拼共赢的奋进强音。从芳菲五月到金秋时节，日照到处洋溢着青春的笑脸，一万七千多名运动员同场竞技，驻日照高校 2500 名志愿者忙碌穿梭，赛会工作人员辛勤付出，大家都在为梦想而拼、为荣誉而战，铸就了坚定自信、团结协作、顽强拼搏的丰厚精神财富，城市的向心力、市民的自豪感越来越强，所有这些必将融入城市血脉，激励全市上下满怀豪情，创造美好明天。

这是一场发展的盛会，汇聚了牢记嘱托走在前、勇担使命开新局的澎湃力量。省党代会发出了“走在前、开新局”的强省号令，日照责无旁贷，我们将锚定“办好一次会、搞活一座城”，坚持事争一流、唯旗是夺，大力弘扬奥林匹克精神和中华体育精神，打造更具创造力、影响力、吸引力的青春之城、阳光之城、活力之城。

同志们、朋友们！大美山东、活力日照，省运盛会即将闭幕，但拼搏奋斗永不落幕，让我们共同点燃希望之火、照亮梦想之光、相约阳光之城，一起奔向未来，以优异成绩迎接党的二十大胜利召开。谢谢大家。

山东省第十一届残疾人运动会开幕词

山东省人民政府副省长 孙继业

（2022年9月16日）

尊敬的赵素京副理事长、王宇燕部长，各位领导、各位来宾，全体运动员、教练员、裁判员、志愿者，同志们、朋友们：

大家晚上好！

在第二十五届省运会刚刚闭幕不久，今天我们再次相聚在美丽的阳光之城——日照市，共同出席山东省第十一届残疾人运动会开幕式，在此我谨代表山东省人民政府向本届残运会的开幕表示热烈的祝贺，向全体运动员、教练员、裁判员、志愿者和工作人员致以诚挚的问候，向长期以来关心支持山东残疾人工作的中国残联和社会各界表示衷心的感谢！

习近平总书记指出，残疾人是人类大家庭的平等成员，残疾人体育是残疾人运动康复健身、平等参与社会、实现自身价值的重要途径，对展示残疾人体育才能，激励残疾人自尊、自信、自强、自立，倡导全社会理解、尊重、关心、帮助残疾人具有重要意义。

近年来，山东省委、省政府大力推动残疾人事业高质量发展，各项工作都取得了新的成绩，残疾人体育事业有了长足的进步，运动员们在国际国内竞技场上挥洒汗水显技能、绽放青春扬个性，充分展示了对生命价值的不懈追求、对生命潜能的不断超越、对美好生活的热切向往，谱写了自强不息追逐梦想的动人凯歌。

省残疾人运动会是属于全省残疾人运动健儿的体育盛会，为残疾人运动员搭建了挑战自我、超越自我、展示自我的广阔舞台。希望广大运动员顽强拼搏、奋勇争先，赛出风格、赛出水平，向全社会展现新时代残疾人的良好精神风貌，希望组委会全体工作人员精心组织、热情服务，公平公正、团结协作，维护良好的竞赛秩序，为全省人民贡献一场成功、精彩、难忘的体育盛会。

最后预祝第十一届省残运会圆满成功，祝各位领导、各位来宾工作顺利、万事如意！

山东省第十一届残疾人运动会欢迎词

中共日照市委书记、市人大常委会主任 张 惠

（2022 年 9 月 16 日）

尊敬的各位领导、各位来宾，同志们、朋友们：

大家晚上好！

金秋时节，硕果飘香，温暖残运，梦想绽放。在第二十五届省运会圆满收官之际，我们又迎来了山东省第十一届残疾人运动会的精彩启幕。在此，我谨代表日照市委、市政府和 309 万日照人民向出席开幕式的各位领导、各位嘉宾，全体运动员、教练员、裁判员表示最热烈的欢迎！向所有关心支持参与省残运会筹办的建设者、志愿者、工作者和社会各界表示最衷心的感谢！

习近平总书记强调，让广大残疾人安居乐业、衣食无忧，过上幸福美好的生活，是我们党全心全意为人民服务宗旨的重要体现。近年来，在中国残联和省残联的具体指导与大力支持下，日照市始终把残疾人工作作为播洒阳光、传递爱心、推进文明的重要事业，大力开展阳光助残行动，深入推进残健融合发展，积极构建残疾人全生命周期服务体系，广大残疾人的获得感、幸福感、安全感不断增强。

残疾人体育是残疾人事业的重要组成部分，是广大残疾人运动健身康复平等参与社会实现自身价值的重要途径。四年前，我们光荣地接过省残运会的旗帜，我们深知这承载着省委、省政府对日照的信任与关怀，寄托着广大残疾人运动员的梦想与期待。四年来，我们始终坚持高标准高质量扎实做好无障碍建设竞赛组织和服务保障等各项工作。为举办一届平等参与共享的残运盛会不懈努力，我们全面推进残疾人群众体育竞技体育康复运动协调发展，努力为广大残疾人绽放生命精彩、共享健康生活创造环境、搭建平台。

同志们、朋友们，残运会不仅是力量和技巧的比拼，更是自强不息精神的诠释和人间真情大爱的演绎。我们希望全体赛会工作者、志愿者以真诚的微笑、以热情的服务，全力为赛事举办创造一流环境，我们期待各位残疾人运动员在阳光下尽情挥洒、勇敢追梦，充分展现竞技之美、精神之美、生命之美。我们坚信，本届残运会必将有力推动全省残疾人体育和残疾人事业高质量发展。齐鲁儿女一定会在自尊自信、自强自立精神激励下，走在前、开新局，不断书写新时代社会主义现代化强省建设新篇章，以优异成绩迎接和庆祝党的二十大胜利召开。

最后祝山东省第十一届残运会圆满成功，祝各位领导、各位来宾和朋友们家庭幸福、万事如意。谢谢大家！

山东省第十一届残疾人运动会闭幕词

山东省残联党组书记、理事长 邹斌芳

（2022年9月20日）

尊敬的修林主席，各位领导、各位来宾，全体运动员、教练员、裁判员、同志们、残疾人朋友们：

大家晚上好！

备受瞩目的山东省第十一届残疾人运动会，在隆重而热烈的气氛中圆满顺利地完成了各项赛事活动，今天即将落下帷幕。在此，我代表省十一届残运会组委会和省残疾人联合会，向取得优异成绩的各代表团和残疾人运动员表示热烈的祝贺，向承办省十一届残运会的日照市和各比赛赛区表示衷心的感谢，向为筹备本届残运会付出辛勤努力的组委会全体成员和全体裁判员、教练员、工作人员、志愿者致以诚挚的问候。

本届省残运会是在全省坚持以习近平新时代中国特色社会主义思想为指导，深入学习贯彻省十二次党代会精神，奋力开创新时代社会主义现代化强省建设新局面，喜迎党的二十大胜利召开之际，举办的一场全省大型综合性的残疾人运动会，是全省残疾人群众体育和竞技体育事业发展成果的一次有力展示。

在省有关部门，日照市委、市政府，各代表团和全体运动员、教练员、裁判员、工作人员的共同努力下，省十一届残运会办出了新水平，取得了新成绩，展现了新风貌，取得了圆满成功，实现了省运会、省残运会两个赛事同样精彩的目标，谱写了我省残疾人事业发展的新篇章。赛会期间，残疾人运动员顽强拼搏、奋勇争先，先后在17个比赛大项中决出786枚金牌、539枚银牌、441枚铜牌，充分展示了新时代残疾人自强不息的精神风貌。裁判员严格要求、公正裁决，为运动会良好的赛风赛纪提供了有力保障。工作人员和志愿者悉心服务、无私奉献，充分展现了扶残助残的良好社会风尚。

同志们、残疾人朋友们，省第十一届残运会激情四射的赛场拼搏，让人生积淀了一份美好的记忆，激励着我们不断开创更加美好的未来。牢记嘱托走在前，勇担使命开新局。让我们更加紧密地团结在以习近平同志为核心的党中央周围，深入贯彻落实习近平总书记视察山东重要讲话和关于残疾人事业的重要指示批示精神。凝心聚力、奋发进取、顽强拼搏，不断推动残疾人事业高质量发展。努力在新时代社会主义现代化强省建设中展现新担当，实现新作为，以优异成绩迎接党的二十大胜利召开。

谢谢大家！

山东省第十一届残疾人运动会闭幕式上的致辞

中共日照市委副书记、市长 李在武

（2022年9月20日）

尊敬的修林主席，各位领导，各位来宾，同志们、朋友们：

大家晚上好！

秋分将至，正是喜庆丰收的美好时节，当熟悉的颁奖音乐再次响起，山东省第十一届残运会即将落下帷幕，各位领导和来宾相聚阳光海岸、活力日照，共同见证两个赛事同样精彩的历史时刻，全市上下心潮澎湃、无比自豪。

本届残运会圆满收官，是省委省政府坚强领导的结果，是省残联、省体育局精心指导的结果，是各代表团和全体运动员、教练员、裁判员奋力拼搏的结果，是各位志愿者、工作人员、媒体记者、市民朋友辛勤付出的结果。在此，我谨代表日照市委、市政府表示衷心的感谢，并致以崇高的敬意。

习近平总书记指出，体育代表着青春、健康、活力，强调残疾人是社会大家庭的平等成员，残疾人事业是春天的事业。日照抓住承办省残运会契机，认真践行平等参与、自强共进宗旨，扎实做好场地设施建设，赛事运行保障、志愿服务，积极推动无障碍理念融入精致城市建设，广泛开展阳光助残行动，帮助越来越多的残疾人身体功能恢复、身心健康发展，成为展示山东残疾人事业平等参与、共享发展成就的生动缩影。

各位来宾，同志们，体育使生命更精彩，运动让生活更健康。本届残运会共设置17个大项、700多个小项，1500多名残疾健儿同台竞技、摘金夺银，以梦想照亮赛场，用拼搏铸就成功，充分展现了乐观进取的人生态度、平等自强的生命尊严、顽强拼搏的精神力量。每一个参赛者都是英雄，每一份战绩都值得喝彩，每一块奖牌都将被铭记。

朋友们，爱在这片海、一起向未来，因为自尊、自信、自强、自立，青春不会散场，拼搏永不落幕。我们将锚定走在前、开新局，推动健身体育、康复体育和竞技体育全面发展，让每一个残疾人迸发向阳而生、逆风飞翔的生命风采，让阳光日照、品质生活成为这个城市最鲜明的底色。在加快推进绿色低碳高质量发展的新征程中，昂首向前、奋力奔跑，以优异成绩迎接和庆祝党的二十大胜利召开。

谢谢大家！

贺信

值此第五届山东省老年人运动会开幕之际，我谨代表省委、省政府向运动会的举办表示热烈祝贺！向参与赛事的老年朋友和教练员、裁判员、工作人员表示诚挚问候！

党的十八大以来，以习近平同志为核心的党中央高度重视老龄工作和体育工作，举办本届老年人运动会，是贯彻习近平总书记关于体育工作重要论述、落实全民健身国家战略的具体行动，对进一步推动我省老年体育事业发展具有重要意义。希望各位老年朋友本着重在参与、重在健康、重在安全、重在友谊的原则，赛出风格、赛出水平；希望组委会高度重视、精心组织，全力以赴做好各项服务保障工作，把运动会办成展示我省老年体育事业发展成就和老年人健康向上精神风貌的盛会。

当前，全省上下正在深入贯彻党的二十大精神、全面落实习近平总书记对山东工作的重要指示批示要求，加快建设新时代社会主义现代化强省。发展体育事业事关民生福祉，是强省建设的题中应有之义。全省各级各有关部门要高度重视体育工作，推动群众体育工作、竞技体育、体育产业协调发展，加快建设体育强省。要广泛开展全民健身运动，动员更多老年人参与体育健身，在运动中收获健康和快乐！

祝第五届山东省老年人运动会圆满成功！祝广大老年朋友身心健康、生活幸福！

林　武

2023 年 5 月 6 日

贺信

山东省老年人体育协会：

值此第五届山东省老年人运动会开幕之际，中国老年人体育协会表示热烈祝贺！并向全体运动员、教练员、裁判员、大会工作人员和志愿服务者致以诚挚的问候和衷心的祝愿！

夕阳无限好，人间重晚晴！老年人参加体育健身活动有家人的支持，有饱满的热情，是全民健身队伍中的主力军。积极开展老年体育活动，对于促进全民健身，提高人民健康素质，实现积极老龄化、健康老龄化，实现中华民族伟大复兴的中国梦具有重要意义。

近年来，山东省委、省政府和体育局等职能部门高度重视和关怀老年体育事业，始终坚持以习近平新时代中国特色社会主义思想为指导，坚持以人民为中心的发展思想，认真贯彻落实全民健身、体育强国国家战略，开拓创新，扎实工作，全省老年人体育工作有了新发展，尤其是组织机构建设、场地设施建设、赛事管理体系建设和打造老年体育健身品牌等方面，在全国发挥了示范引领作用。

本次老年人运动会的举办，必将调动广大老年人参与全民健身积极性，全面检阅山东省老年体育事业的发展水平，充分展现齐鲁老年人积极进取、乐观向上的精神风貌，进一步推动新时代山东省老年体育事业的蓬勃发展。

预祝第五届山东省老年人运动会圆满成功！

中国老年人体育协会

2023 年 5 月 8 日

在第五届山东省老年人运动会开幕式上的致辞

中共日照市委书记、市人大常委会主任 张 惠

（2023 年 5 月 8 日）

尊敬的各位领导、各位来宾，老年朋友们、同志们：

五月的日照，阳光明媚、繁花争妍，迎来了一年中最美的季节。今夜，我们欢聚一堂，共同见证第五届山东省老年人运动会的精彩启幕。在此，我谨代表日照市委、市政府和 300 多万日照人民，向出席开幕式的各位领导、各位来宾，全体运动员、教练员、裁判员表示热烈的欢迎！向所有关心、支持、参与老运会筹办的志愿者、工作者和社会各界表示衷心的感谢！

习近平总书记指出，尊老爱老是中华民族的优良传统和美德，一个社会幸福不幸福，很重要的是看老年人幸福不幸福。近年来，在省委、省政府的坚强领导下，在省体育局、卫健委等省直部门单位和省老年体协的关心支持下，日照市始终把老龄事业摆在经济社会发展的重要位置，大力开展“阳光敬老”行动，扎实推进老年大学、长者食堂和长者餐桌、适老化设施等建设，持续完善社会保障、养老服务、健康支撑体系，努力推动老有所养、老有所为、老有所乐，靓丽“夕阳红”成为“生活在日照就是幸福”的最美风景。

老年人体育是老龄事业和体育事业的重要组成部分，省老运会是促进全省老年朋友沟通交流、推动老年人体育事业发展的重要平台。四年多来，我们坚定扛牢承办老运会的光荣使命，全面履行“当好东道主、办好老运会”的庄严承诺，高标准做好各项筹备工作。我们坚持办赛会与办事业一体推进，老年人体育组织建设日益完善，场地设施持续提升，赛事活动精彩纷呈，体医康养深度融合，越来越多的老年人在体育运动中收获着快乐健康、幸福长寿。

老年朋友们、同志们，省委、省政府对本届老运会高度重视，林武书记专门发来贺信，对办好运动会、发展老年人健身运动等提出明确要求。我们希望，全体赛会工作者、志愿者，大力弘扬尊老、敬老、爱老的优良传统，精心组织，扎实工作，努力以细致周到、优质高效的服务，奉献一届成功、精彩、难忘的老年人体育盛会。我们期待，老年朋友们坚持“重在参与、重在健康、重在安全、重在友谊”，在阳光中尽情分享运动的快乐。我们坚信，本届老运会必将有力推动全省老年人体育和老龄事业高质量发展，在新时代社会主义现代化强省建设的征程上留下浓墨重彩的篇章！

最后，祝第五届山东省老年人运动会圆满成功！祝各位领导、各位来宾身体健康、万事如意！祝广大老年朋友们老有所乐、幸福安康！

谢谢大家！

第五届山东省老年人运动会开幕词

第五届省老运会组委会主任 省老年人体育协会主席 宋远方

（2023 年 5 月 8 日）

尊敬的各位领导、各位嘉宾，亲爱的老年朋友们：

大家晚上好！

第五届山东省老年人运动会今天在日照隆重开幕了！省老运会是我省老年体育事业发展成果的一次大检阅，是展示山东老年人身心健康和精神风貌的重要舞台。办好本届老运会，是全省老年朋友们的共同心愿！省委、省政府对本届老运会高度重视，省委书记、省人大常委会主任林武同志专门发来贺信，省人大、省政协领导同志亲临大会。在此，让我们以热烈的掌声感谢省委省政府对全省老年人的关心厚爱！向出席开幕式的领导和各代表团、代表队表示诚挚的欢迎！向承办本届运动会开幕式的日照市委、市政府和全市人民表示衷心的感谢！

2005 年，中共山东省委办公厅、省政府办公厅印发的《关于进一步加强全省老年体育工作的意见》（鲁厅字〔2005〕39 号）中明确规定，“省老年人运动会与省运会衔接，每四年举办一次，并由承办省运会的城市同时承办省老年人运动会”。这充分体现了省委省政府对全省老年人的真情厚爱和对老年体育工作的重视支持。本届省老运会由省体育局、省卫生健康委、省老年人体育协会共同主办，以“健康、安全、精彩”为主题，共设置 12 项老年体育健身项目，截至目前大部分比赛在全省各地已经顺利完成。

众所周知，老年人是全社会的宝贵财富，是群众体育健身活动的主力军，是维护家庭和睦、单位和顺、社会和谐的重要力量。习近平总书记指出：“老年是人的生命的重要阶段，是仍然可以有作为、有进步、有快乐的重要人生阶段。”老年体育工作是老龄事业和体育事业的重要组成部分，对推进积极老龄化、健康老龄化，落实健康中国和全民健身国家战略有着重要意义。我们一定要以办好此次省老运会为契机，以老运会的成功举办，带动更多的老年人走出来、动起来、学起来、乐起来，扩大老年体育参与人口，提高老年人的身心健康水平和生活生命质量，达到快乐健康、幸福长寿的美好境界，为构建和谐社会、建设健康强省做出新的更大的贡献！

最后，衷心祝愿各位老年朋友赛出风格、比出快乐，在和谐康乐的气氛中收获友谊！

祝愿全省老年朋友们快乐健康、幸福长寿！

祝第五届全省老年人运动会圆满成功！

在第五届山东省老年人运动会闭幕式上的致辞

中共日照市委副书记 王新生

（2023年5月12日）

尊敬的各位领导、各位嘉宾，同志们、朋友们：

大家晚上好！

美好时光不待人，经过一场场精彩比赛，第五届山东省老年人运动会即将落下帷幕。本届老运会的圆满收官，是省委、省政府坚强领导的结果，是省体育局、省老体协精心指导的结果，是各代表团和全体运动员、教练员、裁判员努力拼搏的结果，是各位志愿者、工作人员、媒体记者、市民朋友辛勤付出的结果。在此，我谨代表日照市委、市政府向出席闭幕式的各位领导嘉宾表示热烈欢迎！向为本届老运会作出积极贡献的全体人员表示衷心感谢！向所有关心支持老年体育事业发展的各界朋友致以崇高敬意！

发展老年体育事业，是全民健身的重要内容，事关广大老年人福祉，事关体育强省建设大局。老运会期间，全省16地市的700多名运动员，相聚日照、同场竞技，赛出了水平、赛出了风格，充分展示了老年人健身项目的独特魅力，全面展现了我省老年人的精神风貌，成为初夏日照海滨的一道亮丽风景，书写了新时代社会主义现代化体育强省建设的精彩篇章。

老年人的健康快乐，是整个社会的牵挂和期盼。本届老运会的成功举办，必将有力推动全省老年体育和全民健身事业蓬勃发展，促进形成“爱生活、爱运动、爱健康”的浓厚社会氛围。日照市将以承办本届老运会为契机，锚定建设“现代化海滨体育名城”目标，坚持“积极老龄化”“健康老龄化”，不断健全老年人体育组织，持续丰富老年人赛事活动，切实加强老年人科学健身指导，让越来越多的老年人能够老有所为、老有所乐，在体育运动中收获快乐心情、健康体魄。

各位领导嘉宾，同志们、朋友们！夕阳无限好，为霞尚满天。本届省老运会即将闭幕，但运动健身不止步，健康生活不落幕。最后，祝全省老年朋友们身体健康、生活幸福、万事如意！

谢谢大家！

第五届山东省老年人运动会闭幕词

省体育训练中心党委书记、主任 王博清

（2023 年 5 月 12 日）

各位领导、各位来宾、老年朋友们：

第五届山东省老年人运动会自去年 7 月下旬正式拉开序幕以来，在省委省政府的正确领导下，在省体育局、省卫健委的关心支持、社会各界和广大老年朋友的共同努力下，圆满完成了各项赛程。今天我们相聚在享有活力之都的现代化海滨体育名城——日照市，共同见证本届老运会激动人心的闭幕时刻。在此，我受第五届全省老年人运动会组委会的委托，向为本届老运会付出辛勤努力的各级党委政府，社会各界，参赛的所有领队、教练员、裁判员、新闻媒体和工作人员表示崇高的敬意和衷心的感谢！向在本届运动会上取得优异成绩的各代表团和运动员表示热烈的祝贺！

本届老运会既是对我省体育强省建设和全民健身领域成果的一次集中展示，也是全省所有老年朋友的期盼与共同心愿。从筹备到举办的整个过程，我们始终立足“健康、安全、精彩”的主题和“快乐健康、幸福长寿”的工作理念，坚持“重在参与、重在健康、重在交流、重在快乐、重在安全”的原则。各单位热情服务、密切配合；全体工作人员兢兢业业、忘我工作；全体裁判员恪尽职守、公正裁判；广大老年朋友加强交流、增进友谊，为本届运动会的成功举办做出了积极贡献。一场场精彩的开幕式，一项项激动人心的竞赛，都充分展示了我省老年人老当益壮、激情昂扬的精神面貌，深刻阐释了群众体育、老年体育深层次的文化内涵，为老运会这个品牌活动的塑造、开拓、宣传与发展注入了新的活力。

本届老运会得到了省委省政府以及各级党委政府、社会各界的高度重视和大力支持，特别是在开幕式上省委书记林武的贺信指出，举办本届老年人运动会，是贯彻习近平总书记关于体育工作重要论述、落实全民健身国家战略的具体行动，对于进一步推动我省老年体育事业发展具有重要意义。要广泛开展全民健身运动，动员更多老年人参与体育健身，在运动中收获健康快乐。殷殷嘱托，更是让我们备受鼓舞，深感发展老年体育事业责任重大、使命光荣艰巨。这是一次凝心聚力、振奋精神、继往开来的盛会，更是一次催人奋进、昂扬向上的盛会，必将对推动新时代老年体育事业迈入新征程、谋划新发展、实现新目标产生重要的促进作用。

日照市作为本届老运会开、闭幕式和两项赛事的承办单位，在这段时间里做了大量细致周到、优质高效的服务保障工作，为全省老年人奉献了一届成功、精彩、难忘的老年人体育盛会。此时此刻，我提议我们再一次向日照市委、市政府、市体育局、市卫健委、市老年人体育协会和日照市的全体市民，向全省所有关心支持本届运动会和老年体育事业的领导、各界人士和广大老年朋友们致以崇高的敬意和由衷的感谢！

同志们、朋友们，第五届全省老年人运动会就要闭幕了，在今后的工作中，我们要始终坚持以人民为中心的发展思想，把做好老年体育工作与当前开展的学习贯彻习近平新时代中国特色社会主义思想主题教育结合起来，牢记嘱托走在前，勇担使命开新局，做到守正创新、全面求强，推动全省老年体育事业实现新跨越、再上新台阶，共同书写山东老年体育更加灿烂辉煌的崭新篇章，为新时代中国特色社会主义现代化体育强省建设做出新的更大贡献。

最后，祝全省老年朋友们身体健康，心情愉悦，生活幸福，万事如意！

第二节　媒体报道选编

省运会正式进入“日照时刻”

丁兆霞　杜辉升

10 月 12—20 日，山东省第二十四届省运会开闭幕式在青岛市民健身中心举行。20 日晚，日照市委副书记、市长李永红代表日照市接过山东省第二十五届省运会会旗，标志着第二十五届省运会正式进入“日照时刻”。

山东省运动会的举办始于 1950 年，是全省规模最大、项目最全的综合性体育盛会，是检阅各市体育发展水平和干部群众精神风貌的一次盛会，更是展示各地发展成就和城市形象、凝聚改革发展力量的重要平台。第二十四届省运会由青岛市主办，淄博、日照两市协办，青岛市承办全部比赛项目的 70%，淄博市承办 20%、日照市承办 10%。

为加快推进高质量发展、全面展开新旧动能转换重大工程，打造“活力之城、运动之城、健康之城”，日照市委、市政府举全市之力申请承办第二十五届省运会，于 2018 年 4 月 17 日由市政府向省体育局正式致函提出申请。7 月 5 日，省政府同意日照市独立承办第二十五届省运会。

日照市成功申办第二十五届省运会的时间之短，创了历届申办省运会纪录；日照市的独立承办，也成为第二十五届省运会区别于往届省运会由多个城市联合承办的最大亮点。

近年来，日照市在全省率先编制完成《主城区公共体育设施布点规划 (2013—2020)》，不断加快体育设施建设，各类场馆设施日益健全。按照实现“办赛精彩、参赛出彩”的目标，未来四年，日照还将新建和改造一大批体育设施。目前已拟订第二十五届省运会场馆设施改造提质和规划建设初步计划，计划 2021 年底全部竣工投入使用，满足 2022 年承办第二十五届省运会所有项目的需要。

日照市具有丰富的重大赛事筹办经验，近年来已先后成功承办两届中国水上运动会、三次帆船世界锦标赛、六届国际太极拳比赛、国际啦啦操精英赛、日照国际马拉松等 100 多项重大赛事，多次荣获重大体育赛事优秀组织奖、全国体育竞赛最佳赛区，初步形成了“春有国际太极拳、夏有水上运动会、秋有国际马拉松、冬有中国体操节”的四大赛事格局，体育成为日照重要的文化符号和城市印记。此外，山东体育学院和山东省水上运动学校均在日照市设立校区，大学科技园各高校在校生 10 万多人，为大型赛事志愿服务提供了良好支撑。

（原载 2018 年 10 月 23 日《大众日报》）

活力日照 精彩省运

四年前，日照市接过省运会会旗，接过一份荣光，也接过一份沉甸甸的责任。

四年来，日照全市上下通力协作、攻坚克难，全力抓场馆建设、环境整治、智慧省运、竞赛组织、服务保障等重点任务，用实际行动奋力兑现“办赛精彩、参赛出彩、发展增彩”的申办承诺。

2022 年 8 月 25 日，期待值拉满——山东省第二十五届运动会在日照市奎山体育中心盛大开幕。运动的激情与魅力，在海滨日照尽情绽放。

同心同向备省运

时针回拨至 2018 年 10 月 20 日。那一晚，日照接过山东省第二十五届运动会会旗，第二十五届省运会正式进入“日照时刻”。

消息传来，日照大地一片沸腾。区别于往届省运会的多个城市联合承办，本届省运会由日照独立承办；日照市成功申办第二十五届省运会的时间之短，也创了历届申办省运会纪录。

全省规模最大、层次最高、影响最广的综合性体育盛会，缘何花落日照？

近年来，日照举办过 200 多场省级以上体育赛事，构建了“发展三大球、做大水文章、打好户外牌、唱响特色戏”的赛事格局；全市人均体育场地面积达 4.78 平方米，居全国地级市前列，被推荐为全省唯一的全国全民运动健身模范市……

在山东省第二十五届运动会开幕倒计时两周年新闻发布会上，新闻发言人说，省运会进入“日照时间”是“恰逢其时”，“省运会选择日照，必将充分释放省运效应；日照承办省运会，必将实现全面出彩目标”。

海滨日照，能否不负厚望？接过会旗的那一天起，日照市便确定了“办赛精彩、参赛出彩、发展增彩”的目标，决心为全省人民奉献一届充满活力、精彩纷呈的体育盛会。

日照市委、市政府把省运会筹备工作作为重要政治任务，市委书记、市长担任筹委会双组长，谋划调度，多次听取汇报、作出批示、现场督导检查。市筹委会 1 室 20 部分工负责，市区两级执委会分级承担，筹委会办公室实体化办公，建立“五个会议”、财务管理等工作制度，构建“市级统筹、属地负责、齐抓共管”的工作格局……接旗以来的 1000 多个日夜，日照举全市之力、倾全市之情，做好筹备办赛工作，努力做到“办好一次会，搞活一座城”。

绿色务实建场馆

以“日照之光”为设计理念，层层的出挑平台体现出弧线之美；外形采用椭圆形态，状如朝阳初升，充分融入日照地域文化特色；屋顶的 PTFE 膜材自洁性好、透光性高、耐久性长，不仅材料本身环保实用，更延续光发散的感觉，诠释了阳光体育的精神……

这就是第二十五届省运会主会场——日照奎山体育中心。规划建设日照之光体育场、日照市体育运动学校、运动员培训训练基地及体育运动公园的日照奎山体育中心，承担开幕式及田径、滑板、橄榄球等项目，是一处集大型体育赛事、商业运营、体育教育及全民健身为一体的体育综合体。

承办一场精彩的省运会，场馆是重要的载体。以筹办省运会为契机，四年来，日照市加强体育设施规划建设，一方面为发展体育产业搭建更多优质平台，一方面解决群众去哪儿健身的问题。

四年来，日照市共准备训练、比赛场馆22处，其中新建15处。所有场馆做到“三个满足”：满足举办省运会及其他重大体育赛事需要、满足全民健身需要、满足赛后运营需要。市区新建的奎山体育中心、香河体育公园等综合性场馆，填补了日照主城区大型体育场馆空白；7个区县、功能区皆建设了综合性场馆，补齐了区县体育场馆的短板。新建场馆中，有9处是与学校共建共用。

绿色办赛，是日照市坚持的办赛理念。场馆规划建设中，也深深烙上了“绿色务实”的印记。建设奎山体育公园时坚持“海绵城市”设计理念，将原有的废弃矿坑改造成为环境优美的景观湖泊，在枯水期进行应急补水、丰水期用于绿地浇灌，实现绿色、生态、可循环的水资源重复利用；日照香河体育公园内的场地可实现“冰篮转换”，最大限度提高场馆的综合利用率。其他比赛场馆在建设过程中也注重采取建筑垃圾分类、混凝土养护节水技术、太阳能路灯及光伏发电等节能管理措施。

赛制改革创新

进入新时代，办好省运会有两点至关重要：一是实现好省运会的本体功能，即助力奥运争光战略、全民健身和健康中国国家战略，促进体育产业发展壮大；二是释放好大型综合性运动会集中展现体育多元功能的效应，助力承办地城市建设，加快经济社会发展和民生福祉改善。

如何实现好省运会的本体功能？

紧紧围绕贯彻落实党中央关于体育工作的决策部署，围绕加快推进体育强省建设，本届省运会组织实施了4方面赛制改革创新。

第一，强化冰雪项目发展。将冰上项目正式纳入省运会比赛，重点对短道速滑项目实施突破，加快培养选拔冰上运动竞技人才。本届运动会共有8个市报名参加短道速滑项目比赛。

第二，加大“三大球”记分计牌力度。按照国家关于振兴“三大球”运动的决策部署，本届省运会加大了足球、篮球、排球的记分计牌力度，前8名都将计入金牌，用竞赛杠杆激励各地加强“三大球”运动普及提高，努力为振兴“三大球”贡献山东力量。

第三，深化“体教融合”发展成果。鼓励、支持各地体育部门和教育部门加强融合，提高学校体育的竞技水平，面向普通学校学生组建运动队参赛省运会。从本届省运会报名情况看，来自普通学校的学生人数明显增多，其中“三大球”项目近60%的运动员是普通学校学生。

第四，新增奥运全运新设项目。坚定实施奥运争光国家战略不动摇，积极接轨奥运会、全运会项目设置，对接巴黎奥运会和第十五届全运会，新增了滑板、攀岩、激流回旋、冲浪4个大项，努力拓展我省为国争光的项目基础。

这些改革举措，进一步树立了山东体育坚决贯彻中央部署、补齐发展短板、促进全面均衡发展的工作导向。

在历时3个多月的第二十五届省运会比赛里，1.7万余名运动员逐梦向未来，将在32个大项、996个小项中留下拼搏的身影，让1430枚金牌见证一次次自我超越。

贴心服务亦精彩

本届省运会是疫情防控常态化背景下，我省举办的首个全省综合性体育赛事，要办好、办精彩，对承办地是一次非同寻常的考验。

评审确定53家定点接待酒店，全部组建省运会接待站；为运动员定制专门菜单，建设省运会食品专仓，委托第三方每日检测，严防食物中毒和食源性兴奋剂事件的发生；指导各赛区、场馆、酒店按照“一赛事一方案”“一场馆一方案”“一酒店一方案”要求，制订疫情防控实施方案；制订总体安保方案和专项安保方案260余个，加强证件管理……日照精益求精，全力筑牢安全办赛堤坝。

从驻日照市高校中招募2500名赛会志愿者，同时招募800名城市志愿者，让参与省运会的每一个人都如沐春风；对场馆建设、运动员备训、重大体育赛事、全民健身等进行多形式、多角度的宣传……日照以细之又细的服务传递“日照温度”，讲好省运会“日照故事”。

这还是一届“智慧省运”。打开手机搜索“山东省第二十五届运动会”微信小程序，省运场馆、赛事预告、省运新闻、即时奖牌榜和特色日照等信息可以一屏通览，这是日照市为第二十五届省运会量身打造的“智慧省运”平台。本届省运会，首次实现省运会32个大项比赛报名、赛程及成绩数据的全量数据汇聚和综合处理；运动员、裁判员、官员和观赛人员等不同群体都可以通过省运一屏通，实现赛程赛果、气象服务、接待服务等信息的便捷查询；通过50多部多媒体融合采集设备，可以实现赛事全程直播、视频即时回放。看得见的守护与看不见的服务，日照一样用心。

省运会为城市增光，城市为省运会添彩。活力日照敞开怀抱，邀请全省人民共赴这场省运之约。

（原载2022年8月25日《大众日报》）

阳光下的日照，绽放活力与荣光

——山东省第二十五届运动会综述

宋庆艳

在时光的长河中，总有一些时间节点，注定会写下浓墨重彩的一笔。

2022年8月25日晚上，山东省第二十五届运动会在日照奎山体育中心开幕。9月5日，本届省运会在香河体育公园闭幕。

本届省运会是在疫情防控常态化形势下，我省举办的首个大型综合性体育赛事，也是我省体育历史上规模最大、项目最多、参与人数最多的一届，共有1.7万名运动员、2600余名教练员、2800余名裁判员参加32个大项、996个小项的比赛，金牌总数1430枚。其中，滑板、攀岩、激流回旋、冲浪、霹雳舞项目是首次出现在省运会上。

疫情挑战下，这场体育盛会如期举办，是日照用攻坚克难的能力担当，奋力兑现“办赛精彩、参赛出彩、发展增彩”的申办承诺。

难以忘怀，运动健儿们一次次努力奔跑，一次次奋勇争先，他们的身影青春勃发，他们的脚步不断超越，这一切定格在镜头里，成为闪光的记忆。

难以忘怀，赛场内外的“小海贝”志愿者，以及接待、医疗、安保等保障人员执着坚守、辛勤付出，如一朵朵浪花，把这座城市汇聚成爱的海洋。

难以忘怀，全城百姓动起来，全民健身更火热。我市举办了23场“我与省运零距离”探馆活动，举行各类全民健身活动1600余场，充分营造了“人人都是东道主、省运有我更精彩”的浓厚氛围。

办好一次会，搞活一座城。在全省乃至全国观众的目光中，日照不负期待，搭建了光荣与梦想的舞台，倾力向全省人民奉献了一届绿色、智慧、共享的精彩省运。

办赛精彩：这是体育盛会，更是城市荣光

自2018年10月日照接过省运会会旗以来，省运会各项筹办工作扎实推进，有序开展。兴建体育场馆、做好训练备战、保障后勤服务、带动全民参与，1400多个日夜的踔厉奋发，换来了胜利的喜悦。

在筹办之初，市委、市政府主要负责同志任山东省第二十五届运动会日照市筹委会“双主任”，各区县组建执委会，构建起“市级统筹、属地负责、齐抓共管”的工作格局。将总体筹备工作细化分解为119个重点专项，对重点工作实行清单式管理、项目化推进、销号式落实。举全市之力、倾全市之情，全力推动各项筹办工作，力争把本届赛事办成省运会历史上具有重要影响力的体育盛会、欢乐盛会、发展盛会。

此外，我市创新构建了省市县联动的竞赛管理体系，省体育局、市筹委会竞赛部、区县执委会、单项竞委会四方联动；创新组织运行模式，建立“区县包保、区县特派员、主城区项目主管”三位一体的竞赛组织运行模式，对竞赛各个环节，分别制定标准和规范，开展专业技能培训、专业人才培养等。

第二十五届省运会举办得成功与否，场馆建设是先决条件。根据省运会比赛项目总体布局和我市体育事业发展规划，我市共新建和改造提升涉赛场馆22个。其中，新建省运会场馆15个，改造提升场馆7个。各新建场馆一流的设施条件和良好的竞赛环境得到了参赛运动员的广泛好评。

随着各个体育场馆的建设和改造，周边配套设施也在同步提升，城市环境综合整治更加精细，城市颜值更高，市民幸福感更强。今年上半年，市区环境空气质量综合指数为3.95，同比改善2.9%；空气质量优良率为84%，同比提升了5个百分点。

省运会期间，我市周密细致做好赛事组织、交通组织、后勤保障、安全保卫、志愿服务等工作，确保各环节无缝衔接、顺畅运转；扎实做好疫情防控、食品安全、交通安全、社会治安等工作，全力筑牢安全办赛堤坝，确保把省运会办成功、办圆满、办精彩。

综上所述，办赛方面，我市坚持“办会为民、办会兴城”，高质量完成各项筹办和服务保障工作，补齐了体育设施建设短板，培养了一支专业化办赛队伍，提升了城市管理水平和市民文明程度，夯实了竞技体育人才培养体系，加快了打造现代化海滨体育名城的步伐，实现了“办赛精彩、参赛出彩、发展增彩”的目标。

本届省运会的大幕已然落下，人们除了为办赛精彩而欢欣鼓舞，更为开幕式上的文化魅力、科幻时尚、日照元素而振奋不已。

总有一些画面，能够直击灵魂，让人感叹山东厚重的文化底蕴和活力日照的时尚动感——

大型文体展演《齐鲁风·山海情》伊始，八名仪仗队队员护卫着国旗，行走在齐鲁大地壮丽的山河画卷中；浩瀚宇宙中，宇航员“星空漫步”，奔赴日出先照的第一缕曙光；裸眼3D秀中，一个个精心打造的省运会赛场接续呈现；最让人称道的是，1000架无人机编队表

演以及大型焰火表演成为历届省运会开幕式首次。

总有一些画面，能让人怦然心动，唤醒我们内心的文化自信——

省级非物质文化遗产岚山渔民号子的高亢激昂，令人荡气回肠；青绿茶田之间，一群少女采撷着日照春茶的点点新绿，勾勒出一幅动人的日照农民画；浮来山的千年银杏树洒下一地金黄，讲述着这座城市古老的过往。

总有一些声音，能唤醒我们内心奔腾的体育热情——

开幕式上，日照本土歌手演唱的竞赛歌曲《闪耀》，以及主题歌《阳光下绽放》，让全场观众为之欢腾，点燃了一座城市的运动激情。

值得一提的是，得益于“艺术 + 科技”的助力，本届开幕式只用了不到 30% 的群众演员，真正体现了“简约而不简单、节俭不失精彩”的创作原则；并且，开幕式班底演员基本来自日照高校学生，共有近千名大学生参与开幕式的演出。

第二十五届省运会开闭幕式执行总导演王功说：“我们想通过这一场省运会，给全省人民呈现一个真实立体的日照，让大家感受到日照城市面貌的欣欣向荣和传统文化的独特魅力。日照是一座非常有活力的城市，对于发展体育产业而言，有优越的自然条件，有众多热爱体育的市民，相信日照能借助省运会这个平台，在全民健身和竞技体育方面能取得更大进展。”

市民网友月空感慨：“省运会开幕式，见证了咱山东和日照的文化高度、情感温度、创意新度以及组织精度。精彩环环相扣，让人目不暇接，这是日照的诚意和浪漫！”

“文化 + 科技”展现山东气派和日照特色，这是本届省运会开幕式在广大观众心中留下的美好印象。而精彩的办赛过程，则充分展现出日照的诚意和自信，为本届省运会的成功举办夯实了根基。

参赛出彩：1.7 万名运动员，用 1430 枚金牌见证自我超越

闭幕式当晚，第二十五届省运会精彩回顾视频短片，在大屏幕中上演。赛场上，运动员们为梦想拼搏的一个个瞬间，在所有人心中不断翻腾——

8 月 26 日，安泰网球公园。凌空击球，绝地反击，网球在优美的弧线中左右腾挪……当日，日照安泰网球代表队的潘朱峰搭档尤元堃，在男双决赛中勇夺金牌，这也是日照在省运会网球单项比赛历史上的首枚金牌。

9 月 1 日，省运会赛艇决赛最后一个比赛日。碧波荡漾中，日照赛艇队如离弦之箭，在日照奥林匹克水上公园上演“速度与激情”。当日，在男子甲组公开级双人双桨 2000 米决赛和男子甲组公开级八人单桨 2000 米决赛中，日照队勇夺两枚金牌。本次省运会赛艇决赛日照队共夺得 2 金 6 银 5 铜。

“这两场决赛我们都比亚军快了 6 秒！为这一天我们准备了将近 4 年，除了队员们刻苦训练外，我们的后勤和医疗保障队伍也给了我们最大的支持。”日照赛艇队教练付金磊告诉记者。

田径赛场上更是如火如荼。9 月 1 日，日照队获得男子乙组 4 × 100 米接力赛金牌，济南队获得女子甲组 4 × 100 米接力赛金牌，烟台队的张建斌在男子甲组 3000 米障碍决赛中夺冠，青岛田径队队员王丹在女子乙组 100 米栏中夺冠……烈日下，全省各地的选手在日照奎山体育中心激烈地比拼速度与力量，在田径赛场上书写着青春的荣光。

“能拿到冠军，靠的是大家一起奋斗，我们还年轻，还会继续努力，争取更好的成绩！”

日照队男子乙组 4×100 米接力赛中，跑第一棒的王超告诉记者。

作为东道主，我市1200余名运动员参加全部32个大项比赛，共取得金牌82枚、银牌68枚、铜牌 61 枚，金牌数、奖牌数、总积分均名列全省第六，创下历史最佳成绩。

省运会期间，来自全省 16 地市的 1.7 万名运动员在各自赛场上留下了拼搏的身影，用 1430 枚金牌见证了一次次的自我超越。这份精彩，就在跳高运动员的纵身一跃，在赛艇运动员的一骑绝尘，在篮球运动员的弹跳投篮，在田径运动员冲过终点后的霸气一吼，在最后一个抵达终点后的温暖掌声。

速拍体育的刘晶告诉记者："能如此近距离地拍摄省运会比赛场景，我非常幸运。在这个过程中切身感受到了运动员朝气蓬勃、奋力拼搏的精神面貌，感受到竞技体育的魅力和本届省运会的精彩，也为能在家门口参与这场盛事感到自豪。"

在这些日日夜夜中，第二十五届省运会为全省乃至全国留下一份无与伦比的精彩。

发展增彩：以会为媒，激发城市发展活力与动能

本届省运会之于日照，不只是一场体育盛会，也是一场城市的盛会、发展的盛会，更多的人通过此次盛会了解日照、向往日照。

举城欢庆、全民参与——省运会开幕式上，作为暖场表演的花绳操、太极气功八段锦、中学生曳步舞、少儿街舞和儿童花式篮球等节目，赢得了满场喝彩，参演者都是日照的普通市民和学生。

参演开幕式热场曳步舞的市民朱兰英难掩喜悦："我在 52 岁登上省运会舞台，感觉达到了人生巅峰！正是全民健身给予我的机会。"

"人人都是东道主、省运有我更精彩"，借承办省运会的东风，我市举办了 23 场"我与省运零距离"探馆活动，举行各类全民健身活动 1600 余场。

而这样的全民健身热潮，在日照早已是遍地开花。这得益于日照为举办省运会而新建和改造提升的 22 处体育场馆。所有场馆在建设过程中都秉持"三个需要"，即满足举办省运会及其他重大体育赛事需要、满足全民健身需要、满足赛后运营需要，全力打造城市体育服务综合体。

香河体育公园、高新区文体中心、五莲市民体育中心……每到夜晚，都成为市民休闲健身的场所。"健身就在家门口""人人都是运动员"，必将成为后省运会时期的生活常态。

重大赛事结缘日照，体育产业步入快车道——随着体育场馆设施的完善，更高水平赛事"花落"日照。8月10日，中超联赛官方宣布，日照市成为北京国安俱乐部本赛季的中超主场赛区。8 月 22 日，首场中超比赛成功举行。

未来，发挥省运辐射带动效应，我市将吸引更多省字号、国字号赛事活动落地日照，进一步丰富"发展三大球、做大水文章、打好户外牌、唱响特色戏"的赛事格局。

抓住省运会机遇，体育装备产业链"链主"企业——中大体育产业集团，建立健全体育健身器材上中下游产业链……我市正吸引越来越多的社会资本参与体育产业发展，大力培育更多具有创新力的体育市场主体。

细致快捷服务，传递日照温度——整个省运期间，全市 2500 名高校赛会志愿者、800 名城市志愿者，用微笑和服务递出了日照最美的名片。61 岁的城市志愿者管锡华，每天在岗位上尽职尽责，提供临时看护、问路咨询、简单救护等志愿服务。"能够出一份力，就很自豪！"

为服务运动员智慧参赛、实现观众智慧观赛，本届省运会在“智慧省运”上做足文章，通过个人信息验证登录，观众可便捷查询交通、接待、赛事、服务等信息；通过布置50部多媒体融合采集设备平台，手机端或电脑端可进行高清直播和即时回放，观众可随时随地观看比赛。

据统计，各项目赛事直播610余场次，在线观看量超6.3亿人次；省运会官网、微信公众号、抖音号等宣传平台，累计阅读量超1.5亿人次……

此外，本届省运会还呈现出了“竞技体育后继有人、赛制改革导向作用明显、体教融合成为体育强省建设新引擎、赛风赛纪实现‘零投诉’、反兴奋剂工作力度为历届最大、探索形成了疫情防控常态化条件下办赛新模式”六大亮点，为全省体育强省建设贡献了力量。

当沸腾的赛场渐渐平静，本届省运会所创造的辉煌和历史，将永远镌刻在时光之册中，秉持省运会给予的精神馈赠，日照将在推进高质量发展的现代化征程中阔步前行，为实现精彩蝶变勠力前行，以更加昂扬的姿态迎接党的二十大胜利召开！

（原载2022年9月7日《日照日报》）

盛会落幕，“遗产”继续发光发热

——日照省运会，给我们留下了什么

季　禹

日照，因“日出初光先照”而得名，又有“东方太阳城”之别名。太阳，生机勃勃、充满活力，恰与体育精神的内核 不谋而合。山东省第二十五届运动会，成为将日照与体育联结的纽带。

有了省运会，日照体育发展实现了又一次跨越。一个激情飞扬、活力时尚、全民共享的现代化海滨体育名城近在眼前 。

乘借东风 日照体育迎第二次飞跃

20多年前，万平口还不是日照“会客厅”，日照水上运动基地也只是一片荒滩。得天独厚的水上资源，使这里在20多年间发生了巨变。

2004年，全国帆船锦标赛来到日照；2005年，国际欧洲级帆船世界锦标赛首次落户亚洲，在日照举办。这座古老又年轻的滨海小城，从此与体育结下不解之缘。

真正让日照体育产生跨越式发展的，是2007年和2010年，中国水上运动会连续两届在此举办。日照建成高标准的奥林匹克水上公园和世帆赛基地，可满足训练、比赛、全民健身、群众体育等活动的需要。

这是日照体育发展的第一次飞跃。两届中国水上运动会开启了日照体育发展的里程碑，“水上运动之都”成为日照的亮丽名片。2届中国水上运动会、3届世界帆船锦标赛、6届国家级沙排赛事……日照体育，朝气蓬勃。

2018年10月20日，日照接过省运会会旗，迎来了体育飞跃发展的又一次契机。2019年，国家级运动休闲特色小镇试点项目建设交流培训班在日照开班；2020年，中国陆上赛艇极限挑战赛在日照举行。

2022年9月5日，山东省第二十五届运动会落幕，4年的筹备有了圆满的结局。筹办省运会是日照加快体育高质量发展、促进新旧动能转换、助推城市发展的“加速器”和“催化剂”。

4年的筹备过程，也是日照优化城市功能布局、全面补齐基础设施和管理服务短板，推动城市全面提档升级的重要时期。“国家体育消费试点城市”“中国体育旅游十佳目的地”等桂冠花落日照，日照体育发展实现了第二次飞跃。正如本届省运会口号“活力日照，精彩省运”一样，一个激情飞扬、活力时尚、全民共享的现代化海滨体育名城近在眼前。

设施升级 群众体育蓬勃发展

2020年，山东女排和山东围棋队先后将主场设在日照，揭开了日照职业体育发展的序幕。日照兴业足球俱乐部、日照迈动篮球俱乐部相继成立，打破了日照无职业化足球、篮球队的历史。

2022年8月，在完成承办省运会足球赛事的任务后，日照国际足球中心体育场成为中超球队北京国安的临时主场。备受瞩目的焦点战——“京沪大战”，吸引了4000余名球迷赴现场观赛。职业体育苗头初现，市民对体育关注度不断提升，这是省运会留给日照的又一重要遗产。借此契机，日照群众体育事业也得到了蓬勃发展。

作为“水上运动之都”，水上项目之外的体育设施建设存在短板，一定程度上制约了日照体育事业的进一步发展。省运会，是补齐这块短板的重要机遇。省运会筹备期间，完成了22处体育场馆建设和改造，其中新建场馆15处，市和两区两县三个功能区都因地制宜建设了综合性场馆，补齐了供给不足短板。所有场馆均满足体育赛事、全民健身和赛后运营需要。

同时，市区社区、公园等场所，形成了“十分钟健身圈”，乡镇和农村社区全民健身设施实现全覆盖，日照体育健身设施已达7900余处。

目前，日照全市人均体育场地面积达4.78平方米，位居全省第一、全国地级市前列；经常参加体育锻炼人数比例达到46%，国民体质合格率稳定在93%以上。

借省运会东风，体育设施距离市民更近了，更多市民开始享受体育给生活带来的乐趣。省运前夕，日照举办了23场“我与省运零距离”探馆活动，吸引了5000余名市民、网红现场打卡，同时举办了各级各类全民健身活动1600余场，全民健身氛围浓厚。

“活力日照”不再只是一句口号，而成为特色鲜明的“城市名片”。

据统计，2021年日照居民体育消费总规模达647595.84万元，较2020年增长12.40%；人均体育消费为2179.21元，较2020年增加238.15元，同比增长12.27%。“后省运时期”，日照将继续享受省运会带来的“体育红利”。

注入活力 日照反哺省运发展

一场体育盛会引爆一城，省运会给日照留下了体育发展的勃勃生机，留下了全民健身的浓厚氛围，为这座滨海小城注入了新的发展动能。

反过来看，1989年建市、正值壮年的日照，也给有着70多年历史的省运会注入了全新活力。

本届省运会打破以往多个城市联合承办的惯例，改为日照独立承办。首次独立承办这一次高规格、大规模、高竞技水平综合性体育盛会，日照经受住了考验，也为未来省运会独立办赛提供了范本。

省运会开幕式精彩难忘，全景式舞美、立体化呈现、高科技应用，三个特色让不少观众惊叹：原来省运会开幕式也可以如此震撼。1000架无人机编队表演以及大型焰火表演成为历届省运会开幕式首次，日照为省运会开幕式带来了“全新形象”。

省运会比赛项目精彩纷呈。全省共有1.7万名运动员，参加了32个大项、996个小项的比赛，赛会规模位居全国前列。日照带来的，是历史规模最大的一届省运会。

在全球疫情大流行的特殊时期办赛，本届省运会遭遇了前所未有的防疫考验。大会组委会特别是日照市，对省运会疫情防控作了科学论证和细致安排，制定了疫情防控总体方案，明确省运会原则上实施闭环管理，根据疫情形势动态调整防控政策。

省运会实行“一赛事一方案”“一场馆一方案”“一酒店一方案”，通过压缩场次、划小单元、分期分散的方式，推动各项赛事平稳有序开展。

在全体涉赛人员和日照市800多名防疫工作者的共同努力下，省运会成功经受住了多轮疫情冲击，实现了“零感染”目标。

这是首届在疫情防控常态化条件下举办的省运会。本届省运会的成功举办，为做好体育赛事疫情防控、发挥体育赛事综合效应提供了宝贵经验，探索了新的发展模式。

（原载2022年9月18日《齐鲁晚报》）

编后记

山东省第二十五届运动会是日照市首次独立承办的大型综合性运动会，在日照市和省运会历史上都是一件具有里程碑意义的大事。为及时记录日照市申办、筹办、举办省运会的成功经验，日照市委、市政府决定编纂《日照省运会志》。市委、市政府主要领导和分管领导高度重视，多次对编纂工作作出重要批示，为编纂工作顺利推进提供了强有力的保障和动力。

2022 年 12 月，山东省第二十五届运动会日照市筹备工作委员会下发《关于解散山东省第二十五届运动会第十一届残运会日照市筹备工作委员会的通知》，明确“省运会志编纂工作由市委党史研究院牵头负责，市筹委会原成员单位配合做好相关合作”。2023 年初，根据市领导的指示和要求，市委党史研究院（市地方史志研究院）成立《日照省运会志》编写办公室，全面负责志书的编纂工作。为尽快推进工作开展，编写办公室专程到扬州市档案馆（方志办）考察学习，到市委办公室、市政府办公室、市委宣传部、市体育局、市残联、市卫健委、市大数据局等部门学习调研，获取了很多省运会的第一手资料和线索。同时，通过查阅大量的档案资料，浏览省运会网站等方法，拟定了省运志篇目，并向 30 余家承编单位广泛征求意见，形成省运会志编纂工作方案。之后，将编纂工作方案分别呈报市委、市政府主要领导和分管领导审阅。6 月 16 日，召开《日照省运会志》编纂工作会议，对各承编单位供稿任务进行分工和讲解，对初稿撰写进行培训，并就编纂工作提出具体要求。各承编单位分管领导及撰稿人员参加会议。编纂工作正式进入资料收集、整理与编纂阶段。

6 月 20 日，根据市委、市政府主要领导批示要求，篇目报省委党史研究院、省体育局、省残联审阅。根据市政府分管领导意见，增加收录了第五届山东省老年人运动会内容。编纂过程中，编写办公室坚决贯彻落实市领导指示要求，不断优化编纂流程，创新编纂方法，加快推进编纂工作。10 月 25 日形成《日照省运会志》评议稿，分别呈报省委党史研究院（省地方史志研究院）、省体育局、省残联和市委、市政府分管领导及市政协有关领导审阅，同时向全市各供稿单位征求意见。

11 月 9 日至 10 日，编写办公室邀请省委党史研究院（省地方史志研究院）省志处专家上门指导，并召开《日照省运会志》志稿评议会。省专家从志稿的政治观点、体例结构、内容记述、重大节点活动把握、图照选取等方面进行了全面、认真、细致的评议，指出存在的问题，并提出了修改意见。会后，编写办公室认真梳理评议意见，制定切实可行的修改方案，对志稿进一步修改完善。主要是进一步核实资料，查漏补缺，优化篇目设置，处理交叉内容，压缩篇幅。11 月 14 日至 15 日，市委党史研究院主要负责人带领编写办公室人员到省体育局、省残联征求意见。省体育局、省残联对志书修改提升工作高度重视，收到评议稿后安排专人进行审读，撰写审读意见。审读人员与到访的编写办公室人员座谈交流，逐条详细解读审读意见。之后，编写办公室充分吸收各方面反馈意见建议，对志稿进行总纂。其间，进一步完善篇目，精选图照，锤炼语言文字，统一文体文风。12 月完成送审稿，经市委、市政府主要领导审定后交付印刷。

编纂工作得到了市委办公室、市政府办公室、市委宣传部、市委政研室、市委网信办、

日照日报社、市接待事务中心、市档案馆、市公安局、市财政局、市生态环境局、市住房城乡建设局、市交通运输局、市商务局、市文化和旅游局、市卫生健康委、市应急管理局、市审计局、市市场监管局、市体育局、市城市管理局、市大数据发展局、团市委、市残联、市机关事务中心、日照广播电视台、市气象局、国网日照供电公司、市消防救援支队、市交警支队、市城投集团、东港区政府、岚山区政府、莒县政府、五莲县政府、日照经开区管委、日照高新区管委、山海天旅游度假区管委的大力支持，在此一并表示感谢。

由于我们的水平所限，志书中的疏漏和缺憾在所难免，请读者批评指正。

编　者

2023 年 11 月